LE GUIDE VERT

D1298629

Alpes du Nord
Savoie
Dauphiné

MANUFACTURE **F**RANÇAISE **D**ES **P**NEUMATIQUES **M**ICHELIN

Société en commandite par actions au capital de 2 000 000 000 de francs

Place des Carmes Déchaux – 63000 Clermont-Ferrand – R. C. S. Clermont-Fd 855 200 507

© Michelin et Cie, Propriétaires Éditeurs, 2000

Dépot légal mars 2000 – ISBN 2-06-030105-X – ISSN 0293-9436

Printed in the EU 12-99/5/1

Compograveur et imprimeur : Maury-Imprimeur – Brochage : Aubin

Conception graphique : Christiane Beylier à Paris 12ᵉ

Maquette de couverture extérieure : Agence Carré Noir à Paris 17ᵉ

LE GUIDE VERT,
l'esprit de découverte !

Avec cette nouvelle collection LE GUIDE VERT, nous avons l'ambition de faire de vos vacances des moments passionnants et mémorables, d'accompagner votre découverte de nouveaux horizons, bref... de vous faire partager notre passion du voyage.

Voyager avec LE GUIDE VERT, c'est être acteur de ses vacances, profiter pleinement de ce temps privilégié pour découvrir, s'enrichir, apprendre au contact direct du patrimoine culturel et de la nature.

Le temps des vacances avec LE GUIDE VERT, c'est aussi la détente, se faire plaisir, apprécier une bonne adresse pour se restaurer, dormir, ou se divertir.

Explorez notre sélection !

Une mise en pages claire, attrayante, illustrée d'une nouvelle iconographie, des cartes et plans redessinés, outils indispensables pour bâtir vos propres itinéraires de découverte, une nouvelle couverture parachevant l'ensemble...

LE GUIDE VERT change.

Alors plongez vite dans LE GUIDE VERT à la découverte de votre prochaine destination de voyage. Partagez avec nous cette ouverture sur le monde qui donne au temps des vacances son sens, sa substance et en définitive son véritable esprit.

L'esprit de découverte.

Jean-Michel DULIN
Rédacteur en Chef

Sommaire

*Au départ de La Bérarde,
temple de la randonnée.
Que la montagne est belle !*

*En savoie, les murs des plus humbles chapelles
sont illuminés de fresques naïves,
comme ici à Bessans.*

Villes et sites

Sous l'épaisse houppelande de neige, les villages, au bout des vallées, s'animent en pimpantes stations de sports d'hiver.

Humble chapelle isolée sur les hauteurs, St-Pierre-d'Extravaches est une étape de l'ancienne voie des Alpes.

Cartographie

les cartes routières qu'il vous faut

Tout automobiliste prévoyant doit se munir d'une bonne cartographie. Les produits Michelin sont complémentaires : chaque site présenté dans ce guide est accompagné de ses références cartographiques sur les différentes gammes de cartes que nous proposons. L'assemblage de nos cartes est présenté ci-dessous avec délimitations de leur couverture géographique.

Pour circulez sur place vous avez le choix entre :

- les **cartes régionales** au 1/200 000 n°s 244 et 245 qui couvrent le réseau routier principal, secondaire et de nombreuses indications touristiques. Elles seront favorisées dans le cas d'un voyage qui couvre largement un secteur. Elles permettent d'apprécier chaque site d'un simple coup d'oeil. Elles signalent, outre les caractéristiques des routes, les châteaux, les grottes, les édifices religieux, les emplacements de baignade en rivière ou en étang, des piscines, des golfs, des hippodromes, des terrains de vol à voile, des aérodromes...

- les **cartes détaillées**, dont le fonds est équivalent aux cartes régionales mais dont le format est réduit à une demi-région pour plus de facilités de manipulation. Celles-ci sont mieux adaptées aux personnes qui envisagent un séjour davantage sédentaire sans déplacement éloigné. Consulter les cartes n°s 70, 74, 89 et 77.

- les **cartes départementales** (au 1/150 000, agrandissement du 1/200 000). Ces cartes de proximité, très lisibles, permettent de circuler au cœur des départements suivants Haute-Savoie (4074), Savoie (4073), Isère (4038) et Drôme (4026). Elles disposent d'un index complet des localités et le plan de la préfecture.

Et n'oubliez pas que la **carte de France n° 989** vous offre une vue d'ensemble de la région Rhône-Alpes, avec ses grandes voies d'accès, quelque soit votre point de départ en France. Le pays est cartographié au 1/1 000 000 et fait apparaître le réseau routier principal.

Enfin la **carte Grands Itinéraires n° 911** signale les temps de parcours et les itinéraires de dégagement.

En complément de ces cartes, un serveur minitel **3615 michelin** permet le calcul d'itinéraires détaillés avec leur temps de parcours, et bien d'autres services. Les **3617 et 3623 michelin** vous permettent d'obtenir ces informations reproduites sur fax ou imprimante. Les internautes pourront bénéficier des mêmes renseignements (accès payant) sur le site **www.michelin-travel. com**.

L'ensemble de ce guide est par ailleurs riche en cartes et plans, dont voici la liste :

Cartes thématiques

Plans de ville

Carte des circuits décrits

Légende

Monuments et sites

⊙→	Itinéraire décrit, départ de la visite
⛪ ⚲	Église
⛪ ⚲	Temple
✡ ☪	Synagogue - Mosquée
	Bâtiment
■	Statue, petit bâtiment
✝	Calvaire
◎	Fontaine
●━■━	Rempart - Tour - Porte
✕	Château
⁘	Ruine
⌣	Barrage
✿	Usine
✩	Fort
⋂	Grotte
⊓	Monument mégalithique
▼	Table d'orientation
ᐯ	Vue
▲	Autre lieu d'intérêt

Sports et loisirs

⛷	Hippodrome
⛸	Patinoire
≋ ≋	Piscine : de plein air, couverte
⛵	Port de plaisance, centre de voile
⛺	Refuge
□■■■□	Téléphérique, télécabine
□+++++□	Funiculaire, voie à crémaillère
🚂	Chemin de fer touristique
◆	Base de loisirs
🎭	Parc d'attractions
⚥	Parc animalier, zoo
✿	Parc floral, arborétum
🐦	Parc ornithologique, réserve d'oiseaux
🚶	Promenade à pied
☺	Intéressant pour les enfants

Abréviations

A	Chambre d'agriculture
C	Chambre de commerce
H	Hôtel de ville
J	Palais de justice
M	Musée
P	Préfecture, sous-préfecture
POL.	Police
🛡	Gendarmerie
T	Théâtre
U	Université, grande école

	site	station balnéaire	station de sports d'hiver	station thermale
vaut le voyage	★★★	♨♨♨	❄❄❄	♱♱♱
mérite un détour	★★	♨♨	❄❄	♱♱
intéressant	★	♨	❄	♱

Autres symboles

🛈		Information touristique
══	══	Autoroute ou assimilée
❶	❶	Échangeur : complet ou partiel
▱	▭	Rue piétonne
ɪ═══ɪ		Rue impraticable, réglementée
▱▱▱	----	Escalier - Sentier
🚆	🚆	Gare - Gare auto-train
🚌	🚌	Gare routière
—•—		Tramway
⦿		Métro
P R		Parking-relais
♿		Facilité d'accès pour les handicapés
✉		Poste restante
☎		Téléphone
▨		Marché couvert
•✕•		Caserne
△		Pont mobile
⋃		Carrière
✕		Mine
B	F	Bac passant voitures et passagers
⛴		Transport des voitures et des passagers
⛵		Transport des passagers
③		Sortie de ville identique sur les plans et les cartes Michelin
Bert (R.)...		Rue commerçante
AZ B		Localisation sur le plan
⌂		Hébergement
▣		Lieu de restauration

Carnet d'adresses

20 ch : 250/375F — Nombre de chambres : prix de la chambre une personne/chambre double. *(Chambre d'hôte : petit-déjeuner compris)*

▭ 45F — Prix du petit-déjeuner

jusq. 5 pers. : sem 1500F, w.-end 1000F — Capacité du gîte rural : prix pour la semaine, pour le week-end

100 appart. 2/4 pers. : sem. 2000/3500F — Nombre d'appartements et capacité, prix minimum/maximum par semaine *(résidence ou village vacances)*

100 lits : 50F — Nombre de lits et prix par personne *(auberge de jeunesse)*

120 empl. : 80F — Nombre d'emplacements de camping et prix pour 2 personnes avec voiture

110/250F — Restaurant : prix mini/maxi des menus servis midi et soir ou à la carte

rest. 110/250F — Repas dans un lieu d'hébergement : prix mini/maxi des menus servis midi et soir ou à la carte

restauration — Petite restauration proposée

repas 85F — Repas type « Table d'hôte »

réserv. — Réservation recommandée

⃠ — Cartes bancaires non acceptées

P — Parking réservé à la clientèle de l'hôtel

Les prix sont indiqués pour la haute saison

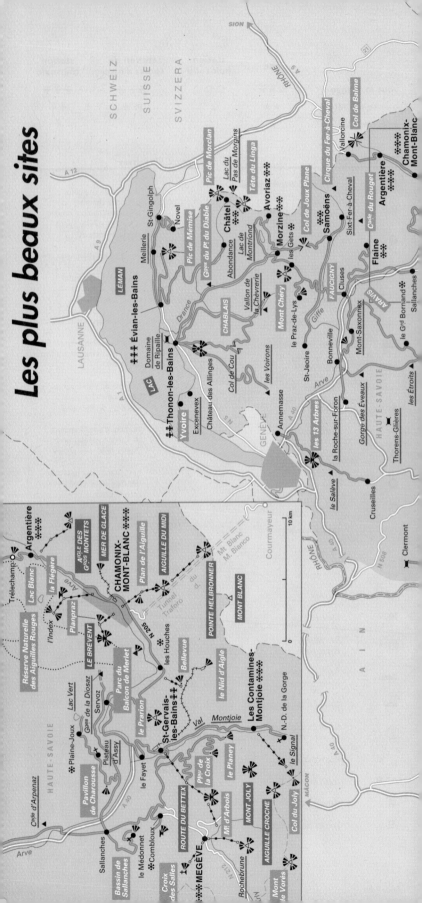

Les plus beaux sites

Circuits de découverte

Pour de plus amples explications, consulter la rubrique "Itinéraires à thème"

1 Route des Grandes Alpes

2 Vignes et alpages, du Chablais au Valais

3 Glaciers et cascades, vallée Blanche et vallée du Giffre

4 Le massif des Aravis

5 Autour du Mont-Blanc

6 Panoramas des lacs

7 Autour de la Vanoise

8 Autour de la Chartreuse

9 Les cols de l'Oisans

10 Vercors, forteresse verte

11 Drac et Romanche, de corniches en gorges

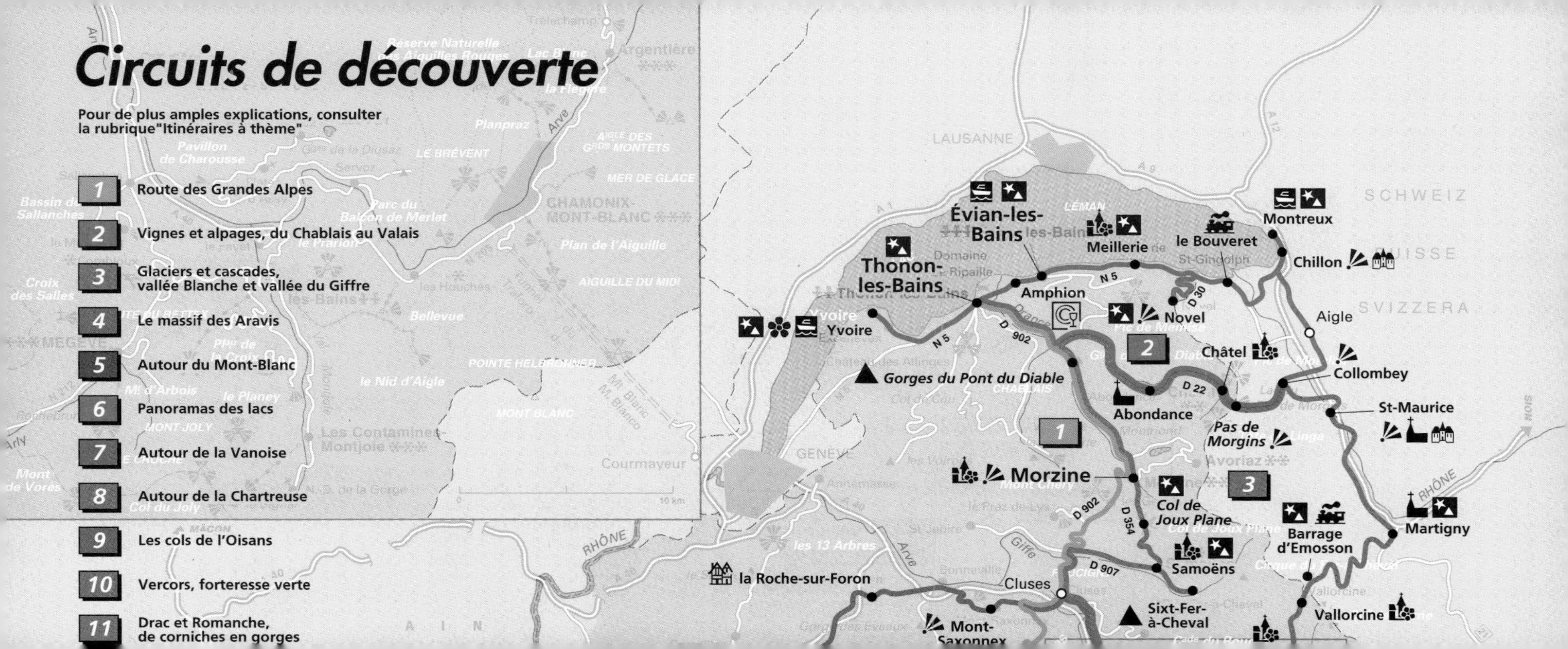

SION

SCHWEIZ

S U I S S E

SVIZZERA

LAUSANNE

LÉMAN

Montreux

Chillon

le Bouveret

St-Gingolph

Meillerie

Évian-les-Bains

Amphion

Thonon-les-Bains

Domaine de Ripaille

Yvoire

Aigle

Collombey

St-Maurice

Novel

Châtel

Abondance

Pas de Morgins

Col de Joux Plane

Barrage d'Emosson

Samoëns

Sixt-Fer-à-Cheval

Martigny

Vallorcine

3

2

1

Morzine

Gorges du Pont du Diable

Cluses

Mont-Saxonnex

la Roche-sur-Foron

les 12 Arbres

le Praz-de-Lys

GENÈVE

Arve

Giffe

D 902

N 5

D 22

D 354

D 907

D 902

RHÔNE

A 12

A 9

Argentière

Réserve Naturelle

AIGUILLE DES GDS MONTETS

MER DE GLACE

CHAMONIX-MONT-BLANC ★★★

Plan de l'Aiguille

AIGUILLE DU MIDI

Planpraz

LE BREVENT

Col des Montets

Parc du Balcon de Merlet

Bassin de la Diosaz

MONT-BLANC

Mt Blanc
M. Bianco

Courmayeur

POINTE HELBRONNER

Tunnel du Mont-Blanc

Traforo

Val Montjoie

Montjoie

Les Contamines-Montjoie ★★★

le Nid d'Aigle

Bellevue

Les Houches

Servoz

SALLANCHES

Pavillon de Charousse

Bassin de Sallanches

Croix des Salles

Mont d'Arbois

Mont Joly

MEGÈVE

COL DE VOZA

Mont de Vorès

Col de l'Encrenaz

RHÔNE

A I N

10 km

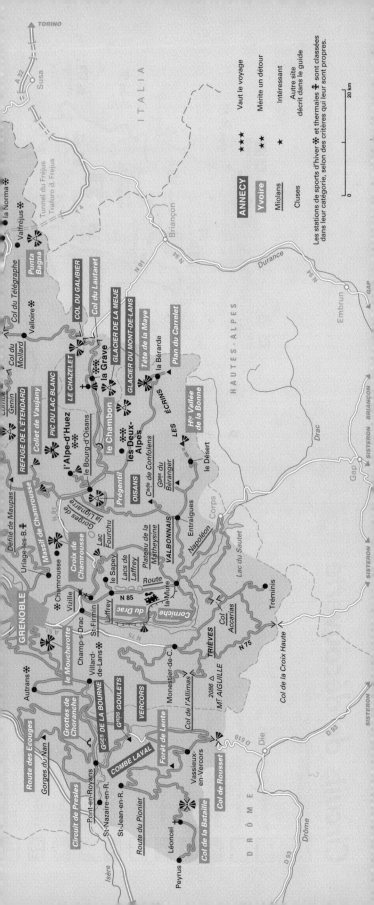

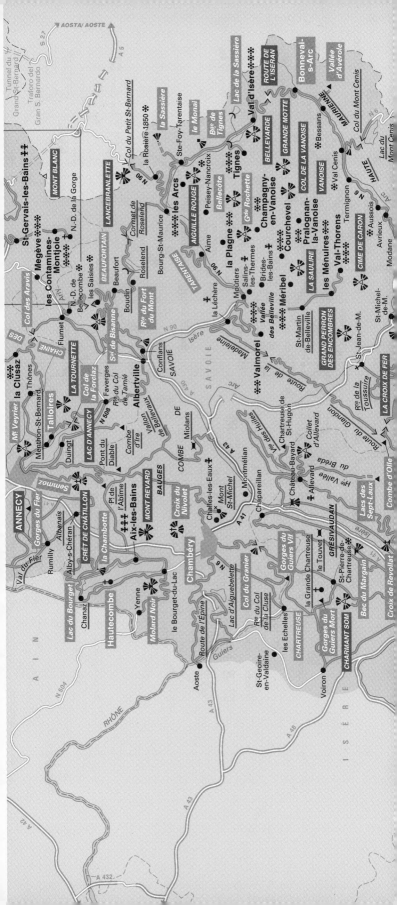

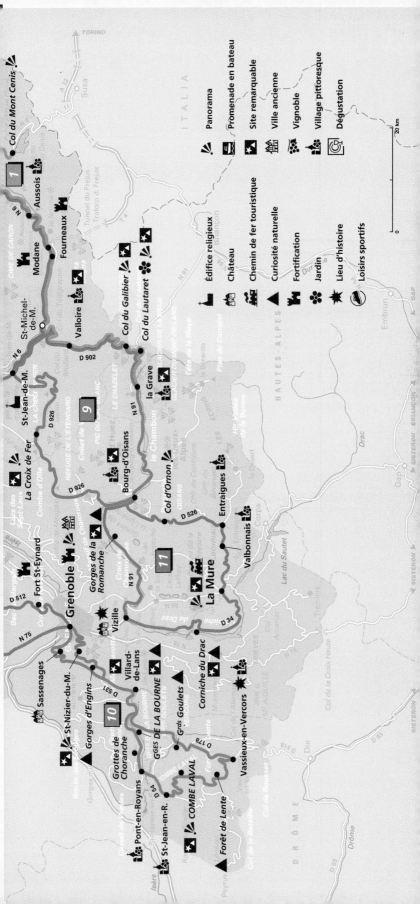

Légende

Panorama	Édifice religieux
Promenade en bateau	Château
Site remarquable	Chemin de fer touristique
Ville ancienne	Curiosité naturelle
Vignoble	Fortification
Village pittoresque	Jardin
Dégustation	Lieu d'histoire
	Loisirs sportifs

20 km

TORINO

Col du Mont Cenis

ITALIA

Aussois
Modane
Fourneaux
St-Michel-de-M.
Valloire
St-Jean-de-M.
La Croix de Fer
Col du Galibier
Col du Lautaret
la Grave
le Chambon
Bourg-d'Oisans
Col d'Ornon
Entraigues
Grenoble
Fort St-Eynard
Sassenages
St-Nizier-du-M.
Gorges d'Engins
Villard-de-Lans
Gorges de la Romanche
Vizille
La Mure
Valbonnais
Corniche du Drac
Vassieux-en-Vercors
Grottes de Choranche
Pont-en-Royans
St-Jean-en-R.
Forêt de Lente
COMBE LAVAL
Grds Goulets
GGES DE LA BOURNE

HAUTES-ALPES
Embrun
GAP
SISTERON
BRIANÇON
DRÔME

Lac du Sautet

1 **9** **10** **11**

Châle brodé de haute-Maurienne

Informations
pratiques

Avant le départ

adresses utiles

Pour ceux qui aiment préparer leur voyage dans le détail, outre les adresses ci-dessous, les coordonnées des offices de tourisme et syndicats d'initiative des villes et stations ainsi que les points d'informations des parcs naturels décrits dans cet ouvrage sont systématiquement données dans la rubrique « la situation » de chaque chapitre.

ENSEMBLE DE LA RÉGION
Comité régional de tourisme Rhône-Alpes – 104 route de Paris, 69260 Charbonnières-les-Bains, ☎ 04 72 59 21 59.

COMITÉS DÉPARTEMENTAUX DE TOURISME
Savoie – Agence touristique départementale de la Savoie, 24 bd de la Colonne, 73000 Chambéry, ☎ 04 79 85 12 45 et sur Internet : www.savoie-tourisme.com
Haute-Savoie – Agence touristique départementale Haute-Savoie Mont-Blanc, 56 rue Sommeiller, BP 348, 74012 Annecy, ☎ 04 50 51 32 31 et sur Internet : www.cdt-hautesavoie.fr
Isère – Comité départemental du tourisme, Maison du tourisme, 14 rue de la République, BP 227, 38019 Grenoble, ☎ 04 76 54 34 36 et sur Internet : www.grenoble-isere.com/tourisme
Drôme – Comité départemental du tourisme, 31 avenue du Président-Herriot, ☎ 04 75 82 19 26.

À Paris :
Maison de la Savoie, 31 av. de l'Opéra, 75001 Paris, ☎ 01 42 61 74 73, sur Minitel : 3615 maisondesavoie, et sur Internet : info@maisondesavoie.com
Maison Alpes-Dauphiné-Isère, 2 place André-Malraux, 75001 Paris, ☎ 01 42 96 08 43 et sur Internet : maison.isere.alpes@easynet.fr
Les stations de sports d'hiver sont également représentées :
Association des stations françaises de sports d'hiver–Ski France, 61 bd Haussmann, 75008 Paris, ☎ 01 47 42 23 32.

SUR MINITEL
Avant de prendre la route, consultez **3615 michelin** (1,29 F la minute) pour décider du meilleur itinéraire, du choix de l'hôtel, du restaurant, du camping et connaître les propositions de visites touristiques.
Les informations touristiques régionales sont disponibles sur 3615 caprhoneal (région Rhône-Alpes).

Les renseignements de dernière minute concernant l'accès aux stations de sports d'hiver et leur enneigement figurent sur 3615 cimes, 3615 met, 3615 corus, 3615 haute-savoie et 3615 mfneige. Pour les activités culturelles et les dates des manifestations organisées par les principales stations, les dernières informations peuvent être obtenues au 3615 + le nom de la station (ex. 3615 chamonix, 3615 deuxalpes, etc.). Consulter la liste mise à jour des stations disposant d'un service télématique sur le 3615 mgs.

SUR INTERNET
La plupart des stations alpines disposent d'un site Web où les données d'enneigement, les facilités d'accès, les nouveaux forfaits sont affichés en temps réel. Souvent ces sites offrent des possibilités de réservation des hébergements. *Ces adresses sont données pour les stations concernées à la fin de la rubrique « La situation », après la mention du syndicat d'initiative.*

météo

LES PRÉVISIONS
Les répondeurs mis à la disposition des randonneurs par Météo-France *(accessible uniquement depuis la France)* communiquent les informations les plus récentes pour préparer une randonnée. Les prévisions météorologiques régionales peuvent être obtenues par téléphone en composant le 08 36 68 02 suivi du numéro du département (ex. pour la Savoie : 08 36 68 02 73).
En outre, des répondeurs spécifiques sont affectés aux :
– prévisions à cinq jours en haute montagne, ☎ 08 36 68 08 08 ;
– risques d'avalanches, ☎ 08 36 68 10 20.
On peut consulter sur Minitel 3615 meteo, 3615 ciel et 3617 metplus pour des prévisions sur 10 jours. Se reporter également au chapitre « La sécurité en montagne » pour la météo en haute-montagne.

QUAND PARTIR?
Été comme hiver, la Savoie et le Dauphiné connaissent une très grande affluence de visiteurs.
L'**hiver**, qui autrefois condamnait à l'inaction les habitants, est devenu la pleine saison pour de nombreux centres de ski. L'équipement des Alpes, en amélioration constante, permet la pratique des sports d'hiver

pendant une « saison » sans cesse prolongée. Sous leur parure de neige, les paysages, les villages et les forêts font alors le ravissement des touristes.

Après la fonte des neiges, le **printemps** attire ceux qu'enchantent les tapis floraux. Les soirées sont encore très fraîches, et la pluie abondante, surtout dans les Préalpes qui frappent alors par le vert des pâturages et des forêts.

L'**été**, visiteurs, randonneurs, alpinistes accourent pour jouir des spectacles grandioses des Alpes et de l'air pur. Le ciel est souvent bleu, mais malheureusement une brume de chaleur voile souvent les lointains. Les températures varient selon l'altitude, il faut donc penser à se couvrir dès que l'on doit monter dans les montagnes. La région des lacs (Léman, Bourget, Annecy) est alors particulièrement favorisée puisqu'aux joies de la montagne s'ajoutent celles des sports nautiques.

L'**automne**, enfin, est magnifique, surtout dans les régions où poussent hêtres et mélèzes. Tandis que la neige commence à ensevelir les hauts massifs, les rives des lacs prennent souvent une teinte tendre et mélancolique. Les journées sont courtes mais la luminosité est parfaite.

Village de Cordon

modes de transport

SNCF

Temps approximatif des liaisons TGV :
Paris-Albertville : 4h15
Paris-Annecy : 4h
Paris-Chambéry : 3h30
Paris-Grenoble : 3h
Paris-Thonon-les-Bains : 4h30
Renseignements SNCF : ☎ 08 36 35 35 35.

Voiture

Les autoroutes A 41, 48, A 48 et A 40 (Autoroute Blanche) sont les principales voies d'accès à la région

depuis Lyon et la vallée du Rhône. Les stations de sports d'hiver de Maurienne sont directement accessible par l'autoroute A 43. Le Vercors accessible par de bonnes routes, demeure néanmoins une épreuve pour le conducteur peu familier des routes étroites (voir « l'automobiliste et la montagne », ci-après).

Information autoroutière – Du lundi au vendredi : Centre des renseignements autoroutes, 3 rue Edmond-Valentin, 75007 Paris, ☎ 01 47 05 91 01, ou sur minitel 3615 autoroute. Consultez l'Atlas autoroutier Michelin n° 914.

Partir serein – Consultez le **3615 michelin** : ce serveur vous aide à préparer ou décider du meilleur itinéraire à emprunter en vous communiquant d'utiles informations routières. Les 3617 et 3623 michelin vous permettent d'obtenir ces informations sur fax ou imprimante. Sur Internet, ces mêmes prestations sont proposées sur le site www.michelin-travel.com (accès payant).

Enfin ayez toujours près de vous les cartes Michelin n°s 989 et 911 (au 1/1 000 000).

Avion

La région, dotée de plusieurs aéroports, est reliée aux grandes villes et en saison aux métropoles régionales européennes :

Aéroport d'Annecy – 74960 Meythet-Metz-Tessy, ☎ 04 50 27 30 06.

Aéroport de Grenoble – 38590 Grenoble-Saint-Geoirs, ☎ 04 76 65 48 48.

Aéroport de Chambéry-Aix-les-Bains – 73420 Viviers-du-Lac, ☎ 04 79 54 49 54.

Aéroport de Genève – CP 100, CH-1215 Genève Aéroport, ☎ 00 41 22 717 71 11.

L'AUTOMOBILISTE ET LA MONTAGNE

L'automobiliste qui n'a pas l'habitude de la conduite en montagne peut être impressionné. Certaines précautions sont à prendre. Une voiture en bon état (freins et pneus surtout) et le strict respect du code de la route sont indispensables. L'usage de l'avertisseur sonore s'impose sur les routes comportant des virages masqués. En période hivernale, pour circuler en toute sécurité sur les routes enneigées, il est conseillé de s'équiper au départ en chaînes (utiliser de préférence les packs faciles à monter).

Il faut éviter de se laisser surprendre par la nuit, qui survient vite en montagne, de rouler par mauvais temps, de stationner au pied d'une paroi rocheuse (chutes de pierres), de laisser sa voiture dans un endroit trop isolé (risque de vol). Pour les croisements sur voie unique en côte, se rappeler qu'il incombe à la **voiture descendante** de **se garer la première**, et de reculer, pour laisser le passage.

Lors d'une montée longue et abrupte, surveiller les niveaux d'eau et d'huile du moteur et prendre garde à la « panne sèche ».

Routes pittoresques mais difficiles – Les cartes Michelin au 1/200 000 n°s 70, 74, 77, 89, 243 et 244 signalent les voies très étroites (croisement difficile ou impossible), les montées et les descentes accentuées, les parcours difficiles ou dangereux, les tunnels, l'altitude des principaux cols...

Enneigement – Les cartes au 1/1 000 000 n°s 916, 919 et 989 signalent les grandes routes périodiquement enneigées, avec la date probable de leur fermeture ou l'indication de leur déblaiement en moins de 48h ainsi que les cartes d'information. Les routes d'accès aux stations de sports d'hiver sont, en principe, quotidiennement déneigées.

assurances et forfaits

La **Carte neige** est une licence pratiquant de la Fédération française de ski. Elle permet de bénéficier d'une assurance et d'une assistance complètes sur les pistes de ski alpin ou de fond. On peut se la procurer en adhérant à un club affilié à la FFS (Fédération française de ski). Pour tout renseignement, s'adresser au siège de la Fédération, 50 avenue des Marquisats, 74000 Annecy, ☎ 04 50 51 40 34 ou sur Minitel 3615 carteneige. Ce service télématique permet aussi de connaître les dates des courses de ski de fond et les offres de forfaits saisonniers proposés par certaines stations.

Dans les stations où les domaines sont particulièrement vastes, des forfaits par secteurs sont proposés : seules les pistes utilisées sont facturées ; cette formule correspond bien aux besoins des débutants.

tourisme et handicapés

Un certain nombre de curiosités décrites dans ce guide sont accessibles aux personnes handicapées. Elles sont signalées par le symbole ♿ au début de la mention des conditions de visite de chaque site.

Pour de plus amples renseignements au sujet de l'accessibilité des musées aux personnes atteintes de handicaps moteurs ou sensoriels, contacter la Direction des musées de France, service Accueil des publics spécifiques, 6 rue des Pyramides, 75041 Paris Cedex 01, ☎ 01 40 15 35 88.

Le **Guide Rouge Michelin France** et le **Guide Camping Caravaning France**, mis à jour chaque année, indiquent respectivement les chambres accessibles aux handicapés physiques et les installations sanitaires aménagées.

3614 handitel (rubrique Vacances), service télématique du Comité national français de liaison pour la réadaptation des handicapés, 236 bis rue de Tolbiac, 75013 Paris, ☎ 01 53 80 66 66, assure un programme d'information au sujet des transports et des vacances.

Le **Guide Rousseau**, édité par l'Association France « H », 9 rue Luce-de-Lancival, 77340 Pontault-Combault, ☎ 01 60 28 50 12, fournit de précieuses indications sur la pratique des loisirs et des sports accessibles aux handicapés.

Hébergement, restauration

Séjours à la campagne ou randonnées sportives en haute montagne ? À chaque formule son type d'hébergement et pour chaque vallée sa formule privilégiée.

Les villes, destinations week-end des métropoles lyonnaise et parisienne, sont largement pourvues

dans une large gamme d'hôtels et de pensions. Il en va de même pour les stations thermales, dont le parc hôtelier, souvent cossu, reflète bien le prestige de la clientèle qui a fait la réputation des cures savoyardes. Plus haut, pourrait-on dire, aux portes des glaciers et à proximité des champs de ski d'été, les chambres d'hôte et les gîtes ruraux règnent en maître, et rançon de leur succès, sont pris d'assaut dès la sortie des premières primevères. Une infinité de stations de séjour, qui au bord d'un lac, qui au fond d'une combe ou dans le pli d'un plateau sauront agrémenter vos vacances tout en sachant vous étonner par de nouvelles activités : bases d'eaux vives au bord des grands torrents alpins, centres équestres de randonnées du Trièves, plaisance nautique au bord du lac du Bourget ou d'Aiguebelette... Tous les goûts sont certains d'y trouver leur compte...

les adresses du guide

C'est une des nouveautés du Guide Vert : partout où vous irez, vous trouverez notre sélection de bonnes adresses. Nous avons sillonné la France pour repérer des chambres d'hôte et des hôtels, des restaurants et des fermes-auberges, des campings et des gîtes ruraux... En privilégiant des étapes agréables, au cœur des villes ou sur nos circuits touristiques, en pleine campagne ou les pieds dans l'eau ; des maisons de pays, des tables régionales, des lieux de charme et des adresses plus simples... Pour découvrir la France autrement : à travers ses traditions, ses produits du terroir, ses recettes et ses modes de vie.

Le confort, la tranquillité et la qualité de la cuisine sont bien sûr des critères essentiels ! Toutes les maisons ont été visitées et choisies avec le plus grand soin, toutefois il peut arriver que des modifications aient eu lieu depuis notre dernier passage : faites-le-nous savoir, vos remarques et suggestions seront toujours les bienvenues !

Les prix que nous indiquons sont ceux pratiqués en haute saison ; hors saison, de nombreux établissements proposent des tarifs plus avantageux, renseignez-vous...

Mode d'emploi

Au fil des pages, vous découvrirez nos carnets d'adresses : toujours rattachés à des villes ou à des sites touristiques remarquables du guide, ils proposent une sélection d'adresses à proximité. Si nécessaire, l'accès est donné à partir du site le plus proche ou sur des schémas régionaux.

Dans chaque carnet, les maisons sont classées en trois catégories de prix pour répondre à toutes les attentes : Vous partez avec un petit budget ? Choisissez vos adresses parmi celles de la catégorie « **À bon compte** » :

vous trouverez là des campings, des chambres d'hôtes simples et conviviales, des hôtels à moins de 250 F et des tables souvent gourmandes, toujours honnêtes, à moins de 100 F.

Votre budget est un peu plus large, piochez vos étapes dans les « **Valeurs sûres** » : de meilleur confort, les adresses sont aussi plus agréablement situées et aménagées. Dans cette catégorie, vous trouverez beaucoup de maisons de charme, animées par des passionnés, ravis de vous faire découvrir leur demeure et leur table. Là encore, chambres et tables d'hôte sont au rendez-vous, avec des hôtels et des restaurants plus traditionnels, bien sûr.

Vous souhaitez vous faire plaisir, le temps d'un repas ou d'une nuit, vous aimez voyager dans des conditions très confortables ? La catégorie « **Petite folie** » est pour vous... La vie de château dans de luxueuses chambres d'hôte – pas si chères que ça – ou la vie de pacha dans les palaces et les grands hôtels : à vous de choisir ! Vous pouvez aussi profiter des décors de rêve des palaces mythiques à moindres frais, le temps d'un brunch ou d'une tasse de thé... À moins que vous ne préfériez casser votre tirelire pour un repas gastronomique dans un restaurant étoilé, par exemple. Sans oublier que la traditionnelle formule « tenue correcte exigée » est toujours d'actualité dans ces lieux élégants !

à savoir

L'hébergement
LES HÔTELS

Nous vous proposons un choix très large en terme de confort. La location se fait à la nuit et le petit déjeuner est facturé en supplément. Certains établissements assurent un service de restauration également accessible à la clientèle extérieure.

LES CHAMBRES D'HÔTE

Vous êtes reçu directement par les habitants qui vous ouvrent leur demeure. L'atmosphère est plus conviviale qu'à l'hôtel, et l'envie de communiquer doit être réciproque : misanthrope, s'abstenir ! Les prix, mentionnés à la nuit, incluent le petit-déjeuner. Certains propriétaires proposent aussi une table d'hôte, en général le soir, et toujours réservée aux résidents de la maison. Il est très vivement conseillé de réserver votre étape, en raison du grand succès de ce type d'hébergement.

LES RÉSIDENCES HÔTELIÈRES

Adaptées à une clientèle de vacanciers, la location s'y pratique à la semaine mais certaines résidences peuvent, suivant les périodes, vous accueillir à la nuitée. Chaque studio ou appartement est généralement équipé d'une cuisine ou d'une kitchenette.

LES GÎTES RURAUX

Les locations s'effectuent à la semaine ou éventuellement pour un week-end. Totalement autonome, vous pourrez découvrir la région à partir de votre lieu de résidence. Il est indispensable de réserver, longtemps à l'avance, surtout en haute saison.

LES CAMPINGS

Les prix s'entendent par nuit, pour deux personnes et un emplacement de tente. Certains campings disposent de bungalows ou de mobile homes d'un confort moins spartiate : renseignez-vous sur les tarifs directement auprès des campings. NB : Certains établissements ne peuvent pas recevoir vos compagnons à quatre pattes ou les accueillent moyennant un supplément, pensez à demander lors de votre réservation.

LA RESTAURATION

Pour répondre à toutes les envies, nous avons sélectionné des restaurants régionaux bien sûr, mais aussi classiques, exotiques ou à thème... Et des lieux plus simples, où vous pourrez grignoter une salade composée, une tarte salée, une pâtisserie ou déguster des produits régionaux sur le pouce.
Quelques fermes-auberges vous permettront de découvrir les saveurs de la France profonde. Vous y goûterez des produits authentiques provenant de l'exploitation agricole, préparés dans la tradition et généralement servis en menu unique. Le service et l'ambiance sont bon enfant. Réservation obligatoire ! Enfin, n'oubliez pas que les restaurants d'hôtels peuvent vous accueillir.

ET AUSSI...

Si d'aventure, vous n'avez pu trouver votre bonheur parmi toutes nos adresses, vous pouvez consulter les guides Michelin d'hébergement ou, en dernier recours, vous rendre dans un hôtel de chaîne.

LE GUIDE ROUGE HÔTELS ET RESTAURANTS FRANCE

Pour un choix plus étoffé et actualisé, le Guide Rouge Michelin recommande hôtels et restaurants sur toute la France. Pour chaque établissement, le niveau de confort et de prix est indiqué, en plus de nombreux renseignements pratiques. Les bonnes tables, étoilées pour la qualité de leur cuisine, sont très prisées par les gastronomes. Le symbole ⊛ (Bib gourmand) sélectionne les tables qui proposent une cuisine soignée à moins de 130 F.

LE GUIDE CAMPING FRANCE

Le Guide Camping propose tous les ans une sélection de terrains visités régulièrement par nos inspecteurs. Renseignements pratiques, niveau de confort, prix, agrément, location de bungalows, de mobile homes ou de chalets y sont mentionnés.

LES CHAÎNES HÔTELIÈRES

L'hôtellerie dite « économique » peut éventuellement vous rendre service. Sachez que vous y trouverez un équipement complet (sanitaire privé et télévision), mais un confort très simple. Souvent à proximité de grands axes routiers, ces établissements n'assurent pas de restauration. Toutefois, leurs tarifs restent difficiles à concurrencer (moins de 200 F la chambre double). En dépannage, voici donc les centrales de réservation de quelques chaînes :
– Akena ☎ 01 69 84 85 17
– B&B ☎ 0 803 00 29 29
– Etap Hôtel ☎ 08 36 68 89 00 (2,23F la minute)
– Mister Bed ☎ 01 46 14 38 00
– Villages Hôtel ☎ 03 80 60 92 70
Enfin, les hôtels suivants, un peu plus chers (à partir de 300F la chambre), offrent un meilleur confort et quelques services complémentaires :
– Campanile ☎ 01 64 62 46 46
– Climat de France ☎ 01 64 46 01 23
– Ibis ☎ 0 803 88 22 22
Les adresses des comités locaux des gîtes sont disponibles auprès de la Maison des Gîtes de France, 59 rue St-Lazare, 75009 Paris, ☎ 01 49 70 75 75, sur Minitel : 3615 gites de france et sur Internet : www.gites-de-france.fr.
On peut s'y procurer des guides sur les formules les plus variées : gîtes ruraux, gîtes de neige, etc.
Pour tout savoir sur les chambres d'hôte, les fermes équestres ou les fermes-auberges, l'accueil d'enfants ou le camping caravaning à la ferme, se renseigner auprès des chambres d'agriculture régionales ou départementales.

Chambre d'agriculture de la Haute-Savoie – 52 avenue des Iles, 74994 Annecy Cedex, ☎ 04 50 88 18 01. La Fédération française des stations vertes de vacances, hôtel du département de la Côte-d'Or, BP 598, 21016 Dijon Cedex, ☎ 03 80 43 49 47, édite deux guides diffusés gratuitement : **Guide des stations vertes de vacances** et **Guide des villages de neige**. Ils recensent pour les localités rurales homologuées les possibilités d'hébergement, les équipements de loisirs et les attraits naturels.

Loisirs Accueil – Cette association édite un guide annuel et fournit des informations mises à jour : 280 boulevard St-Germain, 75007 Paris, ☎ 01 44 11 10 44.
En Savoie, Loisirs Accueil Savoie, Maison du tourisme, 24 boulevard de la Colonne, 73000 Chambéry, ☎ 04 79 85 01 09.
En Haute-Savoie, Loisirs Accueil Haute-Savoie, 3 rue Dupanloup, 74000 Annecy, ☎ 04 50 51 74 76.
Les randonneurs pédestres consulteront avec profit le guide **Gîtes d'étapes et refuges-France et frontières** par Annick et Serge Mouraret, éd. La Cadole, 78140 Vélizy, ☎ 01 34 65 11 89. Il fournit de nombreux renseignements sur les possibilités d'accueil en montagne. Ces informations sont mises à jour sur Minitel : 3615 cadole.
Le guide **Partir en famille–Kid des vacances** par Josette Sicsic, éd. Etc, signale les hébergements disposant d'aménagements et d'équipements de loisirs propres à satisfaire les adultes accompagnés d'enfants.

Auberges de Jeunesse (AJ)

Ligue française pour les auberges de jeunesse – 67 rue Vergniaud, 75013 Paris, ☎ 01 44 16 78 78 ou par Minitel, 3615 auberge de jeunesse.

choisir son lieu de séjour

Les différents types de villégiature

La carte des lieux de séjour donnée ci-après propose une sélection de localités particulièrement adaptées à la villégiature en raison de leurs possibilités d'hébergement, des loisirs qu'elles offrent et de l'agrément de leur site.

Elle fait apparaître des **villes-étapes**, localités de quelque importance possédant de bonnes capacités d'hébergement, et qu'il faut visiter. En plus des **stations de sports d'hiver** et des **stations thermales** sont signalés des **lieux de séjour traditionnels** sélectionnés pour leurs possibilités d'accueil et l'agrément de leur site.

Grenoble, Annecy, Évian et Chamonix constituent à elles seules une **destination de week-end**, de par leurs sites remarquables, auxquels s'ajoutent un riche patrimoine architectural et muséographique pour les deux premières et la profusion d'excursions, promenades et randonnées exceptionnelles pour les deux autres.

Les bases de départ de promenades et randonnées alpines de tous niveaux confèrent à certaines stations la qualification complémentaire de **station de montagne**.

Les offices de tourisme et syndicats d'initiative renseignent sur les possibilités d'hébergement (meublés, gîtes ruraux, chambres d'hôte) autres que les hôtels et terrains de camping, décrits dans les publications Michelin, et sur les activités locales de plein air, les manifestations culturelles, traditionnelles ou sportives de la région.

Propositions de séjours

idées de week-end

Annecy

Destination idéale pour un premier contact avec la Savoie, Annecy, distante de moins de 4h par TGV de la capitale, offre l'assurance du dépaysement pour un week-end. Longez d'abord les rives du Thiou depuis le centre Bonlieu vers le pont des Amours et abordez les ruelles de la vieille ville par son cadre le plus représentatif : le palais de l'île. Le matin, l'éclairage naturel met mieux en évidence le caractère des vieilles pierres. Par la rue Sainte-Claire, perdez-vous dans les échoppes sous les arcades. L'après-midi, en vous élevant jusqu'au château-musée, vous embrasserez toute la ville d'un coup d'oeil depuis la terrasse. Amusez-vous à deviner les noms des cimes des Aravis proches... Le soir, une croisière-repas sur le lac d'Annecy à bord de *La Libellule* constituera un moment fort agréable de votre séjour (réserver

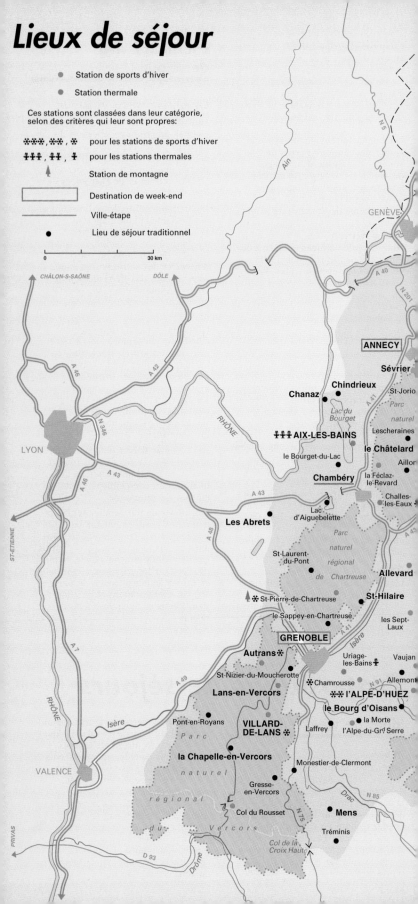

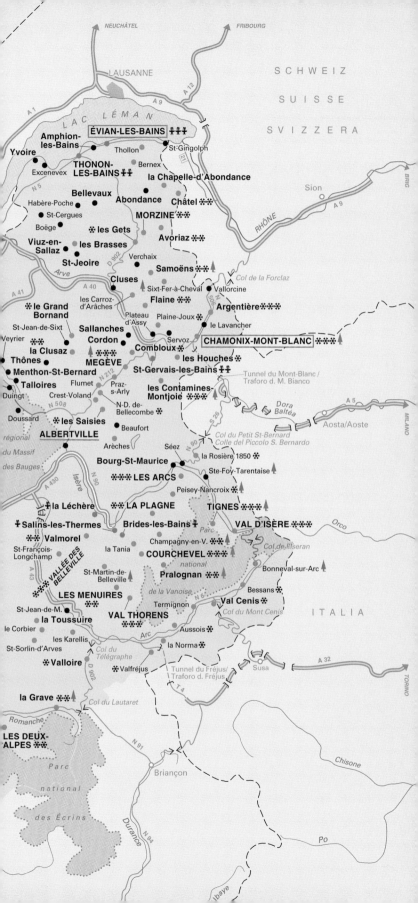

Grenoble

impérativement à l'avance en saison,
car vous ne serez pas les seuls à y
penser !).
Le lendemain, partez à la découverte
du lac en débutant par la rive Nord
(D 909) – vous bénéficierez de
l'éclairage du soleil matinal – après
Veyrier, contemplez les dentelles
fortifiées du château de
Menthon-St-Bernard et appréciez
le calme de Talloires, avant
d'aborder l'autre rive. À Sevrier,
laissez-vous tenter par l'artisanat
des étains et la fameuse fonderie de
cloches Paccard.

GRENOBLE
La montagne dans la ville, ou
presque, un des premiers musées
des Beaux-Arts de France et une
belle brochette de talents
gastronomiques qui ne demandent
qu'à se laisser découvrir :
suffisamment de raison pour
un escapade grenobloise ! À tout
seigneur tout honneur, on rend
hommage au musée de Grenoble
(compter la matinée complète
pour une bonne visite). En sortant,
après une collation dans le quartier,
la visite du nouveau musée de
l'Évêché s'impose pour remonter le
temps. Continuons cette remontée
en traversant l'Isère et en allant
visiter l'église-musée St-Laurent.
Le lendemain, visite au site en faisant
la rituelle montée par « bulles » à la
Bastille où l'on pourra rester pour le
déjeuner au restaurant « La Bastille ».
Descente à pied pour se laisser le
temps d'apprécier les échappées sur
la ville et les fortifications
(rassurez-vous, les bulles descendent
aussi – c'est au choix !). Arrêt au
musée Dauphinois, puis traversée de
l'Isère pour s'engager dans les ruelles
du vieux Grenoble. Avant de partir,
les spécialités grenobloises vous
attendent : noix, douceurs...

THONON
À un jet de pierre de Genève,
protégé par le promontoire d'Yvoire,

Thonon se partage entre plaisirs du
rivage et vallées secrètes de
l'arrière-pays. Débutez par la visite
des belvédères qui surplombent la
rive du Léman, vous percevrez
mieux, ainsi, l'ensemble du site.
Empruntez ensuite le funiculaire pour
aller flâner sur les bord de Rives, et
déguster une friture du Léman. On
visitera l'après-midi le musée du
Chablais (château de Sonnaz) avant
de prendre la direction de Ripaille, où
les tours majestueuses semblent
aligner les carrés de vignes.
Reprendre la direction de Thonon
pour s'engager dans la vallée Verte
jusqu'au château des Allinges :
souvenirs religieux et panorama
bucolique s'y mêlent. Profitez le soir
de l'ambiance particulière des
restaurants au bord du Léman, cachés
au bas d'une pente depuis la N 5, et
dont la réputation des poissons ont
facilement franchie la frontière (port
de Seychex). Le lendemain, farniente
en découvrant Yvoire (une autre
perle du Léman), les plages
immenses et les dunes d'Excenevex
et le calme assoupi de Nernier.

ÉVIAN
Autre perle du Léman, Évian peut à
juste titre prétendre vivre la mer à la
montagne ! Regarder picorer les
cygnes, contempler les voiliers cingler
vers l'autre rive, tenter le sort dans
une des salles du casino peuvent
constituer les activités majeures d'un
week-end à Évian. On peut avoir une
autre conception du court séjour,
s'extasier devant les sculptures de la
villa Lumière (hôtel de ville d'Évian)
et les verrières de la source Cachat, ou
découvrir les points de vue de
l'arrière-pays en longeant la côte
jusqu'à St-Gingolph puis Novel.
L'abbaye d'Abondance vous attend sur
les premiers contreforts du Chablais.
Le lendemain, une escapade en
bateau à aubes vers Ouchy
(Lausanne) s'impose ; on pourra y
combiner un repas à bord ou dans un
des restaurants réputés et sélects de
la rive suisse. Le retour en soirée
alors que les rives s'illuminent devrait
vous charmer.
Cette suggestion de week-end à Évian
se combine aisément avec celle de
Thonon pour former un séjour de 3 à
4 jours.

CHAMONIX
Pour un « week-end émotion » en
hauteur et à toute allure, vous voilà
servi ! La reine de l'alpinisme veut
bien vous dévoiler ses charmes, mais
dans le seul but que vous y reveniez
bien vite. Allez donc rendre visite,
par beau temps, à l'Aiguille du Midi
(la première journée) et à la Mer de
Glace, par le chemin de fer du
Montenvers, la seconde. Les moins

Le vieil Annecy

courageux se rabattront sur le musée alpin de Chamonix et une virée jusqu'à Vallorcine.

idées de séjour de 3 à 4 jours

AU DÉPART D'ANNECY

Après la visite d'Annecy (description dans la partie « week-end »), destination le château de Menthon-St-Bernard dont les tourelles annoncent le col de Bluffy, porte des Aravis. Arrêt à la nécropole des Glières, avant d'accéder à Thônes pour une visite et dégustation de fromages. Par les Clefs et le col de Fry qui longe la magnifique vallée de Manigod, on accède à La Clusaz. Le 2e jour est consacré au col des Aravis et, si le temps le permet, à une montée à la Croix-de-Fer. Descente vers Flumet par les gorges de l'Arondine. Les gorges de l'Arly sont au programme du 3e jour avant d'atteindre Faverges. On en profitera pour visiter les étranges cascades de Seythenex. Le 4e jour, ponctué par des haltes à Duingt (pause photo) et à Sevrier (fonderie Paccard et musée de la Dentelle), vous permettra de longer la rive Ouest du lac d'Annecy par la réserve naturelle du Bout du Lac.

AU DÉPART DE GRENOBLE

Un séjour aussi bref soit-il dans la capitale des Alpes ne peut exclure la visite du musée de Grenoble et celle du site de la Bastille. Ces obligations accomplies, on peut, le 2e jour, se diriger vers le Vercors (jusqu'à Villars-de-Lans) et visiter le château de Sassenage et les grottes voisines, effectuer la traversée des gorges d'Engins, et admirer le point de vue de St-Nizier du Moucherotte. Le 3e jour, avancez-vous vers la Chartreuse, en accédant à St-Pierre-de-Chartreuse par le col de Porte. Effectuez une visite de la Correrie avant de vous engouffrer dans les gorges du Guiers Mort, et

terminez ce périple à Voiron. Le lendemain (4e jour), allez visiter la distillerie des Chartreux et goûtez leur fameuse liqueur ! Une journée historique vous attend à Vizille au musée de la Révolution française. Pour terminer, empruntez le funiculaire de St-Hilaire-du-Touvet : il domine la combe du Grésivaudan et les cimes environnantes...

AUTOUR DE CHAMONIX

Un premier baptême de la haute montagne..., vouloir « faire le vide dans sa tête » en tutoyant les cimes... : les raisons ne manquent pas pour passer trois à quatre jours à Chamonix et dans sa vallée. S'acclimater dans la matinée dans Chamonix (musée alpin) et partir en début d'après-midi pour la mer de glace par le chemin de fer du Montenvers.

En rentrant le soir, prendre soin de se renseigner au bureau des guides (place de l'Église) sur les conditions météo du lendemain. Rassurés, le lendemain dès l'aube (2e jour), vous attaquez la haute montagne par l'Aiguille du Midi ; si le temps est favorable, enchaînez par la vallée Blanche jusqu'au Helbronner. Souvenirs impérissables garantis ! N'oubliez pas vos crèmes solaires et lunettes. Le jour suivant (3e jour), plus calme, filez vers le Nord, après un solide petit déjeuner. Argentière et une balade dans la réserve des Aiguilles Rouges vous attendent. Ou bien dirigez-vous vers Vallorcine et humez l'air suisse ! Avant de repartir vers la ville, essayez l'autre versant de la vallée et montez au Brévent. Le dernier jour (4e jour), vous n'avez que l'embarras du choix entre le train du Mont Blanc, depuis Saint-Gervais (plusieurs tronçons possibles), et le glacier des Bossons depuis les Houches...

séjours d'une semaine

ANNECY ET LES BAUGES

Départ d'Annecy vers Le Châtelard (*comptez une journée*) en ménageant des haltes pour apprécier le lac d'Annecy au belvédère de Bénévent et au crêt de Chatillon, puis au pont du Diable, environné d'un étonnant cadre naturel. Le 2e jour, remontez le cours du Chéran sous la silhouette imposante de la dent de Pleuven puis empruntez la route forestière vers N.-D.-de-Bellevaux. C'est l'occasion d'une agréable partie de campagne ; jolie source à proximité. Revenir à la bifurcation et s'engager vers le col de Frêne : superbe cours de géographie sur le terrain, toute la combe de Savoie s'étale à vos pieds ! Visitez la forteresse médiévale de Miolans puis faîtes une halte, le soir, à Montmélian.

Une bonne occasion de goûter aux fameux cépages locaux ! Le 3e jour, par Cruet et le col de Marocaz, votre parcours s'élève jusqu'au formidable belvédère du mont St-Michel. Une pause bien méritée... Descendez vers Chambéry *(compter la journée pour une visite)*. Le jour suivant (4e jour), on contemple de la ville la croix du Nivolet avant de se mesurer aux contreforts des Bauges par La Féclaz. Petite marche à pied pour parvenir au pied de la croix du Nivolet puis l'observatoire magistral du mont Revard récompense toutes les peines de conduite et de l'éventuelle chaleur estivale. Tout le lac du Bourget en un coup d'œil... Aix-les-Bains vous tend ses bras pour un repos réparateur. Le lendemain (5e jour), embarquement aux premières heures pour une traversée du lac et la visite de l'abbaye de Hautecombe, berceau de la famille de Savoie. Au retour, longez la rive vers le Nord jusqu'aux caves viticoles de Chindrieux (dégustation) avant de vous attabler à Chanaz dans une des auberges au cadre enchanteur au bord du canal. Retour à Annecy (6e jour) en se ménageant une halte à Albens et Alby-sur-Chéran, ancienne capitale de la cordonnerie, dont le cadre a été joliment préservé.

CHAMONIX, LA VALLÉE BLANCHE ET LES CIMES SUISSES

Avant de partir, prévoyez le nécessaire pour de brefs séjours en haute montagne (crème solaire, lunettes de protection, lainage, jumelles) et, surtout, assurez-vous, autant que faire se peut, d'une météo la plus favorable possible à des observations.
Départ de St-Gervais-les-Bains ou de Chamonix. Les deux premiers jours seront réservés aux montées à l'Aiguille du Midi et, si le temps est clément, à la mythique traversée de la vallée Blanche par le téléphérique du Helbronner (compter une bonne journée), puis au Brévent et à la Mer de Glace. On entamera le 3e jour par le secteur d'Argentière et la fameuse aiguille des Grands Montets. Les moins téméraires (ou sujets au vertige) s'offriront une journée bucolique de marche dans la réserve des Aiguilles Rouges. Face au front impressionnant du glacier d'Argentière, vous rêverez le soir aux versants suisses et italiens qui vous attendent le lendemain. Vallorcine, Le Châtelard (Suisse) et l'ascension par funiculaire au barrage d'Emosson (4e jour) : émotion garantie ! Martigny vous accueillera pour l'étape du soir : calme et minutie helvétiques. Le 5e jour, remontez le val d'Entremont, qui vous offre un aperçu inhabituel sur les glaciers du versant oriental de la chaîne du Mont-Blanc, avant

d'atteindre les grandioses ouvrages d'art du tunnel du Grand-Saint-Bernard, qui marque la frontière avec l'Italie.
À Courmayeur, ceux qui se languissent de leur chalet savoyard pourront couper court par le tunnel du Mont-Blanc, les amateurs de polenta et de *spumante* d'Aoste prolongeront leur séjour de deux jours pour rejoindre la vallée de l'Arve par le col du Petit-Saint-Bernard et Beaufort.

Massif de l'Oisans

GRENOBLE, VERCORS ET TRIÈVES

Au départ de la capitale des Alpes françaises, une incursion dans la forteresse verte du Vercors ne nécessite pas de préparation particulière, l'altitude demeurant inférieure à 2 000 m. Cependant, une aversion aux routes étroites, en encorbellement et forcément sinueuses, semble être une sérieuse contre-indication.
Départ de Grenoble par le Sud-Est pour gagner Sassenage (visite du château) et remonter les gorges d'Engins (pause au sentier découverte des gorges du Bruant) jusqu'à Lans-en-Vercors puis Villard-de-Lans, première étape. Montée à la Côte 2000. Le lendemain (2e jour), frais dispos, vous vous attaquez aux gorges de la Bourne qui enchaînent vues encaissées et étroites jusqu'aux remarquables grottes de Choranche *(accès à droite avant le village)*. Une visite dont la fraîcheur réparatrice vous permet d'atteindre Pont-en-Royans (étonnant site de maisons surplombant la rivière) et de goûter à la spécialité locale, les ravioles.
Requinqués (3e jour), abordez sereinement la basse vallée de la Bourne assagie jusqu'à St-Nazaire-en-Royan, annoncé par son imposant pont viaduc (croisières en bateau à aubes, sources pétrifiantes et grottes, il y en a pour tous les goûts...). Au pays de la noix de Grenoble, ne manquez pas les gâteaux de noix...

Le jour suivant (4e jour), Saint-Jean-en-Royans (remarquable monastère orthodoxe décoré de fresques) et Rochechinart (agréable site face aux falaises de combe Laval), et voilà votre prochaine épreuve : la route de combe Laval entre Saint-Jean-en-Royans et le col de la Machine constitue un des parcours le plus aériens de France. Des à-pics de 600 m justifieront les haltes aux évidements aménagés à cet effet. Un peu plus loin, le mémorial du col de Lachau porte témoignages des combats de 1944. Rallier ensuite Vassieux-en-Vercors.

Par le col du Rousset (essayez-vous au « trottinherbe » en été à la station) franchir le tunnel pour apprécier la vaste vue sur la plaine du Diois (5e jour). Ici, possibilité de revenir à Grenoble par la route traversant le plateau du Vercors et La Chapelle-en-Vercors.

Pour revenir par le Trièves, compter une journée supplémentaire et poursuivre jusqu'à Die puis Châtillon-en-Diois (ces deux localités sont décrites dans le Guide Vert Michelin Alpes du Sud) avant de pénétrer dans le Trièves par le col de Menée. Majestueuse omniprésence du Mont-Aiguille qui surplombe la plaine ponctuée de nombreux villages. Étape à Gresse-en-Vercors puis continuer (6e jour) par Monestier-de-Clermont et la fameuse route Napoléon. Regagner Grenoble sans oublier au passage une halte au château de Vizille (berceau de la Révolution).

Itinéraires à thème

Aux visiteurs sachant prendre leur temps s'offrent une multitude de possibilités de « voyager autrement » qui favorisent une approche des richesses du terroir et de la vie quotidienne traditionnelle.

routes historiques

LES CHEMINS DU BAROQUE

Une soixantaine d'églises et chapelles ont été sélectionnées dans les vallées de la Tarentaise et de la Maurienne pour leur caractère spécifiquement baroque. Il est conseillé de débuter ces circuits par Moutiers ou par Lanslebourg. Ensuite, de village en village on partira à la découverte des chefs-d'œuvre que le talent des artistes savoyards a mis au service de l'Église. Outre la visite individuelle, il existe des possibilités d'assister à une visite commentée d'un lieu par un conférencier ou de participer à un circuit accompagné d'une journée. Les modalités sont précisées dans les « espaces baroque ». La Facim a mis sur pied dix-neuf circuits à pied ou en voiture, d'une demi-journée chacun, commentés par des guides. D'autre part, treize circuits libres sont proposés par cet organisme.

Deux **espaces baroque** exposent et informent sur les lieux de visite : à Lanslebourg (Espace baroque Maurienne), ☏ 04 79 05 90 42. et la Facim (Fondation pour l'action culturelle internationale en montagne), hôtel du département, 73018 Chambéry Cedex, ☏ 04 79 96 74 19.

LA ROUTE STENDHAL

Un itinéraire balisé « **route historique Stendhal** » permet de découvrir les lieux de jeunesse et d'inspiration de Henry Beyle : Brangues, dans l'Isère, Thuellin, où Stendhal retrouva sa sœur Pauline, et Claix où, enfant, il découvrit dans le jardin de son père la littérature grâce à Cervantès. À Grenoble, on verra son appartement natal, le café de la Table Ronde (parmi les plus vieux cafés de France) où il venait s'attabler, la maison de son grand-père, le docteur Gagnon, dite aujourd'hui « maison Stendhal », et bien sûr, le musée Stendhal ou même la bibliothèque municipale, riche d'un fonds unique de ses œuvres. L'Office du tourisme de Grenoble, instigateur de ce circuit, fournit toute information sur les heures de visite de ces sites.

Stendhal

LA ROUTE DES DUCS DE SAVOIE

Depuis le 10e s. la dynastie de Savoie a jalonné son histoire de remarquables monuments. La plupart sont aujourd'hui ouverts aux visites publiques : châteaux de Ripaille, de Thorens-Glières, Menthon, Clermont, d'Annecy, Chambéry et l'abbaye d'Hautecombe sont parmi les principaux. La Caisse nationale des monuments historiques et des sites (CNMHS) diffuse un dépliant recensant les châteaux et demeures avec leurs horaires de visite.

LA ROUTE HISTORIQUE DES DAUPHINS

Cet itinéraire proposé par la Caisse des monuments historiques (CNMHS) parcourt les grands axes de pénétration de l'Isère à la visite des demeures historiques. La partie décrite dans ce guide comprend les châteaux de Touvet, Château-Bayard, Vizille, Sassenage et Longpra. Renseignements auprès du Comité départemental du tourisme de l'Isère à Grenoble.

circuits de découverte

Pour visualiser l'ensemble des circuits proposés, reportez-vous à la carte p. 11 du guide.

① ROUTE DES GRANDES ALPES
PROGRAMME EN 5 JOURS DU LAC LÉMAN À LA MÉDITERRANÉE

– Thonon-Beaufort : *146 km – prévoir 5h1/2 (visites comprises).*
– Beaufort-Val-d'Isère : *71 km – prévoir 3h (visites comprises).*
– Val-d'Isère-Briançon : *180 km – prévoir 7h1/2(visites comprises) – après le col du Lautaret voir LE GUIDE VERT Alpes du Sud.*
– Briançon-Barcelonnette : *133 km – prévoir 6h1/2 (visites comprises).*
– Barcelonnette-Menton : *206 km – prévoir 6h (visites comprises) – après St-Sauveur-sur-Tinée voir LE GUIDE VERT Côte d'Azur.*

DE THONON AU COL DU LAUTARET 347 KM
Ce circuit, praticable sur son parcours complet uniquement à la belle saison, relie les plus célèbre col des Alpes françaises dans un cadre où alternent les villages de patrimoine et de tradition et les paysages sévères de haute montagne généreux en panoramas époustouflants de grandeur. Ces derniers se laisseront mieux apprécier d'ailleurs aux heures extrêmes de la journée. Avant de quitter **Thonon**, sachez apprécier encore une fois de la terrasse de la place du Château, le vaste croissant dessiné par le **lac Léman★★★** « où picorent les focs » et, au-delà, les Alpes vaudoises, Lausanne et le Jura suisse.
Il est conseillé d'accéder au col des Aravis dans l'après-midi afin de mieux apprécier l'exposition du massif du Mont-Blanc. Le col marque l'entrée en Savoie.

Au col des Saisies (1 633 m), jusqu'à Bourg-St-Maurice, la route des Grandes Alpes traverse le Beaufortain, patrie du beaufort « roi des fromages alpins ». Des moments forts pour vos papilles et vos yeux : les dégustations à Beaufort et le charme authentique du hameau de **Boudin★** puis la grandeur du site de Roselend. De Bourg-St-Maurice à Val-d'Isère, la D 902 franchit le fond de la Tarentaise pour s'élever en lacet vers la haute Tarentaise balisée par le fameux « géant » de Tignes. Après Val-d'Isère s'amorce l'ascension du col de l'Iseran (2 770 m), le plus élevé de la route des Grandes Alpes : on pénètre dans le Parc national de la Vanoise. La descente du cours de l'Arc par la N 6 se poursuit jusqu'à St-Michel-de-Maurienne. Une pause à Valloire avant de s'élancer à l'assaut d'un autre « juge de paix » du Tour de France cycliste, le Galibier. Le restant du parcours va paraître plus doux, avec l'arrivée au **col du Lautaret** (2 057 m). Ne pas manquer le jardin alpin. Du col, prendre à droite vers la Grave, pour accéder au majestueux panorama sur le massif de la Meije à l'**oratoire du Chazelet★★★**. *La suite du parcours vers Briançon est décrit dans LE GUIDE VERT Alpes du Sud.*

② VIGNES ET ALPAGES, DU CHABLAIS AU VALAIS

CIRCUIT DE 165 KM AU DÉPART D'ÉVIAN

Vous aimez la diversité ? Voici un bon compromis entre deux produits de base de la gastronomie savoyarde : le vin et le lait auxquels on peut ajouter pour la première étape l'eau de source. Évian « la perle du Léman » entre lac et contreforts du Chablais, prend une autre dimension lorsqu'on la découvre du large : prenez donc le bateau ! Après Amphion, l'eau de source n'aura plus de secret pour vous et la douceur de vivre portera un nom le village médiéval d'Yvoire. Nombreuses spécialités de poissons du lac. Abondance et sa vénérable abbaye saura aussi vous faire découvrir la qualité de sa tomme de vache...d'Abondance ; ici tout le Chablais se présente comme un magnifique balcon sur les rives du Léman. Moyenâgeux, impressionnant et intact, le château de Chillon ne laisse pas indifférent. Montreux à la végétation méditerranéenne, oscille entre plaisir de vivre et musique. Goûtez-y les préparations et les vins du Valais. Au retour par le Bouveret, s'offrir une escapade en train à vapeur : une autre vue du lac.

Massif du Mont-Blanc

③ GLACIERS ET CASCADES, VALLÉE BLANCHE ET VALLÉE DU GIFFRE

CIRCUIT DE 200 KM AU DÉPART DE MORZINE

Dômes coiffés de neiges éternelles séparés des escarpements rocheux par des aiguilles déchirant le paysage... Les superlatifs s'additionnent au fil des découvertes pour peu que l'horizon soit bien dégagé. Chalets traditionnels de Morzine, sonnailles des troupeaux du Chablais au fil des villages traversés et Abondance qui vous fait partager ses richesses spirituelles (l'abbaye) et terrestre (la tomme). Calme du versant helvétique où le temps semble plus mesuré : Martigny carrefour actif du haut Valais et le barrage d'Emosson, spectaculaire réussite technique avec son funiculaire vertigineux. Découvrez la vallée Blanche par son extrémité la moins fréquentée : Vallorcine, Argentière puis Chamonix et Les Houches. À chaque étape les belvédères aménagés vous propulseront vers les 3 000 m et la haute montagne. St-Gervais vous montrera la face cachée du Mont Blanc et vous vous laisserez tenter par une escapade sur le TMB (Train du Mt Blanc) jusqu'au glacier du Bionassay *(compter la journée)*. Après tous ces glaciers, voici le pays des cascades : Samoëns riche d'une tradition préservé et Sixt et son cirque du Fer à cheval où ruissellent des centaines de cascades.

④ LE MASSIF DES ARAVIS

CIRCUIT DE 165 KM AU DÉPART D'ANNECY

Prenez le temps de sillonnez chaque vallée de ce massif dans lequel on pénètre par des gorges étroites. Vous êtes ici au pays du reblochon. Sentinelle au-dessus du lac d'Annecy, le château de Menthon-St-Bernard dresse ses tourelles. Au cœur des Aravis, voici le pays de Thônes où la vie et les traditions se confondent

autour du reblochon. De la brillante station de La Clusaz, au col des Aravis, splendide balcon sur la chaîne du massif du Mont-Blanc.Une autre vallée, le val d'Arly préserve ses chalets, ses activités rustiques sur lesquelles rayonne le prestige de Megève. Les « paysages carte postale » de Combloux et Cordon ne doivent pas faire oublier leurs superbes églises baroques. Sur l'autre versant des Aravis, la cité médiévale de La Roche-sur-Foron conjugue patrimoine et modernité.

⑤ AUTOUR DU MONT BLANC

CIRCUIT DE 210 KM AU DÉPART DE ST-GERVAIS-LES-BAINS (en attente de la réouverture du tunnel sous le Mont-Blanc, cet itinéraire doit être rallongé de 140 km par la Suisse)

Au détour d'un virage anodin, surgissent de longues langues glaciaires qui, insensibles au temps, s'écoulent à leur rythme vers des vallées bourdonnantes d'activités touristiques. Impériale, la silhouette du Mont Blanc, immédiatement recherchée par le visiteur, donne l'échelle de la grandeur des paysages rencontrés. N'oubliez pas vos jumelles et en route ! Découverte du Beaufortain, solides traditions fromagères, villages préservés et paysage dépouillé. Tarentaise bruissante d'activités et de trafic avec les stations de Bourg-St-Maurice et des Arcs, réhabilitation des traditions alpines du village de Séez (draperie et tannerie) et grandeur du passage historique du Petit-St-Bernard. Courmayeur où converge l'activité touristique du versant italien du massif et vision majestueuse de la vallée de Chamonix (téléphériques vers les grands belvédères).

⑥ PANORAMAS DES LACS

CIRCUIT DE 255 KM AU DÉPART D'AIX-LES-BAINS

Naviguer dans les Alpes ; loin d'une utopie, juste un peu de temps pour comparer le cadre et la qualité de la baignade des lacs du Bourget, d'Aiguebelette et d'Annecy. Enchâssés dans un relief tourmenté, ces vestiges des grandes glaciations offrent de majestueuses perspectives depuis leurs rivages où se succèdent stations estivales de renom et vénérables abbayes ayant marqué de leur empreinte le cours de l'histoire régionale et nationale. Plaisirs balnéaires à Aix-les-Bains, plaisirs des papilles à Chindrieux et Chanaz, recueillement à Hautecombe et agrément du paysage depuis les belvédères du mont du Chat. Traversée des Bauges sauvages et découverte des sites suprenant autour du lac d'Annecy.

Canal de Savières

7 AUTOUR DE LA VANOISE
CIRCUIT DE 240 KM AU DÉPART DE BOURG-ST-MAURICE

Voulez-vous partir à la poursuite des bouquetins ? Essayons déjà de nous en approcher en franchissant les cols reliant la haute Tarentaise et la Maurienne pour contourner le massif de la Vanoise, un de leurs fiefs. Le trajet mêle témoignages du passé (basilique d'Aime, Aussois, Lanslebourg et Bonneval, le village-musée) et les repères incontournables du massif (col de la Madeleine, col de l'Iseran, barrage de Tignes) dont la beauté ne laisse pas indifférent.

8 AUTOUR DE LA CHARTREUSE
CIRCUIT DE 155 KM AU DÉPART DE GRENOBLE OU DE CHAMBÉRY

Massif assez hermétique, peu peuplé et recouvert d'une épaisse toison de forêts sombres, la Chartreuse reste un des paradis de la randonnée. Des routes le sillonnent entre gorges impressionnantes (Guiers Mort et Vif), villages ayant réussi leur reconversion et le fameux monastère ayant donné le nom au massif.
Pour passer de l'un à l'autre, des cols, un lac (oasis de fraicheur) et des belvédères fortifiés par l'homme au cours des âges. Sans oublier de déguster à la célèbre chartreuse sur les lieux de la distillation !

9 LES COLS DE L'OISANS
CIRCUIT DE 200 KM AU DÉPART DE BOURG-D'OISANS

Entièrement praticable dès la fin du printemps et jusqu'aux premiers jours de l'automne, ce parcours de la vallée de la Romanche à la vallée de la Maurienne ne prétend pas à la majesté ni n'exige l'endurance de la route des Grandes Alpes, mais il offre une agréable variété de paysages où de charmants villages ayant conservé tout leur caractère montagnard ponctuent le parcours. Le point d'orgue de l'itinéraire se situe dans la succession des cols du Lautaret et du Galibier, temple des exploits cyclistes.

10 LE VERCORS, FORTERESSE VERTE
CIRCUIT DE 140 KM AU DÉPART DE LANS-EN-VERCORS

Le vaste plateau du Vercors entaillé de profondes gorges se divisent en autant de pays que de vallées distinctes. Grottes aux décors fantasmagoriques (Choranche, Draye Blanche), villes dont le site à lui seul vaut une halte plus importante (Pont-en-Royans, St-Nazaire) et majestueuses forêts qui semblent nous ramener à l'aube de l'humanité. Et pour accéder à ces merveilles, de sublimes routes (Grands Goulets, combe Laval, gorges de la Bourne) qui demeurent des prouesses de réalisation.

11 DRAC ET ROMANCHE, DE CORNICHES EN GORGES
CIRCUIT DE 120 KM AU DÉPART DE LA MURE

Contourner le massif du Taillefer par le Sud pour découvrir deux régions originales par la diversité de leurs paysages, c'est la proposition de ce circuit, prélude à des découvertes plus profondes du Valbonnais et du massif de l'Oisans. Bonne initiation au musée des Minéraux à Bourg-d'Oisans avant d'aborder le col d'Ornon par les gorges de la Lignarre. À Entraigues, descendre la vallée au fil de la Bonne pour longer la spectaculaire corniche du Drac (également parcourue par le célèbre chemin de fer de la Mure). Profitez d'une étape à Saint-Georges-de-Commiers pour découvrir les charmes du rude pays Matheysin. Avant de reprendre le chemin vers le massif d'Oisans, appréciez les richesses liées à l'histoire nationale du château de Vizille.

Découvrir autrement la région

naviguer dans les Alpes

Enchâssés dans le fond de vallées de faible altitude, les lacs du Bourget, d'Annecy, du Léman et d'Aiguebelette, pour ne citer que les principaux, sont propices à la promenade et à des activités sportives très diverses (voile, ski nautique, plongée, planche à voile, etc.). La douceur du climat riverain est mise en évidence par la présence de vignes et même d'oliviers.

CROISIÈRES SUR LE LAC LÉMAN

C'est la meilleure façon de découvrir des vues d'ensemble du littoral et de l'arrière-pays montagneux. Les deux rives, française et suisse, du lac comportent 41 embarcadères. En saison, de mai à septembre, de multiples formules sont proposées pour effectuer des promenades en bateau au départ de la France, de la liaison directe en 35mn d'Évian à Lausanne (exploitée quotidiennement toute l'année) à la croisière de découverte organisée tous les jours d'une durée moyenne de 3h sur le Haut Lac. Pour effectuer le tour complet du lac, il faut compter 10h.

S'initier à la plaisance – Société nautique du Léman, port de Rives, 74200 Thonon-les-Bains, ☎ 04 50 71 07 29 et Cercle de la voile d'Évian, port des Mouettes, 74500 Évian-les-Bains, ☎ 04 50 75 06 46. Pour admirer les évolutions sur le lac Léman des voiliers, il est conseillé de suivre à mi-juin, le grand rassemblement du Bol d'or de Genève.

LE LAC DU BOURGET

Sur le lac naturel le plus vaste et le plus profond de France, chaque commune riveraine dispose d'un port de plaisance et propose des activités nautiques. Les croisières au départ du Grand Port à Aix-les-Bains, de Portout-Chanaz ou du Bourget-du-Lac varient depuis le tour du lac en 1h jusqu'à la croisière de la journée au canal de Savière et au Rhône par l'écluse de Savière. Les informations sont disponibles à l'Office du tourisme d'Aix-les-Bains et auprès de la Compagnie des bateaux du lac du Bourget, Grand Port, 73100 Aix-les-Bains, ☎ 04 79 88 92 09.

S'initier à la plaisance – Le lac du Bourget, parfois soumis à des vents forts, présente des conditions de navigation proches de celles de haute mer. Ce sont les conditions idéales pour les *funboarders*. Des clubs nautiques initient à la voile à Aix-les-Bains et au Bourget.

LE LAC D'ANNECY

Encadré par un ensemble de superbes sommets, il reste un lieu de villégiature privilégié. Le tour du lac en bateau depuis l'embarcadère du Thiou à Annecy permet d'avoir des vues uniques sur les massifs. Les croisières sont organisées par la Compagnie des bateaux d'Annecy, 2 place aux Bois, 74000 Annecy, ☎ 04 50 51 08 40.

S'initier à la plaisance – Le lac d'Annecy est navigable toute l'année, mais la période idéale se situe de mars à début novembre. Plusieurs centres nautiques proposent des stages d'initiation à la voile : base nautique des Marquisats à Annecy, ☎ 04 50 45 48 39, Cercle de la voile à Sévrier, ☎ 04 50 52 40 04, également à Talloires et Doussard.

LES AUTRES LACS

Le lac d'Aiguebelette – Il est surtout réputé pour la richesse et la variété de ses poissons. Les activités de nautisme (voile et aviron) ont profité de l'interdiction des embarcations à moteur.

Le lac du Monteynard – Situé en bordure du Parc régional du Vercors, ce plan d'eau fort pittoresque offre en saison des possibilités de très agréables croisières. Renseignements auprès de SONAMA, 38650 Monestier-en-Clermont, ☎ 04 76 34 14 56.

Les lacs de **Laffrey** en Isère offrent de belles possibilités de pêche et d'activités nautiques paisibles (voile, aviron, planche à voile...).

découvrir techniques et industries

Certains sites industriels encore en activité ou préservés offrent une occasion originale de découvrir autrement la région, à travers son savoir-faire traditionnel ou des techniques contemporaines. Caves de la Chartreuse – 10 boulevard Kofler, 38500 Voiron, ☎ 04 76 05 81 77 *(voir Chartreuse, massif de la)*. Coopérative laitière du Beaufortain – 73270 Beaufort, ☎ 04 79 38 33 62. Eaux minérales d'Évian – *(voir ce nom)*.

Musée Opinel – St-Jean-de-Maurienne (*voir ce nom*).
Centre scientifique et technique de Grenoble, La Casemate, 1 place St-Laurent, ☎ 04 76 44 88 80, propose des visites guidées sur les expositions traitant de thèmes actuels ou futuristes.

LES SITES D'ÉNERGIE

Le barrage de Monteynard – 38650 Sinard, ☎ 04 76 34 06 22.
Hydrelec – 38114 Allemont, (*décrit à Route de la Croix-de-Fer*).
La Mine-Image – 38770 La Motte d'Aveillans, (*décrit aux Lacs de Laffrey*).
Centrale hydroélectrique de La Bâthie (au pied du barrage de Roselend) – 73540 La Bâthie, ☎ 04 79 31 06 60.

circuits en chemin de fer

CIRCUIT TOURISTIQUE DU LÉMAN

Depuis Évian, et sur une vingtaine de kilomètres, le « **Rive-Bleue-Express** » longe la rive du lac Léman jusqu'au Bouveret (Suisse). De fin juin à fin septembre, certains jours de semaine et tous les week-ends, des trains remis en état par une association perpétuant la tradition des trains de loisirs. Le dimanche, ils ponctuent de leur panache de vapeur leurs haltes aux points panoramiques.
Renseignements auprès de l'Office du tourisme d'Évian et achat des billets dans les gares SNCF d'Évian et du Bouveret.

CHEMIN DE FER DE LA MURE

De St-Georges-de-Commiers à La Mure, cet ancien chemin de fer minéralier franchit sur 30 km un nombre impressionnant d'ouvrages d'art et procure des vues uniques sur les gorges du Drac. Construit à partir de 1882 pour le transport de la houille, il conserva la traction à vapeur jusqu'au début du siècle. Actuellement des locomotives électriques d'un modèle des années trente parcourent pour les visiteurs ce surprenant réseau.

dans les airs

Les formes de **vol libre** ont trouvé dans le relief tourmenté et les sites abrupts des Alpes autant de bases d'envol permettant une découverte différente du panorama des vallées.
Le **parapente**, qui a vu le jour en Haute-Savoie en 1978, n'exige pas un entraînement particulier. Cette activité estivale s'est étendue aux stations de sports d'hiver par la pratique du parapente hivernal avec départ skis aux pieds.
De nombreuses stations estivales, grâce aux facilités d'accès aux sommets, offrent de larges possibilités d'évolution et des stages de pratique. Parmi les plus actives, Les Saisies, au Signal de Bisanne, l'Alpe-d'Huez, en bordure du massif de la Chartreuse St-Hilaire-de-Touvet, sont des références. Chamonix demeure un haut lieu du parapente, soumis à des restrictions en juillet et août sur les versants du Mont Blanc. École de parapente de Chamonix, Parapente Azur, immeuble Le Mommery, 8 impasse des Primevères, ☎ 04 50 53 50 14 ; e-mail : pazur@club-internet.fr
Enfin le Vercors, par ses multiples combes bien orientées, dispose de terrains de prédilection pour s'initier en douceur aux vols.
Deux sites remarquables de cette région sont à mentionner : le Cornafion, près de Villard-de-Lans (vols de 500 m, accès interdit en mai et juin pour la protection de la faune), et le Moucherotte, avec atterrissage à Lans-en-Vercors. Deux organismes proposent des stages de tout niveau en Vercors : Dimension 4 à Villard-de-Lans, ☎ 04 76 95 00 81 et Fun Fly à Lans-en-Vercors.
Les adeptes aguerris n'auront que l'embarras du choix face à la multiplicité des orientations de vallées qui ouvrent la voie à toutes les évolutions possibles. C'est dans la région de Chamonix que la combinaison de conditions aérologiques particulièrement favorables a permis à une équipe de parapentistes d'établir un record en couvrant 160 km.
Pour limiter les risques d'accident et les déconvenues, il est vivement recommandé d'aborder cette pratique en s'inscrivant dans une école agréée par la FFVL. La Fédération fournit la liste à jour des centres (également sur Minitel, 3615 FFVL). Après un premier test en vol biplace, on devient autonome au terme d'un stage d'une semaine où l'on acquiert les connaissances de base en aérologie et météorologie, permettant de mieux appréhender les

conditions naturelles optimales d'envol, seules garantes d'une limitation des risques inhérents à cette activité. Ensuite la mise en pratique s'effectue par une vingtaine de vols radioguidés par un moniteur au sol.

Le **comité régional de tourisme** diffuse une plaquette « Parapente » répertoriant vingt et un sites d'envol dans les Alpes.

Les libéralistes (adeptes du vol libre) ont développé également dans la région la pratique du **deltaplane**, d'origine plus ancienne et exigeant une plus grande technicité. Fédération française de vol libre, 4 rue de Suisse, 06000 Nice, ☎ 04 93 88 62 89.

De nombreuses stations proposent en saison ou toute l'année des baptêmes de l'air et des survols de région en **montgolfière**, notamment aux Saisies, et dans le Vercors à Corrençon et Villard-de-Lans. S'adresser aux offices de tourisme pour les coordonnées des prestataires.

sous terre

La spéléologie reste une activité sportive encore marginale auprès du grand public du fait de l'apprentissage minutieux nécessaire à toute visite de cavité non aménagée. Cependant, en dehors des grottes alpines ouvertes au public et décrites dans la partie principale de ce guide, plusieurs sites sont accessibles à des profanes, à la condition qu'ils soient encadrés par des moniteurs membres de clubs de spéléologie.

La **Chartreuse** possède le plus long gouffre alpin avec un développement de 58 km sous l'Alpette.

Le **massif du Vercors** constitue un des hauts lieux de l'histoire de la spéléologie. Dans ce massif, les sites suivants offrent le cadre d'une journée passionnante d'initiation à l'exploration souterraine : les Goules Blanche et Noire, le porche de la grotte de Bournillon, le scialet de Malaterre (près de Villard-de-Lans), le Trou qui souffle (accès à un gouffre sec) près de Méaudre, la grotte de la Cheminée, les scialets d'Herbouvilly.

La **grotte du Gournier** (située au-dessus de la grotte de Choranche) présente un intérêt particulier pour le néophyte en spéléo par la diversité des techniques mises en œuvre lors de la visite encadrée et la relative facilité de la progression uniquement horizontale dans une galerie fossile. Pour une initiation dans le Vercors, s'adresser à la **Maison de l'aventure**, 26420 La Chapelle-en-Vercors, ☎ 04 75 48 22 38, et à Dimension 4, 38000 Villard-de-Lans, ☎ 04 76 95 00 81.

La **Savoie**, quant à elle, recèle plus de 2 000 grottes répertoriées où, hiver comme été, la température moyenne avoisine 4°. Les gouffres les plus élevés se situent en Vanoise à Pralognan et Tignes (3 000 m). En Haute-Savoie, le gouffre Jean-Bernard détient le record de profondeur atteinte avec – 1 600 m.

Fédération française de spéléologie, 130 rue St-Maur, 75011 Paris, ☎ 01 43 57 56 54 et sur Internet : www.ffspeleo.fr.

animations pour enfants

En Haute-Savoie la chambre d'agriculture propose des séjours-animation dans des fermes pédagogiques de découverte et des gîtes d'enfants : à Andilly, Cernex, et dans les Aravis, à Manigod, pour découvrir les techniques de fabrication du reblochon. Se renseigner à la chambre départementale d'agriculture (adresse dans la section « Avant de partir »).

La plupart des stations de sports d'hiver dispose d'un centre animation-garderie sous l'appellation de village d'enfants afin que les chères têtes blondes puissent goûter de leur côté et sans risque aux joies de la neige. Les stations labellisées « label Kid » proposent une bonne gamme de prestations à des tarifs avantageux pour les moins de 10 ans. Les comités départementaux diffusent la liste de ces stations.

Au cours de cette période, certaines stations se distinguent par prestations plus originales : Arêches-Beaufort propose une initiation à la cuisine savoyarde (fabrique de pain et de préparations à base de beaufort) ; d'autres offrent des animations similaires différentes à chaque saison (consulter la brochure « Animation en hiver » du comité départemental du tourisme de Savoie).

Sports et loisirs

la sécurité en montagne

La montagne a ses dangers, redoutables pour le néophyte, toujours présents à l'esprit de ses adeptes les plus expérimentés. Avalanches, « dévissages », chutes de pierres, mauvais temps, brouillard, traîtrises du sol et de la neige, eau glaciale des lacs d'altitude ou des torrents, désorientation, mauvaise appréciation des distances peuvent surprendre l'alpiniste, le skieur, voire le simple promeneur.

QUELQUES CONSEILS DE PRUDENCE

Les recommandations faites aux skieurs hors-piste restent valables pour tout randonneur de haute montagne et alpiniste. Cependant le séjour à des altitudes supérieures à 3 000 m nécessite des précautions supplémentaires. À cette altitude, la pression atmosphérique chute d'un tiers et le rythme cardiaque s'accélère pour pallier la raréfaction de l'oxygène. L'adaptation est acquise au bout d'une semaine environ lorsque l'organisme, augmentant la production de globules rouges, permet au sang de transporter autant d'oxygène qu'en basse altitude. Le risque principal : le **mal des montagnes** (ou hypoxémie), se caractérise par des malaises digestifs, respiratoires et des violents maux de tête, sous sa forme bénigne que l'on peut atténuer avec des médicaments appropriés, dont on doit se munir avant le départ. La forme grave, l'œdème pulmonaire, nécessite l'intervention des secours d'urgence. L' **hypothermie** demeure un risque en haute montagne, même par beau temps au départ, pour les personnes bloquées par un brusque changement météorologique. Attention, le brouillard tombe vite et s'accompagne toujours de froid. Enfin les **gelures** présentent un danger moins évident, car les symptômes apparaissent progressivement : perte de sensibilité des extrémités, engourdissement et pâleur de la peau. Le grand risque des gelures est le mauvais traitement appliqué sur place : ne jamais réchauffer, par quelque moyen de fortune que ce soit, une partie gelée du corps, sauf si cette opération peut être maintenue jusqu'à l'intervention d'un médecin. Le dommage résultant d'une nouvelle gelure sur une zone partiellement réchauffée serait pire que le soulagement attendu.

Les accidents peuvent être évités ou leurs effets atténués en respectant ces quelques règles ; il est en outre recommandé de ne jamais partir seul et de communiquer son programme et l'heure estimée du retour à des tiers.

LE SECOURS EN MONTAGNE

L'alerte doit obligatoirement être transmise à la gendarmerie qui mettra en action ses propres moyens de sauvetage ou requerra ceux des sociétés locales de secours en montagne.

Qui règle la note ? – Elle peut être fort élevée, suivant les moyens mis en œuvre (hélicoptère...), et à la charge de la personne secourue ou de ses proches... L'amateur de ski et de courses en montagne, avant de les entreprendre, souscrira donc avec prudence une assurance la garantissant dans ce domaine.

La Croisière Blanche aux Deux-Alpes

LES AVALANCHES

Le superbe spectacle des évolutions des skieurs et randonneurs sur de magnifiques espaces de neige ne doivent pas faire oublier les dangers toujours présents d'avalanches, naturelles ou déclenchées par le déplacement du skieur. Les **Bulletins Neige et Avalanche** (BNA), affichés dans chaque station et lieux de randonnée, avertissent des risques et doivent être impérativement consultés avant tout projet de sortie. Pour affiner l'information auprès des adeptes du « hors-piste », de la randonnée nordique ou en raquettes, particulièrement exposés, une nouvelle échelle de risques a été établie.

ÉCHELLE DES RISQUES D'AVALANCHE

1 – **Faible** : un manteau neigeux bien stabilisé n'autorise que des coulées et de rares avalanches spontanées sur des pentes très raides.

2 – **Limité** : pour un même état neigeux que précédemment, des déclenchements peuvent se produire par « forte surcharge » (passage de nombreux skieurs ou randonneurs) sur des sites bien déterminés.

3 – **Marqué** : avec un manteau neigeux modérément stabilisé, les avalanches peuvent être déclenchées par des personnes isolées sur de nombreux sites ; les risques 4 d'avalanches spontanées deviennent possibles.

4 – **Fort** : la faible stabilité de la couche neigeuse sur toutes les pentes raides rend les déclenchements d'avalanches très probables au passage d'individuels ; les départs spontanés risquent d'être nombreux.

5 – **Très fort** : la grande instabilité de la couche neigeuse après de fortes chutes va multiplier d'importantes avalanches y compris sur des terrains peu raides.

Cette échelle précise le niveau de risque hors des pistes ouvertes et nécessite parfois d'être complétée par une information concernant la destination de la sortie.

LA FOUDRE

Les coups de vent violents sont annonciateurs d'orage et exposent l'alpiniste et le randonneur à la foudre. Éviter de descendre le long des arêtes faîtières, de s'abriter sous des rochers en surplomb, des arbres isolés sur des espaces découverts, à l'entrée de grottes ou toute anfractuosité rocheuse ainsi qu'à proximité de clôtures métalliques. Ne pas conserver sur soi de grands objets métalliques : piolet et crampons, ne pas s'abriter sous des couvertures à âme métallique. Si possible, se placer à plus de 15 m de tout point élevé (rocher ou arbre) et prendre une position accroupie, genoux relevés, en évitant que les mains ou une partie nue du corps ne touchent la paroi rocheuse. Souvent efficients en secteur rocheux, les coups de foudre sont précédés d'électrisation de l'atmosphère (et des cheveux) et annoncés par des « bruits d'abeilles », bourdonnements caractéristiques bien connus des montagnards. Enfin, se souvenir qu'une voiture reste un bon abri en cas d'orage, car elle constitue une excellente cage de Faraday.

le ski

L'ensemble du massif alpin demeure le domaine de prédilection de tous les sports de neige. Il a vu éclore de nouvelles formes de déplacement sur neige, exigeant parfois un effort extrême, et des perfectionnements des techniques déjà bien éprouvées.

On distingue plusieurs techniques de ski :

LE SKI ALPIN (OU DE DESCENTE)

Le plus populaire, il offre les formes les plus diverses de descente que pratiquement toutes les stations alpines proposent. Les jeux Olympiques de 1924 lui ont apporté la consécration, et Émile Allais en 1931 avec sa méthode française lui donna sa forme actuelle.

LE SKI DE FOND (OU SKI NORDIQUE)

Technique idéale pour les terrains peu accidentés, elle demande des skis longs et étroits et des chaussures basses fixées uniquement par l'avant. Depuis 1968, le ski de fond est intégré aux compétitions olympiques. Les stations proposent en grande majorité des circuits balisés de ski de fond dont la taille est fonction du relief.

Les stations alpines offrent également un balisage pour les fondeurs dans la partie basse des versants skiables. Cette activité, quoique sportive, peut être pratiquée à tout âge au rythme convenant à chacun. Les régions comme le Vercors se prêtent particulièrement bien au ski de fond pour lequel un aménagement spécifique a été créé (balisage particulier, refuges et haltes...). Le Parc naturel régional du Vercors diffuse une documentation appropriée sur ces activités.

Dans certaines stations, on peut également s'initier au **skijörring** : déplacement à skis de fond tirés par des chiens de traîneau.

LE SKI DE RANDONNÉE (OU DE HAUTE MONTAGNE)

Il s'adresse aux skieurs expérimentés et dotés d'une bonne résistance physique. Il combine la technique du ski de fond en montée et celle du ski alpin hors-piste en descente. Il est préférable de se faire accompagner par un guide et nécessite un équipement spécial : ski de randonnée avec peaux de phoque pour la montée.

Les grandes classiques dans les Alpes du Nord sont la **Grande Traversée des Alpes** (GTA) qui du lac Léman suit le tracé du GR 5 jusqu'à la Méditerranée, la **Chamonix-Zermatt**, les **Dômes de la Vanoise** et le **Haut-Beaufortain**.

Le Centre information montagne et sentiers (CIMES GTA) renseigne le public sur les itinéraires régionaux de randonnées et sur la « Grande Traversée des Alpes » : 14 rue de la République, 38000 Grenoble ☎ 04 76 42 45 90 ou sur Minitel 3615 cimes.

LE HORS-PISTE

Il demeure le domaine des skieurs chevronnés qui fréquentent les secteurs non balisés sous leur propre responsabilité. Là aussi, la présence d'un guide ou moniteur connaissant bien les zones dangereuses est vivement conseillée. Certaines stations proposent pour cette pratique des terrains non balisés mais surveillés.

LES AUTRES FORMES DE GLISSE

Monoski – Exige un grand sens d'équilibre du buste car les deux pieds sont sur le même ski. Il se pratique essentiellement sur les terrains du hors-piste.

Surf de neige – S'exerce sans bâtons sur des pentes à forte déclivité, à la recherche des bosses de neige.

Ski de bosses – Inscrit aux jeux Olympiques d'Albertville, il consiste à dévaler des pentes en maintenant son alignement sur une succession de bosses (les goulettes). C'est une bonne initiation au ski hors-piste. Toutes ces variantes de déplacement sur neige peuvent être découvertes lors de stages d'initiation proposés dans toutes les stations alpines.

Courses de traîneaux – Elles connaissent, depuis leur introduction en France en 1979, un succès croissant. On distingue quatre races de chiens : le husky de Sibérie, le plus rapide, le malamute d'Alaska, le plus puissant, le groenlandais (ou chien esquimau) et le samoyède, reconnaissable à sa fourrure blanche. Chaque race possède des caractéristiques de traction qui permettent au conducteur de l'entraîner soit pour la randonnée, soit pour la course.

Le **musher** (conducteur de traîneau) se maintient habituellement à l'arrière du traîneau, mais il peut chausser des skis de fond et être tiré par l'attelage : c'est le skijörring. De nombreuses stations offrent des possibilités de courtes randonnées avec ou sans musher et une initiation aux courses de traîneaux.

LES STATIONS DE SPORTS D'HIVER

Dans le tableau des stations de sports d'hiver ci-après, les stations retenues offrent en matière d'hébergement des ressources hôtelières sélectionnées dans le Guide Rouge Michelin France.

Les Alpes du Nord sont riches en stations de toutes sortes. À côté des grandes vedettes internationales comme Tignes, Val-d'Isère, Courchevel, Chamonix, il existe de nombreuses stations familiales qui ont conservé leur caractère villageois. La conception des stations a évolué avec le développement de la pratique du ski. Les premières s'étaient greffées à des villes ou villages traditionnels comme Morzine, Megève, puis on a recherché les bonnes pentes enneigées et les stations sont montées vers les alpages : Val-d'Isère, l'Alpe-d'Huez, les Deux-Alpes. Après la guerre se sont développées les stations planifiées comme Courchevel, Chamrousse, Tignes, puis encore plus récemment les stations conçues dans leur ensemble par un seul promoteur : les Arcs, Avoriaz, les Ménuires, Val-Thorens, Flaine.

Les remontées mécaniques sont installées de plus en plus haut, élargissant un domaine skiable souvent commun à plusieurs stations. Dans certaines stations (l'Alpe-d'Huez, Val-d'Isère, Tignes, les Deux-Alpes, Val-Thorens), elles parviennent aux neiges éternelles permettant la pratique du ski d'été.

Les grands domaines sont accessibles par des ski-pass permettant de skier indistinctement sur plusieurs domaines reliés ou non par télécabines.

STATIONS	Altitude au pied de la station	Altitude au sommet	Stations associées (1)	Altiport	Téléphériques et télécabines	Télésièges et téléskis	Km de pistes	Ski de fond	Km de pistes balisées	Patinoire	Piscine chauffée	Ski d'été
L'Alpe-d'Huez	1 500	3 350	OI	●	14	72	220	⛷	50	●	🏊	
Arèches-Beaufort	1 050	2 150				12	22	⛷	42			
Les Arcs	1 200	3 226	HT		4	77	150	⛷	15	●	🏊	
Argentière	1 252	3 275	SK		5	14	187	⛷	18			
Auris-en-Oisans	1 600	3 350	OI			15	45	⛷	40			
Aussois	1 500	2 750	HM			11	45	⛷	15			
Autrans	1 050	1 710				15	30	⛷	160		🏊	
Avoriaz	1 100	2 466	PS		2	28	150	⛷	40			
Bernex	1 000	1 900				15	50	⛷	35		🏊	
Bessans	1 750	2 220	HM			4	5	⛷	80			
Bonneval-sur-Arc	1 800	3 000	HM			10	21					
Les Carroz-d'Arâches	1 140	2 480			8	71	250	⛷	78			
Chamonix	1 035	3 795	SK		12	34	150	⛷	40	●	🏊	⛷
Chamrousse	1 400	2 253			1	25	70	⛷	55		🏊	
La Chapelle-d'Abondance	1 020	2 000	PS		1	11	45		35			
Châtel-Super Châtel	1 200	2 100	PS		2	48	65	⛷	30			
La Clusaz	1 100	2 600		●	5	51	120	⛷	60	●		
Combloux	1 000	1 853	SK		1	24	50	⛷	15			
Les Contamines-Montjoie	1 164	2 500	SK		3	22	100	⛷	25	●		
Le Corbier	1 450	2 420				24	24	⛷	25			
Cordon	850	1 600	SK			6	11	⛷	12			
Courchevel	1 300	2 707	TV	●	10	56	180	⛷	50	●	🏊	
Crest-Voland	1 230	2 000	EC			33	48	⛷	80			
Les Deux-Alpes	1 300	3 560	OI		8	56	196	⛷	20	●	🏊	⛷
Flaine	1 600	2 500		●	2	29	150	⛷	14	●	🏊	
Flumet	1 000	2 030				13	60	⛷	25			
Les Gets	1 172	2 002	PS		5	51	130	⛷	50			
Le Grand-Bornand	1 000	2 100			2	38	20	⛷	65			
La Grave-Villard-d'Arène	1 450	3 550			2	8	36	⛷	30			⛷
Les Houches	1 008	1 960	SK		2	15	50	⛷	35			
Les Karellis	1 600	2 500				17	45	⛷	30			
Lans-en-Vercors	1 400	1 807				16	24	⛷	90			
Megève	1 113	2 350	SK	●	9	74	150	⛷	60	●	🏊	

STATIONS	Altitude au pied de la station	Altitude au sommet	Stations associées (1)	Altiport	Téléphériques et télécabines	Télésièges et téléskis	Km de pistes	Ski de fond	Km de pistes balisées	Patinoire	Piscine chauffée	Ski d'été
Les Ménuires	1 400	2 850	TV		6	44	120	⛷	26		🏊	
Méribel-les-Allues	1 400	2 910	TV	●	16	34	120	⛷	25	●	🏊	
Morzine	1 000	2 460	PS		14	60	65	⛷	70	●		
La Norma	1 350	2 750	HM			16	65	⛷	6			
N.-D.-de-Bellecombe	1 150	2 030				17	70	⛷	8	●		
Peisey-Nancroix	1 600	2 400	HT		1	15	62	⛷	40			
La Plagne	1 250	3 250	HT		9	103	210	⛷	96	●	🏊	🎿
Pralognan	1 410	2 360			1	13	35	⛷	25			
Praz-sur-Arly	1 036	1 900				14	50	⛷	20			
La Rosière	1 850	2 400			1	34	135	⛷	20			
St-François-Longchamp	1 415	2 550				17	65				🏊	
St-Gervais-les-Bains	850	2 350	SK		3	70	220	⛷	30	●		
St-Jeoire-les-Brasses	900	1 500				17	52	⛷	40		🏊	
St-Pierre-de-Chartreuse	900	1 800			2	13	17	⛷	55			
St-Sorlin-d'Arves	1 550	2 600				17	95	⛷	20			
Les Saisies	1 600	1 950	EC			36	70	⛷	100			
Samoëns	800	2 480			4	42	150	⛷	70			
Le Sappey-en-Chartreuse	1 000	1 700				11	15		40			
La Tania	1 350	2 280	TV		1	3	180	⛷	65			
Termignon	1 300	2 500	HM			2	30	⛷	40			
Thollon	1 000	2 000			1	16	55	⛷	25			
Tignes	1 550	3 460	EK		9	44	150	⛷	19	●		🎿
La Toussuire	1 800	2 400				18	40	⛷	17			
Val-Cenis	1 400	2 800	HM		1	22	80	⛷	40			
Val-Fréjus	1 550	2 550			2	11	52	⛷	40			
Val-d'Isère	1 850	3 260	EK		16	88	300	⛷	18	●	🏊	🎿
Valloire	1 430	2 550		●	1	32	150	⛷	30	●	🏊	🎿
Valmorel	1 400	2 400			2	28	105	⛷	25			
Val-Thorens	2 300	3 200	TV		4	30	120			●	🏊	🎿
Villard-de-Lans	1 050	2 170			2	35	120	⛷	120	●		

(1) HT = Stations de haute Tarentaise
PS = Portes du Soleil
SK = Ski-pass Mont-Blanc
TV = Trois-Vallées
OI = Oisans - Les Grandes Rousses
EK = Espace Killy
EC = Espace Cristal
HM = Stations de haute Maurienne

LES DOMAINES SKIABLES

Espace Killy – Tignes et Val-d'Isère.

Les Trois-Vallées – Les Ménuires, Courchevel, Val-Thorens, La Tania, Méribel et St-Martin-de-Belleville.

L'Espace Les Arcs – Les Arcs, La Plagne et Peisey-Nancroix.

L'Espace Cristal – Crest-Voland, Cohennoz et les Saisies.

Le Super Grand Large – Le Corbier, La Toussuire, St-Jean-d'Arves et St-Sorlin-d'Arves.

Les Portes du Soleil – Abondance, Avoriaz, La Chapelle, Châtel, Les Gets, Montriond et Morzine.

Évasion Mont-Blanc – Combloux, Megève, St-Gervais et St-Nicolas-de-Véroce.

Le Grand Massif – Les Carroz-d'Arâches, Flaine, Morillon, Samoëns et Sixt.

La Carte Blanche – Flumet, N.-D.-de Bellecombe et Praz-sur-Arly.

La Grande Plagne – L'ensemble des stations du complexe de La Plagne.

Les Grandes Rousses – L'Alpe-d'Huez, Auris-en-Oisans, Oz, Vaujany et Villard-Reculas.

LES STATIONS DE SKI D'ÉTÉ

Les amateurs de ski pourront conjuguer la glisse et les activités estivales dans cinq domaines :

– **L'Alpe-d'Huez** *(de début juillet à mi-août sur le glacier de Sarennes, 3 000 m)* ;

– **Les Deux-Alpes** *(de mi-juin à début septembre sur le glacier de Mont-de-Lans, 3 420 m)* ;

– **La Plagne** *(de début juillet à fin août sur le glacier de Bellecôte, 3 416 m)* ;

– **Tignes** *(de début juillet à fin août sur le glacier de la Grande Motte, 3 430 m)* ;

– **Val-Thorens** *(de début juillet à fin août, sur le glacier du Péclet, 3 400 m)*.

QUELQUES TERMES TECHNIQUES DE GLISSE

Amont, aval : tout ce qui se situe au-dessus, au-dessous, par rapport à un skieur engagé sur une pente.

Caravaneige : terrain de caravaning équipé pour le séjour d'hiver en montagne.

Carres : arêtes métalliques protégeant le bord du ski et l'aidant à mordre dans la neige.

Contre-pente : versant opposé à celui que descend le skieur.

Déchausser : ôter ou perdre ses skis.

Éclater : faire une chute spectaculaire.

Fart, fartage : enduit dont on graisse la semelle du ski pour en faciliter le glissement ; application de cet enduit.

Fixation : système d'attaches rendant la chaussure solidaire du ski.

Paquebot des neiges : station constituée par un unique mais gigantesque immeuble.

Peau de phoque : revêtement antidérapant dont on habille les skis pour gravir une pente, en l'absence de remontées mécaniques.

Relâcher : se soulever prématurément, en parlant d'un ski manquant d'adhérence (trop dur ou mal farté).

Soupe : neige détrempée.

Spatule : extrémité antérieure du ski.

Stade de neige : concentration de pistes et d'aménagements destinés à l'entraînement ou à la compétition ; domaine skiable équipé n'offrant ni hébergement ni activités d'après-ski.

Ski alpin

Chasse-neige : position de freinage, les skis convergents.

Christiania : virage ou arrêt exécuté les skis parallèles.

Conversion : arrêt avec demi-tour sur place.

Dérapage : descente contrôlée, par glissement latéral des skis.

Godille : technique de descente faite d'une succession rapide et ininterrompue de petits virages, effectués face à la pente, les skis parallèles.

Mur : passage en pente raide.

Œuf (position de l') : position ramassée (skis écartés, genoux fléchis, buste incliné en avant) permettant une vitesse maximum en descente.

Schuss : descente directe non freinée, suivant la ligne de plus grande pente.

Slalom : descente sinueuse entre des obstacles naturels ou artificiels.

Stemm : virage effectué en ramenant un ski près de l'autre.

Ski de fond

Boucle : circuit de pistes balisées.

Fondeur : adepte du ski de fond.

Glisse : progression plus ou moins aisée des semelles des skis sur la neige.

Pas alternatif : mouvement de base consistant à glisser sur une jambe en appuyant sur l'autre.

Pas tournant : déplacement latéral précédant un changement de direction.

Stackning : glissement par poussée simultanée sur les deux bâtons.
Stawug : combinaison du pas alternatif et du stackning.

LES STATIONS OLYMPIQUES POUR TOUS

À l'issue des jeux Olympiques d'hiver de 1992, les installations sportives olympiques ont été pour la plupart ouvertes au public. Ainsi, les stations suivantes proposent des initiations originales :

Les Arcs permettent d'essayer le stade olympique et organisent des descentes chronométrées.

Courchevel organise des visites guidées des pistes de saut et du tremplin haut de 120 m.

La Plagne propose sur sa piste de bobsleigh des descentes en taxibob et en skeleton (à plat ventre dans une luge, tête en avant), et des stages de pilotage de bobsleigh et de bobraft.

Pralognan offre des possibilités de s'initier au curling.

Val-d'Isère permet d'approcher le ski de compétition dans le cadre même où se déroulèrent les épreuves olympiques sur la face de Bellevarde avec ses 1 000 m de dénivelée ; des descentes encadrées par des moniteurs sont organisées.

Tignes ouvre au public son stade de bosses à des stages d'initiation.

Signalisation pour la sécurité des skieurs,
Sur les pistes de ski, respectez la signalisation et les interdictions affichées :

NON Nous n'avons besoin de rien

OUI Nous demandons de l'aide

Danger d'avalanche généralisé

Danger d'avalanche localisé

stages et loisirs après le ski

Des stages et animations sont proposés dans les principales stations en saison : billard à Pralognan, arts martiaux à Valloire, tir à l'arc aux Houches, initiation à l'astronomie à Méribel, observer la sculpture sur neige à Valloire, etc.

Des stages d'ornithologie, de safari-photo et d'observation de la faune alpine sont organisés à Val-d'Isère par le Club images et connaissance de la montagne, ☎ 04 79 06 00 03. Dans la vallée des Entremonts, dans la Chartreuse, des stages avec hébergement sont organisés autour du thème de la peinture décorative sur bois de meubles traditionnels.

Renseignements auprès du Comité départemental du tourisme de l'Isère à Grenoble.

LES ÉCOLES DE CONDUITE SUR GLACE

Généralement ouvertes de mi-décembre à fin mars, elles dispensent les bases d'une conduite sûre et permettent de s'assurer des limites d'adhérence du véhicule. Certaines acceptent les cours sur voiture personnelle. Les prestations s'étendent du baptême aux stages d'initiation puis de sécurité. Les stations suivantes disposent d'une école : l'Alpe-d'Huez, Chamrousse, Flaine et Val-d'Isère.

les randonnées pédestres en montagne

La randonnée constitue le meilleur moyen pour découvrir les plus beaux paysages de montagne. Dans ce guide, une importance accrue a été accordée à la description des sentiers pédestres. Trois types de randonnées apparaissent dans la présente édition. Les **simples promenades** sont accessibles à priori à tous (y compris les enfants). Les **randonnées à la journée** nécessitent pour leur part davantage d'endurance pour des marches de plus de 4h et de 700 m de dénivelé, il est préférable de s'être entraîné au préalable. Enfin, quelques itinéraires plus difficiles, **randonnées pour marcheurs expérimentés**, sont mentionnés (passages vertigineux ou très raides mais ne nécessitant pas de connaissance de l'alpinisme) lorsque les panoramas offerts sont exceptionnels. Avant de commencer une excursion, prendre toujours connaissance du dernier bulletin de Météo-France *(voir le chapitre Avant de partir)* et vérifier que la durée de la promenade est compatible avec l'heure de départ. En montagne, on évalue l'horaire d'une course sur la base de la dénivellation : 300 m à l'heure à la montée et 500 m à la descente pour un marcheur moyen, arrêts non compris.

Partir de préférence de bonne heure le matin pour effectuer les montées dans la fraîcheur et augmenter les chances d'observer la faune.

Quelles que soient la durée et la difficulté de la randonnée, il faut prévoir dans son équipement : une carte au 1/25 000 ou au 1/50 000, 1 à 2 l d'eau par personne, des denrées énergétiques, un vêtement imperméable, un pull-over, des lunettes de soleil, une crème solaire et une pharmacie légère. Par ailleurs, il est recommandé de se munir de solides chaussures de montagne à

semelle antidérapante ainsi que de jumelles pour observer les sommets éloignés et la faune. Pour observer la faune, éviter de porter des vêtements aux couleurs trop voyantes, de gesticuler et d'être bruyant afin de ne pas effrayer et faire fuir les animaux.

RÉSERVATION DANS LES REFUGES DE HAUTE MONTAGNE

Depuis quelques années, les refuges de haute montagne sont équipés de radio-téléphones qui ont permis d'installer un système de réservation obligatoire en saison estivale. Cela signifie pour le randonneur occasionnel qu'il n'est pas assuré de trouver un lit en se présentant dans un refuge gardé où la priorité est donnée aux réservations préalables.

Les numéros de téléphone des refuges sont disponibles auprès des offices de tourisme des stations.

SENTIERS DE GRANDE RANDONNÉE (GR)

De nombreux sentiers de Grande Randonnée balisés de traits horizontaux rouges et blancs sillonnent les Alpes. Des topo-guides édités par la Fédération française de la randonnée pédestre en donnent le tracé détaillé, les possibilités

d'hébergement (refuges et gîtes d'étape), et d'indispensables conseils (et sur Minitel 3615 rando).

Le **GR 5** parcourt les Alpes du lac Léman à Nice en suivant les Grandes Alpes. D'autres sentiers s'y greffent.

Le **TMB** ou **Tour du Mont-Blanc** suit un tracé autour du massif. Il faut compter huit jours par le même sentier, tantôt en France, tantôt en Suisse, tantôt en Italie.

Le **GR 55** : Tour de la Vanoise, permet de découvrir le parc national.

Le **GR 54** : Tour de l'Oisans, fait le tour du Parc national des Écrins.

Citons aussi le **Tour du haut Dauphiné** (400 km) et le **Tour de Chaillol**.

À l'Ouest d'autres sentiers suivent les Préalpes.

Le **GR 96** traverse le Chablais, les Aravis et les Bauges.

Les **GR 9**, **91**, **93** et **95** proposent plusieurs itinéraires dans le Vercors. Enfin, quelques sentiers de liaison permettent de relier de grands circuits, comme le **GR 549** qui joint le tour de l'Oisans au Vercors.

Les topo-guides des sentiers de Grande Randonnée sont édités par la Fédération française de la randonnée pédestre, Comité national des sentiers de Grande Randonnée, 64 rue de Gergovie, 75014 Paris, ☎ 01 45 45 31 02.

Le comité régional de tourisme Rhône-Alpes diffuse un guide très complet sur les possibilités de randonnées dans les Alpes.

Le Club alpin français, 24 avenue de Laumière, 75019 Paris dispose d'un service de documentation au 01 53 72 87 13.

Fédération française de la montagne et de l'escalade, 10 quai de la Marne, 75019 Paris, ☎ 01 40 18 75 50.

Quelques règles de bonne conduite dans les réserves naturelles

– Vous n'êtes pas là pour remplir votre panier donc pas de cueillette ni de fruits, ni de fleurs (elles fanent d'ailleurs très vite), pas d'arrachage de plantes et pas de ramassage de fossiles ;

Dans le Vercors

– La nature n'est pas votre poubelle : tous les déchets et récipients vides doivent être redescendus hors de la zone protégée (prévoir des sacs à cet effet) ;
– N'emmenez pas votre guitare et ne prévoyez pas de feu de camp ; dans certains secteurs il est même vivement recommandé de ne pas fumer ;
– Ce n'est pas l'endroit pour promener votre chien, encore plus s'il est du genre à pourchasser la moindre fourmi ou à aboyer après tout ce qui bouge. Même tenu en laisse, son odeur peut faire fuir certaines espèces sauvages ;
– Ne pas sortir des sentiers tracés, et surtout ne pas couper à travers les lacets des chemins : vous n'êtes a priori pas pressés... Les raccourcis sont à l'origine des dégradations du tapis végétal et de l'accélération du ravinement.

alpinisme

Berceau de ce sport, auquel elles ont donné leur nom, les Alpes du Nord en demeurent l'un des grands centres avec Chamonix, « capitale mondiale de l'alpinisme ».
Les techniques et le matériel sans cesse perfectionnés en ont fait un sport populaire pratiqué par de plus en plus de passionnés. Elles permettent également un renouvellement dans la recherche de la difficulté : escalade artificielle, course en solitaire, course hivernale, ascension à mains nues, etc. Ce sport trouve son terrain de choix dans les grands massifs : Mont-Blanc, Écrins et Vanoise.
Les stations établies au pied de ces massifs : Chamonix-Mont-Blanc, St-Gervais-les-Bains, Pralognan-la-Vanoise, Bourg-d'Oisans (La Bérarde), La Grave, sont les principaux points de départ des alpinistes.
Les guides sont groupés en syndicats qui portent le nom de « compagnie ». Leur principe essentiel est le « tour de rôle ». La plus célèbre compagnie, celle de Chamonix, a été instituée en 1823. Parmi les autres, citons celles de l'Oisans, de Pralognan-la-Vanoise et pour les Préalpes celle de Grenoble. L'aventure hivernale d'une face Nord reste cependant encore aujourd'hui seulement à la portée d'alpinistes possédant un bon moral et une excellente technique malgré l'assurance que peut procurer la fiabilité d'un matériel d'alpinisme moderne toujours plus performant.

escalade

L'infinie variété de sites et de natures de roches offerte par les massifs alpins en fait le théâtre idéal de l'escalade. Avant d'atteindre l'assurance des prises, la grâce d'évolution des grimpeurs aguerris et d'apprivoiser le « gaz » sous les pieds, le néophyte aura à cœur de se laisser guider par un moniteur d'escalade pour maîtriser les techniques de base et accéder à l'autonomie. Son choix se portera pour cela sur la journée ou demi-journée de rocher-école ou sur un stage évolutif qui se conclura sur des grandes falaises d'altitude. Les offices de tourisme et les bureaux de guides proposent en saison une large gamme de prestations en initiation et en entraînement.
En Maurienne, **Aussois**, haut lieu de l'escalade qui a accueilli plusieurs compétitions de l'Open International d'escalade, offre une superbe palette d'une dizaine de sites équipés, de tous niveaux. Les pratiquants s'adresseront au bureau des guides pour se procurer le manuel « Escalade à Aussois », répertoriant les voies et leur difficulté. Au pied du célèbre rocher de Croë, les néophytes pourront s'essayer sur certains spots d'initiation ou simplement admirer l'évolution aérienne des grimpeurs. Plus au Nord, le monolithe de Sardières est également un théâtre d'action spectaculaire des adeptes de l'escalade.
Dans le Vercors, les falaises de **Presles** offrent le plus bel assortiment de voies (plus d'une centaine) de ce massif. Renseignements au bureau des guides de Pont-en-Royans, ☎ 04 76 36 10 92.

LES SENTIERS DU VERTIGE

À mi-chemin entre la randonnée et l'alpinisme, l'ascension des « **via ferrata** » constitue une découverte de l'escalade sans l'astreinte d'une longue pratique. Un engouement croissant a conduit à la multiplication de via ferrata sur des parois non équipées.

À l'origine, les via ferrata (voie ferrée) avaient été aménagées dans les Dolomites par l'armée italienne, pendant la guerre 1915-1918, à des fins stratégiques. Elles permettaient d'acheminer du matériel hors des voies de communication classiques. Leur véritable intérêt sportif n'est apparu qu'à partir des années cinquante. En France, les premières voies équipées de câbles d'acier, marches et crampons ont été aménagées dans le Briançonnais au début des années quatre-vingt. Dans les limites de ce guide sont proposés quelques sites déjà bien équipés et ne nécessitant pas la maîtrise des techniques de rappel et d'escalade proprement dite.

BON À SAVOIR AVANT DE DÉBUTER :

L'équipement de base se compose d'un baudrier, d'un casque et de deux longes (auxquelles il est conseillé d'adjoindre un amortisseur de chute) pour s'assurer au câble, véritable ligne de vie de la paroi, qui parcourt la via ferrata. Cependant, pour toute personne non familiarisée avec les règles élémentaires de sécurité en montagne, il est indispensable d'utiliser les services d'un guide ou de se joindre aux groupes constitués par les prestataires. Pour cela, nous indiquons les coordonnées des bureaux locaux des guides généralement instigateurs de ces aménagements.

LES SITES :

Près de Pont-en-Royans, à **Presles**, une falaise de 200 m équipée offre d'intéressantes possibilités de tester son sens de l'équilibre et de vérifier l'absence de vertige. Le parcours, facile sur les deux tiers de l'itinéraire, emprunte néanmoins deux petites descentes en rappel qui exigent un encadrement compétent. Bureau des guides de Pont-en-Royans, ☎ 04 76 36 10 92.

À **St-Christophe-en-Oisans**, un parcours aisé, aménagé à flanc de vires, présente une dénivelée de 200 m. Bureau des guides de la Bérarde.

La Savoie et la Haute-Savoie proposent désormais de nombreux sites de via ferrata :
– à **St-Jean-de-Maurienne** : l'arête du mont Vernier (départ du village de Pontamafrey ; retour par la route du mont Vernier), 280 m de dénivelée, et la via ferrata de la Croix des Têtes (départ de St-Julien-Mont-Denis, sur le parking à la Raie ; durée : la journée). Cette dernière, assez difficile, requiert une bonne condition physique du pratiquant. Bureau des guides de St-Jean-de-Maurienne, 76, rue Joseph-Perret, ☎ 04 79 59 90 80 ;
– à **Aussois** : la via ferrata du Diable, sous la barrière de l'Essillon, est décrite page 321. Bureau des guides, ☎ 04 79 20 32 48 ;
– à **Valloire**, la via ferrata de Poingt Ravier (1 644 m) ; départ de la rive gauche de la Valloirette après le tennis, panneau informatif au point de départ du câble, le sentier de retour est balisé. Celle du rocher St-Pierre est située au bord de la route du Galibier ; départ du parking de la Borgé, parcours assez sportif et tronçon aérien sur 500 m environ. Bureau des guides et accompagnateurs de Valloire, ☎ 04 79 83 35 03 ;
– à **Val-d'Isère** : la via ferrata des Plates de la Daille, 300 m de dénivelée avec un excellent équipement, offre une bonne approche de cette pratique ;
– à **Chamonix** : le balcon de la Mer de Glace, mérite une mention particulière pour son approche unique du grand glacier alpin ; le site même où se déroule le parcours aménagé le réserve néanmoins aux pratiquants aguerris.
D'autres voies ont été équipées à Courchevel et à La Norma.
Enfin certaines via ferrata récemment aménagées dans les Alpes, de par l'équipement et la technicité requis pour terminer leur parcours, entre dans la catégorie de l'alpinisme réservé aux pratiquants confirmés.

LE RUISSELING

Cette activité hivernale, récemment mise à l'honneur à Val-Cenis, propose une nouvelle approche du déplacement sur glace. Par une journée de froid sec, équipé en conséquence (crampons et piolet), le pratiquant remonte les cours d'eau et cascades gelés à la force des mollets et poignets. Les bureaux des guides à Aussois et Val-Cenis animent des sorties d'initiation.

sports d'eaux vives

La pratique des activités sportives d'eaux vives connaît un succès croissant. Le réseau hydrographique dense et des températures estivales clémentes font des Alpes un terrain de prédilection. Les nombreuses bases de loisirs permettent de découvrir les divers aspects de ces sports : Bourg-St-Maurice, Aime, Bourg-d'Oisans, St-Christophe-sur-Oisans. Dans chacune de ces bases des organismes proposent un large éventail d'animations de groupes et fournissent l'équipement spécialisé propre à chacune de ces activités.

En Isère – Vénéon Eaux Vives, 38250 St-Christophe-en-Oisans, ☎ 04 76 80 23 99.
Veneon Eaux vives, 38520 Venosc St-Christophe-en-Oisans, ☎ 04 76 80 23 99.

En Savoie – Sur l'Isère, à Bourg-St-Maurice, base internationale d'eaux vives, ☎ 04 79 07 33 20, et à Mâcot-La Plagne, base An Rafting, ☎ 04 79 09 72 79. D'autres bases sont établies à Centron (France Raft) et à Brides-les-Bains (Oxygène Aventures).

En Haute-Savoie – À Thonon, Les Dranses, An Rafting, ☎ 04 50 71 89 15 ; à Samoëns, Haut Giffre Rafting, ☎ 04 50 34 45 26 ; à Passy, Eldorado Rafting, ☎ 04 50 78 18 76. Les comités départementaux de tourisme fournissent la liste à jour très complète de tous les organismes proposant des activités d'eaux vives.

LE RAFTING

C'est le plus accessible des sports d'eaux vives. Il s'agit d'effectuer la descente de rivières à fort débit dans des radeaux pneumatiques de 6 à 8 places, maniés à la pagaie et dirigés par un moniteur-barreur installé à l'arrière. Le caractère très simple de la technique a contribué à la popularité de ce sport où la solidarité fait la réussite de la descente. L'équipement isotherme et antichoc est fourni par le club prestataire.
La pratique du rafting est conseillée à la période de la fonte des neiges (d'avril à juin) et pendant l'été sur les rivières à débit important. Les Alpes constituent le « royaume » du rafting. Dans la partie Nord du massif, on retient la Haute-Isère (entre Bourg-St-Maurice et Centron – classe III) et pour les plus aguerris le Doron de Bozel dans la Vanoise (entre Brides-les-Bains et Moûtiers – classes IV et V), le Giffre et les Dranses de Savoie.

Baptême de raft – Pour le profane, qui aura pris soin de réserver à l'avance, la matinée, ou l'après-midi, débutera par un soupçon d'appréhension à l'arrivée à la base d'eaux vives. Les étapes préparatoires s'enchaînent : certifier que l'on sait nager, endosser la combinaison néoprène, puis présentation du **barreur**

Rafting

(moniteur) et briefing avec ses premières instructions. Les six **rafteurs** (clients) se saisissent ensuite de l'embarcation par la **ligne de vie** (corde qui ceinture le raft) pour la mise à l'eau.
Si le niveau du courant et celui des pratiquants le permet, le barreur exécutera (plus ou moins volontairement) un spectaculaire **pop-corn** (seul le barreur reste à bord, les rafteurs ayant été éjectés), qui sera immortalisé par le photographe de service et restera l'émotion majeure de cette initiation aux activités d'eaux vives ; et peut-être, l'éveil d'une passion...

LE CANOË-KAYAK

Le **canoë** (d'origine canadienne) se manie avec une pagaie simple. C'est l'embarcation pour la promenade fluviale en famille à la journée en rayonnant au départ d'une base ou en randonnée pour la découverte d'une vallée à son rythme.
Le **kayak** (d'origine esquimaude) est utilisé assis et se déplace avec une pagaie double. Les lacs alpins et les parties basses des cours d'eau offrent un vaste choix : le Giffre, le Chéran, l'Arly, le Doron de Bozel, les Guiers Vif et Mort et l'Isère. Les bases de loisirs d'eaux vives citées accueillent également des écoles de canoë-kayak gérées par la Fédération française de canoë-kayak. Celle-ci édite un guide annuel *« Vacances en canoë-kayak »* et publie des cartes des cours d'eau praticables.
Fédération française de canoë-kayak , 87 quai de la Marne, 94344 Joinville-le-Pont Cedex, ☎ 01 45 11 08 50 et sur Minitel 3615 canoeplus.

L'HYDROSPEED (OU NAGE EN EAUX VIVES)

Cette forme très sportive de descente à la nage des torrents exige une maîtrise de la nage avec palmes et une bonne condition physique. Elle se pratique équipé d'un casque et d'une combinaison, le buste appuyé sur un flotteur caréné très résistant (l'hydrospeed).

Lac	Page	Superficie en ha	Voile ou planche à voile	Baignade	Pêche
Aiguebelette	201	750	⛵	🏊	🎣
Annecy	141	2 800	⛵	🏊	🎣
Le Bourget	187	4 462	⛵	🏊	🎣
Chambon	327	140			🎣
Chevril	379	270			🎣
Laffrey	284	244	⛵	🏊	🎣
Léman	248	58 000	⛵	🏊	
Mont-Cenis	315	600			
Roselend	171	320			

LE CANYONING

La technique du canyoning emprunte à la fois à la spéléologie, à la plongée et à l'escalade. Il s'agit de descendre, en rappel ou en saut, le lit de torrents dont on suivra le cours au fil des gorges étroites (clues) et cascades. L'été est la saison le plus propice à la pratique de cette activité. La température de l'eau est alors supportable et le débit des torrents moyen. Mais l'état de la météo reste toutefois déterminant pour une sortie, car la prévision des orages en amont conditionne le passage de certaines clues et l'état des vasques (qui peuvent rapidement se remplir d'alluvions). Dans tous les cas, un départ matinal s'impose – les orages ont lieu plutôt dans l'après-midi – afin de pouvoir surmonter les incidents de parcours même mineurs (corde coincée, amarrage à refaire, légère foulure après un saut) qui peuvent prendre une importance capitale dans l'environnement particulier d'un canyon.

Bon à savoir avant de débuter : Deux techniques de déplacement sont particulièrement utilisées : le **toboggan** (allongé sur le dos, bras croisés) pour glisser sur les dalles lisses et le **saut** (hauteur moyenne 8 à 10 m), plus délicat, où l'élan du départ conditionne la bonne réception dans la vasque. Il est impératif d'effectuer un sondage de l'état et de la profondeur de la vasque avant tout saut. L'initiation débute par des parcours n'excédant pas 2 km, avec un encadrement de moniteurs. Ensuite, il demeure indispensable d'effectuer les sorties avec un moniteur sachant « lire » le cours d'eau emprunté et connaissant les particularités de la météo locale. De même, le respect de l'environnement traversé reste le garant d'une activité pleinement acceptée par les riverains des torrents.

Les sites : La vallée d'Abondance en Savoie, en Haute-Maurienne, La Norma et Val-Fréjus (parcours « Indiana Jones »), et en Vercors, le canyon des Écouges et les gorges du Furon sont les principaux sites aisément praticables. Dans ces régions, les bureaux de guides disposent de moniteurs brevetés et dispensent volontiers les conseils, fruits d'une longue pratique.

pêche

La pêche montagnarde par excellence est celle de la truite pratiquée soit « **au toc** » avec des insectes vivants ou des larves (seul procédé adapté au cours capricieux des petits torrents encadrés de rives escarpées), soit à la mouche artificielle et au lancer, dans les cours d'eau plus larges et dans les lacs de montagne. Les grands lacs de Savoie abondent en salmonidés. Le bassin de Belley avec son cortège de lacs (Armaille, Ambléon, Arborias, Chavoley et Morgnieu) ainsi que le lac de Chailloux (riche en tanches et brochets) et celui de Barterand se disputent la faveur des pêcheurs.

LAC DU BOURGET

La pêche du bord n'est possible qu'à proximité de ports tels Aix-les-Bains ou St-Innocent pour le poisson blanc uniquement. Il est préférable autrement de louer une barque en se renseignant sur les fonds poissonneux, car, outre la perche et le brochet, il est parfois possible de rencontrer des salmonidés. Le sandre jouit d'un développement rapide. Quant à l'omble-chevalier et la truite, ils peuvent se pêcher à la traîne avec un permis spécial.

LA PÊCHE EN TARENTAISE

En amont d'Albertville, la pêche en torrent (truite uniquement) reste la règle avec une fréquentation permettant de choisir son emplacement le long de l'Isère. Dans la partie basse du cours plus calme, des barbeaux, cyprinidés et ombles se mêlent aux grosses truites. Selon la saison, la capture au lancer, longue coulée et à la mouche (en fin de saison) permet d'assurer de belles prises.

Il convient en tous lieux d'observer la réglementation nationale et locale, de s'affilier pour l'année en cours, dans le département de son choix, à une association de pêche et pisciculture agréée en acquittant les taxes afférentes au mode de pêche pratiqué ou éventuellement d'acheter une carte journalière.

Fédération PPMA de Savoie, 73230 St-Alban-Leysse, ☎ 04 79 85 89 36.

Fédération des PPMA de Haute-Savoie, 1 rue de l'Industrie, 74000 Annecy, ☎ 04 50 45 26 90.

Fédération départementale de pêche et de protection du milieu aquatique de l'Isère, rue du Palais, 38000 Grenoble, ☎ 04 76 44 28 39.

Conseil supérieur de la pêche, 134 av. Malakoff, 75016 Paris, ☎ 01 45 02 20 20.

Une carte-dépliant commentée « Pêche en France » est en vente auprès de cet organisme.

tourisme équestre

En Savoie et en Dauphiné, les nombreux centres équestres sont reliés par des itinéraires de grande randonnée offrant la possibilité d'effectuer des promenades à la journée et des randonnées sur plusieurs jours.

Les associations régionales de tourisme équestre (ARTE) proposent des séjours d'initiation et de perfectionnement. Dans chaque département des itinéraires balisés (un trait de peinture orange horizontal) sont accessibles par les randonneurs et leur monture.

Pour les cavaliers aguerris désirant organiser eux-mêmes leur itinéraire, des relais d'étapes équestres sont entretenus par la FRETE (Fédération des relais d'étapes de tourisme équestre), 170 quai de Stalingrad, 92130 Issy-les-Moulineaux.

La liste des centres équestres et des guides agréés est disponible auprès de :

Association Rhône-Alpes pour le Tourisme Équestre (ARATE) – Maison du tourisme, 14 rue de la République, BP 227, 38019 Grenoble Cedex, ☎ 04 76 44 56 18.

Isère – Isère Cheval Vert, Maison du tourisme, 14 rue de la République, 38000 Grenoble ☎ 04 76 42 85 88 et sur Internet, www.isere.cheval-vert.com

Drôme – Delhomme Jean-Luc, chemin de Condillac, 26740 Savasse, ☎ 04 75 46 05 82.

Savoie – Equisabaudia, maison des sports, 730 route de Pont Fet, 73200 Mercury, ☎ 06 12 32 84 89 et CDTE, M. Paul Michelland, RN 6, 73220 Aiguebelle, ☎ 04 79 36 20 45.

Haute-Savoie – CDTE, Mme Jackie Simonotti, 97a avenue de Genève, 74000 Annecy, ☎ 04 50 69 84 08.

Délégation nationale au tourisme équestre (DNTE), 30 avenue d'Iéna 75116 Paris, ☎ 01 53 67 44 44 et numéro vert 08 00 02 59 10. Elle édite un guide annuel « Tourisme et Loisirs équestres en France ».

ÂNE ET RANDONNÉES

Cette formule permet de réaliser de paisibles randonnées à la journée ou à la semaine en louant un âne bâté. La monture peut porter des charges de 40 kg et accompagne le randonneur à un train de 4 km/h, quel que soit le terrain. Dans les fermes suivantes, un ânier fournira, outre l'animal, le matériel et les renseignements indispensables au succès de ces randonnées : à Thorens-Glières, la Compostel'Ane, ☎ 04 50 22 83 96 ; aux Carroz, ☎ 04 50 90 02 74 ; à St-Sigismond, ☎ 04 50 34 83 72 ; dans le Vercors, à St-Martin, ☎ 04 75 45 53 17. Le massif de la Chartreuse se découvre également au pas de l'âne en circuit accompagné : renseignements au 04 78 87 73 76, Lachal, 38950 St-Martin-le-Vinoux.

Fédération nationale « Âne et randonnées », Broissieux, 73340 Bellecombe-en-Bauges, ☎ 04 79 63 84 01.

Col du Galibier

cyclotourisme

La route des grands cols (Galibier, Croix-de-Fer, Iseran, la Madeleine, Granier), rendue célèbre par le Tour de France, a de nombreux adeptes. Des cartes IGN avec circuits cyclistes ont été éditées et de nombreux gîtes d'étapes offrent un hébergement économique. Les listes de loueurs de cycles sont généralement fournies par les syndicats d'initiative et offices de tourisme. La pratique du **VTT**, grâce à l'engouement qu'il suscite, constitue une activité sportive qui peut remplacer en hiver le ski de fond en cas d'enneigement insuffisant. En saison estivale, c'est le moyen de déplacement idéal pour découvrir les superbes panoramas et le spectacle de la nature.

Quelques circuits retiendront l'intérêt des adeptes du VTT : la Maurienne et la Tarentaise proposent un vaste choix d'itinéraires (à Aussois, descente des forts, « chemin du Petit Bonheur », 35 km ; au départ de Bourg-St-Maurice, le circuit de la Thuile récompensera par les superbes paysages de Tarentaise les plus endurants).

Dans le Vercors, les innombrables pistes forestières et muletières composent un royaume du vélo tout terrain. Le Parc régional du Vercors propose une trentaine de circuits balisés pour le VTT (brochure disponible auprès des maisons du parc régional).

Fédération française de cyclisme , 5 rue de Rome, 93561 Rosny-sous-Bois Cedex, ☎ 01 49 35 69 45 répertorie dans un guide disponible dans les centres FFC les sentiers balisés pour la pratique du VTT.

Forme et santé

thermalisme

LES SOURCES MINÉRALES ET THERMALES

Elles sont nombreuses au pied des Préalpes et le long des massifs centraux, où de grandes déchirures du relief ont mis en contact les eaux souterraines avec des roches salifères et cristallines qui leur apportent des éléments chlorurés et sulfatés. Ces eaux sont utilisées contre les rhumatismes et les maladies de la peau sous forme de douches, pour la gorge, la poitrine et les reins sous forme de boisson.

LE THERMALISME ALPIN

Désormais accessible à tous, il a retrouvé la faveur qu'il connut auprès

des Romains ou de sa clientèle mondaine et cosmopolite du 19e s. Les stations thermales, tout particulièrement Aix-les-Bains et Évian, St-Gervais-les-Bains, La Léchère, Allevard et Brides-les-Bains, offrent, outre le traitement, la possibilité d'un séjour d'agrément grâce à leurs sites à proximité de lacs et de montagnes.

Maison du thermalisme, 32 avenue de l'Opéra, 75002 Paris, ☎ 01 44 71 37 00.

Des informations complémentaires peuvent être obtenues au 3615 therm (guide des stations thermales), et au 3615 brides, pour la station de Brides-les-Bains.

Souvenirs

que rapporter ?

Les chambres d'agriculture proposent des points de dégustation de produits locaux dans des chalets situés sur les sites touristiques et dans les coopératives laitières et viticoles.

Maison de l'agriculture de Haute-Savoie – 52 avenue des Îles, 74994 Annecy Cedex, ☎ 04 50 88 18 01.

Chambre d'agriculture de Savoie – 1 rue du Château, 73000 Chambéry, ☎ 04 79 33 43 36.

Chambre d'agriculture de l'Isère – 40 avenue Marcellin-Berthelot, BP 2608, 38036 Grenoble Cedex 2, ☎ 04 76 20 68 68.

LES FROMAGES

La Savoie est indissociable des multiples variétés de fromages bénéficiant de l'appellation AOC :

– le beaufort, prince des gruyères, est la plus ancienne AOC. Le beaufort rentre dans la plupart des recettes de montagne. Si vous envisagez de ramener une meule, sachez qu'elle pèse autour de 40 kg ! À St-François-Longchamp, les chalets d'alpage au col de la Madeleine permettent d'assister à la fabrication du beaufort. Cave coopérative du Beaufort, ☎ 04 79 07 08 28.

– l'abondance (AOC), fromage à pâte pressée élaboré dans le val d'Abondance, supporte très bien un voyage non conditionné,

– tomme de Savoie, (fabriqué l'été en alpage, pâte molle à croûte épaisse et grisâtre),

– tome des Bauges (qui se différencie de la précédente non seulement par l'orthographe, mais par la croûte dite « aveugle », sans aspérité, et un goût

fruité prononcé). Cave coopérative du val d'Aillon (fabrication de la tome des Bauges).
– bleu de Termignon (fromage bleu à pâte mi-molle fabriqué dans cette région, résiste mal à un long transport non réfrigéré !),
– reblochon de Savoie (c'est le fromage utilisé pour la tartiflette, gras à pâte molle),
– d'autres productions de fromages en quantité plus réduite seront appréciées sur les lieux de production même : le tamié (abbaye de Tamié), le thollon (fabriqué dans cette localité, fromage à pate pressée cuite qui entre aussi dans diverses compositions culinaires),
On peut déguster et s'approvisionner dans les coopératives dont les adresses sont fournies par les chambres d'agriculture.

Distillerie de la Chartreuse

LES VINS ET LIQUEURS

En Savoie, deux itinéraires découvertes permettent de déguster les crus des vignobles savoyards : le circuit dit « rouge » parcourt la combe de Savoie depuis Chambéry par Apremont, Montmélian et Challes-les-Eaux ; le circuit dit « bleu » longe les rives du lac du Bourget et permet de découvrir les crus de Monthoux, Marestel et Jongieux.
Coopératives des vins de Savoie à Ruffieux, ☎ 04 79 54 51 08.
Coopératives viticoles de Cruet, ☎ 04 79 84 28 52.
La liste des coopératives proposant dégustations et vente est disponible auprès du **Comité interprofessionnel des vins de Savoie**, 3 rue du Château, 73000 Chambéry, ☎ 04 79 33 44 16.

Les rives françaises du lac Léman offrent de nombreuses opportunités de dégustation de plats de fritures accompagnés d'un vin blanc local telle la Roussette de Savoie dans le cadre champêtre d'une guinguette, notamment à Excevenex, port de Séchex, Corzent, Amphion-les-Bains... De nombreuses **liqueurs** peuvent également constituer d'appréciables et durables souvenirs : génepi des Alpes, Chartreuse et ses variantes, Cherry-Rocher et des apéritifs (Chambérysette, Vermouth).

LES DOUCEURS

Malgré leur rudesse, les Alpes ne sont pas sans douceurs : sabayon (variante du gateau transalpin *zabaglione*), cloches et roseaux d'Annecy (chocolats), les fameux biscuits de Savoie sans oublier parmi les préparations de desserts savoyardes : les rissoles aux poires.

LE MIEL

La grande diversité des micro-climats alpins se traduit par une grande variété de flore, à l'origine d'une apiculture abondante. Les miels de montagne se diversifient en apiculture et en miels de transhumance, ce dernier étant le plus recherché. Parmi les appellations, citons le miel de Savoie (récolte de juillet à septembre) et le miel du Vercors, disponible dans le périmètre du parc régional. La chambre régionale d'agriculture Rhône-Alpes diffuse une documentation établie par l'ADRA (Association régionale des apiculteurs).

ARTISANAT

Au départ d'Entremont-le-Vieux, en Chartreuse, emprunter le GR 9 pour découvrir l'artisanat sur bois en traversant les hameaux animés par des artisans de peinture sur meubles, de fabricants de seilles (petits tonneaux) ou de paillas (corbeille en paille pour le pain). Pour mieux apprécier leur savoir-faire, il convient de respecter néanmoins leur tranquillité au cours des visites.
Des ateliers d'artisanat proposent des démonstrations :
La cuivrerie du Bugey à Lavours, ☎ 04 79 42 13 47.
Le Croet savoyard à Lescheraines, ☎ 04 79 63 37 39 (atelier de santons).
La tannerie d'Attignat (l'une des rares encore en activité en Savoie), ☎ 04 79 36 00 26.

Kiosque

ouvrages généraux – tourisme – géographie

Savoie et Haute-Savoie le grand guide, C. Maly, Glénat, 1993.

Guide des musées Rhône-Alpes, Glénat, 1992.

Guide du tourisme industriel et technique en Rhône-Alpes, Solar, 1999.

Savoie, encyclopédie régionale, Christine Bonneton,1997.

Savoie, P.J. Lovie, Arthaud.

La Vanoise, R. Frison-Roche et P. Terraz, Arthaud.

Le Parc national de la Vanoise, J. Lanzmann et C. Maly, Glénat.

Savoie aux mille soleils, C. Maly, Glénat.

Le Guide du Vercors, M. Dupont, La Manufacture, 1994.

Découverte géologique des Alpes du Nord, J. Debelmas, Bureau de recherche géologique et minière (BRGM).

Cueillir la montagne, M. de la Soudière et R. Larrère, La Manufacture, 1985.

La Montagne dans votre poche, Nathan.

200 Randonnées botaniques dans les Alpes, E.Anchisi, Delachaux & Niestlé, 1999

Les Alpes, A. Fayard, Delachaux & Niestlé, 1999.

histoire – civilisation – art

Histoire des Dauphinois, L. Comby, Nathan.

Alpes romanes, Zodiaque.

Les Monastères de montagne, Samival et S. Norande, Arthaud, 1996.

Les Grandes Heures des Alpes, M. Chamson, Perrin, 1990.

Le Sang des Glières, P. Vial, Presses de la Cité, 1993.

Jeux olympiques

Les Jeux Olympiques d'hiver, S. Vallet, La Manufacture.

Chamonix 24, Grenoble 68, Albertville 92 : le roman des jeux, C. Francillon, Glénat, 1991.

randonnées et alpinisme

Randonnées autour du Mont Blanc, D. Belden, Glénat, 1992.

Promenades pour tous dans la vallée de Chamonix, M. Roman, Mercier, 1990.

52 Balades en famille autour de Grenoble, Didier-Richard, 1999.

La Haute-Route : Chamonix-Zermatt, P. Cliff, Mercier, 1997.

littérature

Premier de cordée, R. Frison-Roche, J'ai lu.

Les Mémoires d'un touriste en Dauphiné, Stendhal, Glénat.

Gaspard de la Meije, R. Canac, Presses universitaires de Grenoble.

Jacques Balmat dit Mont-Blanc, R. Canac, Presses universitaires de Grenoble.

Les Alpes de Chamonix à la Grande Chartreuse, A. Dumas, Encre.

Un roi sans divertissement, J. Giono, Gallimard.

gastronomie

La Cuisine savoyarde, J. Thomassin, Rivages, 1987.

Rhône-Alpes : inventaire du patrimoine culinaire de la France, Albin Michel, 1995.

Cuisine de Savoie et du Dauphiné, R. Charlon, Hachette, 1997

Les Vins de Savoie, Gilbert et Gaillard, Solar, 1991.

magazines et publications diverses

Les mensuels *Alpes Loisirs* et *Alpes magazines,* abondamment illustrés, proposent tous les mois des thèmes originaux de découverte du massif alpin et de son patrimoine. Les éditions Le Dauphiné diffusent une dizaine de monographies traitant de dossiers régionaux.

Escapade à l'étranger

informations pratiques

DOCUMENTATION

Cartes Michelin n°s 927, LE GUIDE VERT et Guide Rouge Michelin Suisse. Renseignements auprès de l'Office national de Tourisme Suisse, 11bis rue Scribe, 75009 Paris, ☎ 01 44 51 65 51.

FORMALITÉS

Pour un séjour touristique de moins de trois mois, les ressortissants de l'Union européenne doivent être en possession d'une carte nationale d'identité ou d'un passeport valide (ou périmé depuis moins de 5 ans). Pour le **véhicule** : permis international ou permis national à trois volets pour le conducteur et carte grise et carte internationale d'assurance dite « carte verte » pour le véhicule. Les motos sont soumises au même régime avec port du casque obligatoire.
Les **réglementations douanières** d'entrée en Suisse ne suivent pas les règles de l'Union européenne ; en cas de doute s'adresser aux représentations de tourisme suisses ou à un bureau des douanes françaises.
Les animaux domestiques (chiens et chats) doivent être vaccinés contre la rage depuis moins d'un an et plus d'un mois.

en chemin de fer

CIRCUIT TOURISTIQUE DU LÉMAN

Depuis Évian sur une vingtaine de kilomètres, le « **Rive-Bleue-Express** » longe la rive du lac Léman jusqu'au Bouveret (Suisse). De fin juin à fin septembre, certains jours de semaine et tous les week-ends, des trains remis en état par une association perpétuent la tradition des trains de loisirs. Le dimanche, ils ponctuent de leur panache de vapeur leurs haltes aux points panoramiques. Renseignements auprès de l'Office du tourisme d'Évian et achat des billets dans les gares SNCF d'Évian et du Bouveret.

DE VALLORCINE À ÉMOSSON

Une forme originale de découverte de la haute montagne en train consiste à prolonger au-delà de la frontière la ligne ferroviaire internationale Chamonix-Vallorcine-Martigny jusqu'au barrage d'Émosson (*pour la description de ce dernier, voir LE GUIDE VERT Suisse.*) L'accès au barrage d'Émosson procure de superbes vues sur la face Nord du massif du Mont-Blanc. De la station de Châtelard-Village, l'ascension (durée 13mn) s'effectue par un funiculaire en 3 tronçons jusqu'à 1 961 m ; la première partie, un funiculaire à 2 cabines, est la plus raide d'Europe avec une pente de 87 %. Le service est assuré quotidiennement de mi-juin à mi-septembre. Tarif AR 33 FS ; possibilité de prendre l'aller simple et redescendre à pied en 2h30 environ. Renseignements à l'Office du tourisme de Chamonix et à la gare CFF de Martigny (Suisse), ☎ 00 41 266 812 36.

sur les flots

Sillonner les rives suisses et françaises du lac Léman. Séjourner à Vevey, Lausanne, faire une escapade à Genève en évitant les encombrements de la circulation routière tout cela est réalisable avec la Compagnie générale de navigation. Les horaires et tarifs pratiqués par la Compagnie sont précisés dans la partie Conditions de visite de ce guide.
Liaison d'Yvoire à Nyon (Suisse) – En juillet et août, des traversées (durée 20mn) sont organisées tous les jours avec possibilité de visiter Nyon et reprendre un bateau plus tard ou faire l'aller-retour sans escale. Des allers-retours de nuit sont également proposés en été (durée 2h). En juin et septembre, d'autres horaires sont appliqués. Renseignements et réservation auprès de la Compagnie générale de navigation sur le lac Léman à Lausanne (☎ 00 41 848 811 848) et à l'Office du tourisme d'Yvoire.

Château de Chillon (Suisse)

Cinéma - télévision

De nombreux films ont utilisé le cadre grandiose des Alpes pour certaines scènes, d'autres ont situé l'ensemble de leur scénario sur un site alpin :

À **Aix-les-Bains** : *Le Souffle au cœur* (1971) de L. Malle.

À **Aix-les-Bains** : *Rien ne va plus* (1997) de C. Chabrol.

À **Aix-les-Bains et Samoëns** : *La Divine Poursuite* (1997), de M. Deville.

À **Argentière et Chamonix** : *L'Assassinat du Père Noël* (1941) de C. Jaque.

À **Bonneval-sur-Arc** et au **hameau du Monal** : *La Trace* (1983) de B. Favre; R. Berry y campe un colporteur de Maurienne.

Dans la vallée de **Chamonix** : *Premier de cordée* (1943) de L. Daquin.

À **Chambéry**, au quartier Curial : *Allons z'enfant* (1981) d'Y. Boisset.

À **Chamonix** : *Les Marmottes* (1993) d'E. Chouraqui.

À **Évian**, au Royal Club : *Le Parfum d'Yvonne* (1994) de P. Leconte.

À **Grenoble** : *La Femme d'à côté* (1981) de F. Truffaut.

À **Grenoble**, dans la chapelle baroque du musée Dauphinois : *Louis, enfant roi* (1993) de R. Planchon.

Dans le massif du **Mont-Blanc** : *La Neige en deuil* (1956) de E. Dmytryk, film inspiré d'un fait réel, la disparition d'un avion de ligne.

Dans le massif du **Mont-Blanc** : *Tout ça... pour ça !* (1993) de C. Lelouch.

Dans le massif du **Mont-Blanc** : *Premier de cordée* et *La Grande Crevasse* (1999) de J. Ertaud, d'après le roman de R. Frison-Roche, sur les lieux mêmes du tournage du 1er film de L. Daquin.

À **St-Nizier-du-Moucherotte** : *La Bride sur le cou* (1961) de R. Vadim.

En **Savoie** : *Léon Morin, prêtre* (1961) de J.-P. Melville.

À **Val-d'Isère** : *Les Bronzés font du ski* (1979) de P. Leconte, parodie des stations de sports d'hiver.

Dans le **Vercors** : *Au cœur de l'orage* (1944) de J.-P. Lechanois, reportage sur la Résistance.

À **Vizille** : *L'Aigle à deux têtes* (1948) de J. Cocteau.

Calendrier festif

FÊTES TRADITIONNELLES

Mi-juillet

Fête de l'alpe	**St-Gervais**

Mi-juillet/mi-août

Festival nature et montagne	**Val-Cenis**

25 juillet

Fête de l'alpage	**Valmorel**

Fin juillet

Fête des bûcherons	**Les Saisies**
Festival international d'échecs	**Val-Thorens**

Août

Académie internationale de musique	**Flaine**
Embrasement du lac des Dames	**Samoëns**

3 août

Foire aux mulets	**Flumet**

8 août

Concours de bûcherons	**Chamrousse**
Fête des guides	**St-Gervais**

15 août

Fête des guides   **Pralognan**
Fête des bergers   **La Rosière**
Fête du beaufort   **Les Saisies**

Mi-août

Fête du reblochon   **La Clusaz**
Fête du lac   **Tignes**

20 août

Fête de la laine   **Venosc**

22 août

Fête des alpages   **Châtel**

29 août

Fête de l'attelage   **Flumet**

MANIFESTATIONS CULTURELLES

Mi-décembre à fin avril

Concerts d'orgue   **L'Alpe-d'Huez**

3e semaine de janvier

Festival du film   **Avoriaz**
Concours international de sculptures sur glace   **Valloire**

Mars

Festival du film d'humour   **Chamrousse**

Week-end de Pâques

Bourse internationale des minéraux et cristaux   **Bourg-d'Oisans**

Deuxième quinzaine d'avril

12 toques au sommet - concours gastronomiques   **Val-Thorens**

Fin mai

Rencontres musicales d'Évian   **Évian**

De juillet à fin août

Soirée Rousseau aux Charmettes   **Chambéry**

Juillet

Festival de l'opérette   **Aix-les-Bains**
Festival du court métrage   **Grenoble**

Juillet et août

Concerts d'orgue   **L'Alpe-d'Huez**
Concerts d'orgue   **N.-D.-des-Neiges**
Les heures musicales   **Combloux**
Grand Prix de saut à ski d'été   **Courchevel**

1re quinzaine de juillet

Festival de l'aéronautique   **Megève**

Week-end du 14 juillet

Fête de l'edelweiss   **Bourg-St-Maurice**
Festival folklorique international de la haute Tarentaise   **Les Arcs**

Fin juillet

Fête du lac   **Le Bourget-du-Lac**

1er samedi d'août

Fête du lac d'Annecy (festival de feux d'artifice)   **Annecy**

Première semaine d'août

Festival de jazz   **Megève**

Début août

Fête N.-D.-des-Neiges   **L'Alpe-d'Huez**

2e samedi d'août

Feu du lac   **Lac de Montriond**

Mi-août

Salon international du véhicule 4 × 4   **Val-d'Isère**

15 août

Fête des guides (bénédiction des piolets et cordes)   **Chamonix**
Messe et bénédiction de la montagne – Fête des guides   **La Grave**
Fête du costume et de la montagne   **Peisey-Nancroix**
Pèlerinage à N.-D.-de-Vie   **St-Martin-de-Belleville**

Dimanche suivant le 15 août

Défilé de chars avec chants et danses   **Thorens-Glières**
Fête de l'attelage de val d'Arly   **Flumet**

3e week-end d'août

Fête des fleurs   **Aix-les-Bains**

1er dimanche de septembre

Pèlerinage à N.-D. de Vie   **N.-D.-de-Belleville**

Mi-octobre

Festival de la bande dessinée   **Chambéry**

Fin novembre-début décembre

Festival international du film « Montagne et aventures »   **Autrans**

ÉVÉNEMENTS SPORTIFS ALPINS
Début janvier mi-août

Coupe du monde de ski alpin

Open de parapente   **Avoriaz**

Saison d'hiver

Plusieurs ski-shows   **Courchevel**

Mi-janvier

Alpes Quad Trophy (courses de quads sur neige)   **Les Ménuires**

Dernier dimanche de janvier

Foulée blanche (ski de fond sur le plateau du Vercors)   **Autrans**

Fin janvier

Alberg-Kandahar (ski alpin de descente)   **Chamonix**

Début mars

Grand Prix des chiens de traîneaux   **Megève**

18 au 21 mars

Pierra-Menta-Tivoly (compétition de ski-alpinisme de   **Arêches-Beaufort**
haut niveau)

Mi-mars

Raid des Portes du Soleil   **Les Gets**

Fin mars

Championnat de Télémark   **La Clusaz**

Premier week-end de juillet

Compétition de parapente   **Châtel**

Début août

Semaine montagne et traditions   **Valloire**

Fin août

Tran'Maurienne-Vanoise (course VTT)   **Haute-Maurienne**

Décembre

Trophée Andros (courses automobiles sur neige et glace)   **Val-Thorens**

Deuxième semaine de décembre

Boarderweek (semaine internationale du snowboard)   **Val-Thorens**

Le lac Blanc dans le parc national de la Vanoise.

Invitation au voyage

Le spectacle des Alpes

Les Alpes constituent, sans nul doute, un des paysages les plus majestueux que la France puisse offrir. Parsemée de lacs, ponctuée d'aiguilles et sillonnée de routes escarpées, la chaîne dessine un arc de cercle et s'enorgueillit de posséder les sommets les plus hauts d'Europe.

La vallée Blanche et la dent du Géant

La haute montagne

Depuis qu'y est né l'alpinisme il y a un peu plus de deux siècles, les Alpes ont nourri notre imaginaire et nos rêves, au point d'être devenues par excellence le modèle de toutes les hautes montagnes. La chaîne de montagne la plus élevée d'Europe possède certes une situation exceptionnelle au cœur même du continent, mais cela ne suffit pas à expliquer un tel succès. Traversée et sillonnée en tous sens grâce à ses immenses vallées, elle ne s'est jamais vraiment opposée aux hommes et se laisse facilement découvrir. C'est à seulement quelques dizaines de minutes des plaines en voiture, qu'elle dresse soudain ses masses saisissantes entre de majestueux couloirs d'âge glaciaire, qu'on n'ose appeler des vallées tellement ils sont immenses : cluses de Larve, d'Annecy, de Chambéry ou de l'Isère, ces quatre « portes » sont l'accès grandiose de la montagne la plus visitée au monde. En remontant ses très hautes vallées, l'été, sur les chemins de grandes randonnées, en dévalant l'hiver ses pistes de ski, en prenant en toutes saisons le téléphérique qui parfois donne le vertige, on a le souffle coupé par l'ampleur des paysages. Une minuscule silhouette collée à la pente, chamois, bouquetin ou alpiniste, nous rappelle alors que ce qui se trouve là, à portée de main semble-t-il, a quelque chose de surnaturel et d'inhumain, hors de proportion avec notre quotidien.

C'est bien ce que pensaient autrefois les habitants des vallées. Il a fallu attendre la fin du 18ᵉ s. pour que des hommes courageux et passionnés osent prétendre vaincre des sommets qui sont parfois aujourd'hui très fréquentés. L'alpinisme comme l'indique son nom est né ici, entre autres dans le massif du Mont-Blanc et, avant de se lancer à la conquête des plus hauts sommets du monde, y a expérimenté toutes ses méthodes, comme il a appris à connaître les dangers et la grandeur sublime de la haute montagne.

L'Aiguille Verte

Une nature régénérée

Et pourtant c'est ce même espace qui nous offre, par des équipements toujours mieux adaptés, les plaisirs les plus confortables et les plus sûrs, sans gêner ni dénaturer les sports plus risqués. Les Alpes sont ainsi devenues un immense terrain de loisirs où le simple promeneur croise l'alpiniste à la recherche des passages les plus difficiles. Paradoxe encore plus fort, le plus grand domaine skiable du monde côtoie le plus ancien parc national créé en France en 1963, celui de la Vanoise, pour sauver les derniers bouquetins d'une disparition certaine. Malgré une fréquentation parfois trop importante qui peut mettre la flore en danger, le renouveau d'une faune qui avait en partie disparu témoigne de sa réussite. Il n'est plus rare d'apercevoir chamois ou marmottes dans leur environnement naturel. Un équilibre semble ainsi avoir été trouvé entre la densité des équipements de sports d'hiver et la préservation d'un milieu naturel exceptionnel.

À cheval sur les Alpes du Nord et du Sud, le Parc national des Écrins est le plus vaste de France. Des glaciers petits mais nombreux, des sommets vertigineux presque aussi élevés que ceux du Mont-Blanc, de petits lacs d'altitude qui sont autant de bijoux, une moindre présence des stations, attirent davantage les amoureux d'espace pur et de liberté.

Les Parcs naturels régionaux des Préalpes, Vercors, Chartreuse et Bauges, ont une vocation un peu différente. Créés dans des régions encore habitées malgré un fort exode rural, ils doivent promouvoir le patrimoine naturel et culturel local menacé par la fin de la culture paysanne traditionnelle. Or, celle-ci a montré qu'elle apporte encore quelque chose d'essentiel à notre époque : des produits du terroir variés et savoureux d'une qualité exceptionnelle, des paysages souvent superbes de moyenne montagne et d'alpages qui restent animés par la pâture des troupeaux et le travail des bergers. Des villages aux fermes authentiques et restaurées dans le style de la région, proposent un artisanat de qualité et des activités de loisirs de plus en plus diversifiées dans une nature d'eaux vives et de forêts. Le succès de ces parcs devrait conduire à leur extension à d'autres massifs.

Les Alpes du Nord semblent ainsi pouvoir résoudre bien des contradictions. On protège mieux, désormais, la haute montagne qu'il faut apprendre à connaître non seulement pour en éviter les dangers mais pour savoir aussi la respecter.

Randonnée dans
le massif du Mont-Blanc

Les glaciers

Les nombreux glaciers des Alpes, telle la célèbre Mer de Glace qu'il faut aller voir au-dessus de Chamonix, ne sont que les maigres vestiges des immenses glaciers qui s'écoulaient jusqu'à Lyon, à l'époque où, dans les plaines, les hommes chassaient le renne et le mammouth, et peignaient le fond des grottes. Les Alpes devaient ressembler aux montagnes des côtes du Groenland, leurs pics noirs émergeant à peine d'un paysage d'une blancheur grandiose.

L'œuvre de titans

C'était il y a un peu plus de 10 000 ans, c'est-à-dire presque rien dans l'histoire de la Terre. Les paysages alpins en sont marqués aujourd'hui dans les moindres détails, à peine retouchés ensuite par l'action de l'eau qui a succédé à celle de la glace.

Les gigantesques vallées en auge ou en « U » des entrées des Alpes tels la cluse de l'Isère et le Grésivaudan, avec leur fond plat et leurs versants vertigineux, témoignent de la dimension des fleuves de glace qui les ont rabotées et qui devaient dépasser les 1 100 m d'épaisseur. Ils ont donné aux Alpes le profil particulier de ces vallées qui montent par « paliers » jusqu'aux cols et qu'empruntent les grands axes routiers aujourd'hui.

Les bassins de surcreusement à fond presque plats, qu'un lac occupe quelquefois, alternent avec les verrous à rupture de pente qu'un cours d'eau creuse aujourd'hui en une étroite gorge de raccordement. Il est toujours surprenant de déboucher dans une haute vallée en « auge » large et spacieuse après être monté au travers d'un étranglement où la route a du mal à se frayer un passage. Plus haut, l'ampleur des paysages d'altitude est aussi le résultat du lent travail des glaciers d'autrefois : des cirques glaciaires aux cascades limpides, tel le Fer-à-Cheval dans le Faucigny, les innombrables vallées suspendues, comme celle du val d'Arly et de Megève au-dessus de Sallanches en sont la preuve, comme aussi les cols surbaissés aux courbes élégantes, les épaulements et les replats d'altitude si agréables aux skieurs débutants.

La montagne a gardé quelques reliques de cet impressionnant passé, sur près de 400 km² au total tout de même qui se répartissent pour les 4/5 en Savoie (massifs du Mont-Blanc et de la Vanoise). Les plus célèbres sont les glaciers de vallées qui descendent parfois

Crevasses de la Mer de Glace

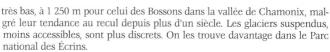

très bas, à 1 250 m pour celui des Bossons dans la vallée de Chamonix, malgré leur tendance au recul depuis plus d'un siècle. Les glaciers suspendus, moins accessibles, sont plus discrets. On les trouve davantage dans le Parc national des Écrins.

Les grandes glaciations ont aussi laissé derrière elles les moraines, énormes masses de terre et de caillasse que le glacier arrache à la montagne et dépose plus loin. Ces débris de toutes tailles se sont accumulés au pied des glaciers géants qui débouchaient dans les plaines. C'est aujourd'hui l'armature des plateaux boisés et peu fertiles des « Terres Froides » de l'avant-pays dauphinois.

Des « fleuves solides »

S'en approcher reste une expérience inoubliable. On se sent fragile face à leur puissante beauté : sous une couche sale, noirâtre et crevassée apparaît soudain une glace cristalline, d'un blanc immaculé ou d'un bleu marine très profond comme à la Mer de Glace. Le glacier semble d'une pureté indépassable et en même temps souillé à l'intérieur par la masse des moraines qu'il transporte.

Tout en haut, dans le névé, s'accumule la neige qui durcit puis devient de la glace. Sous l'effet de son poids, celle-ci va commencer à glisser lentement. Une crevasse profonde, la rimaye, signale cette rupture. Puis, cette langue glaciaire va s'écouler à raison de plus d'une soixantaine de mètres par an, le centre se mouvant plus vite que les bords, comme on peut le constater en regardant les rides d'écoulement de la glace.

Glacier du Géant

La succession de ruptures de pente et de cuvettes modifie aussi sa vitesse et son aspect. Lorsque la pente devient plus raide, les crevasses se multiplient puis le glacier se fissure en un chaos d'énormes blocs de glace, les très impressionnants séracs, comme figés pêle-mêle les uns sur les autres. Dans les cuvettes, la glace se tasse et dépose sur les côtés ses moraines latérales. Le front du glacier, sa limite extrême, est marqué par le dépôt de ses moraines frontales et la délivrance de ses torrents sous-glaciaires dont l'eau inaltérée dévale joyeusement vers la vallée.

La neige
et
les avalanches

La neige, cet « or blanc » devenu vital pour l'économie alpine, attendue chaque automne avec espoir et anxiété, reste un phénomène naturel qui n'a pas encore été parfaitement élucidé.

On ne sait pas exactement pourquoi, à partir de gouttes d'eau en suspension dans l'air et au-dessous d'une certaine température, de fins cristaux de glace prennent la forme d'étoiles, de colonnes, de plaquettes ou d'aiguilles, toujours à six branches. En tombant, ils s'enchevêtrent entre eux, cassent leurs pointes, deviennent des flocons.

Cette neige fraîche, un matin, recouvre tout d'une blancheur virginale.

S'il fait assez froid, ce sera de la poudreuse, bien connue des skieurs avertis. Par temps très doux, elle devient lourde et, décourageante, elle glisse mal et colle aux skis.

La meilleure neige, c'est celle qui s'est tassée pour former une croûte durcie après plusieurs jours de beau temps. Son damage en accroît encore les qualités. C'est la neige de printemps, celle des dépliants touristiques, si agréable au soleil, et idéale pour les débutants.

En fin de saison, elle commence à fondre au cours de la journée ; elle forme alors une « soupe » (neige « gros-sel ») très appréciée des skieurs expérimentés. Mais si elle fond davantage, elle « pourrit » en un mélange de neige fondue et d'eau qui annonce en avril la fin de la saison des sports d'hiver.

La neige, si elle est devenue une source de plaisir, reste, il ne faut pas l'oublier, la principale cause d'accidents en montagne pendant l'hiver. C'est surtout le risque d'avalanches qui vient nous rappeler que la haute montagne reste un milieu sauvage qui n'est pas totalement maîtrisé. C'est ainsi que les avalanches dites de poudreuse, spectaculaires et dévastatrices, restent imprévisibles même si l'on connaît désormais les conditions météo qui peuvent les déclencher.

Il suffit que de la neige fraîche se soit déposée en couche épaisse sur une couche plus ancienne et qu'un temps très froid transforme ses cristaux en petits grains très durs, pour que ceux-ci n'accrochent plus à la neige précédente tassée et verglacée.

Rien n'indique alors le danger. Une pente un peu forte, un temps froid et trop sec, une certaine exposition au vent et au soleil, et l'écoulement se déclenche : un roulement lointain rompt d'abord le silence de la montagne, rapidement suivi d'un terrifiant bruit de tonnerre. Un immense nuage de « poudreuse » mêlé d'air, l'aérosol, se soulève jusqu'à plusieurs centaines de mètres de hauteur, sans qu'aucun obstacle puisse l'arrêter : il peut ainsi couvrir une distance considérable à la vitesse implacable de plusieurs centaines de km/h ! Il est alors impossible d'y échapper. La neige en elle-même n'est pas la plus mortellement dangereuse, mais le « vent d'avalanche », improprement appelé « onde de choc », qui la précède. Ce souffle destructeur est si violent qu'il

Cristaux de neige

Village sous la neige, vallée de la Dranse

arrache les arbres et les rochers, pulvérise les chalets et les automobiles et aspire par effet de « succion » tout ce qui se trouve sur ses côtés. La seule chose à faire est de se coucher le plus vite possible en se protégeant le visage. Le nuage d'air et de cristaux qui déferle alors s'infiltre partout et peut asphyxier en quelques secondes. Si l'on a survécu, on peut cependant respirer un moment dans cette neige en attendant les secours.

En s'aventurant l'hiver à pratiquer le « hors-piste », on peut déclencher une avalanche de plaques, la plus dangereuse, avec en moyenne trois accidents mortels sur quatre. Elle est due en effet à un piège très difficile à déceler, que rien n'indique dans le paysage : la « plaque à vent ». Des cristaux de neige fraîche accumulée par le vent ont formé une vaste croûte durcie, très solide en apparence mais qui ne s'est pas soudée à la couche de poudreuse sous-jacente. Un bruit sourd ou un claquement sec préviennent trop tard le skieur imprudent dont le poids a suffi à la briser. Se détachant sur une grande surface, elle se met à dévaler la pente en se fractionnant en blocs compacts qui écrasent leurs victimes et, souvent, arrachent la poudreuse qui part à son tour en déclenchant une avalanche mixte.

Beaucoup plus lente (de 20 à 50 km/h) et sans effet de souffle, l'avalanche de fond due à une neige gorgée d'eau au printemps suit en général un couloir d'avalanche déjà connu donc prévisible : massive, elle dégage tout sur son passage, en une gigantesque coulée mêlée de boue, d'arbres et de rochers, laissant souvent le sol à nu.

Sauvetage en montagne par la Protection Civile

Un cadre préservé

Hêtre

Vous aimez marcher, observer, prendre votre temps, faire silence et respecter la nature ? Alors la récompense est au bout du chemin. Armé de vos seules jumelles et d'un appareil photo aux téléobjectifs adéquats : de magnifiques surprises vous attendent.

Flore alpine

Les Alpes du Nord, dressées comme une barrière face aux vents et aux nuages venus de l'Ouest, sont beaucoup plus humides et verdoyantes que celles du Sud et l'ensoleillement n'y est pas toujours garanti.

Ces influences océaniques expliquent l'abondance de la neige et l'importance de la végétation. Mais la montagne connaît en fait une mosaïque de microclimats qui surprend toujours le non-initié venu de la plaine.

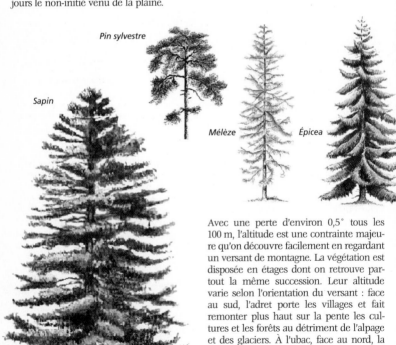

Pin sylvestre

Sapin

Mélèze

Épicea

Avec une perte d'environ 0,5° tous les 100 m, l'altitude est une contrainte majeure qu'on découvre facilement en regardant un versant de montagne. La végétation est disposée en étages dont on retrouve partout la même succession. Leur altitude varie selon l'orientation du versant : face au sud, l'adret porte les villages et fait remonter plus haut sur la pente les cultures et les forêts au détriment de l'alpage et des glaciers. À l'ubac, face au nord, la forêt descend au contraire presque au fond de la vallée, sur un versant sombre et sauvage. Les Savoyards l'appellent l'envers, comme le Montenvers au-dessus de Chamonix. Il s'oppose à l'endroit, le versant civilisé... D'autres éléments interviennent encore comme la fréquence ou non

Panicaut des Alpes
ou chardon bleu

Gentiane acaule

des inversions de température. L'hiver, l'air froid qui est lourd, plonge parfois certaines vallées dans les nuages tandis qu'à la grande joie des skieurs les hauteurs restent ensoleillées. Enfin, l'humidité décroît de l'Ouest vers l'Est, ce qui explique que les massifs de l'intérieur, comme la Vanoise, sont plus ensoleillés et plus secs que les Préalpes malgré leur altitude plus élevée.

À chaque étage de végétation correspond un écosystème bien défini. Du bas des grandes vallées, de 200 m d'altitude jusqu'à 1 000 m, c'est l'étage collinéen, où le chêne laisse peu à peu la place au hêtre en altitude. Villages et cultures ont autrefois réduit la forêt qui prend aujourd'hui une belle revanche. À l'étage montagnard, les cultures, qui ne dépassent pas 1 500 m, se font plus rares et sont souvent en voie d'abandon. Là, entre 1 000 et 1 500 m, se déploie d'abord la hêtraie-sapinière qui, en automne, habille les versants des couleurs superbement contrastées du hêtre et du sapin. Le pin sylvestre préfère, quant à lui, les pentes plus sèches. Les conifères règnent d'ailleurs bientôt exclusivement sur la forêt. Plus résistant que le sapin, l'épicéa, qui s'en distingue par son écorce brune, compose de sombres et magnifiques pessières, notamment sur les versants exposés au Nord. Le mélèze, lui, est plus clair et préfère les endroits secs et ensoleillés, même très froids : c'est l'arbre des massifs plus abrités comme la Vanoise. C'est le seul conifère à perdre en automne ses aiguilles qui prennent alors de somptueuses couleurs. Au sol s'en nourrissent une pelouse à rhododendron et toute une végétation d'arbustes comme les myrtilles. On rencontre aussi à cet étage les belles fleurs parfumées du lis martagon à la couleur rose tachée de pourpre comme celle de son cousin, le lis orangé.

Edelweiss

À partir de 2 000 m, à l'étage subalpin, les arbres se raréfient et dégénèrent. Les derniers à résister sont les pins cembro ou aroles qui font place à l'alpage, ces pâturages d'herbes et de fleurs qui doivent leur nom aux Alpes. C'est le domaine de la flore alpine, qui a dû s'adapter à ce milieu extrême. Entre la fonte des dernières neiges en mai et le retour du froid en septembre, il lui faut fleurir et germer sans perdre de temps. Mais alors quelle exubérance. La plante, en général petite à cause du climat, donne des fleurs opulentes et souvent parfumées comme celles de la gentiane acaule, dont les corolles d'un bleu profond semblent posées sur le sol. La richesse en ultraviolets de la lumière en altitude explique ces couleurs éclatantes. On est tenté de les cueillir mais beaucoup d'espèces sont strictement protégées telles le rhododendron aux couleurs rose vif et le chardon bleu, très menacé...

Au-dessus de 2 500-2 800 m, la végétation se fait rare et l'edelweiss disparaît bientôt. C'est l'étage nival, celui qui nous fait pénétrer dans ce monde purement minéral de roches, de neiges et de glaciers dont sont amoureux alpinistes et randonneurs.

Lis martagon

La haute montagne donne là toute sa mesure, dans une solitude et une beauté qu'il est difficile d'oublier.

Lis orangé   Rhododendron

Marmotte

Faune alpine

Voir au loin une harde de chamois ou de bouquetins qui s'avance sur la rocaille au lever du soleil ou au crépuscule, suivre des yeux le vol majestueux des aigles royaux, observer les gypaètes barbus, surprendre les jeux des marmottes dans les alpages : ce spectacle enchanteur redevient possible ! La haute montagne a bien failli voir disparaître toute sa grande faune sauvage. Mais grâce à une protection stricte et à de prudentes réintroductions, on peut maintenant, avec de bonnes jumelles et à condition de rester discret, faire d'une randonnée une occasion de rencontres inoubliables.

Les acrobates des hauteurs

Trop chassé autrefois, le bouquetin, ce cousin sauvage de la chèvre, fut sauvé de justesse par la volonté du roi d'Italie et dernier duc de Savoie Victor-Emmanuel II. Il n'est plus rare d'observer ce rescapé juché sur un éperon bien exposé au soleil ou en train de dévaler de vertigineux abrupts. Même les mâles aux cornes annelées si puissantes, sautent avec une aisance aérienne. Mâles et femelles vivent en troupeaux séparés, les premiers à plus haute altitude que ces dernières. Aux premières neiges qui peuvent dépasser un mètre de hauteur les mâles descendent. C'est alors que la montagne retentit du choc retentissant de leur cornes.

Chamois

Le chamois est devenu, lui, le symbole des Alpes. Il est partout chez lui en montagne. Ses pattes minces et robustes, ses pieds adaptés, lui confèrent une extraordinaire agilité. Sans crainte du froid, il s'amuse à d'étonnantes cabrioles sur les plus hautes neiges d'été alors qu'il descend souvent, l'hiver, en forêt ronger l'écorce des arbres. Ses cornes fines et recourbées le distinguent du bouquetin ainsi que son allure plus proche du chevreuil ou plutôt de l'antilope.

Il vit en petites troupes menées par un bouc. On le connaît surtout dans sa robe d'hiver presque noire avec des taches blanches sur la tête et la gorge. Le reste de l'année, sa toison tire en fait sur le brun roux, avec une longue raie noire sur le dos.

Très résistant, le mouflon se contente d'une herbe pauvre qu'il va souvent chercher dans les clairières de forêt. C'est un mouton sauvage peu farouche qui s'est très bien adapté au milieu alpin. On le reconnaît à sa robe brun roux, plus sombre l'hiver et aux magnifiques cornes recourbées des mâles.

Mascotte des Alpes, la marmotte se multiplie elle aussi dans les parcs naturels. La présence des skieurs ne la dérange d'ailleurs pas quand elle hiberne roulée en boule durant 6 mois sous ses quelques mètres de terre et de neige. D'avril à septembre elle anime les alpages de ses jappements stridents. Un seul cri annonce une menace très grave, comme l'aigle royal qui la fait détaler en quelques secondes, plusieurs un danger moins pressant tel un chien ou... un randonneur à surveiller de loin. Elle vit en petites colonies dans des terriers dont les galeries communiquent sur une dizaine de mètres. Comme elle est assez peu farouche dès qu'elle n'est plus chassée et qu'elle aime les espaces découverts on peut la voir assez facilement jouer en se poussant et en roulant sur la pente.

Chouette de Tengmalm

Ce n'est certes pas le cas du lynx qui, venu de Suisse, vit dans les forêts isolées et reste très rare. Seules ses traces de gros chat le signalent.

Gypaète
barbu

Tétras-Lyre

Pourtant il peut être féroce quand il se déchaîne sur un chevreuil, un chamois ou parfois un troupeau de moutons.

Le tétras-lyre, un petit coq sauvage très craintif, vit entre la forêt et les alpages. L'hiver, il se dissimule dans son petit « igloo » sous une bonne couche de neige protectrice d'où il sort prudemment la tête pour observer les environs et aller chercher sa nourriture. En mai, il parade bruyamment devant sa femelle en déployant sa queue en éventail sur une « place de chant ». Il faut alors, si on a la chance de l'entendre, se garder de le déranger en s'approchant trop près.

On entendra surtout la chouette de Tengmalm plus qu'on ne la verra, ses hululements en hiver et au printemps pouvant durer très longtemps. Vivant par ailleurs en Scandinavie, elle est très bien adaptée au froid et à la forêt de l'étage montagnard.

De fières silhouettes

Planant en vastes spirales ou lancé en piqué à plus de 150 km/h, l'aigle royal a toujours en vol quelque chose de puissant et de solennel. On peut le voir longer les versants en rasant le sol pour saisir sa proie par surprise. S'il se nourrit surtout de marmottes l'été, il n'hésite pas l'hiver à se faire charognard de bouquetins pour survivre.

On peut enfin attirer, si on a beaucoup de chance, le vol du plus grand rapace de France, le gypaète barbu, de retour

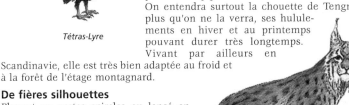

Lynx

dans le ciel des Alpes grâce à un long et patient programme de réintroduction. D'une envergure de 2m 80, c'est un voilier exceptionnel, en vol plané comme en acrobaties aériennes spectaculaires. Il casse même les os en les lâchant en vol sur des rochers. C'est en fait un charognard utile et pacifique qui fut exterminé car il avait très mauvaise réputation, sans doute à cause de sa barbiche et de son œil au cercle rouge sang.

La montagne est peuplée de nombreux autres animaux qui, en forêt surtout, sont les mêmes qu'en plaine, comme le chevreuil ou le renard. Certaines espèces ont fait preuve d'une adaptation remarquable en prenant l'hiver une robe blanche comme l'hermine, le lièvre variable, le lagopède alpin ou la perdrix des neiges.

Par son originalité et sa richesse, on comprend que la faune, comme la flore des Alpes, est précieuse et mérite d'être particulièrement protégée.

Mouflon

Un relief vivant

Les Alpes du Nord, par la diversité de leurs roches facilement identifiables et la distribution relativement simple des grands massifs, livrent l'une des clés de l'histoire de notre planète. Toutefois, le rythme de ces changements est si lent qu'il nous est imperceptible. Il reste pourtant lisible à fleur de paysage. Cette région offre de magnifiques panoramas, renouvelés au fil des lacets des routes escarpées, et des contrastes saisissants : quelques kilomètres séparent les bords du lac Léman des aiguilles et des glaciers du Mont-Blanc, les parois du Vercors et la plaine intérieure du Grésivaudan. La traversée des Alpes permet ainsi de repérer les grandes étapes de cette histoire par les traces souvent spectaculaires qu'elles ont laissées.

La formation des Alpes

Au début de l'ère primaire, il y a 570 millions d'années, un gigantesque plissement de l'écorce terrestre, que les géologues appellent « hercynien », donne naissance, à l'emplacement des massifs actuels les plus élevés, à un axe cristallin de même nature que les Vosges et le Massif central. Ce massif, recouvert d'une végétation luxuriante (l'abondance des débris végétaux fossilisés est à l'origine du bassin houiller de la Mure) sera érodé, puis submergé.

Seul un séisme, comme en juillet 1996 à Chambéry, nous rappelle brutalement que le sous-sol bouge et que des montagnes se soulèvent encore sous nos yeux, à raison de quelques millimètres par an. Cela suffit à bâtir les plus gigantesques édifices naturels en quelques millions d'années seulement...

La tectonique des plaques

La théorie de la tectonique des plaques explique que les mouvements encore mal connus du magma des profondeurs créent le fond des océans qui, ainsi, naissent, s'agrandissent ou se referment. Ils entraînent avec eux les continents au sein de « plaques » immenses qui morcellent la croûte terrestre. Mais contrairement au plancher océanique capable de coulisser en subduction vers l'intérieur de la Terre, quand deux masses continentales entrent en contact, elles se broient et se soulèvent : c'est l'origine des montagnes dites « alpines », tel l'Himalaya dû à la poussée de l'Inde.

Une mer s'est donc ouverte puis refermée, entre l'Afrique et l'Europe. C'était entre le début de l'ère secondaire, celle des dinosaures, vers 245 millions d'années et le milieu du tertiaire, l'ère des mammifères, il y a 35 millions d'années, bien avant l'apparition des hommes. Baptisée « Téthys » par les géologues, elle a d'abord lentement séparé le continent unique de la fin de l'ère primaire qui s'est par la suite morcelé. À

Bourg d'Oisans

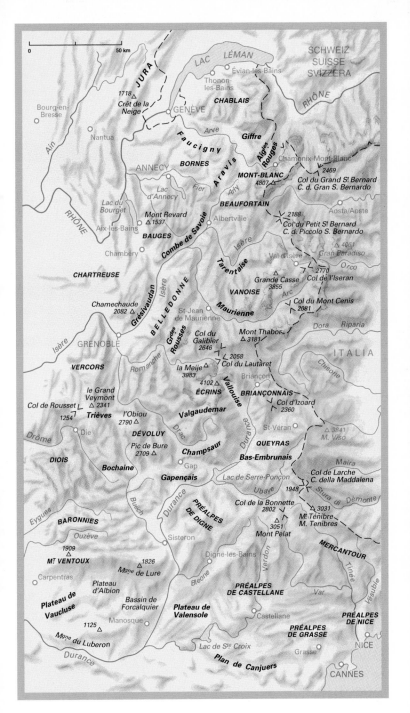

l'emplacement des Alpes se trouvait le bord du continent européen sous une mer chaude et peu profonde. Des masses de sédiments, tels les coraux qui sont à l'origine des spectaculaires corniches des Préalpes, se sont déposées sur le très vieux socle cristallin depuis longtemps arasé. Bien d'autres sédiments se sont accumulés au fond de la Téthys sur des milliers de mètres d'épaisseur ; mais celle-ci a commencé à se refermer par la lente remontée de l'Afrique vers le Nord, il y a une centaine de millions d'années. Poussés et comprimés, ces sédiments se sont transformés : calcaires et sables se sont agglomérés en grès ; les argiles se sont feuilletés en schistes lustrés, noirs et luisants. Puis l'Afrique, ou plutôt l'un de ses morceaux, la sous-plaque « italo-dinarique », qui porte l'Italie et une partie des Balkans, s'est avancée comme un éperon et a fini par entrer en collision avec l'Europe.

Dès lors, le soulèvement était inévitable, comme de la pâte à modeler que l'on presserait entre les pouces. Tandis que la Téthys disparaissait, il y a une trentaine de millions d'années, des masses énormes de roches schisteuses se sont soulevées, puis déversées en gigantesques nappes de charriage, de l'Est (Alpes italiennes et Vanoise) très loin vers l'Ouest et vers le Nord (Chablais, Alpes suisses). Près de la frontière italienne, les roches très variées de la zone interne ont été charriées par la suture toute proche des deux continents. Dans la Vanoise dominent, dans un enchevêtrement de roches d'âges différents, les schistes feuilletés, dont les bancs d'ardoises noires et luisantes sont encore parfois exploités. D'immenses nappes de charriage se sont empilées là en plis confus ; des sommets voisins peuvent être constitués de roches très éloignées : quartzites cristallin ou calcaire, à côté des schistes et de bien d'autres roches « métamorphisées » (roches transformées par la pression et la chaleur).

Massif du Mont-Blanc

Des plis en cascade

Plus récemment, il y a 10 à 5 millions d'années, la poursuite de la poussée africaine a fini par faire surgir le vieux socle cristallin enfoui sous ses masses de calcaires, de marnes et d'argiles. Ces dernières se sont littéralement « décollées » et ont glissé vers l'avant-pays en se déformant en plis spectaculaires à l'instar du Jura tout proche. Ce sont les Préalpes calcaires que le sillon alpin sépare des chaînes centrales cristallines. Près de la frontière italienne, c'est la zone interne dont les roches très variées ont été charriées par la suture toute proche des deux continents. En avant, les bas pays dauphinois et savoyards ont été occupés, lors des derniers millions d'années avant notre ère, par des mers intérieures peu profondes au fond desquelles s'est déposée en couches très épaisses la mollasse formée des sédiments arrachés aux montagnes voisines. Elle se reconnaît à ces collines fertiles et verdoyantes qui composent les paysages de l'Albanais ou du Genevois.

Valloire

Les hauts sommets cristallins

Les grandes Alpes cristallines forment les massifs les plus élevés, ceux qui dépassent les 4 000 m. Les conditions climatiques rigoureuses, l'alternance du gel et du dégel font violemment éclater la roche qui se découpe en aiguilles et crêtes acérées à moins qu'une calotte de glace ne recouvre un sommet plus arrondi, comme celui du Mont Blanc : paradis des alpinistes, des skieurs et des randonneurs, ces Alpes centrales symbolisent à la perfection l'image que l'on se fait de la haute montagne. Leurs roches, granitiques ou très voisines de celui-ci, sont pourtant les plus anciennes de la chaîne.

Du même âge primaire que celles de Bretagne ou du Massif Central, avec lesquelles, il y a 300 millions d'années, elles constituaient un seul et formidable ensemble montagneux, elles recèlent des curiosités minéralogiques qui font la joie des amateurs, comme en Oisans.

Même mêlées à d'autres roches plus complexes, sédimentaires ou « métamorphisées », on les retrouve à travers toutes les Alpes centrales, du prestigieux massif du Mont-Blanc et des Aiguilles-Rouges aux puissants môles de l'Oisans

Massif de la Chartreuse

et du Pelvoux percés de multiples vallées, en passant par le Beaufortin, moins élevé, et la superbe chaîne de Belledonne qui se dresse sur 80 km de long au-dessus du Grésivaudan en une immense barrière que les Grandes Rousses accompagnent à l'Est.

Diversité des Préalpes

Moins hautes (jusqu'à 2 500 m seulement) et sans neiges persistantes, ni glaciers, mais surprenantes par leurs formes plissées, sont ces Préalpes calcaires que la nature a placées comme à la parade en avant de la grande chaîne cristalline à l'Ouest du sillon alpin. Il faut cependant mettre à part le Chablais, voisin de la Suisse, fait de grandes nappes de schistes venues du Sud-Est et où seul le Giffre (le Faucigny), proche du Mont-Blanc, est ici calcaire. Du Nord au Sud se succèdent ensuite quatre blocs qui surplombent les collines des avants-pays savoyards et dauphinois et que quatre entailles géantes, les « entrées des Alpes », délimitent. Le massif des Bornes prolongé par la chaîne des Aravis se dresse ainsi de la vallée de l'Arve à la cluse d'Annecy occupée par son lac aux eaux bleutées ; de l'autre côté les Bauges

Désert de Platé

s'étendent jusqu'à la cluse de Chambéry, qui les sépare de la Grande-Chartreuse.

Celle-ci domine au Sud la majestueuse cluse de l'Isère qui, à l'entrée de Grenoble, la sépare du mystérieux Vercors, dernier massif de la série avant les Alpes du Sud beaucoup plus complexes.

Si chacune de ces montagnes possède sa propre personnalité, les ondulations de leurs plis géants suffisent à les distinguer des Alpes précédentes : des falaises de plus de 300 m de haut, constituées d'un calcaire très dur, le calcaire urgonien, d'une origine corallienne vieille de plus de 100 millions d'années, se déploient en plis aériens puis retombent comme les vagues figées d'un cataclysme. Ou bien, alternant avec une roche tendre aux pentes plus douces, elles surplombent les vallées en corniche, simple ou parfois même double comme dans le Vercors qui a l'allure d'une forteresse imprenable.

Le travail de l'érosion

L'eau pourtant dissout chimiquement ces roches si résistantes en apparence. Dans les massifs internes comme la Vanoise, sans discrimination, l'érosion a dégagé les terrains tendres et sculptés dans les roches dures des crêtes escarpées et des pyramides qui, comme les aiguilles d'Arves, se dressent isolées vers le ciel.

Après la fonte des grandes glaces, les eaux torrentielles réapparues ont travaillé à atténuer les contrastes. Des « gorges de raccordement » ont alors échancré les verrous (rétrécissements) et relié le fond d'une vallée suspendue à celui de la vallée principale. On rencontre aussi, dans les Préalpes principalement, des gorges qui recoupent l'axe des plis du terrain : ce sont les cluses. Elles offrent la plupart du temps les seules possibilités de liaisons entre la montagne et le bas pays. On trouve dans les Alpes tous les types de modelé karstique comme les très spectaculaires lapiaz du désert de Platé, non loin du Mont-Blanc, vastes étendues isolées de pierres déchiquetées et alvéolées : les eaux de ruissellement dissolvent irrégulièrement la surface calcaire et créent ainsi des cavités qui finissent par se rejoindre pour former des rainures et des ciselures discontinues. Mais ce sont surtout des gouffres parmi les plus profonds du monde, des dizaines de kilomètres souterrains de lacs, de rivières et de grottes aux salles parfois immenses dont des concrétions souvent étranges, comme les gerbes de fistuleuses de la grotte de Coufin à Choranche, forment un féerique décor de stalactites et de stalagmites. Certaines explorations sont restées célèbres comme dans le Vercors celle du gouffre Berger, le premier connu à avoir dépassé les 1 000 m de profondeur. Sur les milliers de grottes recensées, certaines parmi les plus remarquables sont accessibles au public. Toutes, de très loin, n'ont pas encore été découvertes : les Préalpes calcaires sont un paradis pour spéléologues.

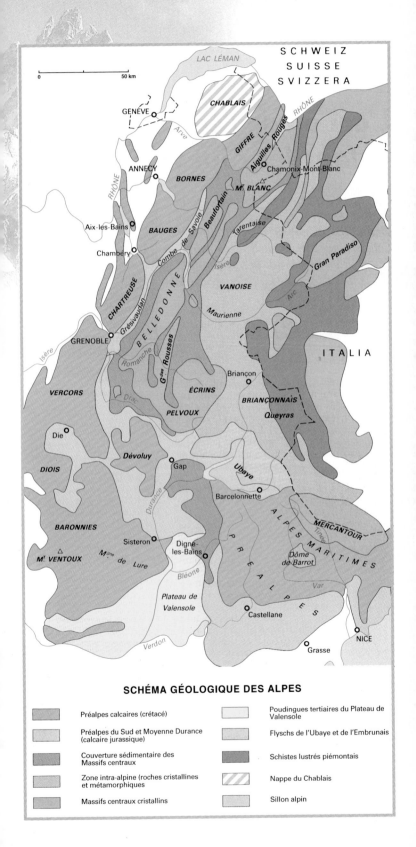

SCHWEIZ
SUISSE
SVIZZERA

LAC LÉMAN

CHABLAIS

RHÔNE

GENÈVE

Arve

GIFFRE

Aiguilles Rouges

RHÔNE

Chamonix-Mont-Blanc

ANNECY

BORNES

Mt BLANC

Beaufortain

Aix-les-Bains

BAUGES

Combe de Savoie

Tarentaise

Chambéry

Isère

Gran Paradiso

CHARTREUSE

Grésivaudan

BELLEDONNE

VANOISE

Arc

Maurienne

GRENOBLE

Romanche

G^{des} Rousses

Isère

ITALIA

Drac

ÉCRINS

Briançon

VERCORS

PELVOUX

BRIANÇONNAIS

Queyras

Die

Dévoluy

Gap

Ubaye

DIOIS

Durance

Barcelonnette

MERCANTOUR

BARONNIES

Sisteron

Digne-les-Bains

ALPES MARITIMES

Mt VENTOUX

M^{ne} de Lure

P R É A L P E S

Dôme de Barrot

Bléone

Var

Plateau de Valensole

Castellane

NICE

Verdon

Grasse

SCHÉMA GÉOLOGIQUE DES ALPES

Préalpes calcaires (crétacé)

Préalpes du Sud et Moyenne Durance (calcaire jurassique)

Couverture sédimentaire des Massifs centraux

Zone intra-alpine (roches cristallines et métamorphiques)

Massifs centraux cristallins

Poudingues tertiaires du Plateau de Valensole

Flyschs de l'Ubaye et de l'Embrunais

Schistes lustrés piémontais

Nappe du Chablais

Sillon alpin

L'action de l'eau dans les Alpes

L'eau des Alpes, c'est l'enfance de la nature quand le torrent libéré au printemps se gonfle de la fonte des neiges pour aller sacrifier la pureté de ses eaux vives aux besoins avides des gens des plaines. D'elle naissent puissance et beauté...

Elle court dans les alpages, cette eau qu'aucune pollution n'a encore altérée, si claire et si minérale quand elle murmure dans les replats avant de descendre en cascade vers la vallée ou de sauter le long des parois d'une falaise ou d'un ancien cirque glaciaire. Le climat aidant, les torrents sont partout dans les Alpes du Nord. Par leur vitalité ils ont complété le travail des glaciers en ravinant les versants au pied desquels ils accumulent les débris arrachés en « cônes de déjection ». Ce n'est pas une œuvre purement destructrice puisque ceux-ci, en vieillissant, se couvrent peu à peu de végétation. Quand ils sont bien exposés au Sud et à l'écart des crues, ils sont souvent devenus le site d'un paisible village qui, au milieu de ses champs et de ses prairies, domine la vallée.

Les rivières torrentueuses comme l'Isère et ses affluents, aux crues parfois si violentes, ont dû prendre la place des glaciers en s'installant dans des vallées si larges qu'elles semblent s'y réduire de loin à un mince filet blanchâtre. En réalité, leur puissance aujourd'hui canalisée par des digues et par la succession des barrages hydroélectriques, se lit très bien dans le paysage. Butant sur les verrous glaciaires, leurs eaux tourbillonnantes, recherchées aujourd'hui par les adeptes des sports « d'eaux vives », les ont entaillés en défilés étroits et escarpés. Des gorges spectaculaires raccordent ainsi des vallées suspendues. Celles-ci, épanouies mais quasi fermées comme parmi d'autres celle de Chamonix, seraient toujours isolées si elles n'avaient pu être reliées aux bas pays par la construction de routes audacieuses. Après une multitude de tournants en épingles à cheveux au détour desquels on découvre de spectaculaires panoramas, la route, coincée entre l'eau et la montagne, a souvent dû être taillée en plein roc ou passer par des tunnels avant d'accéder, de façon surprenante, à une haute vallée très humanisée.

Les bassins de surcreusement des glaciers se sont souvent remplis d'eau accumulée derrière un verrou ou une moraine frontale : les lacs d'origine glaciaire, les seuls avant l'invention de l'hydroélectricité sont de toutes les tailles, à toutes les altitudes

Lac de Roselend

Les lacs que l'on découvre l'été, en haute altitude, nichés au creux d'un paysage farouche et solitaire sont souvent de vrais bijoux : des eaux d'une transparence de cristal, un bleu de glace inconnu en plaine, de la neige bordant des rives rocailleuses, parfois une brume légère et rêveuse comme au premier matin du monde leur confèrent une profondeur mystérieuse.

Cascade des Trois-Fontaines en Chartreuse

et de toutes nuances de bleu et de vert. Les trois plus grands sont aux limites des montagnes savoyardes, au débouché des anciens glaciers sur les avants-pays. Le lac Léman partagé avec la Suisse est une vraie mer intérieure dont la douceur du microclimat évoque la Côte d'Azur, avec ses croisières, ses plages et ses villes thermales aux sources bienfaisantes. Thonon-les-Bains comme Évian dont les eaux sont aujourd'hui vendues dans le monde entier, ont connu leur heure de gloire quand les plus grandes célébrités venaient y prendre les eaux au début du siècle.

C'est Lamartine qui a chanté les couleurs changeantes du lac du Bourget sur lequel se reflètent le soir les feux de la vie nocturne d'Aix-les-Bains, ancienne station mondaine réputée pour ses eaux sulfurées. D'un bleu transparent, le lac d'Annecy s'encaisse, lui, entre des montagnes verdoyantes et romantiques. Tous les lacs, même modestes, possèdent ainsi leur personnalité.

La civilisation moderne a complété l'œuvre de la nature en multipliant les lacs artificiels depuis le début du 20e siècle. Certains ont ennoyé toute une vallée comme celle du Drac dans le Trièves : ils s'allongent alors comme des fjords étroits et tortueux. En haute montagne, ils s'insèrent souvent bien dans le paysage. On aurait parfois du mal à les distinguer d'un lac naturel sans la courbe géométrique de leur barrage. Le lac du Mont-Cenis se découvre ainsi à la montée au col, dans un cadre scandinave de pelouses alpines et de croupes rocheuses aux formes majestueuses. Certains, comme à Tignes, cachent dans leurs eaux des villages engloutis dont se souviennent avec nostalgie les anciens habitants.

Tout un réseau de lacs et de rivières court enfin sous terre, dans les Alpes calcaires, pour ressortir en grandes résurgences au pied de la montagne comme le Furon, aux cuves de Sassenage. C'est l'eau qui, goutte à goutte, modèle les somptueux décors des grottes de ces régions.

Grotte de la Draye Blanche

Partout elle irrigue ainsi la montagne qu'elle use et modifie lentement. Mais c'est aussi l'une des plus grandes richesses que la nature ait offertes aux Alpes.

Vivre de la montagne

Vie agricole traditionnelle, grande industrie moderne et compétitive, les Alpes du Nord vivent et se développent. Plus qu'ailleurs, toutefois, l'homme doit veiller sur un équilibre naturel fragile, et l'exploiter judicieusement.

L'eau, une richesse

Les Alpes du Nord disposent d'une nature généreuse dont les anciennes industries tiraient leurs ressources. Les premières papeteries qui consommaient le bois des forêts tournaient grâce aux moulins des torrents ; de même la petite métallurgie ou les tanneries de l'Isère à l'origine de la tradition du gant de Grenoble. La forêt, en pleine expansion depuis le recul des champs et des prairies est aujourd'hui exploitée surtout pour ses conifères transformés en pâte à papier et en bois de charpente ou de meubles.

La « houille blanche »

L'eau des Alpes a surtout rendu possible la première grande production au monde d'électricité. Faute de pouvoir l'obtenir à volonté, ce phénomène naturel est longtemps resté une curiosité scientifique. En 1870, le Belge Gramme invente la dynamo. Peu auparavant, à Lancey près de Grenoble, un papetier avait fait appel à l'ingénieur Aristide Berges pour augmenter la puissance des turbines de ses moulins mécaniques. En 1869, celui-ci mit au point la première conduite forcée qui permettait d'utiliser la force d'une chute de 200 puis de 500 m : la convergence de ces deux inventions avec celle du transport à haute tension par Desprez allait permettre, à partir de 1883, de produire industriellement cette énergie nouvelle promise à l'avenir que l'on sait. Lors de l'Exposition universelle à Paris en 1889, Berges lança l'expression de « houille blanche » par opposition à la « houille noire », le charbon-roi de l'époque. À la pointe du progrès, Grenoble, qui fut éclairée à l'électricité avant Paris, annonçait l'avènement d'une énergie propre, rapide et quasi inépuisable.

Des ouvrages d'art

C'est ainsi que, ponctuant désormais le cours de la plupart des rivières alpines, les barrages font partie de leur paysage. La lourde silhouette du barrage-poids donne une idée de la puissance des eaux qu'il doit retenir. Le barrage-voûte en béton, plus étroit et lancé d'un seul jet, est une solution élégante dans un site encaissé comme celui de Tignes. Sa courbe, d'une grande pureté géométrique et sa forme convexe transmettent la formidable poussée des eaux vers ses parois latérales. Mais le plus souvent, la largeur même modeste de la vallée ne permet pas une telle simplicité. On a associé, dans le barrage à contreforts, les qualités de chacune des deux formules. Celui de Roselend déploie sa voûte monumentale renforcée des contreforts en

Barrage de Plan d'Aval

béton qui la soutiennent. Quand c'est possible, il arrive qu'une simple digue suffise pour fermer un verrou glaciaire comme au col du Mont-Cenis : elle se remarque alors à peine dans un paysage préservé.

Presque tous les sites possibles ont été aménagés. Conduites forcées, barrages et lacs font ainsi partie d'un système intégré qu'on devine à peine : on capte l'eau d'un massif par tout un réseau de galeries creusées dans la montagne sur des dizaines de km pour l'acheminer vers les lacs de retenue de haute altitude comme ceux de Tignes ou du Mont-Cenis. On a même été jusqu'à installer des capteurs dans le glacier d'Argentière... L'eau est ensuite lâchée, quand c'est nécessaire, dans des conduites qui lui font dévaler des hauteurs formidables, de 1 000 m à Tignes par exemple, sur les turbines des centrales installées plus bas dans les vallées. L'électricité produite sert d'appoint aux centrales nucléaires pendant les heures de pointe, tandis qu'aux heures creuses, elle sert à remonter l'eau par des pompes tout en haut dans les lacs de retenue.

Le décollage industriel

La houille blanche fut à l'origine d'un vrai décollage industriel dès la fin du 19e siècle avec l'électrométallurgie (aluminium) et l'électrochimie installées au pied des chutes dans les grandes vallées, comme en Maurienne ou dans le couloir industriel de la Romanche. Aujourd'hui, face à la

Barrage de Roselend

crise, elles se sont spécialisées dans une industrie très exigeante : c'est ainsi qu'Ugine-Savoie exporte dans le monde 75% de ses aciers spéciaux ; à Saint-Jean-de-Maurienne, où la plupart des usines ont fermé, Pechiney a gardé son centre de recherche sur l'aluminium ; en vallée d'Arve se maintient aussi une prospère et très qualifiée industrie du décolletage (fabrication de pièces détachées pour l'industrie).

Forêt de Chamonix

Des métropoles régionales dynamiques

Mais ce sont évidemment aujourd'hui les quatre grandes villes placées à l'entrée des Alpes qui commandent désormais l'économie de toute la région alpine. Grenoble en est la métropole avec son agglomération de plus de 400 000 habitants. Si l'hydroélectricité puis « l'or blanc » ont joué un rôle essentiel dans son développement, elle a su, par son dynamisme exceptionnel, développer ses activités dans les domaines les plus novateurs : ses laboratoires de recherche, dont le prestigieux synchrotron, ses universités et ses industries de pointe en font une ville ouverte sur le 21e siècle. Chambéry et Annecy n'ont pas la même importance mais elles ont su créer des activités au succès parfois étonnant comme le fabricant de skis « Salomon » qui exporte dans le monde entier. Annemasse enfin est étroitement liée à Genève et prospère grâce à ses industries mécaniques de précision.

Vache tarine

L'agriculture et l'élevage

La renaissance d'une polyculture montagnarde

L'économie traditionnelle, fondée sur la vieille polyculture paysanne où l'on faisait un peu de tout, a ainsi disparu comme le mode de vie qui lui était attaché. Sur les versants de certaines vallées, il n'est pas rare de voir encore nettement les traces laissées par d'anciens champs peu à peu gagnés par la reconquête spontanée de la forêt.

Même l'élevage, pourtant favorisé par un milieu naturel exceptionnel, était menacé car jugé trop peu rentable. Il a fallu la volonté d'éleveurs résolus à sauver les traditions montagnardes grâce à la production de lait et de fromages de grande qualité pour renverser une évolution qu'on disait irrémédiable. Le renouveau de races bovines qui semblaient condamnées comme le succès de produits du terroir de mieux en mieux connus et appréciés, augurent bien de l'avenir. C'est ainsi qu'on peut toujours entendre le tintement joyeux des sonnailles des troupeaux qu'on croise plus nombreux depuis une vingtaine d'années dans les alpages. Des bergers fabriquent toujours le fromage dans les chalets, sauvegardant une montagne vivante qui était en voie de désertification notamment dans ces massifs placés à l'écart des grandes stations comme le Beaufortin, les Bauges ou la Chartreuse. La création des parcs naturels régionaux est aussi un moyen de maintenir de telles activités qui font partie intégrante de l'environnement montagnard. En dehors des avants-pays et des très grandes vallées où se maintiennent quelques cultures (vignes et maïs en Savoie, légumes et noix classées AOC près de Grenoble, pommes de terre un peu partout), les travaux des champs se limitent maintenant à la fenaison, la coupe des foins en été dans les prairies.

Vache d'Abondance

La plus remarquable des vaches alpines est sans doute la tarine, qui tire son nom de la haute vallée de l'Isère, la Tarentaise. On la remarque tout de suite à sa belle robe fauve qui rehausse le vert tendre des pâturages. Le "maquillage" noir qui auréole ses yeux se retrouve sur son mufle, à la pointe de ses cornes et sur ses sabots. Petite et robuste, elle est parfaitement adaptée au milieu montagnard au point qu'adoptée par de nombreux pays, elle savoure aujourd'hui les pâturages des contrées reculées de l'Inde et du Canada. Son lait très riche en protéines entre dans la fabrication du beaufort.

Le val d'Abondance dans le Chablais a donné naissance à une vache et un fromage : la solide abondance est ainsi devenue la 4e laitière française. Comme la classique montbéliarde, elle fait partie, en plus frugale et moins lourde, des « pies rouges » de l'Est. Si sa robe est acajou, elle a le ventre blanc ainsi que la tête, sauf le pourtour des yeux, aux « lunettes » acajou.

Fenaison à Arsénieux

La vie des alpages

Si la transhumance de l'étable d'hiver à l'alpage d'été se fait maintenant surtout par camion, quelques éleveurs ont tenu à garder l'habitude de monter les troupeaux, parfois en trois ou quatre étapes comme autrefois, au printemps d'abord dans des « remues », prairies situées au-dessus du village, puis en mai un peu plus haut, sur les versants ensoleillés des « petites montagnes », enfin, à partir de juin, une fois la neige fondue, aux « grandes montagnes » des alpages, à troupeaux communs. Cet ancien nomadisme explique l'étonnante prolifération des chalets d'altitude qui correspondent à chacune de ces étapes. Une famille pouvait alors en posséder trois ou quatre.

Les vaches qui prospèrent ainsi dans les Alpes doivent d'abord être d'excellentes laitières. Les éleveurs ont ainsi pu mettre en valeur des bêtes rustiques comme la tarine et l'abondance, au lait indispensable à la fabrication des meilleurs fromages AOC.

Cela ne les empêche pas de coexister avec les races à très haut rendement comme la holstein noire et blanche qui n'est plus à présenter, la blonde d'Aquitaine et surtout la montbéliarde venue de la Franche-Comté voisine. Bonne fromagère, cette championne fut la première à dépasser en France les 10 000 litres de lait par an. On la reconnaît facilement à sa robe tachetée rouge vif sur fond blanc et au large mufle de sa tête toute blanche.

Parmi les races alpines, il reste enfin une curiosité qu'on ne rencontre plus que rarement : la villarde. De couleur froment, c'est-à-dire blonde, c'est la dernière survivante des blondes du Sud-Est, la providence des montagnards d'autrefois. La station d'élevage de Villard-de-Lans, dans le Vercors, l'avait rendue célèbre au siècle dernier en améliorant ses aptitudes. Docile, cette vache à « tout faire » qu'on ferrait comme un cheval, servait de bête de somme, tirait la charrue et donnait son lait gras et sa viande à toute la maisonnée. Un tel dévouement fut bien mal récompensé, car elle faillit disparaître avec l'arrivée du tracteur et des grosses laitières. Elle n'a survécu que grâce à un programme de conservation génétique indispensable au maintien de la diversité biologique du bétail.

Grâce au succès grandissant des fromages de chèvre et de brebis, chèvres et moutons reviennent à leur tour dans les alpages. Ils entretiennent ainsi les pâturages plus secs du Vercors ou des massifs intérieurs comme la Vanoise.

L'élevage des porcs nourris au petit-lait et autres sous-produits de la fabrication des fromages, subsiste quant à lui en particulier dans le pays du reblochon. Il donne une charcuterie de montagne d'excellente qualité.

Transhumance à Valloire

La vie traditionnelle

Les Alpes furent habitées dès la fin de la préhistoire. Au cours des siècles, une civilisation paysanne est née, adaptée au rythme des saisons du rude climat montagnard pour tirer le maximum de ce que la terre pouvait donner. Une vie simple et pauvre restait la condition la plus commune.

Les Alpes ont toujours été très peuplées et c'est bien à cause de la multitude de bouches à nourrir que l'émigration vers les plaines est devenue une tradition. Saisonnière, elle est cependant définitive à partir de la fin du 19e siècle et la population a commencé à rapidement décliner. Cette évolution a cependant été enrayée dans de nombreuses vallées par la révolution industrielle puis touristique du 20e siècle.

Avec l'arrivée du progrès dans tous les villages, la vie traditionnelle a disparu. À l'exception des bergers, des éleveurs ou des vignerons, rares sont les anciens métiers qui subsistent, peu nombreux aussi ceux qui pratiquent encore le patois qui véhiculait les croyances et les chansons. Ce passé nous a légué cependant ces produits du terroir si appréciés aujourd'hui, un habitat traditionnel qu'on se reprend à restaurer et qui inspire la conception des stations de ski les plus récentes. On ressort l'été lors des nombreuses fêtes folkloriques ou pendant

Égouttoir à vaisselle en mélèze du 19e s.

Boite de colporteur

les processions religieuses, les costumes chatoyants d'autrefois. On retrouve enfin le mobilier et les petits objets en bois que les paysans fabriquaient eux-mêmes pendant les longues veillées d'hiver, dans les musées régionaux comme chez les collectionneurs. La chaleur du bois et la simplicité de leurs formes destinées à répondre à d'humbles besoins quotidiens sont un gage d'authenticité. Ils étaient faits en résineux pour l'essentiel, sauf la vaisselle en bois d'érable tourné, baptisée plaisamment « argenterie des Bauges » que quelques artisans fabriquent encore. Coffre peint ou gravé au couteau d'étoiles ou de rosaces qui était offert aux jeunes mariés, berceau lui-aussi soigneusement décoré, armoire à linge, fauteuil-table et vaisselier à égouttoir avec ses cuillers et ses grandes coupelles à fromage, meublaient encore les intérieurs savoyards de la première moitié du 20e siècle.

Peinture savoyarde sur bois

La vie de la mémoire

Malgré la vie rude qu'elles imposaient, les Alpes ont toujours été très peuplées. Chaque vallée avait son originalité, petit monde à part vivant en autarcie et ayant son propre patois, ses costumes et ses usages. Ses traditions, en somme...

L'hiver, les foins rentrés et les animaux à l'étable, tout à coté des hommes, la vie prenait un rythme différent. La neige commençait à recouvrir terres et chemins rendant très difficiles les déplacements. Dès l'automne, les jeunes, parfois encore des enfants, descendaient des plus hautes vallées pour aller s'employer en plaine, parfois très loin de chez eux. Les

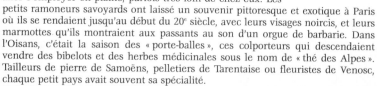

Imagerie traditionnelle des ramoneurs savoyards

petits ramoneurs savoyards ont laissé un souvenir pittoresque et exotique à Paris où ils se rendaient jusqu'au début du 20e siècle, avec leurs visages noircis, et leurs marmottes qu'ils montraient aux passants au son d'un orgue de barbarie. Dans l'Oisans, c'était la saison des « porte-balles », ces colporteurs qui descendaient vendre des bibelots et des herbes médicinales sous le nom de « thé des Alpes ». Tailleurs de pierre de Samoëns, pelletiers de Tarentaise ou fleuristes de Venosc, chaque petit pays avait souvent sa spécialité.

Outre la réparation des outils, l'hiver permettait à ceux qui restaient d'exercer un travail d'appoint. Le travail du bois était privilégié pour fabriquer les meubles paysans et la vaisselle des Bauges. Dans le Faucigny, on réparait les montres. En haute Tarentaise, on se mit à tisser de la toile.

On pouvait alors prendre son temps. Le soir, de longues veillées réunissaient la maisonnée et les voisins autour du feu. Et tandis qu'au-dehors les bruits amortis de la vallée s'enveloppaient d'un profond silence, les conteurs venaient faire le récit d'histoires fantastiques ou morales qui faisaient rêver les enfants et émouvaient les adultes.

Il y a très longtemps une ville splendide s'étendait là où clapotent aujourd'hui les eaux tranquilles du lac d'Aiguebelette. Un soir, alors que les habitants festoyaient joyeusement ils chassèrent avec mépris un étranger venu demander l'aumône. Seule une pauvre vieille vivant à l'écart lui ouvrit sa porte. Le lendemain matin, en se réveillant, la vieille vit qu'un lac avait noyé toute la ville. Elle eut juste le temps d'apercevoir une silhouette qui s'en allait comme en marchant sur les flots. Seules sa maison et celle de sa fille avaient été sauvées. Ce sont les deux petites îles qu'on peut voir aujourd'hui.

Comme ailleurs, de nombreuses croyances aux origines parfois très anciennes, ont subsisté longtemps malgré les efforts des curés et une christianisation sincère. On raconte ainsi l'histoire du sarvan, le petit génie protecteur du chalet qu'il faut se concilier en laissant une assiette de lait sur le rebord de la fenêtre, sous peine de facéties parfois désagréables.

Intérieur savoyard

Mais c'est la nature sauvage et inquiétante, les grottes mystérieuses et les rochers aux formes bizarres, qui ont inspiré tant d'histoires de « fayes », ces fées, issues de vieilles divinités païennes, tandis que les gorges et les gouffres étaient souvent associés au séjour du diable ou des sorcières. À Sassenage, la fée Mélusine, dont les seigneurs du lieu se disaient les descendants, se baignait dans les cuves, sortes de marmites creusées dans la roche par une résurgence qui surgit au pied du Vercors. C'était l'une des « sept merveilles du Dauphiné » dont la plus célèbre était le Mont-Aiguille sur lequel on croyait voir danser la nuit des anges et des animaux fantastiques. Une autre était la « fontaine ardente » au col de l'Arzelier, d'où, phénomène rare, sortaient des flammes à cause de l'évaporation d'un gaz naturel. On prétendait bien sûr qu'il s'agissait d'une des nombreuses résidences du diable qui, avec tous les gouffres de la région, ne devait pas avoir vraiment de difficultés à se loger. Un peu au-dessus de Grenoble, à Saint-Nizier, restent les ruines de la « Tour sans venin » dont on raconte qu'aucun serpent ne peut plus s'approcher depuis que le châtelain revenu de croisade y a rapporté un peu de Terre Sainte.

À Bessans, en haute Maurienne, où la sculpture sur bois est une tradition ancienne, des artisans fabriquent, depuis le milieu du 19e s., la statuette d'un démon grimaçant et ailé emmenant un petit personnage dans ses bras. Une légende rapporte qu'un jeune du village avait vendu son âme au diable en échange de pouvoirs magiques. Mais peu avant de mourir, effrayé, il alla implorer son pardon à Rome. Il l'obtint à condition d'assister à trois messes en trois lieux très éloignés. Grâce à ses pouvoirs, il réussit à s'y faire transporter par le diable lui-même sans que celui-ci ne se doute qu'ainsi il se faisait gruger... par plus malin que lui.

Il arrive qu'aujourd'hui encore on entende ces légendes de la bouche d'un conteur qui propose des soirées à l'ancienne aux visiteurs de passage.

Les habits de la langue et du corps

Patois et costumes traditionnels sont un peu les habits de la langue et du corps : ils protègent et transmettent la mémoire des Alpes.

Coiffe de Tarentaise

Croix savoyarde

Les parlers traditionnels des Alpes du Nord font partie du vaste ensemble franco-provençal. Ce nom trompeur ne désigne pas des dialectes d'origine à la fois française et provençale mais, au Moyen Âge, une évolution locale de la langue à partir du latin, très proche de celle des pays d'oïl au Nord et d'oc au Sud. La limite linguistique ne correspond d'ailleurs à aucune frontière régionale ou internationale. Au Sud, le Trièves fait déjà partie de l'ensemble occitan qui commence dans le Vercors. Le franco-provençal s'étendait en fait sur le Nord du Dauphiné, la Savoie, le val d'Aoste en Italie, la Suisse romande, une partie du Jura et de la région lyonnaise. N'ayant jamais été unifié en un État central, il est resté surtout oral et divisé en patois. Très tôt l'influence du français, issu de la langue d'oïl très proche, se

LE PARLER DES ALPES

Aigue : eau.

Alpe, aulp : pâturage.

Balme : grotte.

Bourne : sorte de grande cheminée en bois où sèchent saucissons et jambons.

Besse, biolle, biolley : lieu planté de bouleaux.

Casse : éboulis.

Chal, char, chaup, chaume, etc. : prairie.

Cluse : gorge par laquelle une rivière traverse perpendiculairement une chaîne de montagnes.

Clapier, clapey : chaos de blocs éboulés.

Coche, cochette, cormet, forclaz : col.

Fayard : hêtre.

Frête, frette : crête.

Mollard : mamelon.

Mouille : terrain marécageux.

Palud : marais.

Plan, plagne : petit plateau, replat.

Poële : pièce chauffée à côté de la cuisine.

Praz : pré.

Rieu : ruisseau.

Sache, sachette, saix : rocher.

Sausse, saussaz, sauce : lieu planté de saules.

Serre, serraz : crête allongée et dénudée.

Truc : lourd sommet arrondi.

Villard, villaret : hameau.

Costume d'Albiez-le-Vieux, Savoie

fait sentir et pas seulement à cause de l'expansion des rois de France vers les Alpes : au 16ᵉ s., ses ducs l'imposent comme langue officielle en Savoie alors qu'ils choisissent l'italien pour le Piémont.

Si ces dialectes, porteurs d'une certaine identité locale, sont encore largement parlés jusqu'au début du 20ᵉ siècle, ils ont pratiquement disparu aujourd'hui. En Savoie ils se sont un peu mieux maintenus grâce à une littérature régionale née au 19ᵉ siècle et aux travaux d'associations culturelles dont l'Académie florimontane d'Annecy fondée au 17ᵉ siècle fut le précurseur. De nombreux termes alpins et une multitude de noms de lieux ou de famille en gardent par ailleurs les traces encore bien vivantes.

Les intrigantes terminaisons en z ou en x qu'il ne faut surtout pas prononcer, remontent au 16ᵉ siècle et servent à marger l'accent tonique. Le z après a ou o indique que la fin du mot n'est pas accentuée : La Clusaz se prononce pratiquement « cluse ». Après un e, il faut prononcer « é » : Sciez se dit « scié ». Avec le x, l'accent est porté sur la dernière syllabe comme à Chamonix dont la prononciation correcte est « Chamoni ».

On pouvait voir au 19ᵉ siècle, aux foires de Moûtiers ou de Saint-Jean-de-Maurienne où se négociait le bétail qui allait partir engraisser à l'alpage, les blouses sombres et les chapeaux ronds des paysans et les taches de couleur des vêtements féminins. Ces costumes comprenaient toujours les mêmes éléments : une grande robe de drap noir plissé avec, devant, un tablier de cotonnade imprimée et au-dessus une large ceinture aux teintes vives que des rubans brodés rouge et or et des perles rehaussaient les jours de fête. Un châle aux motifs colorés sur les épaules et une coiffe complétaient l'ensemble. À Saint-Colomban-de-Villars, la robe était doublée de raies en drap bleu dont le nombre correspondait à la valeur de la dot de la mariée...

C'est le témoignage d'une civilisation rurale aujourd'hui disparue où chaque village cherchait à se distinguer par ses broderies colorées ou la forme de ses coiffes. Dans les hautes vallées, on a conservé cette tradition.

Ainsi la « frontière », originaire de la Tarentaise, a inspiré le costume savoyard conçu pour la cérémonie d'ouverture des jeux Olympiques d'Albertville. Tel un casque d'or, elle est faite d'un tissu noir orné de galons or et argent et d'une structure rigide à trois pointes séparées par deux lobes s'avançant sur le front, d'où son nom. Deux nattes sont fixées à l'arrière de la coiffe dans des manchons de velours noir.

Le cœur en or et la croix attachés autour du cou indiquaient enfin que la jeune fille était fiancée ou mariée : c'est la ferrure que le jeune homme offrait à sa bien-aimée pour, disait-il, la « ferrer » et qu'elle lui reste attachée la vie durant...

Coiffe de Bessans

Fromages

Le fromage est la principale richesse que le paysan a su tirer des alpages. La conjonction de pâturages exceptionnels, de vaches grandes fromagères et d'un savoir-faire ancestral exigeant expliquent le succès des fromages savoyards.

Beaufort

Si la fameuse tomme, dont le nom signifie tout simplement « fromage » en savoyard, reste la plus répandue, trois AOC (appellation d'origine contrôlée) sont venues couronner ces efforts vers la qualité, pour le beaufort dès 1968, puis pour le reblochon en 1986 et l'abondance en 1989. Leurs qualités sont un héritage des contraintes du passé : la fabrication de fromages au lait cru entier et selon la technique des pâtes pressées cuites sert surtout à conserver, sous une forme réduite et pouvant voyager sans dommage sur de longues distances (autrefois à dos d'homme et de mulet), le volume entier de la traite de plusieurs troupeaux. La cuisson du lait, puis de nouveau celle du caillé, réduit à un fin granulé dans de grandes cuves de plusieurs milliers de litres de capacité, en faisait des fromages de garde, en mesure de se conserver longtemps pour l'hiver. Avec le développement des AOC, le cahier des charges est aujourd'hui défini avec une grande rigueur : vaches nourries au foin et à l'herbe, utilisation exclusive du lait des troupeaux de chaque producteur,... pour obtenir la mention de fromage « fermier »..

Le beaufort, le « prince des gruyères » selon Brillat-Savarin, étend sa zone d'appellation sur le massif du Beaufortin et une partie de la vallée de la Tarentaise. C'est le fromage d'alpage par excellence. Près de 10 litres de lait entier sont nécessaires pour fabriquer 1 kg de beaufort. Il se présente sous la forme de meules très lourdes de près de 40 kg, au talon concave et à la marque de caséine bleue qui les authentifie. Elles sont affinées pendant au moins cinq mois. Leur croûte couleur brun-roux rappelle la robe de ces vaches tarines au lait riche et gras qui entre dans leur fabrication. Une belle pâte lisse, jaune pâle ou ivoire selon la durée d'affinage, se cache dessous. Elle est sans trous mais d'un goût fruité doux et subtil.

Originaire du val du même nom, l'abondance est devenu le grand fromage de la Haute-Savoie. Proche du beaufort par la forme et la couleur, il en diffère par sa pâte semi-cuite à petits trous. Sa meule, moins lourde, pèse de 7 à 12 kg et son affinage reste long, de 3 à 4 mois.

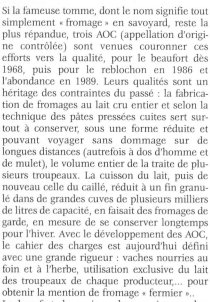
Coopérative du beaufort à Aime

Préparation de la tartiflette

Fromages du Trièves

Ce n'est pas le cas de l'onctueux reblochon affiné en 3 à 4 semaines. À pâte « semi-pressée », il entre dans la composition de nombreux plats savoyards. Il apparaît au Moyen Âge dans la vallée de Thônes. Son nom vient du savoyard « râblocher ». C'était une ruse de paysan : le seigneur des alpages prélevant un loyer en beurre ou en fromage, estimé sur la quantité de lait d'une traite, lors des contrôles, le paysan ne vidait qu'à moitié le pis de sa vache. Plus tard, il « râblochait » de « rablassé », fraude en dialecte local), en la trayant une deuxième fois, obtenant ainsi un lait riche en crème qui servait à la fabrication d'un fromage gras que le paysan gardait pour lui, de peur d'être découvert ; puis les redevances se firent en espèce ; les fromages furent vendus et le propriétaire commença à exiger, en sus du loyer, les appétissants reblochons... Une plaque de caséine verte indique un « fermier », si elle est rouge ou noire, un « fruitier » de fromagerie de village. Proche du reblochon en plus sec, le tamié est fabriqué par les moines de l'abbaye du même nom près d'Albertville, qui en ont déposé la marque en 1939.

Au lait de vache cru, la tomme était le vrai fromage, sec et rustique, du montagnard, et la base de son alimentation avec la pomme de terre.

Quand sa croûte est épaisse et prend une moisissure rouge, la toue de Savoie fait la joie des amateurs. La tome des Bauges (avec un seul « m ») est une spécialité locale de même que les tommes de Chartreuse et du massif de Belledonne. On en fait aussi au lait de chèvre (le chevrotin) ou de brebis.

Le petit-lait tiré de l'égouttage du lait caillé sert à faire le sérac, un fromage frais que les bergers consomment au petit déjeuner.

L'Albanais, au sud d'Annecy, produit de l'emmental.

Il existe enfin quelques bleus comme le persillé des Aravis (chèvre) celui de Haute-Tarentaise (brebis-vache), provenant du caillé de plusieurs traites qu'on laisse acidifier, et, en Vanoise, le bleu de Termignon (vache), appelé aussi Mauriennais ou « persillé du Mont-Cenis », confectionné à partir de caillé aigri mélangé au caillé frais du jour. Tous deux sont rares, car fabriqués uniquement en période d'alpage, et réservés aux connaisseurs. Le Sassenage, confectionné autrefois dans le Nord du Vercors avec du lait de brebis, de vache et de chèvre, ce qui lui donnait son « goût agréable et doux », a connu une longue éclipse avant de redémarrer aujourd'hui. Il a été récemment classé en AOC sous l'appellation de « bleu de Sassenage-Vercors ». Le Dauphiné possède encore d'autres fromages locaux comme le carré du Trièves et, né dans l'avant-pays, le célèbre saint-marcellin (de la ville du même nom) connu à la cour de France sous Louis XI. Autrefois fermier et au lait de chèvre uniquement, sa vogue a entraîné les imitations... Il est désormais de plus en plus fabriqué à base de lait de vache et de lait de chèvre mélangés.

... et autres bonnes choses !

Tartiflettes, gratins, raclettes, fondues... l'évocation de ces célèbres spécialités rappelle le plus souvent de sympathiques soirées entre amis. En amont, il y a aussi une prestigieuse tradition.

Les produits de la montagne sont à l'origine d'une gastronomie de terroir simple mais de grande qualité. On trouve sur les marchés une charcuterie variée à base de porc ainsi que des saucissons d'âne ou de chèvre. Lacs et torrents fournissent la table savoyarde en poissons frais, entrée presque obligée de tout bon repas : corégone (appelé aussi féra) du lac Léman, lavaret du lac du Bourget, omble chevalier du lac d'Annecy ou simple truite, tous ces salmonidés sont pêchés et préparés localement ainsi que le brochet, la sandre ou la perche.

Délices de la cuisine savoyarde

Des plats sympathiques

Les plats les plus répandus sont à base de pommes de terre coupées en lamelles, en carrés ou râpées cuites au four ou à la poêle avec du lait, de la crème, du beurre, de l'ail, des lardons. Certains ont largement dépassé leur notoriété locale comme le gratin dauphinois. La région de Grenoble propose de nombreux autres gratins autres qu'aux pommes de terre, par exemple au potiron ou, plus raffinés, aux queues d'écrevisses.

Le gâteau aux noix de Grenoble, le gâteau de Savoie comme les tartelettes aux myrtilles, aux framboises ou aux fraises pourront terminer agréablement un repas.

Des vins gouleyants et fruités

Les « vins d'Allobrogie », future Savoie, étaient connus à Rome au 1er s. ap. J.-C. Prospérer au royaume de la neige n'est pas banal pour l'un des vignobles les plus anciens implantés en

Les fromages entrent dans la plupart des spécialités savoyardes qu'on accompagne de charcuteries fumées et de vin blanc sec.

Dans le **gratin savoyard**, on saupoudre de tomme râpée la pomme de terre qu'on gratine au four.

Très proche, la **tartiflette** consiste à alterner pommes de terre en tranches et reblochon coupé en fines lamelles sur plusieurs couches en ajoutant de l'ail haché, des fines herbes, du sel et du poivre puis de la crème fraîche 5 mn avant la fin de la cuisson au four.

La **pela** est une poêlée de pommes de terre sautées avec du reblochon fondu par-dessus.

La **fondue savoyarde** n'est plus à présenter. Très simple à préparer, elle donne un air de fête aux repas entre amis. Pour qu'elle soit appréciée, il faut la faire à l'emmental, au comté et au beaufort.

Noix de Grenoble

France, et qui figure actuellement parmi les plus dynamiques. Inégalement répartie entre les départements (la Savoie arrive en tête avec 1 200 ha), la vigne doit se cantonner ici aux micro-climats les plus cléments, sur les adrets (jusqu'à 500 m d'altitude) et les rives de lac, les sols les mieux drainés (éboulis calcaires, moraines pierreuses). Les vins blancs secs dominent (70 %). Il existe plusieurs crus AOC.

Les vins de Savoie viennent de la région de Chambéry, des coteaux calcaires de la combe de Savoie qui s'étalent au pied du massif des Bauges. Les cépages locaux à partir desquels ils sont souvent élaborés leur donnent une certaine originalité.

L'appellation « vins de Savoie » regroupe une grande variété de produits, dominée par quelques crus. Ainsi l'apremont, un vin blanc « perlant » (avec des bulles résiduelles) qui est très agréable à l'apéritif, provient de la jacquère ; le chignin, un voisin, est un blanc sec plus fruité qui accompagne les repas savoyards. Le rare chignin-bergeron est issu du cépage roussanne. D'autres crus en blanc : abymes, st-badolph, cruet, aux arômes de framboise, se trouvent à proximité. En rouges, moins nombreux, un autre cépage local, la mondeuse, aux arômes de fraise, de cassis et de myrtille, et pourvu d'une bonne capacité de vieillissement, donne les crus de féterive et arbin. D'autres rouges bien charpentés se rencontrent au Nord du lac du Bourget, avec les vins de Chautagne, issus le plus souvent du cépage gamay. La roussette de savoie, à la robe jaune paille, est une AOC qui regroupe des blancs secs un peu acidulés et fruités, tels le frangy et le marestel. Les coteaux du lac Léman donnent le crépy, lui aussi classé en AOC, comme le seyssel, situé plus bas le long du Rhône. Ces vins fruités peuvent vieillir de deux à quatre ans. En général, les vins de Savoie se boivent jeunes et voyagent peu, mais ils ont du caractère. Blancs ou rouges, ils accompagnent très bien la cuisine locale, plats de poissons ou fromage.

Les digestifs et les liqueurs sont très variés grâce à la grande diversité des plantes, gentiane ou génépi entre autres, qui poussent en montagne. C'est à Voiron qu'on poursuit toujours la fabrication de la chartreuse, cet « élixir de longue vie » dont la recette, qui remonte au 16e s., aux 130 plantes reste un secret.

Vins de Savoie

ABC d'architecture

Architecture religieuse

HAUTECOMBE – Plan de l'église abbatiale Notre-Dame (19ᵉ s.)

L'abbaye cistercienne de Hautecombe, sépulture des princes de Savoie, fut fondée au 12ᵉ s. Restaurée et largement reconstruite au 19ᵉ s., dans un style gothique très orné, elle conserve cependant son plan d'origine en croix latine.

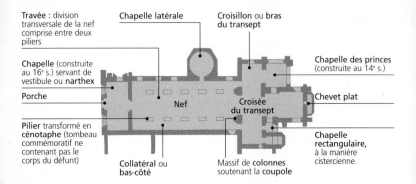

Travée : division transversale de la nef comprise entre deux piliers

Chapelle latérale

Croisillon ou bras du transept

Chapelle (construite au 16ᵉ s.) servant de vestibule ou **narthex**

Chapelle des princes (construite au 14ᵉ s.)

Porche

Chevet plat

Nef

Croisée du transept

Pilier transformé en **cénotaphe** (tombeau commémoratif ne contenant pas le corps du défunt)

Collatéral ou **bas-côté**

Massif de colonnes soutenant la **coupole**

Chapelle rectangulaire, à la manière cistercienne.

AIME – Basilique Saint-Martin (11ᵉ s.)

Basilique bénédictine, Saint-Martin est construite sur les fondations de deux édifices antérieurs. Restaurée au début du 20ᵉ s., c'est l'ensemble le plus représentatif et le moins transformé du premier art roman en Savoie.

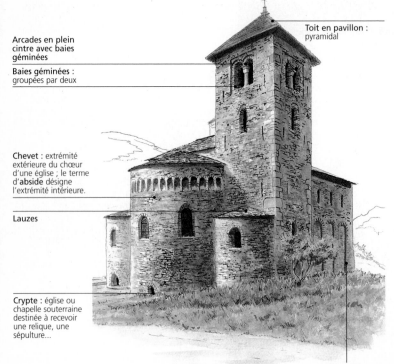

Toit en pavillon : pyramidal

Arcades en plein cintre avec baies géminées

Baies géminées : groupées par deux

Chevet : extrémité extérieure du chœur d'une église ; le terme d'**abside** désigne l'extrémité intérieure.

Lauzes

Crypte : église ou chapelle souterraine destinée à recevoir une relique, une sépulture...

Arcature aveugle

ABONDANCE
Chœur de l'église abbatiale (13ᵉ s.)

L'église de l'ancienne abbaye augustinienne d'Abondance a été ornée au 19ᵉ s. de peintures en trompe-l'œil, comme d'autres intérieurs gothiques de la région. L'architecture élaborée du chœur contraste avec la simplicité de la nef.

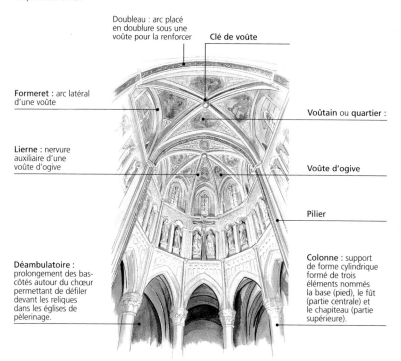

Doubleau : arc placé en doublure sous une voûte pour la renforcer

Clé de voûte

Formeret : arc latéral d'une voûte

Voûtain ou **quartier :**

Lierne : nervure auxiliaire d'une voûte d'ogive

Voûte d'ogive

Pilier

Déambulatoire : prolongement des bas-côtés autour du chœur permettant de défiler devant les reliques dans les églises de pèlerinage.

Colonne : support de forme cylindrique formé de trois éléments nommés la base (pied), le fût (partie centrale) et le chapiteau (partie supérieure).

CHAMBÉRY
Façade baroque de la Sainte-Chapelle (17ᵉ s.)

La façade est caractéristique du baroque par la profusion des ornements et notamment des frontons brisés. Elle dissimule cependant un intérieur gothique, style qui fut l'apanage de la maison royale de Savoie.

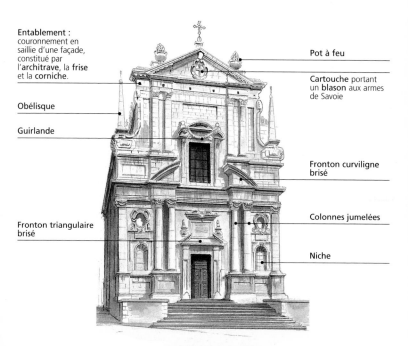

Entablement : couronnement en saillie d'une façade, constitué par l'**architrave**, la **frise** et la **corniche**.

Pot à feu

Cartouche portant un **blason** aux armes de Savoie

Obélisque

Guirlande

Fronton curviligne brisé

Colonnes jumelées

Fronton triangulaire brisé

Niche

Architecture militaire

LOVAGNY
Château de Montrottier (13e-16e s.)

Perché à 465 m d'altitude, le château rassemble des bâtiments datant du Moyen Âge à la Renaissance, sans compter quelques remaniements au 19e s. Bien qu'entouré de terrasses et de jardins, il conserve aussi, de son passé militaire, le plus beau donjon de Savoie.

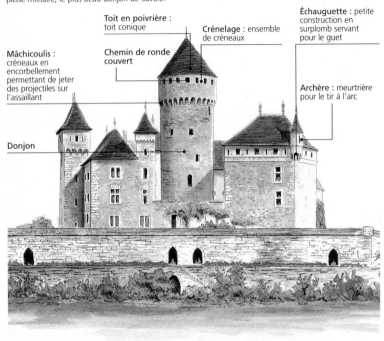

Toit en poivrière : toit conique

Crénelage : ensemble de créneaux

Échauguette : petite construction en surplomb servant pour le guet

Mâchicoulis : créneaux en encorbellement permettant de jeter des projectiles sur l'assaillant

Chemin de ronde couvert

Archère : meurtrière pour le tir à l'arc

Donjon

Architecture civile

GRENOBLE
Façade du palais de justice (16e s.)

La porte d'entrée et la chapelle de ce bâtiment, ancien palais du Parlement dauphinois, remontent à la fin du gothique. La plus grande partie de l'édifice est marquée par l'esthétique Renaissance, à l'exception de l'extrémité gauche, plus sobre et beaucoup plus récente.

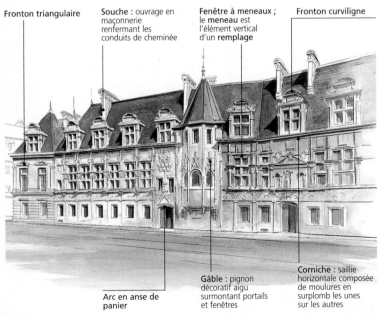

Fronton triangulaire

Souche : ouvrage en maçonnerie renfermant les conduits de cheminée

Fenêtre à meneaux ; le **meneau** est l'élément vertical d'un **remplage**

Fronton curviligne

Arc en anse de panier

Gâble : pignon décoratif aigu surmontant portails et fenêtres

Corniche : saillie horizontale composée de moulures en surplomb les unes sur les autres

ST-GEOIRE-EN-VALDAINE
Château de Longpra (18ᵉ s.)

Ancienne demeure fortifiée transformée en château de plaisance au 18ᵉ s., le château de Longpra combine le style de l'architecture classique aux toits à forte pente rendus nécessaires par les rigueurs du climat dauphinois.

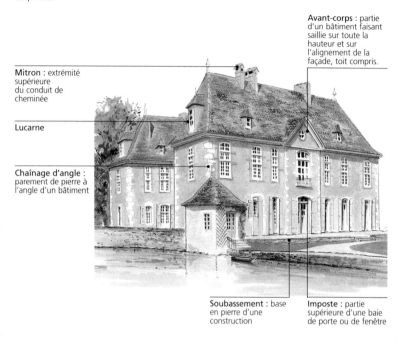

Avant-corps : partie d'un bâtiment faisant saillie sur toute la hauteur et sur l'alignement de la façade, toit compris.

Mitron : extrémité supérieure du conduit de cheminée

Lucarne

Chaînage d'angle : parement de pierre à l'angle d'un bâtiment

Soubassement : base en pierre d'une construction

Imposte : partie supérieure d'une baie de porte ou de fenêtre

AIX-LES-BAINS
Château de La Roche-du-Roi (1900)

L'architecture éclectique de cette villa, rapidement transformée en hôtel, est due à Jules Pin Aîné (1850-1934), principal concepteur de l'urbanisme d'Aix à la fin du 19ᵉ s. Le château témoigne ainsi de la plus brillante époque de cette station thermale.

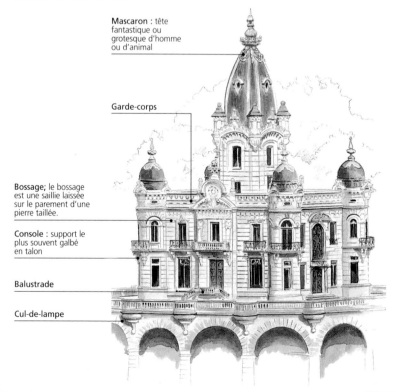

Mascaron : tête fantastique ou grotesque d'homme ou d'animal

Garde-corps

Bossage; le bossage est une saillie laissée sur le parement d'une pierre taillée.

Console : support le plus souvent galbé en talon

Balustrade

Cul-de-lampe

Les chapelles peintes

La magnifique architecture naturelle aurait pu suffire... mais c'est sans compter avec le génie humain qui a, lui aussi, voulu laisser son empreinte : construction de beaux villages, décoration des églises ou de simples oratoires...

Dès le Moyen Âge, croix, oratoires et modestes chapelles d'alpage ont un peu partout parsemé la montagne de signes qui rassuraient aussi bien les voyageurs et les pèlerins obligés de traverser ces hauteurs toujours « affreuses » que les paysans sans cesse menacés d'une catastrophe, avalanche, éboulement de terrain, orage violent ou crue destructrice sans parler des épidémies qui touchaient fréquemment hommes et troupeaux. Ces protections placées sur les hauteurs comme le recours aux saints patrons font partie d'une culture populaire très ancienne qui, sous d'autres formes, existait déjà bien avant le christianisme. Les oratoires, à l'origine simples monticules de pierre appelés « montjoie », furent surmontés d'une croix puis creusés d'une niche avec une petite statuette à l'intérieur. Les chapelles, elles, s'étagent du village à l'alpage et parfois jusqu'au sommet, défiant les intempéries par leurs murs épais, leurs fenêtres minuscules et leurs larges toitures à auvent protecteur. Leurs noms sont caractéristiques : Notre-Dame-de-tous-Secours, Notre-Dame-des-Neiges ou Notre-Dame-de-la-Vie près de Saint-Martin-de-Belleville, aujourd'hui encore l'un des principaux sanctuaires de pèlerinage montagnard.
Cette austérité d'apparence due à la nécessité était compensée par la richesse de la décoration intérieure, souvent faite par des artistes locaux ou des régions voisines. Le goût pour les peintures murales aux nombreux personnages et aux couleurs vives a ainsi marqué la Savoie au cours des siècles, du Moyen Âge à l'âge baroque et au 19ᵉ s.

Bessans, chapelle St-Antoine

Les fresques les plus intéressantes sont celles des 14ᵉ et 15ᵉ s. qu'on retrouve en Maurienne, sur la grande route menant au col du Mont-Cenis, principal passage alors entre la France et l'Italie pour les marchands et les pèlerins. Des artistes itinérants répondaient ainsi aux commandes de généreux donateurs qui avaient fait un vœu. On découvre

ainsi avec étonnement à Lanslevillard la chapelle Saint-Sébastien où 53 tableaux muraux racontent le martyr de saint Sébastien et la vie de Jésus. Un peu plus loin, à Bessans, on peut voir à l'extérieur le thème populaire des sept péchés capitaux et des sept vertus cardinales et, à l'intérieur, des fresques représentant la vie de Jésus.

À Vulmix, près de Bourg-Saint-Maurice en Tarentaise, on peut lire comme une bande dessinée la légende de saint Gras, protecteur des vignobles et des champs.

Ce sont d'exceptionnels témoignages sur les croyances et la profondeur de la foi populaire qui ont traversé les siècles puisque même l'époque baroque, ailleurs souvent peu soucieuse de respecter le décor médiéval, a conservé ces œuvres lors de la réfection de ces églises et s'en est même parfois inspirée.

Si le dessin n'est pas très juste et les proportions sont peu respectées, le réalisme des expressions et la vivacité des couleurs donnent du souffle à des scènes animées pleines de personnages à la simplicité rustique. C'était un livre d'images que les fidèles pouvaient détailler à loisir pendant l'of-

Lanslevillard,
chapelle
St-Sébastien

fice. La représentation de personnages en costumes d'époque au milieu d'objets de la vie courante, la présence à l'arrière-plan de travailleurs aux champs, ce cadre familier aux paysans transposé dans des scènes censées se passer en Orient était une façon d'inclure tous les habitants dans le grand mystère chrétien de la Passion et de la Résurrection. La présence sur ces murs comme dans les sculptures de la sainte Vierge dont le culte populaire, devenu très puissant à cette époque, ne se démentira plus par la suite, comme l'était depuis bien plus longtemps celui des saints protecteurs, montre la christianisation profonde de la société montagnarde selon une sensibilité sur laquelle la Réforme protestante n'aura pas de prise. L'église était en effet le point de ralliement des communautés villageoises, leur salle commune qui faisait la fierté du village et qui devait, derrière la simplicité de son aspect extérieur, prendre par son décor intérieur exceptionnel un air de fête en rupture avec le quotidien comme un hommage rendu à Dieu mais aussi aux hommes.

Bourg-St-Maurice, chapelle St Grat

Le baroque savoyard

Le baroque savoyard est peu visible de l'extérieur, sinon par l'exotique clocher à bulbe de l'église. Il faut passer la porte de modestes églises de village pour découvrir cet art de l'exubérance, de la mise en scène et de la dorure...

Rare en France où a très tôt triomphé le classicisme de Versailles, l'art baroque s'est solidement implanté au 17ᵉ siècle en Savoie à la suite d'une conjonction de circonstances.

Un art de la Contre-réforme

L'installation des ducs à Turin à partir de 1562 correspond à une période d'intense création artistique en Italie qui ne pouvait que se faire

Retable de Valloire

sentir même dans les modestes vallées alpines. De plus, l'art baroque est né dans une Chrétienté déchirée définitivement entre monde catholique et protestant. Cette fracture passait par la Savoie, comme dans toute cette Europe du milieu allant de la Hollande et des régions rhénanes aux Alpes. D'un côté Calvin s'installe à Genève, devenue, telle une nouvelle Jérusalem, le point de ralliement de la foi réformée. De l'autre, l'évêque de Genève s'est réfugié tout à côté, à Annecy d'où, au début du 17ᵉ siècle, saint François de Sales anime avec succès la reconquête catholique. Au sud, le Dauphiné subit longtemps les ravages des guerres de Religion.

De fait, l'art baroque, né à Rome des expériences artistiques de la Renaissance, est d'abord un art sacré qui exprime un rejet profond de l'austérité protestante. C'est ainsi qu'il utilise avec virtuosité la perspective et le trompe-l'œil au service d'une nouvelle sensibilité religieuse. C'est un art de la mise en scène qui aime l'exubérance des formes, l'abondance des courbes et des contre-courbes, le foisonnement de personnages aux poses exagérées. S'il est venu se nicher dans les hautes vallées du val Montjoie, de Tarentaise et de Maurienne, c'est qu'une forte présence catholique, qui répondait d'ailleurs bien aux sentiments des habitants, a toujours existé grâce à l'assise solide de très anciens évêchés comme Moûtiers et

St Sébastien

Détail de St-Martin-de-Belleville

Saint-Jean-de-Maurienne. C'est qu'il correspondait bien aussi au goût des paroissiens, ces émigrés qui, partis pour l'Italie ou les pays germaniques, en revenaient fortune faite et finançaient l'embellissement de la modeste église du village ou d'une simple chapelle.

Le bois doré travaillé...

Cet art a aussi croisé une vieille tradition de sculpture sur bois qui a trouvé là de quoi exercer avec bonheur son savoir-faire. Car si des artistes sont venus de l'Italie proche, les œuvres réalisées proviennent surtout d'artistes locaux et ont essentiellement porté sur le mobilier, retables surtout, chaires, sculptures et boiseries.

C'est pourquoi le baroque savoyard est peu visible de l'extérieur sinon par son exotique clocher à bulbe. Il faut passer la porte de ces modestes églises de village comme, parmi des dizaines d'autres à Termignon, à Valloire ou à Saint-Martin-de-Belleville. Le regard est tout de suite attiré par le retable central qui, au-dessus de l'autel, brille de l'accumulation de ses motifs. Dans la séduction des ors et des couleurs vives, il se présente comme un fond de scène aux multiples personnages, un spectacle haut en couleurs destiné à provoquer l'émotion du fidèle et à lui enseigner les vérités de l'Église. Les colonnes torses à feuilles de vigne et grappes de raisin, la multitude des angelots nus aux ailes déployées, les peintures et sculptures en bois polychromes où dominent le rouge et le bleu, donnaient, dans le clinquant de leurs dorures, un air de fête, une sensation de merveilleux, d'un paradis à venir alors qu'au-dehors la vie était dure et pleine de dangers.

La représentation de grandes scènes religieuses autour du Christou de la sainte Vierge comme l'Eucharistie, la Crucifixion ou la Sainte Trinité, servait de catéchisme populaire. De nombreux personnages en habit d'évêque ou de pèlerin encadrent ces scènes : ce sont les saints protecteurs qui intercèdent pour les hommes auprès du Christ. Leur déhanchement maniéré, le mouvement de leurs drapés, les gestes de leurs bras saisis dans l'instant, évoquent avec naïveté et simplicité le grand art du 17e et du début du 18e siècle qu'ont su apprécier les humbles montagnards de cette époque.

Sainte Anne

L'architecture traditionnelle

Dans les vallées savoyardes, le toit des maisons est recouvert de lauzes ou d'ancelles... Dans le val d'Abondance, les chalets ont un double étage en bois à balustrades finement sculptées... Un véritable patrimoine...

Maison de l'Isère

Maison du Vercors

De nos jours, les villages qui dominent les vallées comme les hameaux qui courent les pentes se sont désertifiés sauf là où les sports d'hiver leur ont donné un nouveau souffle. Chalets d'alpages et fermes traditionnelles s'harmonisent avec leur environnement grâce aux matériaux tirés du sol et des forêts. Ils signalent ainsi au randonneur s'il se trouve en pays de roche calcaire ou schisteuse ou bien, selon la dominante bois ou pierre de la façade, il pourra deviner s'il est en Savoie, pays des grands chalets faits d'épicéas ou de mélèzes, les meilleurs bois de construction, ou en Dauphiné et dans les hautes vallées où l'on a davantage utilisé la pierre. Un massif, parfois une vallée seulement, se singularise par l'originalité de son style. De magnifiques villages classés, tels Boudin

dans le Beaufortin ou Bonneval-sur-Arc en hauteMaurienne, comme les impressionnants chalets du val d'Abondance brunis au soleil, confirment la nécessité de préserver ce patrimoine.

Derrière cette diversité, on découvre cependant le même mode de vie propre aux régions montagnardes.

L'hiver, le froid et l'isolement exigeaient une protection qui se lit dans les murs épais aux ouvertures rares et petites des chalets de la

Chalet de Maurienne

haute Maurienne par exemple. On essayait au mieux de tout rassembler sous le même toit ce qui explique la silhouette haute et massive de ces maisons. Seul, dans certaines régions, un petit grenier, le « mazot », était disposé à l'écart, pour éviter les incendies. On y mettait les grains et tout ce qui était précieux pour la famille. Presque partout, on retrouve l'immense grange pour le foin qui surplombe l'habitation et l'étable séparées autrefois par une simple cloison pour que les bêtes

Maison
de Chartreuse

réchauffent les hommes. Dans les vallées savoyardes, le toit est recouvert, selon les endroits, de lourdes dalles de schistes ou de calcaire appelées « lauzes » ou bien de bardeaux ou tuiles de bois, les « ancelles » pour les plus grandes, les « tavaillons » quand elles sont plus petites. Mais l'ardoise ou la tôle ondulée ont souvent remplacé ces procédés devenus coûteux. Se terminant toujours en surplomb pour protéger les murs de l'humidité, le toit n'est pas très pentu afin qu'une épaisse couche de neige protectrice et isolante puisse s'y déposer, comme dans un vrai paysage de Noël. La plus belle façade est tournée vers le soleil le long d'une pente qui permet souvent d'entrer de plain-pied dans la grange par l'arrière. S'avançant en rajout sur le mur de pierre, les immenses balcons de bois sont en fait des solerets, où l'on met à sécher au soleil le foin, les bûches pour l'hiver et autrefois la bouse de vache comme combustible dans les hautes vallées où le bois se faisait rare. Dans les régions plus forestières, en Chablais, dans le Beaufortin ou dans les Bauges, les planches ou les rondins d'épicéas l'emportent aux étages au-dessus d'un soubassement toujours en pierre où se trouvent l'étable et la cave à fromage. Les grands chalets du val d'Abondance ont même développé un double étage en bois à balustrades finement sculptées qui font partie de cet art traditionnel du bois propre aux pays alpins.

Le chalet d'alpage reprend la même disposition avec un soubassement de pierre à moitié pris dans la pente. La cave à fromage s'y enterre avec l'étable devant. Au-dessus, le fenil sert aussi de chambre au berger.

Les fermes de Chartreuse et du Vercors s'éloignent fortement de ce modèle. Les premières sont les seules à être à bâtiments multiples, l'étable et la grange étant séparées de l'habitation qui forme une grande bâtisse carrée en pierre avec un toit à quatre pans en forme d'éteignoir. Sa forte pente laisse glisser la neige. Certaines ont encore leurs tuiles de bois traditionnelles appelées ici « essendoles ». Dans le Vercors aux hivers rigoureux, on retrouve la maison-bloc massive avec un toit à seulement deux pans qui descendent très bas. Mais ce sont ses pignons en escalier ou « sauts de moineaux » qui se reconnaissent immédiatement avec leur lauze calcaire posée sur chaque ressaut. Ils servaient à protéger du vent la couverture de chaume que la plus prosaïque tôle ondulée a aujourd'hui remplacée.

Dans les basses vallées enfin et autour des grands lacs alpins, les maisons d'agriculteurs ou de vignerons, à toits en tuiles, sont les mêmes qu'en plaine.

Village de l'Écot, en Savoie

Quelques faits historiques

Proclamation du rattachement de la Savoie à la France (1860) par Louis Houssot.

AVANT J.-C.

Celtes et Romains
● **6ᵉ s.** - Le peuple celte des Allobroges occupe le pays compris entre Rhône et Isère, refoulant dans les hautes vallées la population d'origine ligure.
● **218** - Passage des Alpes par Hannibal qui y perd une partie de son armée et de ses éléphants.
● **121** - Les Romains soumettent les Allobroges qu'ils rattachent à la province de Narbonnaise.
● **1ᵉʳ s.** - Pacification des Alpes par Auguste.

APRÈS J.-C.

Chrétiens et Barbares
● **Du 2ᵉ au 4ᵉ s.** - Lente diffusion du christianisme. Organisation des premiers diocèses.
● **443** - Rome concède aux Burgondes, venus du Rhin, la « Sabaudia » ou pays des sapins qui aurait donné le nom de Savoie. C'est l'origine du royaume de Bourgogne qui passera sous la tutelle des Francs aux siècles suivants.
● **843** - À la suite de la division de l'empire de Charlemagne, les Alpes se retrouvent au cœur de la Lotharingie qui s'étend des Pays-Bas actuels à l'Italie.
● **9ᵉ et 10ᵉ s.** - Durant l'ère troublée des principautés, émerge le royaume de Bourgogne, sous la dynastie franque des Rodolphiens.
● **1032** - L'empereur romain germanique Conrad II succède au dernier Rodolphe. Début de l'époque féodale.

Savoie et Dauphiné
● **Début du 11ᵉ s.** - L'archevêque de Vienne, Burchard, partage ses possessions entre le comte de Maurienne, Humbert aux Blanches Mains au Nord, et Guigues Iᵉʳ comte d'Albon au Sud. C'est l'embryon des deux futures provinces de la Savoie et du Dauphiné.
● **1084** - Saint Bruno fonde le monastère et l'ordre des Chartreux.
● **1192** - Guigues VI prend le titre de « dauphin ».
● **1232** - Chambéry devient la capitale du comté de Savoie.
● **1248** - Le gigantesque éboulement du Granier, dans le massif de la Chartreuse, ensevelit cinq villages. Les traces de la catastrophe sont encore visibles dans le paysage (abymes de Mians)
● **14ᵉ s et 15ᵉ s.** - La puissance savoyarde prend son essor comme « gardienne des portes des Alpes » sous ses trois comtes successifs Amédée VI, VII et VIII.
● **1349** - Le dauphin Humbert II, négocie la vente de ses domaines au roi de France : c'est le transport du Dauphiné à la France. Jusqu'en 1628, il constitue l'apanage de l'héritier du trône à qui s'applique désormais le titre de « dauphin ».
● **1416** - Amédée VIII est fait duc de Savoie par l'empereur Sigismond.
● **1419** - Réunion de la Savoie et du Piémont.
● **1447** - Le dauphin Louis II (futur roi Louis XI) s'installe dans la province du Dauphiné où il se conduit en souverain indépendant et crée le parlement de Grenoble.
● **1494-1559** - Les guerres d'Italie, où s'illustre Bayard, mettent au premier plan le rôle stratégique des cols du haut Dauphiné.
● **1535** - Genève adopte la Réforme protestante. Son évêque, resté catholique, se réfugie un peu plus tard à Annecy.
● **1536** - François Iᵉʳ, allié aux cantons suisses, envahit la Savoie. Les Bernois dévastent le Chablais. La Savoie passe sous la tutelle française pendant 23 ans.
● **1559** - Traité du Cateau-Cambrésis : la France abandonne l'Italie. Le duc de Savoie Emmanuel-Philibert recouvre ses domaines mais transfère sa capitale à Turin.

Victor Amédée, duc de Savoie

1860

Unité italienne. Napoléon III obtient de Cavour la Savoie et Nice en échange de l'aide de la France contre l'Autriche. Par plébiscite, la Savoie devient française à une écrasante majorité. Elle est partagée en deux départements : Savoie et Haute-Savoie.

● **Début du 17ᵉ s. -** Succès des missions de saint François de Sales en Chablais qui repasse dans la foi catholique.
● **1606 -** Fondation de l'Académie florimontane à Annecy.
● **1628 -** Le Dauphiné passe sous l'administration directe d'un intendant du roi.

● **17ᵉ et 18ᵉ s. -** Tandis que la Savoie est occupée à de multiples reprises par la France, la monarchie absolue se met en place en Dauphiné, non sans conflits entre l'intendant et le parlement de Grenoble.
● **1713 -** Traité d'Utrecht : le duc de Savoie Victor-Amédée II devient roi de Sicile, titre qu'il échange cinq ans plus tard contre celui de roi de Sardaigne. Naissance des « États et de la monarchie sardes ».
● **1736 -** Jean-Jacques Rousseau élit domicile aux Charmettes (voir Chambéry).
● **1786 -** Première ascension du Mont Blanc par Balmat et Paccard.
● **1788 -** La « journée des Tuiles » à Grenoble puis « l'assemblée de Vizille » annoncent la Révolution française.
Le gratin dauphinois est servi pour la première fois à l'occasion d'un repas officiel à Grenoble.
● **1791 -** Le Dauphiné est divisé en trois départements : Isère, Drôme et Hautes-Alpes.
● **1792 -** Les forces révolutionnaires occupent la Savoie, qui devient le « département du Mont-Blanc ».

19ᵉ s.
● **1809 -** Marie Paradis, une servante d'auberge, est la première femme à gravir le Mont Blanc.
● **1811 -** Napoléon fait construire la route du Mont-Cenis.
● **1815 -** Le traité de Paris restitue la Savoie au roi Victor-Emmanuel II. Le pays entre dans l'ère du « Buon Governo », ordre moral dont les mesquineries indisposent la population.
Napoléon, de retour de l'île d'Elbe, passe par les Alpes. Grenoble lui ouvre triomphalement ses portes.
● **1821 -** Fondation de la Compagnie des guides de Chamonix.
● **1869 -** Aristide Bergès équipe la première haute chute à Lancey près de Grenoble et devient ainsi le « père » de la houille blanche.

● **1872 -** Inauguration au Fréjus du premier grand tunnel ferroviaire transalpin.
● **1878 -** Le guide Henri Duhamel essaie pour le première fois des skis à Chamrousse.
● **Vers 1885 -** Apparition du terme « évarappe » du nom de la Varappe, une des gorges du Salève.

20ᵉ s.
● **1921 -** Création de la première station de sports d'hiver à Megève.
● **1924 -** Chamonix reçoit les premiers Jeux olympiques d'hiver.
● **1944 -** Combats du Vercors. La Résistance fait du Dauphiné l'un de ses principaux bastions. Combats des Glières en Savoie.
● **1955 -** Le téléphérique de l'Aiguille du Midi rend la haute montagne accessible au grand public.
● **1963 -** Création du Parc national de la Vanoise, premier parc naturel en France.
● **1965 -** Inauguration du tunnel du Mont-Blanc.
● **1968 -** 10ᵉˢ Jeux olympiques d'hiver à Grenoble.
● **1992 -** 16ᵉˢ Jeux olympiques d'hiver à Albertville.

La Maison de Savoie

Obscure famille féodale issue, aux 10ᵉ et 11ᵉ siècles, de l'éparpillement des pouvoirs du royaume de Bourgogne, la Maison de Savoie a connu un destin exceptionnel en se hissant avec une rare ténacité au rang des plus grandes dynasties.

Le fondateur de la Maison de Savoie, Humbert aux Blanches Mains, obscur comte de Maurienne, reçoit en héritage des mains de l'archevêque de Vienne Burchard, une partie de la Savoie actuelle. Il assoit habilement son pouvoir en soutenant, en 1032, l'empereur germanique Conrad devenu le nouveau mais lointain roi de Bourgogne. Ses descendants, jouant de leur position exceptionnelle de « portiers des Alpes » ainsi que des rivalités entre grandes puissances suivront le même chemin. Ils ont d'abord réussi à contrôler les principaux cols alpins au détriment de leurs concurrents, les comtes du Viennois, devenu Dauphiné à la fin du 13ᵉ siècle. Les péages ont fait leur fortune financière, les empereurs qui devaient passer sans cesse de Bourgogne ou d'Allemagne en Italie, leur fortune politique. La fin du Moyen Âge vit l'apogée de l'État savoyard : les comtes, devenus ducs par grâce impériale en 1416, tiennent une cour fastueuse à Chambéry, leur capitale, et étendent leurs possessions à la fois sur Genève, la Suisse, le Piémont italien et Nice. Le prestige de la

Allégorie de la Savoie, 1682.

Charles Emmanuel, duc de Savoie

LE DAUPHINÉ

Toujours ouvert aux idées du temps, le Dauphiné a participé activement à l'histoire de France. Ce fut l'un des berceaux de la Révolution française avec, en 1788, la « journée des Tuiles » puis l'assemblée de Vizille, qui a préfiguré la réunion des États Généraux à Versailles. Cet esprit novateur, dont on dit qu'il fait partie du caractère grenoblois, a su brillamment par la suite utiliser ses talents pour jouer un rôle de premier plan dans la révolution industrielle et touristique de notre époque.

dynastie est tel qu'en 1439, lors du Grand Schisme d'Occident, le duc Amédée VIII, qui menait une vie retirée et pieuse au château de Ripaille, sur le lac Léman, devient pape pendant quelques années sous le nom de Félix V.

Un tournant décisif va cependant éloigner la Savoie de ses ducs. En 1349, un nouveau venu, le roi de France, a acquis le Dauphiné voisin. Les guerres d'Italie, à partir de 1494, placent les ducs au centre de la tourmente, entre la France et l'empereur romain germanique. Le contrôle des cols étant vital pour François Ier, il fait occuper la Savoie qui n'est rendue que 23 ans plus tard, en 1559, au traité du Cateau-Cambrésis par lequel la France renonçait à l'Italie. Les ducs comprirent la leçon. Sachant qu'ils ne pourraient jamais rivaliser avec leur trop puissant voisin, ils se tournèrent alors vers cette Italie divisée qui va leur fournir un champ d'expansion digne de l'ambition tenace dont leurs ancêtres avaient fait preuve. La capitale du duché est transférée à Turin, dans ce Piémont qui devient désormais le cœur du nouvel État. La Savoie n'est plus alors qu'un glacis défensif contre la France qui l'occupe à de nombreuses reprises. Les ducs, de leur côté, s'obstinent avec constance : Victor-Amédée II (1666-1732) bâtit une monarchie absolue sur le modèle français et, par une diplomatie adroite, obtient le royaume de Sicile en 1713. Il doit l'échanger peu après contre la moins prestigieuse Sardaigne mais il garde le titre de roi, à l'égal des plus grands.

La tourmente révolutionnaire détruit provisoirement l'État piémontais. La Savoie devient le département du Mont-Blanc et est profondément francisée. De retour en 1814, le roi impose un gouvernement conservateur, appelé par dérision « il buon governo ». Celui-ci se libéralise ensuite mais le vent de l'histoire va détourner définitivement la Maison de Savoie de sa patrie d'origine. En 1860, en effet, Victor-Emmanuel II, grâce aux efforts de son ministre Cavour, devient le premier roi d'une Italie enfin unifiée.

Le singulier destin de cette famille s'est accompli tandis que la Savoie vote sans difficultés son rattachement à la France. Mais il reste quelque chose de ce lien presque millénaire, en ces temps difficiles pour les monarchies. Le dernier roi d'Italie, Umberto, mettant fin à une très longue histoire dynastique, a dû abdiquer en 1947. En 1983, il a voulu être inhumé à Hautecombe, auprès des tombeaux de ses

Bulletin de vote du référendum de 1860

ancêtres, dans une terre qui ne pouvait pas lui être tout à fait étrangère.

Curieusement l'histoire du Dauphiné commence le même jour que celle de la Savoie, les comtes d'Albon ayant reçu une part de l'héritage de Burchard avec le Viennois et la région de Grenoble. Malgré la construction d'un vaste État féodal entre le Rhône et l'Italie, la succession de trois dynasties comtales différentes a fragilisé cette principauté constamment en guerre contre le rival savoyard. Les comtes, qui ont pris le titre de dauphin, d'après le prénom qu'ils portaient tous à partir de la fin du 12e s., n'ont jamais pu vraiment rivaliser avec les autres puissances de l'époque. Humbert II, malgré la fondation de l'université de Grenoble et l'institution du conseil delphinal, futur parlement de Grenoble, déçu et ruiné à la fin de son règne, s'est alors résolu, en 1349, à vendre tous ses domaines au roi de France, à condition que l'héritier du trône de France porte désormais son titre.

La conquête des cimes

Autrefois « maudite » par les montagnards qui n'y voyaient qu'un monde inquiétant et inaccessible, la très haute montagne n'a été conquise qu'au cours de ces deux derniers siècles.

Gravir ses sommets au-delà des terrifiantes hauteurs fréquentées par les chasseurs de chamois est une idée assez récente. En 1492, l'ascension du Mont-Aiguille par Antoine de Ville, capitaine du roi Charles VIII, ne fut pas imitée avant longtemps. Au 18e siècle encore, deux Anglais, Windham et Pocock, eurent du mal à engager des guides pour ces « glacières » dont on croyait qu'elles étaient hantées par les âmes des morts. Ils y virent une « sorte de mer agitée qui aurait gelé tout à coup ». La Mer de Glace était née, vite popularisée par la gravure et les descriptions des voyageurs. Avec elle est née une nouvelle relation à la nature sauvage, une fascination romantique mêlée de curiosité scientifique. Les montagnards vont alors guider les hommes de sciences et les plus grandes célébrités de l'époque devant « ce cabinet des curiosités de la nature, ce laboratoire du divin » selon la formule célèbre de Victor Hugo.

Le naturaliste genevois Saussure avait promis une récompense au premier vainqueur du Mont Blanc. Le 8 août 1786, le guide Jacques Balmat, qui avait prouvé qu'on pouvait survivre la nuit en haute montagne, et Paccard, médecin à Chamonix, sont les premiers à arriver au sommet. C'est l'acte fondateur de l'alpinisme, l'âge des découvertes aussi où chaque sommet est une première. Cependant, devant l'affluence et par suite d'accidents dus à l'imprudence, on crée en 1821 la Compagnie des guides de Chamonix. L'alpinisme prend alors une tournure de plus en plus sportive, ce que certains poètes regrettent tel l'Anglais Ruskin pour qui « les cathédrales de la terre sont devenues un champ de course ».

En 1874 le tout nouveau Club alpin français (CAF) est fondé pour mieux faire connaître la montagne. Dès la fin du 19e siècle, tous les grands sommets sont vaincus avec notamment l'ascension de l'aiguille Verte par Edouard Whymper en 1865 et la difficile victoire sur la Meije en 1877 par les guides Gaspard père et fils et leur client, Boileau de Castelnau.

Progression sur une crête neigeuse dans le massif du Mont-Blanc

Il ne reste plus alors aux « conquérants de l'inutile » qu'à chercher sans cesse de nouvelles « premières » sur des sommets déjà connus. S'ouvre l'ère des hivernales, des faces Nord et des directes, suivies à la jumelle par les foules toujours plus nombreuses qui arrivent maintenant par le chemin de fer à crémaillère et qui partent excursionner sur la Mer de Glace en robes longues et costumes de ville.

Le guide Folliguet, détenteur du record d'ascensions (94) du Mont Blanc

Traversée de la Mer de Glace en 1900

Le début du 20ᵉ siècle représente de fait un vrai tournant. Le matériel jusqu'alors limité à l'alpenstok, un long bâton ferré ancêtre du piolet, une petite hache pour tailler des marches dans la glace, des souliers « ferrés » avec des clous et une corde de chanvre devait être amélioré avec l'apparition d'un alpinisme qualifié « d'acrobatique ». Avec ses nouvelles techniques de rappel puis l'usage du piton et des crampons, l'ascension des sommets devient de plus en plus sophistiquée. C'est l'âge d'or de la conquête des faces Nord comme celle des Drus en 1935 par Pierre Allain et Raymond Leininger. Par les défis que se donnent alors les alpinistes, la montagne reste l'une des dernières occasions d'affronter une nature vierge, sublime et dangereuse qui pousse à connaître ses propres limites pour pouvoir les dépasser.

« **Premier de Cordée** » de Frison-Roche est le roman emblématique de cette époque comme aussi les nombreux ouvrages de Gaston Rebuffat. Depuis, la construction des grands téléphériques, comme celui de « l'Aiguille du Midi », permet à tout un chacun d'avoir accès à la haute montagne, ce qui n'empêche pas l'alpinisme de continuer à avoir ses passionnés à la recherche des plus hautes performances.

Les femmes sont entrées très tôt dans la course des cimes, sans préparation ni équipement particuliers. Il est vrai que la première à avoir réalisé l'ascension du Mont Blanc, dès 1809, une certaine Marie Paradis, servante d'auberge à Chamonix, s'est plutôt laissée entraîner par ses amis. Il fallut attendre 1838 pour qu'une autre femme, la comtesse Henriette d'Angeville, vite surnommée dans la presse « la fiancée du Mont Blanc », réitère l'exploit. Accompagnée et soutenue par ses douze guides et porteurs, elle a réussi à atteindre, épuisée, le sommet. Plus aguerrie, l'Anglaise Isabella Stratton a réussi en 1875, la première hivernale du Mont Blanc avec le guide Jean Charlet, qu'elle épousera l'année suivante.

L'olympisme

Les Alpes du Nord font exception dans l'histoire du sport pour avoir accueilli à trois reprises les Jeux olympiques d'hiver. C'est une façon de reconnaître le rôle de tout premier plan qu'elles ont joué dans la promotion des sports d'hiver.

Jeux olympiques à Chamonix, 1924

Cérémonie d'ouverture des Jeux olympiques d'Albertville, 1992

Si les Jeux olympiques d'hiver sont nés à la Belle Époque dans le milieu aristocratique et mondain qui fréquentait les stations suisses, c'est Chamonix, alors capitale de l'alpinisme, qui fut choisie en 1924 pour l'organisation des premiers jeux. La plus ancienne station française, Mégève, venait tout juste d'être fondée par la baronne de Rothschild. Les rares épreuves ne nécessitèrent que peu d'équipements : une très grande patinoire pour le sport alors le plus prisé, une piste de bobsleigh, dérivé de la luge, enfin un tremplin de saut à skis. Ces « planches » ou « patins à neige », originaires de Laponie avaient commencé à se répandre à la fin du 19e siècle. C'est en 1878 que l'alpiniste Henri Duhamel les rapporta d'une exposition à Paris pour les essayer à Chamrousse sans être vraiment convaincu de leur intérêt. De fait, leur usage ne se répandit que très lentement. Ce sont les Chasseurs alpins qui accrurent leur renommée en organisant, à partir de 1907, les premières compétitions et en apprenant aux jeunes conscrits à en fabriquer eux-mêmes. C'est dire que si le ski de fond ou ski nordique était déjà pratiqué au moment des premiers Jeux olympiques, le ski de descente ou ski « alpin » n'en était encore qu'à ses balbutiements... Il faut attendre les années trente avec les premiers grands championnats du monde, au cours desquels se distingue Émile Allais, puis la mise au point des remonte-pentes mécaniques, à la même époque, pour que ce sport prenne rapidement la première place dans la pratique comme dans l'esprit du public.

Les Saisies, stade de ski de fond, 1992.

Le contexte des 10ᵉˢ Jeux olympiques d'Hiver, à Grenoble, en 1968, est donc très différent. Les stations « au pied des pistes » se sont multipliées depuis la création pionnière de Courchevel en 1946, même si les vacances d'hiver, plutôt chères, ne s'ouvrent encore que timidement à la société de consommation. C'est pourtant un prodigieux succès. La télévision permet de suivre les épreuves dispersées sur plusieurs sites. Une nouvelle ère s'annonce, beaucoup plus populaire, nourrie par le triomphe des champions qui, comme Jean-Claude Killy et les sœurs Goitschel, raflent les médailles d'or. Chamrousse, qui accueille le slalom géant, comme les stations du Vercors, profitent alors de cette image prestigieuse. Les stations de skis ont alors connu, dans les vingt ans qui ont suivi, un « boom » sans précédent. Toutefois, les attentes du public ont changé. C'est pourquoi les 16ᵉˢ Jeux olympiques d'Hiver à Albertville en 1992 se sont ouverts puis conclus sur le thème de la « Savoie en fête ». Toute la planète a pu assister à la chorégraphie époustouflante d'originalité et de couleurs de Philippe Decouflé, mêlant la danse, le cirque et le mime inspirés par les gestes et les mouvements sportifs. Albertville, c'est la voie d'accès au plus vaste domaine skiable équipé du monde. Quatorze stations de Tarentaise et de la Vanoise ont ainsi accueilli les épreuves. Entre autres, les compétitions de saut nordique, du slalom hommes et de hockey sur glace se sont déroulées dans les « Trois Vallées » qui regroupent notamment Courchevel, Méribel et Val-Thorens sur un « terrain de jeu » de 400 km² avec plus de 700 km de pistes de tous niveaux. Par ailleurs l'immense « Espace Killy » se déploie entre Tignes et Val d'Isère, où ont eu lieu plusieurs autres épreuves comme le ski acrobatique. Il en est resté des équipements de haut niveau comme la piste de bobsleigh de La Plagne ou la piste de vitesse des Arcs sur laquelle on a frôlé les 230 km/h. Au moment où les sports d'hiver sont à la recherche d'un deuxième souffle en diversifiant une offre qui ne puisse plus seulement reposer sur le ski-roi, ces jeux, par leur joyeux dynamisme, ont montré la confiance que la Savoie a en son avenir.

Épreuve de bobsleigh à Chamonix, 1924

Sur les bords du Thiou dans le vieux Annecy

Villes
et sites

Abondance ★

Dans cette corne d'Abondance, vous trouverez bien sûr un beau manteau blanc en hiver, de jolies balades en été mais aussi un air réputé pour sa pureté. Et ce ne sont pas des paroles en l'air...

La situation

Cartes Michelin nᵒˢ 89 pli 2 ou 244 pli 9 – Schéma p. 373 – 30 km au Sud d'Évian – Haute-Savoie (74). Abondance se situe au pied d'une abbaye, au carrefour des vallées de la Dranse et du Maldève. Le meilleur accès passe par la D 22 qui remonte depuis Évian le pays Gavot (arrière-pays d'Évian) en direction de Châtel.

🚩 *74360 Abondance,* ☎ *04 50 73 02 90.*

Le nom

Du latin *Abundantia*, qui en dit long sur la fertilité de cette vallée.

Les gens

La plus connue de ses habitants s'appelle Marguerite : elle est courte sur pattes, sa robe acajou est constellée de taches blanches, elle est réputée pour ses qualités laitières donnant toute sa saveur à un fromage rappelant la tomme. 1 251 Abondanciers sont susceptibles de la traire.

OÙ DORMIR
Chambre d'hôte Champfleury – à Richebourg - 3 km au NE d'Abondance par D 22 en dir. de Châtel – ☎ 04 50 73 03 00 – ✉ – 5 ch. : 150/230F. Au cœur de la vallée d'Abondance, chalet typiquement savoyard refait à neuf. Sur les cinq chambres douillettes bien aménagées, préférez celles exposées plein Sud avec balcon.

visiter

Le bourg d'Abondance s'est développé au pied de son abbaye dont les bâtiments massifs témoignent encore de la vitalité passée d'un des foyers monastiques les plus importants des Alpes. L'air pur et vivifiant que les moines respiraient n'est peut-être pas étranger à leur vitalité...

Abbaye ★ *(visite : 1h)*

Propriétaire de la vallée entière, l'abbaye d'Abondance exerça un rayonnement intense sur toutes les Alpes du Nord au Moyen Âge.

Cloître

Possibilité de visite guidée 3 fois par j. Fermé de mi-oct. à mi-déc. 10F visite libre, 20F visite guidée. ☎ *04 50 81 60 54.*
Élevé au 14ᵉ s., il n'a conservé intactes que deux galeries. La porte de la Vierge, qui le faisait communiquer avec l'église, est richement ornée mais mutilée : ici la Vierge trône avec l'Enfant, entourée d'anges ; là, les gracieuses statues-colonnes représentent la Synagogue, les yeux bandés, et l'Église. Les clefs de voûte des travées subsistantes s'ornent des signes du zodiaque.

LES NOCES DE GIACOMO
Les fresques ★★ du cloître sont attribuées à l'atelier du peintre piémontais Giacomo Jacquerio. Elles auraient été exécutées de 1410 à 1420.

Fraîcheur et naïveté caractérisent ces fresques. Fourmillantes de détails, elles dépeignent la vie quotidienne en Savoie au 15ᵉ s.

Église

Suite à un violent incendie, il ne subsiste que le transept, le chœur, le déambulatoire et les chapelles de cette église du 13ᵉ siècle. Le 18 n'existant pas à l'époque, le feu prit tout son temps pour détruire la nef, ses cinq travées et ses deux collatéraux. En 1900, deux travées et la façade ont été reconstruites.

Musée d'Art religieux

De juin à fin août : visite guidée (1/2h) 10h-12h, 14h-18h, dim. 14h-18h. Fermé j. fériés. Gratuit. ☎ 04 50 73 02 90.
Il rassemble une importante collection d'ornements liturgiques (chasubles, dalmatiques, chapes), ainsi que des tableaux, des statues, de l'orfèvrerie et des livres saints dont des antiphonaires manuscrits du 15ᵉ s. La salle du chapitre a été reconstituée.

Dominant les hauteurs du Chablais et celles de la Suisse frontalière, les Cornettes de Bises (alt. 2 450 m) demeurent tardivement enneigées.

alentours

Les Plagnes

5,5 km au Sud-Est. Passer le pont de la Dranse et prendre à gauche, avant une scierie, la direction de Charmy-l'Adroit et des Plagnes.
De cette petite route à flanc de coteau, ceux qui n'ont pas le vertige regarderont en bas : ils découvriront d'immenses chalets dans le fond du vallon dominé par le pic de la Corne et le roc de Tavaneuse. Après le hameau de Sur-la-Ravine, elle s'enfonce dans le haut vallon du Malève, plus sauvage et couvert de sapins, et atteint les Plagnes de Charmy, en vue des escarpements de la pointe de Chavache, devant un lac cerné de pentes boisées.

La Chapelle-d'Abondance

Ce village de Haute-Savoie situé au pied du mont de Grange et des Cornettes de Bises, est une séduisante station familiale qui a conservé tout son charme, avec ses chalets aux façades en bois d'épicéa et aux balcons à balustrades sculptées ou ajourées évoquant les chalets valaisans de la Suisse toute proche.
L'église du 18ᵉ s., à décoration baroque, est ornée d'un élégant clocher à bulbes superposés.

randonnées

Au départ de La Chapelle d'Abondance

Les deux sommets dominant La Chapelle-d'Abondance peuvent être l'occasion d'excursions faciles.

Les Cornettes de Bises

Environ 3h. Du centre du village, s'engager vers le Nord en direction des chalets de Chevenne puis, en remontant le torrent, rejoindre le col de la Vernaz, point frontière avec la

Suisse. Suivre la ligne de crête et après avoir dépassé les chalets de la Callaz, aborder la dernière montée à vue jusqu'au sommet (alt. 2 432 m). La crête frontalière relie celui-ci aux rives du Léman, à St-Gingolph. En haut de celui-ci, un magnifique **panorama★★★** vous récompensera de vos efforts : mettez votre appareil sur la position panoramique : sur la même photo, vous pourrez prendre l'ensemble du lac Léman et la chaîne des Alpes, du Mont Blanc à l'Oberland bernois.

◄ **Mont de Grange**

▣ *Durée 3h1/2 environ.*

Franchir la Dranse et s'engager en direction du Sud dans le sentier conduisant aux chalets du Follière. À l'extrémité du vaste cirque qui forme le fond de la combe de Chemine, on entame l'ascension du mont de Grange. Au sommet (alt. 2 433 m), vous aurez bien mérité le **panorama★★** vertigineux sur le val d'Abondance et les rives du lac Léman.

> **ŒIL DE LYNX**
> Avec un peu de chance, vous apercevrez des chamois sur les rochers dominant la combe. Cet itinéraire permet aussi de découvrir toute la diversité de cette flore alpine de renom.

Aix-les-Bains⊹⊹⊹

Entre les touristes et Aix, c'est une longue histoire d'amour, une histoire d'eaux en somme. Peut-être y séjournerez-vous pour goûter au luxe un peu désuet de ses anciens hôtels, et vous laisserez-vous charmer par les délices présents... À moins que vous ne soyez d'un tempérament tumultueux et que vous ne vouliez d'Aix que les plaisirs immédiats, son lac, ses baignades, ses pédalos... ou que vous ne soyez qu'un pur romantique, à la recherche d'émotions platoniques, amoureux de ses promenades au bord de l'eau à la tombée du jour...

La situation

Cartes Michelin n°s 89 pli 15 ou 244 pli 18 – Schéma p. 115 et 191 – Savoie (73). Sur la rive Est du lac du Bourget, l'agglomération s'étale entre la colline de Tresserve et les premières pentes du Revard. Accès aisé par les autoroutes A 41 et A 43.

▣ *Place Maurice-Mollard, 73100 Aix-les-Bains, ☎ 04 79 35 05 92, fax 04 79 88 88 01.*

Le nom

Le nom d'Aix vient de *Aquae Gratianae,* qui signifie les eaux de l'empereur Gratien, et perpétue le souvenir de la toute première exploitation de l'eau par les Romains.

Les gens

24 683 Aixois... et des milliers de curistes et touristes qui font d'Aix une ville animée et agréable.

comprendre

Les fastes de la Belle Époque – La station thermale savoyarde a pris son essor en 1860 pour atteindre son apogée au début du 20e s. Jusqu'au rattachement de la Savoie à la France, l'hébergement des curistes était essentiellement assuré par les pensions. À cette date, deux personnages vont marquer le paysage hôtelier aixois et rivaliser de luxe pour attirer les têtes couronnées d'Europe.

Jean-Marie Bernascon, modeste employé des bateaux du Rhône devenu maître d'hôtel, pressent les besoins de cette nouvelle clientèle et développe à partir de 1868 un important ensemble d'établissements capables de satisfaire aux exigences de l'aristocratie ; le « Victoria », notamment, accueille par trois fois l'impératrice Victoria, consacrant ainsi le succès du promoteur.

> **LA FIN D'UN RÊVE...**
> Après la Seconde Guerre mondiale, la plupart de ces hôtels de rêve ne purent préserver ce luxe sans rencontrer de graves difficultés de gestion et durent fermer leurs portes ou se morceler en appartements. Certaines parties classées ont malgré tout été préservées, telle la salle à manger du Royal.

LES JOIES DE LA CURE AU 18ᵉ S.

Le premier établissement thermal (1779-1783) digne de ce nom date du règne de Victor-Amédée III, roi de Sardaigne. L'équipement est encore bien modeste : ni baignoire, ni piscine. Les bains sont pris à domicile et les porteurs d'eau viennent remplir les baignoires. Quant aux douches, au nombre de six, on doute aujourd'hui de leur vertu. Vous tombaient sur la tête de véritables trombes d'eau qui feraient pâlir de jalousie les chutes d'Iguaçu. La température de l'eau vous laissait ressortir rouge écarlate, les yeux mis sur orbite, quand vous n'étiez pas tombé en syncope avant. On se demande si ces expériences douloureuses étaient faites à des fins thérapeutiques ou statistiques.

À la même époque, **Antoine Rossignoli** lui dispute les faveurs du gotha en multipliant les créations hôtelières toujours plus luxueuses et somptueusement décorées.

Lamartine et Elvire – Alphonse de Lamartine a 26 ans quand, le 1ᵉʳ octobre 1816, il arrive à Aix. Le poète a bien une légère atteinte au foie, mais il est surtout las d'une existence vide et désœuvrée. Il prend pension chez le docteur Perrier et rencontre Mme Charles, Julie, sa voisine de chambre. D'origine créole, elle est venue soigner à Aix une grave affection pulmonaire. Le 8 octobre, alors qu'elle se promenait sur le lac, soudainement, une violente tempête se lève. Julie est en danger. C'est alors que Lamartine n'écoutant que son courage vole à son secours et la sauve. Puis le poète veille la malade : deux âmes romantiques se reconnaissent et échangent leurs rêves. Les jeunes gens vivent une passion enivrante. Mais fin octobre sonne l'heure de la séparation. Alphonse gagne Mâcon et perd Julie qui doit retourner à Paris. Ils se retrouvent quelque temps durant l'hiver. Mais Mme Charles va plus mal. L'été venu, elle ne peut rejoindre Lamartine qui l'attend à Aix. Le poète écrit alors les vers sublimes du *Lac*. Lecteurs romantiques, retenez vos larmes.

> *« Un soir, t'en souvient-il ? nous voguions en silence ;*
> *On n'entendait au loin, sur l'onde et sous les cieux,*
> *Que le bruit des rameurs qui frappaient en cadence*
> *Tes flots harmonieux. [...]*
> *Ô temps, suspends ton vol ! et vous, heures propices,*
> *Suspendez votre cours !*
> *Laissez-nous savourer les rapides délices*
> *Des plus beaux de nos jours. [...]*
> *Que le vent qui gémit, le roseau qui soupire ;*
> *Que les parfums légers de ton air embaumé,*
> *Que tout ce qu'on entend, l'on voit ou l'on respire,*
> *Tout dise : « Ils ont aimé ! »*

Julie s'éteint en décembre 1817 mais Lamartine la rendra immortelle sous le nom d'Elvire.

En faisant du lac du Bourget un des hauts lieux du Romantisme, Alphonse de Lamartine ouvrit la Savoie à la contemplation esthétique...

La cure au 19ᵉ s. : après la contrainte des bains chauds, l'agrément de la promenade encadrée par de robustes gaillards.

carnet pratique

Où DORMIR

• À bon compte

Hôtel La Croix du Sud – *3 r. Dr Duvernay - ☎ 04 79 35 05 87 - fermé 21 oct. au 2 avr. - 16 ch. : 148/235F - ☲ 31F.* Au détour d'une des rues calmes du centre, une petite maison rose toute simple accueille les curistes. Les chambres modestement meublées sont très propres et la patronne vous bichonnera. Une petite cour-jardin ajoute au charme du lieu.

• Valeur sûre

Hôtel Astoria – *Pl. des Thermes - ☎ 04 79 35 12 28 - fermé déc. - 135 ch. : 280/480F - ☲ 40F - restaurant 120/135F.* En face des Thermes, ce palace Belle Époque superbement restauré témoigne des fastes anciens d'Aix-les-Bains. Vous admirerez son atrium qui ouvre sur six étages de chambres spacieuses et confortables, le restaurant avec sa mezzanine et les superbes salons. Menu unique pour les pensionnaires. Prix doux.

Hôtel Le Manoir – *37 r. Georges-Ier - ☎ 04 79 61 44 00 - 🅿 - 73 ch. : 345/695F - ☲ 58F - restaurant 138/250F.* Sur les hauteurs d'Aix-les-Bains, vous serez séduit par le calme de ce manoir entouré d'un joli jardin arboré et fleuri. Le charme est total quand, dès les premiers rayons du soleil, on profite de sa terrasse. À l'intérieur, le décor rustique souligne son style « campagne ». Piscine couverte.

Hôtel Palais des Fleurs – *17 r. Isaline - ☎ 04 79 88 35 08 - fermé 1er déc. au 15 fév. - 🅿 - 40 ch. : 298/455F - ☲ 41F - restaurant 92/165F.* Que vous soyez touriste, curiste ou en séminaire, cet hôtel calme mais proche du centre-ville et des thermes vous réserve de bons moments de détente grâce à sa piscine chauffée toute l'année. Deux salles de restaurant dont une, au style campagnard, ouverte sur la piscine.

Où SE RESTAURER

• À bon compte

Week-End - *À Tresserve-Lac - 73420 Viviers-du-Lac, 5 km au Sud d'Aix-les-Bains par N 201 - ☎ 04 79 54 40 22 - fermé 2 nov. au 1er fév., dim. soir et lun. sf été - 98/240F.* Dans un petit hameau, cette maison familiale surplombe le lac de sa terrasse panoramique. De là, vous pourrez surveiller votre bateau en dégustant les poissons du lac ou la terrine de canard maison. Chambres très simples. Préférez celles avec vue sur le lac.

Les Platanes – *Au Petit Port - ☎ 04 79 61 40 54 - fermé du lun. au ven. de nov. à fév. - 80/230F.* Proche du lac, voici le fief d'un fou de jazz ! Vous aurez peut-être la chance de dîner au rythme des mini-concerts du vendredi ou de profiter de l'ambiance cabaret du samedi... Aux beaux jours, sa terrasse à l'ombre des platanes est sympa. Menu-enfant.

• Valeur sûre

Lille – *Au Grand Port : 3 km- ☎ 04 79 63 40 00 - fermé janv. et mer. d'oct. à mars - 150/280F.* À proximité du lac du Bourget et de son grand port, vous goûterez ici aux plaisirs de l'eau ou à ceux de la paresse à l'ombre des platanes de la terrasse. L'hôtel-restaurant s'est doté d'une pizzeria, le Café de la Marine.

SPÉCIALITÉS

La Ferme savoyarde – *12 r. de Genève, ☎ 04 79 88 10 14. Lun.-sam. 8h-19h.* Cette ferme se consacre exclusivement à la production et à la vente de produits régionaux : vins de savoie, fromages, confitures et charcuteries.

La Royale – *2 r. Albert-Ier, ☎ 04 79 35 08 84. Lun.-sam. 8h-12h, 15h-19h.* Ce confiseur-chocolatier propose différentes spécialités maison comme le rocher de la dent du chat, les glaçons du Revard et les perles du lac.

Les Artisanales – *Quai Jean-Baptiste-Charcot. Mai-sept. : mer. 17h-22h.* Des artisans et producteurs locaux exposent et vendent leurs produits : charcuterie, fromages, maroquinerie, objets et ustensiles en bois...

PRENDRE UN VERRE

La Rotonde – *Sq. Jean-Moulin. Mar.-dim. à partir de 9h.* Établissement très apprécié pour sa terrasse qui donne sur un square fleuri et paisible.

Murphy's – *R. Haldiman. Ouv. tlj à partir de 18h.* Avec son billard anglais et son jeu de fléchettes, ce pub branché établi au sein du casino est une bonne alternative à la roulette et au black jack. Grand choix de bières et de whiskies.

EN MUSIQUE

Baccara – *18 r. du Casino. Mar.-mer. 22h-2h, jeu. 18h-2h, ven. 17h-20h et 22h-3h, w.-end 16h-20h et 22h-3h.* Situé à l'intérieur du casino, ce salon de thé dansant ravira tous les amateurs de danse rétro. Concours de danse et nombreuses soirées à thème.

Colisée – *18 r. du Casino, Lun.-jeu. 19h-1h, ven. 19h-2h, sam. 18h-2h, dim. 15h-1h.* Il n'est pas nécessaire d'avoir perdu des fortunes à la roulette pour goûter l'atmosphère raffinée de ce piano-bar situé à l'intérieur du casino d'Aix.

AU CASINO

Casino « Grand Cercle » – *18 r. du Casino, ☎ 04 79 35 16 16. Ouv. tlj.* Ce joyau de l'architecture thermale du 19e s. vit passer de nombreuses têtes couronnées, de Victor Emmanuel II à Sissi. De cette époque, il reste des intérieurs somptueux : la salle Salviati et ses magnifiques plafonds ornés de mosaïques, le théâtre à l'italienne... Un cadre exceptionnel, où vous aurez plaisir à vous ruiner à la roulette, au black-jack, ou, plus prosaïquement à l'une des 150 machines à sous.

AIX-LES-BAINS

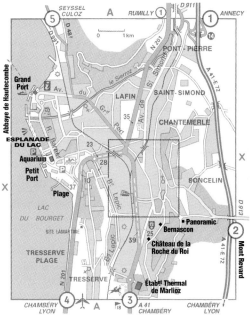

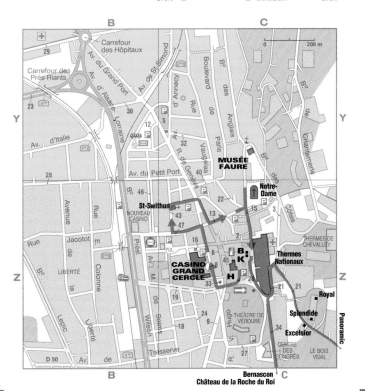

Bernascon C
Château de la Roche du Roi

séjourner

LA STATION THERMALE

L'animation de la station se concentre autour des imposantes constructions des Thermes nationaux, du parc municipal, du palais de Savoie et du nouveau casino. La rue de Genève (en partie réservée aux piétons), la rue du Casino et les voies adjacentes peuvent être considérées comme le centre de l'activité commerciale aixoise.

Pendant la période estivale, les bords du lac, où sont aménagés deux ports et une plage, constituent l'autre pôle d'attraction de la ville.

La cure

Les installations thermales d'Aix sont ouvertes toute l'année. Deux sources chaudes, désignées sous le nom de source de soufre et de source d'alun, alimentent les thermes. La douche-massage reste le traitement aixois par excellence. Quatre piscines de rééducation, destinées au traitement des rhumatismes et des suites de traumatismes, ont été installées dans l'établissement thermal. La source froide St-Simon assure la cure de boisson.

L'**établissement thermal de Marlioz**, installé au Sud de la station, dans un parc ombragé favorable à la détente, traite les affections chroniques des voies respiratoires.

> **CURISTES VIP**
> Lamartine (dont on peut voir la statue, œuvre de Mario Benedetti), l'impératrice Marie-Louise, la reine Hortense, la princesse Pauline Borghèse, plusieurs rois de Sardaigne, la reine Victoria, le roi de Grèce Georges Ier – parmi d'autres – ont expérimenté les bienfaits de la cure aixoise.

découvrir

LA STATION BALNÉAIRE

Du centre d'Aix, suivre l'avenue du Grand-Port et sortir en direction de Culoz. Au Grand Port, prendre à gauche le boulevard Robert-Barrier.

Les bords du lac★

Esplanade du lac★

Ce vaste espace vert de 10 ha est aménagé pour les jeux d'enfants, les pique-niques. Une allée bordée de platanes longe le lac, invitant à la promenade en vue de l'abbaye de Hautecombe et des versants escarpés de la dent du Chat.

> **GRAND PORT**
> De son embarcadère partent les **excursions en bateau** vers le Bourget-du-Lac, l'abbaye de Hautecombe et le Rhône.

La plage d'Aix-les-Bains, donne un petit air de Riviera au lac du Bourget, dominé par le mont du Chat.

Petit Port

Port de plaisance et de pêche. Un **aquarium** est aménagé dans la station d'études hydrobiologiques. Une cinquantaine d'espèces de poissons d'eau douce sont présentées dans leur milieu naturel.

Mai-sept. : 14h-18h (juil.-août : 10h-11h, 14h-18h) ; vac. scol. : lun.-jeu. 14h-16h ; oct.-avr. : mer. 14h-16h, ven. 14h-15h, w.-end et j. fériés 14h-17h. Fermé déc.-janv. 27F. ☎ 04 79 61 08 22.

Au-delà du Petit Port se trouve la **plage** d'Aix-les-Bains, fort bien aménagée.

se promener

Partir de l'Office de tourisme.

Les vestiges romains★

Arc de Campanus – Haut de 9 m, il se dressait au cœur de la station romaine. Le monument, gravé de dédicaces honorant la mémoire des membres de la « *gens* » Pompeia, fut érigé par l'un des représentants de cette famille, Lucius Pompeius Campanus. Les vestiges des thermes romains ne peuvent donner qu'une idée imparfaite de la somptuosité des bâtiments d'alors : vingt-quatre espèces de marbres, de toutes couleurs, entraient dans les revêtements.

Temple de Diane – Ce monument romain rectangulaire est remarquable par l'appareil de ses murailles, en blocs de pierre de taille posés « à joints vifs », sans mortier, suivant la technique antique. Il abrite le musée d'Archéologie.

À l'angle du casino, l'ancien **Grand Hôtel** (1853) conserve une façade de style néo-classique italien. Il fut le premier palace construit à Aix.

L'italien Salviati (restaurateur des mosaïques de St-Marc à Venise) a représenté sur cinq coupoles du Casino les signes du zodiaque et des figures allégoriques des quatre saisons.

Le casino Grand Cercle★

Au Sud de l'hôtel de ville, par la place du Revard.
Demeurant le symbole des fastes de la grande époque de la station, il garde fière allure en dépit des réaménagements successifs. Son corps principal date de 1849 mais les salles, dont la décoration mérite la visite, ont été ouvertes à partir de 1883. Par la variété des couleurs utilisées et la surface occupée, le plafond décoré de mosaïques de la **salle de jeux★** constitue une œuvre de premier ordre. Le **théâtre** au décor Belle Époque semble conserver intact le souvenir des « divas » qui l'ont animé, de Sarah Bernhardt à Luis Mariano.

En sortant du casino, poursuivre à gauche la rue du Casino jusqu'à la rue Victoria (deuxième à gauche), puis la rue du Temple.

> **LE MAÎTRE D'ŒUVRE**
> La plupart de ces établissements portent l'empreinte de l'architecte lyonnais **Jules Pin aîné** (1850-1934), qui fut le créateur principal de l'architecture thermale d'Aix. Son œuvre maîtresse reste l'époustouflant château de la Roche du Roi, résidence de l'administrateur du casino des Fleurs.

Revenir à la rue de Genève par la rue Boyd, puis tourner à droite dans la rue de Genève et à gauche dans la rue Dacquin vers l'église Notre-Dame.

Église Notre-Dame

De style byzantin, elle abrite dans son chœur une dizaine de toiles du 17ᵉ s. représentant les Apôtres.

Revenir aux Termes nationaux et contourner le bâtiment pour emprunter la rue Georges-Iᵉʳ en montée.

Ce quartier d'Aix, en corniche, bénéficiant d'une agréable vue sur la station a été rapidement le terrain de prédilection des promoteurs de la Belle Époque. C'est l'occasion d'admirer les façades de quelques-uns des prestigieux hôtels. Ils s'appellent **Royal, Splendide**, et **Panoramic** et en revenant au centre des congrès, vous apercevrez le **Bernascon**. En continuant la route en corniche on atteint le **château de la Roche du Roi** *(voir illustration dans l'introduction au voyage)*, véritable château de conte de fées. On peut en avoir une autre vue depuis la route d'accès aux thermes de Marlioz.

visiter

Musée Faure★

Tlj sf mar. 9h30-12h, 13h-18h, w.-end 9h30-12h, 14h-18h. Fermé j. fériés. 20F. ☎ 04 79 61 06 57.

Merci au docteur Faure d'avoir légué à la ville en 1942 une rare collection de peintures et de sculptures où l'impressionnisme est particulièrement bien représenté. Exposé dans une agréable villa de style gênois, cet ensemble regroupe des œuvres de précurseurs tels que Corot, Jongkind et Boudin, et des tableaux de Degas : *Danseuses mauves,* de Vuillard : *Liseuse au buste,* de Pissarro, de Sisley : *La Seine à Argenteuil,* de Cézanne : *Le Bac à Bonnières.* La collection de sculptures est riche en œuvres de Carpeaux et de Rodin.

Thermes nationaux

De mi-avr. à mi-oct. : visite guidée (1h1/4) tlj sf dim. à 15h ; de mi-oct. à mi-avr. : mer. à 15h. Fermé de mi-déc. à mi-janv., 1ᵉʳ mai, 14 juil., 15 août. 26F. ☎ 04 79 35 38 50.

L'établissement, inauguré en 1864 et agrandi en 1881, a été complété par les Nouveaux Thermes bâtis en 1934, eux-mêmes agrandis et modernisés en 1972. La première moitié de la visite est consacrée aux installations modernes : douches, piscines, cabines de soins, etc. Il faut sortir de l'établissement pour gagner les **grottes**, où l'on accède par une galerie longue de 98 m ; l'une des sources sulfureuses d'Aix, désormais captée, se voit à l'entrée de cette suite de cavités calcaires qu'elle emplissait autrefois. On se rend ensuite dans le sous-sol des Anciens Thermes, vaste salle où subsistent les **vestiges romains** d'un *caldarium* (bain chaud) en briques et d'une piscine circulaire.

Exemple de la munificence des Thermes nationaux : les bains or et azur ont été utilisés par l'Aga Khan.

Musée d'Archéologie et de Préhistoire

Accès par le Syndicat d'initiative. Mai-sept. : 8h45-12h, 14h-19h, dim. et j. fériés 9h30-12h30, 14h-18h ; oct.-avr. : 8h45-12h, 14h-18h. Gratuit.

Intéressante présentation, dans la salle principale du temple de Diane, de fragments lapidaires, céramiques, verreries et monnaies datant de l'époque gallo-romaine. Voir le très beau torse d'homme, appartenant vraisemblablement à la statue d'un empereur.

Hôtel de ville

Cet ancien château des marquis d'Aix (16ᵉ s.) restauré donne au quartier thermal son cachet savoyard.

alentours

Lac du Bourget★★ *(voir ce nom)*
On ne peut séjourner à Aix sans en faire le tour.

Abbaye de Hautecombe★★ *(voir ce nom pour la description)*
Un service de bateau relie le Grand Port à l'abbaye de Hautecombe. On peut aussi y accéder en voiture en faisant le tour du lac.

Circuit de la Chambotte★★
36 km – environ 2h1/2. Quitter Aix par la N 201. À la Biolle, au sommet d'une forte montée, tourner à gauche dans la D 991^B. À St-Germain, prendre à gauche. Au village de la Chambotte, aussitôt après une petite chapelle, tourner à gauche.

Vue du restaurant de la Chambotte★ – Des terrasses, on a une excellente **vue** sur le lac du Bourget, ses montagnes bordières et, au loin, les massifs d'Allevard, de la Grande-Chartreuse et du Jura méridional (Grand Colombier).

Revenir au village de la Chambotte. Reprendre à gauche la D 991^B (route de Ruffieux par Chaudieu). De Chaudieu, rentrer à Aix par la route du bord du lac.

Panorama du mont Revard★★★
Le mont Revard – alt. 1 537 m –, dont les escarpements barrent longuement l'horizon d'Aix-les-Bains et de son lac, constitue géographiquement le dernier bastion des Bauges, à l'Ouest.
Que ceux qui sont sensibles au vertige essayent de le dominer : il serait dommage de ne pas profiter des magnifiques **vues plongeantes★★** sur le lac du Bourget et l'agglomération aixoise et d'un beau point de vue découverte sur le Mont Blanc.
Les automobilistes peuvent, en suivant la route ▶ desservant la station du Revard, pousser jusqu'à l'ancienne gare du téléphérique. Entre le col de la Cluse et Trévignin, la route emprunte un passage en corniche, à la sortie du haut vallon du Sierroz . De Trévignin à Aix, le cadre de la grande station, isolée en partie du lac par la colline de Tresserve, va en se précisant. Un paysage champêtre défile le long des derniers kilomètres.

Vertigineux à-pic de la table d'orientation du Mont Revard. Jadis les curistes y accédaient par un chemin de fer à crémaillère. Aujourd'hui, le panorama se mérite...

> **PANORAMA FÉERIQUE**
> L'intérêt du panorama★★★ du téléphérique réside dans deux points de vue privilégiés. Vers l'Ouest, vue aérienne sur le lac du Bourget, la dent du Chat – dans l'axe du col du Chat, remarquer le ruban scintillant du Rhône, au fond du défilé de Pierre-Châtel. Vers l'Est, le massif du Mont-Blanc fait son apparition derrière une série de plans boisés et montagneux.

L'Albanais★

Cette riche région agricole, autrefois spécialisée dans la culture du tabac, est constituée d'une dépression encadrée par les lacs du Bourget et d'Annecy. Ici, les balades ne manquent pas, alors, vérifiez l'huile et faîtes le plein...

La situation
Cartes Michelin n°s 89 pli 15 ou 244 pli 18 – Savoie (73).
La dépression de l'Albanais est délimitée au Nord par les reliefs du Gros Foug, à l'Est par le Semnoz et le Revard. Rumilly en est la capitale. L'Albanais, principal axe de passage entre Aix-les-Bains et Annecy, est aussi une voie d'accès au Jura par Bellegarde et à la Suisse par Genève.
🖪 *Office du tourisme de l'Albanais, 74150 Rumilly, ☏ 04 50 64 58 32.*

Le nom
L'appellation Albanais proviendrait d'une colonie établie dans le canton, les Celto-Scythes qui n'étaient pas des microbes mais plutôt de haute stature, plus connus sous le nom d'*Albani*.

Les gens

Les cordonniers ont trouvé chaussures à leurs pieds en la ville d'Alby-sur-Chéran, qui fût d'ailleurs longtemps capitale de la cordonnerie. Au milieu du 19e s. ils étaient deux cents à y fabriquer cothurnes, sandales, socques, poulaines.

circuits

VALLÉE DU CHÉRAN

circuit de 40 km – une demi-journée au départ de Rumilly (voir ce nom).
Sortir au Sud par la D 3.

Alby-sur-Chéran★

Ce bourg pittoresque était jadis entouré de sept châteaux dont celui de Montpon qui domine la localité.

Comme nous, vous apprécierez sans doute le soin pris à la restauration fort réussie du vieux quartier, le charme de la **place du Trophée★**, de forme triangulaire, où l'on ressent encore très bien l'ambiance qui pouvait y régner au Moyen Âge avec ses maisons anciennes dont la plupart étaient des cordonneries bâties sur des arcades.

L'église N.-D.-de-Plainpalais (1954), œuvre moderne de **Novarina**, possède un remarquable mur-vitrail réalisé par Manessier.

Faites une pause sur le pont enjambant le Chéran. Vous avez une jolie vue sur le **site★** encaissé d'Alby.

La **descente en canoë des gorges du Chéran** jusqu'à Rumilly : si vous ne passez pas votre temps la tête sous l'eau, vous devriez apprécier le relief et la végétation luxuriante traversés lors de cette balade exceptionnelle. *Pour réserver en sais., s'adresser sur place à la société Kokopelly Expédition Alpes Sports Nature, Base de Loisirs, chemin du Moulin, 74150 Rumilly, ☎ 04 50 01 59 86.*

Sortir d'Alby au Sud par la D 3 en direction du Châtelard.

La route suit la crête des collines. De temps en temps, de belles échappées sur le cours du Chéran... Après Cusy, prendre à gauche la D 31 vers le **pont de l'Abîme★** qui enjambe le Chéran à la sortie des Bauges et stationner sur le parking à droite à l'entrée du pont. Lorsque vous verrez cet impressionnant à pic de 94 m au-dessus du lit du torrent, vous ne pourrez pas dire que le nom de son pont soit usurpé. Les amateurs de saut à l'élastique seront verts de l'avoir laissé à la maison. Qu'ils en profitent pour apprécier ce **site★** spectaculaire, accentué au Nord-Est par les majestueuses aiguilles rocheuses des **Tours St-Jacques**.

Après avoir franchi le Chéran, remonter la D 5 vers Gruffy.

PRENDRE VOTRE PIED

Le **musée de la Cordonnerie**, installé dans la mairie, perpétue la mémoire de cette industrie. *De mi-juin à fin sept. : tlj sf dim. 10h-12h, 14h-17h, sam. 10h-12h. Fermé j. fériés. Gratuit.* ☎ *04 50 68 39 44.*

VARIANTE

Possibilité de poursuivre la D 3 au Sud, vers le vallon de Bellevaux, par Le Châtelard (*excursion décrite aux Bauges*).

Alby-sur-Chéran – Place du Trophée

Gruffy – musée de la Nature

À l'entrée du village, ferme Guevin. De mi-mars à mi-nov. : tlj f lun. et mar. 14h-18h (dernière entrée 17h30). 20F. ☎ 04 50 77 58 60.

Ici, dans le cadre d'une ancienne ferme, vous retrouvez la vie traditionnelle savoyarde : reconstitution d'une ferme du 19e s., d'un chalet d'alpage. Bienvenus veaux, vaches, cochons, couvées...

Poursuivre par Viuz-la-Chiésaz que domine la longue arête boisée du **crêt de Châtillon** (alt. 1 699 m), point culminant de la montagne du Semnoz. Possibilité d'accéder au sommet *(décrit en excursion au départ d'Annecy)* en empruntant la D 141 jusqu'à Quintal, puis la D 241 et la D 41.

Par la D 38 à la sortie Ouest de Viuz, atteindre Marcellaz-Albanais.

Marcellaz-Albanais

Traverser le village en direction de Rumilly, puis tourner à droite pour atteindre le **musée l'Art de l'enfance** *D'avr. à fin oct. : lun., mer., jeu., dim. 14h-20h. 26F (enf. : 13F). ☎ 04 50 69 73 74.*

Dans cette « caverne d'Ali Baba », un dédale de couloirs tapissés de jeux de l'oie, d'affiches anciennes vous mène de pièce en pièce : lanternes magiques, jeux optiques trains électriques, maisons de poupées etc... De quoi oublier quelques instants qu'on a grandi...

carnet d'adresses

Où DORMIR
● **À bon compte**
Camping Le Chéran – *74540 Cusy – 7,5 km au S d'Alby-sur-Chéran par D 63 et D 3 – ☎ 04 50 52 52 06 – ouv. avr. à sept. – réserv. conseillée 15 juil.-15 août – 31 empl. : 78F.* Pour les amateurs de calme et d'isolement : au bout d'une petite route très pentue, ce camping aménagé le long d'une rivière bénéficie d'un cadre exceptionnel en pleine nature. Sympathique avec son petit restaurant savoyard, il est fort bien tenu.

● *Valeur sûre*
Chambre d'hôte Château de Lupigny – *74150 Boursy – 7 km au NO d'Alby-sur-Chéran dir. Rumilly par D 31 – ☎ 04 50 01 12 01 – ⌐ – 3 ch. : 250/300F.* Coiffant un piton rocheux, cette bâtisse fortifiée servait autrefois de guet. Vous aurez le choix de séjourner dans l'une des trois belles chambres. Pour les amoureux des vieilles pierres : un coup d'œil sur l'escalier à vis du 15e s. s'impose !

Albertville

De l'époque médiévale aux Jeux olympiques, les amoureux des vieilles cités et les nostalgiques des cinq anneaux apprécieront l'entente harmonieuse entre les générations, entre les bâtisses anciennes et les constructions modernes.

La situation

Cartes Michelin nos 89 pli 15 ou 244 plis 19 et 20 – Schéma p. 172 – Savoie (73). Albertville s'est développée au fond de la combe de Savoie et commande l'entrée du val d'Arly, du Beaufortain et de la Tarentaise, offrant le principal nœud de routes touristiques de Savoie.

🛈 *11 rue Pargoud, 73200 Albertville, ☎ 04 79 32 04 22.*

Le nom

Le faubourg de **l'Hôpital**, situé dans la plaine, dépendait de la cité médiévale de Conflans ; son union avec Conflans fut décidée en 1835. En hommage à son souverain, Charles-Albert, la nouvelle commune prit le nom d'Albertville. L'administration descendue dans la plaine hissa l'ancien hameau au rang de chef-lieu régional.

Les gens

Les 17 411 Albertvillais sont fiers. Grâce à Albertville, organisatrice des cérémonies des 16es Jeux d'hiver en 1992, les Alpes françaises, fait unique, ont été ainsi, pour la troisième fois depuis 1924, les hôtes des manifestations olympiques d'hiver.

découvrir

LA CITÉ OLYMPIQUE

Située au carrefour des voies d'accès aux principales stations choisies pour les compétitions olympiques, c'est grâce à cette situation géographique privilégiée qu'Albertville a été choisie pour accueillir les cérémonies d'ouverture et de clôture des 16e Jeux olympiques d'hiver en 1992. On se souvient de l'univers poétique des petites pièces montées orchestrées par Philippe Découflé et des costumes extravagants de Philippe Guillottel.

Halle olympique

Devenue le « Centre national d'entraînement de l'équipe de France de hockey sur glace », c'est également une patinoire publique dotée d'un équipement de haut niveau.

Anneau de vitesse

Reconverti en stade omnisports, il reçoit les rencontres sportives régionales.

Maison des 16es Jeux olympiques

♿ *Tlj sf dim. et j. fériés 9h-12h, 14h-18h (juil.-août : tlj 9h-19h, dim. et j. fériés 14h-19h). 15F.* ☎ *04 79 37 75 71.*
Vous les fondus du slalom géant, les marteaux des bosses, les patineurs, hockeyeurs, fondeurs, précipitez-vous ! Y est recréée l'ambiance des Jeux de 1992 avec des costumes des cérémonies, des projections vidéos des principaux exploits sportifs...

Le Dôme

Le nouveau centre culturel, œuvre de l'architecte Jean-Jacques Moisseau implantée sur la place de l'Europe, se compose de trois ensembles : le Dôme théâtre, de conception architecturale originale, le Dôme médiathèque, et le Dôme cinéma offrant 260 places face à son écran panoramique.

visiter

CONFLANS★

Visite : 3/4h. On atteint Conflans, au Nord, par le pont des Adoubes et la montée Adolphe-Hugues (laisser la voiture au parc de stationnement, à droite) ; suivre à pied l'itinéraire du plan.

carnet d'adresses

Château Manuel de Locatel

De juil. à fin août : visite guidée (3/4h) sur demande préalable à 15h, 16h, 17h. 12F. ☎ 04 79 32 04 22.

Du 16e s., restauré récemment, il est bâti sur le versant abrupt de la colline dominant la ville neuve d'Albertville. À l'intérieur on remarquera un beau plafond peint, œuvre d'un artiste italien au 17e s. Avant de franchir l'enceinte, à la **porte de Savoie**, admirer la jolie **perspective**★ sur le bâtiment en éperon, dominé par la svelte tour Ramus, et sur une charmante fontaine, contemporaine d'une brève « occupation » française (1702-1713).

Prendre à gauche la montée puis les escaliers conduisant à l'église.

Église

Remarquable par son style homogène du 18e s, elle se compose d'une nef-halle de quatre travées et d'un chœur droit. Les amateurs de boiseries prêteront attention à la **chaire**, d'un travail soigné, réalisée en 1718.

Revenir à la rue Gabriel-Pérouse, qui mène à la Grande Place.

Grande Place★

Très fleurie et ornée d'une gracieuse fontaine du 18e s., elle est ravissante.

Ambiance conservée de village à l'écart du tumulte ; que les foules des JO semblent lointaines !

AUTHENTIQUE
Remonter la rue Gabriel-Pérouse, ancienne « Grande-Rue ». Les échoppes médiévales ayant conservé leurs dispositions d'origine sont occupées par des artisans.

Maison Rouge

Cet édifice en briques, du 14ᵉ s., rappelle par son style le Piémont voisin. Après avoir abrité des moines et des militaires, c'est aujourd'hui le **musée** municipal : intérieurs savoyards, meubles régionaux, outils et ustensiles anciens... Avant de revenir à la voiture, gagner la porte Tarine (14ᵉ s.) qui défendait la route de Tarentaise.

circuit

Route du fort du Mont★★

29 km – environ 1h1/2

Emprunter la D 105, en montée ininterrompue (risques d'enneigement de décembre à avril). Partir de la porte de Savoie à Conflans.

Après une série de lacets rapprochés, le regard plonge sur les vallées confluentes de l'Arly et du Doron de Beaufort. Par la trouée de l'Arly apparaît le bassin d'Ugine dominé par la pyramide du mont Charvin. Plus haut, un large virage à gauche, immédiatement en contrebas du fort du Mont, constitue un bon **belvédère** sur la Basse-Tarentaise, étranglée par les « verrous » de Feissons et d'Aigueblanche.

Dépassant le fort du Mont, pousser jusqu'au deuxième lacet *(lacet à gauche à hauteur de deux chalets – alt. 1 120 m)*, dominant le joli replat de pâturages du Mont. Cette route offre, depuis un plateau d'alpage, au lieu dit Les Croix, une vue magnifique sur l'ensemble du massif du Mont-Blanc. La **vue★★** s'étend à toute la Combe de Savoie parcourue par l'Isère. Au Sud-Ouest, l'horizon est barré par le rempart de la Chartreuse s'alignant de la Dent de Crolles, à gauche, au Granier, à droite. À droite de la Dent de Cons, isolée entre le bassin d'Ugine et la dépression du col de Tamié, se découvrent les crêtes de la Tournette.

Revenir par la route forestière, que l'on prend à gauche vers Molliessoulaz. Un chemin descend de Molliessoulaz dans la vallée du Doron de Beaufort où l'on rejoint la D 925 qui ramène à Albertville.

itinéraire

ROUTE DU COL DE TAMIÉ

D'Albertville à Faverges 40 km – 2h environ. Prendre la D 104 en direction de Faverges.

La route s'élève en lacet jusqu'au col de Ramaz procurant de belles échappées sur la combe de Savoie.

Au col de Ramaz prendre la première route à droite signalée « Plateau des Teppes ».

Plateau des Teppes★

Le chemin, en montée, dessert d'abord le hameau de la Ramaz – qu'on laisse à gauche – puis offre bientôt un bon aperçu sur le site de l'abbaye de Tamié.

Laisser la voiture au deuxième lacet et prendre à droite un chemin herbeux (1/4h à pied AR).

À la sortie d'un petit bois, suivre la lisière à droite pour gravir un mamelon d'où l'on a une bonne **vue★** sur le bassin d'Albertville.

Revenir au col et poursuivre vers le col de Tamié.

Juste avant le col, en contrebas du fort de Tamié, vue★ étendue sur le bassin d'Albertville bien matérialisé par le confluent de l'Isère et de l'Arly.

En aval du col, à gauche se distinguent les bâtiments de l'abbaye de Tamié.

Abbaye de Tamié

Restaurée après un long abandon, elle est occupée par une communauté de cisterciens. Seule l'église se visite. Une présentation audiovisuelle évoque la vie du monastère.

Poursuivre la descente vers Faverges. La route contourne en partie la montagne de la Sambuy, accessible par un télésiège depuis le Vargnoz (*décrit dans l'itinéraire de la route de la Forclaz aux alentours d'Annecy*).

Faverges – *voir p. 144*

Allevard⚘

Si vous êtes randonneur, arrêtez-vous à Allevard. C'est le point de départ de nombreuses excursions. Surtout, ne vous laissez pas impressionner par les hautes crêtes rocheuses à la dentition régulière et bien blanche du massif d'Allevard, dont le point culminant est le Puy Gris à 2 908 m. Elles prolongent juste la chaîne de Belledonne par le Nord... et ne mordent pas !

La situation

Cartes Michelin n°s 89 pli 17, 244 pli 29 ou 4038 pli I 4 – Schéma p. 276 – Isère (38). À 475 m d'altitude, situé au fond du berceau bien vert de la Bréda. Les vastes forêts de conifères, qui garnissent les pentes inférieures à partir de 1 500 m, font le charme des villégiatures d'altitude du Haut-Bréda telles que le Curtillard. 🛈 *Place de la Résistance,* ☎ *04 76 45 10 11.*

Les gens

2 558 Allevardins, sans compter les mordus de la marche.

comprendre

La **chaîne de Belledonne**, élément de l'axe central des massifs cristallins alpins présente la forme d'une longue échine qui domine la vallée de l'Isère, d'Allevard jusqu'à la Croix de Chamrousse au-dessus de Grenoble. Elle culmine au rocher Blanc (2 928 m) et ne possède que deux petits glaciers. La partie méridionale, au Sud du col de Sept-Laux, forme le massif de Belledonne qui offre un majestueux fond de tableau au panorama de Grenoble. Au Nord du col s'étend le massif des Sept-Laux (nom provenant des sept lacs qui s'y trouvent groupés et alimentent le Bréda) dont la vallée du Bréda est la partie la plus fréquentée.

séjourner

En été – Centre de randonnée, Allevard est aussi fréquenté comme station de cure thermale. Les eaux, très riches en hydrogène sulfuré et en acide carbonique à l'état libre, s'inhalent et traitent notamment les affections des voies respiratoires.

alentours

① Le Collet d'Allevard★★

10 km – environ une demi-heure – quitter Allevard à l'Est par la D 525ᴬ, route du Fond-de-France. Après 1 400 m, prendre à gauche la D 109 jusqu'au Collet.

De lacet en lacet, cette route ménage des échappées de plus en plus étendues, d'abord sur le site d'Allevard, puis sur les vallons du Veyton et du Gleyzin, séparés par une crête détachée du pic de Gleyzin.

Le couloir du Haut-Bréda se découvre, à son tour, jusqu'aux cimes du massif des Sept-Laux qui le ferment.

La route, sortant de la forêt de sapins, arrive au **Collet d'Allevard**. Du Sud-Ouest au Nord-Est, suivez le guide : les crêtes du Vercors, le rempart Est de la Chartreuse, aligné de la dent de Crolles au Granier, au-dessus du plateau des Petites Roches et du Grésivaudan, la cluse de Chambéry, le massif des Bauges, la combe de Savoie et la vallée des Huiles.

> **PAR LES AIRS**
> Pour jouir d'un tour d'horizon mieux dégagé, on peut gagner *(3 km après le Collet d'Allevard)* le Grand Collet (alt. 1 920 m) par télésiège.

② Chartreuse de St-Hugon

8,5 km, puis 1h à pied AR.

Quitter Allevard au Nord par la D 525 et prendre aussitôt à droite la D 209. Immédiatement après le pont du Buisson, prendre une route à droite. À 6,5 km, on laisse à droite la D 109ᴬ. Laisser la voiture à la maison forestière de St-Hugon.

🚶 *1h AR à pied. Poursuivre sur la route forestière qui prolonge la D 209ᴮ. 1 500 m plus loin, à hauteur d'une baraque de tôle ondulée visible en contrebas, prendre à gauche le sentier (à la saison des pluies ou pendant la fonte des neiges, prévoir des bottes si vous voulez éviter le bain de pieds) qui descend vers le pont Sarret. Traverser le pont et prendre le chemin en descente, au-dessus de la rive droite du Bens.*

> *Le* chörten *au centre du parc de la chartreuse n'est pas un temple mais une représentation de l'Esprit. En signe de respect, le contourner par la gauche (et relisez* Tintin au Tibet *!).*

> **PONT DU DIABLE**
> Vieux de deux siècles, le Pont du Diable formait autrefois un pont aérien entre la France et le Piémont : une borne gravée rappelle ce souvenir. Le site, formé par le pont dominant le Bens d'une trentaine de mètres au-dessus d'une gorge encaissée, est impressionnant.

Chartreuse de St-Hugon

Visite guidée (1h) dim. et j. fériés à 16h (juil.-août : tlj sf mer. à 16h). Fermé en janv. 20F. ☎ *04 79 25 78 00.*

De l'ancienne chartreuse, fondée au 12ᵉ s., subsiste un bâtiment du 17ᵉ s. : belle porte monumentale à fronton brisé surmontée d'une imposte en fer forgé. Le centre bouddhiste Karma-Ling y est installé et a reçu plusieurs fois la visite du Dalaï-Lama. Cette communauté, installée en Savoie depuis 1982, est le plus important centre bouddhique d'Europe.

◄ *Continuer de suivre le chemin jusqu'à une fourche et tourner à gauche. Après avoir traversé le pont du Diable, on rejoint la route et, à droite, la maison forestière.*

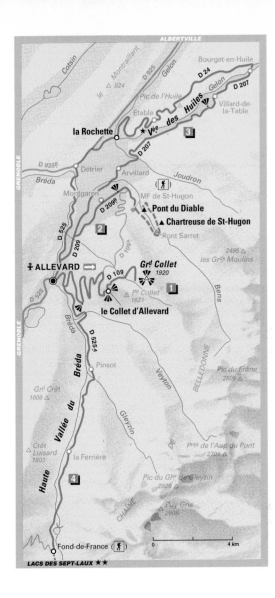

LACS DES SEPT-LAUX ★★

circuits

③ **Vallée des huiles★**

Circuit de 50 km – environ 2h1/2

*Quitter Allevard au Nord par la D 525 puis la D 925
vers Albertville. Prendre à droite en direction de La
Rochette.*

La Rochette

Les cartonneries « Cascades la Rochette » de ce bourg à
la fois industriel et touristique comptent parmi les plus
importantes d'Europe.

*Quitter la Rochette à l'Est par la route d'Étable. À 1 km,
tourner à droite.*

La route s'élève dans la haute vallée du Gelon sur un
versant dont les cultures contrastent avec la sombre
parure forestière du flanc opposé.

*Continuer sur la D 24 en direction de Bourgey-en-Huile, où
l'on tournera à gauche dans la D 207 en direction d'Allevard.*

La route traverse le Gelon et sinue au pied des pentes
boisées du versant gauche.

> **DES HUILES ?**
>
> La haute vallée du Gelon
> porte le nom de « vallée
> des Huiles ». Ne vous y
> trompez pas, vous ne
> croiserez pas de grosses
> légumes ! Le terme
> « Huile » est une
> déformation d'« ullie » ou
> « œille », aiguille et
> désigne l'éperon rocheux
> qui se dresse au bout de
> cette vallée.

500 m après Villard-de-la-Table, un virage à gauche ouvre une jolie perspective sur le bassin de la Rochette et la trouée du Bas-Bréda débouchant dans le Grésivaudan, au pied des murailles du Granier.

Des sous-bois on passe aux prairies plantées de noyers ou de châtaigniers, parfois superbes. Les maisons d'Arvillard apparaissent, joliment groupées.

D'Arvillard, la D 209 ramène à Allevard.

randonnée

④ Haute Vallée du Bréda

17 km – environ une demi-heure

Suivre la D 525ᴬ jusqu'à Fond-de-France. Cette voie de pénétration du massif des Sept-Laux possède des sites très reposants, traditionnellement appréciés par les curistes d'Allevard. À l'extrémité de la route, **Fond-de-France** (alt. 1 089 m) est un excellent point de départ de promenades en montagne.

Lacs des Sept-Laux★★

Laisser la voiture à Fond-de-France devant le chalet-hôtel des Sept-Laux, dans un lacet tournant sur la droite.

🚶 *Randonnée pour marcheurs endurants : 3h45 de montée. Dénivelée : 1 150 m. Chaussures de montagne recommandées.*
La plupart de l'itinéraire se fait en forêt (suivre le balisage jaune, puis jaune et rouge). À mi-parcours, prendre à gauche le sentier des deux ruisseaux, l'itinéraire passant par le chalet de Gleyzin étant beaucoup plus délicat. En 2h30 de marche, on parvient au lac Noir, à partir duquel la randonnée devient agréable et facile. Les superbes et longues nappes d'eau des **lacs glaciaires Carré**, de la **Motte**, de **Cottepens** et du **Cos★★** se succèdent.
Longer le barrage du lac de Cottepens, par la gauche en direction du col des Sept-Laux (se repérer dans un lacet au balisage jaune, blanc et rouge peint sur un rocher).

PANORAMA
Remarquable point de vue sur les Sept-Laux, à l'Ouest sur le pic des Cabottes, au Nord sur la Chartreuse et les Bauges, à l'Est sur les crêtes du Mouchillon et enfin, derrière le lac, les rochers Badon, Blanc et la Pyramide. Au Sud, au-delà du col des Sept-Laux, vue sur une partie de la vallée de l'Eau d'Olle.

L'Alpe-d'Huez★★

À 1 860 m d'altitude, l'Alpe-d'Huez est l'une des plus sympathiques stations des Alpes françaises, qui, même en été, garde son côté familial lorsque le Tour de France y fait étape.

La situation

Cartes Michelin nᵒˢ 77 pli 6, 244 pli 40 ou 4038 pli H 6 – Schéma p. 185 – Isère (38).
Lacet 1, lacet 2, lacet 3... Si vous parvenez à enchaîner les 21 lacets numérotés de la route d'accès à l'Alpe d'Huez, vous méritez le maillot à pois du meilleur grimpeur ! Il y a bien longtemps que le Tour de France en a fait un de ces classiques.

Submergeant les granges de l'ancienne « alpe », l'agglomération dispose ses multiples et vastes hôtels-chalets à l'architecture diverse mais bien conçue, au voisinage de la piscine et des alpages.
🛈 *Place Paganon, 38750 Alpe-d'Huez, ☎ 04 76 11 44 44.*

Le nom

Dans les Alpes, il est courant de désigner sous le terme d'alpe (au singulier) les hauteurs d'alpage ; ici celles du village d'Huez.

Les gens

Ici, on s'enorgueillit d'avoir vu naître sur les pentes de la station le premier remonte-pente mécanique, avec des pylônes en bois (!).

POINTS DE VUE
Route de Villard-Reculas★*(4 km d'Huez par la D 211ᴮ)* Cette route escarpée offre des vues plongeantes sur le bassin du Bourg-d'Oisans.

Au Tour de France cycliste, l'étape de la Plagne à l'Alpe-d'Huez constitue une redoutable sélection (ici le Tour 1995).

séjourner

Le domaine skiable

La plus importante station du Dauphiné, même si elle ne peut rivaliser en étendue avec les grandes stations de la Tarentaise, connaît depuis de nombreuses années un développement considérable (plus de 100 pistes de ski alpin dont une dizaine de noires). Les plus chevronnés ou casse-cou d'entre vous peuvent se faire des émotions fortes sur plusieurs tracés virils, notamment le tunnel du pic Blanc. Si vous n'en êtes qu'au chasse-neige, évitez. De l'Alpe-d'Huez, et ce n'est pas son moindre intérêt, vous rejoindrez les stations voisines : Villard-Reculas, Auris-en-Oisans, Oz-en-Oisans et Vaujany. En juillet, le ski se pratique sur le glacier de Sarennes (piste noire) sous réserve d'enneigement suffisant. Sinon, bien sûr, les skis déposeraient plainte pour maltraitance !

visiter

Musée d'Huez et de l'Oisans

Rte de la Poste. Juil.-août : 10h-12h, 15h-19h ; déc.-avr. : tlj sf w.-end 10h-12h, 15h-19h ; mai-juin et sept.-nov. : sur demande 3 j. av. Fermé j. fériés hors sais. 12F. ☏ *04 76 11 21 74.* ▶

Vous y trouverez une présentation des fouilles effectuées depuis 1977 sur le site archéologique de **Brandes**, près de l'altiport (vestiges d'un ancien complexe minier des 12ᵉ au 14ᵉ s. destiné à l'exploitation d'un filon d'argent).

> **CENTRE N.-D.-DES-NEIGES**
> Bâtiment (1970) en rotonde et à toiture hélicoïdale, il fait office de chapelle paroissiale ; remarquez la facture originale de l'orgue et les vitraux d'Arrabas. Et comme la musique adoucit les mœurs, des concerts y sont organisés.
> *Été : concerts jeu. à 20h45 ; hiver : à 18h15.*

carnet d'adresses

OÙ DORMIR

● *Une petite folie !*

Hôtel Au Chamois d'Or – ☏ *04 76 80 31 32 – fermé 21 avr. au 16 déc. –* **P** *– 45 ch. : à partir de 890F –*⌑ *80F – restaurant 210/270F.* Au point culminant de la station, cet imposant chalet à la façade moderne domine les pistes du Pic du lac Blanc et des Grandes Rousses. Partez skis aux pieds puis relaxez-vous sur la terrasse plein Sud face aux glaciers de l'Oisans ou dans le salon au décor des années 1970.

Hôtel Christina – ☏ *04 76 80 33 32 - fermé 21 avr. à nov. – 27 ch. à partir de 582F –* ⌑ *62F – restaurant 160/180F.* Au pied des pistes, ce chalet vous permet de chausser vos skis de sa terrasse plein Sud, face au massif de l'Oisans. En soirée, veillée au coin du feu dans le salon-bar ou partie de billard.

OÙ SE RESTAURER

● *Valeur sûre*

Cabane du Poutat – *Secteur des Bergers, accès piétons (40mn) depuis gare départ télécabine des Marmottes -* ☏ *04 76 80 42 88 – fermé mai à nov. – 130/210F.* Pour un bol d'air assuré à 2 100 m d'altitude, ce chalet-restaurant des pistes est aussi ouvert le soir sur réservation (accès en motoneige ou en « ratrak »). En terrasse au milieu des pistes ou dans la salle à manger boisée, service de spécialités régionales à la carte.

À l'inverse des chats, la nuit, tous les chalets ne sont pas gris.

randonnées

Pic du lac Blanc★★★

Accès par une télécabine en 2 tronçons, puis par un téléphérique. Été : 8h-17h05 (1/2h). 77F. ☎ 04 76 80 30 30.

Lac Blanc – Au deuxième tronçon, le lac Blanc apparaît, étalé dans un vallon rocailleux.

Dôme des Petites Rousses★★

🚶 *1h AR.* Du lac Blanc, on peut continuer à monter, à gauche, jusqu'à ce sommet.

Pic du lac Blanc★★★ *Alt. 3 323 m.*

En sortant du téléphérique (table d'orientation), **vue**, de gauche à droite, sur les Deux-Alpes, le lac Lauvitel, le mont Ventoux (dans le lointain), l'Alpe-d'Huez (en contrebas), le Taillefer, Belledonne et la Chartreuse (dent de Crolles). Gagner la terrasse principale et monter sur une butte (table d'orientation).

La Grande Sure (ou le Signal)★ *Alt. 2 114 m.*

🚶 *Accès à pied (1h50 AR) l'été, en hiver par le télésiège de la Grande Sure. De déc. à fin avr. : 9h-16h15. ☎ 04 76 80 30 30.*

Panorama étendu sur la chaîne des Grandes Rousses, l'Oisans, le Taillefer et Belledonne.

Lac Besson★

6,5 km par la route du col de Poutran, au Nord.

La route serpente à travers les pâturages pour atteindre, au col de Poutran, au Nord, la cuvette de l'Alpe-d'Huez, puis parvient à un haut plateau parsemé de lacs d'origine glaciaire. Du lac Besson, la plus belle de ces nappes d'eau, on peut se rendre, à pied, sur une crête rocheuse pour découvrir, en contrebas, le **lac Noir**, dans un cadre plus sauvage encore. Un sentier *(1/2h AR)* fait le tour de ce dernier. De son exutoire, vue sur le Grand Pic de Belledonne et la grande Lance d'Allemont.

RIEN QUE ÇA !
Le **panorama**★★ très large embrasse, au premier plan, le pic Bayle, au Nord-Est la Grande Casse de Pralognan, la Grande Motte de Tignes, le Grand Paradis en Italie, les glaciers de la Vanoise, la dent Parrachée, les hauts sommets de la Maurienne (Albaron, aiguille de Scolette, aiguilles d'Arves), enfin au Sud-Est la Meije, le Rateau, la barre des Écrins et le glacier du Mont-de-Lans.

Annecy★★★

Surnommée la « Venise savoyarde », Annecy est une ville au charme irrésistible. Flâner au bord de son lac, le long du Thiou ou du canal du Vassé, dans ses rues piétonnes aux chaudes couleurs rappelant le Piémont vous laissera un souvenir tout aussi inaltérable que le pont des Soupirs, comme une petite lueur qui brille au fond de soi et donne l'étrange sensation d'éternité...

La situation

Cartes Michelin n°s 89 pli 14 ou 244 plis 18 et 19 – Schémas p. 136 et 145 – Haute-Savoie (74). Annecy est une base incomparable pour découvrir la Haute-Savoie. L'animation touristique se partage entre les rives du lac et le vieil Annecy, dont on aura une belle vue d'ensemble en montant au château.

🛈 *1 rue Jean-Jaurès, 74000 Annecy, ☎ 04 50 24 04 23, fax 04 50 51 28 69.*

Le nom

Habité dès la préhistoire (une cité lacustre s'élevait près du port actuel), le lieu tire son nom d'une ancienne propriété romaine : *Villa Aniciaca.*

Les gens

122 622 Annéciens ; la personnalité la plus connue d'Annecy n'est pas une cloche, même si la fameuse « savoyarde » de 19 tonnes du Sacré-Cœur de Montmartre y a été coulée. Il s'agit de François de Sales qui y est né et a marqué cette ville dont il fût évêque. Et n'oublions pas de citer aussi Jean-Jacques Rousseau qui y arriva à l'âge de 16 ans.

DESTIN D'ANNECY

Née au 12ᵉ s. de son château fort, Annecy est appelé à l'époque Annecy-le-Neuf pour la distinguer de la commune voisine Annecy-le-Vieux, d'origine gallo-romaine. Elle ne prit vraiment de l'importance qu'à partir du 16ᵉ s. en succédant à Genève comme capitale régionale.

comprendre

Le « monsieur » d'Annecy – François de Sales (1567-1622), docteur de l'Église, est sans doute la grande figure d'Annecy. Il a fortement marqué par son époque tant par son apostolat que par son *Introduction à la vie dévote,* manuel de spiritualité à l'usage des laïcs. Avocat, il reçoit la prêtrise à Annecy à 26 ans, et s'engage d'abord dans la lutte contre le calvinisme, qui a gagné tout le Chablais. Pendant six ans il dirige des missions. Sa parole « douce comme du miel » fait merveille. Son renom s'étend alors en France. Devenu évêque de Genève, il prêche à la cour de Henri IV. En 1602, comme il ne peut exercer sa charge dans la citadelle de la Réforme, il se fixe à Annecy. Il pressent alors l'utilité d'une congrégation féminine vouée au service des pauvres et des malades. **Jeanne de Chantal** fonde avec son soutien l'Ordre de la Visitation. François de Sales est canonisé dès 1665, Mme de Chantal en 1767. Leurs reliques sont aujourd'hui exposées à la vénération des pèlerins dans la basilique de la Visitation.

Jean-Jacques, prosélyte – À 16 ans, **Rousseau** s'enfuit de Genève, sa ville natale. Un curé savoyard, afin de ramener ce calviniste à la religion catholique, l'adresse à **Mme de Warens**. Celle-ci, récemment convertie, est chargée par les autorités d'arracher d'autres âmes à l'hérésie. Jean-Jacques arrive à Annecy le jour des Rameaux. C'est l'éblouissement : « Elle se retourne à ma voix. Que devins-je à cette vue ? Je m'étais figuré une vieille dévote bien rechignée. Je vois un visage pétri de grâces, de beaux yeux bleus pleins de douceur. Rien n'échappe au rapide coup d'œil du jeune prosélyte, car je devins à l'instant le sien, sûr qu'une religion prêchée par de tels missionnaires ne pouvait manquer de mener au paradis. »

UN BEST-SELLER SPIRITUEL

En 1608, ému de voir « tant d'âmes capables de Dieu, s'amuser à chose moindre », François de Sales publie l'*Introduction à la vie dévote*. Ce traité de spiritualité destiné aux personnes « du siècle » fait sensation ; quarante éditions paraissent du vivant de l'auteur ; on le traduit dans toutes les langues, y compris le basque et le breton...

▶ **LIEU DE RENDEZ-VOUS**
Les lecteurs des *Confessions* verront, dans la cour de l'ancien palais épiscopal, le lieu de la rencontre avec Mme de Warens : « Que ne puis-je entourer d'un balustre d'or cette heureuse place. »

carnet pratique

Où dormir

• À bon compte

Hôtel Les Terrasses – *15 r. Louis-Chau-montel* – ☎ *04 50 57 08 98* – **P** – *20 ch. : 210/350F* – ☲ *35F - restaurant 75F.* Dans un quartier calme assez proche de la gare, hôtel neuf disposant de chambres au mobilier de bois clair... Au restaurant, un menu unique renouvelé chaque jour. Aux beaux jours, repas sur la terrasse ensoleillée et repos au jardin.

Chambre d'hôte Au Gîte Savoisien – *98 route de Corbier 74650 Chavanod* – *6 km au SO d'Annecy par D16, au village du Cor-bier* – ☎ *04 50 69 02 95* – *http://ourworld.compuserve.com/ homepages/Gite Savoisien* – ☲ – *réserv. : 4 ch. : 220/250F.* Découvrez, sur les hauteurs d'Annecy, au centre du village, cette ancienne ferme aménagée en chambres d'hôte et en gîte, confortables et simples. L'été : repos, bronzage dans un jardin clos avec vue sur le massif montagneux ou pétanque pour les sportifs.

Hôtel Clarine – *1 Fg des Balmettes* – ☎ *04 50 45 04 12 - 24 ch. : 238/358F* - ☲ *35F.* À l'entrée de la zone piétonne de la vieille ville commerçante, cet hôtel moderne a été aménagé en partie dans une bâtisse du 16ᵉ s. Accueil prévenant. Parking public à proximité.

• Valeur sûre

Hôtel Marquisats – *6 chemin Colmyr* – ☎ *04 50 51 52 34* – **P** – *22 ch. : 400/600F* – ☲ *55F.* Dans une impasse, un peu à l'écart de la ville, cette ancienne demeure à la façade rose est une étape paisible. Quelques-unes de ses chambres ouvrent sur le lac, les autres sur la forêt. Modernes, elles sont confortablement meublées. Accueil aimable.

• Une petite folie !

Impérial Palace – *32 av. Albigny* – ☎ *04 50 09 30 00* – **P** – *91 ch. : à partir de 1100F* – ☲ *100F - restaurant 160/250F.* Juste au bord du lac, un palace au décor contemporain avec une belle façade 1900, de vastes chambres luxueuses, un service attentionné, un casino... bref, le rêve ! Pour en profiter sagement, déjeunez sur la terrasse ou prenez un verre au coin du feu...

Où se restaurer

• Valeur sûre

Auberge de Savoie – *1 pl. St-François-de-Sales* – ☎ *04 50 45 03 05* – *fermé mer.* – *140/255F.* Ses fenêtres ouvrent sur une ravissante place pavée, juste en face du palais de l'Isle. Sise dans une ancienne auberge, son décor contemporain raffiné s'accorde parfaitement avec une carte qui met à l'honneur poissons et fruits de mer.

L'Atelier Gourmand – *2 r. St-Maurice* – ☎ *04 50 51 19 71* – *fermé 15 nov. au 15 déc., dim. et lun.* – *180/385F.* Ici, plaisir des yeux et du palais sont au rendez-vous. Peintre à ses heures, le patron, quand il est aux fourneaux, nous régale... Et dans la salle décorée avec soin, les amateurs de gastronomie française dégusteront ses mets, entourés de ses toiles d'inspiration italienne.

Les Artistes – *26 r. Vaugelas* – ☎ *04 50 45 30 04* – *fermé dim.* – *108/198F.* Ne vous fiez pas à la façade discrète de cette adresse branchée : à l'intérieur, la salle style brasserie est lumineuse et confortable. Présentée à l'ardoise comme il se doit, sa cuisine du marché est servie par une équipe jeune et sympathique.

Le Fréti – *12 r. Ste-Claire* – ☎ *04 50 51 29 52* – *dîner seul.* – *120/150F.* Au cœur de la vieille ville, au-dessus des arcades et de la fromagerie familiale d'où proviennent les spécialités, les parfums des raclettes, fondues, tartiflettes... s'exhalent et attirent le gourmand. La salle est simple. Terrasse en été.

Le Chalet Savoyard - Le Matafan – *Quai de l'Évêché* – ☎ *04 50 45 53 87* – *115/200F.* Imaginez-vous : en été, sur la terrasse du restaurant au bord du canal pour profiter de la douceur de l'air et du ballet harmonieux des cygnes... En hiver,

vous apprécierez la chaleur d'un intérieur hétéroclite, où se mêlent objets anciens et trophées de chasse.

Où prendre un verre et se détendre ?

L'animation se concentre le soir autour des rues Ste-Claire et Royale.

Café des Arts – *4 passage de l'Isle,* ☏ *04 50 51 56 40*. Situé dans la cour de l'ancienne prison, ce café au charme un brin rétro est une station paisible au cœur de la vieille ville. Bandes dessinées en lecture libre et terrasse agréable en été.

Le Clinton's – *4 r. Centrale,* ☏ *04 50 45 32 89. Ouv. tlj 22h30-5h.* Ce piano-bar à l'ambiance feutrée séduit une clientèle BCBG qui désire finir la soirée en douceur et en centre-ville. Programmation musicale pour le moins éclectique.

Au Chardon d'Écosse – *10 r. Vaugelas,* ☏ *04 50 51 24 31. Ouv. tlj à partir de 18h.* Boiseries et ambiance pub pour cet établissement qui s'anime vivement à la sortie des bureaux et à la fermeture des commerces. Nombre d'Annéciens viennent alors y prendre l'apéritif ou y finir la soirée en sirotant l'un des cocktails maison et en écoutant quelques standards jazzy.

Au Roi Arthur – *14 r. Perrière,* ☏ *04 50 51 27 06. Ouv. tlj 14h-2h en hiver, 9h-2h en été.* On l'aurait compris à moins, le kitsch médiéval du lieu avec armes, armures et tartans aux couleurs de différents clans écossais est censé évoquer la celtitude de la légende arthurienne. En soirée, il vous faudra souvent jouer des coudes car les preux se bousculent au comptoir. Terrasse en été.

Au Fidèle Berger – *2 r. Royale,* ☏ *04 50 45 00 32. Ouv. tlj 8h-21h.* Salon de thé confortable, où une clientèle BCBG vient déguster les savoureuses pâtisseries maison et tremper délicatement le bout de ses lèvres dans une tasse de thé ou de café. Difficile de résister après avoir vu en vitrine la fontaine de chocolat qui aguiche les gourmands.

Des soirées inoubliables...

La Compagnie des bateaux d'Annecy organise des dîners-croisières-spectacles à bord de la **Libellule,** ☏ *04 50 51 08 40.*

À Sévrier, le restaurant-spectacle **Dinecittà** organise, dans un décor de cinéma, des animations sur des thèmes renouvelés chaque année.

Le Pop Plage, 30 av. d'Albigny, reste la discothèque des Annéciens de tout âge (ouv. en sais. seulement). D'autres établissements proposent des soirées à thème : se renseigner à l'Office de tourisme et consulter la presse locale.

On pourra terminer la soirée en tentant sa chance au **Casino**, 32 av. d'Albigny.

Les spécialités

Des confiseries aux noms évocateurs sont fabriquées et vendues par de nombreux établissements, particulièrement r. Ste-Claire et r. Royale : le « Roseau du lac » (confiserie au chocolat noir fourrée au café),

« la Cloche d'Annecy » et la « Savoyarde », en souvenir du bourdon la Savoyarde (chocolat fourré au praliné-noisette). Ces deux dernières confiseries sont des modèles déposés par des confiseurs annéciens. Les amateurs de chocolat apprécieront les multiples présentations du chocolatier **Ravey** (3 r. de la République).

Pour savourer la vaste gamme des spécialités de la cuisine savoyarde dans un cadre typique, on n'aura que l'embarras du choix en arpentant les ruelles de la vieille ville, notamment la r. Ste-Claire (spécialités de fromages au « Freti », n° 12). Tous les mar., les amateurs de fromages iront faire leur choix parmi les productions des fromagers au marché, haut en couleur, de Ste-Claire.

Les ouvrages régionaux et de tourisme se trouveront à la Fnac, r. Sommeiller, à la **librairie Grandchamp** et à **L'Imaginaire**. La **fonderie** de cloches **Paccard** fondée à Annecy-le-Vieux, où fut coulée la fameuse « Savoyarde » du Sacré-Cœur de Montmartre (19 t), exporte depuis Sévrier encore dans toutes les parties du monde *(voir Sévrier, p. 143).*

Activités sportives

Pour l'initiation au canyoning et à l'escalade, s'adresser au **Bureau des guides**, centre Bonlieu, ☏ 04 50 45 00 33. Les activités nautiques se pratiquent au club nautique de Doussard (☏ 04 50 44 81 45) et au ski club nautique de Sévrier. Le col de la Forclaz est un rendez-vous prisé des parapentistes : baptême de l'air au Chalet du mini-golf à Montmin.

Location de matériels de sport

Locasport, 37 av. de Loverchy à Annecy ; pour bénéficier de conseils judicieux, chez Ogier Sports à La Clusaz.

Se baigner dans le lac

De nombreuses plages (payantes ou gratuites) bordent les rives du lac ; à Annecy : « Plage d'Albigny » (payante), plages des Marquisats et du Petit Port (gratuites).

Croisières

La compagnie des bateaux d'Annecy organise des **tours du lac★★★** excursions à bord des vedettes le *Savoie,* la *Belle Étoile,* le *Bel Indifférent* ou le *Thiou,* avec des escales dans les ports de Veyrier, Menthon, Duingt, St-Jorioz et Sévrier.

Sur la *Libellule,* bateau panoramique pouvant accueillir 600 personnes, sont en outre proposés des déjeuners-croisières. Départ d'Annecy : embarcadère sur le Thiou.

D'avr. à fin oct. : plusieurs types de croisières commentées (1h). 59F. Bâteaux omnibus de port à port (à partir de mai). 70F. Croisière avec arrêt à Doussard. 74F. Déjeuner-croisière et dîner-dansant à bord de MS Libellule. Horaires et réservations : s'adresser à la Compagnie des bateaux du lac d'Annecy. ☏ *04 50 51 08 40.*

se promener

LES BORDS DU LAC★★ *visite : 2h*

Laisser la voiture au parking du centre Bonlieu ou à celui de la place de l'Hôtel-de-Ville. Par le quai Eustache-Chappuis longeant le canal du Vassé, et la place de la Libération, gagner l'avenue d'Albigny où se trouve le **centre Bonlieu** (qui abrite notamment la maison du tourisme), dont le bâtiment a été conçu d'après les plans de l'architecte Novarina (1981).

Avenue d'Albigny

Bordée de platanes centenaires, cette voie royale est tracée à travers l'ancien « pasquier », espace vert où les Annéciens de jadis venaient se promener. On aperçoit, à gauche et en retrait, le moderne palais de justice (1978), élégante construction de béton à pans *de verre élevée par Novarina. Par les allées du Champs de Mars, gagner la table d'orientation élevée au bord du lac.* De là s'offre une **vue★** étendue sur le Grand Lac avec le mont Veyrier, les dents de Lanfon, la Tournette, le crêt du Maure (dernier bombement boisé du Semnoz).

Parc de l'Impérial

À l'extrémité Est de l'avenue d'Albigny, ce parc de 2 ha, héberge sous l'œil vigilant d'arbres séculaires et des habitants de sa volière, le principal complexe sportif du lac. Un ancien grand hôtel, actuellement centre de *congrès, lui a donné son nom.*

Revenir vers la ville, le long du lac.

Se frayant un passage dans l'enchevêtrement de la vieille ville, le Thiou devient cadre de promenade.

Pont des Amours

On vous parlait plus haut du pont des Soupirs... Allez rêver sur ce pont des Amours enjambant le canal du Vassé et laissez-vous porter par les perspectives de l'instant présent : ici, le joli bras d'eau ombragé où se pressent les gondoles savoyardes; là, le ravissant bouquet d'arbres de l'île des Cygnes.

Les jardins de l'Europe★

Aménagé en arboretum lors du rattachement de la Savoie à la France, il présente une belle variété d'essences d'Europe, d'Amérique et d'Asie. On peut admirer plusieurs **séquoias géants** centenaires et un ginkgo biloba, « l'arbre aux quarante écus ». En longeant le port aménagé sur les bords du Thiou *(embarcadère)*, on découvre les *massives constructions du château. Regagner la place de l'Hôtel-de-Ville pour visiter, toujours à pied, le vieil Annecy.*

LE VIEIL ANNECY★★

visite : 1h1/2

Se balader dans ses « vieux quartiers » en grande partie piétonniers, c'est encore un moment de poésie. Comment rester insensibles à ces maisons en arcades, à ces puits ronds à l'italienne faisant les beaux sur la chaussée? Un quai, une église du 15e s., un pont, une île, un quai, un palais du 12e s. Ça vous dit ? Allez c'est parti... *Partir de la place de l'Hôtel-de-Ville et traverser le quai Chappuis.*

Église St-Maurice

Construite au 15e s. pour les dominicains, elle présente extérieurement, avec son vaste toit retombant, un cachet régional assez marqué. À l'intérieur, la nef gothique, très large, est typique des édifices bâtis pour les ordres voués à la prédication. Les chapelles latérales étaient financées par des familles nobles dont on voit les armes, ou des corporations. Dans la deuxième chapelle de droite, remarquer les ciseaux, emblème des tailleurs.

Premiers flocons pour les amoureux qui revivent les prémices de leur passion sur le pont des Amours.

DU CHŒUR À LA DESCENTE
Dans le chœur, à gauche, une belle **Descente de Croix**★ due à P. Pourbus l'Ancien.

Sur le pilier précédant la chaire (1715, à atlante), à droite, fresque de l'Assomption (début 16e s.), et dans le chœur, remarquable **peinture murale** datée de 1458, en grisaille, représentant la mort du seigneur Philibert de Monthouz entouré de dominicains en pleurs.

Revenir aux quais du Thiou en longeant la façade de l'église St-François.

Église St-François

C'est l'ancienne église (17e s.) du premier monastère de la Visitation. La façade baroque était autrefois ornée de statues.

À l'intérieur, dans les bas-côtés, des grilles indiquent les anciens emplacements des tombeaux de saint François de Sales et sainte Jeanne de Chantal. C'est aujourd'hui l'église de la communauté italienne.

Franchir le pont sur le Thiou, déversoir naturel du lac.

Pont sur le Thiou

Le curieux bâtiment du **palais de l'Isle**★★, amarré au milieu du Thiou, se présente ici par la proue. C'est le **tableau**★★ le plus classique du vieil Annecy.

Suivre, dans l'axe du pont, la rue Perrière dont les maisons sont arc-boutées sur les piliers de leurs arcades.

Tourner deux fois à droite, pour retraverser le Thiou.

Du pont sur le bras Sud du Thiou, joli coup d'œil sur les maisons du quai de l'Isle. À droite s'ouvre l'entrée du palais de l'Isle.

Palais de l'Isle★★

Mêmes horaires de visite que le château-musée. 20F (enf. : gratuit). ☎ 04 50 33 87 31.

C'est le monument emblématique d'Annecy. Construit au 12e s. sur une île naturelle, lorsque la capitale de la Haute-Savoie n'était qu'une bourgade de pêcheurs, ce bâtiment servit de résidence au comte de Genève. Il abrita successivement l'atelier monétaire du Genevois, les prisons et le palais de justice.

La cour était alors entourée par les boutiques des hommes de loi établis dans la partie Sud de l'île. De la Révolution jusqu'à la fin du Second Empire, le palais conserva la réputation de redoutable prison qu'il retrouva pendant l'Occupation lorsque de nombreux résistants y furent enfermés.

Tourner à gauche sur le quai de l'Isle et passer le pont Morens (vue sur la « poupe » de l'Isle). Tourner ensuite à droite dans la rue Ste-Claire.

Le **musée de l'histoire d'Annecy** évoque le passé prestigieux de la ville à travers une maquette représentant Annecy au 18e s. et de nombreux documents faisant référence à l'histoire de la Savoie. Vous pouvez continuer la visite par les cellules, la cuisine (là où on les faisait avouer ?) et retour à la case prison, mais vous ne touchez pas 10 000 F !

Les murs austères du palais de l'île, ancienne prison, se reflètent dans les eaux paisibles du Thiou.

Rue Ste-Claire★

C'est la principale artère du vieil Annecy, bordée de maisons à arcades. Au **n° 18**, l'ancien hôtel (16e s.) du président Favre fut le premier siège de l'Académie florimontane, puis l'évêché de saint François de Sales à partir de 1610.

En 1607, trente ans avant la naissance de l'Académie française, François de Sales, Honoré d'Urfé, célèbre auteur de romans fleuves, et le président **Antoine Favre**, grand magistrat lettré, père de Vaugelas, fondent l'**Académie « florimontane »**. Elle doit « ... agir sur l'opinion, répandre le culte du beau, créer des cours publics ». On l'installe dans l'hôtel du président Favre, 18 rue Ste-Claire. L'institution vit et siège toujours à l'ancien évêché.

À l'angle de la rue de la République apparaît « **la Manufacture** », ainsi nommée à cause d'une filature aménagée en 1805 dans un couvent de clarisses. Cet ancien îlot insalubre du quartier Ste-Claire a été rénové en harmonie avec le cadre ancien environnant et réservé aux piétons (pôle d'animation : placette Ste-Claire et place Volland) ; il est bordé au Nord par l'agréable quai des Clarisses.

Faire demi-tour à la porte Ste-Claire et, par la rue de la République, gagner la rue J.-J.-Rousseau.

Le tracé sinueux de la rue Ste-Claire épouse la base du rocher où se dresse le château.

Ancien palais épiscopal

Sa construction, en 1784, entraîna la disparition de la maison de Mme de Warens. Les admirateurs de Rousseau ont fait placer dans la cour le buste de l'écrivain et ont réalisé son souhait en érigeant le fameux « balustre d'or ». Au n° 15 de la rue J.-J.-Rousseau se situe l'élégante **maison Lambert** (16e s.) où saint François de Sales passa les huit premières années de son épiscopat ; il y écrivit son traité l'*Introduction à la vie dévote).*

Cathédrale St-Pierre

Construite au 16e s., elle présente une façade Renaissance plaquée sur un intérieur gothique.

Ancienne église franciscaine transformée en cathédrale au 17e s., ce fut la cathédrale de François de Sales. Jean-Jacques Rousseau, qui suivait les leçons de la maîtrise (au n° 13 de l'actuelle rue J.-J.-Rousseau), vint y chanter et jouer de la flûte.

Tourner à gauche dans la rue Filaterie, aux spacieuses arcades.

L'itinéraire passe ensuite devant l'église N.-D.-de-Liesse (un peu jalouse de la tour de Pise) pour gagner la rue du Pâquier, bordée d'arcades : au n° 12, l'hôtel de Sales (17e s.) est orné de figures sculptées représentant les Saisons.

Prendre à droite le quai E.-Chappuis pour regagner la place de l'Hôtel-de-Ville.

visiter

Musée-château d'Annecy★

Accès soit en voiture par le chemin de la tour de la Reine, soit à pied par la rampe du château ou les abruptes « côtes » qui s'amorcent rue Ste-Claire. Juin-sept. : 10h-18h ; oct.-mai : tlj sf mar. 10h-12h, 14h-18h. 30F (enf. : gratuit). ☎ *04 50 33 87 30.*

L'ancienne résidence des comtes de Genève et des ducs de Genevois-Nemours, branche cadette de la maison de Savoie, comprend des bâtiments allant du 12e à la fin du 16e s. Ceux-ci, ravagés plusieurs fois par le feu, puis laissés à l'abandon au 17e s., servirent ensuite de caserne jusqu'en 1947. Acquis depuis par la municipalité, on se réjouit de leur heureuse restauration.

À droite de la porte, la partie la plus ancienne du château : restaurée au siècle dernier, la robuste « tour de la Reine » du 12e s. n'a jamais connu de régime drastique : son tour de mur est de plus de 4 m.

> **COMBAT DE COQS**
> De la terrasse au-delà se dégage une vue générale sur le vieil Annecy aux quatre clochers (cathédrale, N.-D.-de-Liesse, St-Maurice, St-François), ses toits étroitement massés et, au loin, sur la ville nouvelle.

ANNECY

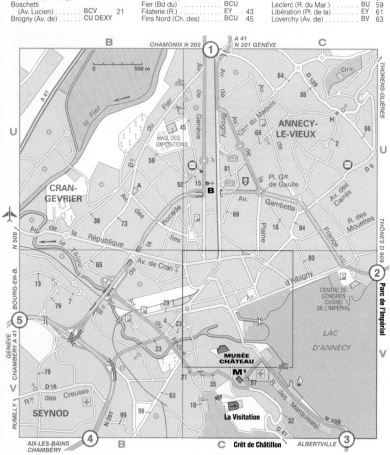

En se plaçant au centre de la cour on découvre : en face, le logis Vieux (14e-15e s.), sévère demeure des comtes de Genève, marqué par sa tourelle d'escalier et son arcade chapeautant un puits profond de 40 m ; à gauche, l'élégante façade début Renaissance du logis Nemours (16e s.), aux larges baies ; à droite, le logis Neuf (fin du 16e s.), qui accueillait la garnison du château.

Au fond de la cour, le logis Perrière et la **tour Perrière**, du 15e s., ont été édifiés par le duc Louis Ier de Savoie, un mécène qui fut l'ami de Charles d'Orléans, le prince-poète : les services administratifs du duché y étaient installés.

◄ Au niveau supérieur, la **salle des Fresques**, aménagée en lieu d'exposition de peintures, conserve d'importants fragments de décors muraux peints au 15e s., dont une rare représentation du château médiéval d'Annecy.

AVANT LE LAC
L'**Observatoire régional des lacs alpins,** dans la tour Perrière proposent des bornes interactives.

Au sous-sol, des aquariums présentent les perturbations engendrées par la pollution (naturelle et industrielle). *Mêmes conditions de visite que le château-musée. Billet commun.*

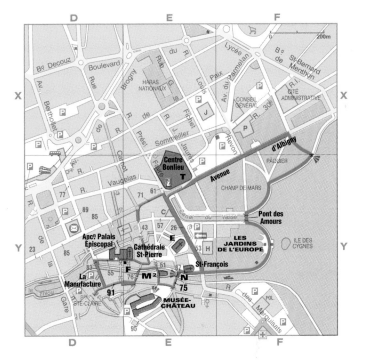

Un intéressant **musée régional** est installé dans le logis Vieux et le logis Nemours. Dans le logis Vieux on admirera une immense cuisine, une superbe salle des Gardes et la Grande Salle utilisée pour les réceptions. Les collections concernent les Beaux-Arts (art contemporain, sculpture sur verre), et surtout, au 1er étage, l'art populaire et l'anthropologie alpine : poteries, faïences, meubles savoyards...

Conservatoire d'Art et d'Histoire de la Haute-Savoie

Juil.-sept. : 9h-12h, 14h-18h ; oct.-déc. : tlj sf dim. et j. fériés 9h-12h, 14h-18h, sam. 10h-12h, 14h-18h ; janv.-juin : tlj sf w.-end et j. fériés 9h-12h, 14h-18h. Gratuit. ☎ 04 50 51 02 33.

Il est installé dans l'ancien Grand Séminaire, belle bâtisse du 17e s. représentative de l'architecture sarde. Le fonds des collections est constitué par la donation Paul Payot, et réunit de nombreux tableaux et gravures illustrant les paysages de montagne de la Haute-Savoie.

Basilique de la Visitation

Possibilité de visite guidée sur demande. ☎ 04 50 45 22 76.

L'église de l'actuel couvent de la Visitation est située sur les dernières pentes du crêt du Maure, face à un large panorama sur Annecy.

Château d'Annecy – Les mâchicoulis des tours affichent le rôle militaire de l'ancien siège des comtes de Genève.

Dans la basilique, les reliques de saint François de Sales et de sainte Jeanne de Chantal sont exposées en haut des bas-côtés. Les vitraux rappellent les principales étapes de la vie des saints protecteurs d'Annecy, également évoquées dans le petit **musée** attenant à la basilique, à droite. Carillon de 38 cloches.

Basilique St-Joseph-des-Fins

Possibilité de visite guidée sur demande. ☎ 04 50 57 03 12. Le petit clocher à bulbe et le grand toit à forte pente, discrètes réminiscences régionales, ne nuisent pas à la simplicité générale des lignes extérieures. Intérieurement, la décoration de la basilique en fait une véritable bible par l'image, suivant les thèmes du mal *(pavement, confessionaux)*, du salut *(chœur, maître-autel)*, du message du Christ *(grands vitraux)*, de l'Église *(baptistère et petits vitraux)*, de la béatitude finale *(arc triomphal)*. Dans la chapelle N.-D.-de-Pitié, belle Vierge du 15e s. Au baptistère, Christ du 15e s.

circuits

GORGES DU FIER ET CHÂTEAU DE MONTROTTIER★

20 km. Environ 2h1/2.

Quitter Annecy par la N 508 et après 3 km et le passage sous l'autoroute, prendre à gauche la D 14. Après l'église de Lovagny, emprunter à gauche la D 64 en forte descente.

Gorges du Fier★★

De mi-mars à mi-oct. : 9h-12h, 14h-18h (de mi-juin à mi-sept. : 9h-19h). 25F. ☎ 04 50 46 23 07.

◄ Après être passé sous deux ponts, le visiteur sort des gorges et parvient à une futaie de hêtres. Gagner le belvédère aménagé sur le promontoire rocheux le plus saillant pour découvrir la « Mer de Rochers » : la présence d'une couche de terrains tendres sous la table de craie a provoqué la formation d'encorbellements, puis l'effondrement de blocs énormes, amoncelés en chaos.

Reprendre la voiture et revenir à la bifurcation de la D 116 que l'on prend à gauche, puis tourner à droite dans le chemin d'accès au château de Montrottier.

Château de Montrottier★

De mi-mars à fin sept. : visite guidée (1h1/4) tlj sf mar. 9h30-12h, 14h-18h (juin-août : tlj) ; de déb. oct. à mi-oct. : tlj sf mar. 14h-18h. Fermé de mi-oct. à mi-mars. 30F. ☎ 04 50 46 23 02.

(Voir illustration dans « l'Invitation au voyage », ABC d'architecture). Situé sur une butte isolée entre le cours du Fier et un ancien lit abandonné par le torrent – la « Grande Fosse » –, ce château, beau spécimen d'architecture militaire savoyarde, a été construit du 13e au 16e s. Un fort ◄ donjon cylindrique, haut de 36 m, le domine.

À l'intérieur, d'importantes **collections**★ qui avaient été léguées avec le château par Léon Marès, en 1916, à l'Académie florimontane : armes, armures, faïences, porcelaines, céramiques et ivoires d'Extrême-Orient, mobilier ancien, statuettes, etc., plus quatre bas-reliefs en bronze, du 16e s., dus à des artistes de Nuremberg, Peter et Hans Vischer.

Revenir à la D 116 et la suivre à droite vers Corbier. À Corbier (commune de Chavanod), prendre la D 16 à gauche vers Annecy.

alentours

1 **LES PONTS DE LA CAILLE**

Sortir d'Annecy et prendre la N 201 en direction de Cruseilles.
4 km au Sud de Cruseilles.

Le **pont Charles-Albert**, construit en 1838, se distingue par ses tourelles crénelées. Désaffecté, il a été conservé pour laisser à l'ensemble tout son caractère.

Le **pont moderne**, ouvert en 1928, fait une belle enjambée au-dessus du ravin : une arche unique de 138 m de portée. C'est l'une des plus grandes voûtes construites en béton non armé dans le sens longitudinal.

> **CLICHÉ**
> Ces deux ponts, lancés côte à côte à 150 m au-dessus de la gorge du torrent des Usses, forment, par leur hardiesse commune et leur différence de style, un **tableau**★ très populaire en Savoie.

Lac d'**Annecy**★★★

Il aura fallu attendre la fin du 19e s. pour qu'enfin, peintres et écrivains s'inspirent de ce joyau dans leurs œuvres. Le décor est pourtant rare et majestueux : les eaux d'un bleu profond assombries au rythme du soleil par l'ombre des sommets les dominant, comme les dents de Lanfon ou la Tournette aux corniches tourmentées. On ne peut passer par là sans faire le tour du lac en voiture ou, de façon plus romantique, en bateau...

La situation

Cartes Michelin n°s 89 pli 14 ou 244 plis 18 et 19 – Haute-Savoie (74). D'une longueur de 17 km, ceinturé par une route qui serre au plus près le rivage et offre de superbes occasions de s'arrêter voir barboter les cygnes, le lac d'Annecy est moins vaste (2 800 ha) et moins profond (45 m en moyenne) que le lac du Bourget. Depuis Albertville, l'arrivée se fait en douceur par la N 508 et Faverges. Plus spectaculaires sont les vues le lac lorsqu'on l'aborde par les hauteurs du col de Bluffy (D 909) à l'Est ou le col de Leschaux (N 912) au Sud-Est.

Les gens

À notre connaissance, pas d'habitant humain a priori dans le lac. Par contre, de beaux spécimens de truites et de féra : ces princesses du lac font la une des menus régionaux. Un coup de chapeau aux efforts récents pour réduire la pollution du lac : les cygnes choisissent les roselières comme nid de leurs amours.

comprendre

Le lac d'Annecy est constitué de deux cuvettes différentes, séparées à l'époque préhistorique par une barre – lieu d'élection pour les cités lacustres – entre la pointe de Duingt et le roc de Chère. Cette barre de nos jours immergée, le détroit de Duingt réunit maintenant en un seul bassin le Grand Lac au Nord et le Petit Lac au Sud. Il est alimenté par des cours d'eau dont le principal est l'Eau Morte. Le trop plein du lac est évacué par le Thiou, qui traverse la vieille ville d'Annecy avant de se jeter dans le Fier. L'atmosphère du lac n'est pas la même selon si vous êtes sur les rives du Grand Lac ou sur celles du Petit Lac. Les villages et hameaux du Grand Lac, noyés sous les arbres et entourés de vignes sont d'humeur riante. Les versants abrupts plongeant sans palier dans les eaux du Petit Lac rendent ce dernier plus austère.

> **ABREUVÉ**
> **P**hénomène curieux, le lac est alimenté par une puissante source sous-lacustre, le **Boubioz**, qui jaillit à 82 m de profondeur et à 250 m au large de la Puya (station de pompage), à l'extrémité Nord du crêt du Maure.

carnet d'adresses

OÙ DORMIR
• À bon compte
Chambre d'hôte Le Corti – *30 imp. des Hirondelles, près mairie – 74210 Doussard –* ☎ *04 50 44 34 76 – fermé oct. et dim. soir –* 🖛 *– 3 ch. : 140/190F.* Après le tour du lac ou une marche en montagne, quel bonheur de se reposer au calme d'une des petites chambres mansardées de cette maison rurale ou dans son gîte. Seul petit inconvénient : les toilettes sont sur le palier. Jardin avec coin potager.

• Valeur sûre
Hôtel Au Gay Séjour – *À Tertenoz, 74210 Faverges, 4 km au SE de Faverges par rte secondaire –* ☎ *04 50 44 52 52 – fermé 15 nov. au 14 déc., dim. soir et lun. du 15 sept. au 15 juin sf j. fériés –* 🅿 *– 12 ch. : 260/480F –* 🍽 *60F – restaurant 150/420F.* Vous passerez sans aucun doute un séjour paisible dans ce chalet familial. Tout y est simple, très bien tenu et propre. La cuisine régionale est servie dans une petite salle à manger soignée qui ouvre ses fenêtres sur une jolie vue. Bon accueil assuré.

Hôtel La Châtaigneraie – *74210 Chaparon – 4km au S de Duingt par N 508, puis rte secondaire dir. Lathuile –* ☎ *04 50 44 30 67 – fermé nov. à janv., dim. soir et lun. d'oct. à avr. –* 🅿 *– 25 ch. : 335/435F –* 🍽 *50F – restaurant 118/225F.* Idéal pour prendre l'air au pied des montagnes : dans son jardin ombragé, la piscine et le tennis offrent une alternative sportive au farniente sous les arbres. Les chambres bien équipées sont proprettes et la cuisine du terroir est servie en terrasse l'été. Accueil avenant.

Hôtel Marceau – *À Marceau-Dessus – 74210 Doussard – 2 km à l'O de Doussard par rte secondaire –* ☎ *04 50 44 30 11 –* 🅿 *– 16 ch. : 460/700F –* 🍽 *55F.* Une grande demeure paisible pour profiter de la nature environnante. Une partie des chambres, toutes assez spacieuses, ouvre ses fenêtres sur le lac tandis que les autres donnent sur un agréable jardin. Le décor qui ne devait pas manquer de style commence à dater un peu...

• Une petite folie !

OÙ DORMIR
Hôtel Les Grillons – *74290 Talloires – à Angon, 2 km au S de Talloires par D 909ᵃ –* ☎ *04 50 60 70 31 – fermé 16 nov. au 31 mars –* 🅿 *– 28 ch. : 500F –* 🍽 *40F – restaurant 120/180F.* On s'arrête ici pour profiter de la vaste piscine. Construite il y a quelques années, elle agrémente le jardin de cette grande bâtisse sans charme particulier. Menus servis à l'extérieur quand le temps le permet.

OÙ SE RESTAURER
• À bon compte
Auberge des Dents de Lanfon – *74290 Col de Bluffy – 11 km au SE d'Annecy par D 16 puis D 909 –* ☎ *04 50 02 82 51 – fermé 31 mai au 7 juin, 2 au 31 janv., dim. soir en été et lun. – 97/200F.* Au bord de la route, une maisonnette toute simple tenue par un jeune couple. La cuisine régionale copieuse est servie dans un décor savoyard souligné de bois, de poteries peintes et autres objets du cru. Quelques petites chambres pour dépanner.

Bistrot du Port – *Au port – 74320 Sévrier –* ☎ *04 50 52 45 00 – fermé d'oct. à avr. –* C'est les vacances dans ce restaurant-grill avec sa rotonde et sa déco qui joue les ambiances maritimes. De la terrasse qui s'ouvre sur un port de plaisance du lac, on profite de la vue sur les montagnes en savourant poissons du lac et grillades. Plusieurs formules et un menu enfant.

Super Panorama – *74000 Annecy – 3,5 km au SE d'Annecy par D 41 et rte forestière –* ☎ *04 50 45 34 86 – fermé 27 déc. au 5 fév., lun. soir et mar. – 98/156F.* Perdu dans la forêt, ce petit hôtel spartiate offre une vue splendide sur le lac et les montagnes : les amoureux de la nature en mal d'isolement y trouveront leur bonheur à prix modeste... mais sans grand confort.

La Tournette – *74320 Sévrier –* ☎ *04 50 52 40 48 – fermé 15 déc. à déb. mars, dim. soir et lun. sf. juil.-août – 98/168F.* Au bord du lac, la terrasse de ce restaurant, agréablement ombragée de platanes, offre une vue magnifique sur les « dents de Lanfon ». À pied ou en bateau - un ponton permet leur accostage – les gens se pressent pour y déjeuner le week-end et mieux vaut réserver.

• Une petite folie !
Auberge de l'Éridan – *13 Vieille rte des Pensières – 74290 Veyrier-du-Lac –* ☎ *04 50 60 24 00 – fermé déc. et janv. – à partir de 685/995F.* Dans une belle demeure qui marie avec élégance mobilier savoyard ancien et mobilier contemporain, vous profiterez des délices d'une étape en tous points exceptionnelle : luxe des chambres, calme parfait, superbe terrasse avec vue sur le lac et bien sûr la célèbre cuisine des herbes de Marc Veyrat, le maître des lieux.

Vue sur le mont Veyrier

circuits

1 LA RIVE OUEST, D'ANNECY À FAVERGES★★

38 km – environ 1h1/2.

Cet itinéraire Annecy - Faverges, avec le retour Faverges – Annecy par la route de la Forclaz, compose un magnifique **itinéraire★★** d'une journée.

L'itinéraire, le plus souvent en ligne droite, borde le lac. De temps en temps, vous avez de belles perspectives sur les escarpements de la Tournette et les crénelures des dents de Lanfon. Il longe le massif des Bauges et pénètre de Sévrier à Faverges dans le Parc naturel régional des Bauges.

Quitter Annecy par la N 508.

La route contourne le promontoire de la Puya, extrémité Nord de la croupe du Semnoz. Ce passage au bord de l'eau fait découvrir le mont Veyrier, au-delà duquel apparaissent les barres rocheuses du Parmelan, les dents de Lanfon, enfin la Tournette.

Sévrier

Cette station, bien abritée par les pentes boisées du Semnoz, disperse ses hameaux tout près du lac. Son église est remarquablement située au sommet d'une légère ride de terrain parallèle au rivage.

Écomusée du Costume savoyard – *En face de l'église. Juin-sept. : tlj sf lun. 10h-12h, 14h30-18h30, dim. 14h30-18h30 ; mai : 14h-18h. 20F. ☎ 04 50 52 41 05.*
Établi dans l'ancienne école des filles, il reconstitue des scènes de la vie tradionnelle en Savoie. On pourra être surpris par la grande variété de costumes féminins et d'enfants du 18e s. au début du 20e s. Une place particulière est réservée aux techniques de broderie et aux travaux d'aiguilles.

Musée de la Cloche★

N 508, à la sortie Sud de Sévrier. ♿ Tlj sf lun. 10h-12h, 14h30-17h30, dim. 14h30-17h30 (juin-août : fermeture à 18h30). Fermé de déb. déc. à mi-déc, 1er janv., 25 déc. 24F. ☎ 04 50 52 47 11.
Il a été créé par la **fonderie Paccard** spécialisée dans la fonte de cloches depuis près de deux siècles. On ne leur sonnera pas les cloches car la visite, fort intéressante, permet de découvrir la complexité de la fabrication des cloches (audiovisuel et vitrines consacrés à ce sujet), la variété de l'art campanaire (cloches anciennes du 14e au 19e s., provenant de différents pays). Ne vous y trompez pas, même une cloche doit sonner juste. Les diapasons exposés rappellent l'importance de l'accordage, surtout pour les carillons. On vous raconte aussi l'histoire des deux plus grosses cloches fondues à Annecy : *La Savoyarde* du Sacré-Cœur de Montmartre (1891) et *La Jeanne d'Arc* de la cathédrale de Rouen.

Entre Sévrier et Duingt, la route passe à l'intérieur des terres. En avant, la pointe boisée du **château de Duingt** s'avance vers la proue du roc de Chère, ceinturée de falaises.

Duingt★

L'éperon du Taillefer plonge sous les eaux face aux falaises du roc de Chère et à la baie de Talloires et sépare nettement le Grand Lac du Petit Lac. À ses pieds, Duingt est une agréable résidence estivale, réputée pour sa situation. Le noyau ancien du village, avec ses petites maisons à escaliers extérieurs, décorées de treilles, a gardé intacte sa rusticité savoyarde.

De Duingt à Bout-du-Lac, on suit de près, jusqu'à Brédannaz, les rives plus abruptes du Petit Lac, assez sévèrement encadré par les pentes rocailleuses du

---

> **AVEC LA PETITE REINE...**
> Une piste cyclable, en contre-haut, épouse le parcours, de Letraz à Chaparon.

Sonnez les cloches ! La plus grosse cloche du monde à ce jour (42 tonnes), destinée à commémorer l'an 2000 à Newport (États-Unis), a été fondée par la société Paccard.

> **LE CHÂTEAU DE DUINGT**
> Depuis le 11e s., le château de Duingt surveille l'étranglement du lac *(dommage, il ne se visite pas)*. Restauré aux 17e et 19e s., il émerge des frondaisons de son îlot, rattaché à la terre par une levée. Comme le château d'Héré (15e s.) situé plus à l'écart, au Sud de la localité, il fut la propriété de la famille de Sales.

Taillefer et le raide versant boisé de la pointe Chenivier. En avant commencent à se découvrir les sommets des Bauges.

À Doussard, au 2ᵉ carrefour d'accès sur la N 508, prendre la route forestière de la combe d'Ire sur 6 km.

Combe d'Ire★

On pénètre dans la combe d'Ire proprement dite, profond sillon boisé parcouru par un torrent rapide, que coupent d'innombrables petites cascades, et dominé à droite par la montagne du Charbon et le Trélod, à gauche par l'Arcalod. Jusqu'au début du 20ᵉ s. ce fut l'un des vallons les plus sauvages et les plus mystérieux des Alpes. Un ours, le dernier, régnait sur ces futaies mais l'homme se chargea en 1893 d'écourter sa souveraineté. La combe d'Ire fait partie de la **Réserve cynégétique des Bauges** (entendez par là réserve de chasse) dont la faune est riche en chamois, chevreuils, tétras-lyres, bartavelles, marmottes et mouflons de Corse.

Revenir à la N 508 qui rejoint Faverges.

Entre Doussard et Faverges, la N 508 file dans la plaine marécageuse de l'Eau Morte. Les sommets des Bauges se précisent : à gauche du rempart du Charbon se succèdent le couloir de la combe d'Ire, l'**Arcalod**, point culminant du massif (alt. 2 217 m) reconnaissable à ses arêtes tranchantes, la Sambuy, pyramide plus modeste, et enfin, fermant l'horizon, la Belle Étoile et la dent de Cons, au versant entièrement raviné.

Faverges

Entre la chaîne des Aravis et le massif des Bauges, au pied des arêtes terminales étrangement découpées de la Tournette (massif des Bornes), ce gros bourg d'origine gallo-romaine est dominé par le donjon rond (13ᵉ s.) de son château. Faverges, de tradition industrielle ancienne, vit du travail du bois (chalets préfabriqués) et de nombreuses autres industries : mécanique de précision, électroménager, stylos et briquets de luxe Dupont.

② ROUTE DE LA FORCLAZ★★★

De Faverges à Annecy 40 km – environ 2h1/2

Par la route du col de la Forclaz, vous avez accès au beau vallon alpestre de Montmin, au pied même des escarpements de la Tournette et en vue des sommets des Bauges. Une petite pause en haut du col : le coup d'œil

Dominé par les crêtes de la montagne du Charbon, le château de Duingt surveille pacifiquement les déplacements des plaisanciers.

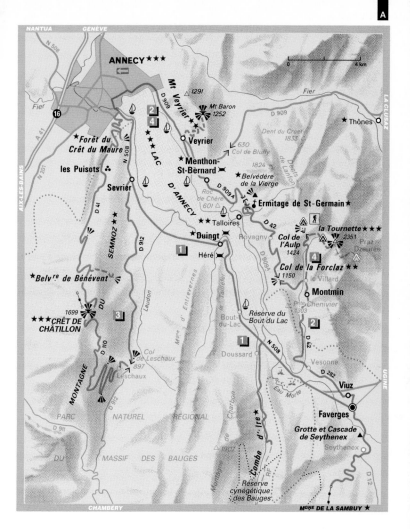

plongeant sur le lac est le sommet de cette excursion.
Mais la descente sur Menthon et Annecy ne vous fera pas
déchanter : les paysages agricoles sont d'humeur joyeuse
et le décor montagneux de la baie de Talloire devrait vous
ravir.

Grotte et cascade de Seythenex

*2 km au Sud de Faverges, à droite, le chemin signalé « Grotte
de Seythenex ». Juil.-août : visite guidée (3/4h) 9h30-18h ; juin
et sept. : 10h-12h, 13h30-17h30. 38F (enf. : 28F).* ☎ *04 50
44 55 97.*

Le vallon au site étonnant du St-Ruph vous mettra au
frais quelques minutes. Des passerelles vous conduiront au sommet de la cascade qui chute de 30 m par
une étroite fissure boisée. La visite accompagnée
fait pénétrer dans l'ancien lit souterrain du torrent
sur un parcours de 300 m. L'érosion n'a pas lésiné sur
son travail. Une exposition de maquettes animées
illustre le fonctionnement des ateliers artisanaux
utilisant la force de l'eau (scie battante, huilerie à noix,
martinet...).

*À Seythenex, prendre à droite la route qui conduit au
Vargnoz.*

Montagne de la Sambuy★

Confortablement assis dans le télésiège qui relie le
Vargnoz au refuge R. Favre (alt. 1 820 m), contemplez la
chaîne de Belledonne, les Aravis, la Tournette et le lac
d'Annecy au Nord-Ouest, les glaciers de la Vanoise au

Sud-Est, le massif du Mont-Blanc au Nord-Est. *De mi-juin à déb. sept. : 10h-17h (20mn, en continu). 38F AR.* ☎ *04 50 44 44 45.*

Revenir à Faverges et prendre au Nord la D 12.

Viuz

À côté de l'église au chœur roman (12ᵉ s.), un petit **musée archéologique** présente des collections d'objets gallo-romains trouvés au cours de fouilles sur place et dans la région. Remarquable chaudron du 3ᵉ s., collier d'ambre de 200 perles et collection de pièces romaines. *Tlj sf w.-end 14h30-18h30 (juil.-août : tlj 14h30-18h30). Fermé j. fériés sf 14 juil. et 15 août. 14F.* ☎ *04 50 32 45 99.*

Gagner Vesonne par la D 282. Prudence, parcours difficile avec des pentes atteignant parfois 13 %.

Au cours de la montée de Vesonne à Montmin, les vues se dégagent, vers le Sud, sur les sommets de la lisière Nord-Est des Bauges, dominant la plaine de Faverges. À gauche du seuil de Tamié – par lequel apparaissent les crêtes du Grand Arc –, on reconnaît la Belle Étoile et la dent de Cons, au versant tout raviné. À droite de cette trouée s'élèvent la Sambuy, pointement pyramidal, puis l'Arcalod, reconnaissable à ses arêtes tranchantes, enfin, à l'extrémité Sud de la montagne-forteresse du Charbon, le Trélod. En avant, la Tournette n'a pas fini de capter votre attention avec son système compliqué de barres rocheuses.

ENCORE LA STAR DES ALPES...

À Viuz, on est en tête à tête avec le Mont Blanc, dont la cime neigeuse impériale apparaît derrière les crêtes du Charvin...

Montmin

Montmin est un bon centre de courses en montagne. C'est de là que se fait le plus commodément l'ascension de la Tournette par le versant Ouest.

Du col du Villard au col de la Forclaz, la route s'élève dans le calme berceau d'alpages de Montmin, entre de vieux hameaux aux pittoresques chalets.

Col de la Forclaz★★

Du belvédère (alt. 1 150 m.) de la buvette à gauche du col, on découvre une **vue** plongeante sur le lac d'Annecy. Ici son tracé est étrangement tortueux, au pied du Taillefer que « défigure » une gigantesque carrière. Au large de la pointe de Duingt, le banc du Roselet, haut-fond sur lequel s'étaient fixées des cités lacustres, fait une tache jaunâtre dans les eaux bleues du lac. À l'horizon s'estompent les crêtes de la montagne de Vuache et du Jura méridional.

Prendre, sur la droite, un sentier qui monte vers la buvette « la Pricaz » et au bout de 100 m tourner à gauche pour atteindre un belvédère (1/4h à pied AR).

Le **panorama** est alors dégagé sur les sommets des Bauges – dont le point culminant est l'Arcalod –, les dents de Lanfon et la Tournette.

Du col de la Forclaz à Rovagny *(route en forte descente)*, les vues se dégagent de gauche à droite, sur l'Arcalod, le Charbon, la montagne d'Entrevernes, le Semnoz et la courbe du Grand Lac autour de laquelle se serre Annecy.

Entre Rovagny et Menthon, l'ermitage de St-Germain apparaît, juché sur son petit gradin escarpé, au-dessus de la gorge boisée du Saut du Moine.

Ermitage de St-Germain★

De la D 42, 1/4h à pied AR par un chemin en forte montée se détachant à gauche de l'entrée du premier tunnel (dans le sens de la descente).

Ce lieu de pèlerinage local *(surtout le lundi de Pentecôte)* est aussi, en dehors des journées d'affluence, une charmante retraite. Saint Germain, premier prieur du prieuré devenu depuis l'abbaye de Talloires, était venu se retirer, selon la tradition, dans la grotte du petit escarpement au pied duquel passe la route.

Le **site** de la chapelle, précédée d'un vieux tilleul, devant le décor incomparable que composent la baie de Talloires, le détroit de Duingt et les montagnes des Bauges, inspira également à saint François de Sales, un an avant sa mort, le dessein d'y finir ses jours. Pour un **panorama** plus étendu sur le Grand lac et les dents de Lanfon, monter *(1/4h à pied AR par un chemin escarpé longeant le cimetière)* au **belvédère de la Vierge★**.

Revenant à l'entrée du tunnel et prenant l'autre chemin de gauche sur 20 m environ, on découvre un magnifique point de vue sur la baie de Talloires. Après le tunnel jaillissent à nouveau le Grand lac et Annecy, puis immédiatement en contrebas le site célèbre de la baie de **Talloires** et du détroit de Duingt. Après avoir rejoint la route directe d'Annecy, la D 909[A], on aperçoit en contre-haut, à droite, la fière silhouette du château de Menthon.

Menthon-St-Bernard★ *(voir ce nom)*

Talloires, villégiature la plus cossue du lac, offre la paisible quiétude de son port.

Veyrier

En face de l'église, gagner le jardin derrière la mairie pour jouir d'une vue agréable sur tout le Grand Lac.

Mont Veyrier★★

1 km en auto puis 5h à pied AR. De Veyrier prendre la route du mont Veyrier, puis tourner à gauche dans la route de la Combe que l'on suit jusqu'au bout. Laisser la voiture et prendre le sentier du col des Contrebandiers qui mène au sommet du mont Baron.

De la table d'orientation, la **vue** plonge sur Annecy et le Grand Lac, encadré, de gauche à droite, par les sommets des Bauges, la montagne d'Entrevernes et le bourrelet du Semnoz.

Entre Chavoire et Annecy, la route devient large et donne un bon aperçu de l'agglomération anné-cienne, dominée par la basilique de la Visitation et le château.

③ LE SEMNOZ★★

Circuit au départ d'Annecy 52 km – environ une demi-journée.

Le Semnoz, longue croupe boisée banale pour qui la considère du lac d'Annecy ou de l'Albanais, est cependant du plus haut intérêt touristique : la forêt du crêt du Maure est fort bien aménagée pour les promenades et le crêt de Châtillon, son point culminant, permet de découvrir un tour d'horizon de tout premier ordre.

La route du crêt de Châtillon peut être obstruée par la neige de novembre à mai (son déneigement est généralement assuré pour la Pentecôte).

Annecy★★★ *(voir ce nom)*

Quitter Annecy par la D 41 (vers crêt de Châtillon) qui s'élève rapidement.

Forêt du crêt du Maure★

Recouvrant le dernier promontoire du Semnoz, cette forêt doit son existence à des reboisements (résineux surtout) menés à bien au siècle dernier. De cette forêt

> **DES DENTS, DES BOSSES...**
> Par temps clair, les glaciers de la Vanoise brillent en direction du Sud-Est. En direction Nord-Est, par la trouée du défilé de Dingy apparaissent les bosses du Salève et des Voirons, entre lesquelles se devine le lac Léman. Plus à droite se succèdent les falaises du Parmelan, les crêtes des Aravis entre Pointe Percée et l'Étale (par le col des Aravis surgit le Mont Blanc), enfin les dents de Lanfon et la Tournette.

part un dédale de sentiers touristiques desservant de multiples belvédères sur le lac d'Annecy ou sur l'Albanais.

◀ *De la route du Semnoz, prendre sur 500 m un chemin coupé de raidillons s'amorçant au deuxième lacet suivant l'entrée en forêt, à hauteur d'un réservoir d'eau.*

L'une des plus jolies **perspectives**★★ sur le lac s'offre du chalet Super-Panorama.

Les Puisots

Cet ancien hameau incendié lors des combats de 1944 (colonne commémorative) a été remplacé par les chalets d'un « centre aéré » pour enfants et un parc public derrière lequel on voit surgir la Tournette.

La route pénètre en forêt pour donner encore quelques rares échappées sur la dépression de l'Albanais fermée par la ride régulière de la montagne de Cessens, prolongée par la montagne du Gros-Foug, avec, à l'horizon, les croupes plus imposantes du Jura méridional (Grand-Colombier).

Prendre à gauche la route forestière qui mène au belvédère de Bénévent. Laisser la voiture dans un lacet à gauche et prendre un sentier à droite.

Belvédère de Bénévent★

De là, **vue** sur la Tournette et le détroit de Duingt. Entre la Tournette et la dent de Cons, les sommets du Beaufortain s'estompent à l'horizon.

Revenir à la D 41. On débouche enfin sur des alpages pierreux, étoilés de gentianes bleues au début de l'été. La montée s'accentue et, après un virage à droite, la route se retrouve sur le versant du lac d'Annecy. Là, encore un immense panorama de montagnes dont on ne se lasse pas.

Crêt de Châtillon★★★

1/4h à pied AR. Laisser la voiture au point culminant de la route et monter à travers prés jusqu'au sommet. Vous vous repérerez grâce à une grande croix et une table d'orientation.
Le **panorama** offre une sélection des sommets les plus fameux des Alpes occidentales : massifs du Haut-Faucigny, du Mont-Blanc, de la Vanoise, des Écrins, des aiguilles d'Arves, du mont Viso avec, au premier plan, les montagnes qui encadrent le lac d'Annecy (en grande partie masqué). En descendant dans la forêt de résineux, vous n'aurez plus beaucoup d'occasion d'apercevoir le massif des Bauges. Mais la forêt cesse à la limite du plateau et vous devrez ensuite vous concentrer, tantôt sur les lacets abrupts de ce versant du Semnoz, tantôt sur les massifs de la Tournette et du Parmelan *(au Nord-Est)* et sur les Bauges *(au Sud-Est)*. Le premier qui atteint le col de Leschaux a gagné.

Du col de Leschaux, rentrer à Annecy par la N 912 et Sevrier.

Le deltaplane : voici le moyen idéal pour embrasser d'un coup d'œil tout le lac !

randonnée

4 BELVÉDÈRE DE LA TOURNETTE★★★

Randonnée pédestre depuis le chalet d'Aulp – Circuit au départ d'Annecy.

35 km – avec la montée au refuge de la Tournette, compter la journée.

Quitter Annecy par la D 909 jusqu'à Menthon-St-Bernard puis la D 42 en direction du col de la Forclaz.

Route du col de l'Aulp – Cette route forestière passe devant le hameau étagé du Villard, puis grimpe entre les sapins peuplant les versants du Nant de Montmin. Au bout d'un km, sur la droite, les falaises calcaires de la Tournette apparaissent, superbes et majestueuses. 600 m plus loin, un chemin caillouteux prend le relais de la route goudronnée. Là, vous avez une belle vue sur le vallon que vous venez de quitter. Puis à 3,5 km, en atteignant le col de l'Aulp surgit de nouveau le lac d'Annecy pour le plus grand plaisir de ceux qui étaient déjà en manque.

Si vous n'avez pas fini de payer votre voiture, vous hésiterez peut-être à prendre la route caillouteuse et entretenue sommairement pour monter jusqu'au chalet.

Au bout du chemin, au pied de la Tournette, une surprise à boire avec modération vous attend : le **chalet-buvette de l'Aulp** (alt. 1 424 m). Ceux qui n'auront pas été détournés du droit chemin à la vue d'une boisson rafraîchissante graviront le talus derrière le chalet pour apprécier sans modération la vue sur le Grand Lac et la pointe de Duingt masquée par les sapins.

Du chalet de l'Aulp au refuge de la Tournette

🚶 *2h AR. 350 m de dénivelée. Se munir d'une bonne paire de jumelles pour apprécier les passages fréquents de bouquetins.*

Depuis le chalet, un sentier balisé part à l'Est du col dans un paysage minéral pour longer ensuite par la droite les falaises calcaires dominant le cirque du Casset. De la table d'orientation du refuge de la Tournette (alt. 1 774 m), splendide panorama★★ sur la rive Ouest du lac d'Annecy dominée par le Semnoz. De la crête faîtière (alt. 2 351 m) reconnaissable au rocher vertical qui la coiffe, un des plus beaux **panoramas**★★★ des Alpes du Nord récompensera les plus téméraires. Ils auront la chance de distinguer à l'Est le Mont Blanc.

Enfin, les randonneurs aguerris et disposant de provisions suffisantes, pourront s'aventurer au-delà du versant Est de la Tournette et poursuivre vers le refuge des Praz Dzeures (se munir d'un topoguide).

> **INDIANA JONES ?**
> L'accès au sommet de la Tournette exige une bonne maîtrise de la randonnée en milieu rocheux – aucun équipement particulier n'est toutefois nécessaire, câbles et échelles équipent de nombreux passages.

Massif des **Aravis**★★

Coincé entre le lac d'Annecy et la vallée de l'Arve, ce massif tient son reblochon à l'écart des grands axes, des stations fébriles, des centres industriels et prend le temps de l'élever loin des tentations urbaines pour l'emmener à maturité dans le respect des traditions.

La situation

Cartes Michelin n°s 89 plis 4, 5, 14 et 15 ou 244 plis 8, 9, 19 et 20 – Savoie (73).

La chaîne des Aravis dresse, entre le val d'Arly et la vallée de Thônes, son implacable falaise striée par l'érosion et accidentée d'affleurements ayant les orientations les plus bizarres. Le massif préalpin des Aravis est délimité par

> **D**eux stations se partagent les faveurs des adeptes de la glisse dans le massif : La Clusaz et Le Grand Bornand. Cette dernière a su mieux que sa voisine, préserver son caractère agricole d'origine : le plus grand cheptel bovin de Savoie côtoie les remonte-pentes.

le bassin du lac d'Annecy, la cluse de Faverges-Ugine, le val d'Arly, la vallée de l'Arve et la dépression des Bornes ouverte entre le Salève et le Parmelan. Il est parfois désigné sous le nom de Genevois.

🎫 74220 La Clusaz, ☎ 04 50 32 65 00.

Le nom

Le nom du col des Aravis provient du latin *arare via*, la voie tracée, correspondant à un axe naturel de communication entre les deux Savoies.

Les gens

Ici, les gens en font tout un fromage : la vallée de Thônes est **le pays du reblochon**. Ses deux bourgs, Thônes et le Grand-Bornand, vivent autour du commerce de ce fromage.

Pour que sa pâte demi-dure prenne toute sa saveur et son onctuosité, le reblochon est fabriqué artisanalement entre 1 000 et 1 500 m.

COMMODITÉ DE LA CONVERSATION

Les chaises savoyardes, de formes très variées, façonnées au goût de chaque paysan, sont taillées d'une seule pièce de bois. La partie sculptée, le dossier identifiait son auteur et illustrait son imagination. Plusieurs musées locaux en exposent des exemplaires.

PAS À LA TRAÎNE

En janvier il ne faut pas manquer d'assister au « Grand Pia », superbe course de chiens de traîneaux.

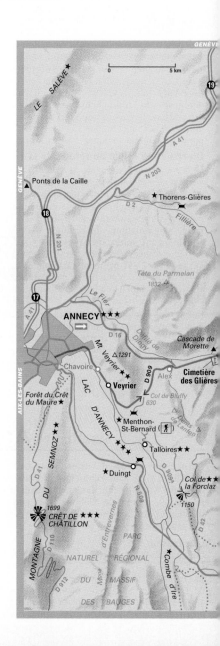

comprendre

Comme les autres massifs préalpins (Chartreuse, Bauges et Vercors), celui des Aravis protège son intimité par de hautes barrières calcaires. Pour y accéder, le visiteur doit se faufiler par les accès étroits de vallées étriquées : celle du Fier pour celui provenant d'Annecy par Thônes, celle du Borne pour l'arrivant de Bonneville.

Entre Fier et Borne, le Parmelan (alt. 1 832 m) – que la présence de fromages célèbres en cette région ne vous pousse pas à écorcher ce nom ! – et ses longues falaises sont un des traits les plus marquants du paysage annécien, et le but d'une petite course en montagne très pratiquée.

Entre le Borne et le Foron du Reposoir, les massifs du ▶ Jallouvre et du Bargy (point culminant : 2 408 m) soulèvent leurs énormes carapaces rocheuses.

> **DE TOUT REPOS**
> Les derniers bastions des Aravis, qui surplombent la grande cluse de l'Arve, sont groupés sous le nom de **chaîne du Reposoir**, comme est appelé aussi « vallée du Reposoir » l'évidement supérieur du Foron, colonisé au Moyen Âge par les chartreux.

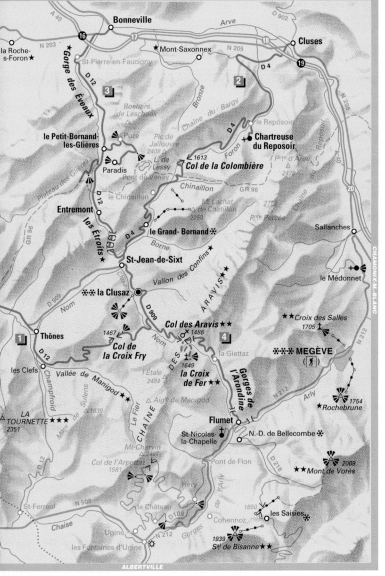

itinéraires

LES VALLÉES

1 Route de la Clusaz

D'Annecy à la Clusaz 41 km – environ 1h. Quitter Annecy par S du plan, route de la Clusaz, (D 909).

◄ Jusqu'à Chavoire, la D 909 est une large avenue tracée au bord du lac. On découvre la longue croupe monotone du Semnoz, puis la dépression du col de Leschaux. Lui succède, le sommet de la dent de Rossanaz qui domine le Châtelard, au cœur des Bauges, puis la montagne d'Entrevernes.

Veyrier *(voir p. 147).*

Du col de Bluffy au pont d'Alex, la route descend vers la vallée du Fier encaissée en aval, dans le défilé de Dingy et dominée par les grandes falaises du Parmelan. En amont se distingue le filet de la **cascade de Morette**, striant un escarpement du versant opposé.

Avant d'atteindre Thônes *(voir ce nom)* l'itinéraire longe le **Cimetière des Glières.**

Prendre la D 12 vers le Sud puis la première route à gauche (D 16).

La route s'élève en vue des bosses jumelles de la montagne de Sulens, de la pyramide du Charvin et de l'aiguille de Manigod.

Col de la Croix-Fry

Le col est équipé de remontées mécaniques. Au-delà, dans un site pastoral encadré par la forêt, la vue porte sur l'ensemble des crêtes des Aravis, aux dents inclinées dans la même direction jusqu'au sursaut final de la pointe Percée, où culmine le massif (alt. 2 752 m). En descendant, votre regard prendra d'affilé, les « cluses » de la Clusaz (vallée du Nom) et des Étroits (vallée du Borne).

La D 909 atteint la Clusaz.

La Clusaz✵✵ *(voir ce nom)*

Vallée de Manigod★★

◄ Parcourue par le Fier et fermée par les arêtes de l'Étale, c'est une charmante vallée, avec ses vieux chalets échelonnés sur des pentes coupées de rideaux de sapins ou plantées de vergers.

LES BELVÉDÈRES

Ce parcours est agrémenté par les vues sur le lac que révèle la montée au col de Bluffy. Tout en remontant les vallées très boisées du Fier et du Nom, le regard s'arrête sur les falaises rocheuses du massif du Parmelan, sur le Grand Lac (le Petit Lac reste masqué par le roc de Chère). Faire halte à proximité de l'ancien virage. Plus haut, on voit apparaître le château de Menthon, au pied des dents de Lanfon.

ROMANTISME NATUREL

Joli tableau en arrivant de Thônes au point de vue des Clefs : il est composé d'une église perchée sur une petite croupe boisée dominant le confluent du Fier et le ruisseau du Champfroid, en avant des abrupts de la Tournette.

Le maintien des activités traditionnelles a fait de la vallée de Manigod un secteur préservé des aménagements modernes.

2 Route de la Colombière

De la Clusaz à Cluses 40 km – environ 1h1/2 - Le col de la Colombière est obstrué par la neige de fin novembre à fin mai.

Cette route, qui fait communiquer, entre St-Jean-de-Sixt et Cluses, la vallée de Thônes et la vallée de l'Arve, vaut surtout par la variété de ses paysages montagnards.

carnet d'adresses

Où DORMIR

• À bon compte

Chambre d'hôte La Passerelle – *Proche de l'église – 74450 St-Jean-de-Sixt – ☎ 04 50 02 24 33 – ✂ – 4 ch. : 200/260F.* Élevé derrière l'église, à côté de la ferme familiale traditionnelle, ce chalet neuf s'ouvre sur un grand pré, avec, en arrière-plan, une vue sur le mont Étale. Quatre chambres confortables, claires et boisées.

• *Valeur sûre*

Hôtel La Vieille Ferme – *74230 Manigod – 10 km au NE de Manigod dir. col de la Croix-Fry et col du Merdassier par D 160 - ☎ 04 50 02 41 49 - fermé 21 avr. au 9 juin et 1er nov. au 14 déc. - 5 ch. : 250/300F - ☑ 30F - restaurant 120/180F.* Au milieu des pâturages en été, cette ancienne ferme d'alpage est située au pied des pistes de ski en hiver. Chambres sympathiques, modernes. Restaurant plus typique, tout en bois. De la terrasse, vue imprenable sur le mont Charin et la Tournette.

Où SE RESTAURER

• À bon compte

Auberge de la Gloriette – *2 rte d'Annecy – 74230 Thônes – ☎ 04 50 02 98 16 – fermé 12 au 20 avr., 20 au 28 sept., 1er au 15 oct. et lun. – 88/230F.* Dans cette petite maison savoyarde proprette, l'une des deux salles a été aménagée avec les matériaux d'un vieux chalet d'alpage. « Gloriette » était le nom donné à l'arrière-boutique de l'ancienne boulangerie.

• *Valeur sûre*

La Ferme de Lormay – *74450 Grand-Bornand – 7 km du Grand-Bornand en dir. vallée du Bouchet et rte des Troncs – ☎ 04 50 02 24 29 – fermé 1er sept. au 14 déc., 2 mai au 14 juin, le midi sf sam., dim. et j. fériés – ✂ – 150/220F.* N'hésitez pas à faire une halte dans cette ferme « du bout du monde », construite en 1786. L'accueil y est convivial. Saucisses et jambons sèchent dans l'âtre de la cheminée. À table, une cuisine copieuse et authentique.

Il y a un contraste frappant entre l'austérité pastorale du haut vallon du Chinaillon et le charme de la vallée du Reposoir.

Au Nord de la Clusaz, la route se glisse dans la cluse très boisée creusée par le Nom.

St-Jean-de-Sixt

De Saint-Jean-de-Sixt au Grand-Bornand, la D 4 franchit le seuil peu marqué qui sépare les vallées de Nom et du Borne. Saint-Jean est une plaisante et calme villégiature et représente le centre géographique du massif des Aravis.

Le Grand-Bornand✳

Dans un des sites les plus ouverts et les plus ensoleillés des Aravis, cette station familiale ouvre la voie d'accès normale à la Pointe Percée, par le beau vallon alpestre du Bouchet.

La station aux deux ambiances – Ambiance rurale au village traditionnel et animation plus sportive au Chinaillon. Les pistes de ski nordique passent entre les deux hameaux.

Sur les deux versants du vallon, l'annexe hivernale du Grand-Bornand se déploie autour du charmant et vieux village du Chinaillon, à portée des champs de neige du mont Lachat de Châtillon.

Du pont de Venay au col, le paysage devient tout à fait sauvage ; les grands escarpements rocheux inclinés du Jallouvre empiètent de plus en plus sur les alpages du versant Nord.

Col de la Colombière

Alt. 1 613 m. Vers le Nord-Est, au-delà du seuil sur lequel se massent les toits rouges de Romme, le massif des Dents-Blanches et des Avoudrues (Haut-Faucigny calcaire).

Entre le col et le Reposoir, la chaîne du Reposoir laisse pointer, au Sud de Romme, ses « têtes » gazonnées puis, au-delà, ses aiguilles rocheuses de la pointe d'Areu à la pointe Percée. Les toits de la chartreuse du Reposoir apparaissent en contrebas du village.

Du Reposoir, prendre à droite une petite route vers la chartreuse.

Chartreuse du Reposoir

Vu des pentes qui le dominent, le couvent, fondé en 1151 et restauré au 17e s., respecte la régularité d'ordonnance architecturale si typique des chartreuses. Abandonné en 1901 par les moines de saint Bruno, il est devenu, depuis 1932, monastère de carmélites.

▶ **DIVERS POINTS DE VUE**
Des premiers lacets de la route menant au Chinaillon, vous avez une bonne vue d'ensemble tantôt sur le massif de la Tournette, tantôt sur les crêtes Nord des Aravis, jusqu'à la cime de Pointe Percée. La sévère muraille apparaît, dans le détail, régulièrement burinée de petites combes rocheuses.

La montée vers le col de la Colombière, où quelques chalets animent les vastes espaces, offre le plus beau paysage des Aravis

Du Reposoir à Cluses, on domine la gorge boisée du Foron. En fin de descente, de belles échappées à travers châtaigniers et vergers se multiplient sur la plaine de l'Arve et Cluses.

Cluses – *(voir p. 228)*.

③ **Vallée du Borne**
De la Clusaz à Bonneville 40 km – environ 1h1/4
Cet agréable parcours longe la vallée du Borne qui présente deux étranglements aux extrémités et un épanouissement central.

St-Jean-de-Sixt – *(voir ci-dessus)*
À la sortie du seuil de St-Jean-de-Sixt, on s'engage dans le sombre défilé des Étroits.

Défilé des Étroits
Le Borne a creusé transversalement, dans les chaînons calcaires, une cluse que la route suit sur la rive droite au pied de sévères falaises.
La vallée s'élargit ensuite et Entremont apparaît au cœur de prairies verdoyantes.

Entremont
Agréablement situé, ce petit village possède une charmante **église** plusieurs fois remaniée. Dans le trésor religieux une châsse-reliquaire en bois doré du 12e s. *Visite guidée (1h1/2) mer. à 15h sur demande.* ☎ *04 50 03 56 87 ou* ☎ *04 50 03 51 90.*
Le cheminement se poursuit jusqu'au **Petit-Bornand-lès-Glières**, dans un calme vallon parsemé de chalets et barré, vers l'Est, par les puissants escarpements du massif de Jallouvre (point culminant : 2 408 m).
Du Petit-Bornand, prendre la route indiquée à gauche de la mairie.

Route de Paradis
Elle escalade de façon vertigineuse les flancs du Jallouvre. Aux chalets de Puze, vue plongeante, à gauche, sur la partie aval de la vallée du Borne. 2,5 km plus loin, au

LE PETIT-BORNAND-LÈS-GLIÈRES

Petite station estivale dans un cadre reposant, ce village peut être le point de départ d'agréables promenades au plateau des Glières (à 2 km au Sud, au lieu dit l'Essert, s'amorce une route forestière conduisant aux abords du plateau).

Le Chinaillon vu depuis la montée du Grand-Bornand.

croisement du chemin de Cenise *(qu'on laisse à gauche)*, belle vue, à droite, sur la partie amont de la vallée.

La route se termine aux chalets du petit centre de ski de Paradis, d'où vous aurez une vue impressionnante, au Nord, sur les rochers de Leschaux et le gouffre en entonnoir qui les précède en contrebas.

Revenir au Petit-Bornand.

Avant d'atteindre St-Pierre-en-Faucigny, et de se jeter dans l'Arve, le Borne a creusé une nouvelle cluse, la gorge des Éveaux.

À FLEUR DE MONTAGNE

Sur les pentes voisines fleurissent, fin mai, les violettes de montagne et les gentianes ; au début de l'été, ce sont les rhododendrons.

Gorge des Éveaux★

Assez large avec des versants boisés au départ, la gorge se resserre de plus en plus laissant à peine la place au torrent coulant en bas de respirer.

La route franchit le Borne à St-Pierre-en-Faucigny et rejoint l'Arve à Bonneville.

④ Route des Aravis★★

De la Clusaz à Flumet 19 km – environ 1h

De la Clusaz au col, la route se lace et se délasse au fil du vallon des Étages, au pied des escarpements de l'Étale et de leurs silhouettes étranges. Empruntez ce parcours en fin d'après-midi : la découverte du Mont Blanc au col des Aravis en fait l'un des plus réputés des Alpes de Savoie.

Le col des Aravis peut être obstrué par la neige de décembre à avril.

Col des Aravis★★

Alt. 1 486 m. La dépression d'alpages, où s'élève une petite chapelle dédiée à sainte Anne, est encadrée par les corniches de l'étonnante face Nord-Est de l'Étale et, sur le versant opposé, par l'échancrure rectangulaire de la porte des Aravis.

La vue, de mieux en mieux dégagée à mesure que l'on progresse vers l'extrémité Est du seuil, s'étend finalement de l'aiguille Verte, à gauche, au mont Tondu, à droite, en passant par les aiguilles de Chamonix, le Mont Blanc et l'aiguille des Glaciers. La Tête du Torraz, au premier plan, cache les dômes de Miage.

La Croix de Fer★★

🚶 *2h à pied AR.* Au col des Aravis, à proximité du restaurant des Rhododendrons, s'amorce le chemin (très grossièrement empierré) du chalet du Curé qui, après avoir contourné un éperon, passe au pied de la Croix de Fer. Le panorama, beaucoup mieux dégagé que du col des Aravis même, s'étend sur la chaîne du Mont-Blanc, de l'aiguille du Chardonnet au mont Tondu. Au Sud-Est, au-delà du massif du Beaufortain, brillent les glaciers de la Vanoise.

Entre le col et la Giettaz, on peut apercevoir, dans l'axe des gorges de l'Arondine, le village de N.-D.-de-Belle-combe, sur sa terrasse dominant la vallée de l'Arly.

Gorges de l'Arondine

Elles sont formées par de très profondes entailles dans le schiste et donnaient lieu au début du siècle à une active exploitation ardoisière.

Flumet

Ce bourg, étroitement tassé près du confluent de l'Arly et de l'Arondine, commande le croisement des routes du val d'Arly, du col des Saisies et du col des Aravis.

PATIENCE !

En saison, le goulet de Flumet est fréquemment engorgé par la circulation routière.

Flumet est une villégiature estivale, toute proche de futaies de sapins dont les séjournants vont en apprécier l'agrément en se promenant le long de la route de N.-D.-de-Bellecombe. En outre, associé au petit village voisin de **St-Nicolas-la-Chapelle**, Flumet prend part à l'équipement sportif hivernal de la région.

En passant le pont, jeté à 60 m au-dessus du cours encaissé de l'Arly, vous serez sur la route de N.-D.-de-Bellecombe, où un curieux ensemble de bâtisses sont accrochées au bord du torrent. On doit pouvoir pêcher directement de chez soi.

Les Arcs❊❊❊

L'un des plus grands domaines skiables des Alpes, cette station a plusieurs cordes à son arc pour satisfaire les amoureux, inconditionnels, passionnés de glisse. Laissez-vous dévaler, les cheveux au vent, la tête dans les nuages, le cœur léger. Le reste n'a plus de prise.

La situation

Cartes Michelin n°s 89, pli 4 ou 244 pli 21 – Schéma p. 398 – Isère (38).
Les Arcs comprend les stations piétonnes d'Arc-Pierre-Blanche (1 600), Arc 1 800 relié à Vallandry et Peisey-Nancroix en bordure de la Vanoise et Arc 2 000.
🛈 *73700 Les Arcs, ☎ 04 79 07 12 57 (aux Arcs 1 800). Internet : www.lesarcs.com*

Le nom

Les trois stations sont étagées le long du cours d'eau dénommé l'Arc.

Les gens

Un peu, beaucoup, énormément de skieurs... qui aiment les Arcs à la folie.

> **À TOUTE VITESSE**
> La raideur exceptionnelle des pentes aux Arcs a favorisé les compétitions de **kilomètre lancé** (épreuve de vitesse nécessitant le port d'une combinaison et de skis plus longs que la normale). La piste tracée au-dessus d'Arc 2 000, inclinée jusqu'à 77 %, a été choisie pour les Jeux olympiques d'Albertville en 1992, au cours desquels la vitesse de 229,299 km/h a été atteinte (l'actuel record est de 244 km/h).

séjourner

Les trois stations se distinguent par leur confort moderne et leur fonctionnalité. L'utilisation massive du bois dans la construction a permis une intégration correcte au paysage.

Arc Pierre Blanche (1 600)

Accès (7mn) par le funiculaire **Arc-en-ciel** ; départ derrière la gare de Bourg. Arc 1 600 est apprécié pour son ambiance familiale et traditionnelle. De ses abords se découvre une belle **vue★** sur Bourg-St-Maurice et le Beaufortain, en face, et sur le Mont Blanc, au Nord. *De juil. à fin août : 8h30-19h30 (dép. toutes les 1/2h). 55F AR, 30F A. ☎ 04 79 41 55 18.*

Arc 1 800

Au Sud d'Arc 1600, cette station occupe une exceptionnelle situation en balcon au-dessus de la vallée de l'Isère. De ses terrasses, vaste **panorama★** sur les massifs du Beaufortain, du Mont-Blanc, de Bellecôte et sur la vallée de la haute Tarentaise.

Arc 2 000

Plus récente et à l'écart, elle se situe dans un cadre de haute montagne au pied de l'aiguille Rouge. Des premiers immeubles, **vue★** remarquable sur la Rosière et le Mont Blanc. Peu animée, Arc 2 000 attire essentiellement les amateurs de ski intensif.

Aux premières loges depuis Arc 2 000 pour le grandiose coucher de soleil sur le Mont-Blanc.

Le domaine skiable – Moins étendu que les Trois-Vallées et l'Espace Killy, mais tout aussi varié. Les pistes d'Arc 1 600 et Arc 1 800 offrent globalement peu de difficultés, excepté le secteur des 2 Têtes. Par contre, le domaine d'Arc 2 000 (qui n'a pas attendu la fin du siècle pour être à la mode) comblera les très bons skieurs : le télésiège du Dou de l'Homme, le télésiège de Grand Col et le téléphérique de l'aiguille Rouge desservent une dizaine de pistes noires de haut niveau technique. La piste de l'Aiguille Rouge, notamment, constitue un magnifique itinéraire entre 3 226 et 1 250 m.

OÙ DORMIR

Village Club du Soleil – *73700 Les Arcs 1800 – ☎ 04 79 04 09 09 – fermé 1er mai au 18 juin et 1er sept. au 11 déc. – 150 appart. : 2/4 pers., sem. à partir de 4980F.* Formule hébergement/restauration intéressante dans cet hôtel-club à l'architecture moderne. Du balcon de votre chambre, vous pourrez apprécier la vue sur la vallée ou sur le Mont-Blanc. Salle de fitness. Club-enfants.

randonnées

Les randonneurs ne devront pas être découragés l'été par l'aspect peu bucolique du domaine skiable. La beauté des panoramas en altitude mérite largement le séjour.

Aiguille Rouge★★★ *Alt. 3 227 m.*

De la place centrale d'Arc 2 000, emprunter le large chemin qui monte en 15mn environ jusqu'au bas du télésiège du Dou de l'Homme. Prendre le télésiège, puis le téléphérique de l'aiguille Rouge. De la plate-forme terminale, gagner la table d'orientation. Les chaussures de montagne et les lunettes de soleil sont conseillées car le sommet est toujours enneigé. De juil. à fin août : lun., mer., ven., dim. 9h45-16h30 (2mn, en continu). 55F AR, 30F A. ☎ 04 79 41 55 18.

ALLEZ !

Plutôt que de reprendre ensuite le télésiège, les randonneurs bien chaussés pourront continuer à pied en direction du joli lac Marlou (se renseigner au préalable auprès des pisteurs sur les risques d'avalanche).

Vue impressionnante au Sud sur le mont Pourri (il n'a pas de pot !), tout proche, et le glacier du col. À sa droite, on découvre successivement le sommet de Bellecôte, les domaines de La Plagne et des Trois-Vallées. À l'Ouest, à l'horizon, remarquer l'Étendard (confondu sur la table d'orientation avec le Péclet-Polset), les chaînes de Belledonne et de la Lauzière. Ensuite, plus à droite, les sommets de Pierra Menta, Roignais et les Aravis en arrière-plan. Au Nord, belle vue d'ensemble sur le massif du Mont-Blanc, de l'aiguille des Glaciers aux Grandes Jorasses et au mont Dolent. Au premier plan, remarquer le domaine de la Rosière, du col du Petit-Saint-Bernard au mont Valaisan. Enfin, plus à l'Est, les sommets des frontières italienne et suisse sont particulièrement visibles, notamment le mont Rose et le Grand Paradis.

Télécabine le Transarc★★

Accès depuis Arc 1 800. De juil. à fin août : 9h15-16h45 (1/4h, en continu). 55F AR, 32F A.

De la télécabine passant au-dessus du col du Grand Renard, vous avez une belle vue sur les domaines des Arcs et de La Plagne. Elle parvient enfin au pied de l'aiguille Grive, à 2 600 m d'altitude. Vue sur l'aiguille Rouge, le mont Pourri, l'aiguille du Saint-Esprit, la Grande Motte de Tignes et la majestueuse barre rocheuse de Bellecôte. Au Nord, vue sur les massifs du Mont-Blanc et du Beaufortain.

De nombreuses randonnées de tous niveaux peuvent être entreprises. Des propositions d'itinéraires sont indiquées ci-dessous.

Aiguille Grive★★★

En 30mn environ, les bons marcheurs, n'étant pas sujet au vertige, peuvent accéder au sommet, par des pentes très raides. Ascension à n'effectuer que par temps sec.

De la table d'orientation, alt. 2 732 m., **panorama★★★** exceptionnel sur la Vanoise.

Refuge du mont Pourri★★

3h. Effectuer la boucle dans le sens suivant : col de la Chal, refuge du mont Pourri, lac des Moutons :

Ce circuit facile et qui sent bon se situe dans un cadre de haute montagne en bordure du Parc de la Vanoise. Ne vous fiez pas au nom peu engageant. On ne sait s'il désigne la roche, instable, ou le temps qu'il y fait...

Notons qu'il est possible, à partir du sommet du Transarc, de se rendre à l'aiguille Rouge : descente au télésiège du Dou de l'Homme en moins d'une heure, montée en remontée mécanique à l'aiguille Rouge, descente en téléphérique puis à pied au lac Marmou, montée rapide à la plate-forme d'arrivée du Transarc.

Télésiège de la Cachette★ – Alt. 2 160 m.

Accès depuis Arc 1 600. De juil. à fin août : 9h15-17h30 (6mn, en continu). 55F AR, 32F A.
Belle vue sur la vallée de l'Isère, Bourg-Saint-Maurice et le Mont Blanc.

Promenade à l'Arpette★★

Si vous êtes amateur de deltaplane et de parapente ou si vous aimez plus simplement admirer les ailes portées dans le ciel, une base d'envol est située au bout de cette promenade. En prime, vous aurez un **panorama★★** extraordinaire sur les domaines de la Plagne et des Arcs et sur les principaux sommets de la haute Tarentaise. Donc à l'arrivée du télésiège, prendre à droite. Vous rejoindrez en 10mn un chemin qui monte le long du télésiège de l'Arpette et conduit, en déviant toujours à droite, au col des Frettes. En haut, emprunter à gauche un chemin en légère montée qui mène à l'Arpette (alt. 2 413 m). Voilà, vous pouvez ouvrir les yeux.

Argentière

Vous êtes plutôt « course en haute montagne » ou « petite balade tranquille » ? À Argentière, la plus élevée des stations de la vallée de Chamonix, que vous soyez l'un ou l'autre, vous trouverez massif à votre taille. De son centre d'alpinisme réputé, vous n'aurez que l'embarras du chemin pour vous lancer à la conquête du Mont Blanc et des Aiguilles-Rouges. Quant aux plus calmes, ils verront l'adoucissement des pentes bordant l'Arve d'un meilleur œil. Une promenade dans les bois de mélèzes, à pied ou à skis, c'est bien aussi...

La situation

Cartes Michelin nos 89, pli 4 ou 244 pli 21 – Schéma p. 310 – 8 km au Nord de Chamonix – Haute-Savoie (74).
Le glacier d'Argentière est à peine visible de la localité : remarquer toutefois le remblai morainique (moraine : débris du relief, arrachés, entraînés puis déposés par le glacier) formant un bourrelet pas trop disgracieux autour de la surface rocheuse moutonnée que venait autrefois recouvrir la langue terminale. Plus en amont, l'« auge » aux parois verticales, où le fleuve de glace, aujourd'hui très amaigri, coulait à pleins bords. 🚩 *74400 Chamonix Mont-Blanc, ☎ 04 50 53 00 24.*

Unique dans la région, le clocher de l'église d'Argentière se singularise par la balustrade qui ceinture son lanternon.

Le nom

Ne pensez pas venir faire fortune à Argentière en pillant sa mine d'argent. Ce nom fréquent dans les vallées proviendrait plutôt des nombreuses sources et cascades dévalant les versants. Déçu ?

Les gens

Armand Charlet (1900-1975), le guide des guides, né à Argentière, fut un véritable seigneur de la montagne jusqu'au début des années soixante. Il établit un record,

---

LA VACHE D'HÉRENS

Elle a la peau dure. Animal symbolique des transhumances entre la Suisse, le val d'Aoste et les alpages savoyards frontaliers, qu'il pleuve, qu'il vente ou qu'il neige, elle s'adapte... Bon pied, bon œil dans toutes les circonstances. C'est une VTT : Vache Tout Terrain.

carnet d'adresses

jamais égalé, en gravissant plus de 100 fois l'aiguille Verte (4 121 m). Depuis le double coup de foudre de la frêle Miss Straton pour le Mont Blanc et pour son guide Jean Charlet, Argentière a acquis une cote d'amour auprès des alpinistes britanniques plus grande que celle de sa sœur Chamonix. Fidèles, ils constituent encore la majorité des touristes qui y séjournent.

séjourner

Le domaine skiable

Les champs de ski des Grands-Montets, comptant parmi les plus beaux d'Europe, ont acquis une notoriété internationale parmi les sportifs de haut niveau. Argentière représente ainsi un paradis pour les bons skieurs : les pistes, pour la plupart non damées, s'imposent de par leur longueur, leur dénivelée, la qualité de la neige et leur cadre somptueux. Partant de l'aiguille des Grands-Montets, la piste noire du Point de Vue, longue de 5,2 km, est une descente exceptionnelle avec des vues inoubliables sur le glacier d'Argentière, l'aiguille Verte et l'aiguille du Chardonnet. Une mention spéciale également sur la piste des Chamois sur la combe de la Pendant. Vous l'aurez compris, pour la paix du couple, n'aventurez pas votre conjoint sur ces descentes s'il n'a jamais dépassé le stade de la première étoile.

> **Plutôt que d'attendre au café...**
> Les personnes moins sportives trouveront des pentes à leur portée le long des télésièges du Bochard et des Marmottons. Quant aux piétons, un itinéraire reliant le plateau de Plan Joran à celui de la Pendant leur est réservé.

randonnées

Aiguille des Grands-Montets★★★

Alt. 3 295 m. Accès par le téléphérique d'Argentière-Lognan, puis le téléphérique Lognan-les Grands-Montets. Compter 2h1/2 minimum AR. De fin juin à fin août : à partir

> **Nouveau point de vue**
> De la plate-forme terminale, montez à la table d'orientation, si les 120 marches d'escalier assez raide ne vous effraient pas...

Du magnifique cirque émerge l'immense fleuve de glace du glacier d'Argentière qui semble figé par le temps.

de 7h15 ; de fin août à mi-sept. : à partir de 8h15. Argentière-Lognan : 64F AR, Argentière-Les Grands-Montets : 136F AR. ☎ 04 50 54 00 71.

Le **panorama★★★** est grandiose. Vue saisissante sur le glacier de l'Argentière dominé par les aiguilles du Tour, du Chardonnet, d'Argentière et le mont Dolent. Le regard est attiré au Sud par l'impressionnante masse de l'aiguille Verte et les Drus. Plus à l'Ouest, on admire l'aiguille Blanche du Peuteret, le Mont Blanc et le dôme du Goûter, devant lesquels se dressent les aiguilles déchiquetées de Chamonix, le mont Maudit et l'Aiguille du Midi. Apprécier également la belle vue en enfilade sur la vallée, de Chamonix jusqu'aux Houches. En arrière-plan, remarquer la chaîne des Aravis (Pointe Percée, Grand Vans), le Jura et – au Nord – l'Oberland bernois.

Randonnées au col de Balme★

Départ du hameau du Tour 3 km au Nord-Est d'Argentière. Cet agréable hameau est situé au pied du glacier du Tour. On peut y observer en été de nombreux éboulements de « séracs » (amas de glaces lorsque la pente du lit croît et que l'adhérence du glacier décroît). En été, il est le point de départ de faciles promenades en direction du col de Balme. Et l'hiver, les skieurs débutants et moyens l'aiment bien du fait de la faible inclinaison des pentes, de la qualité de l'enneigement et de l'ensoleillement.

> **MARGUERITE S'ÉNERVE**
> Début juillet, lors de la montée des vaches à l'alpage de Balme (en direction du col des Posettes), il n'est pas rare que certaines se disputent. C'est peut-être pour être en haut la première...

Col de Balme★★

De fin juin à mi-sept. : (14mn, en continu) 9h-16h45 (de mi-juil. à mi-août : 8h30-17h30). 71F AR, 50F A (enf. : 37F/27F). ☎ 04 50 54 00 58.
Alt. 2 204 m. Accès toute l'année par la télécabine Le Tour-Charamillon, puis par celle de Charamillon-Balme. Compter ensuite 10mn de marche pour accéder au col, par un chemin plat situé à gauche de l'arrivée du télésiège.
Du col, **panorama★★** au Nord-Est sur les Alpes suisses et au Sud-Ouest sur la vallée de Chamonix, encadrée par l'aiguille Verte, le Mont Blanc et le massif des Aiguilles-Rouges. Après l'effort, le réconfort : ouf, plusieurs possibilités de restauration.

Aiguillette des Posettes

Alt. 2 201 m. Les amateurs de randonnées complé-teront l'excursion au col de Balme en descendant au col des Posettes, puis en remontant le long du téléski de l'Aiguillette. Du sommet du téléski, 10 mn d'ascension pour parvenir au sommet proprement dit.
Magnifique **panorama** sur le col de Balme, l'aiguille et le glacier du Tour, Argentière et le domaine des Grands-Montets, l'aiguille Verte, les Aiguilles-Rouges et le barrage d'Émosson.

Réserve naturelle des aiguilles-rouges★★★

3 km au Nord d'Argentière par la N 506. Chalet d'accueil : de juin à mi-sept. : 10h-12h, 13h30-18h (juil.-août : 9h30-12h30, 13h30-17h). Gratuit. ☎ 04 50 54 08 06.
Entre Argentière et Vallorcine, la réserve des Aiguilles-Rouges couvre 3 300 ha qui s'étagent entre 1 200 m et 2 995 m d'altitude, face massif du Mont-Blanc.
Ceux qui ont l'esprit vert peuvent prendre le sentier écologique qui suit le tracé qu'empruntaient les diligences entre Chamonix et Martigny. Sur 2 km, ils pourront mettre à l'épreuve leurs connaissances de la flore et de la faune d'altitude. S'ils ont peur de caler, un guide de ce sentier est en vente au chalet. En effet, plus de 500 espèces différentes de plantes y sont

recensées. Nos amis les bouquetins, chamois, lièvres et la discrète salamandre noire se feront une joie de vous accueillir.

Le parcours est jalonné d'une quinzaine de stations numérotées correspondant chacune à un ensemble naturel observé : tourbières, aunaies, couloirs d'avalanches, éboulis vivants... En prime de belles vues sur les glaciers du Tour et d'Argentière.

Col des Montets

Alt. 1 471 m. Le chalet d'accueil présente des expositions, des diaporamas, des audiovisuels sur la faune, la flore et la géologie de ces massifs cristallins. Au sous-sol, un équipement de laboratoire permet d'examiner des spécimens végétaux et des insectes. Des vitrines avec des animaux naturalisés évoquent les divers biotopes et leurs chaînes alimentaires.

Aussois ✳

Aussois est un vieux et charmant village où vous serez bien paisible. À 1 500 m d'altitude et exposé plein Sud, il est prisé pour son site et son ensoleillement. À Aussois, vous avez tout le choix pour marcher ou faire du VTT. Mais prenez votre temps. Les pentes y sont douces et la vie aussi.

La situation

Cartes Michelin n°s 77 pli 8 ou 244 pli 32 – Schéma p. 295 – Savoie (73). Porte d'entrée du Parc national de la Vanoise *(voir ce nom)*, au pied du Rateau d'Aussois et de la dent Perrachée, Aussois domine la vallée de l'Arc et fait face à la Longe-Côte et à la pointe de la Norma. *Accès - autoroute A 43 jusqu'à St-Michel de Maurienne puis la N 6 sur 7 km.* 🚩 *73500 Aussois,* ☎ *04 79 20 30 80.*

Le nom

Encore un nom pour lequel toutes les interprétations de l'origine sont quasi permises. Le point commun acquis : la forme latine d'Aussois serait *Auceis*. À partir de là, les définitions divergent et relèvent d'une lecture personnelle par les chercheurs. Deux choix : *Auceis* proviendrait d'*Alsaseinde* (*femme noble* en langues germaniques) ; une autre possibilité encore avec *Ocellum*, poste romain.

Les gens

501 Aussoyens qui n'ont peut-être pas tous lu les *Commentaires* de Jules César, qui semblerait y avoir mentionné ce poste romain.

Station pleine de charme, Aussois s'étale sur un plateau au pied de la dent Parrachée.

séjourner

À VOIR

L'église du 17ᵉ s. renferme une poutre de gloire d'époque et a pour bénitier une cuve baptismale gothique.

◀ De très nombreuses possibilités de randonnées pédestres ainsi qu'un réseau de circuits VTT de plus de 130 km.

Le domaine skiable

Un bon équipement, orienté plein Sud, des pistes jusqu'à 2 750 m, des conditions d'enneigement correctes jusqu'en avril au-dessus de 2 000 m... Que demander de plus quand on est un skieur moyen ou que l'on souhaite initier ses enfants aux sports de glisse ? Quant aux fondeurs, 35 km de pistes jusqu'à Sardières leur sont réservés.

randonnées

Télésiège Le Grand Jeu★

Vue sur la grande masse pyramidale de Longe-Côte, l'aiguille de Scolette (*à sa droite, légèrement en arrière-plan*), la pointe de la Norma et, en fond de vallée, le massif du Thabor. Monter le long du télésiège de l'Eterlou pour découvrir en son sommet (alt. 2 150 m) une vue sur le Rateau d'Aussois et les lacs du plan d'Amont et du plan d'Aval. Possibilité, en été, de rejoindre le refuge du plan Sec. En hiver, les skieurs accèdent par le téléski de Bellecôte au pied de la dent Parrachée : **vue★★** sur l'ensemble des versants Nord de la haute Maurienne, et au Sud-Ouest sur la Grande Ruine et la Meije.

Promenade au fond d'Aussois★★

6 km de montée en voiture à partir de la Maison d'Aussois.
L'itinéraire conduit d'abord au barrage du plan d'Aval (faire une halte au premier parking, pour admirer le lac). La route, non goudronnée mais carrossable, mène après un petit pont et un dernier lacet au pied du barrage de plan d'Amont.

🚶 *3h30 AR – dénivellation : 250 m environ. Laisser la voiture à l'extrémité gauche du barrage et continuer à pied.*

Le sentier longe la rive gauche du lac puis gagne le refuge du Fond d'Aussois. Vue d'ensemble sur les deux lacs artificiels, constituant une retenue de 12 millions de m³. Fond de cirque d'origine glaciaire dominé par la dent Parrachée.

Randonnée au col d'Aussois★★★

Accès depuis le refuge du Fond d'Aussois.

🚶 *4h AR. Dénivellation : 700 m environ. Randonnée à effectuer uniquement par temps sec et lorsque la neige a suffisamment fondu (à partir de fin juil.). Chaussures de montagne indispensables.*

Du col, les bons marcheurs monteront à gauche à la **pointe de l'Observatoire** (3 015 m). Extraordinaire tour d'horizon sur la vallée de Pralognan, le Mont Blanc, le massif de Péclet-Polset...

Avoriaz✳✳

Située à 1 800 m d'altitude, Avoriaz est une station fort moderne mais dont l'architecture homogène et originale s'intègre bien au cadre naturel : ses immeubles, évoquant de gros rochers aux angles vifs, sont recouverts de tuiles de séquoia. Si vous comptez aller acheter votre pain en voiture, vous tombez mal : ici, on respecte le calme et l'environnement ; tout se fait au son feutré des planches sur la neige...

La situation

Cartes Michelin nᵒˢ 89 pli 3 ou 244 pli 10 – 14 km à l'Est de Morzine. Accès également par téléphérique (station inférieure à 4,5 km de Morzine) – Haute-Savoie (74). Le **domaine des Portes du Soleil**, *relié à la Suisse, est l'un des plus vastes des Alpes françaises.*

🛈 *Place Centrale, 74110 Avoriaz, ☎ 04 50 74 02 11. Internet : www.ot-avoriaz.fr*

> **EN GUISE DE DESSERT**
> Après avoir longuement suivi un replat d'alpages, coloré de pensées et de gentianes en début d'été, la route atteint la station de **Super-Morzine**, de laquelle on aperçoit le Mont Blanc (à droite de la Pointe de Ressachaux).

Formes biscornues des bâtiments qui jouent le mimétisme avec les rochers environnants, Avoriaz ne laisse pas indifférent.

Le nom

Les vastes plateaux d'alpage du lieu dit Révolée appartenaient à la commune de Morzine, lorsque Jean Vuarnet décide, en 1966, d'y établir une station où la voiture reste bannie et qu'il nomme Avoriaz (du nom d'un terrain en ce lieu).

Les gens

5 016 Avoraziens (appellation non officielle), qui chaque année en janvier, attendent avec impatience le **Festival du film de demain**. Succédant au Festival du fantastique créé en 1973, il fait d'Avoriaz un pôle d'attraction mondial pour les amateurs du genre.

carnet pratique

Où DORMIR

● **Une petite folie !**

Hôtel de la Falaise – *Quartier de la Falaise* – ☎ 04 50 74 26 00 – *fermé 18 avr. au 17 déc.* – 47 ch. : à partir de 530F. Pour les amateurs de grands espaces et de calme. Toutes les chambres exposent leur balcon plein sud. Possibilité de prendre un repas au restaurant la Chapka, décoré avec soin dans un style savoyard : meubles en bois sculptés, banquettes recouvertes de velours rouge...

Où SE RESTAURER

● **Valeur sûre**

Le Bistro – *Pl. Centrale, près de l'O.T.* – ☎ 04 50 74 14 08 – *fermé 26 avr. au 30 juin et 1ᵉʳ sept. au 9 déc.* – 102/142F. Pourquoi ne pas s'y rendre en traîneau ? Attablé autour d'une grande table conviviale ou dans un coin plus tranquille, vous contenterez votre envie de spécialités : fondue ou grillade à la pierre. Pour le déjeuner : buffet de hors-d'œuvre, grillades...

séjourner

L'hôtel des Dromonts (1965), œuvre des architectes J. Labro et A. Wujek, fut l'un des premiers édifices construits dans Avoriaz.

TRANSPORT

Priorité aux traîneaux. Les véhicules à moteur privés sont interdits au cœur de la station, desservie uniquement par traîneaux.

Domaine skiable

Avoriaz bénéficie d'une position idéale au cœur du domaine skiable des **Portes du Soleil✽✽**. Il associe 12 stations françaises et suisses, situées entre le lac Léman et le Mont Blanc. Au global, 650 km de pistes... Néanmoins, pour en bénéficier réellement, il faut que la neige soit présente à basse altitude car, excepté Avoriaz, les autres stations se situent à peine au-dessus de 1 000 m. Les champs de neige propres à Avoriaz, de dénivelée et de difficulté moyennes, sont encadrés par le massif des Hautforts (2 466 m) au Sud et le col du Bassachaux au Nord. Ceux qui aiment skier en forêt suivront les pistes conduisant aux Lindarets. Les bons skieurs se retrouvent sur le télésiège de la Combe, point de départ de quatre pistes noires dont la Combe-du-Machon. Ils pourront accéder également skis aux pieds aux secteurs de Châtel, Morzine et aux stations suisses de Champéry et Les Crosets.

LE « BRASILIA DES NEIGES »

À partir de 1966, les audaces architecturales d'Avoriaz attirent les regards des médias et excitent la verve critique de la presse qui surnomme ces créations « Brasilia des neiges ». L'architecte Jacques Labro édifie le premier hôtel « Les Dromonts » dont les lignes hachées et la rupture générale de rythme assurent une intégration au paysage rocailleux d'Avoriaz. Entassant escarpements et passages en passerelle, les établissements suivants conservent cette unité, renforcée par la chaude couleur des bardeaux de séquoias. L'aménagement sophistiqué des équipements a permis à Avoriaz d'être rapidement adopté par les skieurs adeptes du « tout glisse ».

---

se promener

Chapelle d'Avoriaz

En période estivale, prendre la D 338 en direction de Morzine sur 1 km.
À droite, se dresse la chapelle d'Avoriaz, réalisation de l'architecte **Novarina**. Belle vue sur le lac d'Avoriaz.
La route domine ensuite le vallon des Ardoisières, face au sommet des Hautforts, point culminant du Haut-Chablais (2 466 m) toujours enneigé, et à la pointe de Ressachaux.

Télésiège du Choucas★

De fin juin à déb. sept. : 9h30-12h20, 13h-18h45 (5mn, toutes les 20mn). 45F AR. ☎ 04 50 74 02 15.
Du sommet, gagner à gauche le pas de Chavanette (arrivée de 2 téléskis).
Vue sur les Alpes suisses (dents du Midi) et Avoriaz.

Les Bauges ⭐

Aujourd'hui le tourisme fait revivre les Bauges. Et les Bauges lui rendent bien : aux équipements anciens du Revard et de la Féclaz se sont ajoutées la station moderne d'Aillon-le-Jeune, le stade de neige de Margeriaz, ainsi que l'aménagement du plateau de la Féclaz pour le ski de fond.

La situation

Cartes Michelin n°s 89 plis 15 et 16 ou 244 pli 18 – Savoie (73). La puissante citadelle des Bauges dresse ses escarpements entre les cluses d'Annecy et de Chambéry : la dent de Nivolet, au-dessus de Chambéry, le mont Revard, au-dessus d'Aix-les-Bains et la montagne du Charbon au-dessus du lac d'Annecy.

🚶 *73630 Le Chatelard,* ☎ *04 79 54 84 28.* Parc naturel régional du massif des Bauges, 73630 Le Chatelard, ☎ 04 79 54 86 40.

Le nom

Le nom Bauges, qui s'écrivait à l'origine *Boges,* vient du vieux français et désigne une rustique petite maison. Etait-elle dans la prairie ? L'histoire ne le dit pas. On peut aussi rapprocher le terme du mot latin *bovegium,* étable à bœufs.

Les gens

Jusqu'à la fin du 19e s., les villages résonnaient du bruit des marteaux forgeant les clous sur l'enclume : la métallurgie sur charbon de bois était la principale activité du massif. Vous auriez pu également emporter de « l'argenterie des Bauges » : cette vaisselle en bois tourné était exportée dans toutes les Alpes...

découvrir

Parc naturel régional du massif des Bauges – Dès 1950 fut créée la **Réserve nationale des Bauges,** qui s'étend sur 5 500 ha. Elle accueille une communauté où 600 chamois et 300 mouflons cohabitent, la pâquerette au museau. Depuis 1995, le **Parc naturel régional du massif des Bauges** assure la préservation du patrimoine bauju.

Créé à la fin de 1995, sur une superficie de 80 000 ha, il regroupe 57 communes, réparties sur l'ensemble du massif préalpin des Bauges ; il est délimité au Nord par les rives du lac d'Annecy, à l'Est par la vallée de l'Isère, au Sud par la cluse de Chambéry, et par les collines de l'Albanais à l'Ouest. Entité géographique homogène, le massif des Bauges est composé de petits pays fortement marqués par l'empreinte économique et culturelle laissée par les ordres monastiques. Le parc régional assure la préservation de ce savoir-faire et celle du patrimoine architectural spécifique des maisons baujus ainsi que la protection et la mise en valeur des sites naturels les plus remarquables.

La **Réserve cynégétique des Bauges** occupe la partie Nord du massif dans la haute vallée du Chéran. On y dénombre plus d'un millier de chamois mais aussi de nombreux mouflons, chevreuils et tétras-lyres. La richesse de la flore permet à la plupart des espèces protégées de Savoie d'y être représentées.

> **AFFAIRE À SUIVRE...**
> Dans ce guide, outre la description du massif des Bauges, d'autres rubriques traitent de secteurs inclus dans le périmètre du parc régional : l'Albanais, le lac d'Annecy, le mont Revard, le Semnoz et la route de Tamié.

Parc naturel du massif des Bauges

Les curistes d'Aix-les-Bains venant en voisin s'extasier sur cette prouesse technique firent la renommée de cet ouvrage dominant de 95 m le cours du Chéran.

itinéraires

1 DÉCOUVERTE DES DEUX LACS

De Chambéry à Annecy 68 km – environ 2h.

Quitter Chambéry par la N 6, route d'Albertville ; prendre la D 11 au carrefour de la Trousse (N 512 et N 6) et suivre la direction « Curienne ».

Entre Leysse et le château de la Bâthie, la vue commence à se dégager sur la cluse de Chambéry dominée par la muraille du Granier, et sur le carrefour cluse de Chambéry-Combe de Savoie-Grésivaudan, avec, en fond de décor, les dents de scie régulières du massif d'Allevard. Plus haut, la route passe sous un tunnel de verdure bien ventilé.

Au Boyat, un chemin mène à Montmerlet. Poursuivre à pied (3/4h AR).

Mont St-Michel★

Prendre le chemin en montée, à droite. Plusieurs sentiers balisés se sont gentiment adaptés en proposant divers niveaux de difficulté pour accéder au sommet et rejoindre Curienne, St-Jeoire et Challes (*de 1h30 à 3h30*). Suivre toujours le meilleur chemin et, en entrant sous bois, prendre à droite pour déboucher sur le terre-plein de la chapelle du mont St-Michel. Ici, prenez votre temps, vous n'avez pas à surveiller les marées.

NATURE

Au cours de la montée, les essences forestières très diverses jouent avec vos connaissances : les versants rocailleux ont adopté le chêne pubescent et le buis tandis que les combes, plus humides, sont colonisées par les sapins. Vous vous étonnerez de la présence insolite d'un groupe d'érables de Montpellier, reconnaissables à leurs feuilles trilobées. Cette espèce méditerranéenne appréciant les sites chauds et secs, confirme la douceur du climat local.

De ce point, la **vue** plonge sur la cluse de Chambéry, l'agglomération chambérienne et Challes. Les cimes du massif de Belledonne, longtemps enneigées, et les Trois Pics de Belledonne s'alignent en arrière du Grésivaudan. En face, à droite de la muraille du Granier, s'infléchit le col du Granier. Au Nord-Ouest, la dent du Chat accidente la longue croupe du mont du Chat qui domine le lac du Bourget, visible en partie.

Retour à la D 21

Du Boyat aux Chavonnettes, la vue s'oriente vers le col de Plainpalais dominé par les escarpements du Margeriaz et, plus à gauche, sur les falaises du mont Peney et du Nivolet. Entre les Chavonnettes et le col des Prés le panorama s'étend – surtout dans l'avant-dernier lacet précédant le col – au bassin de Chambéry dominé par le Granier. Au col des Prés, alt. 1 135 m, les pâturages se couvrent, à la fin du printemps, d'un tapis de trolles et de narcisses.

Aillon-le-Jeune

Située à 1 000 m d'altitude, cette station de ski tient ses chalets dans le creux de sa vallée.

Entre Aillon-le-Jeune et **Lescheraines,** la route suit la longue vallée d'Aillon face aux versants régulièrement inclinés du Grand Colombier d'Aillon (alt. 2 043 m), pyramide herbeuse, et de la dent de Rossanaz (alt. 1 891 m), plus rocailleuse.

En aval de Cimeteret, tandis que le bourg du Châtelard aligne longuement ses maisons sur le versant opposé, le spacieux bassin de Lescheraines apparaît peu à peu avec, en arrière-plan, le rempart du Charbon et, plus à l'Est, l'énorme cône gazonné de Pécloz (alt. 2 197 m).

Pont du Diable★

Prendre la route du col de Leschaux sur 600 m environ. À la hauteur de deux chalets se faisant face, laisser la voiture sur un des emplacements dégagé. Prendre à droite le sentier balisé qui, après avoir contourné une demeure privée, atteint le sous-bois et le pont (1/4h à pied AR).

Sous ce petit pont bouillonne le torrent de Bellecombe. Belles vues sur les anfractuosités en aval du pont. Principal point de départ des randonnées incluses dans le « Circuit des Bauges ».

Du **col de Leschaux** à Sévrier, vous descendrez sans manquer les **échappées★** sur le Grand Lac d'Annecy encadré par le mont Veyrier, les dents de Lanfon et la Tournette. Par le col de Bluffy, en avant duquel se distingue nettement le château de Menthon se déploient les falaises du Parmelan et du mont Lachat. En fin de parcours le roc de Chère s'avance à la rencontre de la pointe boisée du château de Duingt.

Sévrier – *Page 143.*

2 km avant Annecy, la N 508 décrit un beau parcours au bord du lac, en contournant le promontoire de la Puya, extrémité Nord de la croupe du Semnoz.

② ROUTE DES PONTS

D'Aix-les-Bains à Chambéry 104 km – environ 3h.
Quitter Aix-les-Bains par la N 201 puis prendre à droite la D 911 en direction du Chatelard.

Pont de l'Abîme★

Le pont de l'Abîme... Ce n'est pas par prétention qu'il se fait nommer ainsi. Hardiment suspendu à 94 m au-dessus de la gorge où coule le Chéran à sa sortie des Bauges, il forme un **site★** spectaculaire. Les aiguilles rocheuses des **Tours St-Jacques** surgissent en amont des dernières pentes du Semnoz et accroissent l'intérêt du coup d'œil.

Du pont de l'Abîme à la bifurcation de la Charniaz, la D 911 remonte le défilé par lequel le Chéran quitte les Bauges pour déboucher en Albanais. Peu à peu, la montagne du Charbon pointent ses crêtes, puis, en amont de Martinod, un peu avant la Charniaz, au cours d'un bref passage en corniche au-dessus du torrent, les sommets fermant la haute vallée du Chéran (mont Armenaz, dent d'Arclusaz) apparaissent. Plus proches,

---

OÙ DORMIR
Chambre d'hôte La Grangerie – « *Les Ginets* » – *73340 Aillon-le-Jeune* – à 4 km de la station dir. les Ginets – ☎ 04 79 54 64 71 – fermé fin juin à déb. juil. – 4 ch. : 230/260F – repas 85F. À quelques lacets au-dessus du village, cette vieille ferme aménagée, avec poutres brunies et cheminée, ouvre ses fenêtres sur le massif des Bauges. Vous apprécierez un accueil chaleureux. En hiver, chaussez vos skis devant la porte.

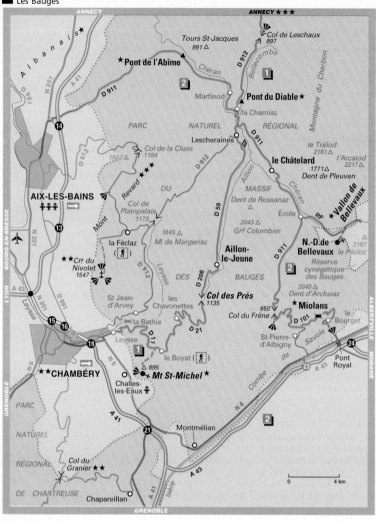

les escarpements de la dent de Rossanaz se dessinent comme par enchantement. Dis, dessine-moi la dent de Rossanaz...

La route parcourt ensuite la dépression de Lescheraines, nœud routier des Bauges.

Le Châtelard

Ce bourg étagé, couronné autrefois d'un château, sépare nettement le rustique bassin très ouvert de Lescheraines de la haute vallée du Chéran, plus sombre et montagnarde. Le Parc naturel régional du massif des Bauges y a élu son siège.

Entre le Châtelard et le col du Frêne, le paysage prend un caractère plus alpestre, dû en grande partie à l'imposante silhouette de la **dent de Pleuven** (alt. 1 771 m), dernier ressaut du Trélod. À droite de celle-ci apparaît, à l'arrière-plan, un kilomètre avant École, l'Arcalod culminant à 2 217 m.

À École, à hauteur de l'église, tourner dans la route de Jarsy, puis suivre la route forestière du vallon de Bellevaux.

Vallon de Bellevaux★

Aussitôt après un pont sur le Chéran, tourner à droite pour continuer à suivre le torrent dont on va remonter la sauvage vallée boisée, l'une des plus encaissées des Alpes. Après être passée au pied des pentes du Pécloz, ravinées par d'impressionnants couloirs d'avalanches, la route se termine, environ 1,5 km après un rond-point, au pied des alpages d'Orgeval.

Faire demi-tour.

Chapelle Notre-Dame de Bellevaux

Sur le chemin du retour, laisser la voiture sur le parking ▶ de l'ONF et prendre, à gauche, l'étroit chemin en forte montée aboutissant, après 600 m, à la pépinière. Elle a été aménagée à l'entrée du sévère vallon où se dressait le monastère de Bellevaux, qui colonisa la vallée. Un petit oratoire recouvert de bardeaux en marque l'emplacement. Un peu en contre-haut s'élève, au milieu d'une clairière, la **chapelle Notre-Dame de Bellevaux,** dite de la Sainte-Fontaine, qui est par excellence le sanctuaire de pèlerinage des Bauges *(lundi de Pentecôte).*

> **TOUT LE MONDE À L'EAU**
> À proximité de l'oratoire, ceux qui ont soif d'eau vive (on ne peut les accabler) retourneront à la source autant de fois qu'ils le désirent.

Randonnée à la dent d'Arclusaz★

🚶 *Compter la journée avec les haltes : 2h1/2 aller et 3h retour. Départ du col de Frêne ; chemin balisé. Randonnée à faire par très beau temps. Se munir d'un approvisionnement suffisant en eau (toute autre publicité étant interdite) car il n'y a pas de sources sur le parcours.*

Aux abords immédiats du **col du Frêne** et dans la descente vers St-Pierre-d'Albigny, les **vues★** sont remarquablement dégagées sur la combe de Savoie, au fond de laquelle l'Isère endiguée trace de longues lignes droites.

Château de Miolans★ *(voir ce nom)*

En suivant les chemins étroits et sinueux reliant le château de Miolans au pont Royal par le Bourget, on a de beaux coups d'œil sur la forteresse.

Prendre l'autoroute A 43 jusqu'à Chambéry.

Beaufort★

Pour faire ce si bon fromage qu'est le beaufort, il fallait du lait. Donc il fallait des vaches. Donc il fallait des alpages. À Beaufort, ces trois conditions étaient réunies. Et tout le monde se régale les papilles... et les yeux !

La situation

Cartes Michelin n°s 89 plis 5 et 6 ou 244 plis 19, 20 et 21 – Savoie (73). Les éleveurs possèdent souvent plusieurs ▶ habitations et la multiplicité des vastes chalets en bois, s'étageant sur le versant Sud, donne l'impression d'une montagne fortement humanisée.

🛈 *73270 Beaufort,* ☎ *04 79 38 37 57.*

> **FONDEURS...**
> Le modelé régulier des versants favorise en hiver les longues courses à ski, et plusieurs stations de sports d'hiver ont été aménagées comme Arèches, les Saisies, Val-Joly et Queige-Molliessoulaz.

Le nom

Le vénérable château surveillant l'accès à la vallée a donné son nom au village puis à l'ensemble de la vallée.

Les gens

Il y a bien plus de « tarines » que d'habitants. Charge aux 1979 Beaufortains de surveiller la qualité de vie de leurs robustes vaches laitières, donc du lait, donc des alpages...

découvrir

Le Beaufortain★★ – Compris entre le val d'Arly, le val Montjoie et la Tarentaise, le Beaufortain fait partie des « massifs centraux » alpins, comme le massif du Mont-Blanc, mais n'atteint pas les 3 000 m (aiguille du Grand Fond : alt. 2 889 m) et ne présente ni glaciers, ni pointes à l'exception de l'obélisque de Pierra Menta. Par contre, les amateurs de moyenne montagne seront sensibles à ses forêts (basse vallée du Doron) d'une exceptionnelle continuité et aux paysages pastoraux.

Dans les environs de Boudin, la route serpente pour faire découvrir à loisir la riche flore alpine.

Le Beaufortain constitue un château d'eau minutieusement exploité. Le **lac de la Girotte** a été le premier réservoir utilisé dès 1923.

La construction du barrage de Roselend témoigne d'une technique encore plus hardie. Son réservoir de 187 millions de m³ est alimenté par le bassin du Doron et par des affluents supérieurs de l'Isère dont le cours est drainé par 40 km de galeries. De là les eaux sont précipitées d'une hauteur de 1 200 m sur la centrale de la Bathie, en basse Tarentaise.

LES ÉTAPES DE LA FABRICATION DU BEAUFORT

Élaboré à partir du lait de vaches de race tarine et d'Abondance, le beaufort suit une dizaine d'étapes avant d'être propre à la consommation. Environ 10 l de lait sont nécessaires pour faire 1 kg de beaufort. Des cuves en cuivre contenant 4 000 l de lait peuvent donner 8 meules de beaufort.

La première étape de la fabrication s'appelle l'**emprésurage** où le lait chauffé est additionné de présure, ensuite le décaillage permet le durcissage du caillé. Le fromage ainsi obtenu est alors constamment chauffé et brassé. La quatrième étape consiste à le verser dans des **cloches de soutirage** d'où sortiront des fromages serrés dans des cercles de bois et recouverts de toiles. Le **pressage** et le **retournement** permettront d'affermir le grain du fromage. Le **saumurage** assure ensuite la formation de la croûte. Le long affinage reste la partie noble de la fabrication. Pendant 6 mois, les meules de 40 kg sont salées, frottées à la toile et retournées 2 fois par semaine dans des caves humides à la température de 10°.

Entre Villard et Beaufort, au pied du massif d'Outray, surgit des sapins la tour ruinée du **château de Beaufort**, tandis que se découpe derrière le bourg le profil en V caractéristique du défilé d'Entreroches.

séjourner

◄ Le village de Beaufort commande le carrefour des vallées du Roselend et d'Arèches. Le vieux quartier se regroupe sur la rive gauche du torrent.

L'église est construite suivant le type du sanctuaire savoyard, avec sa poutre de gloire, ses autels de bois sculpté et doré. La chaire (1722) constitue un extraordinaire travail de boiserie.

alentours

Signal de Bisanne★★

À Villard-sur-Doron, prendre la route du signal de Bisanne sur 13 km.

La route d'accès, très pittoresque et en corniche dans les premiers kilomètres, domine la vallée du Doron de Beaufort. Du signal (alt. 1 939 m), **panorama circulaire** sur la combe de Savoie, les Aravis, le Beaufortain et le massif du Mont-Blanc (Mont Blanc et Aiguille du Midi), et à droite la dent caractéristique de la Pierra Menta. En levant les yeux au ciel, vous avez toutes les chances d'y voir évoluer les ailes multicolores de parapentes et de deltaplanes. *Possibilité d'accès également depuis les Saisies (voir ce nom).*

carnet d'adresses

OÙ DORMIR

• **À bon compte**

Hôtel Grand Mont – 73270 Beaufort – ☎ 04 79 38 33 36 – fermé 25 av. au 5 mai et oct. – 13 ch. : 230/290F – ☐ 46F – restaurant 95/155F. Une bonne adresse familiale au cœur du village. Très bien tenue, cette maison de pays accueille les clients en amis. Ici, tout est simple mais soigné. La salle à manger est coquette et les chambres, régulièrement rénovées, sont impeccables.

• **Valeur sûre**

Auberge du Poncellamont – 73270 Arêches – 5,5 km au S de Beaufort par D 218ᴬ – ☎ 04 79 38 10 23 – fermé 21 avr. au 29 mai, 1ᵉʳ oct. au 21 déc., dim. soir et mer. sf vac. scol. – 🅿 – 14 ch. : 310/335F – ☐ 42F – restaurant 128/230F. Un peu excentrée, cette maison savoyarde récente est proche du départ des pistes. Fleurie en été, sa façade est plus austère en hiver. Son mobilier rustique est simple et ses chambres sans charme particulier sont bien tenues et assez confortables.

Hôtel Caprice des Neiges – Rte Saisies – 73590 Crest-Voland – 6,5 km au S de Flumet par D 71ᴮ puis D 218ᴮ – ☎ 04 79 31 62 95 – fermé 21 avr. au 19 juin et 16 sept. au 19 déc. – 🅿 – 16 ch. : 320F – ☐ 34F – restaurant 95/160F. Coquet chalet savoyard au pied des pistes, parfait pour les séjours nature, été comme hiver, sportifs ou de détente. Terrasse et jardin fleuris. Tennis et mini-golf à disposition. Les chambres lambrissées sont douillettes à souhait. Cuisine locale.

OÙ SE RESTAURER

• **Valeur sûre**

Ferme de Victorine – 73590 Notre-Dame-de-Bellecombe – ☎ 04 79 31 63 46 – fermé 20 au 30 avr., 15 nov. au 20 déc., dim. soir et lun. d'avr. à juin et de sept. à nov. – 175/210F. Le patron a transformé la ferme de sa grand-mère en restaurant. Le bar s'ouvre sur une baie vitrée d'où vous pourrez admirer les vaches du pays qui paissent dans l'étable parfaitement entretenue. Le service des spécialités du pays se fait en gilet savoyard.

1 km après Beaufort, laisser la voiture au premier pont franchissant le Doron.

Défilé d'Entreroches

Le cours bouillonnant du torrent a creusé de belles « marmites » d'érosion.

itinéraires

① ROUTE DU CORMET DE ROSELEND★★

De Beaufort à Bourg-St-Maurice 45 km – environ 3h
Quitter Beaufort au Sud par la D 218ᴬ en direction d'Arêches.

Arêches

Au confluent des torrents d'Argentine et du Pontcellamont, le village d'Arêches, à son aise dans un cadre de versants mollement inclinés très favorables en hiver à la pratique du ski, est une des stations d'altitude les plus typiques du Beaufortain.
La route du col du Pré laisse sur la droite le hameau de Boudin.
Boudin★ est un remarquable hameau de montagne. Avec ses vastes chalets patinés par le temps, il compte parmi les plus typiques des Alpes. De la route qui mène au barrage de St-Guérin, vous en avez une belle vue d'ensemble.

Barrage de Roselend★

Ce barrage à contreforts prend appui sur une voûte obstruant la gorge du Doron. La route descendant du col du Pré fait découvrir l'ensemble du **lac-réservoir★** dans son austère solitude. Après un belvédère aménagé, côté rive gauche du barrage, elle emprunte la crête de l'ouvrage et longe la retenue qui a noyé le village de Roselend (la chapelle est une copie de l'ancienne église).

Durant la montée finale, le panorama s'étend, à l'Ouest, jusqu'au Mirantin et au Grand Mont (alt. 2 687 m), deux des sommets les plus connus du Beaufortain. Une encoche, où la route vient s'accrocher à la paroi rocheuse, livre enfin l'accès du Cormet.

Cormet de Roselend★

Cette dépression, longue de plusieurs kilomètres, fait communiquer, à plus de 1 900 m d'altitude, les vallées de Roselend et des Chapieux. Elle frappe surtout par la sensation d'une immense gaieté : semés de rocs solitaires et de quelques abris de bergers, des champs sans arbres que seuls les troupeaux de vaches parcourent... Au Sud s'élèvent les arêtes de l'aiguille du **Grand Fond** (alt. 2 889 m), point culminant du bassin du Doron de Beaufort.

> ◄ **MIEUX VOIR**
> Pour bénéficier d'une vue★ plus dégagée sur les sommets qui dominent la vallée des Chapieux, montez sur le mamelon de droite, surmonté d'une croix.

Après le Cormet s'amorce la descente vers le pont St-Antoine ; 1 km avant le croisement de la route des Chapieux *(qu'on laissera à gauche)*, au Nord-Est, le glacier et l'aiguille des Glaciers (alt. 3 816 m), sommet le plus méridional du massif du Mont-Blanc.

La D 902 domine le hameau des Chapieux, partiellement détruit en août 1944, avant de s'engager dans la vallée du même nom, peu avant le pont St-Antoine.

Vallée des Chapieux★

On appelle ainsi la partie des deux vallées confluentes du torrent des Glaciers et du Versoyen qu'emprunte la D 902 jusqu'à Bourg-St-Maurice.

La route, en paliers, traverse en remblai un « plan » marécageux dans un vallon désolé, avant de descendre en une série de lacets. À l'horizon brillent les glaciers du mont Pourri.

Après Bonneval, on descend la vallée encaissée et boisée du Versoyen, jusqu'au pied de la butte rocheuse couronnée par la tour ruinée du Châtelard. De la route

Dans un cadre très dépouillé, le lac de Roselend, constitué par la retenue du barrage, se découvre par la route depuis la rive Nord.

dominant le bassin de Séez (avant d'obliquer à droite vers Bourg-St-Maurice), une belle vue sur la haute Tarentaise.

② DE BEAUFORT À N.-D.-DE-BELLECOMBE★

41 km – environ 2h
Itinéraire décrit en sens inverse dans la route du col des Saisies (p. 353).

circuit

③ GORGES DE L'ARLY★ ET DU DORON

Au départ de Beaufort , 72 km.
Quitter Beaufort par la D 925 puis la D 218[B] en direction d'Hauteluce. En prenant l'itinéraire du col des Saisies à N.-D.-de-Bellecombe, vous aurez droit à de larges

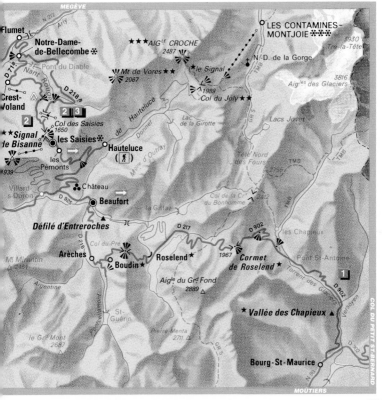

échappées sur la chaîne des Aravis. Au cours de la descente, la vue s'étend vers le Nord, jusqu'à Pointe Percée, point culminant (2 752 m) du massif des Aravis. Juste à l'entrée de N.-D.-de-Bellecombe, à la hauteur d'une croix, un très vaste **panorama**★★ par la trouée des gorges de l'Arly.

N.-D.-de-Bellecombe✣

C'est la plus développée des stations-balcons du val d'Arly et la plus fréquentée pour le ski. Au-delà de la coupure de l'Arly, en ouvrant vos volets tous les matins, vous ne vous lasserez pas de l'horizon formé par la barrière des Aravis méridionales (Charvin, Étale).

Entre N.-D.-de-Bellecombe et Flumet, la route poursuit une descente en lacet sous de belles futaies de sapins.

Flumet *(voir aux Aravis)*

Entre Flumet et le pont de Flon, la traversée du bassin où confluent l'Arly et l'Arondine est agrémentée par l'apparition du gracieux clocher à bulbe et des chalets du village de St-Nicolas-la-Chapelle.

Au pont de Flon, prendre à droite la D 109.

◄ Entre le pont de Flon et le château, cette route grimpe rapidement jusqu'à la terrasse inclinée qui porte Héry et ses hameaux.

Peu avant que la route se rabatte dans le haut vallon de Bange, un petit bec rocheux, du côté de l'escarpement *(stationnement possible)*, forme **belvédère.**★

C'est en aval d'Héry que le parcours plonge sur les gorges boisées de l'Arly. Sur le versant opposé, balafré par endroits d'arrachements de terrain, s'accroche le minuscule village de Cohennoz.

Dans le lointain, par la trouée de la combe de Savoie, les sommets du massif d'Allevard montrent encore leurs neiges, tard dans la saison.

Du château aux Fontaines-d'Ugine, les nombreux lacets de la route permettent de bien découvrir le bassin d'Ugine, tandis que se manifeste la proximité du centre industriel des Fontaines-d'Ugine.

Ugine

Le vieux bourg, groupé autour de son église, domine l'agglomération industrielle des **Fontaines-d'Ugine**. L'usine mère de la société Ugine Aciers demeure l'une de ses plus importantes unités de production, des aciers spéciaux au four électrique (aciers inoxydables en particulier).

Revenir à l'entrée des gorges de l'Arly et prendre à droite la D 67 en direction de Queige par le col de la Forclaz.

La route qui serpente à flanc de coteaux domine la vallée de l'Arly et les contreforts des Aravis à l'Ouest.

Le **musée d'Arts et Traditions populaires du val d'Arly** présente ses collections de costumes et meubles régionaux, d'ateliers et outils d'artisans, etc., dans une maison forte du 13e s. : le château de Crest-Cherel. *De mi-juin à mi-sept. : visite guidée (1h1/4) 14h-18h. 20F.* ☎ *04 79 37 56 33.*

On longe les ruines des châteaux de Barrioz et de Cornillon avant d'atteindre **Queige**, petit village bien exposé sur la rive droite du Doron que l'on remonte jusqu'à Beaufort.

De Venthon à Villard, la vallée inférieure du Doron présente un paysage forestier étonnamment dense et paraît presque inhabitée. Les sommets rocheux du Mirantin (alt. 2 461 m) et de la Roche Pourrie sont visibles peu en amont de la centrale du Queige.

La vallée des **Belleville**✳✳✳

Ici, on ne voulait pas choisir entre fromage et dessert... Donc la vallée des Belleville est à la fois un énorme domaine skiable (les Ménuires et Val-Thorens), ingrédient primordial pour agrémenter le plat principal les Trois-Vallées✳✳✳. Et la cerise sur le gâteau, c'est que cette vallée déborde de sentiers propices aux randonnées, un dessert très raffiné, mais encore peu savouré...

La situation

Cartes Michelin n⁰ˢ 244 pli 31 ou 77 plis 7 et 8 – Schéma p. 398 – Haute-Savoie (74). Ce très vaste territoire de 23 000 hectares se situe entre Tarentaise et Maurienne, sur la bordure Ouest du massif de la Vanoise. *🖪 73440 St-Martin-de-Belleville, ☎ 04 79 00 73 00 et Val-Thorens, immeuble Eskival, ☎ 04 79 00 08 08.*

Le nom

Bella Villa signifie grand domaine.

L'animation

En été, elle est principalement liée aux randonnées grâce à la position centrale de St-Martin. Mais comme il faut muscler l'âme autant que le corps, plusieurs concerts de qualité sont organisés dans les églises par le festival de musique et d'art baroque en Tarentaise.

Grandeur des solitudes enneigées où se dresse cette ferme... La vallée des Belleville recèle des espaces encore préservés.

découvrir

Les villages...

St-Jean-de-Belleville

Seule une **église** est réchappée de l'incendie de ce village ▶ reconstruit en 1928. La richesse de ses décorations a dû impressionner le feu qui décida alors de l'épargner. Deux retables (construction verticale placée derrière l'autel) : l'un baroque du Rosaire par Todescoz et l'autre imposant *(derrière le maître-autel)* où se manifeste l'influence du style Empire naissant.

> **UNE BASE DE RANDOS**
> De St-Jean, on peut faire un détour dans la belle **vallée du Nant-Brun** jusqu'au hameau de la Sauce, point de départ de divers sentiers.

St-Martin-de-Belleville

Alt. 1 400 m. C'est à la fois un vieux et charmant village riche en histoire mais aussi une coquette station de ski au décor très agréable : ses pistes peu pentues sont reliées par télésiège à leurs cousines de Méribel et des Ménuires.

Église St-Martin – Basse et trapue, avec un clocher de style lombard, elle a le type des églises-halles des 17ᵉ et 18ᵉ s. À l'intérieur, le **retable** ★ du maître-autel, consacré à la Vierge et réalisé en bois d'arolle par J.-M. Molino. La somptueuse décoration comprend une centaine d'ange-

Le clocher à bulbes de l'église de Saint-Martin construit en 1830 se dresse en alignement du Mont Blanc.

lots sculptés. Les peintures de la coupole, de l'école de Nicolas Oudéard, représentent la Trinité et la Vierge Marie.

Chapelle N.-D.-de-Vie – *1 km au Sud, au bord de la route des Ménuires.*

Ce sanctuaire, édifice du 17e s., a une silhouette peu commune : il est bâti sous une coupole et flanqué d'un mince clocher. Les 15 août et 1er dimanche de septembre s'y déroulent les pèlerinages montagnards.

Descente sur Salins-les-Thermes par St-Laurent-de-la-Côte★

Nous vous conseillons de n'emprunter cette route étroite que l'été et par temps sec.

Ce pittoresque itinéraire peut être utilisé en guise de conclusion à la visite des Belleville, lors du retour sur Moutiers. Vues insolites sur les villages.

... Puis les stations

Au-delà de la chapelle N.-D.-de-Vie, le relief avec ses immenses versants aux pentes modérées devient un peu monotone. Au loin se dressent les immeubles des Ménuires, dominés par la pointe de la Masse et la cime de Caron (la plate-forme d'arrivée du téléphérique est bien visible).

LES MÉNUIRES✳✳

Les 7 quartiers

La station, constituée de sept quartiers, s'étire sur 2 km entre 1 780 et 1 950 m d'altitude. Les deux sites principaux (la Croisette et les Bruyères) s'avèrent fonctionnels et agréables à vivre. Les résidences sont à proximité immédiate des pistes de ski.

Pour adoucir l'architecture d'origine fort moderne, des aménagements paysagers ont été pensés : des arcades de bois le long de la Croisette, des plantations d'arbres dans la station... Depuis, un nouvel élan immobilier a changé de cap : aujourd'hui on y construit de beaux chalets ou résidences haut de gamme de style montagnard.

Le domaine skiable

Aux Ménuires, les skieurs confirmés seront à la fête sans perdre une couche de bronzage. Ils pourront tester leur compétences sur les pistes telles que les Pylônes, la Dame Blanche et le Rocher Noir. Les amateurs de hors-piste apprécieront la facilité d'accès à ce domaine. La station, reliée aux Trois-Vallées, dispose d'une étendue skiable de premier ordre.

Les fondeurs ne sont pas lésés non plus : une trentaine de km de pistes balisées dont celle remarquable du Doron qui relie les villages du Bettaix et du Châtelard.

Les amateurs de ski de randonnée ne manqueront pas d'essayer les journées ski découverte, proposées par les moniteurs guides.

Mont de la Chambre★★

Alt. 2 850 m. Prendre la télécabine à la Croisette. Beau panorama sur le Mont Blanc, la vallée de Méribel, les glaciers de la Vanoise, les glaciers de Val-Thorens, les aiguilles d'Arves, les Grandes Rousses et Belledonne. 🏃 Possibilité de redescendre à pied sur Les Ménuires en 2h.

VAL-THORENS✦✦✦

Après 37 km de montée, Val-Thorens, la plus haute station d'Europe (2 300 m) est implantée dans un cirque grandiose. Elle est dominée par l'aiguille de Péclet (3 561 m) et encerclée par trois glaciers délimitant les frontières du Parc de la Vanoise. Son décor minéral, dépourvu de végétation, ne se prête guère à la randonnée mais attire les alpinistes, qui trouvent quelques belles courses de rochers (Péclet-Polset, pointe du Bouchet...).

carnet pratique

Où DORMIR

● *Une petite folie !*
L'Ours Blanc – *73440 Reberty 2000 - 1,5 km au SE des Menuires* - ☎ 04 79 00 61 66 - *fermé 24 avr. au 3 déc.* - 🅿 - *49 ch. : à partir de 710F* - 🛏 *60F - restaurant 170/250F*. Dans un village au-dessus des Ménuires, ce gros chalet est magnifiquement situé : sur les pistes, toutes ses fenêtres ouvrent sur les massifs enneigés. En plus de la vue, vous goûterez au calme absolu de la haute montagne dans toutes ses chambres modernes.

Val-Thorens – *73440 Val Thorens* - ☎ 04 79 00 04 33 - *fermé 3 mai au 1er déc. - 81 ch. : à partir de 945F - restaurant 80/350F*. Au centre de la station, cet hôtel des années 1980 ne manque pas de style avec sa façade lambrissée de bois. Son confort cossu, sans luxe ostentatoire, a séduit une clientèle d'habitués. Trois restaurants : Le Val-Thorens, Le Bellevillois, cité plus bas, et La Fondue, ouverte le soir.

Où SE RESTAURER

● *Valeur sûre*
Bar de la Marine – *73440 Val-Thorens* - ☎ 04 79 00 03 12 - *fermé déb. mai à déb. déc.* - 🍴 - *130F*. Drôle de nom pour un restaurant d'altitude ! En haut du télésiège Cascade, c'est la bonne adresse des pistes. La cuisine est roborative et l'on y sert quelques belles spécialités, comme le pot-au-feu, qui enchanteront les sportifs affamés...

Bellevillois – *73440 Val-Thorens* - ☎ 04 79 00 04 33 - *180/350F*. Le restaurant « classe » de l'hôtel Val-Thorens n'est ouvert que le soir : avec ses murs badigeonnés, ses carreaux de terre cuite et ses meubles en bois, sa salle se prête fort bien à un dîner festif, orchestré autour d'une carte plutôt actuelle.

Bouitte – *73440 St-Marcel - 2 km au SE de St-Martin-de-Belleville* - ☎ 04 79 08 96 77

- fermé 2 mai au 30 juin et sept. au 14 déc. - 120/420F. Si vous sentez un petit creux vous chatouiller l'estomac, posez vos skis et offrez-vous une halte en terrasse de ce chalet-restaurant. Salle coquette, d'inspiration rurale.

Sherpa – *73440 Val-Thorens* - ☎ 04 79 00 00 70 - *fermé 2 mai au 30 nov. - 145/170F*. Un peu à l'écart du centre, cet hôtel-restaurant construit dans les années 1970 bénéficie d'une grande tranquillité. Ses chambres confortables ouvrent toutes leurs portes-fenêtres sur la montagne. Ambiance familiale et sympathique.

● *Une petite folie !*
Bergerie – *immeuble 3 Vallées - 73440 Val-Thorens* - ☎ 04 79 00 77 18 - *fermé 11 mai au 9 juil. et 26 août au 30 nov. - à partir de 230F*. Niché dans un immeuble récent, ce petit restaurant aux meubles régionaux, avec ses vieux outils paysans aux murs vous accueille dans un décor savoyard à l'ancienne... Mais ne vous méprenez pas, la cuisine s'inspire de saveurs traditionnelles. Plus animé le soir.

DÉCOUVERTE

Outre ses 120 pistes balisées, la vallée a gardé de nombreux terrains à l'état naturel, ce qui en fait l'un des plus beaux sites de ski hors piste d'Europe. Soyez quand même prudents...

En été, 180 km de sentiers très divers en font un **haut lieu de promenades et randonnées pédestres** qui a l'avantage, et non le moindre, de ne pas être encore envahi par la frénésie humaine.

Par ailleurs, la présence d'une multitude de hameaux traditionnels et de 36 églises et chapelles, pour la plupart baroques, attireront les amateurs de visites culturelles. Des **circuits sur les chemins du baroque** sont organisés, afin de faire connaissance avec le patrimoine historique de la vallée.

Le domaine skiable

Sans spatules
Les activités d'après ski ne sont pas négligées grâce au complexe sportif s'étendant sur 9 000 m^2. Il faut aussi noter l'existence du Village d'enfants-Académie des neiges, créé et animé par la championne Marielle Goitschel (voir Val-d'Isère) qui fait partager aux plus jeunes sa passion de la montagne.

Faisons un rêve, imaginons un royaume du ski, l'un des meilleurs d'Europe, grâce auquel on pourrait s'adonner à sa passion de novembre à mai. Imaginez des champs de poudreuse à l'infini, de superbes pistes, des équipements des plus pointus, une envoûtante ambiance de haute montagne et, en prime, un petit panorama sur le Mont-Blanc, la Vanoise et les Écrins... Ouvrez les yeux, vous y êtes ! C'est Val-Thorens, avec ses pistes mythiques comme le col de Laudzin, Rosaël, Christine et la combe de Caron. En 20mn, vous êtes aux monts de la Chambre et mont Vallon de Méribel.

De la vallée de la Maurienne, vous pouvez directement accéder au domaine skiable de Val-Thorens en prenant la télécabine d'Orelle qui vous y déposera 20mn après.
Continuons le rêve : même en été, le ski se pratique sur le glacier de Péclet avec des pistes moyennes et très difficiles sur 500 m de dénivelé.

Cime de Caron★★★ *Alt. 3 198 m.*

Accès par les télécabines de Caïrn et de Caron, puis par le téléphérique de Caron (2h minimum AR). De fév. à déb. mai : 9h30-15h45 (4mn, en continu). 56F AR (enf. : 41F AR).
De la plate-forme terminale, gagner le sommet en 5 mn : peut-être la plus belle vue des Alpes. De la table d'orientation, un **panorama★★★** rare et extraordinaire (particulièrement en hiver) permet d'admirer presque toutes les Alpes françaises : **le Mont Blanc**, **la Vanoise**, le **Queyras** (mont Viso), le **Thabor** et les **Écrins**.

Glacier de Péclet★

Accès par le Funitel (téléphérique à double câble). De fév. à la Toussaint : 9h15-16h45 (8mn, en continu). 47F AR, 32F A, VTT 47F A (enf. : 31F AR, 21F A, VTT 31F). ☎ 04 79 00 08 08.
Vue sur le glacier de Péclet et la cime de Caron, entre lesquels on devine de justesse la Meije et les aiguilles d'Arves. Au-dessus de Val-Thorens se dressent les massifs des Grandes Rousses et de Belledonne. Les très bons skieurs peuvent prendre en été et en automne le télésiège des 3 300 *(prudence nécessaire au sommet)*, d'où ils découvrent un **panorama★★★** somptueux et impressionnant sur le Mont Blanc et la Vanoise (glacier de Gébroulaz, col de Soufre, lac Blanc...).

randonnées

Le 1er jour
Il est conseillé de se rendre en début de séjour à la cime de Caron et à la pointe de la Masse, pour repérer grâce aux tables d'orientation les divers sommets environnants.

Avis aux marcheurs peu entraînés : ils pourront faire d'agréables promenades au **lac du Lou** *(2h1/2 AR des Bruyères)* et au **hameau de la Gitte★** *(1h3/4 AR de Villaranger)*. Nous indiquons ci-dessous, aux personnes plus endurantes, les buts d'excursion les plus remarquables.

Croix Jean-Claude★★★

4 h1/2 de marche. Dénivelée : 600 m environ.
Juste avant Béranger, prendre à droite un chemin en pente régulière. Au hameau des Dogettes, monter à droite en direction de deux montagnettes (« les Fleurettes ») et poursuivre jusqu'à la source captée. Gagner enfin les crêtes séparant les vallées des Belleville et des Allues au niveau du col de Jean. Prendre à gauche : le chemin de crêtes conduit à la Croix Jean-Claude et au Dos de Crêt Voland (2 092 m).
Panorama★★ magnifique sur les Belleville, Méribel, la Vanoise (Grande Casse), le domaine de La Plagne (de Bellecôte au mont Jovet) et le Mont Blanc. Le sentier parvient enfin au roc de la Lune (un pan-

neau indique improprement « col de la Lune »). La descente sur Béranger offre de très belles vues sur les villages.

Crève-Tête *Alt 2 342 m.* ★★★
Dans le lacet précédant Fontaine-le-Puits, prendre une petite route conduisant au col et au barrage de la Coche (alt. 1 400 m). Juste avant le col, vue sur le Grand Bec et les sommets de Méribel. 200 m encore avant, une petite route à gauche permettra, aux personnes disposant d'une voiture pas trop basse de plancher ou qui ne craignent pas les itinéraires sportifs, de se rendre directement au pas de Pierre Larron. Les autres longeront le barrage et laisseront leur véhicule à son extrémité près d'un panneau EDF.

🚶 *1h1/2 de marche facile jusqu'au pas de Pierre Larron par le chemin du Darbellaz.*

▶

VOUS SEREZ RÉCOMPENSÉS
Du pas de Pierre Larron, vue★ sur la vallée de l'Isère et le Mont Blanc. Quitter le chemin principal et gagner à gauche le refuge. Un sentier plus raide et exigeant un peu d'entraînement conduit en 2h au sommet où vous aurez des vues★★★ splendides...

Pointe de la Masse et circuit des lacs★★
Prendre la télécabine de la Masse. Du 1er tronçon, compter 5h de marche pour l'itinéraire global. Les personnes peu entraînées éviteront l'ascension de la Masse (3h1/2 de marche dans ce cas). Le circuit se fait dans le sens suivant : lac Longet, pointe de la Masse, lac Noir, lac Crintallia, le Teurre.
De la Masse (alt. 2 804 m) – table d'orientation –, magnifique **panorama★★** sur les Écrins. À l'opposé, font face le Mont Blanc et la Vanoise.

Vallée des Encombres
Le village du **Châtelard**, à proximité de St-Martin, est la porte d'entrée de cette vallée sauvage, longue de 14 km. On recommande aux bons marcheurs de s'adresser à la Compagnie des guides aux Ménuires afin de réaliser l'ascension du **Petit Col des Encombres★★** (alt. 2 342 m) et du **Grand Perron des Encombres★★★** (alt. 2 825 m) d'où la vue est grandiose sur la Maurienne et les Écrins.

PRIORITÉ NATURE
Afin de préserver la richesse exceptionnelle de la faune (250 bouquetins et 400 chamois), les infrastructures touristiques ont été réduites au minimum. Les sentiers sont rares et le balisage inexistant.

Bessans✲

Dans sa petite vallée emmurée par des sommets qui dépassent tous 3 000 m, Bessans est le cœur de la vieille Maurienne montagnarde. Dans ce village, assez austère, vous risquez fort de croiser le diable au coin d'une rue... En effet, depuis le 19e siècle, on y fabrique des petites statuettes représentant des diables, en mémoire de légendes savoyardes anciennes. Car ici, l'on joua un tour au diable...

La situation
Cartes Michelin nos 77 Nord du pli 9 ou 244 pli 33 – Schéma p. 295 – Savoie (73). Sur les 15 000 ha que couvre son territoire communal, 1 200 se situent dans le Parc national de la Vanoise.
🏠 *73480 Bessans,* ☎ *04 79 05 96 52.*

Le nom
La tradition, qui a coutume d'enjoliver les faits, prétend que Bessans proviendrait d'une colonie romaine, *Bessanium.* Mais que pouvaient bien faire des Romains à cette altitude (1 730 m) ! Il s'agit tout bonnement d'un heureux propriétaire terrien, dont le nom est attesté, Bessius, et qui a légué son nom à ses hauteurs de la Maurienne.

Les gens
273 Bessanais sans compter les diables, allez savoir combien, qui sont l'emblème du village.

Pour assouvir une vengeance, un sacristain de Bessans aurait sculpté le 1er diable vers 1859. Cette tradition s'est perpétuée entre art religieux et populaire.

découvrir

Un conservatoire des traditions – Bessans est resté un pays de traditions : le costume local, caractérisé, pour les femmes, par une sévère robe noire (qu'ornent un châle et un tablier de couleur) et un bonnet au tuyautage relevé en auréole autour de la tête, y est encore porté les jours de fête. N'ayez crainte mesdames, vous ne serez pas obligés de le porter.

D'autre part, ce « chef-lieu » de la haute vallée de l'Arc, si fermée en apparence, fut depuis la Renaissance un des foyers d'art populaire les plus actifs des Alpes, spécialement dans le domaine de la sculpture religieuse, remplacée maintenant par la fabrication des grimaçants **diables de Bessans**. La vallée d'Avérole, jalonnée de chapelles, était un des lieux de passage des artistes italiens de la Renaissance.

carnet pratique

LE DOMAINE SKIABLE

La station a développé un important domaine de ski de fond constitué de plus de 80 km de pistes balisées. Son intéressant enneigement, à une altitude moyenne de 1 700 m, donne lieu à de superbes randonnées pendant une grande partie de la saison.

RAPPORTER UN DIABLE ?

À Bessans, rue du St-Esprit (ça ne s'invente pas !), un artisan vous proposera un époustouflant choix d'objets dont le diable reste évidemment l'unique inspirateur : *Georges Personnaz,* ☎ *04 79 05 95 49.*

visiter

Église

Juil.-août : tlj sf lun. 10h-12h, 15h-18h ; sept.-juin : visite guidée sur demande préalable auprès de l'Office de tourisme.
Elle abrite de nombreuses statues du 17e s. et un retable signé Clappier, nom d'une dynastie de sculpteurs qui contribua à faire de Bessans un centre d'activité artistique. Un groupe de la Crucifixion, d'une grande intensité d'expression et surtout un *Ecce Homo* magnifique.

Chapelle St-Antoine

VADE RETRO
Un Christ aux Outrages, avec les instruments de la Passion, plusieurs groupes du Trône mystique, un saint Antoine avec sa clochette (attribut des anciens ermites qui s'en servaient pour éloigner les démons), de nombreux christs et des diables cornus, ainsi que quelques figurines de bois de belle facture.

◄ *Accès par le cimetière, face à la porte latérale de l'église.* Bien que servant encore au culte, elle fait office de musée. À l'intérieur, les **peintures★**, mieux conservées, ont trait à la vie du Christ. Les modes vestimentaires permettent de les dater du 15e s., comme les fresques de Lanslevillard dont elles diffèrent par une facture plus naïve. Des statues de sculpteurs bessanais du 17e au 19e s. ont, en outre, été réunies dans la chapelle. Le plafond, en partie remplacé, de style Renaissance, cloisonné et décoré d'étoiles, date de 1526.

alentours

VALLÉE D'AVÉROLE★★
Villages pastoraux typiques de haute Maurienne (Le Goula, Vincendières, Avérole) encore intacts.

Refuge d'Avérole★★
Alt. 2 210 m. 🔏 *2h1/4 AR. Randonnée facile à partir d'Avérole. Seule la partie terminale est raide. Dénivelé : 200 m.*
Le refuge se situe dans un très beau cadre de haute montagne, dont la pièce maîtresse est la Bessanese (alt. 3 592 m). Des nombreux glaciers environnants déferlent de bruyantes cascades.

> **À PIED**
> Les visiteurs doivent laisser leur véhicule au parking aménagé 500 m avant Vincendières. Poursuivre à pied jusqu'à Avérole *(3/4h AR)*

Bonneval-sur-Arc★★

Bonneval est un des rares villages de la région à avoir su préserver l'authenticité de son cachet : les fils électriques et les lignes téléphoniques sont enfouis, les antennes de télévision individuelles proscrites, les voitures priées de se garer à l'extérieur du village... Tous ces efforts pour que vous vous y sentiez le mieux possible, et c'est réussi !

La situation
Cartes Michelin n°s 74 pli 19 ou 244 pli 33 – Schémas p. 284 et 295 – Haute-Savoie (74). Située au pied du col de l'Iseran, dans le cirque grandiose où l'Arc prend sa source, Bonneval est la commune la plus haute de Maurienne (1 835 m). La plupart des infrastructures touristiques ont été implantées au hameau de Tralenta, à 500 m du village.
🛈 *73480 Bonneval-sur-Arc,* ☎ *04 79 05 95 95.*

Le nom
Sans être un latiniste distingué, un bref séjour suffira pour vous faire apprécier les charmes de la *Bonne Vallée.*

Les gens
Les 216 Bonnevalains sont amoureux de leur village, et ils ont bien raison !

> **SPÉCIALITÉ**
> Les diots sont réalisés avec de la chair à saucisse hachée menue et épicée, glissée dans un boyau naturel. Le plus courant est le diot au vin blanc.

carnet d'adresses

OÙ DORMIR
● *Valeur sûre*
À la Pastourelle – ☎ *04 79 05 81 56* – *fermé 17 au 23 mai et vac. de Toussaint* – *12 ch. : 270/320F* – 🍽 *35F* – *restaurant 64/82F.* Avec son toit de lauzes et ses murs de pierres, l'hôtel-restaurant est en accord parfait avec le vieux village. Les chambres de style savoyard peint sont douillettes, la salle de restaurant-crêperie chaleureuse : pierres de taille et petite voûte au centre de la pièce.

OÙ SE RESTAURER
● *Valeur sûre*
Auberge Le Pré Catin – ☎ *04 79 05 95 07* – *fermé 26 avr. au 18 juin et 27 sept. au 19 déc. - 148/170F.* Dans un chalet en pierre, à l'entrée du village, voilà une étape gourmande où goûter la cuisine du terroir. Grillades au feu de bois dans la cheminée servies sur des tables en bois brut qui cadrent bien avec le décor typiquement savoyard.

séjourner

Vieux village★★

Comme nous, vous ne resterez certainement pas insensibles au charme de ce hameau. Bonneval a su sauvegarder l'aspect ancien de ses rues et de ses maisons. Grâce aux mesures drastiques énoncées plus haut, quel bonheur de se promener dans ses ruelles étroites sans avoir à porter un masque à oxygène, de pouvoir admirer ses vieilles maisons de pierre : elles ne sont plus ligotées par toutes sortes de fils mais recouvertes de lauzes couleur rouille et sur leurs balcons sont entreposées les bouses séchées aux qualités calorifiques. Le paradis.

Au centre du village, la **Grande Maison**, vaste chalet ancien, a été aménagée en boucherie et boulangerie.

À la sortie du village, après l'église du 17ᵉ s., on peut visiter la **fromagerie** où sont confectionnés les différents fromages régionaux (beaufort, emmenthal, tomme, mont-séti...). *De juin à fin sept. : 8h-12h30, 15h-19h.* ☏ *04 79 05 93 10.*

Le domaine skiable

Les 10 remontées mécaniques desservent un domaine de taille modeste mais de qualité. Les sports d'hiver se pratiquent de décembre à mai entre 1 800 et 3 000 m d'altitude, sur l'une des meilleures neiges des Alpes françaises. Les skieurs peu expérimentés apprécient le téléski du Moulinet, aux abords du glacier du Vallonet. Les bons skieurs accèdent par le téléski des 3 000 au pied de la pointe d'Andagne. Là, une magnifique vue sur la haute Maurienne (Bessans en contrebas, la pointe de Ronce à gauche et les barres rocheuses de la Vanoise à droite) avec, en arrière-plan la Meije et les aiguilles d'Arves.

L'été, le ski se pratique sur le glacier du Grand Pissaillas, à partir du col de l'Iseran *(voir Val-d'Isère)*.

randonnées

Refuge du Criou★

Accès l'hiver par le télésiège du Vallonet et l'été en 30mn de marche.

Alt. 2 050 m. Vue sur les séracs du glacier du Vallonet, le glacier des Sources de l'Arc et la route du col de l'Iseran.

Refuge du Carro★★

🚶 *De l'Écot, montée raide 3h1/4, descente 2h. Il est possible aussi de prendre le sentier balcon au pont de l'Oulietta (alt. 2 480 m), sur la route du col de l'Iseran : cet itinéraire est long (4h), mais peu technique et splendide.*

Alt. 2 760 m. **Vues**★★ sur les glaciers des Sources de l'Arc, des Évettes, l'Albaron, et du Vallonet. Au refuge, on admirera les lacs Noir et Blanc.

Refuge des Évettes★★

🚶 *De l'Écot, montée 1h3/4, descente 1h.*

Alt. 2 615 m. Il ne faut pas être paresseux pour voir les eaux des lacs de Pareis car la montée est raide, même si les vues sur l'Écot et Bonneval essaient de vous faire penser à autre chose. Mais vous serez récompensés car le **panorama**★★ à l'arrivée est splendide : le glacier des Évettes et à sa droite l'Albaron s'admirent tel Narcisse dans les eaux des lacs de Pareis. Au-delà du refuge, on aperçoit le glacier du Grand Méan et celui du Mulinet. Si vous avez le vertige, n'allez pas plus loin. Les autres prendront des photos et vous raconteront leurs sensations. Cette randonnée peut en effet être complétée par un détour à la **cascade de la Reculaz**★ *(1h AR du refuge)*. De celle-ci, franchir un petit pont et prendre à gauche en contournant la chute d'eau. Sublime !

Promenade aux chalets de la Duis★

De l'Écot : 🔼 *2h AR. Promenade très facile.*
Le chemin est large donc toute la famille peut s'y promener. Le paysage est fait de verts pâturages, dominés par les glaciers.

Le Bourg-d'Oisans★

Comme son nom l'indique, le « Bourg » est la petite capitale des montagnards de l'Oisans. C'est donc ici que l'on vient faire les foires, les marchés, les courses chez les commerçants. Même s'il est un des centres de tourisme les mieux placés du Dauphiné, ce bourg reste actif toute l'année, bien au-delà des migrations saisonnières.

La situation

Cartes Michelin nos 77 pli 6, 244 pli 40 ou 4038 pli H 6 – Isère (38). Pour avoir une vue dégagée sur le bassin du Bourg-d'Oisans, les sommets des Grandes-Rousses et les premières cimes du massif au sud du Vénéon, gagnez la terrasse aménagée au point culminant de la promenade en lacets ombragés prolongeant le chemin d'accès à l'église (3/4h à pied AR). 🅱 *Quai Girard, 38520 Le Bourg-d'Oisans, ☎ 04 76 80 03 25.*

Le nom

Principale localité de la vallée de l'Oisans sur le grand axe le Lautaret – Grenoble, **Le Bourg** reste par définition la référence urbaine pour tous les montagnards de ces vallées.

Les gens

Au Moyen Âge, il semble que les Sarrasins aient occupé le pays et s'en soient occupés : certains patronymes locaux en témoignent. 2 911 Bourcats.

visiter

Musée des Minéraux et de la Faune des Alpes★

Juil.-août : 11h-19h ; sept.-juin : 14h-18h. Fermé de mi-nov. à mi-déc., 1er janv. 25F (enf. : 10F). ☎ 04 76 80 27 54.
Installé dans une travée latérale de l'église, ce musée présente une collection permanente particulièrement

Impressionnante vue sur le bassin du Bourg-d'Oisans

riche en variétés de quartz ainsi que des expositions temporaires de haut niveau. Un espace est consacré à la faune des Alpes : les animaux sont disposés dans leur environnement naturel.

Cascade de la Sarennes★

1 km au Nord-Est puis 1/4h à pied AR. Quitter le Bourg par la route de Briançon. À 800 m, prendre à gauche la D 211 vers l'Alpe-d'Huez et, aussitôt avant le pont sur la Sarennes, laisser la voiture pour prendre le chemin se détachant à droite. La triple chute formée par cet affluent de la Romanche est impressionnante au printemps.

itinéraires

LES CORNICHES DU BASSIN D'OISANS★★

① Du Bourg-d'Oisans à l'Alpe-d'Huez

14 km – environ 1/2h. Quitter le Bourg-d'Oisans par la route de Briançon, puis celle de l'Alpe-d'Huez.

Après avoir laissé à droite, avant un petit pont, le chemin de la cascade de la Sarennes, la route attaque la paroi Nord-Est du bassin. De lacet en lacet, se succèdent les vallées de la Romanche et du Vénéon et au-delà, le massif du Rochail et le glacier de Villard-Notre-Dame. En arrivant à Huez, la vue prend en enfilade le sauvage vallon supérieur de la Sarennes.

Huez

Cet ancien village de montagne connaît sa chance d'être si bien exposé, à flanc de pente.

A l'abord de l'Alpe-d'Huez, le massif de la Meije apparaît (à gauche de l'immense calotte neigeuse du glacier du Mont-de-Lans).

② Du Bourg-d'Oisans au Valbonnais

29 km – environ 1h

Cet itinéraire de liaison entre le bassin du Bourg-d'Oisans et le Valbonnais *(voir ce nom)* emprunte, de part et d'autre du col d'Ornon, les vallées divergentes de la Lignarre et de la Malsanne.

Quitter le Bourg-d'Oisans par la N 91 vers Grenoble. À la Paute, prendre à gauche la route de la Mure qui remonte la vallée de la Lignarre.

Gorges de la Lignarre★

Elles se creusent profondément dans les schistes dont certains bancs ardoisiers étaient autrefois exploités.

À l'approche du Rivier, derrière vous les contreforts de Belledonne et les Grandes Rousses.

Col d'Ornon *Alt. 1 367 m.*

Il s'ouvre entre de vastes champs de pierres.

La route suit bientôt la vallée de la Malsanne, torrent désordonné qui, comme la Lignarre, s'est taillé un chemin étroit dans des schistes sombres.

Au Périer, prendre à gauche la route de la cascade de Confolens. Après 600 m, laisser la voiture au parking situé à l'entrée du Parc national des Écrins.

Cascade de Confolens★

🚶 *2h AR.* À gauche, en arrière, le sentier mène à la cascade haute de 70 m, formée par le Tourot.

L'arrivée à Entraigues révèle des **vues★** lointaines intéressantes sur le mont Aiguille au Sud-Ouest.

La plupart des clochers des villages de l'Oisans comme ici celui d'Auris, présente une architecture similaire.

Entraigues – *(voir le Valbonnais)*

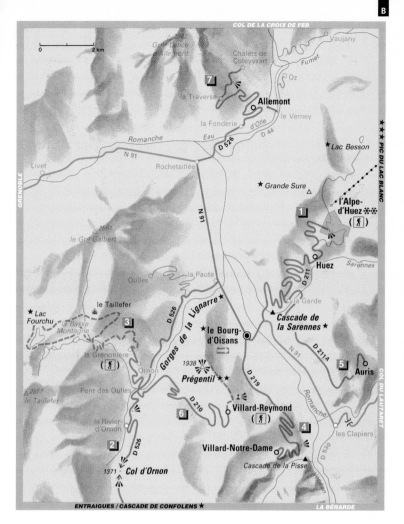

ENTRAIGUES / CASCADE DE CONFOLENS ★

LA BÉRARDE

3 Au refuge de Taillefer et au lac Fourchu★

Alt. 2 060 m – 14 km de Bourg-d'Oisans.

Quitter Bourg-d'Oisans par la route de Grenoble ; à la Paute, prendre à gauche la route du col d'Ornon (D 526) qui suit les gorges de la Lignarre.

Au Pont-des-Oulles, prendre à droite la route d'Ornon et poursuivre jusqu'à l'entrée du hameau de la Grenonière.

Après le panneau d'information du Parc des Écrins (placé dans un virage) la route cesse d'être revêtue (parking).

🚶 *3h de marche – Dénivelé : 800 m.*

De ce point, poursuivre 200 m environ sur la route non revêtue avant d'emprunter à droite un sentier qui mène en 20mn à la Basse-Montagne.

À partir de la Basse-Montagne, environ 2h de marche sans grande difficulté pour un marcheur entraîné. Laisser sur la gauche le torrent descendant du plateau du Taillefer et prendre le sentier signalé en rouge dans le sous-bois en face de la route.

Au bout d'une heure environ on atteint le refuge du Taillefer par un chemin, serpentant dans l'alpage, qui laisse sur la droite à mi-parcours un chalet communal.

Du refuge (2 000 m), on a devant soi le massif du Taillefer et la vallée de la Lignarre, et derrière lui les constructions de l'Alpe-d'Huez et les cimes du massif des Rousses.

En poursuivant vers l'Ouest, un parcours plus facile de 45mn permet, par le pas de l'Envious, d'atteindre le lac Fourchu dominé par la masse abrupte du Taillefer (2 857 m). Les rives calmes du lac s'égaient en saison de bouquets de rhododendrons, joubarbes et ancolies des Alpes.

En contrebas, une succession de petits lacs accentue le caractère de haute montagne de ce paysage.

Le retour peut s'effectuer directement par le lac de la Vache vers la Basse-Montagne.

ROUTES DES « VILLAGES-TERRASSES »★★

④ Route de Villard-Notre-Dame★★

Du Bourg-d'Oisans, 9 km – environ 1h. Route comportant une pente continuelle de 10 %. À éviter pendant ou après une période de pluies. Mauvais cassis au départ.

Taillée d'abord dans une paroi rocheuse verticale, cette route permet d'admirer, en fin de parcours, de vrais sites de haute montagne. Le village « perdu » qui en marque le terminus n'est pas moins pittoresque.

⑤ Route d'Auris

De la Garde (sur la route de l'Alpe-d'Huez), 8 km – environ 3/4h. À la Garde, prendre à droite la D 211^A (vers le Freney).

Pourquoi cette route est réputée : le bassin du Bourg-d'Oisans est en bas, à 500 m, à la verticale.

⑥ Route de Villard-Reymond★

Du Bourg-d'Oisans prendre la N 91 vers Grenoble, puis tourner à gauche dans la D 526 en direction du col d'Ornon, que l'on suit jusqu'au Pont-des-Oulles. Du Pont-des-Oulles 8 km à l'Est par la D 210.

La route remonte le vallon d'un affluent de la Lignarre, en vue du sommet de Prégentil.

Villard-Reymond

On a longtemps hésité sur l'avenir à donner à ce hameau : l'abandonner ou en faire une « station de repos ». C'est la deuxième possibilité qui l'a emporté. Gagner la croix du col de Saulude *(1/4h à pied AR)* pour admirer la **vue**★ sur les massifs du Goléon et de Grandes Rousses, l'Alpe-d'Huez et la chaîne de Belledonne.

⑦ Route de la Traverse d'Allemont★

Du Bourg-d'Oisans, prendre la N 91 vers Grenoble puis tourner à droite dans la D 526. De la Fonderie d'Allemont, 6,5 km – environ 1/2h. Prendre la D 43 vers Allemont et, à hauteur du village à gauche, la route de la Traverse : peu avant ce dernier hameau, emprunter, à droite, une route forestière en montée. À 6 km, au sortir d'un virage à droite, laisser la voiture (parking) et descendre, sur 100 m, le sentier partant du virage.

De cet emplacement, **vue**★ sur la partie aval du bassin du Bourg-d'Oisans, quadrillée de cultures, et sur les montagnes qui l'encadrent.

Revenir à la voiture et faire 200 m.

À droite, pas besoin de se baisser pour profiter du **panorama**★★ sur le village du Bessey et en face le massif des Grandes Rousses ; on distingue le col du Sabot et le plateau du lac Besson au pied des Petites Rousses ; les massifs de Sept-Laux, au Nord, et du Taillefer, au Sud, ferment l'horizon.

Avancer encore de 300 m.

La vue se dégage sur les Grandes Rousses et la combe d'Olle.

COUP D'ŒIL

Dans un lacet à droite à 8 km du Bourg-d'Oisans, vous verrez l'enfilade de la basse vallée du Vénéon, fermée par l'aiguille du Plat-de-la-Selle. Au premier plan, le sauvage vallon est parcouru par le torrent, descendu du glacier de Villard-Notre-Dame.

PRÉGENTIL

🏃 *1h1/2 à pied AR au départ de Villard-Reymond au Nord-Ouest.* De ce sommet belvédère★★ (alt. 1 938 m), tous les grands massifs montagneux environnant le bassin du Bourg-d'Oisans défilent fièrement devant vous.

PRÉCAUTIONS !

Les itinéraires ci-contre sont classés par ordre décroissant de difficulté. Ils empruntent des routes étroites, souvent en corniche et coupées de tunnels. Le croisement y est impossible en dehors des garages. À l'exception de la route de la Traverse-d'Allemond, si vous ne vous sentez par l'âme d'un conducteur de rallyes, nous déconseillons le parcours.

Lac du **Bourget**★★

Il change de ton au gré de ses humeurs, passe du bleu profond à l'azur éclatant ; il n'a pas toujours l'air commode avec ses coups de vents violents, ses rives abruptes et sauvages. Mais les romantiques s'y reconnaîtront, s'y arrêteront pour rêver les yeux dans le vague ou pour se nourrir des vers de Lamartine... « Ô temps, suspends ton vol ! et vous, heures propices, suspendez votre cours ! Laissez-nous savourer les rapides délices des plus beaux de nos jours. »

La situation

Cartes Michelin n°s 89 pli 15 ou 244 plis 17 et 18 – Savoie (73). Entre les chaînons du mont du Chat et de la Chambotte, le lac du Bourget est le plan d'eau le plus renommé des Alpes françaises.

🛈 *73370 Le Bourget-du-Lac,* ☎ *04 79 25 01 99.*

> **VUE D'ENSEMBLE**
> De la Chambotte, vous aurez la vue la plus impressionnante sur le lac.

Le nom

À l'origine, le lac portait le nom de lac de Châtillon. Et puis on édifia le prieuré de St Maurice-du-Bourget. Le lac adopta son nom.

Les gens

Difficile de ne pas penser à Alphonse (de Lamartine) et Elvire et à leur pathétique histoire d'amour sur les rives du lac à Aix-les-Bains.

comprendre

Le lac du Bourget est le plus vaste (4 500 ha) – si l'on excepte cinq grands étangs landais et méditerranéens – et le plus profond (145 m) des lacs naturels français. De mémoire d'homme, il n'a jamais gelé, contrairement à celui d'Annecy. Il subit parfois des coups de vent terribles. Comme le Léman, il est très poissonneux et fait l'objet d'importants travaux d'assainissement.

La nappe s'étendait autrefois beaucoup plus au Nord, jusqu'à la montagne du Grand Colombier, et était alimentée directement par le Rhône. Elle est aujourd'hui séparée du fleuve par la plaine marécageuse de Chautagne, mais reste toujours en communication avec celui-ci, par le **canal de Savières.**

circuits

☐ **TOUR DU LAC**★★

Circuit au départ d'Aix-les-Bains 87 km – environ 3h1/2

La route dominant la rive Ouest s'accroche aux pentes raides du mont du Chat et du mont de la Charvaz.

La route de la rive Est, véritable quai au pied des versants abrupts du mont de Corsuet, permet d'admirer les jeux de couleur et de lumière qui donnent au lac sa physionomie changeante, mais toujours mélancolique.

Quitter Aix par la N 201 (vers Chambéry).

Longeant tout d'abord la colline de Tresserve, haut lieu résidentiel d'Aix, la route suit, face à la dent du Chat, les rives basses du lac, très animées jusqu'à Terre-Nue.

Le Bourget-du-Lac

Le Bourget fut le grand port de la Savoie jusqu'en 1859. Un service de bateaux à vapeur le reliait à Lyon par le canal de Savières puis le Rhône. C'est aujourd'hui une villégiature en expansion ; un port et une plage sont aménagés au bord du lac qui lui doit son nom.

Église – Construite sur une crypte carolingienne, elle a été remaniée au 15e s. et refaite en partie au 19e s. À

Dans l'église du Bourget-du-Lac, on reste admiratif devant la fraîcheur des frises sculptées au 13ᵉ s. illustrant l'Évangile.

l'intérieur, la **frise**★ de l'ancien jubé, encastrée dans les murs de l'abside, autour du maître-autel, est considérée comme le chef-d'œuvre de la sculpture du 13ᵉ s. en Savoie. Les scènes évangéliques représentées sont remarquables d'expression et de vie. Remarquer la dalle funéraire d'Oddon de Luyrieux, 15ᵉ s., accrochée au mur du bas-côté droit.

Château-Prieuré – *Entrée par une porte en arc brisé à droite de l'église. De déb. juil. à déb. sept. : visite guidée (1h1/2) lun. 16h, jeu. 10h, sam. 10h. 20F.*

> **ÉCHEC ET MAT**
> Dans les jardins, les ifs sont taillés en forme de pièces de jeu d'échecs. En saison, cet espace est illuminé.

Contigu à l'église, l'édifice a été entrepris au 11ᵉ s. par saint Odilon, abbé de Cluny, sur un terrain concédé par le comte de Savoie Humbert aux Blanches Mains. Des modifications furent apportées au 13ᵉ s. et surtout au 15ᵉ s. par les prieurs de la famille de Luyrieux.

On visite le réfectoire, la cuisine qui a gardé sa cheminée monumentale, la chapelle St-Claude d'où part l'escalier qui conduit à un oratoire ouvrant sur le chœur de l'église, enfin la bibliothèque au beau plafond de cuir de Cordoue.

carnet d'adresses

OÙ DORMIR

• *Une petite folie !*

Hôtel Ombremont – *73370 Le Bourget-du-Lac – 2 km au N du Bourget par N 504 – ☎ 04 79 25 00 23 – fermé de nov. à avr. – 🅿 – 15 ch. : à partir de 650F.* Cette demeure majestueuse du début du 20ᵉ s. surplombe le lac de son parc aux arbres centenaires. Vous n'oublierez jamais la vue idyllique sur les montagnes, de la terrasse ou du bord de la piscine. Chambres cossues et spacieuses avec baignoire d'angle.

OÙ SE RESTAURER

• *À bon compte*

L'Auberge de Savières – *73310 Chanaz – ☎ 04 79 54 56 16 – fermé de janv. à mi-mars, mar. soir et mer. sf juil.-août – 75/210F.* Certains accostent leurs bateaux en face de l'auberge après une balade sur le canal de Savière. Vous pourrez aussi faire une croisière bucolique grâce aux bateaux mis en service ici... avant de vous attabler le long du canal autour d'une cuisine familiale.

Les Oliviers – *73100 Brison-St-Innocent – ☎ 04 79 54 21 81 – fermé déb. janv. au 6 fév. et mar. sf. 15 juin au 15 sept. – 85/170F.* Cette maison a retrouvé une jeunesse avec l'arrivée aux commandes de son nouveau chef. Dans sa salle à manger réchauffée par une belle cheminée en hiver ou sur sa terrasse ombragée de grands arbres en été, vous pourrez goûter à sa cuisine au goût du jour.

• *Valeur sûre*

Auberge Lamartine – *73370 Le Bourget-du-Lac – 3,5 km au N du Bourget par N 504 – ☎ 04 79 25 01 03 – fermé 20 déc. au 25 janv., dim. soir, mar. midi et lun. sf fériés de sept. à avr. – 170/390F.* Votre regard vagabondera au fil de l'eau, tout en savourant une cuisine pleine de finesse et de caractère. Dans cette maison renommée et étoilée, la salle sur deux niveaux domine le lac du Bourget. Décor chaleureux avec son mobilier discret et ses lumières douces.

Bateau Ivre – *73370 Le Bourget-du-Lac - 2 km au N du Bourget par N 504 - ☎ 04 79 25 00 23 - fermé de nov. à avr., mar. midi et mer. midi en sept. et oct. - 195/560F.* Vous dînerez dans le cadre exceptionnel du restaurant étoilé de l'Hôtel Ombremont. Si la saison le permet, prolongez cet instant unique sur la jolie terrasse en bois, au-dessus des lumières nocturnes du lac. Spécialités : poissons des lacs savoyards.

Grange à Sel – *73370 Le Bourget-du-Lac – ☎ 04 79 25 02 66 – fermé 2 nov. au 5 mai et mer. sf été – 180/290F.* C'est une ancienne grange à sel avec sa façade couverte de vigne vierge, agrémentée d'une terrasse arborée et d'un jardin fleuri. Vieilles pierres et poutres apparentes, petits salons et cheminée. Gourmets et gourmands, le chef vous régalera de ses spécialités.

Le cloître, refait au 15e s., comporte deux galeries superposées : l'étage inférieur présente des voûtes gothiques au savant dessin.

Château Thomas II – *Près de l'embouchure de la Leysse. De juil. à déb. sept. : visite guidée (1h1/2) mar. et ven. à 10h30. Rendez-vous à l'Office de tourisme.*

C'était un simple rendez-vous de chasse des ducs de Savoie. On s'y retrouvait pour faire ou défaire les liens familiaux ou diplomatiques. C'était un endroit où il était donc bon de se montrer jusqu'au 15e s. À proximité, le marais est aménagé par le Conservatoire des espaces naturels.

Après le Bourget-du-Lac, on poursuit par la N 504. Face au second embranchement vers Bourdeau, prendre à gauche la D 914 signalée « Abbaye de Hautecombe ».

La route s'élève maintenant au-dessus du lac, dominé par ▶ le Revard, vers le col du Chat.

Chapelle N.-D.-de-l'Étoile

1/4h à pied AR. Le chemin d'accès, signalé, se détache dans un large virage de la D 914.

Du terre-plein du sanctuaire, une **vue★★** sur le lac – remarquer la courbe harmonieuse de la baie de Grésine – et son cadre montagneux. Le Grand Colombier, au Nord, le massif d'Allevard, au Sud, ferment l'horizon. En arrière de la dépression verdoyante de l'Albanais s'allonge la croupe du Semnoz.

La route parcourt ensuite un replat cultivé qui, après Petit Villard, se creuse en gouttière (beaux châtaigniers).

Après la bifurcation d'Ontex, au cours de la descente, les crêtes du Jura méridional se rapprochent. Le restaurant de la Chambotte domine les abrupts de la rive opposée. Après un détour dans le vallon de St-Pierre-de-Curtille, l'extrémité Nord du lac réapparaît, ainsi que son site « lamartinien », le château de Châtillon.

Prendre la D 18 à droite vers l'abbaye de Hautecombe.

Abbaye de Hautecombe★ *(voir ce nom)*

Revenir à la D 914 et poursuivre jusqu'au hameau de Quinfieux. À gauche, prendre la D 210 vers Chanaz.

Chanaz★

En bordure du canal de Savières, cette ancienne ville-frontière, étape très fréquentée à l'époque de la navigation commerciale. Des auberges de mariniers ont renoué avec la tradition depuis l'ouverture du canal aux plaisanciers. Rare moulin à huile de noix, encore en activité.

Maison de Boignes (actuelle mairie) – Elle se signale par deux porches d'entrée. Datant du 17e s., le général de Boigne, originaire du village, l'acheta en 1818.

Quitter Chanaz par la D 18 vers Aix-les-Bains.

> **PAUSE**
>
> Vue sur la cluse de Chambéry depuis le belvédère★ formé par le deuxième lacet de la D 914. À l'horizon, le massif d'Allevard aligne ses dents de scie. Le Grand Som – qui domine le monastère de la Grande Chartreuse – se dégage dans l'enfilade de la vallée de l'Hières. Arrêtez-vous le temps d'une photo.

Au tout début du canal de Savières à Portout, la route longe la rive gauche, tandis que la berge opposée offre des images de paradis verdoyants...

Canal de Savières

Long de 4 km ce canal sert de déversoir naturel aux eaux du lac du Bourget vers le Rhône et de soupape de sécurité lors des crues du « taureau furieux » de Provence. Jusqu'au 19ᵉ s., c'était une importante voie commerciale pour les États de Savoie et l'unique débouché vers la France. La plupart des princes régnants de cette maison empruntaient cette voie pour se rendre de Chambéry à Lyon.

Ce déversoir présente la particularité de fonctionner périodiquement à contre-courant : lors de la fonte des neiges au printemps, et quand tombent les pluies d'automne, les eaux du Rhône en crue refluent dans le lac qui joue ainsi un rôle régulateur.

Franchissant à Portout le canal de Savières, la route se glisse à travers les roseaux et les peupliers des marais de Chautagne, pour atteindre Chaudieu.

À Chaudieu, prendre la D 991, puis, au premier hameau de Chindrieux, la route du col de Sapenay.

La route monte en lacet au-dessus de la plaine de Chautagne. La vue se dégage sur le lac du Bourget, l'abbaye de Hautecombe et la dent du Chat, ainsi que sur le couloir du Rhône, en direction de Bellegarde. Imposant, le Grand Colombier fait face.

Col du Sapenay★

Alt. 897 m. Un paysage à caractère plus montagnard avec sa futaie de sapins et ses prés-bois.

Chapelle Notre-Dame-de-la-Salette

La **vue★** est étendue sur la dépression agricole de l'Albanais.

Après St-Germain, prendre la D 991ᴮ. Au village de la Chambotte, tourner à gauche aussitôt après la petite chapelle.

Vue du restaurant de la Chambotte★★ *(voir p. 119)*

Après la Chambotte, la D 991ᴮ, taillée dans le flanc de la montagne de Cessens, descend vers Chaudieu et s'octroie quelques belles vues sur le lac du Bourget.

À Chaudieu, prendre à gauche la D 991.

Là commence un parcours presque ininterrompu au bord même du lac. Ici la dent du Chat, là l'abbaye de Hautecombe. Le dernier passage, le plus resserré, fait passer de **Brison-les-Oliviers**, village de pêcheurs et de vignerons dont le surnom évoque l'exposition ensoleillée, aux rives de la jolie baie de Grésine, d'où l'on rejoint Aix...

② **ROUTE DU MONT DU CHAT**

De Yenne au Bourget-du-Lac – 34 km – environ 2h

Yenne

La petite capitale du Bugey savoyard commande l'entrée du défilé de **Pierre-Châtel** par lequel le Rhône s'échappe définitivement des Alpes. Yenne est la patrie de l'homme de théâtre **Charles Dullin** (1885-1949).

On flânera dans le centre de Yenne qui conserve un certain nombre de maisons anciennes.

◄ **Église** – *De juil. à fin août : visite guidée mer. à 10h, place des Vieux Moulins.* ☎ 04 79 36 71 54.

Datant des 12ᵉ-15ᵉ s., elle s'ouvre, en façade, par un portail présentant d'antiques chapiteaux romans (l'Annonciation, la Visitation).

Dans la sacristie, belle pierre funéraire chrétienne du 6ᵉ s.

Quitter Yenne par la D 41 (qui s'embranche, au Sud, à gauche de la route de Novalaise). À St-Paul reprendre à gauche la D 41, au Sud. À la sortie de Trouet prendre à gauche la D 42 (vers le Bourget-du-Lac), qui monte en lacet.

Mont du Chat★

Alt. 1 504 m. Pour vous repérer, ce n'est pas dur : pylône-relais de radio-télévision est à 50 mètres du col, au Sud. De la terrasse (alt. 1 470 m) aménagée en contrebas, on a une **vue** agréable sur Aix-les-Bains et son lac.

Molard Noir★★

🏃 *1h à pied AR, au départ du mont du Chat.*

En suivant vers le Nord le sentier de crête très engageant du Molard Noir, on découvre bientôt, du haut des à-pics du versant Ouest, la vallée du Rhône, les monts du Bugey (Grand Colombier) et le Valromey. Du sommet du Molard Noir (alt. 1 452 m – *tables d'orientation*), le **panorama** est dégagé, au-delà du Revard et de la Croix du Nivolet, sur les Alpes depuis les aiguilles de Chamonix jusqu'au mont Granier en passant par le Mont Blanc, la Vanoise, la Meije, Belledonne.

Sur le versant Est du mont du Chat, la route serpente en forêt.

Par le petit hameau des Catons, on atteint le Bourget-du-Lac.

Bourg-St-Maurice

Mesdemoiselles, si le mythe du beau chasseur alpin vous fait rêver, sachez qu'ici, vous n'aurez que l'embarras du choix... Vous en avez une garnison. À Bourg-Saint-Maurice, les bidasses dépensent plus d'énergie à courir en peaux de phoques, ramper dans la neige ou escalader les abîmes qu'à compter les jours avant la quille.

La situation

Cartes Michelin n°s 89 pli 5 ou 244 pli 21 – Schémas p. 173 et 399 – Savoie (73). Située au cœur de la haute Tarentaise et commandant la haute vallée de l'Isère, la vallée des Chapieux et le passage du Petit-St-Bernard, Bourg-St-Maurice occupe une position stratégique importante. Du point de vue touristique « le Bourg », comme disent plus simplement les Savoyards, vaut surtout par sa situation de carrefour de différentes routes.

🛈 *BP 49, 73100 Bourg-Saint-Maurice,* ☎ *04 79 07 04 92.*

Le nom

Le nom de Bourg-Saint-Maurice, ancienne *Bergintrum* romaine, fait référence au saint copte de l'Égypte chrétienne saint Maurice, chef de légion qui fut désigné pour combattre au nord des Alpes et devint martyr chrétien pour avoir refusé avec ses soldats de sacrifier aux idoles païennes. Il est devenu le saint national de la Suisse, et le patron du Piémont.

Les gens

En juillet s'y déroule la **fête des Edelweiss**, rassemblement folklorique international. Pour l'occasion, on sort les pittoresques costumes de la Tarentaise et de la vallée d'Aoste. 6 056 Borains.

Hiver, été

Les amateurs de ski ont désormais à leur disposition les équipements des Arcs.

L'été, le ski laisse sa place au canoë. La très remuante Isère donne lieu à de nombreuses compétitions et à bien d'autres sports d'eaux vives.

visiter

Musée des Minéraux et Faune de l'Alpe

Av. du Général-Leclerc. Juil.-août : 10h-12h, 15h-19h, dim. et lun. 15h-19h ; sept.-juin : sur demande. 20F. ☎ *04 79 07 12 74.*

Quelques très beaux cristaux ainsi que la reconstitution des filons dans lesquels ils se dissimulent.

alentours

Où dormir

Hôtel L'Autantic – *69 rte Hauteville –* ☎ *04 79 07 01 70 –* 🅿 *– 23 ch. : 390/440F –*🍽 *40F.* À l'entrée de la ville dans un quartier très tranquille, cet hôtel-chalet vous accueille dans un décor de murs blancs et de pin clair. En été, vous pourrez prendre votre petit déjeuner sur la terrasse.

Vulmix

4 km au Sud de Bourg-St-Maurice.

Chapelle St-Gras – *Possibilité de visite guidée pdt vac. scol. ; hiver : jeu. et ven. S'adresser à l'Office de tourisme.*

Modeste chapelle rurale restaurée en 1995, dont l'aspect extérieur sobre, tranche avec les remarquables **fresques★** du 15e s., étonnantes par leur fraîcheur qui ornent son intérieur. La légende de St-Gras, protecteur des cultures, est détaillée sur dix-huit panneaux dont la lecture débute sur le mur Sud.

Hauteville-Gondon

4 km. Quitter Bourg par la N 90 en direction d'Aime, puis prendre la D 220.

Musée du Costume – ♿ *Juil.-août et nov.-avr. : tlj sf mar. 14h-18h ; mai-juin et sept.-oct. : possibilité de visite. S'adresser à l'Office de tourisme. 10F.* ☎ *04 79 07 09 01.*

Installé dans l'ancien presbytère, ce musée permet d'apprécier la diversité et de comprendre l'évolution et la signification des différents costumes portés au 19e s. et au début du 20e s. dans les vallées de la Maurienne et de la Tarentaise. On peut y voir notamment la « frontière », coiffe devenue symbole de la Savoie. Une présentation des bijoux savoyards ainsi qu'une machine à carder les draps complètent cette exposition.

Église St-Martin – Construite à la fin du 17e s., elle possède une riche décoration intérieure baroque dont plusieurs retables polychromés, œuvres d'un artiste valsésien du 18e s. Admirer celui, polychrome, du maître-autel, encadrant la représentation de la légende de St-Martin.

Les Arcs✵✵✵

Quitter Bourg-St-Maurice par la N 90 au Nord-Est ; à la sortie de la localité, prendre la D 119 à droite. Arc 1 600 : 12 km (ou funiculaire en saison) ; Arc 1 800 : 15 km ; Arc 2 000 : 26 km. Voir ce nom.

La véritable bande dessinée du 15e s. qui recouvre la nef de la chapelle St-Gras de Vulmix raconte la vie du saint protecteur des vignes.

Chambéry★★

S'il y a bien une ville que l'on s'est disputée, c'est Chambéry. Capitale de l'État indépendant de Savoie, elle fut reprise par François Ier. Puis les ducs de Savoie la récupèrent et lui préfèrent Turin moins proche de la France, qui lui dérobe le titre de capitale. Puis reprise puis regagnée puis reprise... Vous y verrez une vieille ville restaurée qui a enfin retrouvé sa beauté passée. De son statut de capitale d'un État souverain, elle en garde la dignité, celle des grandes dames.

La situation

Cartes Michelin nos 89 pli 16 ou 244 pli 29 – Schéma p. 168 – Savoie (73). La ville s'est développée entre les massifs des Bauges et de la Grande-Chartreuse aux portes des trois principaux parcs alpins : Parc national de la Vanoise, Parcs régionaux de la Chartreuse et des Bauges. Chambéry est traversée par l'autoroute A 43 reliant Lyon à Moûtiers.

🗗 *24 boulevard de la Colonne, 73000 Chambéry,* ☎ *04 79 33 42 47.*

Le nom

Les érudits proposent de multiples interprétations sur l'origine de Chambéry. Rêvons, plutôt, à la légende des chevaliers. Alors qu'il se rendait en Italie, un certain *Berius*, chevalier du roi Artus, tua d'un coup d'épée un énorme chat qui dévorait les voyageurs. Le lieu de cet exploit fut appelé mont du Chat (*voir Lac du Bourget*) et la plaine à proximité prit le nom de *Champ de Bérius*, *campu Berii*, d'où Chambéry.

Les gens

54 120 Chambériens sans oublier les « Quatre sans cul », variété chambérienne de l'éléphant des Indes, privés de leur arrière-train.

comprendre

La capitale de la Savoie souveraine – Chambéry devient la capitale des comtes de Savoie en 1232. Ce n'est encore qu'un gros bourg, défendu par un château fort. La fortune de la ville, liée à l'essor de la Maison de Savoie, sera surtout l'œuvre des trois Amédée.

Amédée VI (comte de 1343 à 1383), le comte Vert .
Amédée VII (comte de 1383 à 1391), le comte Rouge.
Amédée VIII (duc de 1391 à 1434), le duc-pape.

Boigne le munificent (1751-1830) – La vie de Benoît de Boigne, fils d'un riche marchand de chambéry, est digne d'un roman dont le héros serait un véritable globe-trotter : d'abord dans les gardes françaises, il sert ensuite successivement dans un régiment grec puis dans l'armée égyptienne et enfin aux Indes. Il met ses talents militaires au service d'un maharajah qui le nomme gouverneur d'un vaste territoire. À la mort du prince, il revient en Europe colossalement riche avec le titre de général, prend épouse à Londres et vient s'installer à Chambéry. Nommé président du département du Mont-Blanc par Napoléon Ier, il sera fait aide de camp par Louis XVIII, puis comte de Boigne par le roi de Sardaigne. Il emploie sa fortune à améliorer l'urbanisme de sa ville et à créer des institutions de charité. C'est ce qu'on appelle une vie bien remplie.

se promener

VIEILLE VILLE★★

*Visite à pied : 4h – y compris la visite détaillée du château. Pendant la période estivale, on peut aussi visiter le centre en empruntant le **petit train touristique**. De déb. avr. à déb. oct. : (3/4h, toutes les h.) 10h-12h, 14h-18h. 30F (enf. : 15F). ☎ 04 79 33 42 47.*

Partir de la fontaine des Éléphants et suivre l'itinéraire indiqué sur le plan.

Fontaine des Éléphants

Ce monument, le plus populaire de la ville, a été élevé en 1838 à la mémoire du **général comte de Boigne**. Les éléphants, privés de leur arrière-train, rappellent ses campagnes aux Indes.

Prendre le boulevard du Théâtre.

Théâtre Charles-Dullin

Reconstruit après un incendie au 19e s., il porte le nom du célèbre acteur et metteur en scène savoyard *(voir p. 190)* et compte parmi les plus beaux théâtres à l'italienne d'Europe. Il conserve son rideau d'avant-scène d'origine, peint par Louis Vacca en 1824 et représentant *La Descente d'Orphée aux enfers.*

Continuer sur le boulevard du Théâtre jusqu'au musée Savoisien. Suivre, dans le prolongement du boulevard du Théâtre, la rue Ducis. Dans la rue de la Croix-d'Or, à droite, le passage Métropole mène à la cathédrale métropolitaine.

Cathédrale métropolitaine St-François-de-Sales★

Connue sous le nom de « Métropole », c'est l'ancienne église du couvent fondé au 13e s. par les franciscains. L'édifice actuel, de grandes dimensions, date des 15e et 16e s., époque à laquelle l'ordre des Franciscains était à son apogée. Le sol marécageux ne permettant pas de creuser en profondeur, l'église s'est donc étendue à la surface. Depuis 1835, une peinture en trompe-l'œil de Vicario, dans le style « gothique troubadour », décore l'église. La deuxième chapelle de droite abrite le tombeau du jurisconsulte Antoine Favre, père de Vaugelas. La salle basse du clocher, seul vestige de l'église du 13e s., recèle le **trésor**. Remarquer un **diptyque**★ en ivoire, travail byzantin du 13e s., une pyxide en émail champlevé du 13e s., et une peinture flamande du 15e s. *De juil. à fin sept. : sam. à 15h. Gratuit. ☎ 04 79 33 23 91.*

En sortant de la cathédrale, gagner la rue de la Croix-d'Or.

Dans le trésor de la cathédrale, cette touchante Nativité en bois sculpté.

CHAMBÉRY

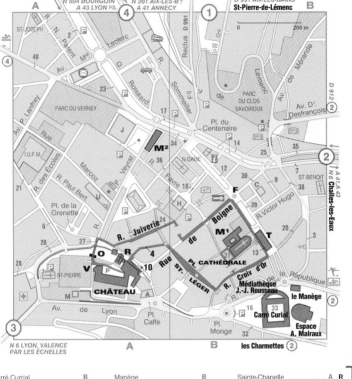

Rue de la Croix-d'Or

Bordée de vieux hôtels, c'était l'artère la plus aristocratique de Chambéry. Au n° 18, l'**hôtel de Châteauneuf**, au plan typiquement italien, fut construit par un maître de forges au 17ᵉ s. En entrant dans la cour on pourra voir de remarquables **grilles★** de fer forgé. En face, au n° 13, l'**hôtel des Marches et de Bellegarde** présente une façade au gracieux décor datant de 1788. Pie VII, en 1804 et Napoléon, en 1805, y logèrent. Pénétrer dans l'allée pour admirer l'escalier. La **place St-Léger★**, agrémentée de fontaines et pavée de roche rose constitue un endroit fort agréable pour boire un verre en terrasse...

Rue Basse-du-Château★

Pittoresque avec sa petite galerie-passerelle et les ogives de ses anciennes échoppes, elle mène à la place du château. À l'instar des traboules lyonnaises, plusieurs passages sous voûte permettent de communiquer entre les rues (nᵒˢ 42 et 45). Remarquer la boutique du 15ᵉ s. (n° 56), et la tourelle du 16ᵉ s. de l'hôtel Chabod (n° 76).

carnet pratique

OÙ DORMIR

• À bon compte

Art Hôtel – *154 r. Sommeiller* – ☎ *04 79 62 37 26* – **P** – *36 ch. : 245/280F*– ⌇ *35F.* Proche de la gare, à deux pas de la vieille ville et de ses quartiers commerçants, cet hôtel au confort actuel a une insonorisation parfaite des deux premiers étages. Petit déjeuner buffet pour bien commencer la journée.

• Valeur sûre

Hôtel des Princes – *4 r. Boigne* – ☎ *04 79 33 45 36* – *45 ch. : 350/390F* – ⌇ *40F.* Voilà un endroit où il fait bon séjourner : très bien situé, juste à l'entrée de la vieille ville, ce petit hôtel entièrement rénové vous séduira avec son ambiance chaleureuse, son décor pimpant et la qualité de son accueil. Bon rapport qualité/prix.

• Une petite folie !

Hôtel Mercure – *183 pl. de la Gare*–☎ *04 79 62 10 11* – *81 ch. : à partir de 640F* – *: 65F.* En face de la gare, facile d'accès et fonctionnel, ses chambres sont spacieuses, insonorisées et climatisées. Seule l'architecture originale de sa façade le distingue des autres hôtels de la chaîne.

OÙ SE RESTAURER

• À bon compte

La Table de Marie– *193 r. Croix-d'Or* – ☎ *04 79 85 99 76* – *85/145F.* La belle porte classée du 16e s. ne demande qu'à être poussée pour laisser découvrir ses deux adorables petites salles rustiques décorées d'objets anciens où vous pourrez apprécier une cuisine savoyarde simple. La partie voûtée de la première pièce date du 14e s. Accueil aimable.

Le Café Chabert – *41 r. Basse-du-Château* – ☎ *04 79 33 20 35* – *fermé vac. scol. de Noël et dim.* – *65/110F.* Au hasard de votre promenade, vous pourrez emprunter la rue Basse-du-Château, classée 14e s. et vous laissez tenter par une halte sympathique. L'été, les tables dressées sortent dans la rue piétonne. Menus renouvelés chaque jour. Bon rapport qualité/prix.

• Valeur sûre

Aux Piétons – *30 pl. Monge* – ☎ *04 79 85 03 81*--- *fermé 1er au 10 sept. et dim.* – *110/160F.* Aux portes de la vieille ville, plusieurs petites salles décorées façon « rues

anciennes » : sol pavé, trottoir et rambardes. Certains jours, spectacle « café théâtre » au 1er étage. Ambiance sympathique.

Tonneau – *2 r. St-Antoine* – ☎ *04 79 33 78 26* – *fermé dim. soir et lun.* – *120/220F.* On se presse pour venir savourer la cuisine de cette brasserie animée : dans un cadre rétro rehaussé de boiseries, le service est aimable, l'ambiance chaleureuse et les formules très appréciables. Un menu pour les petits est également prévu.

SE DÉPLACER

Un minibus électrique circule en boucle dans les secteurs piétonniers. L'itinéraire est matérialisé par des ronds jaunes au sol.

ACHATS

Les marchés – Pl. de Genève, mar. et sam. matin ; pl. des Combes, le jeu.

OÙ PRENDRE UN VERRE DANS UN CADRE AGRÉABLE ?

La Régence – *20 r. d'Italie*, ☎ *04 79 33 36 77. Lun.-sam. 8h-19h30.* Chocolatier-salon de thé réputé pour ses spécialités maison, notamment les fameux flocons de neige des Alpes.

Café de l'horloge – *107 pl. St-Léger*, ☎ *04 79 33 39 26. Ouv. tlj à partir de 8h.* Situé en plein cœur de la vieille ville, dans une zone piétonne et commerçante, ce café dispose d'une terrasse à laquelle il vous sera difficile de résister. La carte offre un choix de bières (200) et de whiskies (30) impressionnant.

Café de Lyon – *Pl. Monge*, ☎ *04 79 75 19 40. Ouv. tlj 6h-0h.* Ce café a su conserver au fil des ans son caractère rétro, décoration faite d'objets anciens : bouteilles d'eau de Seltz, vieilles affiches, accordéon... Si vous y passez à l'heure de l'apéritif, commandez la spécialité maison : le chambérien, mariage d'amour du vermouth et de la chambérysette.

Café du théâtre – *Pl. du Théâtre*, ☎ *04 79 33 16 53. Ouv. tlj 8h-1h.* Les intellectuels du cru et les amateurs de théâtre se retrouvent ici après les représentations du théâtre Dullin. Ceux qui veulent voir ou être vus se disputent alors la terrasse.

Le Cardinal – *Pl. Métropole*, ☎ *04 79 85 53 40. Ouv. tlj de 7h30-0h.* Ce petit bistrot à la décoration sans prétention possède l'une des terrasses les plus agréables de la ville. À l'heure de l'apéritif, il est fréquenté par de nombreux journalistes du *Dauphiné Libéré* qui en ont fait leur QG.

Le Flore – *1 r. Denfert-Rochereau*, ☎ *04 79 33 41 39.* Évidemment moins connu que son homonyme parisien, c'est néanmoins l'un des cafés les plus animés de la ville grâce à une clientèle de cinéphiles qui fréquente assidûment les salles du Carré Curial.

La Transat – *29 pl. Monge*, ☎ *04 79 33 37 81. Ouv. tlj 17h-2h.* Concerts jeu. et ven. Ce pub de style irlandais est particulièrement fréquenté et animé les soirs de concert.

La Guinness y coule alors à flots dans une ambiance électrique. Un écran diffuse clips et événements sportifs.

LES SPÉCIALITÉS

Confiseries – Les truffes en chocolat sont réputées ; celles de Chambéry se singularisent par leur fabrication à base de crème fraîche (au lieu du beurre, plus courant). Les bonbons « mazet » (caramel rond) sont également très prisés. Mazette, ce qu'ils sont bons !

Plusieurs chocolatiers pourront combler les amateurs les plus exigeants, notamment Mazet, 2, pl. Porte-Reine, Berland, 28, pl. St-Léger, et la chocolaterie La Royale, 2, r. Albert-Ier.

Boissons – La « Chambéryzette », vermouth sec, est ici aromatisé aux fraises des Alpes. Le « vermouth de Chambéry », création de la maison Dolin en 1821, est le produit d'une macération de multiples herbes dans un vin blanc sec. Le « Bonal », élaboré au siècle dernier par un moine, et composé de jus de raisin et de racines de gentiane, est un apéritif réconfortant.

Artisanat – L'Opinel, référence mondiale en matière de coutellerie, est produit dans les environs de Chambéry par une dynastie de taillandiers savoyards. Le savoir-faire des artisans savoyards se retrouve également dans un bijou typique, la croix-grille : cette croix latine, ornée sur chaque face d'une représentation de la Vierge et du Christ, est fleuronnée de larmes.

SE DÉTENDRE DANS LES PARCS DE LOISIRS

Le parc du Buisson Rond, où l'on peut pratiquer de nombreuses disciplines sportives ; le clos Savoiroux, sur la colline du Lémenc, et le parcours sportif de la colline des Monts.

Place du Château

Dominée par le château, elle est entourée par le bel **hôtel de Montfalcon** (18e s.), vrai palais à l'italienne, et l'**hôtel Favre de Marnix** (17e s.). Au centre une statue représente les frères de Maistre.

Château★

Juil.-août : visite guidée (1h) à 10h30, 14h30, 15h30, 16h30, dim. et 15 août à 14h30, 15h30, 16h30 ; mai-juin et sept. : à 14h30 ; oct.-avr. : (château + ville) w.-end et j. fériés à 14h30. Fermé 1er janv. et 25 déc. 25F (château), 30F (château + ville). ☎ 04 79 33 42 47.

Ancienne demeure des seigneurs de Chambéry, puis des comtes et ducs de Savoie, le château fut conservé comme résidence de passage par les rois de Sardaigne. L'édifice, construit aux 14e et 15e s., fut en partie brûlé par deux fois, au 18e s.

Suivre la rampe qui passe sous la voûte de l'ancienne Porterie et aboutit à la cour intérieure, bordée par la Sainte-Chapelle et par les bâtiments de la préfecture.

Détail de la façade principale du château des ducs de Savoie. Cette partie (du 18e s.) abrite la préfecture.

Tour Trésorerie (14e s.) – Présente l'évolution de Chambéry et du château depuis le 13e s.

Salles basses (14e s.) – Ces salles voûtées en berceau, dont les murs ont jusqu'à 3 m d'épaisseur ont probablement servi de chapelle et de crypte jusqu'à la construction de la Sainte-Chapelle, puis ont abrité un arsenal.

Sainte-Chapelle★ – *Visite guidée uniquement (voir carnet pratique).*

Construite, à partir de 1408 dans le style gothique flamboyant, elle est entourée d'un chemin de ronde. Sa façade, de style baroque, est du 17e s. Elle reçut l'appellation de Sainte-Chapelle en 1502 lorsque y fut déposé le Saint Suaire, transféré à Turin en 1578 (une réplique de la célèbre relique est exposée). Dans cet édifice, témoin de nombreux mariages historiques, comme celui de Louis XI et de Charlotte de Savoie ou celui de Lamartine avec miss Birch, on admire l'élégante ordonnance des voûtes et les trois grandes verrières du 16e s. Un **carillon de 70 cloches**, réalisé par la fonderie Paccard de Sévrier (*voir p. 143*), a été installé dans la tour Yolande de la Sainte-Chapelle en 1993. Il est considéré, en Europe, comme le plus achevé dans sa composition. *Visite guidée (1h1/2) à 11h sur demande. 30F. S'adresser à l'Office de tourisme.*

*À hauteur de la **tour Demi-Ronde**, descendre les degrés reliant le château à la place Maché.*

Les surprenantes fresques en trompe l'œil, qui ont en grande partie disparu lors de la dernière restauration, avaient été exécutées en 1836 par le Piémontais Vicario. La grande tapisserie portant les blasons des villes de Savoie a été exécutée en quinze jours pour célébrer le rattachement de la Savoie à la France.

Au cœur de l'hiver savoyard, la place du château affichait au début du 19ᵉ s. une belle animation et une fière allure.

On passe sous la belle arcade à décoration flamboyante du **portail St-Dominique** (15ᵉ s.), remonté ici en 1892 après la disparition de l'ancien couvent des dominicains. *De la place Maché, reprendre la direction de la place du Château mais tourner à gauche dans la rue Juiverie, piétonne.*

Rue Juiverie

Banquiers et changeurs logeaient autrefois dans cette rue. Au nº 60, belle cour de l'hôtel Chabot de St-Maurice. *Suivre tout droit l'étroite rue de Lans, qui débouche sur la place de l'Hôtel-de-Ville.*

Prendre alors à droite le passage couvert (allées nᵒˢ 5 et 6 de la place de l'Hôtel-de-Ville) – l'une des innombrables « **allées** » chambériennes de la vieille ville – qui débouche dans la rue de Boigne. Bordée de « portiques » à la mode transalpine, la **rue de Boigne** est l'une des plus caractéristiques de Chambéry par son ordonnance et par son animation. Elle ramène à la fontaine des Éléphants et doit son nom au général de Boigne.

QUARTIER CURIAL

Cet important quartier militaire, dont la plupart des bâtiments datent de l'époque napoléonienne, a fait l'objet d'une réhabilitation réussie depuis le départ de l'armée dans les années 1970.

Les portiques de la rue de Boigne, lieu de rencontre où il était de bon ton d'apparaître, étaient bordés de cafés et pâtisseries.

Carré Curial

Accès libre à la cour. Cette ancienne caserne, bâtie en 1802 sur le modèle des Invalides, a conservé l'ordonnancement d'origine autour de sa vaste cour carrée. Elle a été réaménagée par l'Atelier municipal d'architecture pour accueillir commerces et bureaux.

À côté du Carré Curial, la maison de la culture ou **Espace André-Malraux**, dessinée en 1987 par l'architecte suisse Mario Botta.

Centre de congrès « le Manège »

L'ancien manège de cavalerie des carabiniers sardes combine harmonieusement architecture militaire traditionnelle et techniques modernes d'aménagement. Un péristyle transparent lui a été adjoint.

Médiathèque Jean-Jacques-Rousseau

Surnommée « le Bateau-Livre », cette œuvre de l'architecte Aurelio Galfetti (1993) présente une vaste courbe coiffée d'une verrière panoramique.

visiter

Musée Savoisien★

Tlj sf mar. 10h-12h, 14h-18h. Fermé j. fériés. 20F (enf. : gratuit). ☎ 04 79 33 75 03.
Ancien couvent de franciscains devenu ensuite archevêché, ses bâtiments (13ᵉ-15ᵉ-17ᵉ s.) s'ordonnent autour d'un vaste cloître. Au rez-de-chaussée, importante collection préhistorique et gallo-romaine; à l'étage, art

religieux (principalement médiéval) et galerie de portait des souverains savoyards. Bel ensemble de peintures murales profanes de la fin du 13ᵉ s., exceptionnel témoignage de la vie médiévale provenant du château de Cruet. Les métiers, l'agriculture, la vie domestique et l'art populaire ainsi que l'histoire de la Savoie au cours de la Seconde Guerre mondiale sont également présentés.

Musée des Beaux-Arts★

Tlj sf mar. 10h-12h, 14h-18h. Fermé j. fériés. 20F (enf. : gratuit). ☎ *04 79 33 75 03.*

C'est au rez-de-chaussée dans la salle voûtée, qu'eut lieu le vote des Chambériens lors du rattachement de la Savoie à la France. Le second étage est principalement consacré à la peinture italienne. On remarquera les Primitifs siennois (grand retable de Bartolo di Fredi), des œuvres de la Renaissance et une importante série d'œuvres des 17ᵉ et 18ᵉ s. dans laquelle ressortent particulièrement les écoles florentine (Coccapani, Martinelli) et napolitaine (Giordano, Mattia, Pretti, Codazzi). La salle du 19ᵉ s. oppose deux grands courants picturaux, le néoclassicisme (Xavier de Maistre, Laurent Pêcheux) et le réalisme (Dagnan-Bouveret). Des cabinets sont consacrés aux natures mortes, aux écoles du Nord et à la peinture régionale.

Église St-Pierre-de-Lémenc

Sam. 17h-18h, dim. 9h30-10h30. ☎ *04 79 33 35 53.*

La colline de Lémenc, marquant l'emplacement de l'ancienne « station » romaine, conserve ce sanctuaire, le plus prestigieux de Chambéry. Cet ancien prieuré fut, durant le haut Moyen Âge, l'un des foyers de christianisation les plus actifs de Savoie. La petite rotonde, avec ses colonnes aux frustes chapiteaux, est un témoin des premiers âges de l'Église. Longtemps considérée comme un baptistère carolingien, elle serait un reliquaire du 11ᵉ s.

Crypte★ – Le chœur de la crypte a été construit au 15ᵉ s. pour supporter l'église supérieure, de style gothique. Il abrite une *Mise au tombeau* de la même époque, mutilée à la Révolution.

alentours

Les Charmettes *2 km au Sud-Est.*

Quitter Chambéry par la rue Michaud. Dès la sortie de l'agglomération, au premier rond-point, prendre tout droit la D 4, puis, aussitôt, s'engager, toujours tout droit, dans l'étroit chemin goudronné des Charmettes. S'arrêter à hauteur de l'ancien oratoire, situé en contrebas de la maison. Tlj sf mar. visite guidée (1h)10h-12h, 14h-16h30 (avr.-sept. : fermeture à 18h). Fermé j. fériés. 20F (billet groupé avec les musées Savoisien et des Beaux-Arts), gratuit 1ᵉʳ dim. du mois. ☎ *04 79 33 39 44.*

Le portrait de jeune homme *par Paolo Uccello (Musée des Beaux-Arts) est un des premiers portraits au profil florentin. On ne sait en revanche presque rien du personnage représenté.*

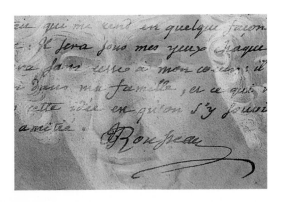

Détail du magnifique retable de la Trinité, œuvre de Bartolo di Fredi (seconde moitié du 14ᵉ s., musée des Beaux-Arts)

« Après avoir un peu cherché, nous nous fixâmes aux Charmettes à la fin de l'été de 1736. » Jean-Jacques Rousseau.

C'est la demeure campagnarde de Mme de Warens, *celle qui convertit Rousseau le calviniste à la religion catholique. Il en parle en des termes on ne peut plus élogieux : « Je m'étais figuré une vieille dévote, bien rechignée. Je vois un visage pétri de grâce, de beaux yeux plein de douceur... »* Rousseau habita cette maison de 1736 à 1742 et la célébra dans ses *Confessions*. Elle est aujourd'hui la propriété de la ville de Chambéry. La présence du philosophe est partout, son souvenir habite les pièces... Prenez le temps de les visiter. L'aménagement intérieur date de la fin du 18e s. : au rez-de-chaussée, la salle à manger avec décor en trompe-l'œil, et le salon de musique qui évoque sa carrière musicale ; au premier étage, l'oratoire aménagé par Mme de Warens, qui précède sa chambre ainsi que celle occupée par Rousseau. On apprend ici qu'ils ne faisaient pas chambre commune... L'ensemble s'ouvre sur un jardin en terrasse, dans un vallon boisé dominant la vallée de Chambéry et fermé à l'horizon par la dent du Nivolet. Une collection de plantes utilisées au 18e s. y est rassemblée. C'est là que le visiteur appréciera le mieux le charme de ce « séjour du bonheur et de l'innocence ».

Dans ses *Confessions* (livres V et VI), J.-J. Rousseau conserve de ses dix années passées à Chambéry le meilleur souvenir : « S'il est une petite ville au monde où l'on goûte la douceur de la vie dans un commerce agréable et sûr, c'est Chambéry.»

Le château de Challes-les-Eaux (17e s.), transformé en hôtel, conserve la fière allure de l'époque des splendeurs de la station...

Challes-Les-Eaux✦

La station thermale s'est développée à l'endroit où la cluse de Chambéry, largement ouverte entre les Bauges et le massif de la Chartreuse, débouche dans le vestibule du « sillon alpin » (Grésivaudan et combe de Savoie). Le casino et l'établissement thermal, de style Napoléon III, sont agréablement situés dans un parc, à l'Est de la N 6. L'ancien château, du 17e s., a été aménagé en hôtel.

Spécialisée en gynécologie et traitement des voies respiratoires, Challes doit sa réputation à ses eaux froides (10,5°), les plus riches en soufre des eaux sulfurées sodiques connues. Elles sont utilisées principalement en inhalations, pulvérisations et gargarismes.

Lac d'Aiguebelette★

Le lac d'Aiguebelette donne beaucoup d'agrément à cette région accidentée du Bugey savoyard où le chaînon du mont du Chat arrive au contact du massif de la Chartreuse. De forme triangulaire, il fait 550 ha. Ses eaux, préservées de toute pollution industrielle ou urbaine, atteignent une profondeur de 71 m. La rive Est, escarpée et boisée, s'oppose aux rivages Ouest et Sud, plus accessibles, où se concentrent les activités de loisirs.

randonnée

Repère
La croix de Nivolet, dressée au 19e s. à la demande d'une congrégation de pénitents de Chambéry, était recouverte à l'origine de plaques de métal pour réfléchir la lumière. Actuellement, elle est éclairée la nuit.

Croix de Nivolet★★
48 km – environ 2h

Quitter Chambéry par la D 912, (route de St-Alban et du Revard), à l'Est, et suivre la signalisation « Massif des Bauges ».

Le lac d'Aiguebelette, écrin d'émeraude enchâssé dans les montagnes de l'Épine, demeure le lieu de détente favori des Chambériens.

Entre le Villaret et St-Jean-d'Arvey, la route s'élève rapidement au pied des falaises du mont Peney et de la dent du Nivolet, surmontée d'une croix monumentale. Elle domine bientôt les gorges boisées du Bout-du-Monde, vis-à-vis du château de la Bathie. Une série de lacets et c'est la cluse de Chambéry et la muraille du Granier, séparée du sommet du Joigny par la courbe du col du Granier. De St-Jean-d'Arvey à Plainpalais, on domine la haute vallée parcourue par la Leysse, torrent qui s'engouffre dans une courte fissure, immédiatement en aval des Déserts. En amont se redressent les escarpements du mont de Margeriaz.

La Féclaz

Cette station de sports d'hiver, important centre de ski de fond, est fréquentée surtout par les Lyonnais et les Chambériens.

Prendre à gauche la direction « Chalet du Sire » et laisser la voiture sur le parking situé au départ du télésiège.

🚶 *2h à pied AR*

Emprunter le large sentier, jalonné de balises jaunes affichant le chiffre 2, jusqu'au chalet du Sire, puis s'engager dans le sous-bois. L'itinéraire longe l'arête faîtière du Nivolet pour atteindre la croix de Nivolet (alt. 1 547 m). Superbe **vue**★★ sur le lac du Bourget et la succession des chaînes ; le Mont Blanc est visible en arrière-plan à l'Est.

carnet pratique

Vous êtes nombreux à aimer la pêche (brochet, lavaret, perche, carpe, goujon...), la baignade, les promenades en barque ou en pédalo, donc vous ne serez pas les seuls.

LES PLAGES

Elle mène au port et à la plage d'Aiguebelette installés sur la rive Est, au Nord de la localité, et se poursuit en corniche au flanc de la montagne de l'Épine. Au fond d'une petite baie dont la courbe s'inscrit dans un vallon très ombragé, la combe occupe un **site**★ charmant. Sur la rive Ouest sont aménagées plusieurs baignades (St-Alban-Plage, Novalaise-Plage, base de loisirs du Sougey à St-Alban-de-Montbel, plages de Lépin).

OÙ DORMIR
• *Valeur sûre*
Hôtel St-Alban-Plage – *73610 St-Alban-de-Montbel – 1,5 km au NE de St-Alban –* ☎ *04 79 36 02 05 - fermé 2 nov. à*

Pâques – 🅿 *– 16 ch. : 220/420F –* ☕ *40F.* Dans un décor « froufrouteux », rénové à grand renfort de voilages, dentelles et petits nœuds, on profite ici pleinement du lac grâce à la plage privée au pied de l'hôtel. La maison est aussi proprette et sucrée qu'une bonbonnière...

OÙ SE RESTAURER
• *Valeur sûre*
La Combe « chez Michelon » – *73610 Lacombe – 4 km au N d'Aiguebelette par D 41 –* ☎ *04 79 36 05 02 – fermé 2 nov au 2 déc, lun. et mar. sf juil-août 148/240F.* Parfaitement isolé, entre montagnes et forêts, ses larges baies vitrées ouvrent sur le lac d'Aiguebelette. En été, les repas sont servis sur la terrasse ombragée de marronniers centenaires. Une adresse familiale, simple et sans prétention, qui propose aussi quelques chambres.

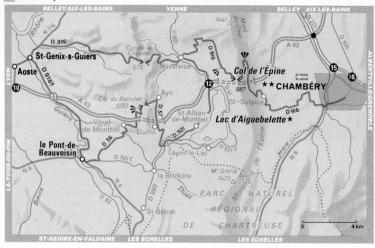

circuit

Route de l'Épine★

85 km – une journée – quitter Chambéry par la N 6, puis la D 916 prise à droite.

Panorama★★

Prendre comme observatoire le lacet, bordé d'un parapet, précédant immédiatement le col. Sur le versant du lac du Bourget, c'est surtout entre St-Sulpice et le col que certaines échappées méritent attention : on repère facilement le mont Revard avec sa gare de téléphérique et la dent du Nivolet surmontée d'une croix monumentale ; à leur pied se déploient Aix, son lac et l'agglomération chambérienne.

◄ Col de l'Épine

À l'Ouest du col – alt. 987 m. –, le lac d'Aiguebelette, dans lequel plongent les escarpements maigrement boisés du mont Grelle. À droite de ceux-ci, le cimier de la Sûre (massif de la Chartreuse) et, au dernier plan, les falaises du Vercors. À la sortie Ouest de Novalaise, poursuivre sur la D 916 qui serpente à flanc de massif jusqu'au col de la Crusille (alt. 573 m). La route descend le cours du petit affluent du Rhône jusqu'à **St-Genix-sur-Guiers.** Cet ancien bourg frontière franco-savoyard, aujourd'hui centre actif de tourisme, conserve une position charnière aux limites départementales de l'Ain, de la Savoie et de l'Isère, à proximité du coude formé par le Rhône pour contourner le Bas-Bugey. La proximité de l'autoroute Lyon-Chambéry a contribué à son désenclavement. *Poursuivre vers l'Ouest, sur 3 km, la N 516.*

Aoste

Ce gros bourg du Petit Bugey était déjà situé à un important nœud de communications régionales aux premiers siècles de notre ère. L'antique Vicus Augustus (fondé, comme son homonyme du Piémont, en hommage à l'empereur Auguste) contrôlait le trafic des voies romaines reliant Vienne (Isère) à Augusta Praetoria-Aoste (Italie) par le col du Petit-St-Bernard. La renommée d'Aoste dans l'empire romain était surtout due au talent de ses potiers et céramistes, dont on a retrouvé des exemplaires estampillés en Allemagne et dans les îles Britanniques. Cette intense activité périclitera après le 2e s.

Musée archéologique

Fermé pour réaménagement. Ouv. prévue en juin 2000.
☎ *04 76 32 58 27.*

Une intéressante évocation de la vie de cette importante ▶
bourgade gallo-romaine. Les étapes de la vie sociale de
la localité font l'objet d'une présentation claire et
didactique : rites religieux et funéraires et vie domestique
(reconstitution d'une cuisine gallo-romaine). L'activité
artisanale occupe une place prépondérante, notamment
une maquette des ateliers de potiers avec les différentes
étapes de fabrication. La riche collection de
céramiques★ permet de mesurer l'importance et la
diversité de cette production quasi industrielle.

Revenir à St-Genix-sur-Guiers, et s'engager dans la
D 916^A vers Pont-de-Bonvoisin. La route remonte le cours
du Guiers qui marque la limite du département de l'Isère
comme autrefois celle des deux états.

Dans le hall d'entrée, un
autel de carrefour, coiffé
d'un toit et orné de
quatre niches, contenait
des divinités du voyage.
Son emplacement devait
matérialiser le carrefour
des voies, tout comme les
fontaines ornent nos
ronds-points modernes.

*Échantillons des verreries
gallo-romaines produites
dans les fours d'Aoste.*

Pont-de-Beauvoisin

C'est le plus actif des anciens bourgs frontières franco-
savoyards à cheval sur le Guiers.

Point de vue du pont – Du célèbre pont frontière sur
le Guiers, reconstruit totalement en 1941, on bénéficie
d'un coup d'œil très agréable sur la rivière, où se reflètent
quelques belles vieilles maisons dominées par le clocher
classique de l'« église des Carmes ». À l'horizon au
Sud-Est, bien encadrées, se découpent les crêtes du
Grand Som (massif de la Chartreuse).

Quitter Pont-de-Beauvoisin au Nord par la D 36 en
direction de Dullin. La route s'élève en corniche, au flanc
du dernier gradin escarpé dominant le Petit Bugey. Entre
Vérel-de-Montbel et Ayn (prononcer A-yin) de superbes
échappées se révèlent sur le pays de Montbel ; **vue**★ à
gauche à l'entrée du col du Banchet.

À Ayn, prendre la direction du lac d'Aiguebelette par la D 37.

L'itinéraire débouche sur le plateau cultivé de Dullin, où
se succèdent plantations de maïs, de tabac et de noyers.

De St-Alban-de-Montbel à Novalaise, la route longe un
moment la rive Ouest du lac d'Aiguebelette *(voir
ci-dessus).*

*À Novalaise on rejoint le trajet aller du circuit jusqu'à
Chambéry.*

Chamonix-Mont-Blanc✳✳✳

Entre Chamonix et le Mont Blanc, c'est une merveilleuse histoire d'amour, qui dure depuis 1921. À chacun son domaine : Chamonix reçoit les alpinistes du monde entier, s'occupe de l'organisation des randonnées grâce à sa « compagnie des guides ». Le Mont Blanc, lui, trône avec majesté, et vous invite à plonger dans sa mer de glace, à vous laisser porter par la force de l'immensité, à ouvrir grands vos yeux tant le spectacle est unique.

La situation

*Cartes Michelin n°s 89 pli 4 ou 244 pli 21 – Schéma p. 209 – Haute-Savoie (74). Accès par l'Autoroute Blanche et le tunnel du Mont-Blanc.*Depuis 1965, l'essor de la station a bien évidemment été favorisé par l'ouverture du tunnel du Mont-Blanc *(voir ce nom)* qui relie Chamonix au val d'Aoste et la met à 20 km à peine de la grande station italienne de Courmayeur.

🚆 *Place Triangle-de-l'Amitié, BP 25, 74400 Chamonix-Mont-Blanc, ☎ 04 50 53 00 24, fax 04 50 53 58 90.*

Le nom

Si vous voulez donner l'impression de parler savoyard couramment, prononcez *chamouni*. Il est probable que la forme originale *Chamonis* provienne du vieux français *chamon*, terre inculte.

Les gens

9 701 Chamoniards et 150 guides de haute montagne qui participent pour beaucoup au renom de Chamonix, grande station de ski et d'alpinisme.

séjourner

La grande artère de Chamonix est la rue du Dr-Paccard que prolonge la rue Joseph-Vallot. Perpendiculairement à cet axe, la courte avenue de l'église mène au terre-plein de l'église, cœur de la vieille ville, et à la **Maison de la Montagne**, où se trouve le célèbre bureau des guides de Chamonix.
Dans la direction opposée, l'avenue Michel-Croz, où l'on peut voir une **statue** représentant le docteur **Michel Gabriel Paccard**, dessert les quartiers récents de la rive gauche de l'Arve et la gare.
Sur le pont de Cour, ce **groupe en bronze**, dû à Salmson, le naturaliste, représente Horace Benedict de Saussure et le guide Balmat contemplant le Mont Blanc.
Sur cette rive, vous trouverez les centres sportifs du Bouchet et de la place du Mont-Blanc. Leurs constructions modernes font couler beaucoup d'encre, accusées de dénaturer le caractère voire le site de la station, et même les Alpes entières...

Paccard et Balmat : point de ralliement des visiteurs et de départ des futures expéditions.

La Compagnie des guides

Fondée en 1821 dans le but de contrôler l'accès au massif du Mont-Blanc des premiers alpinistes étrangers, elle était composée à l'origine de 34 guides originaires de Chamonix, dont le responsable était nommé par le gouvernement sarde. En 1998, 142 guides de haute-montagne en activité sont inscrits à la Compagnie et accueillent en moyenne chaque année plus de 10 000 clients. Parmi les activités vedettes proposées en été : le TMB (Tour du Mont Blanc en refuges) et l'ascension en petits groupes du Mont Blanc (au terme de 10h de marche endurante et avec bivouac en refuge). En hiver, la descente de la vallée Blanche, accompagné d'un guide, reste un moment inoubliable pour tout skieur confirmé. Les tarifs des prestations sont disponibles aux bureaux de la Compagnie à Chamonix (☎ 04 50 53 00 88), à l'Argentière, aux Houches et à Servoz.

Musée Alpin

De juin à mi-oct. : 14h-19h ; de mi-déc. à fin avr. : 15h-19h. Fermé en mai, de mi-oct. à mi-déc., 25 déc. 20F. ☎ 04 50 53 25 93.

Installé dans l'ancien hôtel Chamonix-Palace, le musée Alpin relate l'histoire de la vallée de Chamonix, la vie quotidienne au 19e s., les étapes de la conquête des sommets alpins, les scientifiques au Mont Blanc (reconstitution du « salon chinois » de l'observatoire Vallot) et les débuts du ski dans la vallée. On y voit notamment d'anciens équipements d'alpinistes.

> **C**haque été, la Compagnie des guides réunit le 15 août les amoureux de la montagne autour d'une action caritative.

Les équipements d'hiver et d'été

En été, vous avez à votre disposition toutes les distractions sportives (piscines, tennis, golf). Les téléphériques et le chemin de fer du Montenvers (qui fait des vers sans en avoir l'air...) font alors leur plein d'excursionnistes venus pour la journée et d'alpinistes soucieux de gagner rapidement leurs camps de base.

Avec les domaines skiables de la Flégère et du Brévent, bien ensoleillés, le téléphérique de l'Aiguille du Midi – qui rend possible la pratique du ski en plein été, dans la combe glaciaire de la vallée Blanche – et enfin le téléphérique des Grands-Montets, au-dessus d'Argentière – la vallée de Chamonix est très bien équipée.

Un véritable effort a été fourni pour moderniser et dédoubler les grandes remontées mécaniques de la vallée (7 téléphériques, 6 télécabines, 16 télésièges), développer les équipements sportifs et de loisirs, préserver une cohésion d'urbanisme.

Avec ses deux patinoires officielles, dont une couverte et praticable en été, et son anneau de vitesse, Chamonix est la reine incontestée des sports de glace.

La paroi rocheuse des Gaillands, face au petit lac du même nom, sert d'école d'escalade. Une via ferrata de haute-montagne, le **balcon du Mont Blanc**, a été aménagée au-dessus de la Mer de Glace.

carnet pratique

Où DORMIR
• À bon compte

Hôtel Arveyron – *Rte du Bouchet : 2 km –* ☎ *04 50 53 18 29 – fermé 9 avr. au 4 juin, 24 sept. au 19 déc. –* 🅿 *– 32 ch. : 200/340F –* ⊊ *42F – restaurant 80/115F.* Profitez du jardin à l'ombre des cerisiers et respirez l'air pur face à la chaîne du Mont-Blanc, à 2 km du centre-ville. Vous serez bichonné, calfeutré dans des chambres lambrissées ou à table, autour de petits plats du terroir d'une cuisine familiale. Bon rapport qualité/prix.

Camping La Mer de Glace – *aux Praz-de-Chamonix, 2,5 km au NE de Chamonix par N 506 –* ☎ *04 50 53 08 63 – ouv. 24 avr. à sept. –* ⊟ *– 150 empl. : 104F.* Incontestablement le terrain le plus agréable de la vallée. Dans un environnement très « nature », les diverses installations conçues comme des chalets s'intègrent bien. Pas d'animations pour préserver le calme du site. Confort simple et propre.

• Valeur sûre

Hôtel Aiguille du Midi – *74400 Bossons, 3,5 km au SO de Chamonix par N 506 –* ☎ *04 50 53 00 65 –* 🅿 *– 45 ch. : 390/465F –* ⊊ *52F – restaurant 130/168F.* Cette maison savoyarde est située au centre de la vallée. À vos raquettes et vos maillots de bain ! Ici, le tennis et la piscine sont au pied de votre chambre. Restauration en terrasse puis repos dans le jardin fleuri. Sauna et jaccuzi pour la remise en forme.

Hôtel Beausoleil – *74400 Le Lavancher – 6 km au NE de Chamonix par N 506 puis rte secondaire –* ☎ *04 50 54 00 78 – fermé 20 sept. au 20 déc. –* 🅿 *– 15 ch. : 470/570F –* ⊊ *45F – restaurant 78/150F.* À 5mn de la ville, c'est un lieu de repos idéal. Dans un chalet montagnard familial avec jardin fleuri, vous pourrez fouler l'herbe ou la neige suivant la saison ou profiter du tennis privé. Ici, le sérieux montagnard vous garantit une cuisine de tradition régionale.

Chambre d'hôte La Girandole – *46 chemin de la Persévérance – 1,5 km au NO du centre-ville, dir. téléphérique du Brévent et rte des Moussoux –* ☎ *04 50 53 37 58 –* ⊟ *– 3 ch. : 270/320F.* Après un parcours digne d'une chasse au trésor, vous arriverez enfin à ce chalet savoyard isolé. Installé dans un paysage fantastique, son beau salon tout de bois revêtu ouvre ses fenêtres sur le Mont Blanc, l'aiguille du Midi et l'aiguille Verte. Accueil charmant.

• Une petite folie !

Hameau Albert Iᵉʳ – *119 impasse Montenvers –* ☎ *04 50 53 05 09 – fermé 2 nov. au 3 déc. –* 🅿 *– 27 ch. : à partir de 790F –* ⊊ *80F – restaurant 195/500F.* C'est un véritable hameau chamoniard de grand standing, composé de l'hôtel-restaurant Albert Iᵉʳ et de chalets indépendants reconstruits dans la tradition, au milieu d'un parc fleuri. Chambres spacieuses et raffinées mélant granit, terre cuite, boiseries de mélèze, arolle et sapin.

Hôtel Hermitage-Paccard – *R. Cristalliers –* ☎ *04 50 53 13 87 – fermé 26 avr. au 7 mai et 18 oct. au 10 déc. –* 🅿 *– 34 ch. : à partir de 595F –* ⊊ *50F – restaurant 140/150F.* Ici, règne la quiétude de la nature, à l'écart du centre-ville. Si l'envie vous prend de faire une pause entre deux promenades, installez-vous au jardin pour vous reposer ou déjeuner ou passez un moment en salle de remise en forme.

Où SE RESTAURER
• À bon compte

La Calèche – *18 r. Dr-Paccard –* ☎ *04 50 55 94 68 – fermé fin mai à mi-juin et nov. – 99/149F.* Au cœur de la station, ce restaurant se visite comme une brocante : objets anciens et variés, cuivres, cloches, vieux skis, etc. sont exposés partout dans la salle. Les serveurs sont en tenue savoyarde et un groupe folklorique se produit une fois par semaine.

L'Impossible – *9 chemin du Cry –* ☎ *04 50 53 20 36 – www.limpossible.com – dîner seul.– fermé nov. et mar. hors sais. – 99/172F.* Cette ferme chamoniarde de 1754 a conservé son caractère authentique, avec ses murs de bois et son crépi à l'intérieur. Au premier étage, sous la charpente, le patron utilise la « borne » – cheminée traditionnelle – pour cuire ses spécialités savoyardes.

La Bergerie – *232 av. Michel-Croz –* ☎ *04 50 53 45 04 – fermé 15 au 30 juin – 89/115F.* Dans un décor qui utilise des matériaux anciens de fermes savoyardes, les viandes sont grillées au feu de bois dans la cheminée. Vous pourrez également goûter les recettes régionales et profiter du calme de la terrasse ombragée en été.

• Valeur sûre

La Cabane – *Au golf des Praz-de-Chamonix, 2,5 km au NE du centre par N 506 –* ☎ *04 50 53 23 27 – fermé 20 au 30 avr. et 5 nov. au 19 déc. – 159/250F.* Situé dans le golf de Chamonix, le cadre de cette « cabane » recrée une atmosphère nordique conviviale, dans une vaste salle aux poutres et rondins de bois apparents. Cuisine traditionnelle copieuse.

Maison Carrier – *Rte du Bouchet –* ☎ *04 50 53 00 03 – fermé 15 nov. au 18 déc., lun. sf été et fériés – 145/240F.*

Offrez-vous une étape gourmande dans ce restaurant de pays, dans l'enceinte du Hameau Albert Ier. Une des salles est une authentique pièce de ferme de 1794. Cuisine paysanne de montagne, grillades dans la « borne », cette grande cheminée centrale à l'ancienne.

Le Panoramic – *au sommet du Brévent - par télécabine puis téléphérique - ☎ 04 50 53 44 11 - déj. seul., fermé 20 sept. au 20 nov. et 20 avr. au 15 juin - 145F.* Sur sa terrasse, vous aurez l'impression d'être suspendu dans les airs... Avec une vue époustouflante sur le Mont Blanc, l'aiguille du Midi et le glacier des Bossons. Au menu : cuisine savoyarde, goûters et pauses-café en plein soleil, comme il se doit !

DÉTENTE ET GOURMANDISES

Ancey – *3 pl. Saussure, ☎ 04 50 53 09 79. Ouv. tlj 8h-19h.* Ce chocolatier renommé propose quelques savoureuses spécialités : les chamoniardises (praliné-nougat), les galets de Chamonix (pâte noisette au beurre de cacao) et d'excellentes pâtes de fruits.

Le Refuge Payot – *166 r. Vallot, ☎ 04 50 53 18 71. Ouv. tlj 8h-19h.* Boutique bien approvisionnée en produits régionaux de toutes sortes : charcuterie (saucisson aux myrtilles), fromages (fromage d'Abondance), confitures (confiture de lait), vins de savoie, confiseries et plats cuisinés savoyards à emporter.

La Terrasse-le Grand Café – *43 pl. Balmat, ☎ 04 50 53 09 95 ouv. tlj à partir de 9h (à partir de 16h pour le Grand Café).* Cet établissement centenaire en abrite deux : La Terrasse, situé au rez-de-chaussée et très fréquenté par beau temps ; Le Grand Café à l'étage avec son décor Art nouveau et ses baies vitrées qui ouvrent sur le Mont Blanc. En pleine saison, un pianiste y anime les soirées.

EN GARDANT DE LA HAUTEUR

Le 3 842 – *au sommet de l'Aiguille du Midi – par téléphérique – ☎ 04 50 55 82 33 – déj. seul. – 150/250F.* Après une montée en téléphérique et la traversée d'une série de galeries et de passerelles, vous vous attablerez à 3 842 mètres d'altitude... Conditions extrêmes obligent, vous déjeunerez à l'intérieur d'une salle aux fenêtres étroites, mais quel plaisir d'être sur le toit de l'Europe !

Bar du Plan de l'Aiguille – *Le plan de l'Aiguille, avr.-sept.* Accès possible par le téléphérique du plan de l'Aiguille. Au pied de l'Aiguille du Midi, dans un site grandiose à 2 317 m d'altitude, ce modeste bar offre une halte agréable aux amateurs de randonnées.

Le Panoramic – *au sommet du Brévent, ☎ 04 50 53 44 11. Déc.-avr. : 9h-16h45. Juin-sept. : 8h-17h45.* Accès par le téléphérique du Brévent. À 2 525 m d'altitude, la terrasse de cet établissement offre un panorama grandiose sur le Mont Blanc, le glacier des Bossons, l'aiguille du Midi... et la vallée de Chamonix. Un incontournable !

AVANT DE PARTIR

– vous pouvez partir sous un chaud ciel bleu et revenir avec la chair de poule. Donc prévoyez des vêtements adéquats.

– même pour les randonnées faciles, évitez les talons aiguilles : équipez-vous de chaussures de montagne et portez des lunettes de soleil, tant pis si elles vous laissent une marque de bronzage malséante dans les dîners mondains ;

– plusieurs excursions en téléphérique impliquent un changement brutal d'altitude, éviter toute précipitation lors de la visite des sommets : on doit pouvoir y poursuivre une conversation tout en marchant ;

– pour les moins téméraires, certaines stations intermédiaires du parcours en téléphérique offrent déjà un belvédère intéressant ;

– des points de restauration et de ravitaillement sont disponibles aux stations de Planpraz et du Brévent ; des restaurants d'altitude fonctionnent aux terminus de l'Aiguille du Midi, du Brévent et de la Flégère ;

– mettez Médor chez la nourrice : ici les chiens ne sont pas admis, particulièrement lorsque l'excursion traverse une réserve.

Pour les excursions à l'**Aiguille du Midi** et à la **vallée Blanche** :

– en période d'affluence, les départs sont réglementés par la délivrance de cartes numérotées d'embarquement : il est nécessaire de respecter l'heure et le numéro attribués sur le billet ;

– à l'arrivée au piton Nord, il est conseillé d'abord de traverser la passerelle pour accéder à droite au piton central et à la terrasse du Mont-Blanc, que l'on doit voir en priorité. Le piton Nord peut se visiter avant le retour à Chamonix. L'accès à la télécabine du Helbronner se fait par la galerie de la vallée Blanche, à gauche après la passerelle. Le tunnel de glace est réservé aux alpinistes équipés en conséquence.

LE DOMAINE SKIABLE

Avec quelques-unes des plus belles descentes qui soient, de par leur longueur, leur dénivelée et leur cadre grandiose de haute montagne, celui de la vallée de Chamonix est sans conteste le plus remarquable de Haute-Savoie. Alors si vous voulez vraiment en profiter, passer plus de temps à skier qu'à faire la queue aux remontées mécaniques, choisissez d'y venir en dehors des vac. scol. et des w.-end.

Le domaine est réparti sur plusieurs massifs, reliés entre eux par navette : le Brévent et l'Aiguille du Midi à Chamonix, la Flégère au Praz, les Grands Montets à Argentière et la Balme au Tour. L'enneigement est en général excellent au-dessus de 1 900 m (sur les deuxièmes tronçons de chaque massif) mais souvent insuffisant pour redescendre skis aux pieds en bas de vallée (retour assuré en téléphérique).

Pour les bons skieurs, les grands classiques sont la piste Charles Bozon, la combe de la Charlanon et le col Cornu (secteur Brévent), les Pylônes et le pic Janvier (secteur Flégère), et surtout le deuxième tronçon des Grands Montets★★★ (*voir Argentière*). Les itinéraires hors pistes, à effectuer avec un guide, sont exceptionnels, notamment la célèbre vallée Blanche★★★ (20 km de descente sur 2 800 m de dénivelée à partir de l'Aiguille du Midi).

Les skieurs peu expérimentés apprécieront particulièrement le secteur de la Balme, aux pentes modérées et bien enneigées. Ils trouveront également quelques pistes à leur niveau à Planpraz et à la Flégère.

Notons que le forfait Skipass Mont-Blanc permet d'évoluer sur les 13 stations du pays du Mont-Blanc (comprenant Megève, les Contamines, St-Gervais), et le forfait Chamski sur l'ensemble des remontées mécaniques de Chamonix-Mont-Blanc.

En été, le téléphérique de l'Aiguille du Midi rend possible la pratique du ski dans la combe glacière de la vallée Blanche.

Le ski de fond se pratique, quant à lui, de Chamonix à Argentière, en fond de vallée.

découvrir

PRÉVOIR

La montée aux différents sommets qui dominent Chamonix nécessitent d'emprunter plusieurs téléphériques successifs. Ces ascensions font tout le charme de ces excursions uniques dans le Alpes françaises ; toutefois, le budget à prévoir pour l'aller-retour est à la mesure de l'altitude atteinte ! Bien lire, par conséquent, les informations pratiques attachées à chaque description de sommet et ... en saison , réserver ses places !

◀ **Belvédères accessibles par téléphérique**

Aiguille du Midi★★★

2h AR au minimum par le téléphérique. De juil. à fin août : 7h-17h, trajet en deux tronçons : Chamonix-Plan de l'aiguille et Plan de l'aiguille-Aiguille du Midi. (dép. toutes les 1/2h). 196F AR (enf. : 98F). ☎ *04 50 53 30 80, réservation possible en été au* ☎ *08 36 68 00 67.*

Des sensations qui valent toutes les fêtes foraines et parcs d'attraction réunis : le téléphérique ou téléférique de l'Aiguille du Midi avec sa nacelle suspendue par moments à plus de 500 m du sol devrait laisser sans voix les amateurs d'émotions fortes.

Plan de l'Aiguille★★ alt. 2 310 m – Ce point d'arrêt intermédiaire, base de promenades faciles, est situé au pied même des arêtes déchiquetées des aiguilles de Chamonix. La vue est déjà dégagée sur les régions supérieures du Mont Blanc.

Piton Nord alt. 3 800 m – La gare supérieure est séparée du point culminant – le piton central – par un abîme sur lequel est jetée une passerelle. Vous avez les jambes qui en tremblent ! C'est normal. De la terrasse panoramique, la **vue** plonge sur la vallée de Chamonix que l'on surplombe de 2 800 m. Les dentelures des aiguilles de Chamonix se profilent maintenant légèrement en contrebas. L'aiguille Verte, les Grandes Jorasses, l'aiguille du Géant dominant le seuil neigeux du col du Géant sont les cimes que vous remarquerez en priorité.

Piton central *(accessible par ascenseur) – alt. 3 842 m – 8h-16h30 (juil.-août : 6h30-17h30). Gratuit (juil.-août : 14F).* ☎ *04 50 53 30 80.*

Avant de regagner la gare du téléphérique, parcourir les galeries forées à la base du piton Nord : l'une aboutit à une terrasse aménagée face au Mont Blanc ; l'autre – servant aux skieurs partant pour la descente de la vallée Blanche – à la gare de la télécabine de la vallée Blanche reliant l'Aiguille du Midi à la pointe Helbronner *(section de la « traversée de la chaîne » décrite p. 313).*

Impressionnant et inoubliable, le voyage en téléphérique à l'Aiguille du Midi

CHAMONIX-MONT-BLANC

Le Brévent★★★ *Alt. 2 526 m*

1h1/2 AR par télécabine (jusqu'à Planpraz) puis téléphérique. De déb. juin à fin sept. et de déb. déc. à fin avr. : Chamonix-Planpraz en télécabine (20mn), Planpraz-Brévent en téléphérique (10mn). 81F AR (-16ans : 40,50F). ☎ 04 50 53 13 18.

> **STATION MÉDIANE**
> Planpraz★★
> (alt. 2 062 m). Cette station-relais constitue déjà un belvédère parfait sur les aiguilles de Chamonix.

Majestueux fleuve de glace qui a fasciné les premières générations de découvreurs de cimes, la Mer de Glace garde intact son attrait.

Du sommet *(table d'orientation)*, recul suffisant cette fois pour profiter pleinement du **panorama** : tout le versant français du massif du Mont-Blanc, y compris l'Aiguille du Midi, ainsi que la vallée de Chamonix s'étendant, en contrebas, du village des Praz *(à gauche)* à celui des Bossons *(à droite)*. À l'opposé, se succèdent les grands sommets du Haut-Faucigny calcaire (Buet, Avoudrues, pointe de Salles), des Fiz (aiguille de Varan) et des Aravis (pointe Percée, Charvin). Votre album souvenirs serait fier d'avoir cette photo...

La Flégère★

Alt. 1 894 m. Accessible par le téléphérique. Juil.-août : (6mn, toutes les 1/2h) 8h10-17h20 (de mi-juil. à mi-août : 7h40-17h50) ; de mi-juin à fin juin et sept. : 8h10-12h30, 13h30-16h50. 56F AR, 44F A. ☎ 04 50 53 18 58.

Vue *(table d'orientation)* particulièrement imposante sur l'aiguille Verte et sur la barre de sommets (Grandes Jorasses) qui ferment le bassin de la Mer de Glace. De la Flégère, une télécabine monte à l'**Index** (alt. 2 385 m). Ne le mettez surtout pas à l'index de la visite : de là, vous avez une **vue** sur tout le massif du Mont-Blanc, depuis l'aiguille du Tour jusqu'à l'aiguille du Goûter. *Juil.-août : (7mn, en continu) 8h20-17h (de mi-juil. à mi-août : 7h50-17h30) ; de mi-juin à fin juin et sept. : 8h20-12h30, 13h30-16h30. 44F AR, 32F A. ; 81F AR (incluant téléphérique des Praz), 62F A. ☎ 04 50 53 18 58.*

La célèbre aiguille Verte et les impressionnants Drus, théâtres des exploits d'alpinistes, vus depuis le village des Praz.

Aiguille des Grands-Montets★★★ *Alt. 3 297 m. –(voir Argentière).*

La Mer de Glace★★★

Alt. minimum du glacier : 1 700 m.
Par le chemin de fer du Montenvers. – *Mai-sept. : (dép. toutes les 1/2h) 8h30-17h30 (juil.-août : 8h-18h) ; oct.-avr. : 10h-16h. 76F AR, 58F A.* ☎ *04 50 53 12 54.*

🚶 *1h1/2 AR dont 3/4h de chemin de fer à crémaillère.*
Vue de la station supérieure, sur le sommet du Montenvers (alt. 1 913 m), **site**★★★ fameux composé par la Mer de Glace et les formidables obélisques du **Dru** et de la **Verte**, et en toile de fond les **Grandes Jorasses**. *Table d'orientation devant l'hôtel du Montenvers.*
Une annexe du **musée Alpin**, installée dans l'ancien hôtel du Montenvers (1840), présente des documents sur la Mer de Glace et le chemin de fer du Montenvers. *De juil. à mi-sept. : 11h-17h. 5F.* ☎ *04 50 53 25 93.*
Les amateurs de curiosités pourront aller visiter une **grotte de glace** creusée (et retaillée chaque année) dans la Mer de Glace. *En fonction des h. du train. Fermé de mi-nov. à mi-déc. 17F.* ☎ *04 50 53 12 54.*
Pour les randonneurs entraînés à évoluer en haute montagne, possibilité de remonter la Mer de Glace en empruntant la via ferrata du **balcon de la Mer de Glace** (*se renseigner au préalable auprès du bureau des guides de Chamonix*).

Traversée de la chaîne★★★

1 journée AR – pour les détails, se reporter au massif du Mont-Blanc.

randonnées

200 km de sentiers ont été balisés pour faciliter vos promenades.
Les ascensions réservées aux alpinistes, nécessitant un équipement approprié et généralement l'accompagnement de guides brevetés, n'entrent pas dans le cadre du présent ouvrage.

Petit tour du Mont Blanc★★★

Circuit de 4 jours *(voir à Mont Blanc).*

LA VIE D'UNE GROTTE DE GLACE

L'emplacement annuel de la grotte est déterminé par les « grottus ». À cause du mouvement du glacier, plus rapide au milieu (90 m par an) que sur les côtés (45 m par an), la salle principale de la grotte avance plus vite que le tunnel d'entrée. Lorsque le glacier progresse sur un verrou, il s'ouvre en surface (séracs) et des crevasses vont se creuser en profondeur ; quand il glisse dans une cuvette, les crevasses se referment. C'est pour cela que la grotte est toujours creusée à l'emplacement d'une cuvette.

CONSULTER
Le **guide Vallot Chamonix-Mont-Blanc – St-Gervais** (série Tourisme en montagne – Arthaud) et la **Carte des promenades d'été en montagne,** éditée par l'Office du tourisme de Chamonix, proposent un large éventail de découvertes pédestres de tout niveau.

Lac Blanc★★

Alt. 2 352 m. Aller aux Praz et prendre le téléphérique de la Flégère puis la télécabine de l'Index.
Accès au lac en 1h15. Descente directe sur la Flégère en 1h. Chaussures de montagne indispensables (traversée de névés et sentier très rocailleux).

> **MIROIR**
> Pour contempler les beaux reflets des eaux du lac, la meilleure période est la fin du mois de juillet.

◄ Vue exhaustive, de gauche à droite, sur le glacier du Tour, l'aiguille du Chardonnet, l'aiguille et le glacier de l'Argentière, les Grands-Montets, l'aiguille Verte, les Drus, la Mer de Glace, les Grandes Jorasses, l'aiguille du Géant, l'Aiguille du Midi, le Mont Blanc... On n'en oublie pas ?

> **LE CHEMIN DE FER DU MONTENVERS**
> Ce pittoresque train qui rend accessible aux non-alpinistes la haute montagne et les glaciers, tire son nom du belvédère d'arrivée. En savoyard, le Montenvers « regarde vers le Nord », à l'envers (par rapport à la Savoie) selon la coutume. Ce grand 8 local, long de 5 km affiche une dénivellation de 870 m entre ses têtes de ligne. En 1908, il fonctionnait l'été grâce à une locomotive à vapeur suisse et franchissait des pentes de 20 % à l'aide d'une crémaillère ; l'ascension durait environ 1h, à la vitesse moyenne de 6 km/h. Depuis l'hiver 1993, un nouvel aménagement de la ligne (galerie de protection contre les avalanches) et un matériel plus puissant assurent un service toute l'année. Maintenant sa vitesse peut atteindre 20 km/h. Bel effort !

Les Grandes Jorasses, vertigineuse muraille de basalte et rêve des alpinistes en herbe, contribuent au mythe de la haute montagne.

Promenade de la Flégère à Planpraz★★

Aller aux Praz en bus et prendre le téléphérique de la Flégère.
🚶 *environ 2h de marche. Descente sur Chamonix par la télécabine de Planpraz.*

Cet itinéraire, facile et agréable, constitue la partie centrale du Grand Balcon Sud reliant le col des Montets aux Houches. Du sentier, bordé de rhododendrons, vous ne vous lasserez pas des vues sur la chaîne du Mont-Blanc.

Randonnée du plan de l'Aiguille au Montenvers★

🚶 *2h15 de marche.*

Vues sur l'ensemble de la vallée, des Houches à Argentière et en particulier, sur le massif des Aiguilles-Rouges. Sur la fin, prendre le sentier de gauche pour rejoindre la Mer de Glace.

Champagny-en-Vanoise ✳✳

Ce si joli petit village a gardé toute son authenticité. Ici, c'est un peu comme vivre au paradis. Les randonneurs partent pour de grandes vadrouilles, à la conquête des nombreux sentiers du Parc national de la Vanoise. Les skieurs profitent du rattachement de la station à la Plagne et ont l'impression d'aller jusqu'au au bout du monde...

La situation

Cartes Michelin nos 74 pli 18 ou 244 plis 31 et 32 - Savoie (73). Ce modeste village, au pied du **Granc Bec** (alt. 3 398 m) et face à Courchevel, s'étage entre 1 250 m (Champagny-le-bas) et 1 450 m (Champagny-le-Haut). Accès par l'autoroute A430 jusqu'à Albertville puis la N 90 en direction de Courchevel et Pralognan.
🛈 *Résidence « Le Centre », ☎ 04 79 55 06 55, 73350 Champagny-en-Vanoise.*

Le nom

À un jet de boule (de neige) de La Plagne, l'air du terroir semble figé à Champagny. À tel point qu'il faillit être rebaptisée l'« Agreste » sous la Révolution...

Les gens

Pierre de Tarentaise (1225-1276), alias Pierre de Champagny, élu pape sous le nom d'Innocent V en 1276, était originaire de Champagny.

séjourner

Le domaine skiable

La station exploite un domaine, très ensoleillé, relié à celui de La Plagne. Normalement, en prenant les téléskis des Borselliers et de Rossa, les skieurs débutants et moyens ne devraient pas se retrouver les quatre fers en l'air. Quand les conditions d'enneigement le permettent, en descendant la **piste rouge du mont de la Guerre** au dénivelé de 1 250 m, vous devriez être ébahis par la splendeur des vues sur les domaines de Courchevel et Pralognan. Le ski de fond se pratique plus en amont, à Champagny-le-Haut, dans un très beau cadre.

Coup d'œil baroque

Au sommet d'une butte, l'église (16ᵉ s.) abrite un remarquable **retable**★ consacré à la Vierge, fourmillant d'angelots, œuvre due au sculpteur Clérant de Chambéry (1710). Le devant d'autel, représentant l'Enfant Jésus entouré d'anges, est de la même veine. *Été : visite guidée 2 fois par sem. ; hiver : mar. soir. Office de tourisme.*

En été

Champagny constitue une exceptionnelle **base de randonnées pédestres.** *Se procurer les fiches de sentiers éditées par l'Office de tourisme.*

Du côté de La Plagne, les principales excursions mènent au mont Jovet, à la Grande Rochette et au col de la Chiaupe (accès ensuite au glacier de Bellecôte en télécabine).

Mais les plus beaux itinéraires sont incontestablement au dessus de Champagny-le-haut, dans le parc de la Vanoise.
🏃 Départ de Laisonnay-d'en-bas (alt. 1 559 m), accessible par la route. Vous ne regretterez pas de vous êtes levés avant le soleil et d'avoir transpiré un peu : sur les sentiers de randonnées en direction du **col du Palet**★★ (*7 h 30 AR*), du **col de la Grassaz** (*7 h AR*) et du **col du plan Séry** (*5 h 30 AR*) vous augmenterez votre capital souvenirs : vues sublimes sur le Grand Bec, la Grande Motte et la Grande Casse.
Ces randonnées exigent d'être en parfaite condition physique. Elles sont sans difficultés techniques, mais assez longues.

Télécabine de Champagny★ *Alt. 1 968 m*

De mi-fév à mi-avr. : (8mn, en continu) ; juil.-août : tlj sf sam. 41F (enf. : 31F). ☎ 04 79 09 67 00.
Au fur et à mesure du trajet s'ouvre devant vos yeux le domaine de Courchevel, dominé par la Saulire et l'aiguille du Fruit, en train de mûrir sous le soleil. Plus à gauche, on découvre Péclet-Polset, les glaciers de la Vanoise et le Grand Bec.
De l'arrivée, les skieurs l'hiver et les randonneurs l'été peuvent rejoindre la terrasse du restaurant au sommet du téléski Borselliers. Une table d'orientation y a été installée (alt. 2 109 m) : **vue**★ sur la Grande Casse, l'aiguille de l'Épena, la Grande Glière, la pointe de Méribel et les Trois-Vallées.

Champagny-le-Haut★★

La route étroite, parfois taillée dans le roc, vient s'accrocher au-dessus des gorges de Champagny, puis, au-delà d'un chaos de blocs éboulés, débouche dans le sévère bassin de Champagny-le-Haut, aux versants totalement dénudés.
À la sortie de la Chiserette, le glacier de la Grande Motte, à la droite duquel se profile de justesse, à l'entrée du hameau du Bois, la face Nord de la Grande Casse.
🏃 Le refuge du Bois, à la porte du Parc national, sert de centre d'informations sur le massif de la Vanoise. Point de départ d'un **sentier-découverte** comportant, sur un tracé plat d'environ 1 h 30, des tables de lecture détaillant les caractéristiques du paysage de la vallée.

Arrêt cascade !
Avant la Chiserette, à gauche, la **cascade** du même nom dévale de la Pointe de la Velière et surgit d'un boqueteau de sapins.

Été comme hiver, vous êtes nombreux à succomber au charme et à l'élégance de cette vedette internationale. Toujours à l'écoute de ses fans, elle s'est parée d'une nouvelle garde-robe : de nombreuses routes la rendent plus accessible ; un téléphérique vous emporte en un clin d'œil au Belvédère de la Croix de Chamrousse; et un lotissement vous accueille lorsque la star revêt son manteau d'hermine... Pour une bonne nouvelle, c'est une bonne nouvelle !

La situation

Cartes Michelin n°s 77 pli 5, 244 plis 39 et 40 ou 4038 plis G et H 6 - Isère (38). Les croupes de Chamrousse marquent les derniers ressauts importants de la chaîne de Belledonne, au Sud-Ouest. 🗗 *Le Recoin, 38410 Chamrousse, ☏ 04 76 89 92 65.*

Le nom

À l'époque, le terme *chaumes roux* duquel est issu Chamrousse évoquait bien la couleur caractéristique de cette partie d'alpages. Aujourd'hui, sa couleur est plutôt le blanc mâtiné de bleu fuchsia et de rose fluo...

Les gens

Henri Duhamel, grimpeur passionné et challenger malheureux dans la course à la conquête de la Meije, ramena d'une exposition parisienne d'étranges patins lapons. Il s'essaya gauchement à cette technique au Recoin de Chamrousse en 1878. Les skis nordiques venaient de faire une entrée fort discrète sur les pentes alpines.

NOTRE COLETTE

La Seconde Guerre mondiale à peine terminée, **Colette**, au fait de la gloire littéraire, vient soigner à Uriage une sciatique chronique ; elle a 72 ans. Libérée de son mal, elle enfanta d'un nouveau roman, *le Fanal bleu,* qui eut pour cadre celui de sa cure.

L'ÉCOLE D'URIAGE

En décembre 1940, l'École nationale des cadres, installée à Gannat, déménagea dans le château d'Uriage. Elle était dirigée par un ancien saint-cyrien, Pierre Dunoyer de Segonzac, qui proclamait la continuité de l'État et visait à former les élites de l'après-guerre. Cette institution officieuse vit défiler près de trois mille stagiaires pendant sa période d'activité. De ce « vivier de réflexion » ont émergé des noms célèbres tels Hubert Beuve-Méry (patron de presse et fondateur du quotidien *Le Monde*), Jean Lacroix ou Joffre Dumazedier. Ne correspondant plus à la doctrine officielle du gouvernement de Vichy, l'école fut fermée sur ordre de Pierre Laval en décembre 1942. Certains élèves rejoignirent alors les mouvements de la Résistance.

---

séjourner

Uriage-les-Bains⚕

Blottie au fond d'un vallon verdoyant, au pied de la chaîne de Belledonne, Uriage accueille les curistes depuis 1825. Son établissement thermal, son casino, ses hôtels, ses villas sont disséminés dans un parc de 200 ha. Les eaux, chlorurées, sodiques, sulfureuses et isotoniques, sont utilisées dans le traitement des maladies de la peau, des rhumatismes chroniques, des affections oto-rhino-laryngologiques. Dominant la station, le village d'origine, **St-Martin-d'Uriage**, a conservé son rôle administratif de centre communal et reste un agréable lieu de séjour.

Chamrousse✣

Le grand complexe hivernal de Chamrousse, dominant la plaine de Grenoble, se compose des stations du **Recoin de Chamrousse** (alt. 1 650 m) et de **Roche-Béranger** (alt. 1 750 m).

Les curistes d'Uriage furent les premiers clients désireux de goûter à l'air pur des hauteurs du massif de
Belledonne dont Chamrousse constitue la pointe la plus
méridionale. La consécration de la station vint avec les
jeux Olympiques de 1968 : Killy, Goitschel, Périllat, des
noms qui font encore rêver.

circuit

Ce parcours de découverte réunit dans une boucle la
station estivale de Chamrousse en amont, à la station
thermale d'Uriage en aval.
39 km – environ 2 h
La D 111 pénètre dans la **forêt de Prémol★** (feuillus,
puis sapins et épicéas). Malgré la végétation, on
bénéficie de beaux coups d'œil sur le Vercors et la
Chartreuse. Dans ce massif, on reconnaît l'éperon de
Chamechaude et, plus à droite, le promontoire massif
de la dent de Crolles.

Ancienne chartreuse de Prémol

Le seul bâtiment d'époque de cet ancien couvent a été
transformé en maison forestière. Mais verrait-il ce
changement d'un si mauvais œil ? Ce n'est pas dit. Faites
une halte dans sa vaste clairière.
Après le replat du col Luitel, la route atteint son point
culminant au chalet des services de l'Équipement où sont
garés les chasse-neige et qui commande les différents
accès de Roche-Béranger.

Réserve naturelle du Luitel★

*D'Uriage, prendre la D 111 vers Chamrousse, puis à droite,
la D 113 signalée « col du Luitel ». La route contourne le lac
avant d'atteindre le départ du sentier-découverte. Parking
près du chalet d'accueil. De mi-juin à fin août : 9h-18h ; de
déb. sept. à mi-sept. : w.-end et j. fériés 9h-18h. 40F (enf. :
20F). ☎ 04 76 86 39 76.*
La réserve du Luitel est une tourbière à sphaignes
(mousse qui en se décomposant contribue à la formation
de la tourbe) typique où l'on trouve tous les stades
d'évolution depuis l'eau libre jusqu'à la zone boisée,
tourbière « morte ».
Des sentiers balisés et des terrasses d'observation
sur caillebotis permettent d'observer le monde végétal
des tourbières. La flore comprend des espèces
rares et protégées telles des plantes carnivores (la
drosera, l'utriculaire et la grassette) et des orchidées. Les
pelouses qui bordent le lac sont en réalité des
tapis de mousses flottant sur l'eau (et qui ne résiste-
raient pas au poids des promeneurs), sur lesquels
se sont accrochées les racines des pins à crochets. Lorsque ceux-ci atteignent une hauteur de
3 m, leur faible enracinement dans la couche de
tourbe provoque leur déchaussement... et hop, à
l'eau !

> **L**a Réserve naturelle du
> Luitel est la plus ancienne
> réserve naturelle française.
> Sur 18 ha, un
> lac-tourbière ainsi qu'une
> tourbière boisée sont
> habités d'une flore unique
> en France. L'espace des
> tourbières proviennent de
> remplissage, par les eaux
> de fonte des glaciers, des
> dépressions creusées par
> l'érosion glaciaire au
> début du quaternaire.
> Vous pourrez observer
> l'évolution complète d'une
> tourbière d'altitude et son
> écosystème dans un site
> similaire à celui de
> certaines régions en
> Laponie.

Croix de Chamrousse★★ *Alt. 2 257 m*

🚶 *1 h AR dont 10 mn de téléphérique. De mi-juin à
mi-sept. : (toutes les 20mn) w.-end 8h-12h30, 13h30-18h
(de déb. juil. à déb. sept. : tlj). 40F AR, 30F A. ☎ 04 76 59
09 09.*
De la station supérieure du téléphérique, proche d'un
relais de télévision, quelques pas mènent au socle de la
croix. Là, bien sûr, un immense **panorama★★** (panneaux
d'orientation).
Vers l'Ouest, c'est la dépression du Drac barrée par le
Vercors, la plaine de Grenoble et le sillon du Grésivaudan
en arrière duquel se dressent, de gauche à droite, les
bastions de la Chartreuse et des Bauges. À l'horizon, par

temps clair, vous distinguerez la ligne brune des Cévennes. Au Sud, on voit monter les fumées industrielles de Séchilienne.

S'éloignant de Chamrousse par l'Ouest, puis vers le Nord, la D 111, sine en corniche dans la forêt de Saint-Martin en ménageant de nombreuses **échappées**★ sur Uriage, le massif du Vercors et le site de Grenoble.

La route passe ensuite en contrebas de l'ancien château (13e-14e s.) de la famille de Bayard (qui n'est pas un fort), peu avant de rejoindre Uriage.

> **BEAU DEVANT**
> Dans la forte descente qui suit la traversée du village des Seiglières, au sortir de la forêt, belle **vue**★ a sur la combe d'Uriage, vaste et très habitée.

Massif de la **Chartreuse**★★

Il est rare que les moines choisissent de s'installer dans des endroits laids, vulgaires et dépouillés d'intérêt. Saint Bruno, comme les autres, n'échappa pas à la règle en bâtissant son monastère dans le massif de la Chartreuse : ces montagnes avec leurs étranges sommets taillés dans le calcaire, ces somptueuses forêts aux essences diverses, les versants à pâturages au modelé harmonieux... Autant de beautés rassemblées dans un même site, ça laisse à méditer !

La situation

Cartes Michelin n°s 74 pli 15 ou 77 plis 4, 5 ou 244 plis 28 et 29.
Assez isolé par un relief difficile, le massif de la Chartreuse est contourné par deux grands axes routiers alpins, la N 90 à l'Est et la D 520 prolongée par la N 6 de Voiron à Chambéry sur le flanc Ouest. On a une vue particulièrement belle sur le massif en y accédant depuis Grenoble vers St-Pierre-de-Chartreuse ou depuis Chambéry par le col du Granier *(voir également « Grande Chartreuse, Couvent de la », et « Saint-Pierre de Chartreuse »).*

🛈 Parc naturel régional de Chartreuse, Maison du parc, 38380 St-Pierre-de-Chartreuse, ☎ 04 76 88 75 20.

> **LA TÊTE SOUS L'EAU**
> Parmi les particularités géologiques, le massif de la Chartreuse possède trois des plus grands réseaux souterrains des Alpes : l'**Alpe** (près de 30 accès différents pour 50 km de sous-sols), la **dent de Crolles** (60 km de galeries bien connues des spéléologues) et le **Granier**.

Le nom

Le massif de la Chartreuse n'a jamais disposé d'une unité administrative. Partagé, jusqu'en 1860, entre la Savoie et la France, les marques de cette frontière sinueuse sont encore visibles au grès des sentiers de randonnées. Le secteur le plus visible est à Entre-Deux-Guiers.

Les gens

Si le massif doit son identité à saint Bruno, si les moines chartreux doivent leurs règles à leur saint patron, tous les chartroussins doivent leur nom au massif de la Chartreuse.

comprendre

> **NOUNOURS PRÉHISTORIQUES**
> Dans une cavité du mont Granier, la découverte récente de plusieurs milliers d'ossements d'ours préhistoriques confère une nouvelle valeur scientifique à cet ensemble.

Le chef-d'œuvre de l'urgonien – La formation géologique typique des montagnes de Chartreuse est le calcaire urgonien. Cette roche crétacée (ère secondaire), épaisse de 200 à 300 m, est profondément affectée, ici, de plis et de failles. Les grands abrupts taillés dans sa carapace apparaissent feuilletés de minces lits marneux

carnet d'adresses

(marne : roche sédimentaire argileuse) dont les affleurements forment les « **sangles** », banquettes gazonnées horizontales, vertigineusement suspendues au-dessus du vide.

Le Parc naturel régional de Chartreuse – Créé en 1995, ce parc de 63 000 ha inscrit dans son périmètre 46 communes réparties en Savoie et en Isère sur l'ensemble du massif de la Chartreuse.

Le Parc régional développe un type de tourisme « doux », axé sur la randonnée, le vol libre et l'escalade. On met au point le balisage de 5 itinéraires de randonnées culturelles, une « chaîne du patrimoine cartusien ».

Les objectifs du jeune parc sont de préserver de l'urbanisation les zones à forte valeur biologique, d'assurer la protection des eaux et des sols par la gestion de projets de rivière tel « Guiers propre », et de conserver le patrimoine naturel des hauts plateaux de Chartreuse en vue de leur classement en Réserve naturelle.

Les conditions climatiques du massif de la Chartreuse (forte pluviométrie alternant avec un ensoleillement intense) assurent la présence d'une grande variété de milieux naturels : falaises, grands domaines forestiers, zones humides, pelouses subalpines. Chaque milieu ▶ renferme des espèces spécifiques et endémiques : vulnéraire des Chartreux (plante jaune utilisée contre les blessures), potentille luisante (herbe à fleurs jaunes ou blanches), et la pédiculaire ascendante (plante poussant grâce à l'humidité des prés).

Les chartreux – Le patrimoine culturel du Parc est fortement marqué par neuf siècles de présence des pères chartreux, et par leurs activités économiques originales : la liqueur et la métallurgie.

Parc naturel régional de Chartreuse.

circuits

① ROUTE DU DÉSERT PAR LE COL DE PORTE★★

Circuit au départ de Grenoble 79 km – environ 4h . Quitter Grenoble au Nord par La Tronche et la D 512.

De la Tronche au col de Vence, vous ne ferez pas la tête devant les lacets tracés au flanc du mont St-Eynard (alt. 1 379 m). Ils permettent de voir le sillon du Grésivaudan et Grenoble ainsi que des **vues★★** lointaines admirables – d'Est en Ouest – sur la chaîne de Belledonne, le Taillefer, le Thabor, l'Obiou et le rempart Est du Vercors. Par temps clair, on aperçoit le Mont Blanc.

Le Sappey-en-Chartreuse

Station d'altitude dans un riant bassin aux flancs boisés, dominé par l'éperon majestueux de Chamechaude.

Entre le Sappey et le col de Porte, la route suit le bassin du Sappey puis le vallon de Sarcenas dans l'enfilade duquel se détache, au Sud, le Casque de Néron, aux cimes dentelées.

Col de Porte

VUE D'OISEAU
🚶 *1h AR.* Laisser la voiture aux Bergeries. Du sommet (alt. 1 867 m), intéressant **panorama** : s'avancer vers l'escarpement pour découvrir, dans son ensemble, le **site★** du couvent de la Grande Chartreuse.

◀ Avec sa table calcaire inclinée de Chamechaude, on dirait un gigantesque pupitre.

Du col de Porte, prendre à gauche la D 57^D vers Charmant Som.

Charmant Som★★★

Ça grimpe *(maximum 14 %)* ! D'abord vous traversez une forêt coupée de barres rocheuses de plus en plus clairsemées, puis vous débouchez dans les pâturages. Vous pouvez faire une première pause **panorama** à 1 654 m d'altitude sur le plateau du Som. De là à faire une petite sieste...

Revenir au col de Porte.

Après le passage du col de Porte, c'est le parcours de la « route du Désert » *(attention aux transports de bois).*

De la route, vous verrez de plus en plus près l'entablement de Chamechaude, redressé sous un angle étonnant.

St-Pierre-de-Chartreuse✣ *(voir ce nom)*

Faire demi-tour et s'engager dans la « route du Désert » (D 520^B vers St-Laurent-du-Pont).

Belvédère des Sangles ★★

🚶 *4 km à pied du pont de Valombré. Description p. 352.*

Porte de l'Enclos

LES ÉCRIVAINS DU DÉSERT
C'est la fameuse « **route du Désert** » qui délimitait, au 16e s., le domaine du monastère des chartreux. Chateaubriand, Lamartine et Alexandre Dumas père l'empruntèrent et restituèrent dans leurs œuvres les fortes impressions que procure ce paysage.

On dirait que cette vallée resserrée entre des hautes parois à cet endroit n'a pas d'issue.

On s'engage, ici, dans les **gorges du Guiers Mort★★**, magnifiquement boisées et dominées par de grandes barres calcaires où les sapins s'accrochent dans les positions des plus excentriques.

Au pont St-Pierre, prendre à droite la route vers la Correrie (sens unique).

Les gigantesques barres calcaires du Guiers Mort sont autant de défi pour les robustes sapins qui s'y accrochent.

La Correrie *(voir Grande Chartreuse)*

Revenir à la route du Désert.

La descente s'accentue. Aussitôt passé le dernier des trois tunnels successifs, remarquer au bord de la route, à gauche, la curieuse aiguille calcaire, dite **« pic de l'Œillette »**, haute de 40 m et dotée par les chartreux d'une porte fortifiée.

Pont St-Bruno

Avec son arche lancée à 42 m au-dessus du Guiers Mort, le plus important des ouvrages d'art ouvre la route du Désert.

Laisser la voiture côté rive gauche et descendre (1/4h à pied AR) au vieux pont livrant jadis passage au chemin des Chartreux.

En contrebas, le torrent mijote dans de belles « marmites » et passe sous un bloc coincé formant un pont naturel *(belvédère sommairement aménagé, surveiller les enfants).*

Fourvoirie

L'« étroit », dit « entrée du Désert », marquait avec la porte de l'Enclos, en amont, la limite du domaine privilégié du monastère. En vertu du règlement dicté par saint Bruno, seuls les hommes pouvaient franchir – désarmés – la porte fortifiée (aujourd'hui disparue).

Les bâtiments de la distillerie où les pères chartreux fabriquaient leur fameuse liqueur ont été détruits en 1935 par un glissement de terrain. Heureusement, la fabrication et le vieillissement de la « Chartreuse » s'effectuent maintenant à Voiron.

> **DE LIQUEUR EN FORAGE**
> Le nom de ce lieu-dit *(forata via)* rappelle qu'au début du 16e s. les chartreux, « forant » ici le roc, tracèrent l'ébauche de la route actuelle.

St-Laurent-du-Pont

Autrefois dénommé St-Laurent-du-Désert, c'est aujourd'hui un centre de tourisme très animé.

Prendre la D 520 en direction de Voiron.

A Pont-Demay, la route s'engage dans le défilé creusé par la Sûre.

Défile du Grand Crossey

L'entrée Est du défilé, au pied des abrupts qui dominent la route de 1 500 m, est particulièrement impressionnante surtout au coucher du soleil. Cette cluse boisée, avec ses hautes falaises calcaires constitue une bonne introduction à la Chartreuse.

À St-Étienne-de-Crossey, prendre à gauche vers le seuil de la Croix-Bayard.

Voiron

C'est ici, dans cette cité revendiquant le titre de porte de la Chartreuse que les skis de compétition Rossignol sont fabriqués ainsi que du matériel de haute technologie électronique. De quoi donner envie aux habitants de siffloter en travaillant.

Église St-Bruno – Les majestueuses flèches de l'édifice néogothique, bon repère pour le visiteur, sont dignes d'une cathédrale. Les plans ont été dressés par Viollet-le-Duc.

> **COCORICO**
> En 1905, un ébéniste voironnais, **Rossignol** met au point les premiers skis en bois fabriqués en France. Les skis ont beau avoir évolué du bois à la fibre de verre, la marque conserve son leadership.

Caves de la chartreuse★

Bd Edgar-Kofle. Pâques-Toussaint : visite guidée (1h) 9h-11h30, 14h-18h30 ; Toussaint-Pâques : tlj sf w.-end et j. fériés 9h-11h30, 14h-17h30. Gratuit. ☎ 04 76 05 81 77.

La formule complexe d'un « élixir de longue vie » fut transmise aux Chartreux en 1605. Ils réfléchirent, la laissèrent mûrir longtemps puisque ce n'est qu'en 1737 qu'ils se décidèrent à l'appliquer. Le laboratoire, reconstitue celui dans lequel le frère **Jérôme Maubec** a mis au point la formule de l'élixir végétal en 1737. Depuis 1930, la distillation et le vieillissement de la liqueur s'effectuent à Voiron.

Votre mission si vous l'acceptez est de vous y infiltrer pour découvrir la formule inviolée depuis 350 ans. Pour ce faire, vous vous mêlerez à la visite des 164 m de caves où la liqueur vieillit dans des fûts de chênes, aurez à votre disposition de courts films retraçant les différentes étapes de fabrication ainsi qu'un film en 3D sur la fondation de la Gran-de-Chartreuse. On vous proposera de la goûter. Acceptez.

De Voiron à Grenoble, la N 75 remonte le cours de l'Isère et longe les limites Sud du Parc de la Chartreuse.

② AU CŒUR DE LA CHARTREUSE★★

Circuit au départ de St-Pierre-de-Chartreuse 50 km – environ 4h

St-Pierre-de-Char-treuse❋ *(voir ce nom)*

Au départ de St-Pierre-de-Chartreuse, s'enga-ger dans la « route du Désert » (D 520B) vers St-Laurent-du-Pont.

De St-Pierre-de-Char treuse à St-Laurent-du-Pont, l'itinéraire est décrit dans le circuit ① détaillé ci-dessus.

Quitter St-Laurent par la D 102 prise au Révol.

La route s'élève d'abord jusqu'au replat où s'est établi le village de Berland.

De Berland, prendre une petite route au Nord.

Belvédère du pont St-Martin

5mn à pied AR. Au-delà de St-Christophe-sur-Guiers, à l'entrée du pont sur la D 46, un sentier à droite remonte la rive gauche du Guiers Vif et aboutit, après 150 m, à un belvédère surplom-bant le torrent d'une trentaine de mètres avec une jolie vue sur les gorges.

On peut revenir par le sentier en passant sur le vieux pont situé à droite du pont routier.

Entre Berland et St-Pierre-d'Entremont, les impressionnantes **gorges du Guiers Vif**★★ présentent deux passages particulièrement aériens (le « Frou » étant le plus célèbre) séparés par les sous-bois plus paisibles du vallon inférieur de la

COURT-CIRCUIT

Belvédère des Sangles

🚶 *4 km à pied du pont de Valombré.*

Depuis le belvédère des Sangles, on a une très jolie vue sur les gorges du Guiers Mort et ses forêts boisées.

Digne représentante des traditions de distillerie des moines, la chartreuse verte (55°) ou jaune (45°) est distillée et commercialisée à Voiron.

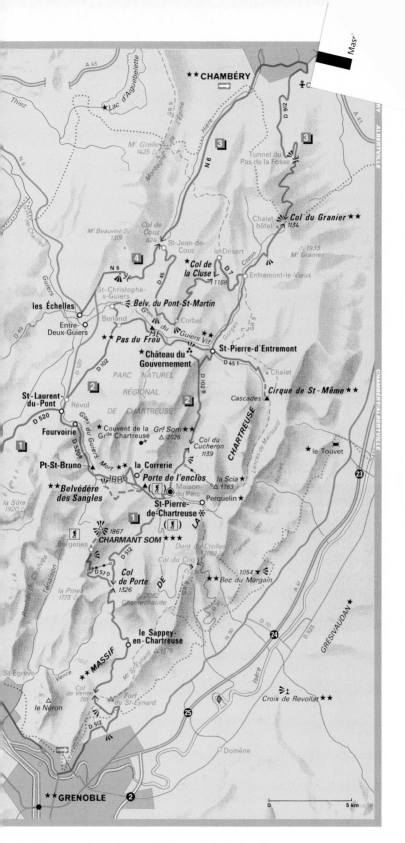

Ruchère, auquel fait face, de l'autre côté du Guiers, le vallon de Corbel enchâssé dans sa couronne d'escarpements.

Pas du Frou★★

Ce passage en encorbellement dans une paroi verticale, haute de 150 m, est le plus sensationnel de la Chartreuse. « Frou » veut dire en patois : affreux, effrayant (effrayant peut être, affreux il faut voir !). Un belvédère y est aménagé.

St-Pierre-d'Entremont

L'agglomération, divisée administrativement en deux localités (459 habitants en Isère et 295 habitants en Savoie), séparées par le torrent, était autrefois la frontière entre la France et la Savoie. Aujourd'hui c'est la limite départementale (Isère-Savoie), et aussi un agréable centre de promenades.

Promenade au château du Gouvernement★

Prendre, au Sud de la localité, la route du col de Cucheron puis, tout de suite avant un pont, dans un virage, à droite, la D 102^B (route de Villard). 1 500 m plus loin, tourner à droite à angle aigu vers le hameau du Château.

Revenir à St-Pierre-d'Entremont et poursuivre sur la D 45^E jusqu'à l'ancien chalet du cirque de St-Même.

Cirque de St-Même★★

Vue sur les bancs rocheux calcaires hauts de 400 m : de la grotte située à mi hauteur, le Guiers Vif jaillit en deux magnifiques cascades.

Revenir à St-Pierre-d'Entremont et prendre au Sud la D 102^B.

Agréable parcours, sur l'axe fréquenté Chambéry-Grenoble, qui évite celui des gorges des Guiers : les paysages traversés, d'une grâce majestueuse, sont typiquement préalpins. La montée au col du Cucheron se déroule en vue de la crête des Lances de Malissard. Au-delà du col se dégage, vers le Sud, l'ensemble montagneux de grand style formé par Chamechaude et le col de Porte.

St-Pierre-de-Chartreuse✳ *(voir ce nom)*

③ ROUTE DES TROIS COLS★★

De Chambéry au col de la Cluse par le col de Couz et le col du Granier 54 km. Environ 2h.

Sortir de Chambéry par la route des Échelles (N 6) jusqu'au col du Couz. L'itinéraire pénètre rapidement dans le Parc naturel régional de Chartreuse.

Au col de Couz prendre à gauche pour traverser le village de St-Jean-de-Couz, et suivre la D 45.

La route, après le col des Égaux, domine le bassin des Échelles, puis les gorges du Guiers Vif. Spectaculaire point de **vue**★ face au fameux passage du « Frou ».

Juste avant Corbel, à hauteur d'un calvaire, la vue est dégagée sur la vallée du Guiers Vif, plus épanouie. Sur le versant opposé s'éparpillent, aux flancs de leur vallon, les hameaux de la Ruchère.

Corbel marque l'entrée latérale d'un autre vallon suspendu, très agreste, encadré par de beaux escarpements. Par une montée accentuée, la D 45 s'échappe de ce vallon.

La crête rocheuse du mont Granier forme une impressionnante barrière séparant le bassin de Chambéry du massif de la Chartreuse.

Col de la Cluse

Alt. 1 169 m. Agréable lieu de halte : un petit coin de fraîcheur pour ceux qui désirent faire une pause, las du soleil de la vallée d'Entremont.

Poursuivre la descente vers Les Déserts en direction d'Entremont-le-Vieux.

Entremont-le-Vieux

À la sortie Nord, des petites gorges d'Entremont se disputent parfois la place avec le torrent du Cozon.

D'Entremont-le-Vieux au col du Granier, la vue est de plus en plus captivée par les murailles du Granier. À la faveur de deux lacets on découvrira, vers l'aval, le Grand Som et Chamechaude.

Au pied du mont Granier, les vignes d'Apremont poussent sur les rocs des abymes de Myans.

Col du Granier★★

Alt. 1 134 m. Ce passage, qui permet l'accès au massif de la Chartreuse depuis Chambéry, tire sa physionomie propre de la formidable paroi du Granier (alt. 1 933 m) qui le domine.

Des terrasses de l'hôtel, les **vues★★** sont assez dégagées sur la combe de Savoie, les Bauges, la chaîne de Belledonne et, à l'horizon, le Mont Blanc.

Du col du Granier à Chambéry, vues rapprochées sur le massif d'Allevard et les Bauges, plus lointaines sur le massif du Mont-Blanc, par-delà la profonde dépression du Grésivaudan et de la combe de Savoie.

À partir de la sortie Ouest du tunnel du pas de la Fosse, vous aurez d'un seul **coup d'œil★★**, la cluse de Chambéry et le lac du Bourget dominés à gauche par le chaînon de la montagne de l'Épine et de la dent du Chat.

Plus bas apparaît Chambéry, au pied de l'éperon de la dent du Nivolet (grande croix). En fond de décor, le Grand Colombier (Jura méridional).

④ ROUTE DU COL DE LA CLUSE ★

Itinéraire décrit au départ des Échelles Entre-Deux-Guiers (*voir ce nom*).

> **CATACLYSME**
> En 1248, des pluies diluviennes provoquent un effondrement de la montagne : de nombreux villages sont ensevelis, 5 000 personnes écrasées. La masse des matériaux éboulés forme, au pied du mont, un chaos, les « Abymes de Myans », aujourd'hui camouflé par la végétation (vignes), mais reconnaissable aux boursouflures du terrain parsemées de petits lacs.

Châtel ★★

Lové dans le coude de la Dranse, ce petit village avec ses doux versants faits de prairies, a permis à nombre de jeunes enfants venus en classe de neige dans les années soixante-dix de se lancer à la conquête du stem et de leur première étoile... Épuisés par ces journées bien remplies de neige et de soleil, ils s'attelaient le soir aux surfaces, périmètres, aires et conversions. Tout d'un coup, le ski leur paraissait « super facile »...

La situation

Cartes Michelin n°s 89 pli 2 ou 244 pli 10 – 11 km à l'Est d'Abondance – Haute-Savoie (74).

Dernier village de la vallée d'Abondance et villégiature la plus élevée (alt. 1 235 m) du Chablais. Aujourd'hui, Super-Châtel (alt. 1 647 m) et le domaine skiable des Portes du Soleil en font une station de sports d'hiver à part entière. 🛈 *74390 Châtel,* ☎ *04 50 73 22 44.*

Le nom

La plupart des lieux désignés sous le nom de Châtel puisent leur origine dans les vestiges d'une fortification (à défaut d'un véritable château). Pourtant, on trouve souvent ce nom dans des lieux sans qu'il n'y ait

> **DONNEZ-LUI VOTRE AVAL**
> Le site★ est l'un des plus ouverts et des plus attrayants du haut Chablais. Vers l'aval, l'horizon est barré par les murailles des Cornettes de Bise (alt. 2 432 m) tandis que, en amont, s'enfonce le haut couloir de la Dranse, tapissé, à gauche, par les magnifiques futaies de sapins de l'Aity et rayé, sur le versant opposé, par la cascade de l'Essert.

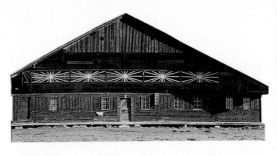

Les superbes chalets du Chablais se fondent merveilleusement dans la nature.

trace de château... tout simplement à cause ou grâce à une vague ressemblance d'une crête avec ce genre d'édifice.

Les gens

1 024 Châtelans et plus encore d'habitués composant l'essentiel de la clientèle de la station où jeunes helvètes adeptes du *snowboard* côtoient les fondeurs pépères.

séjourner

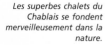

Où DORMIR

Gîte de séjour Le P'tit Cornillon – *L'Essert, près de la télécabine du Linga –* ☎ *04 50 81 35 49 – fermé juin et 1er oct. au 19 déc. –* ⌿ *– 9 ch. : 140/280F. Ce châlet aux chambres propres, simples et fonctionnelles, est bien situé en face du domaine skiable du Linga dans un environnement encore sauvage. Petit déjeuner compris. Possibilité de demi-pension.*

Le domaine skiable – Il s'étend sur deux massifs, Morclan et Linga, dont la liaison est assurée par navette. Il bénéficie de son appartenance aux immenses **Portes du Soleil**✹✹, domaine skiable franco-suisse comptant 650 km de pistes. De Morclan, on peut skier sur Torgon et Morgin. Le secteur de Linga satisfait les bons skieurs (piste noire des Renards) et offre une liaison rapide avec les pistes d'Avoriaz, par le col du Bassachaux.

randonnées

Vous avez énormément de **possibilités d'excursions** aussi bien en voiture qu'à pied : 300 km de sentiers relient les 12 stations des Portes du Soleil. Si vous hésitez, tirez au sort.

Pic de Morclan★★

Accès par la télécabine de Super-Châtel jusqu'à 1 650 m. De fin juin à déb. sept. : 9h-17h (2 tronçons : télécabine de Super-Châtel et télésiège du Morclan). 43F AR (forfaits à la journée pour randonneurs et parapentistes). ☎ *04 50 73 22 44.*

🚶 *environ 1h1/2 AR. Montée à pied au sommet du Morclan.* Depuis ce sommet arrondi (alt. 1 970 m) le **panorama** dévoile, à l'Ouest, les montagnes cernant la vallée d'Abondance (Cornettes de Bise, mont de Grange) et, à l'Est, celles du Bas-Valais (Diablerets). L'apparition la plus saisissante est celle des arêtes des dents du Midi, au Sud-Est. On peut prolonger la promenade en suivant la crête, au Nord, jusqu'à la pointe des Ombrieux (alt. 1 982 m). De la station intermédiaire de la Conche, on peut aller en Suisse manger du chocolat et voir le petit **lac du Goleit**.

Tête du Linga★★

Accès aux skieurs par la télécabine de Linga 1 et le télésiège de Linga 2. À l'arrivée, se rendre au sommet du télésiège des Combes et monter en quelques instants sur les crêtes.
Alt. 2 127 m. **Panorama** admirable sur Morgins en contrebas, dominé par les dents du Midi. Dans le lointain, remarquer le Cervin à ne pas confondre avec le GR20. Au Sud, les Hauts Forts, derrière lesquels se détache de justesse le sommet arrondi du Mont Blanc.

Lac du pas de Morgins★

En amont de la station, la route va finalement se glisser dans le couloir boisé du pas de Morgins, paré d'un joli petit lac (alt. 1 371 m) où se mirent les sapins. Les cimes déchiquetées des dents du Midi (Alpes suisses) surgissent à l'horizon.

Grottes de **Choranche**★★

Au cœur des grottes de la Bourne, ce petit village de Choranche a la chance de posséder sept merveilleuses grottes, toutes très différentes les unes des autres et qui recèlent de nombreux trésors. Depuis 1875, 28 km de galeries ont été explorés.

La situation

Cartes Michelin n°s 77 plis 3 et 4 ou 244 Nord du pli 38 – Schéma p. 409 – Isère (38). Depuis Pont-en-Royans, prendre la D 531 qui suit les gorges de la Bourne, puis la route goudronnée de 2,5 km qui mène au parking de la grotte. En venant de Villard-de-Lans, le visiteur n'aura pas démérité en se mesurant aux gorges de la Bourne par la D 531 avant la visite des grottes.

Le nom

Le proche village de Choranche a donné son nom aux grottes. Étonnant, non ?

Les gens

Oscar Decombaz, en fit l'exploration en 1875.

> **PAUSE REPAS**
> Un restaurant et une cafétéria proposent un service de restauration régionale.

visiter

GROTTE DE COUFIN★★

♿ *Avr.-oct. : visite guidée (1h, dép. toutes les 1/2h) 9h30-12h, 13h30-18h (juil.-août : 9h30-18h30) ; nov.-mars : à 10h30, 11h30, 12h30 (pdt vac. scol.) et à 14h30, 15h30, 16h30. 43F (-14 ans : 29F).* ☎ *04 76 36 09 88.*

Une exposition, située à l'entrée, évoque la vie des cousins de Cro-Magnon qui occupèrent les lieux il y a bien longtemps.

La visite ne parcourt que la partie des grottes située à proximité de l'entrée *(environ 600 m)*. On pénètre directement dans une vaste salle, haute de 16 m et large de 70 m, et là, on a le souffle coupé : des milliers de **stalactites fistuleuses**★★ trouvent leur reflets forts ▶ beaux dans les eaux du lac.

On continue la visite. Difficile de rester insensible à la qualité des jeux de lumières qui rendent les lieux plus féeriques encore. Des aquariums permettent de découvrir le **protée**, le plus grand animal cavernicole au monde. Il s'agit d'un batracien devenu aveugle et doté de branchies externes.

> **LES FISTULEUSES**
> Longues de 1 à 3 m, d'une blancheur éclatante, ces stalactites creuses sont parcourues par la goutte d'eau qui s'écoule et laisse un dépôt de calcite à la fin de son parcours.

Féeries en sous-sol : de fragiles fistuleuses hérissent les plafonds de la grotte de Coufin comme des milliers d'aiguilles de cristal.

En fin de parcours, un **spectacle audiovisuel★** est présenté dans une salle. La sortie s'effectue (sauf en période de crue) par l'accès d'origine de la grotte.

Chemin des sciences de la terre

À droite en sortant de la grotte de Coufin, le **sentier de découverte** *(compter 1h)* est une bonne occasion de lier l'utile à l'agréable, de se tenir au courant des dernières découvertes scientifiques tout en admirant les falaises de Choranche. En quatre terrasses successives, on vous explique les phénomènes géologiques grâce à une présentation et une mise en scène très bien réalisées.

Grotte du Gournier

Le réseau du Gournier, exploré sur 18 km et bien connu des spéléologues, est constitué d'une succession de cascades présentant une dénivelée de plusieurs centaines de mètres. Sous son vaste porche d'entrée, elle accueille un beau lac, long de 50 m et profond de 8 m. *La reconnaissance sur le lac et au-delà nécessite un équipement approprié et surtout un encadrement qualifié.*

> **POIDS LOURD !**
>
> Chaque été, une tonne et demi de tuf (roche poreuse formée de concrétions calcaires) est déposée sur le site des cascades de Choranche !

> **L'AUSCULTATION DE LA TERRE**
>
> Aussi étonnant que cela puisse paraître au profane, c'est par l'historique de la formation des stalactites que les scientifiques apprennent à mieux connaître l'histoire climatique de notre chère planète : le meilleur exemple en est la présentation faite des « carottages » de concrétions, véritable radiographie des fluctuations climatiques. Plus étonnant encore, une boîte noire enregistre, dans la grotte, les gouttes d'eau sur certaines concrétions : la vitesse de pénétration des gouttes signale les infimes mouvements du sol. La grotte de Choranche est devenue un laboratoire naturel unique en France.

La Clusaz ✲✲

La Clusaz, tout le monde connaît la Clusaz ! Alors, plutôt que de faire de longs discours, fermez les yeux. Imaginez-vous les skis aux pieds. Vous vous lancez dans un long schuss, très très long, celui dont vous avez rêvé tout l'été ! La neige crisse au gré de vos appuis. Le soleil vous picotte la peau. Le vent se glisse dans vos cheveux pour les ébouriffer... Laissez-vous aller. Lorsque le rêve se sera estompé, à ce moment-là seulement, lisez ce qui suit...

La situation

Cartes Michelin n°s 89 pli 2 ou 244 pli 10 – Haute-Savoie (74). À l'horizon, la rude barrière des Aravis dresse vigoureusement ses écailles imbriquées ou aligne, en direction de Pointe Percée, ses longues crêtes régulièrement ébréchées.

🆔 *74220 La Clusaz,* ☎ *04 50 32 65 00.*

Le nom

Le nom désigne souvent en ces lieux un passage étroit ; ici, le torrent porte de nom de Nom ! *Clusa* (ou *clausa*) est la forme féminine pour *clos*.

Les gens

1 687 Cluses et une ribambelle de champions olympiques qui ont apporté leur contribution à la gloire du ski tricolore : Guy Périllat et Edgar Grospiron, pour ne citer que les plus célèbres.

carnet d'adresses

OÙ DORMIR

● Valeur sûre

Résidence Le Panorama – Centre station – ☎ 04 50 02 42 12 – fermé 18 avr. au 14 juin et 16 sept. au 14 déc. – 19 studios : sem. 2420/3450F. Proche du centre, légèrement sur les hauteurs, ce gros chalet des années 1960 est divisé en studios et appartements tous exposés plein Sud, face aux pistes de ski et à la chaîne des Aravis. Draps et taies d'oreiller sont fournis. Cuisinettes bien équipées.

● Une petite folie!

Chalets de la Serraz – rte du col-des-Aravis – 4 km au SE de La Clusaz par D 909 – ☎ 04 50 02 48 29 – fermé fin avr. à fin mai et oct. – 🅿 – 7 ch. : 850F – ☕ 65F – restaurant 125/165F. Au cœur des alpages, cette adresse séduira les amateurs de tranquillité et de nature. Dans un cadre authentique, les chambres douillettes panachent mobiliers anciens et modernes. En été, la piscine et la terrasse permettent de profiter pleinement de la vue. Trois chalets indépendants à louer en famille.

OÙ SE RESTAURER

● Valeur sûre

Bercail – à Crêt-du-Merle – 5 km au SE de La Clusaz par D 909 puis rte secondaire – ☎ 04 50 02 43 75 – fermé 16 avr. au 30 juin, 1er sept. au 14 déc. et w.-ends du 15 déc. à fin août – 170F. À pied, à skis ou en chenillettes, tout le monde s'y précipite. Il faut dire que cette ancienne bergerie a du charme : entre vieux objets et meubles en bois, les jambons sèchent près de la cheminée pour une touche très « refuge » tandis que la cuisine régionale fait salle comble tous les soirs. Menu enfant.

La Table du Berger – ☎ 04 50 02 60 54 – fermé 16 avr. au 14 déc. – 135F. Derrière sa façade de bois, ce restaurant de spécialités fromagères est tenu par le fils d'un fromager annécien (ça ne s'invente pas !). Détail appréciable : on y sert aussi quelques viandes. L'accueil familial s'accorde bien avec la simplicité du cadre.

Aux Fourneaux de Marie – La Perrière - haut du village – ☎ 04 50 02 53 27 – fermé 1er sept. au 14 déc. et 2 mai au 30 juin sf w.-ends – 115/148F. En haut de la station, au 1er étage d'une petite galerie marchande, la terrasse panoramique ensoleillée s'ouvre sur le massif des Aravis. Le soir, dans l'ambiance feutrée de la salle, découvrez les spécialités savoyardes.

séjourner

LE DOMAINE SKIABLE

Grâce à ses quatre massifs, la Clusaz, où les premières activités sportives datent des années vingt, rassemble les adeptes de toutes les formes de glisse. Dans les massifs de Manigod et de l'Étale, les skieurs moyens trouveront des pistes à leur portée.

Le massif de l'Aiguille met à la disposition des skieurs chevronnés, la piste noire de la Vraille ainsi que plusieurs rouges. Le kilomètre lancé et le saut acrobatique ne sont pas en reste. Quant aux fondeurs, ils disposent de 70 km de pistes en 12 boucles.

> **FORFAIT**
> Le domaine skiable de La Clusaz est relié à celui du Grand-Bornand, avec un forfait commun « Aravis ».

alentours

Vallée de Manigod★ (voir p. 152).

Vallon des Confins★ – 5,5 km.
Dans le grand lacet marquant la sortie de La Clusaz en direction du col des Aravis, prendre à gauche le chemin du Fernuy, qui suit d'abord le fond du vallon, puis grimpe rapidement jusqu'au col des Confins.
En continuant à suivre le chemin, au-delà de la chapelle du col, on a une vue plus dégagée sur le vallon du Bouchet.

Cluses

Dans le temps, on y fabriquait des montres, des horloges, toutes sortes d'objets pour mesurer le temps. Puis le temps s'est écoulé et Cluses s'est affirmée en tant que pôle de haute technologie. Tant qu'à faire, prenez donc le temps de vous y arrêter...

La situation

Cartes Michelin n°s 89 pli 3 ou 244 pli 9 – Haute-Savoie (74). Agréablement située dans la plaine, Cluses constitue une bonne base de départ pour visiter le Faucigny. *Espace Carpano et Pons, 74300 Cluses, ☎ 04 50 98 31 79.*

VIEUX PONT

Construit en 1674, il enjambe d'une seule arche l'Arve. De l'Office de tourisme, vous en avez la meilleure vue.

Le nom

La cité tire son nom de la trouée de l'Arve, la cluse la plus importante des Alpes.

Les gens

16 358 Clusiens dont plusieurs célébrités ont marqué au fil du temps l'histoire locale : Claude Ballaloud qui introduisit le premier les techniques horlogères vers 1720, Charles Poncet, qui dirigea pendant près de trente ans le prestigieux lycée d'horlogerie et enfin une ravissante naïade, Catherine Pellenski, championne olympique de natation à Séoul en 1988.

comprendre

Un haut lieu de l'horlogerie – La mécanique de précision, c'est très précisément la spécialité de Cluses. Des habitants du Faucigny émigrent vers l'Allemagne au 18e s. Ils reviennent la tête pleine d'un nouveau savoir-faire et le proposent aux fabriques genevoises d'horlogerie. Ainsi naquit la tradition.

Après-guerre, les activités de décolletage (usinage de petites pièces métalliques destinées à toutes les branches de l'industrie) s'y sont ajoutées et devinrent peu à peu prédominantes.

DANS LE TEMPS

Cluses a accueilli jusqu'en 1989 l'École nationale d'horlogerie (actuel lycée Charles-Poncet), issue de la prestigieuse École royale d'horlogerie. Celle-ci fut fondée par le gouvernement sarde en 1848 pour contrebalancer l'influence des horlogers genevois. Elle amènera l'industrie horlogère clusienne à un haut niveau de technicité.

visiter

Cluses fut reconstruite sur un plan en damier après l'incendie de 1844 qui détruisit son centre historique à l'exception de l'église. On y apprécie ses larges avenues à arcades au style turinois bien marqué, délimitées aux extrémités par deux vastes places.

Musée de l'Horlogerie et du Décolletage (Espace Carpano et Pons)

Visite audioguidée (1h1/2) tlj sf dim. 10h-12h, 14h-17h30 (juil.-août : dim. 14h-17h30). Fermé j. fériés sf 14 juil. et 15 août. 30F. ☎ 04 50 89 13 02.

La mesure du temps a évolué au fil du temps. Dans ce musée, on fait le point sur les différentes techniques qui ont mesuré le temps qui passe. Parmi les pièces remarquables : une horloge de table propriété de Voltaire, une collection d'échappements agrandis (véritable cœur de la montre), ainsi que des outils, chronomètres de marine, horloges, régulateurs et montres à complications.

LE TEMPS DU SOLEIL

Remarquez les montres à aiguille unique ayant appartenu à Louis XIV. D'une grande simplicité...

Église

Ancienne chapelle (15e et 17e s.) d'un couvent de cordeliers. Prenez le temps d'y admirer un **bénitier★** monumental (16e s.), aux armes de la famille donatrice et surmonté d'une croix en pierre au pied de laquelle pleure une Madeleine agenouillée. Calvaire du 18ᵉ s. au fond du chœur et, dans la nef, quelques amusantes statues peintes, de la même époque. Dans la chapelle du St-Sacrement, à droite, remarquer le tabernacle représentant la multiplication des pains et des poissons.

itinéraires

LE FAUCIGNY★★

Cette région perpétue le nom du château de Faucigny dont on voit encore les ruines, dressées sur un éperon dominant la plaine de l'Arve, entre Bonneville et Contamine-sur-Arve. Le Faucigny historique correspondait exactement au bassin de l'Arve, pris dans son ensemble. Intégré à la Maison de Savoie, il devint la sixième province du duché.

> **TANT QU'À FAIRE**
> Forte de quatre villes dynamiques : La Roche-sur-Foron, Bonneville, Cluses et Sallanches, le Faucigny canalise les communications entre le Genevois et la voie transalpine du Mont-Blanc.

① LA CLUSE DE L'ARVE

De Cluses à Flaine *28 km*

Quitter Cluses par la N 205, route de Chamonix, au Sud.

La route suit ici la cluse que l'Arve s'est taillée entre le bassin de Sallanches et la plaine de Marignier. Les escarpements de la chaîne des Fiz (Croix-de-Fer, Tête du Colonney, aiguille de Varan) et de la chaîne du Reposoir (pointe d'Areu) la tiennent bien au chaud.

Au départ de Balme-Arâches (gare), prendre la D 6.

La route d'Arâches s'attaque aux escarpements que perfore la « balme » (grotte) qui a donné son nom au hameau. Au moment où la route pénètre définitivement dans le ravin, un élargissement de la chaussée permet de s'arrêter pour détailler à loisir la physionomie d'ensemble de la grande percée Cluses-Sallanches. Mais attention : à moins que vous ne soyez équipés de casques, méfiez-vous des risques de chutes de pierres au pied de la falaise.

Arâches – Petit centre de sports d'hiver, dans un agréable cadre forestier.

> **À L'ÉTROIT**
> Entre Cluses et Balme-Arâches, le défilé de Cluses-Magland constitue la partie la plus rétrécie de la grande cluse : autoroute (A 40), route (N 205), voie ferrée et torrent s'y côtoient au prix de prouesses techniques.

Les Carroz-d'Arâches

Station de sports d'hiver allongée au bord d'un plateau dominant la cluse de l'Arve.

2 km après les Carroz : les sommets de la Croix-de-Fer et des Grandes Platières. La route grimpe jusqu'à 1 843 m d'altitude, puis descend vers Flaine que l'on aperçoit bientôt, 3 km avant d'y parvenir, tapie au creux de sa cuvette.

② ROUTE DES GETS★

De Cluses à Morzine par les Gets 43 km – environ 2h. Itinéraire décrit en sens inverse au départ de Morzine.

③ ROUTE DE MONT-SAXONNEX★

De Cluses à La Roche-sur-Foron 36 km – environ 1h1/2. Quitter Cluses par la D 4 au Sud. Itinéraire décrit en sens inverse au départ de La Roche-sur-Foron. (voir ce nom).

④ ROUTE DU GIFFRE DE CLUSES À SAMOËNS

21 km – Quitter Cluses au Nord par la D 902 en direction de Taninges.

Dès la sortie de Taninges, le regard est attiré par l'escarpement des rochers du Criou, qui surplombe immédiatement Samoëns. À gauche de celui-ci, les neiges du massif des Avoudrues apparaissent.

La D 907 atteint Samoëns.

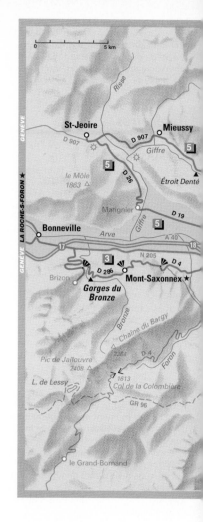

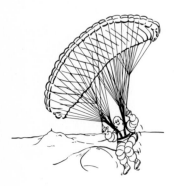

circuit

BASSE VALLÉE DU GIFFRE★

Au départ de Cluses vers St Jeoire. 38 km.

Quitter Cluses au Nord en direction de Taninges puis à la sortie de l'agglomération prendre à gauche la D 19 en direction de St-Jeoire.

À Marignier, la route rejoint le cours bouillonnant du Giffre.

Laisser sur la droite la D 26, traverser le Giffre et s'engager dans le village.

Point de vue du Môle★ – *Route en forte montée, à éviter après des pluies.* À la sortie Nord, se diriger vers le hameau d'Ossat d'où une route monte pour atteindre le point de vue du Môle et son intéressant panorama sur la vallée du bas Giffre et l'Arve. Au Sud, on distingue Mont-Saxonnex. Revenir à la D 306 pour remonter jusqu'au confluent du Giffre avec le Risse.

St-Jeoire

Lieu de séjour agréable dans un vallon boisé et dominé par le château médiéval de Beauregard qu'on ne peut pas visiter.

La D 907 domine, en corniche, le confluent du Giffre et du Risse. Par la trouée du bas Giffre apparaissent les sommets du Reposoir et, particulièrement, la carapace rocheuse du Bargy.

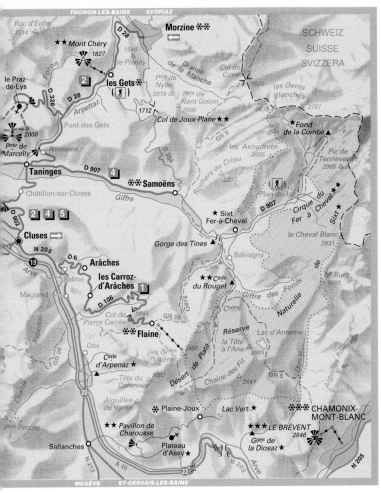

Puis, c'est le bassin de Mieussy. Du virage qui marque la sortie de cette gorge, on commence à découvrir la calotte neigeuse du Buet.

Mieussy

Le clocher à bulbe de l'**église** pointe dans un charmant paysage de verts, vert pâle, vert profond, vert d'eau, vert gras... *Possibilité de visite guidée sur demande auprès de Mme Dumoulin.* ☎ *04 50 43 02 19.*

De Mieussy à Taninges, la pointe de Marcelly s'impose au premier plan.

L'Étroit Denté, court défilé taillé dans un « verrou » glaciaire, forme la porte de la moyenne vallée du Giffre, largement épanouie de Taninges à Samoëns.

Taninges *(voir p. 319)*

De Taninges à Cluses l'itinéraire est décrit à Morzine.

Combloux ✳

On aime Combloux pour son calme : c'est une station paisible, au climat tranquille, où vous pourrez avec vos enfants y pratiquer des activités reposantes. Mais qui dit calme ne dit pas ennuyeux... Un autre bon point : ses fermes anciennes et son clocher juste devant le Mont-Blanc ont préservé son charme d'origine, tout ça pour que vous gardiez cette image de Savoie traditionnelle.

La situation

Cartes Michelin n°s 74 pli 8 ou 244 pli 20 – Haute-Savoie (74). Combloux est réputée pour son célébre **panorama★★★** sur le Mont-Blanc. 🛈 *BP 38, 74920 Combloux,* ☎ *04 50 58 60 49.*

Le nom

Deux propositions, à vous de choisir. Selon certaines sources, les loups squattaient le lieu dénommé *Comba lupi*. Les partisans de cette version on fait de ce chien sauvage le symbole de Combloux.
Plus mystique, la *Comba loci* serait un lieu de cérémonie des druides.

Les gens

1 716   Comblorans. Ici, ce sont les fondeurs qui sont heureux : ils disposent d'une quinzaine de kilomètres en trois boucles !

séjourner

Table d'orientation★

Pour avoir une vision d'ensemble du Mont Blanc, des Fiz (aiguilles du Varan) et des Aravis (pointe percée), prendre, au centre de la localité et à droite, la route du Haut-Combloux, jusqu'à la Cry.

Église

Datant du 18ᵉ s., elle est typique des églises alpines. À l'intérieur, le retable du maître-autel, œuvre originale, du début du 18ᵉ s., comprend deux étages très ouvragés. Son élégant clocher à bulbe l'a rendu célèbre. Pas autant que la vue sur le Mont Blanc mais presque.

Le clocher de Combloux forme avec le Mont Blanc un des tableaux savoyards les plus célèbres.

Les Contamines-Montjoie***

Vous cherchez un lieu de vacances sympathique et agréable où vous reposer avec votre petite famille ? N'allez pas plus loin, vous l'avez sous les yeux : cette station, principale villégiature du haut val Montjoie, est l'un des lieux de séjour les plus agréables et les plus reposants du massif du Mont-Blanc.

La situation

Cartes Michelin n°s 74 pli 8 ou 244 pli 21– Schéma p. 310 – Haute-Savoie (74). À 1 164 m d'altitude, au pied du mont Joly et des calottes neigeuses des dômes de Miage.

🛈 *Place de la Mairie, 74190 Les Contamines-Montjoie, ☎ 04 50 47 01 58.*

Le nom

Voici un nom composé propre à susciter bien des interrogations : Les Contamines, issus du latin *condominium*, évoque une région co-gérée par deux seigneurs (d'où le pluriel). Quant à Montjoie, et le val Montjoie où les érudits attestent l'existence d'une voie romaine, il s'agirait d'une déformation de Mont Jovis, le mont Jupiter.

Les gens

994 Contaminards et quelques chiens d'attelage qui font découvrir les joies du grand Nord aux amateurs de traîneaux.

séjourner

Le domaine skiable

Avec le plateau de la Montjoie et l'Épaule de Roselette, cette station, créée dans les années trente, est assez bien enneigée et pas mal équipée. Ses pistes ne sont pas très effrayantes alors on y vient plutôt en famille. Le domaine est relié à celui du mont d'Arbois. 30 km de pistes sont réservés aux fondeurs.

En été

La station constitue un exceptionnel **centre de promenades et de courses en montagne**. Les grandes ascensions se font de préférence au départ de l'hôtellerie de Tré-la-Tête. Les simples promeneurs trouveront quelques-uns des plus beaux sentiers de randonnée des Alpes. De plus, le village offre de nombreuses activités sportives et culturelles, auxquelles viennent s'ajouter celles de la **base de loisirs du Pontet** aménagée autour d'un petit plan d'eau.

Entre deux randonnées, prenez le temps de visiter l'église du 18e s. Elle compose un ensemble harmonieux avec sa façade peinte sous le large auvent du toit.

randonnées

Le Signal*

De fin juin à fin août : 8h45-17h30 (20mn, en continu). 59F AR. ☎ *04 50 47 02 05.*

Alt. 1 850 m. Accès par les télécabines de la Gorge et du Signal. On vous signale donc une vue remarquable sur les dômes de Miage et le massif de Tré-la-Tête. Plus à gauche, dans le fond de la vallée, on reconnaît la chaîne des Fiz.

Promenade au col du Joly**

🚶 *Une demi-heure de montée facile à partir du Signal.*

Alt. 1 989 m. Panorama splendide sur le massif du Mont-Blanc, la vallée de Hauteluce et le lac de la Girotte, puis au-delà les Aravis. Dans le lointain se dresse le mont Granier, en Chartreuse.

OÙ DORMIR

Hôtel Gai Soleil – ☎ *04 50 47 02 94 – fermé 16 avr. au 13 juin et 15 sept. au 17 déc. – 19 ch. : 320/430F – ☑ 40F – restaurant 99F.* Avec ses volets peints, son toit pentu et ses balcons fleuris en été, on le dirait dessiné par un enfant... Été comme hiver, l'ambiance y est gentiment familiale et les clients sont traités en amis. Niché au cœur de la station, vous apprécierez aussi son calme, ses chambres bien tenues et sa terrasse ensoleillée...

INOUBLIABLE!

Petit tour du Mont-Blanc*

Circuit de 4 jours *(se reporter au massif du Mont-Blanc).* Magnifique, inoubliable, mais...pour marcheurs endurants, voire obstinés..

Les Roches Franches, agréable but de randonnée dans un paysage contrasté.

Mont Joly par le chemin des crêtes de l'aiguille Croche

4h environ. Les marcheurs endurants munis d'une carte, et partis tôt le matin, se rendront au mont Joly après l'ascension de l'aiguille Croche.

Sur ce sentier, étroit mais sans trop d'à-pic, c'est un festival de vues splendides. Du mont Joly table d'orientation★★★ , compter encore 2h pour rejoindre les Contamines. Faire demi-tour jusqu'à la Tête de la Combaz et prendre, à gauche, le sentier qui descend rapidement sur le fond de la vallée. À Colombaz, bifurquer à droite sur la route, puis 200 m plus loin, à gauche. Le sentier conduit à l'Étape, d'où l'on redescend à la Gorge en télécabine. *(Possibilité également de rentrer à pied pour les courageux...)*

Randonnées à l'Aiguille Croche★★★.

1h1/2 à pied du col du Joly. Le sentier étant très raide, les chaussures de montagne sont conseillées.

Un petit effort pour grimper à 2 487 m, peut être même un gros effort mais il sera récompensé par un des plus beaux et des plus étendus **panoramas★★★** des Alpes ! Devant vous le massif du Mont-Blanc avec par ordre d'apparition à l'image : les aiguilles de Chamonix, les aiguilles Vertes, du Midi et de Bionassay, le Mont Blanc, le mont Pourri, le glacier de la Grande Motte et celui de la Grande Casse, la Pierra Menta, la Meije, l'immense chaîne des Aravis...

Lacs Jovet★

5h à pied AR de Notre-Dame-de-la-Gorge. Dénivelé 1 000 m.

Alt. 2 174 m. Cet itinéraire bien balisé se fait en grande partie sur le Tour du Mont Blanc (TMB), au sein de la Réserve naturelle des Contamines. La lumière dans les lacs, encadrés par les monts Jovet, le mont Tondu, le col du Bonhomme et les aiguilles de la Pennaz, est assez magique.

Typique de l'art baroque savoyard, le porche de la chapelle Notre-Dame de la Gorge figure un peu l'image de la vallée.

Courchevel✳✳✳

Courchevel est incontestablement l'une des plus prestigieuses et des plus importantes stations de sports d'hiver qui soient au monde. Si le ski à Courchevel est exceptionnel, l'après-ski l'est tout autant : expositions de peinture, concerts de musique, ensemble impressionnant de boutiques de luxe, centres sportifs et de remise en forme, célèbres night-clubs courus par la clientèle du spectacle... Mais Courchevel doit aussi son prestige à la qualité de ses hôtels et de ses restaurants gastronomiques qui n'ont guère d'équivalent en montagne. En été, Courchevel change de visage et constitue un paisible lieu de séjour, aux multiples activités.

La situation

Cartes Michelin n°s 89 pli 9 ou 244 pli 31 – Schéma p. 399 – Haute-Savoie (74). Quatre stations s'étagent entre 1 300 et 1 850 m sur le versant du Doron de Bozel dit « vallée de St-Bon », dont les replats d'alpages et les versants boisés se déploient face à un horizon de montagnes dégagé. Hôtels de luxe et chalets cossus se répartissent entre 1 700 et 1 900 m sur les rues de Bellecôte, du Jardin-Alpin et de l'Altiport. ◳ *La Croisette, BP 37, 73122 Courchevel,* ☏ *04 79 08 0029.*

Créée en 1946 à l'initiative du conseil général de la Savoie introduisant le concept de « station ski aux pieds », Courchevel a joué un rôle pilote dans le développement des **Trois-Vallées✳✳✳**.

Le nom

Courchevel – « Courch », pour les intimes et les branchés –, lieu-dit d'un alpage dominant la commune de St-Bon, proviendrait de l'expression savoyarde *corche val* utilisée pour désigner un pré à l'herbe drue : propre à écorcher la langue des veaux...

Les gens

Émile Allais, champion du monde de descente en 1932, pensa pour la première fois en France à l'entretien et au damage des pistes. 1 716 Comblorans.

séjourner

Le Praz *(alt. 1 300 m)*

C'est aux abords de ce vieux village qu'ont eu lieu les épreuves de saut et de combiné nordique des Jeux olympiques d'Albertville, marquées par la victoire de Fabrice Guy. Les deux tremplins de 90 et 120 m sont particulièrement impressionnants. Une pittoresque route forestière de 7 km permet de gagner la jeune station de **La Tania**, puis Méribel.

▶ **PRENDRE DE LA HAUTEUR**
Des vols touristiques sont proposés et permettent de découvrir les sites olympiques et le Mont Blanc.

Courchevel 1 550

Située sur un promontoire, cette station familiale a l'avantage d'être à proximité des sous-bois.

Moriond ou Courchevel 1 650

Station très ensoleillée. L'architecture du centre, de style urbain, contraste avec les chalets traditionnels du Belvédère.

Courchevel 1 850

C'est de loin la station la plus animée et la plus prisée. Si vous ne vous précipitez pas directement sur l'un de ses tire-fesses – pardon, téléski ! –, vous pourrez profiter un peu de son **panorama**★ sur le mont Jovet, le sommet de Bellecôte, le Grand Bec, encadrant les vallées du Doron de Bozel et du Doron de Champagny. Sachez qu'à partir d'avril, l'essentiel de l'animation touristique monte à 1 850.

carnet d'adresses

Où DORMIR

• Valeur sûre

Hôtel Chalet Alpin – r. des Clarines – 73120 Courchevel 1850 – ☎ 04 79 08 11 42 – fermé 3 mai au 30 juin et 1er sept. au 27 nov. – 🅿 – 14 ch. demi-pension : 360/450F. Au cœur de la station, ce chalet récemment rénové offre le confort d'une auberge de montagne. Les installations sont proprettes, l'accueil chaleureux et la nourriture familiale. Les réservations se font, de préférence, à la semaine et en demi-pension.

• Une petite folie !

Résidence Les Chalets du Forum – r. du Plantret – 73120 Courchevel 1850 – ☎ 04 79 00 90 00 – fermé fin avr. au 30 juin et 1er sept. à déb. déc. – 62 appart. : 4 pers., sem. 8 000F. Proche des remontées mécaniques, cette résidence permet de passer des vacances sans contrainte. Tous les logements sont équipés d'une cuisinette à l'américaine et d'un balcon. Leur confort « cabine » conviendra parfaitement aux sportifs acharnés.

Où SE RESTAURER

• Valeur sûre

La Fromagerie – 73120 Courchevel 1850 – ☎ 04 79 08 27 47 – fermé sept. à nov. et mai à juin – 140/220F. Petit restaurant de spécialités savoyardes pour les amateurs de fromage, situé à l'entrée de la station. Vous y êtes accueilli avec le sourire dans un décor simple et soigné. À tenter : la tarte au Beaufort et le poulet rôti au thym et son gratin de crozets.

Saulire – pl. du Rocher – 73120 Courchevel 1850 – ☎ 04 79 08 07 52 – fermé mai et 1er au 20 oct. – 190/210F. Très central, ce restaurant de cuisine classique est aussi renommé que son patron l'a créé il y a 25 ans. Les salles sur deux niveaux sont toutes boisées et ornées d'affiches anciennes sur le thème de la montagne. Déjeuner en terrasse.

• Une petite folie !

Le Bateau Ivre – 73120 Courchevel 1850 – ☎ 04 79 08 36 88 – fermé mi-avr. à mi-déc. – à partir de 380F. Sur le toit de l'hôtel La Pomme de Pin, la vue des larges baies vitrées de ce « vaisseau » étoilé vous enchantera. Le maître des lieux tentera de vous en distraire grâce à sa cuisine aux saveurs raffinées. Accès par un ascenseur extérieur.

La Cloche – Pl. du Rocher - 73120 Courchevel 1 850 – ☎ 04 79 08 31 30 – fermé mai et juin – à partir de 250F. Vous serez séduit par l'atmosphère chaleureuse de cette salle où l'on renoue avec la tradition. Dans son décor montagnard aux couleurs pastel, se mélangent hardiment plancher en vieux bois, chaises couvertes de tissu noué et appliques 1930. Terrasse ensoleillée.

Où BOIRE UN VERRE, SE DÉTENDRE

L'Équipe – Courchevel 1 850, ☎ 04 79 08 13 12. Ouv. tlj à partir de 18h. Son décor original et hétéroclite en font le lieu branché de Courchevel. Chaque soir, les animations attirent tellement de monde qu'il est parfois difficile d'accéder au bar. Belle carte de cocktails et Guinness.

Le Panoramic – La Saulire, ☎ 04 79 08 00 88. Ouv. tlj 9h-16h45 de mi-déc. à avr. Accès par le téléphérique de La Saulire. Uniquement ouvert pendant la saison hivernale, ce bar-restaurant d'altitude (2 700 m) offre de sa terrasse un panorama exceptionnel sur les plus hauts sommets des Alpes.

Les Caves de Courchevel – Courchevel 1 850, ☎ 04 79 08 12 74. Ouv. tlj à partir de 23h. Toutes les étoiles de la nuit courchevoloise vous conduiront aux Caves, la discothèque incontournable de la station. En saison, son cadre prestigieux et ses animations attirent chaque soir une clientèle BCBG de tous âges.

QUE RAPPORTER?

Chez Chapuis – Courchevel 1 850, ☎ 04 79 08 30 21. À 85 ans, cet artisan menuisier témoigne toujours de la même passion pour le travail du bois. Dans son atelier, les heureux propriétaires d'un chalet et autres amateurs de rusticité alpestre pourront s'y pourvoir en magnifiques objets de bois : tabourets, bancs, bacs à fleurs...

LE DOMAINE SKIABLE

Aujourd'hui, l'entretien et l'aménagement du domaine skiable de Courchevel constituent toujours une référence.

On ne peut pas laisser les pistes en jachère et le matériel rouiller... L'enneigement est garanti de début décembre à mai, grâce à l'exposition Nord des pentes et à une impressionnante batterie de plus de 500 canons à neige. Autre point fort de la station : son école de ski. Avec ses 480 moniteurs, c'est la première d'Europe. Les skieurs débutants font leurs armes sur les premiers tronçons des remontées de Courchevel 1 850 (Verdons, Jardin Alpin). Les skieurs confirmés ne manqueront pas d'essayer le grand couloir de la Saulire et le secteur de Courchevel 1 350. Les amateurs de ski nordique apprécieront également le réseau dense de boucles de fond, relié à celui de Méribel.

découvrir

BELVÉDÈRES ACCESSIBLES EN TÉLÉCABINE

La Saulire★★★

Accès de Courchevel 1 850 par la télécabine des Verdons et le téléphérique de la Saulire. De juil. à fin août : mar., jeu., dim. 9h30-17h (18mn). 48F (enf. : 22F). ☎ 04 79 08 04 09.
C'est l'un des sommets les mieux équipés des Trois-Vallées et un lieu de passage essentiel entre les vallées de Courchevel et de Méribel.

De la plate-forme terminale (alt. 2 690 m), la torche rocheuse de l'aiguille du Fruit (alt. 3 050 m), met le feu au décor puis c'est le tour du massif de la Vanoise avec la Grande Casse, aux deux cornes neigeuses. Ensuite ce sont les immenses glaciers de la Vanoise, et enfin, franchement au Sud, le massif de Péclet-Polset. Au Nord, le massif du Mont-Blanc coud un liséré blanc sur les crêtes gazonnées du mont Jovet.

Pour compléter ce tour d'horizon, se rendre à l'arrivée de la télécabine venant de Méribel et monter à la terrasse supérieure du restaurant des Pierres Plates (table d'orientation), d'où l'on surplombe la vallée des Allues.

> **C'EST VERT POUR LES PIÉTONS**
> Les piétons peuvent, été comme hiver, redescendre sur Méribel ou Mottaret en télécabine et sur Courchevel en téléphérique.

Sommet de la Saulire (relais de télévision)

Alt. 2 738 m. ⬛ 1 h à pied AR. Excursion conseillée seulement en été aux touristes habitués à la montagne et non sujets au vertige. Accès, à partir du téléphérique sur la droite, par un large chemin de 300 m au bout duquel se détache, sur la droite, un très étroit sentier de 200 m qui monte vigoureusement. .

> **V**ue panoramique splendide sur la Meije, les Écrins et la Vanoise.

Télécabine des Chenus★★

Été : tlj sf sam. 9h30-12h15, 14h-16h30 (9mn, en continu). 28F (-16ans : 13F).
Accès de Courchevel 1 850. À l'arrivée de la télécabine, vue sur le rocher de la Loze au premier plan, puis sur la Croix des Verdons, la Saulire, l'aiguille du Fruit, la Vanoise et le Mont Blanc. Les skieurs se rendront au **col de la Loze★★** (alt. 2 305 m) : belle vue sur la vallée des Allues (*altiport*).

Mont Bel Air★

Alt. 2 050 m.Été : mar. et jeu. 9h30-12h30, 13h45-17h (10 mn, en continu). 28F (-16ans : 13F).
Accès de Courchevel 1 650 par la télécabine d'Ariondaz. Belle vue d'ensemble sur la vallée de Saint-Bon (des dents de la Porteta à gauche, au col de la Loze à droite, en passant par Courchevel 1 850 et son altiport). Admirer en particulier le sommet de Bellecôte, la Grande Casse et le Mont Blanc. Un itinéraire piéton permet de redescendre sur Courchevel 1 650, été comme hiver.

randonnées

Petit Mont Blanc★★

Alt. 2 677 m ⬛ Montée : 3h1/2. Descente : 2 1/4. Départ du Belvédère (Courchevel 1 650) ou du sommet du mont Bel-Air.
Traversée de la vallée des Avals, secteur vierge de toute remontée mécanique. Monter ensuite au sommet par le col de Saulces. Très beau **panorama** sur la vallée de Pralognan, dominée par la Grande Casse, les glaciers de la Vanoise et la pointe de l'Échelle.

Les lacs Merlet★★

Alt. 2 449 m. ⬛ Montée : 2h. Départ du mont Bel-Air.
Les lacs Merlet se situent dans un **cadre★★** splendide au pied de l'aiguille du Fruit. Monter au lac Supérieur, le plus profond des lacs de la Vanoise (30 m), et le longer par la rive droite jusqu'à son extrémité.

> **BON PLAN**
> Courchevel constitue une excellente base de randonnées pédestres, souvent méconnue. Un **plan des sentiers balisés** est publié par l'Office de tourisme.

Promenade à la Rosière

Accès à la Rosière en voiture par une route forestière non goudronnée entre Courchevel 1 650 et le Belvédère.

Joli petit lac dominé par la dent du Villard. Sentier botanique présentant quelques espèces rares (ancolie, sabot de Vénus). Poursuivre la promenade par le sentier des cascades.

Via ferrata de la croix des Verdons

Accès par la télécabine des Verdons, puis le téléphérique de la Saulire. Située à 2 739 m d'altitude, c'est aussi un remarquable **belvédère★** équipé de câbles et d'échelons ; l'amateur de sensations évolue sur un parcours où se succèdent ressauts et dévers.

> Pour les informations pratiques et locations d'équipement, s'adresser au bureau des guides de Courchevel, ☎ 04 79 01 03 66

Route de la **Croix-de-Fer**★★★

La route de la Croix-de-Fer déroule son asphalte à travers des sites sauvages. Elle dessert de petites communautés montagnardes, qui, grâce à un certain isolement, n'ont pas encore totalement perdu l'authenticité de leur cachet. Profitez-en, ça ne durera peut-être pas éternellement...

La situation

Cartes Michelin n°s 77 plis 6 et 7 ou 244 plis 29 et 30 – Savoie (73). Cette route et la variante du col du Glandon qui s'en détache à mi-parcours, mettent en relation l'Oisans avec la Maurienne ou, plus précisément, la vallée de l'Eau-d'Olle avec les vallées de l'Arvan (pays des Arves) et du Glandon (pays des Villards).

Le nom

Il n'est pas rare qu'un col tire son nom de la croix qui marque le passage entre deux vallées. C'est le cas du col de la Croix-de-Fer. Si je mens...

Les gens

Si vous vous intéressez au cyclisme, cette route ne vous est pas inconnue puisque c'est une grande classique des Alpes. Et si vous ne vous y intéressez pas, vous pouvez tout de même avoir une pensée émue pour tous les coureurs qui transpirent à chacun de ses 40 lacets...

itinéraire

DE ROCHETAILLÉE À ST-JEAN-DE-MAURIENNE

96 km – environ 4 h

En raccordant ce parcours avec les routes du Galibier et du Lautaret *(voir ces noms)*, on effectuera le plus beau circuit automobile des Alpes françaises : le **circuit des**

Panorama du col de la Croix-de-Fer, vers l'Est.

Grands Cols★★★ avec celui de la **route des Grandes Alpes**★★★. Entre Rochetaillée et le Verney, la D 526 suit le fond plat de la vallée de d'Olle surnommée le « jardin de l'Oisans », tant elle est verte.

Après avoir longé la rive gauche de la retenue du Verney, prendre la direction de la centrale de Grand'Maison et d'Hydrelec.

Dans la traversée du ravin du Flumet, la cascade de la Fare saute une barre rocheuse en arrière de laquelle pointent les crêtes des Grandes Rousses.

Hydrelec★

& *De mi-juin à mi-sept. : 10h-18h ; de mi-sept. à mi-juin : vac. scol., w.-end, j. fériés 14h-18h. Fermé 1ᵉʳ janv., 1ᵉʳ mai, 25 déc. Gratuit.* ☎ *04 76 80 78 00.*

Toute l'histoire de l'eau et de l'énergie est ici retracée, des antiques roues chinoises aux stations de transfert d'énergie par pompage (notamment celle d'Eau-d'Olle). En sortant d'Hydrelec, vous serez incollables !

Revenir à la D 526 et prendre à droite la D 43 ᴬ en direction de Vaujany.

Vaujany★

Orienté au Sud, ce village-balcon s'étire sur les flancs du Rissiou, face aux Grandes Rousses, dans un **site**★ ravissant. De l'extrémité du village, splendide vue sur la **cascade de la Fare**★. Du pied du pic de l'Étendard, elle fait un saut de près de 1 000 m, sans parachute !

À hauteur du cimetière de Vaujany, une route mène au Collet de Vaujany.

Collet de Vaujany★★

Une **vue** étendue sur la face Ouest des Grandes Rousses où se distinguent les pics de l'Étendard et du lac Blanc.

Revenir au Verney sur la D 526.

Du pont Rattier au Rivier-d'Allemond, la route s'élève au-dessus du torrent. Elle traverse de nombreux affluents descendus des contreforts de Belledonne par une suite ininterrompue de chutes. La vallée se rétrécit et devient presque entièrement boisée.

Défilé de Maupas★

Dans ce passage étroitement encaissé, la route se fraie péniblement un chemin dans des chaos d'éboulis. Elle passe les torrents dévalant du massif des Sept-Laux. L'un d'eux forme la jolie cascade des Sept-Laux, bien visible de la route.

Combe d'Olle★★

À hauteur du barrage de Grand'Maison débouche le ravin affluent de la Cochette, duquel si vous ne loupez pas le coche, vous verrez les cimes de la Cochette (massif des Grandes Rousses). Plus en amont, les chutes du Grand Lac font de l'animation sur le versant opposé.

Juste après la combe d'Olle, prendre à droite la D 926. Si l'on veut poursuivre par la route du Glandon, se reporter à la fin de cette description.

Col de la Croix-de-Fer★★

1/4h à pied AR. Au Sud du col, grimper sur la bosse rocheuse signalée par une pyramide commémorative (alt. 2 068 m). Vers l'Est, les aiguilles d'Arves sont les vedettes du **panorama**.

randonnée

Refuge de l'Étendard★★★

🚶 *Du col, compter environ 3h1/4 de marche AR.*
Au bout d'1h50 de montée, on est heureux de voir apparaître en contrebas le refuge l'Étendard, dominé par le pic du même nom (3 464 m). Très beau coucher de soleil sur la chaîne de Belledonne : au Nord-Ouest, les aiguilles d'Argentière ; au Nord-Est la **vue**★★ est magni-

---

Un tuyau

La centrale de Grand'Maison et l'usine d'Oz ne se visitent pas. Laisser la voiture sur le parking des visiteurs à l'entrée de la centrale de Grand'Maison et descendre le chemin à droite vers Hydrelec.

De l'autre côté

Vaujany est relié par téléphérique au dôme des Rousses (2 805 m), via la gare des Alpettes. De cette dernière station, possibilité de rejoindre l'Alpe-d'Huez (1 860 m).

EDF a choisi cette combe pour implanter le **barrage de Grand'Maison**, sur l'Eau-d'Olle : le barrage, sa retenue de 220 ha et ses usines sont reliés par une galerie de plus de 7 km au réservoir inférieur (75 ha) et à l'usine du barrage du Verney, pour permettre une production d'électricité mixte gravitaire-pompage.

Pour les plus endurants

Ils peuvent poursuivre jusqu'au pied du glacier de St-Sorlin, en longeant les lacs Bramant, Blanc et Tournant. Prévoir dans ce cas une journée complète.

La vallée de Sorlin d'Arves

fique sur le Mont Blanc, les Grandes Jorasses, le Grand Combin, le Grand Bec et la Grande Casse. Ça vous ira ou vous en voulez encore plus ? Les yeux encore brillants d'émotion, vous n'aurez plus qu'à descendre en 10mn au refuge, situé au bord du lac Bramant. Du col de la Croix-de-Fer à St-Sorlin, ce sont surtout les aiguilles d'Arves qui attirent l'attention ainsi que le paysage de la vallée de l'Arvan, avec ses villages et ses cultures accrochés aux versants. Après le troisième lacet, on découvre, à droite de la cime du Grand-Sauvage, le pic de l'Étendard (massif des Grandes Rousses) et son versant glaciaire (glacier de St-Sorlin).

St-Sorlin-d'Arves

Les constructions neuves qui se collent à proximité des pistes de ski altèrent quelque peu le cachet ancien des hameaux composant ce village. C'est dommage car l'endroit est plutôt sympathique. Mais que cela ne vous empêche pas de vous arrêter déjeuner au Gros Cailloux, au pied des pistes.
À Malcrozet, prendre à gauche la D 80 montant en corniche sur le replat de St-Jean-d'Arves.

St-Jean-d'Arves

Gagner l'église située à l'écart du village, dont le cimetière en terrasses domine la haute vallée de l'Arvan. De ce **site★**, on voit, à l'horizon, s'aligner les crêtes neigeuses des Grandes Rousses. À la sortie de St-Jean, la route fait un coude pour éviter les ravinements du torrent du Villard. 2 km plus loin, à l'entrée d'un virage, on aperçoit à droite l'étroit défilé du val d'Entraigues. À l'issue du tunnel précédant le croisement de la D 926 se dévoile, assez haut sur le versant opposé, le **site★** composé par le hameau et l'église de Montrond formant premier plan devant les aiguilles d'Arves. Ensuite, ce sont les abîmes des **gorges de l'Arvan★**.
La route rejoint la D 926 (route de St-Jean-de-Maurienne) que l'on prend à gauche, au débouché de la combe Genin, juste avant un tunnel.
De la combe Genin, faire demi-tour et reprendre la D 926 jusqu'au pont de Belleville. Là, prendre à gauche la D 80. Cette route franchit l'Arvan, dont on entrevoit les gorges, et monte parmi les sapins ; une fois dépassés, la vue se dégage sur la basse vallée de l'Arvan. À l'entrée du village du Mollard, on reconnaît, à gauche, la combe Genin.

Col du Mollard★

De ce point culminant (alt. 1 683 m) du parcours, les **vues**★ sont particulièrement séduisantes : en arrière sur les aiguilles d'Arves, en avant sur les premiers sommets de la Vanoise. À la sortie Ouest d'Albiez-le-Vieux commence la descente vertigineuse vers la vallée de l'Arvan, avec des passages en corniche ménageant des vues plongeantes. Deux grands lacets fournissent encore l'occasion d'apprécier l'encaissement des gorges de l'Arvan avant d'atteindre St-Jean-de-Maurienne.

ROUTE DU GLANDON

Du col du Glandon à La Chambre 22 km – environ 1h1/2
De Vizille ou du Bourg-d'Oisans, c'est la route la plus directe pour rejoindre la vallée de l'Arc. Depuis qu'existe la route du col de la Madeleine *(voir ce nom)*, entre la Chambre et N.-D.-de-Briançon, le Glandon constitue une étape entre Grenoble et Moûtiers. Alors reposez-vous un peu... La D 927 parcourt de bout en bout la vallée du Glandon ou « vallée des Villards », longtemps en vue du Mont Blanc

> **C'EST BOUCHÉ**
> La route est obstruée par la neige, en amont de St-Colomban-des-Villards, entre novembre et début juin.

Col du Glandon★

À 250 m du chalet-hôtel du Glandon.
Ce seuil (alt. 1 924 m), dominé immédiatement par les beaux escarpements colorés des rochers d'Argentière, ouvre une lointaine mais excellente **perspective** sur le Mont Blanc. Entre le col du Glandon et Léchet, on parcourt la vallée des Villards au paysage sévère mais heureusement égayée en été par un tapis rouge de rhododendrons.

Les Deux-Alpes★★

Quand on est deux, on se sent plus fort. Au cœur de l'Oisans, les stations jumelles de l'Alpe-de-Lans et de l'Alpe-de-Venosc ont décidé de s'associer pour mieux régner. C'est ainsi que ces deux petites stations se sont effacées discrètement derrière un nom beaucoup plus connu : les Deux-Alpes. Ce domaine est réputé pour ses pistes certes mais aussi pour son ambiance jeune et sportive. Ici le ski est roi, en hiver comme en été...

> **CHAPELLE ST-BENOÎT**
> Moderne, mais d'allure traditionnelle grâce à ses murs de moellons, elle renferme quelques sculptures originales dont le chemin de croix.

La situation

Cartes Michelin n°s 77 pli 6 ou 244 pli 41 – Isère (38).
À 75 km de Grenoble, la station, la plus proche de la métropole alpine et la plus élevée d'Isère, est accessible par la D 213 qui s'embranche sur la N 91 au départ du lac du Chambon.
🛈 *38860 Mont-de-Lans,* ☏ *04 76 79 22 00.*

Le nom

Dans son appellation régionale, *alpe* a le sens de pâturage dans la haute montagne. Et comme il y a deux alpages, celui de Venosc et celui de Mont-de-Lans, il y a Deux Alpes...

Les gens

Au 19e s., les intrépides colporteurs de Mont-de-Lans apportaient parfois bien loin les spécialités locales, parmi lesquelles les fleurs des Alpes et leurs bulbes, dont ils firent leur commerce exclusif. 664 Arlayens.

carnet d'adresses

Où DORMIR

• À bon compte

Chambre d'hôte Le Chalet – *3 r. de l'Oisans* – ☎ *04 76 80 51 85 – fermé déb. mai au 20 juin et 5 sept. à Toussaint* – ⌷ – *6 ch. : 180/320F.* Dans ce gros chalet des années 1960 situé au cœur de la station, vous pourrez profiter du calme d'une des six chambres aménagées mais sans surprise. Cette adresse vaut surtout par son bon rapport qualité/prix. Jardin appréciable en été.

• Valeur sûre

Chalet Mounier – ☎ *04 76 80 56 90 – fermé 3 mai au 18 juin et 5 sept. au 10 déc.* – *45 ch. : 495/920F* – ⌷ *65F – restaurant 135/195F.* Bâti à partir d'une ancienne ferme d'alpage de la fin du 19ᵉ s. Ses boiseries sculptées, ses étoffes de couleurs chaudes et ses salons cosy contribuent à son atmosphère chaleureuse. Bonne table au P'tit Polyte. Piscines d'été et d'hiver, salle de fitness.

Hôtel La Belle Etoile – *111 av. de la Muzelle* – ☎ *04 76 80 51 19 – fermé déb. mai au 20 juin et 10 sept. à Toussaint* – **P** – *29 ch. : 320/420F – restaurant 95/165F.* Proche des pistes, cet hôtel a de nombreux atouts : son jacuzzi qui vous délassera après le ski (à moins que vous ne préfériez vous lover au coin de la cheminée !) et en été, sa piscine, son tennis et son jardin. Vue exceptionnelle sur la Muzelle.

• Une petite folie !

Hôtel Mariande – ☎ *04 76 80 50 60 – fermé 16 avr. au 27 juin et 1ᵉʳ sept. au 19 déc.* – **P** – *23 ch. : 580F* – ⌷ *50F – restaurant 170F.* Réalisez vos rêves de repos et plongez dans la piscine d'été face au massif de la Muzelle. S'il manque quelques degrés, le salon-solarium panoramique garantit le même plaisir des yeux. Préférez l'une des trois chambres en duplex. Repas servis en salle ou en terrasse.

Où SE RESTAURER

• À bon compte

Bel'Auberge – ☎ *04 76 79 57 90 – fermé 3 mai au 19 juin et 6 sept. au 30 nov.* – *99/189F.* Dans ce chalet-auberge aux boiseries finement dentelées, vous dégusterez une cuisine plutôt classique avec quelques spécialités savoyardes, fondues et raclettes. Le patron, moniteur de ski à ses heures, s'occupera de vous en soirée.

séjourner

Le domaine skiable

Les amateurs de promenade iront au vieux village de **Venosc** (décrit à l'Oisans), au refuge de la Fée et au Sapey.

◀ Les bons skieurs se donnent rendez-vous sur le premier tronçon, aux pentes assez raides et au sommet de la Tête Moute. Mais que les moins bons se rassurent : ils y trouveront aussi des pentes plus douces où la neige est excellente. Entre deux piquets de bâtons, ils peuvent admirer le glacier du Mont-de-Lans, le plus grand glacier skiable d'Europe. Sur ce glacier, ils trouveront une douzaine de remontées mécaniques, de nombreuses pistes vertes et bleues entre 2 800 et 3 568 m, altitude record en France pour des pistes damées. Pour rejoindre la station, 2 000 m de dénivelée rien que pour eux, ça se fête! Assurant en son sommet une liaison avec le glacier de la Girose, c'est l'un des plus grands domaines de ski d'été, de mi-juin à début septembre. Qui peut le plus peut le moins : en hiver, aucun souci d'enneigement bien évidemment.

Et si vraiment le ski vous barbe, vous pouvez vous rabattre sur la patinoire, la piscine en plein air chauffée, le parapente...

Le domaine des Deux-Alpes comme le skieur n'aura guère la possibilité de l'embrasser du regard, vu d'avion !

randonnées

LES BELVÉDÈRES

Glacier du Mont-de-Lans★★★

Compter 2h AR pour le dôme du Puy Salié et une demi-journée pour le dôme de la Lauze. Chaussures de montagne, lunettes de soleil et jumelles recommandées.
De mi-juin à déb. sept. et de fin nov. à fin avr. : 7h30-17h30.
105F AR, 117F AR comprenant la visite de la grotte de glace.
☎ *04 76 79 75 00.*

Accès du centre de la station (près de l'Office de tourisme) par le téléphérique du **Jandri Express**. À 2 600 m, on change de cabine pour accéder à 3 200 m. Belle **vue** sur le Vercors et l'Oisans.

Prendre ensuite l'ascenseur et le funiculaire pour accéder au dôme de Puy Salié (3 421 m). En sortant, **vue★★** magnifique sur la chaîne des Écrins. Rejoindre en quelques instants l'arrivée des téléskis pour admirer le Vercors et, plus à droite, Belledonne, le massif des Grandes Rousses (station de l'Alpe-d'Huez, pic du lac Blanc), le massif du Mont-Blanc, les dentelures sombres des aiguilles d'Arves et la Vanoise. Par temps clair, même le mont Ventoux est visible.

Les skieurs, pour bénéficier d'une vue encore plus dégagée, prendront le téléski de la Lauze et poursuivront à pied quelques instants jusqu'au sommet de la butte. **Panorama★★★** splendide sur le Rateau, les Écrins, le massif du Soreiller, le mont Pourri fort beau malgré son nom, la Grande Casse et Péclet.

▶

> **DE GLACE**
> À l'arrivée au terminus du funiculaire Dôme Express, des cavités abritant des sculptures de glace ont été creusées sous plusieurs mètres de glace. On découvre tour à tour l'ardoisier, le colporteur, la salle des cristaux, etc.

Croisière Blanche★★★

Il est conseillé de réserver à l'Office de tourisme en saison.
Départ à proximité de la station d'arrivée du téléphérique.
140F (montée en téléphérique depuis Les Deux-Alpes, visite de la grotte de glace, l'excursion en minibus), 40F excursion seule. ☎ *04 76 79 75 00.*

Les piétons peuvent se rendre sur le **dôme de la Lauze** en minibus à chenilles. Cette excursion, unique en France par son moyen de locomotion, apporte au profane une bonne initiation à la haute montagne.

Belvédère des Cimes★

Accès par le télésiège des Cimes, situé à l'entrée de la station côté Mont-de-Lans.

De ce **belvédère** (alt. 2 100 m), placé sur le flanc Nord-Est du Pied Moutet, vous aurez un bel aperçu de la vallée de la Romanche et du bassin du Bourg-d'Oisans.

Belvédère de la Croix★

Derrière le chalet de l'UCPA, à l'extrémité de la station côté Alpe-de-Venosc, on domine la profonde vallée du Vénéon, où tournoient des choucas. En face, la cime escarpée de l'aiguille de Venosc sépare le vallon du lac Lauvitel, à droite, du vallon du lac de la Muzelle, à gauche (ces deux lacs ne sont pas visibles).

▶

> **SI VOUS ÊTES PERDUS**
> La **Roche de la Muzelle** (alt. 3 459 m), reconnaissable à son glacier suspendu, règne sur cet imposant paysage.

Les Échelles Entre-Deux-Guiers

Ces deux agglomérations ne sont séparées que par le Guiers Vif. À une époque que les moins de vingt ans ne peuvent pas connaître, la Savoie était un vrai état indépendant dont la frontière avec la France se situait ici, où passe le torrent. Aujourd'hui, il demeure la limite entre la Savoie et l'Isère mais vous n'avez donc plus besoin de présenter vos papiers pour passer d'une rive à l'autre.

La situation

Cartes Michelin n°s 74 pli 15 ou 244 pli 28 – Schéma p. 221. – Isère (38). Immédiatement en aval des deux bourgs (à l'Ouest), le torrent se réunit au Guiers Mort, venu du « Désert » de la Grande-Chartreuse, puis sous le simple nom de Guiers, va s'enfoncer dans l'imposante gorge boisée de Chailles, qui ouvre à la N 6, tracée en corniche, l'accès du bas-pays.

🛈 *Rue Stendhal, 73360 Les Échelles,* ☎ *04 79 36 56 24.*

Le nom

Les Échelles ont de tout temps désignées dans la région, des escaliers en forme de degrés par lesquels on traverse un étroit défilé en forte pente. Dans le cas présent, ce passage a bénéficié d'un premier aménagement au Moyen Âge, justifié par l'importance de cet axe transfrontalier.

Les gens

2 890 Échellois.
Après la mort de son mari, **Béatrix de Savoie**, comtesse de Provence, monta douloureusement au château des Échelles et fonda dans la localité une commanderie de St-Jean-de-Jérusalem. Est-ce que cette commanderie du 13e s. aurait été choquée à l'idée que la mairie s'y soit aujourd'hui installée ?

visiter

GROTTES DES ÉCHELLES

4 km par la N 6 vers Chambéry. Laisser la voiture à la sortie du tunnel des Échelles.
Les deux grottes des Échelles doivent une grande part de leur réputation aux souvenirs historiques : par exemple, la voie millénaire qui les dessert. Autre exemple ? La grotte inférieure fût l'un des repaires du fameux contrebandier **Mandrin**, ennemi public n° 1 (1724-1755).
La gorge qui sépare les grottes est un ancien tunnel naturel dont la voûte s'est effondrée.

Visite des grottes

Le point de départ le plus communément adopté est l'auberge du Tunnel, sur la N 6, à la sortie Est (côté Chambéry) du tunnel des Échelles. De Pâques à fin oct. : visite guidée (1/2h) w.-end et j. fériés 10h-18h30 (de mi-juin à mi-sept. : tlj). Visite annulée par très mauvais temps. 19F (enf. : 12F). ☎ *04 79 65 75 08.*
L'entrée de la **grotte supérieure** s'ouvre dans la paroi rocheuse. Un couloir conduit à un carrefour d'où partent deux galeries. Celle de gauche dessert plusieurs salles que séparent d'étroits couloirs curieusement travaillés par l'érosion.
Une passerelle longue de 220 m, accrochée, et bien accrochée rassurez-vous, à la paroi, parcourt, à mi-hauteur, cet impressionnant « canyon inachevé » qu'est la grotte inférieure ou **Grand Goulet★**. De la sortie Sud de la grotte, très jolie **vue★** sur la vallée de la Chartreuse que dominent les sommets du même nom : Grand Som et Sûre.

LA ROUTE ROYALE SARDE
Pendant longtemps, elle a constitué le seul passage possible entre la vallée de Couz et le bassin des Échelles. Une voie romaine l'empruntait déjà. De 1667 à 1670, le duc de Savoie, Charles-Emmanuel II fit niveler les degrés pour rendre la route plus accessible aux charrois. Un monument, élevé à hauteur de la grotte inférieure, commémore pompeusement ces travaux. Napoléon donna l'ordre de creuser le tunnel que l'actuelle N6 emprunte aujourd'hui. Celui-ci fut achevé en 1813.

IL NE FAUT PAS DÉPASSER LES BORNES

Les nombreux sentiers balisés qui sillonnent le massif de la Chartreuse sont parfois jalonnés de bornes de pierre sculptées sur leur deux faces. Il s'agit des bornes frontières délimitant le royaume de France et le duché de Savoie. Chacune des faces portent les armoiries des États (fleur de lys et croix de Savoie). Contrairement à une croyance, ces marques frontalières ont moins de deux siècles d'existence car elles ont été érigées lors de la restauration sarde (en 1818) pour régler sur le terrain les nombreux litiges transfrontaliers et par là même matérialiser un traité vieux de près de 4 siècles !

itinéraire

ROUTE DU COL DE LA CLUSE★

21 km – environ 2 h. Prendre vers Chambéry, la N 6 qui passe près de l'entrée des grottes des Échelles ; au col de Couz tourner à droite pour traverser le village de St-Jean-de-Couz, et suivre la D 45.

La route, après le col des Égaux, domine le bassin des Échelles, puis les gorges du Guiers Vif, face au fameux passage du « Frou ».

Aussitôt avant Corbel, à hauteur d'un calvaire, la vue est dégagée sur la vallée du Guiers Vif, plus épanouie. Sur le versant opposé s'éparpillent, aux flancs de leur vallon, les hameaux de la Ruchère.

Corbel marque l'entrée latérale d'un autre vallon suspendu, très agreste, encadré par de beaux escarpements. Par une montée accentuée, la D 45 s'échappe de ce vallon.

Col de la Cluse *Alt. 1 169 m.*

Agréable lieu de halte. La fraîcheur du site contraste avec l'ensoleillement des pentes de la vallée d'Entremont, dominée par les barres rocheuses du Granier.

Au col de la Cluse, on peut revenir aux Échelles par le Désert, Entremont-le-Vieux et St-Pierre-d'Entremont (itinéraire partiellement décrit en sens inverse p. 222).

Évian-les-Bains ♦♦♦

On a l'impression que le temps s'est arrêté à Évian. On y vient du monde entier se détendre, profiter de son climat clément, et se promener sur les jolies rives du lac Léman. On y vient aussi et surtout pour ses activités mondaines... Ses bâtiments cossus, ses palaces noyés dans la verdure témoignent d'un luxe bien plus attirant que les cures de bains d'eau froide que prodigue également cette bonne ville d'Évian...

La situation

Cartes Michelin nos 89 pli 2 ou 244 pli 9 – Schéma p. 373 – Haute-Savoie (74). Baptisée poétiquement « la perle du Léman », Évian est merveilleusement située entre le lac et les contreforts des Préalpes du Chablais. Pas d'inquiétude à avoir, tous les chemins mènent aux rives du lac Léman ! Lausanne, Vevey, Ouchy... sont en face. Les « paquebots » de la CGN vous attendent pour une traversée-croisière.

🖪 *Place d'Allinges, 74500 Évian-les-Bains, ☎ 04 50 75 04 26.*

Le nom

Le nom d'Évian reste attaché aux Accords du même nom, signés le 18 mars 1962 qui stipulaient la reconnaissance de l'indépendance de l'Algérie.

Les gens

6 895 Évianais et quelques milliers de curistes, joueurs de Casino et mélomanes fidèles aux Rencontres musicales de mai.

Ignorées des Romains, les vertus des eaux d'Évian ne furent découvertes qu'en 1789 lorsqu'un gentilhomme auvergnat, le marquis de Lessert, réalisa que l'eau de la fontaine Ste-Catherine « faisait passer ses graviers ».

Jusqu'en 1865, Évian présentait l'aspect d'une petite cité fortifiée aux murailles baignées par le lac. L'église elle-même s'avançait en proue dans celui-ci. Après 1865 furent construits, en empiétant sur les eaux, les quais actuels, dont la plus longue section porte le nom du baron de Blonay. En léguant à la ville son château (à l'emplacement du casino actuel) et les terrains riverains, cet homme généreux donna le coup de pouce décisif au développement touristique de la station. Merci au marquis Lessert.

La cure

Les eaux froides (11,6°) provenant du plateau de Vinzier sont filtrées par les sables glaciaires du pays Gavot et contiennent une très faible minéralisation.

Croisière sur le lac Léman.

carnet d'adresses

L'Espace thermal est ouvert de mi-février à mi-novembre.

Où DORMIR
● *Valeur sûre*
Hôtel de France – 59 r. Nationale – ☏ 04 50 75 00 36 – *fermé 20 nov. au 15 déc. – 45 ch. : 350/420F – ☱ 30F.* Dans la principale rue piétonne de la ville, le joli jardin de cet hôtel qui fleurit en lieu et place de l'ancien château des ducs de Savoie est enchanteur aux beaux jours. Ses chambres claires sont coquettes, meublées de façon moderne.

● *Une petite folie !*
Hôtel Royal – ☏ 04 50 26 85 00 – *fermé 5 déc. à déb. fév. – 125 ch. : à partir de 1770F – ☱ 115F – restaurant 340/450F.* Rêvé par Édouard VII, aimé par l'Aga Khan, le Royal est à la dimension des fantasmes du grand palace... Construit en 1909, son décor Belle Époque est souligné dans les chambres par le mobilier d'origine. Admirez les fresques du Café Royal.

Où SE RESTAURER
● *À bon compte*
La Bernolande – 1 pl. du Port – ☏ 04 50 70 72 60 – *fermé vac. de Toussaint, 8 au 25 mars, dim. soir et lun. – 100/140F.* Avec un peu de chance et par beau temps, vous admirerez la vue sur le lac et les aller et venues des bateaux-navettes qui assurent la liaison Lausanne-Évian. Cuisine familiale. Accueil souriant. Attendez-vous à être un peu serrés !

● *Valeur sûre*
Liberté – *au Casino* – ☏ 04 50 26 87 50 – 110F.* Dans l'enceinte du casino, voilà une brasserie qui prend le large. Son décor moderne, où laitons et bois jouent les ambiances « bord de mer », a séduit un public plutôt branché venu y manger une cuisine inspirée des quatre coins du monde.

À LA FORTUNE DU POT
L'Embuscade – 82 r. Nationale, ☏ 04 50 75 02 08. *Ouv. tlj 8h-23h.* Avec son décor rustique et montagnard (murs de pierre et poutres apparentes), ce bar du centre-ville est une adresse accueillante. Pour vos embuscades, préférez les alcôves du fond. Carte de cocktails modeste mais honnête.

Casino Royal – ☏ 04 50 26 87 87. *Internet : www.evian.fr/domaine/homecasino. html, E-Mail : casino.domaine-royal@wanadoo.fr /. Ouv. machines à sous 10h-2h ; jeux traditionnels 15h-2h ; bar le Liberté 12h-2h.* Ce casino de réputation internationale offre aux amateurs de jeux tous les classiques du genre. Fortune faite, ils peuvent se désaltérer au bien nommé Jackpot bar ou au Liberté, un bar-restaurant-salon de thé dont la terrasse regarde le lac.

Le Flash – Pl. Charles-de-Gaulle, ☏ 04 50 26 87 20. *Ouv. mer.-dim. 23h-5h.* La discothèque du casino comprend un *dancefloor* équipé de jeux de lumières et de lasers qui flashent au rythme des musiques les plus actuelles. Les nostalgiques de la valse, du tango ou du paso doble préféreront les thés dansants du casino.

La Cave à Paul – 37 r. Nationale, ☏ 04 50 75 12 47. *Ouv. tlj 8h-19h.* Grand choix de produits régionaux : Génépi, liqueurs de framboise, de myrtilles, vins de Savoie... et une spécialité maison : le confit de vin en bocaux.

Évian n'a pas encore réussi à canaliser toute la France pour faire arriver son eau directement à votre robinet. Jusqu'à maintenant, vous n'en connaissez donc que la version modèle réduit en conditionnement d'un litre et demi. À Évian même, les eaux sont employées en cure de boisson mais aussi et surtout en soins hydrothérapiques. Imitez les beaux bébés de la pub : nagez dans l'eau d'Évian, elle donne au corps la jeunesse ! Si votre maman vous avait baigné dans cette eau, vous auriez moins de rhumatismes, moins d'affections rénales, encore moins de problèmes de digestion...

Pour prendre les choses en main, les Thermes vous proposent 10 jours de remise en forme.

se promener

Le « front de lac »★
C'est la plus jolie promenade d'Évian. D'abord parce que la lac est bordé d'arbres d'essences rares, de pelouses et de fleurs. Ensuite, parce que c'est ici que se trouvent les bâtiments de l'**Établissement thermal**, la **villa Lumière**, actuel hôtel de ville et le **Casino**, tous datant de la fin du 19e s. et du début du 20e s.

> **MUSIQUE ET EAUX**
> Un ensemble de fontaines musicales avec jeux d'eaux rythmés sur de la musique agrémente la promenade sur la rive du lac au nouveau port de plaisance des Mouettes.

ÉVIAN-LES-BAINS

Abondance (Av. d') . . . . C 2
Bennevy (Bd de) . . . . AB 5
Besson (Q. Ch.) . . . . B 6
Blonay (Q. Baron de) . . . . . . B
Bocquies (Av. des) . . . . A
Clermont (R. de) . . . . B 10
Cordeliers (R. des) . . . . C 12
Cottet (Pl. Ch.) . . . . B 15
Détanche (Bd de la) . . . . A
Dupas (Av. Gén.) . . . . A
Fléry (Av. de) . . . . B
Folliet (R. Gaspard) . . . . B 19
Gare (Av. de la) . . . . A
Grottes (Av. des) . . . . C 22
Jean-Jaurès (Bd) . . . . ABC
Larringes (Av. de) . . . . A 25
Libération (Pl. de la) . . . . C 26
Mateirons (Av. des) . . . . B 27
Mélèzes (Av. des) . . . . BC
Mémises (Av. des) . . . . AB
Monnaie (R. de la) . . . . B 29
Nant d'Enfer (Ch. du) . . . . BC
Narvik (Av. de) . . . . B 31
Nationale (R.) . . . . B 33
Neuvecelle (Av. de) . . . . C 36
Port (Pl. du) . . . . C 37
Royal (Bd du) . . . . AB
Sources (Av. des) . . . . B 39
Vallées (Av. des) . . . . AB 40
Veniaz (Av. de la) . . . . BC

Casino . . . . B
Église . . . . B **D**
Établissement thermal . . . . . . B **E**
Hall d'exposition sur l'eau et hall d'information . . . . . . B **F**
Jardin Anglais C
Nouveaux établissements thermaux . . . . C **G**
Parc Thermal C
Villa Lumière (Hôtel de Ville) . B **H**

Les nouveaux établissements thermaux se trouvent dans le **parc thermal**. La buvette, dessinée par l'architecte **Novarina** (qui réalisa aussi le palais des congrès), fut construite en 1956 et l'Espace thermal en 1983. Il est en partie enterré afin de préserver le parc.

Encore plus à l'Est, un nouveau port de plaisance a été créé. Mais c'est au centre nautique, à l'entrée opposée de la ville, que vous trouverez les aménagements les plus modernes.

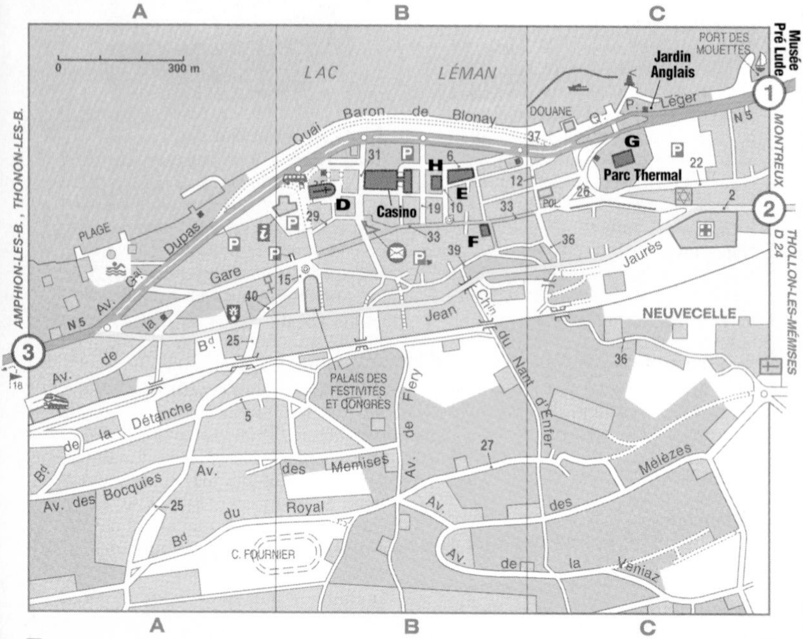

Le **Jardin anglais** a élu domicile au-delà du port, là où se concentrent les yachts et où accostent les bateaux du Léman.

Plus en arrière, les grands hôtels s'étagent sur les premières pentes du pays Gavot, à travers les châtaigneraies de Neuvecelle.

La « Batailère »

Des terrasses de Montreux ou de Meillerie, vous pourrez observer un phénomène naturel assez unique : vous verrez le lac se battre pour absorber les eaux troubles du Rhône valaisan. Il donne l'impression de résorber d'un coup le puissant panache de boue. Il n'en est rien : une tranche d'eaux fluviales troubles stagne à vingt mètres de profondeurs. Le mélange ne se fera qu'à l'automne, au premier refroidissement.

Le lac Léman★★★

Avec ses 310 m de profondeur et ses 58 000 ha, ce lac est 13 fois plus étendu que celui du Bourget, le plus vaste de la France intérieure. Sa forme est celle d'un croissant long de 72 km, large au maximum – entre Morges et Amphion – de 13 km. L'altitude moyenne de son plan d'eau est de 372 m au-dessus du niveau de la mer. On distingue généralement le Petit Lac – entre Genève et Yvoire – du Grand Lac, secteur le plus épanoui, dont une partie au large de Vevey, Montreux et St-Gingolph est encore appelée le Haut Lac.

Depuis des siècles, le Léman constitue un sujet d'études exceptionnel, tout particulièrement pour cette pépinière de naturalistes que fut toujours Genève. Rappelons que sa nappe constitue, en fait, la base du nivellement général de la Suisse.

Les échanges de chaleur entre l'atmosphère et les eaux du lac se traduisent par un bilan climatique très favorable aux riverains, surtout en avant et en arrière-saison. L'automne chablaisien est magnifique, avec des brumes fréquentes.

Promenades en bateau★★★

« Tour Grand-Lac » : juil.-août : dép. à 9h50 (5h) ; juin et sept. : dim. à 9h50. 148F. - « Tour du Haut-Lac » : juin-sept. : dép. à 14h50 (3h). 148F. - Croisière nocturne avec orchestre : juil.-août : sam. dép. à 19h (3h3/4). 86F. ☎ 04 50 70 73 20 ou ☎ 04 50 75 27 53.

Les bateaux de la Compagnie générale de navigation relient les rives françaises et suisses du lac. D'Évian, il est facile de faire le tour complet du lac ou celui du Haut Lac, ou simplement d'effectuer la traversée d'Évian à Lausanne-Ouchy ainsi que des croisières nocturnes.

visiter

Hall d'exposition sur l'eau et hall d'information

De mi-mai à fin sept. : 14h30-18h30 (de mi-juin à fin août : 10h30-12h30, 15h-19h). Gratuit. ☎ 04 50 26 80 29.

Il est installé dans le bâtiment de l'ancienne buvette de la **source Cachat**, pavillon de bois et de verre de style Art nouveau couvert d'une coupole qu'encadrent des vitraux semi-circulaires à motifs végétaux. La source Cachat, ancienne fontaine Ste-Catherine, tire son nom du propriétaire qui prit l'initiative de sa commercialisation. Dans ce hall, on trouve des expositions et des informations sur l'eau d'Évian et la cure.

Église

Possibilité de visite guidée sur demande auprès de l'Office de tourisme.

Typique du premier art gothique en Savoie (fin du 13e s.), elle a été remaniée et restaurée au 13e s. puis en 1865. Quelques chapiteaux subsistent de la construction initiale. Dans la chapelle N.-D.-de-Grâce, à droite du chœur, la Vierge bourguignonne, bas-relief en bois peint, fut donnée aux clarisses d'Orbe en 1493 par Louise de Savoie, qu'une fresque représente sur le mur en face.

Villa Lumière (hôtel de ville)

Tlj sf w.-end 9h-11h30, 13h30-17h. ☎ 04 50 83 10 00.

Trônant sur les bords du lac, elle symbolise les goûts de luxe des séjournants de la Belle Époque. Seconde création d'Antoine Lumière (père de Louis inventeur du cinématographe), après le château du Clos à La Ciotat, la villa date de 1896. Les cariatides encadrant la porte d'entrée sont l'œuvre de l'artiste lyonnais Devaux

QUE D'EAU !

Installée à **Amphion-les-Bains**, une usine d'embouteillage, très moderne produit en moyenne 5 millions de litres d'eau par jour, ce qui la place au premier rang mondiale des producteurs d'eau minérale.

♿ *De janv. à mi-déc. : visite guidée (1h1/2) à 9h, 10h30, 14h, 15h30. Sur inscription au service des visites, Eaux Minérales d'Évian. ☎ 04 50 26 80 80.*

Le pavillon de la source, achevé en 1903, est coiffé d'une coupole revêtue de tuiles vernissées. Santé et mondanité l'animaient...

La magistrale lionne en bronze enlaçant le départ du garde-corps, semble le gardien de la villa Lumière.

s'inspirant des atlantes de Pierre Puget à Toulon. Remarquer la décoration des salles du rez-de-chaussée et l'**escalier d'honneur**★.

Musée Pré-Lude

A l'entrée Ouest de la ville, sur la N 5 en venant d'Amphion. De mai à fin sept. : tlj sf mar. 10h-12h, 14h30-18h, dim. 14h30-18h. 25F (enf. : 15F). ☎ 04 50 75 61 63.

Dans une ferme rénovée du 19e s, il présente les outils et objets utilitaires de la vie rurale traditionnelle du Chablais ancien.

Monument de la comtesse de Noailles

Quitter Évian par la N 5 en direction d'Amphion.

Cette petite rotonde s'élève au bas d'un étroit jardin, ancienne propriété de la poétesse.

alentours

Les falaises de Meillerie★★

D'Évian à Novel 23 km – environ 1h.

Le parcours comporte l'entrée en zone franche. Quitter Évian par la rive du lac.

Jusqu'à Lugrin, la route est bordée de nombreuses propriétés ; on passe sous une galerie reliant le château de Blonay à la rive (16e s. – transformé au 19e s.).

Au-delà de Lugrin, la route longe le pied des falaises de Meillerie, meilleure vue de l'agglomération de Montreux, sur la rive suisse. À gauche, pointent les rochers de Naye, belvédère bien connu des habitués de la côte vaudoise.

Meillerie★

Au pied de sa robuste église (clocher du 13e s.), dans un **site**★ ravissant, ce village de pêcheurs où Rousseau situa certaines scènes de la *Nouvelle Héloïse* s'adosse aux falaises les plus imposantes du Léman.

Après Meillerie, la vue s'élargit encore sur le Haut Lac et son cadre de montagnes jusqu'aux sommets dominant Leysin (Tour d'Aï).

St-Gingolph

Tous les monuments de cet amusant bourg international sont en double, sauf l'église et le cimetière situés en France. Le torrent de la Morge marque la frontière.

À la cour de Louis XV, St-Gingolph était réputée comme une des plus importantes villes suisses : de jeunes Savoyards se faisaient passer pour originaires de la patrie valaisanne du pays pour intégrer les régiments suisses de la garde royale. Ils avaient compris que la solde en franc suisse était plus rémunératrice. L'histoire ne dit pas s'ils y ouvraient des comptes...

Point de vue

Agréables vues sur le Léman, depuis **Novel** *(prendre la D 30 depuis St-Gingolph)* situé au pied de la dent d'Oche.

Adossé au pays Gavot, Meillerie conserve une animation autour de son port de pêche. Rousseau vantait déjà le calme des lieux.

itinéraires

5 LE PAYS GAVOT★

L'arrière-pays d'Évian, est un plateau bien délimité par le lac et au Sud, par la vallée de la Dranse d'Abondance. Les promeneurs l'apprécient spécialement pour ses vastes horizons, bien dégagés de tous côtés. Les falaises du pic de Mémise qui le dominent, à l'Est, constituent le plus bel observatoire de la rive chablaisienne du Léman.

Pic de Mémise
15 km – 1h1/2 – quitter Évian à l'Est en direction de Thollon. La D 24 s'élève à travers les vergers. Deux grands lacets sous bois permettent de larges échappées sur le lac, et donnent accès à la terrasse de Thollon-les-Mémises, allongée au pied des falaises du pic de Mémise.

Thollon-les-Mémises
Cette station aux multiples hameaux – au départ desquels il suffit de faire quelques pas pour découvrir le lac Léman, 600 m plus bas – se développe comme annexe d'altitude d'Évian, tant en été, pour le charme de sa situation, qu'en plein hiver grâce aux pistes de ski de Mémise.

Pic de Mémise★★
Alt. 1 677 m. Une demi-heure à pied AR. La télécabine dépose les touristes à l'altitude de 1 596 m, sur la crête des falaises de Mémise. De là, gagner le point culminant avec son **panorama** sur le lac, la rive suisse de Nyon à Montreux et, à l'horizon, le Jura, les coteaux vaudois, les rochers de Naye.

6 LA DRANSE D'ABONDANCE

D'Évian à Abondance – 47 km – environ 2h. Quitter Évian par la D 21 (route de Thollon).

Bernex
Villégiature et petit centre d'alpinisme, Bernex est le point de départ de l'ascension de la **dent d'Oche** (alt. 2 222 m).
Au-delà de Vacheresse, la D 22 suit le profond sillon boisé de la Dranse d'Abondance, qui s'épanouit en amont d'Abondance.

CHALETS D'ABONDANCE
Remarquer les chalets, typiques de la vallée d'Abondance avec leur immense toit couvert de schiste clair, leur pignon signé de la croix, leurs grands balcons à balustrade en bois découpé.

Flaine✳✳

Cette station est de conception architecturale résolument moderne. Construite de toutes pièces, elle n'a pas eu comme beaucoup d'autres, à se fondre dans un village ancien. De ce fait, on pouvait donner libre cours à son imagination, à l'aménagement de l'espace, aux initiatives originales en matière d'animation et de loisirs. Selon l'adage populaire : tous les goûts sont dans la nature.

La situation
Cartes Michelin n°s 74 pli 8 ou 244 pli 20 – Schéma p. 231 – Haute-Savoie (74). Flaine a été créée entre les rivières de l'Arve et du Giffre, dans l'évasement d'une combe jusqu'alors ignorée du tourisme, à 1 600 m d'altitude.
🄱 *Galerie des Marchands, 74300 Flaine, ☎ 04 50 90 80 01.*

Le nom
Flaine est rattaché à une légende très poétique : un géant fatigué de traverser les montagnes s'arrêta en ces lieux et utilisa les courbes du relief comme oreiller, en patois *flainos.*

Les gens
L'architecture en béton souvent décriée par ailleurs est l'œuvre de **Marcel Breuer**, ancien maître de l'école du Bauhaus. Il a également contribué au palais de l'Unesco à Paris et au Whitney Museum of American Art de New York.

séjourner

Le domaine skiable
Son isolement a favorisé le développement d'un large réseau de remontées mécaniques. La station dispose d'un domaine étendu, « Le Grand Massif », relié aux stations des Carroz, Morillon, Samoëns et Sixt (forfait commun). Une piste remarquable de 13 km relie Flaine à cette dernière. Certains aménagements de la station sont particulièrement réservés aux adeptes du surf des neiges.
À l'entrée du Forum, une sculpture géométrique polychrome de **Vasarely**. Non loin de là, la sculpture peinte *Tête de femme* : restitution monumentale (12 m) polychrome d'une maquette de 80 cm de hauteur réalisée par Picasso en 1957.

randonnée

Désert de Platé★
Le **téléphérique des Grandes Platières** permet d'accéder au **désert de Platé**, que domine la chaîne du Mont-Blanc, de l'aiguille Verte à l'aiguille de Bionnassay. *De fin juin à déb. sept. : 10h-12h, 14h-17h (1/4h, dép. toutes les 1/2h). 66F AR (-16 ans : 45F AR).*

Un morceau de lune dans les Alpes ? Presque... le désert de Platé, table calcaire, est truffé de lapiaz.

Route du **Galibier**★★★

Moteur : long plan sur une voiture roulant sur les crêtes vertigineuses d'une montagne austère... Gros plans dans les virages sur les abrupts impressionnants et la rudesse du lieu. Puis coucher ou lever de soleil en haut du col du Galibier... Là, le spectateur doit être troublé par cette beauté mystérieuse, ressentir l'éternité. Une forme de fin du monde.

La situation

Cartes Michelin n°s 77 pli 7 ou 244 pli 42 – Savoie (73). Cette route, la plus célèbre des Alpes françaises avec celle du col de l'Iseran, relie la Maurienne au Briançonnais. Une sévère montée, offrant des vues sur la Maurienne, conduit du fond de la vallée de l'Arc à la vallée affluente « suspendue » de la Valloirette. Celle-ci, d'abord boisée, prend progressivement un aspect ingrat, puis sinistre. Le col du Galibier passé, on assiste à l'apparition des sommets du massif des Écrins.

Le nom

Aucune proposition satisfaisante ne peut être retenue parmi les interprétations de l'origine de Galibier (*Galaubie*, dans sa première écriture). Certains avancent l'existence d'un personnage ayant donné son nom à ce lieu désolé ; aussi peut-on imaginer ce précurseur des forçats de la petite reine s'extasier le premier, au terme de la montée, devant la majesté du panorama offert ?

Les gens

Tous les « géants » du Tour de France cycliste eurent à affronter des conditions climatiques extrêmes pour conserver la tête du peloton.

LE BAPTÊME DU TOUR
Il eut lieu le 15 juin 1903 sur un parcours de 2 500 km en 6 étapes. Lancé par Henri Desgranges, directeur du journal sportif L'Auto, il visait à concurrencer l'épreuve Paris-Bordeaux de son concurrent *Le Vélo*.

itinéraire

De St-Michel-de-Maurienne au col du Lautaret

41 km – environ 3h.
De St-Michel au col du Télégraphe, les escarpements de la Croix des Têtes, surplombent l'étroit bassin de St-Michel-de-Maurienne. Derrière ceux-ci se dresse le Perron des Encombres (alt. 2 830 m), pour l'instant tout va bien... Au Nord-Est apparaissent les glaciers du massif de Péclet-Polset. En fin de montée, la route s'accroche en corniche à un raide versant boisé.

Col du Télégraphe★

Alt. 1 566 m. Le site est aménagé pour la halte. Grimper sur le piton rocailleux immédiatement au Nord pour bénéficier d'une meilleure **vue** plongeante sur la vallée de l'Arc. Entre le col du Télégraphe et Valloire, on domine, de haut, la vallée de la Valloirette qui dévale en gorges escarpées pour rejoindre l'Arc.

Valloire ✲ *(voir ce nom)*

De Valloire à Plan Lachat, on voit se préciser la roche du Grand Galibier. De Plan Lachat au col, vous aurez des vues superbes sur la vallée de la Valloirette. On se rapproche de la crête du Galibier, abrupt talus de pierrailles sans végétation.

Col du Galibier★★★

La route ne passe plus en tunnel, mais par le col géographique même : c'est le passage le plus élevé – alt. 2 646 m – de la **Route des Grandes Alpes** après le col de l'Iseran (alt. 2 770 m). *Laisser la voiture et monter à pied (1/4h AR) à la table d'orientation (alt. 2 704 m), établie en contre-haut du col géographique.* De la table, un magnifique **panorama** circulaire ponctué notamment, côté Nord, par les aiguilles d'Arves et le mont Thabor ; côté

CONSEIL
Le col du Galibier est obstrué par la neige d'octobre à fin mai (parfois jusqu'en juillet).

MÉMOIRE
À la sortie Sud de l'ancien tunnel se dresse le monument à la mémoire de **Henri Desgranges**, le « Père » du Tour de France cycliste (créé en 1903), épreuve dont le Galibier constitue, en termes journalistiques, le « juge de paix ».

Dans ce cadre grandiose qui délimite la Savoie et les Hautes-Alpes, de nombreuses pages héroïques du Tour de France cycliste se sont inscrites.

Sud, par les monts du Briançonnais mais surtout par les glaciers et les cimes neigeuses (Barre des Écrins, Meije) du massif des Écrins.

À 100 m de cette table, une borne de pierre aux armes de France et de Savoie marque l'ancienne frontière. Entre le col du Galibier et le col du Lautaret, remarquer, en aval, la cime de la Barre des Écrins, un instant visible de la route ; la vue prend ensuite d'enfilade la vallée de la Guisane. Briançon est visible par temps clair.

La D 902 atteint le col du Lautaret (voir ce nom).

randonnée

Pic Blanc du Galibier★★★

Randonnée courte réservée néanmoins à de bons marcheurs. Dénivelée : 400 m. Durée : 3h. Chaussures de montagne recommandées. Alt. 2 955 m.

Laisser la voiture au niveau du monument Henri-Desgranges et suivre le sentier tracé à travers la pelouse. Repérer sur les crêtes, à gauche, un gros sommet arrondi, dont il est préférable de réaliser l'ascension par la gauche (montée très raide). Le **panorama**★★ est remarquable sur la Meije et le Thabor. Personne n'en voudra aux personnes sujettes au vertige si elles ne continuent pas plus loin !

Prendre un étroit sentier à gauche, qui traverse un terrain caillouteux jusqu'au promontoire sur lequel est installée la table d'orientation du col.

Le sentier se perd ensuite dans la prairie ; on emprunte sur la droite un autre itinéraire qui ramène au parking. Du col, la suite de la randonnée se fait par un étroit sentier de crêtes, assez aérien et dangereux par temps humide. On ne tient pas à perdre nos lecteurs donc soyez prudents.

Les Gets*

Les Gets mettent un point d'honneur à rester ce qu'ils sont : un village rustique que les amoureux d'authenticité sauront reconnaître. Cette petite station se tient hors de l'affairement généralisé et ne veut surtout pas ressembler à ses voisines : Morzine la cossue ou Avoriaz la futuriste. C'est sans doute la meilleure façon de préserver son cadre reposant.

La situation

Cartes Michelin n°s 89 pli 3 ou 244 pli 9 – Schéma p. 231. – Haute-Savoie (74). Bien situé sur un seuil mettant en liaison, à 1 200 m d'altitude, les vallées de la Dranse, de Morzine et du Giffre.
🛈 *BP 27, 74260 Les Gets, ☎ 04 50 75 80 80.*

Le nom

Il serait tentant d'imaginer les habitants de ce vieux village attachés, à cette variété de passereaux, les geais. Il n'en est rien mais cela n'altère pas l'image bucolique du site : *les gets* désignaient en patois les couloirs de descente des bois coupés.

Les gens

1 287 Gétois qui doivent tant à Servetaz et Pomagalski qui construisirent aux Gets en 1936 le premier téléski débrayable, prélude au lancement de la station et... à l'avenir des remontées débrayables.

Jour de fête sur les crêtes de l'Encrenaz : pour les bûcherons en compétition de coupe.

séjourner

Le domaine skiable

Cette station, réputée pour son équipement et ses aménagements destinés aux enfants, dispose de l'accès au domaine franco-suisse des **Portes du Soleil** regroupant 12 stations. Les fondeurs pourront s'exercer sur les six boucles des 20 km de pistes balisées.

Musée de la Musique mécanique

♿ *Juil.-août : visite guidée (1h1/4, dernier dép. à 18h) 10h-12h, 14h30-19h30 (14h en cas de pluie) ; sept.-juin : 14h30-19h30. Fermé de nov. au 20 déc. 39F. ☎ 04 50 79 85 75.*
Installé dans l'ancienne « maison des Sœurs » du 16ᵉ s., ce musée rassemble une intéressante collection d'instruments : orgues de Barbarie, boîtes à musique, pianos mécaniques, phonographes, orchestrions, limonaires, etc. On remarquera également des automates et des tableaux animés. Cinq salles restituent des ambiances musicales différentes : salon de musique, fête foraine, bistrot 1900, atmosphère de rue et salles de concerts.

OÙ SE RESTAURER
Le Pic – *au pied du télécabine du Mt Chéry - ☎ 04 50 75 88 21 – fermé 4 au 25 avr., fin nov. à déb. déc. et mer. hors sais.— 79/139F.* Un bar accueillant pour se désaltérer, une salle « montagnarde » pour se restaurer et un coin salon-billard pour se détendre : que demander de plus avant ou après avoir admiré le panorama, en haut de la télécabine du mont Chéry ?

randonnées

Mont Chéry★★

10mn en télécabine puis en télésiège, ou en voiture, 2,5 km par la route du col de l'Encrenaz. De juil. à fin août : 10h-17h30. 38F AR. ☎ *04 50 75 80 99.*

🚶 *1h1/2 à pied AR.*

De la croix du sommet (alt. 1 827 m.), vaste **panorama★★** circulaire sur les hautes Alpes calcaires du Faucigny. De gauche à droite on reconnaît la pointe de Nantaux, la vallée du lac de Montriond, les Hautforts, point culminant du Chablais (alt. 2 464 m), les dents du Midi, les rides rocheuses du haut Faucigny calcaire, le Ruan, la calotte neigeuse du Buet, la paroi verticale de la pointe de Sales formant premier plan devant les neiges du Mont Blanc, le désert de Platé *(décrit à Flaine),* Pointe Percée et le pic de Marcelly. Et pour vous ce sera quoi ?

Couvent de la **Grande Chartreuse**★

Chut. Essayez pendant dix minutes de ne pas parler, juste pour vous mettre en osmose avec le couvent, pour vous laisser porter par cette atmosphère de sérénité et de paix, pour oublier quelques instants ce monde agité qui nous secoue sans cesse de ses spasmes nerveux.

La situation

Cartes Michelin n°s 77 pli 5 ou 244 pli 28 – Schéma p. 221 – Isère (38). Elle se dissimule au cœur du massif de la Chartreuse, au pied des escarpements calcaires et dans une couronne de forêts. *(voir également « Chartreuse, massif de la », et « Saint-Pierre-de-Chartreuse »).*

DON'T DISTURB
Le couvent ne se visite pas, mais le musée Cartusien installé dans la Correrie initie le profane à l'histoire de l'ordre et à la vie des moines.

Le nom

En 1084, Hugues, évêque de Grenoble, voit en songe sept étoiles l'avertissant de l'arrivée de sept voyageurs qui, sous la conduite de **Bruno**, ont décidé de vivre dans la retraite. Il les conduit dans le « désert » de Chartreuse qui donnera son nom au monastère et à l'ordre.

Les gens

Aujourd'hui il existe dix-sept chartreuses dans le monde, dont une aux États-Unis ; cinq sont réservées aux moniales.

comprendre

L'ordre des Chartreux

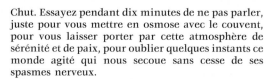

La Grande Chartreuse s'appelle ainsi parce que c'est la maison mère des chartreux. Un peu d'histoire : saint Bruno meurt en Italie en 1101. Un de ses successeurs, Dom Guigues, rédige la règle cartusienne qui – fait unique dans les annales d'un ordre religieux – n'a jamais été réformée depuis. Cet ordre fait des petits. On compte pendant la Renaissance plus de 200 fondations.

LES PRODUITS DES CHARTREUX
La distillerie, où était préparée la fameuse liqueur, a été désertée depuis que caves et point de vente ont été installés à **Voiron** *(voir au massif de la Chartreuse).*

La journée d'un chartreux – Les règles sont drastiques. Le chartreux doit mener une vie essentiellement solitaire, soutenue par les exercices de piété, le travail intellectuel et le travail manuel. Chaque moine vit dans une cellule qui donne sur un cloître. Ses repas sont déposés dans le guichet. Trois fois par jour les moines se réunissent à l'église pour les offices. Le dimanche, le repas est pris en commun au réfectoire et juste une fois par semaine, les moines ont le droit d'effectuer une promenade dans les bois qui entourent le couvent.

Dans un silence à peine troublé par le chant des mésanges, l'apparition du couvent de la Grande Chartreuse est une invitation à la méditation.

La Grande Chartreuse – En 1132, une avalanche détruit le monastère. Dom Guigues le rebâtit alors, mais à huit reprises les bâtiments seront ravagés par les incendies. Ceux d'aujourd'hui datent de 1676.

Ce monastère est particulièrement vaste, car, en tant que maison mère de l'ordre, il est conçu pour recevoir les responsables des différentes chartreuses. Outre l'église, les cellules, la bibliothèque, etc., il comprend la salle du chapitre général (où se réunissent les prieurs tous les deux ans), des pavillons pour les loger et une hôtellerie pour accueillir des invités extérieurs à l'ordre.

Les chartreux durent s'exiler à diverses reprises : pendant la Révolution et de nouveau en 1903. Ils ne revinrent s'installer à la Grande Chartreuse qu'au début de la Seconde Guerre mondiale.

visiter

La Correrie

Dans une clairière bien située en vue du Charmant Som, cette importante annexe du couvent, gérée par le « Père Courrier », était le domaine des frères et des serviteurs affectés à diverses besognes auxiliaires. Les pères malades y étaient soignés au siècle dernier, sans doute, parce qu'elle bénéficie d'une exposition plus clémente que la « maison haute ».

Musée Cartusien★

Juil.-août : 9h30-18h30 ; mai-juin et sept. : 9h30-12h, 14h-18h30 ; avr. et oct. : 10h-12h, 14h-18h. Fermé nov.-mars. 15F. ☎ 04 76 88 60 45.

Les reconstitutions du cloître et d'un « ermitage » – les deux pièces où le chartreux mène, solitaire, sa vie de prière, coupée par le travail manuel – comptent parmi les présentations les plus évocatrices de ce musée.

Enfin une exposition explique le long parcours du chartreux jusqu'à la prise de l'habit, la différence entre les pères et les frères, vrais chartreux sans le sacerdoce, leurs divers moyens de subsistance.

▶ **REVIVRE LA CHARTREUSE**
Un spectacle audiovisuel retrace les grandes étapes de la naissance de l'ordre et son histoire à travers les siècles. Une maquette de la Grande Chartreuse, exécutée par un père, montre les différents bâtiments du vaste monastère.

La Grave✳✳

Située au pied de la Meije, la plus célèbre des cimes du massif des Écrins, La Grave attire les alpinistes enfiévrés par le potentiel environnant ainsi que les touristes ébahis par tant de beauté. Vraiment, cette grande station du Dauphiné vaut le coup d'œil... C'est grandiose.

La situation

Cartes Michelin n°s 77 pli 7 ou 244 Nord du pli 41 – Schéma p. 325 – Hautes-Alpes (05). Les possibilités d'excursions en moyenne et haute montagne étant exceptionnelles, il convient en été de consacrer au moins quatre jours à la visite des environs de La Grave.

🛈 *RN 91, 05320 La Grave,* ☎ *04 76 79 90 05.*

Le nom

Comme plusieurs autres lieux homonymes, La Grave provient du terme celtique *grava*, désignant un terrain caillouteux (d'où également gravier).

Les gens

459 Gravarots peuplent la commune de la Grave et se réunissent à l'orée de l'hiver aux Faranchins (habitants de Villar-d'Arène) pour préparer au four banal le « pô bulli », pain de seigle bouilli, occasion de perpétuer des traditions communautaires essentielles à ces pays rudes.

carnet pratique

LE DOMAINE SKIABLE

Le domaine impressionne plus par son dénivelé (2 150 m entre le dôme de la Lauze et La Grave) que par le nombre de remontées mécaniques et de pistes.

Le ski alpin se pratique sur les vallons de la Meije et, plus modestement, au Chazelet et au col du Lautaret. Les fondeurs se retrouvent quant à eux sur les 30 km de pistes balisées à Villar-d'Arène, en bordure du Parc national des Écrins. Enfin, les possibilités de ski de randonnée sont considérables (se renseigner auprès de la Compagnie des guides de l'Oisans).

Le téléphérique dessert deux itinéraires de poudreuse (les vallons de la Meije et Chancel), avec une neige extraordinaire de fin janvier à mi-mai. Cet espace de haute montagne, qui n'a d'égal que la vallée de Chamonix, nécessite un bon niveau de ski.

Au-dessus du téléphérique, sur le glacier de la Girose, les pistes sont accessibles aux skieurs moins sportifs, été comme hiver.

Église

De juin à fin sept. : 9h-18h.

◄ Se dressant au milieu de son petit cimetière où reposent plusieurs victimes de la montagne, la fruste silhouette de style lombard de la ravissante église romane du 12e s. s'intègre joliment au site de la station. Elle renferme une cuve baptismale du 15e s.

randonnées

◄ Les principales randonnées pédestres mènent au **plateau d'Emparis** (au départ du Chazelet), au **col d'Arsine** (au départ du Pied du Col) et au **lac du Goléon** (accessible de Valfroide).

Par ailleurs, La Grave constitue une base idéale pour découvrir l'ensemble de la vallée de la Romanche, les cols du Lautaret et du Galibier, les stations des Deux-Alpes et de Serre-Chevalier *(décrit dans le GUIDE VERT Michelin Alpes du Sud).*

Glaciers de la Meije★★★ *(par téléphérique)*

Prévoir la journée pour découvrir correctement le site (1h10 de télécabine AR). De mi-juin à déb. sept. et de fin déc. à déb. mai (trajet en 2 tronçons). 98F AR. ☎ 04 76 79 91 09.

Le trajet permet d'atteindre d'abord le plateau du Peyrou d'Amont (alt. 2 400 m), puis aboutit au col des Ruillans (alt. 3 200 m) sur le flanc Nord-Ouest du Rateau, avec des vues inoubliables sur les glaciers de la Meije, du Rateau et de la Girose.

De la plate-forme d'arrivée, on découvre face à soi les aiguilles d'Arves. Sur leur droite, remarquer en arrière-plan le Mont Blanc, puis les massifs de la Vanoise (Péclet-Polset, Grande Casse, glaciers de la Vanoise, dent Parrachée...) et du Thabor. À gauche des aiguilles d'Arves se dressent les chaînes de Belledonne et des Grandes Rousses...

On peut emprunter successivement les téléskis de **Trifides** et de la **Lauze**, d'où l'on bénéficie d'un **panorama**★★★ exceptionnel, à 3 550 m d'altitude, sur les Grandes Jorasses et le Grand Combin suisse.

> **AU CŒUR DU GLACIER**
>
> Au col des Ruillans, à 3 200 m, un accès facile conduit à la **grotte de Glace** décorée de nombreuses sculptures originales en glace. *De fin juin à déb. sept. : 8h30-16h. 20F.* ☎ *04 76 79 91 09.*

AU DÉPART DU CHAZELET

Oratoire du Chazelet★★★

6 km par la D 33^A qui se détache de la route du Lautaret à la sortie du premier tunnel. On traverse le village des Terrasses.

De l'oratoire du Chazelet, isolé, à gauche, dans un virage, un splendide **point de vue** sur le massif de la Meije (table d'orientation en contre-haut, à 1 834 m).

Pousser jusqu'au village du **Chazelet** réputé pour ses maisons à balcon.

En redescendant vers la vallée, on peut aussi poursuivre jusqu'à la chapelle de **Ventelon**, autre point de vue sur la Meije.

Lac Lérié et lac Noir★★★

AR 3h. Dénivelée : 700 m. Laisser la voiture à l'entrée du village du Chazelet. Rejoindre à l'autre extrémité du village les remontées mécaniques. Traverser le petit pont et emprunter à gauche le GR 54.

Après une heure de montée régulière, le sentier parvient au plateau d'Emparis. L'itinéraire devient facile et des vues se dégagent sur le massif de la Meije. Une heure de marche supplémentaire et on atteint la cote 2 300 où l'on tourne à gauche du panneau vers le lac Lérié. **Vue** splendide sur la route du Lautaret, le Rateau et les vastes glaciers de la Girose et du Mont-de-Lans (ski d'été depuis La Grave et les Deux-Alpes).

Longer le lac pour admirer les reflets des montagnes dans l'eau et découvrir, à son extrémité, une vue impressionnante vers l'aval et la vallée de la Romanche.

Monter ensuite à droite au lac Noir.

Un splendide spectacle s'offre dans un site sauvage égayé de gentianes et d'edelweiss.

Bien exposé, l'oratoire du Chazelet constitue un balcon incomparable pour dévisager la reine des Écrins, la Meije.

Grenoble★★

Il s'en est passé des choses dans cette capitale des Alpes. Stendhal y vécut, on s'y révolta de tout temps pour faire respecter les libertés, on y trouva la composition du ciment, on y assista aux débuts de l'électricité, on y fabriqua des pâtes avec tant d'œufs que les petits bonhommes verts voulurent les exporter sur leur planète, on y créa un des plus beaux musées de province, on y accueillit les Jeux olympiques d'hiver de 1968... Pas étonnant que Grenoble soit passé de 20 000 habitants à la Révolution à 400 000, plus du quart de la population urbaine des Alpes...

La situation

Cartes Michelin nᵒˢ 77 pli 5 ou 244 pli 28 – Schémas p. 221, 276 et 409 – Isère (38). Délimitées par les cours du Drac, de l'Isère et par les contreforts de la Chartreuse, les zones industrielles et commerciales se sont surtout implantées au Sud (Échirolles, Pont-de-Claix), à l'Est (Meylan) et au confluent (Fontaine).
🛈 *14 rue de la République, 38000 Grenoble, ☎ 04 79 24 04 23, fax 04 79 51 28 69.*

Le nom

Au confluent du Drac et de l'Isère, seul point de franchissement du torrent, les Romains construisirent un pont et entourèrent le bourg, dénommé *Cularo*, de remparts. En l'honneur de l'empereur Gratien qui lui accorda le statut de cité, *Cularo* prit le nom de *Gratianopolis*, d'où est dérivé Grenoble. À la Révolution, Grenoble devint un temps *Grelibre*, signe de l'implacable logique de ces temps nouveaux...

Les gens

Agglomération : 400 141 Grenoblois. Dès l'âge du cathéchisme, **Vaucanson**, tout jeune mécanicien (1709-1728) découvre sa vocation. Il offre à son abbé deux automates, un prêtre tournant tout seul les pages de l'Évangile ainsi que deux anges battant des ailes. Ne s'arrêtant pas en si bonne inspiration, d'autres de ses merveilleux automates, notamment son illustre « canard » qui barbote dans l'eau, mange des graines et les digère..., font de lui le « Géo Trouvetout » du 18ᵉ s.

Encadré par les flots tumultueux de l'Isère et les hauteurs enneigées de Belledonne, Grenoble respire la montagne.

comprendre

Une tradition d'opposition

Naissance du Dauphiné – Le dernier des dauphins du Viennois, **Humbert II**, cède, en 1349 à Romans, ses domaines au roi de France. Désormais le Dauphiné sera l'apanage des fils aînés du roi de France, qui porteront le titre de dauphin. Le dernier a l'avoir porté, fut Louis Antoine de Bourbon, duc d'Angoulême, fils de Charles X.

La journée des Tuiles – Dès qu'il s'agit de défendre les libertés, Grenoble est toujours en première ligne du front. Le 7 juin 1788, la ville apprend que Louis XVI vient de fermer toutes les cours du royaume et renvoie les conseillers du Parlement dans leurs terres. Le sang des Grenoblois ne fait qu'un tour : ils élèvent des barricades, montent sur les toits, en arrachent les tuiles et les jettent sur les troupes envoyées pour leur faire entendre raison. Les émeutiers triomphent et font un cortège enthousiaste à ces messieurs du Parlement. Lorsque cette assemblée sera dissoute par la Révolution, aucun Grenoblois ne bronchera. Ils avaient alors d'autres valeurs à défendre.

L'ère industrielle

Au 19e s., Grenoble connaît un grand développement, grâce à l'industrie. La ganterie, spécialité de la ville, s'adapte aux machines ; aux environs, on exploite des charbonnages, on fabrique des ciments. Dans la seconde moitié du siècle, les papeteries, la houille blanche, la métallurgie rendent la progression plus rapide encore. Dès 1900, les industries électrométallurgiques et électrochimiques prennent un essor prodigieux. En 1925, suite à l'exposition internationale de la Houille, on décide d'associer les avancées technologiques et le développement du tourisme. L'extension des sports d'hiver a contribué au développement industriel grenoblois du 20e s. : pour la fabrication des remontées mécaniques, Grenoble occupe toujours le premier rang dans le monde.

Grenoble olympique

Sous les pavés, le sport et la culture : les 10e Jeux olympiques d'hiver, en 1968, ont permis d'étoffer les installations sportives (stade glace olympique devenu palais des sports, anneau de patinage de vitesse) et de moderniser l'équipement collectif de la ville (nouvelle mairie, maison de la culture, etc.).

Maison de la Culture – Construction originale (surnommée « le Cargo ») campe sur de minces piliers une superposition de volumes cylindres et cubiques où la couleur noire des superstructures s'oppose au ton clair uni du reste de l'édifice.

Hôtel de ville – Édifié par l'architecte **Novarina** au cœur du **parc Paul-Mistral**. Sa partie horizontale, surmontée à l'une des extrémités par une tour de 12 étages, est découpée en son milieu par un vaste patio carré. Dans cette cour, une fontaine au socle de granit, un bronze de Hadju, une mosaïque en marbre de Gianferrari. Parmi les salles ouvrant sur le patio, on remarque le hall (marbre sculpté en ronde-brosse de Gilioli), le salon de réception (mur de cuivre repoussé de Sabatier, tapisserie d'Ubac), la salle des mariages (tapisserie de Manessier).

À proximité de l'autoroute Lyon-Grenoble la silhouette insolite du **synchrotron**, vaste tore de 850 m de circonférence, symbolise le dynamisme de la recherche scientifique alpine. Cet accélérateur de particules, constitué d'un chapelet d'électroaimants disposés en anneau, est un lieu d'étude privilégié des applications des rayons X à la création de matériaux aux propriétés bien contrôlées.

DU GRATIN
Au 12e s., l'épouse, d'origine anglaise, du comte Guigues III donne à son fils le surnom de « dolphin », qui, francisé en « dauphin », deviendra le titre affecté à la dynastie dont les domaines s'appelleront, dès lors, **Dauphiné**.

L'UNIVERSITÉ
Créée dès 1339 par le dauphin Humbert II, elle bénéficie aujourd'hui d'un renom mérité.

Le renouveau urbain

◄ **Un musée à ciel ouvert** – Les amateurs de scupture moderne pourront s'exercer à reconnaître les œuvres d'artistes contemporains disséminées à travers la ville : devant la gare (Calder, stabile en acier), parc Paul-Mistral (Apostu, Joseph Wyss...), quartier Alpin (Magda Frank). D'autres formes d'expressions accueillent le visiteur aux entrées de la métropole : *Grand Signal* de Lipsi à St-Martin-le-Vinoux, *Oiseau d'acier* de Coulentianos vers Chambéry. D'autres sculptures émaillent les espaces de l'ancien quartier olympique.

> **« AUX ŒUFS FRAIS... »**
>
> Lustucru, célèbre marque de pâtes alimentaires, symbolisée par Germaine et les martiens, a vu le jour à Grenoble en 1870. Un fabricant local, Cartier-Millon, installa son entreprise dans un quartier populaire de Grenoble. Il eut le nez fin en pressentant l'intérêt des consommateurs pour les produits à base d'œufs frais. En 1914, une quarantaine de salariées cassaient journellement à la main plus de 300 000 œufs ! La marque Lustucru fut choisie suite à un concours publicitaire. Toutes les plus grandes agences de pub de l'entre-deux-guerres vantèrent les produits à carreaux bleus et blancs. Après une première fusion, la société a été absorbée dans un groupe alimentaire en 1987.

découvrir

Le site★★★

Exceptionnel : au Nord, les falaises abruptes du Néron et du St-Eynard, sentinelles avancées de la Chartreuse. À l'Ouest les puissants escarpements du Vercors dominés par la crête majestueuse du Moucherotte. Vers l'Est, l'admirable silhouette de la chaîne de Belledonne dessine avec ses pics sombres une ligne longtemps couverte de neige.

Ces « bulles » de verre grimpent de 500 m en dévoilant le théâtre des Alpes.

On y accède par téléphérique ou en voiture. Parc auto à la station inférieure.

Panorama du fort de la Bastille★★ *(environ 1h)*
De mi-juin à mi-sept. : (6mn, en continu) 9h-0h00, lun. 11h-0h00 (juil.-août : fermeture à 0h30) ; de fin mars à mi-juin et de mi-sept. à fin oct. : 9h-0h00, lun. 11h-19h30, dim. 9h-19h30 ; de nov. à mi-mars : 10h30-18h30, lun. 11h-18h30. 35F AR, 24F A. ☎ 04 76 44 33 65.
D'un éperon rocheux, à gauche en sortant de la station supérieure, **vue★★** sur la ville, le confluent de l'Isère et du Drac, la cluse de l'Isère encadrée par le Casque de Néron, à droite, et les dernières crêtes du Vercors (Moucherotte), à gauche.

Monter ensuite à la terrasse aménagée au-dessus du restaurant. Grâce à des panneaux d'orientation, on pourra ▶ détailler le **panorama**★★ : Belledonne, Taillefer, Obiou, Vercors (Grand Veymont et Moucherotte). Par la trouée du Grésivaudan apparaît, par temps clair, le massif du Mont-Blanc. Bonne vue aérienne sur Grenoble. Les immeubles de l'**île Verte** dominent de leurs vingt-huit étages l'agglomération toute entière. Au premier plan, la vieille ville semble encore contenue dans le périmètre de l'ancienne enceinte romaine et contraste avec les grandes trouées ouvertes au Sud et à l'Ouest au Second Empire.

Découvertes pédestres

🔼 Depuis les fortifications de Haxo *(au pied de la station supérieure du téléphérique)*, deux sentiers balisés permettent de rejoindre la ville : par le **parc Guy-Pape** et le jardin des Dauphins *(environ 1h1/2)* ou par le **circuit Léon-Moret** qui aboutit à la porte St-Laurent en traversant l'ensemble des ouvrages fortifiés *(environ 1h)* et permet de rejoindre l'église St-Laurent.

EN FAIRE PLUS...

Au départ de la station du téléphérique, une promenade vers les hauteurs du mont Jalla *(1h)* permettra d'accentuer l'étendue du panorama de la Bastille.

D'autres sentiers balisés, dont la GTA 2, traversent le secteur de la Bastille *(voir les topoguides spécialisés).*

se promener

VIEILLE VILLE★ *1h*

Partir de la place Grenette.

Place Grenette

Animée et commerçante, cette place, que Stendhal célébra, est un des lieux de rencontre favoris des Grenoblois ; ils aiment y flâner ou s'attarder aux terrasses des cafés. *Pénétrer dans la Grande-Rue.*

> ### LES DÉBUTS DE LA FÉE ÉLECTRICITÉ
>
> Le 19 juin 1889 au soir, les Grenoblois assistent ébahis à un prodige technique : la place Grenette, centre animé de la métropole alpine, brille comme en plein jour. Elle restera éclairée par les six réverbères jusqu'à 1h du matin ! Ce soir-là, les Grenoblois furent convaincus de la prodigalité de la jeune fée électricité ; comme toutes les révolutions, l'électricité ne s'est pas imposée en un jour et eut à vaincre l'hostilité des sociétés gérant l'éclairage urbain au gaz depuis cinq ans.

Grande-Rue

Nombre de célébrités naquirent ou vécurent dans les demeures anciennes bordant cette ancienne voie romaine *(le cardo)*. Tout de suite à gauche, au nº 20, face à l'hôtel Renaissance qu'occupe la librairie Arthaud, on peut visiter la **maison Stendhal**. *Mar-sam. 9h-12h, dim. 10h-12h. Fermé j. fériés. Gratuit.* ☎ 04 76 54 44 14.

Installée dans l'ancien appartement du docteur Gagnon (grand-père du romancier), Stendhal y passa une partie de son enfance. Elle comprend deux cours à loggias, respectivement du 15e et du 18e s.

Revenir à la Grande-Rue.

Au nº 13 de la Grande-Rue naquit le philosophe Condillac ; le peintre Hébert habitait au nº 9 et l'homme politique Casimir Perier au nº 4. Au fond de la petite place Claveyson subsiste l'atelier des **Hache**, ébénistes réputés *(voir le musée Dauphinois).*

▶ **E**n face de la maison Stendhal commence la **rue J.-J.-Rousseau** : à gauche, au nº 14, maison natale de Stendhal *(on ne visite pas).*

Par un passage à gauche, on accède à la place St-André.

Sur cette place sans reproche où trône sans peur le chevalier Bayard, vous trouverez l'un des plus vieux cafés de France « la table ronde » ouvert en 1739. Stendhal aimait y ébaucher ses livres.

carnet d'adresses

AMBIANCE

L'animation qui règne aux abords de la **pl. Grenette** et de la rue Félix-Poulat, les rues piétonnes de la vieille ville, les nombreux jardins et parcs fleuris, les larges avenues bordées d'arbres et ouvrant sur de majestueuses perspectives (bd Foch et Joffre, pl. Paul-Mistral) témoignent du dynamisme des Grenoblois.

S'INFORMER ET SE DÉPLACER

Les hebdomadaires *Le Petit Bulletin* et *Les Affiches de Grenoble* répertorient tous les spectacles de la région ; certaines fréquences locales fournissent d'utiles précisions : Radio Brume (90.8, infos culturelles) et Radio France Isère (102.8).

Pour se déplacer dans l'agglomération, les **transports urbains TAG** proposent un forfait valable 1, 2 ou 3 jours sans limite de parcours : le Visitag (☎ 04 76 20 66 66), disponible auprès des points accueil TAG : station de tramway de la gare SNCF, Maison du tourisme et galerie marchande de la Grand-Place.

Se documenter – Les ouvrages régionaux et topoguides pourront être aisément dénichés à la librairie Arthaud (23 Grande-Rue), institution centenaire qui offre sur quatre étages une vaste gamme d'ouvrages sur les Alpes et propose d'intéressantes expositions. À proximité, le Centre des trois Dauphins abrite la Fnac.

OÙ DORMIR
• À bon compte

Hôtel Gambetta – *59 bd Gambetta –* ☎ *04 76 87 22 25 – 44 ch. : 195/320F – ⊡ 35F – restaurant 74/110F.* Malgré l'animation incessante du quartier, vous serez au calme ici. Chambres bien insonorisées et... climatisées. Grande salle à manger au décor de bois clair cérusé.

Hôtel des Patinoires – *12 r. Marie-Chamoux –* ☎ *04 76 44 43 65 –* Ⓟ *– 35 ch. : 230/330F – ⊡ 32F.* Proche du palais des sports, sa façade moderne contraste avec le décor intérieur aux plafonds de croisillons de bois sombre, aux murs lambrissés ornés d'œuvres picturales du patron et de trophées de chasse. Grasse matinée possible : les petits-déjeuners sont servis jusqu'à midi !

Hôtel Bellevue – *1 r. de Belgrade –* ☎ *04 76 46 69 34 – 37 ch. : 230/250F – ⊡ 32F.* Non loin du centre-ville, le long des quais, ce bel immeuble propose des chambres proprettes. Demandez une chambre avec vue sur l'Isère. À deux pas, prenez le fort de la Bastille en téléphérique !

OÙ SE RESTAURER
• À bon compte

Provençal – *16 cours St-André – 38800 Pont-de-Claix – 8 km au S de Grenoble par N 75 dir. Sisteron –* ☎ *04 76 98 01 16 – fermé 24 juil. au 23 août, mar. soir, dim. soir et lun. – 92/185F.* En banlieue grenobloise, derrière une haie de troènes, vous aurez le choix de trois salles dont une compartimentée de claustras et une sous véranda donnant sur une terrasse d'été. La patronne en cuisine vous prépare des petits plats simples, traditionnels avec des produits frais.

Bombay – *60 av. Jean-Jaurès –* ☎ *04 76 87 71 80 – fermé lun. – 95/115F.* Les voyages peuvent aussi se faire autour d'une table : une fois la porte franchie, laissez-vous porter par le parfum envoûtant des épices de la cuisine indienne et goûtez à ses saveurs exotiques. Pour se glisser entre les habitués, il est prudent de réserver.

• Valeur sûre

Le Valgo – *2 r. St-Hugues –* ☎ *04 76 51 38 85 – fermé août, Noël au Jour de l'An., mar. soir, mer. soir, dim. et lun. – 100/125F.* Bien caché dans une petite rue à l'écart de la vieille ville, ce restaurant est bien connu des Grenoblois. Dès l'entrée, son décor sobre annonce bien la cuisine savoyarde authentique et copieuse qui est servie. Réservation conseillée le soir.

Maison d'Harika – *38360 Engins – 15 km à l'O de Grenoble par 532 jusqu'à Sassenage puis D 531 dir. Villard-de-Lans –* ☎ *04 76 94 49 03 – fermé mer. et dim. soir – 150F.* Sur le chemin de Villard-de-Lans, soyez attentif, cette « maison de civilité » est un peu en retrait. C'est ainsi qu'Harika, d'origine turque, nomme son grill campagnard. Ici, ni carte ni menu. Vous y serez un ami à qui elle annonce les plats du jour, selon les produits du marché.

Table d'Ernest – *2 r. Doudart-de-Lagrée –* ☎ *04 76 43 19 56 – fermé 24 juil. au 23 août, lun. soir et dim. – réservation conseillée – 130/220F.* Dans un quartier ancien, sa façade vitrée est engageante. Murs de pierres, mezzanine, petite cheminée et mobilier bistrot. Le panier du marché arrive sur votre table, pour une cuisine soignée, relevée de quelques notes originales. Fumeurs s'abstenir.

Le Petit Carré – *3 pl. Claveyson –* ☎ *04 76 51 26 08 – fermé lun. midi et dim. – 168/189F.* Au cœur du vieux Grenoble, une arche du 18e s. sépare les deux petites salles de ce bistrot au décor de pierre apparente et au mobilier des années 1920. La cuisine donne des accents à tendance lyonnaise. L'été, repas en terrasse sur la place, près d'une petite fontaine moderne.

Ciao a Te – *2 r. de la Paix* – ☎ *04 76 42 54 11 – fermé 3 sem. en août, Noël au 1er janv., 1 sem. en fév., dim. et lun. – 110/150F.* Installé dans un vieux quartier, pas loin du musée de Grenoble, ce restaurant avec sa devanture en bois et son enseigne peinte à la main sert une cuisine « minute ». Bien sûr, les pâtes sont à l'honneur de cette petite adresse italienne très courue...

Où prendre un verre ?

Café de la Table Ronde – *7 pl. St-André,* ☎ *04 76 44 51 41. Ouv. tlj 9h-1h.* Ouvert en 1739, c'est le deuxième plus ancien café de France. Il a vécu les grandes heures artistiques et littéraires de la capitale dauphinoise et a inspiré de nombreux artistes dont Choderlos de Laclos et Stendhal. Entre autres VIP, il reçut la visite de Gambetta, Blum, Mussolini et, plus récemment, celle de Brel, Fernandel et Devos. Le restaurant propose une cuisine régionale de type brasserie. La partie cabaret se veut l'un des derniers bastions de la chanson à texte d'expression française : concerts jeu., ven. et sam.

La brasserie du Téléphérique – *Fort de la Bastille,* ☎ *04 76 42 87 64. Lun. 11h-19h30, mar.-sam. 9h-23h30, dim. 9h-19h30.* Accessible par les bulles (premier téléphérique en site urbain de France), cette brasserie bien nommée offre depuis sa terrasse une vue imprenable sur Grenoble et les massifs qui l'entourent.

Le Tonneau de Diogène – *6 pl. Notre-Dame,* ☎ *04 76 42 38 40. Ouv. tlj à partir de 8h.* Le seul café littéraire de Grenoble est animé par un ancien professeur de philosophie qui organise le mardi et le jeudi des discussions politiques et philosophiques très prisées du milieu estudiantin grenoblois. Une librairie complète cet établissement.

Les amateurs d'échanges internationaux pourront « surfer » sur les écrans du **Cybernet Café**, 3, r. Bayard.

Où terminer la soirée en musique ?

La Soupe aux choux – *7 rte de Lyon,* ☎ *04 76 87 05 67. Lun.-sam. 19h-1h.* Le seul club de jazz de Grenoble est une véritable institution. Des jazzmen de renommée internationale s'y produisent régulièrement. Le reste du temps, les groupes du coin chauffent leurs anches sur les grilles de Can't Get Started ou de Manhattan.

Les Trois canards – *2 av. Félix-Viallet,* ☎ *04 76 87 41 04. Ouv. tlj à partir de 9h.* Vaste bar de style rustique avec murs en pierre apparente, poutres, miroirs et grands tableaux. Le soir, des concerts de rock sont organisés et certains événements sportifs retransmis sur écran géant. Une salle exotique retiendra les amateurs de boissons au rhum.

Où louer du matériel sportif ?

Location de VTT chez Mountain Bike Diffusion (6 quai de France) et de matériel de montagne chez Clavel Sports (54 cours Jean-Jaurès), grand spécialiste régional qui dispense d'utiles conseils. Avant de se lancer vers les cimes, on pourra s'échauffer au **Parc sportif de l'île d'Amour** (sortie Nord de Grenoble).

Bureau des guides de Grenoble – *14 r. de la République, BP 227, 38019 Grenoble Cedex,* ☎ *04 76 72 26 64.*

Quelques spécialités

La Noix de Grenoble-Desany – *6 bis pl. Grenette,* ☎ *04 76 03 12 20. Lun.-sam. 9h-12h30, 14h30-19h.* Ce confiseur-chocolatier du centre-ville propose différentes spécialités locales : noix de Grenoble, gâteaux aux noix et galets du Drac.

Salon de thé Burdet – *1 r. de la République,* ☎ *04 76 44 26 73. Lun. 14h30-19h, mar.-sam. 9h-19h.* Ce confiseur-chocolatier est le dépositaire exclusif des chocolats Bonnat. D'autres spécialités régionales vous y sont proposées à la vente ou à déguster sur place dans le salon de thé du 1er étage.

Au fil des saisons

Tirant profit de leur environnement privilégié, les Grenoblois effectuent au printemps de longues randonnées en montagne. En hiver, ils guettent l'arrivée des premières neiges sur les hauteurs de Chamrousse pour se livrer à leur sport favori : le ski. Aussi, le premier club alpin de ski, en 1896, fut-il tout naturellement grenoblois ! Les températures, parfois exceptionnelles atteintes au cours des mois de juillet et août, sont révélatrices de la situation en cuvette de la métropole. Pour échapper à cette canicule, plusieurs parcs et jardins ont la gentillesse d'apporter un peu de fraîcheur : le parc Paul-Mistral à proximité de la mairie, le parc de l'île d'Amour (au Nord-Est de l'agglomération) avec un sentier sportif, et sur les contreforts de la Bastille le parc Guy-Pape et le jardin des Dauphins, qui abrite une statue équestre de Philis de la Charce (1645-1703) qui anima dans la région de Gap en 1692 la résistance à des bandes armées allemandes et espagnoles.

GRENOBLE

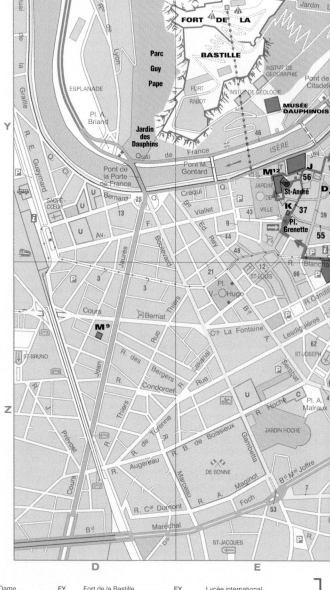

Palais de justice★

*Visite guidée (2h) 1ᵉʳ sam. du mois à 10h (Pl. St-André).
Fermé en août. 35F. ☎ 04 76 54 37 13.*

Ancien palais du Parlement dauphinois, c'est le
plus intéressant monument civil du vieux Grenoble.
L'aile gauche, construite sous Charles VIII, est de

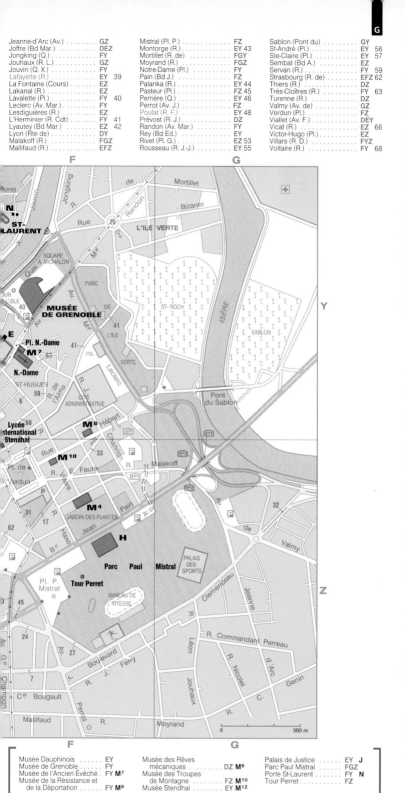

style flamboyant ; l'aile droite, commencée sous
François Ier, date du début de la Renaissance. Entre
les deux ailes, l'absidiole de la chapelle, élevée à
l'époque de Louis XII. Accès libre aux cours intérieures. À l'intérieur, plafonds et **boiseries★** intéressants.

Parfum d'italie grâce à ces volées superposées et dotées de balustres.

Église St-André

Ancienne chapelle des Dauphins. L'édifice (du 13ᵉ s.), bâti en briques, est dominé par une tour que couronne une jolie flèche octogonale en tuf. Dans le bras gauche du transept se trouve le mausolée élevé à Bayard au 17ᵉ s. Dans la chapelle voisine, *Mise au tombeau* peinte par le Lyonnais Horace Le Blanc.

Passer derrière St-André, et de la place d'Agier, pénétrer dans le Jardin de ville.

L'**hôtel de Lesdiguières** (fin du 16ᵉ s.-18ᵉ s.), accueille aujourd'hui le **musée Stendhal** *(description dans « visiter »)*. Il fut construit pour le connétable qui lui préférait cependant la demeure plus somptueuse de Vizille devenue aujourd'hui historique. Hôtel de l'Intendance du Dauphiné au 18ᵉ s., puis hôtel de ville jusqu'en 1967.

Par la rue Berlioz, revenir à la place St-André et s'engager à droite dans la rue du Palais.

La place aux Herbes (où vous pourrez en acheter le matin) est la plus ancienne de la ville. De cette place, vous atteignez la rue de la Brocherie, fréquentée par la noblesse grenobloise. Quelques hôtels particuliers conservent des éléments Renaissance ; remarquer au **n° 6** (hôtel de Chasnel) la façade Renaissance au fond de la cour.

Par la rue Renauldon accéder à la rue Chenoise. Parallèle à la rue Brocherie, la rue Chenoise conserve plusieurs témoignages de ce passé. Remarquer au **n° 8**, l'**hôtel d'Ornacieux** (dit aussi hôtel Vaucanson), édifice du 18ᵉ s., dont la cour (*visible à travers la baie vitrée de l'entrée*) s'orne d'un remarquable **escalier★**. Au **n° 10**, belle cour intérieure de l'hôtel particulier (17ᵉ s.).

Place Notre-Dame

Sous le parvis, les fouilles, déclenchées par la construction du tramway, ont mis à jour les soubassements de l'enceinte gallo-romaine encerclant Gratianopolis ainsi que les vestiges d'un important ensemble paléochrétien.

Depuis le parvis de la cathédrale, on distingue, émergeant des toits du quartier, la **tour Clérieux**, unique vestige du vaste ensemble épiscopal qui occupait cet espace au Moyen Âge.

Cathédrale Notre-Dame

À l'origine, le groupe épiscopal comprenait trois églises : la cathédrale Notre-Dame, accolée à celle-ci, l'église St-Hugues qui symbolisait le pouvoir épiscopal, et le baptistère (détruit au Moyen Âge). La cathédrale Notre-Dame, dont les cinq nefs accolées et la base carolingienne du clocher-porche (probablement repris au 11ᵉ s.) perpétuent le caractère partiellement préroman, a été remanié jusqu'à nos jours : il abrite dans le chœur un ciborium en pierre sculptée haut de 14 m, de style flamboyant (15ᵉ s.). La vaste chapelle St-Hugues était la nef d'une église du 13ᵉ s.

Ancien évêché

Au centre de la **place Notre-Dame**, sont réunis les personnages de la fontaine des Trois-Ordres clergé, noblesse et tiers-état. Jouxtant la chapelle St-Hughes, de hautes murailles enferment l'ancien palais des Évêques du Dauphiné. Le **musée du Patrimoine de l'Isère** propose dans ces murs un intéressant parcours-découverte de l'histoire régionale *(voir description dans « visiter »)*.

Dépasser la statue et s'engager dans la **rue Barnave** bordée de belles demeures anciennes. Au n° 22, l'**hôtel François Marc**, de style gothique, dont la porte en arc brisé s'orne d'un lion de St-Marc, est daté de 1490.

Un porche, couvert de hautes ogives, donne accès à la cour intérieure ; remarquer le gracieux escalier à vis. Les éléments de cette décoration qui nous sont parvenus permettent d'imaginer l'élégance des maisons bourgeoises grenobloises de la Renaissance. *Par la rue Duclos, rejoindre la rue Raoul-Blanchard.*

Le **lycée international Stendhal** occupe l'ancien collège ▶ des jésuites. Intéressante chapelle du 17e s.

Revenir à la place Grenette par la rue de la République.

visiter

RIVE GAUCHE

Musée de Grenoble★★★

♿ *Tlj sf mar. 11h-19h, mer. 11h-22h. Fermé 1er janv., 1er mai, 25 déc. 25F.* ☎ *04 76 63 44 44.*

Modèle de sobriété, l'espace intérieur de ce musée, l'un des plus importants de France, concentre sur un seul niveau l'essentiel du parcours de visite : de part et d'autre d'une galerie de communication aux murs blancs et nus, les travées abritent les œuvres du 16e au 19e s. Le chevet courbe du bâtiment accueille quant à lui l'art moderne et l'art contemporain (architectes : Antoine et Olivier Félix-Faure, le Groupe 6).

Section de peinture ancienne – Elle comprend en premier lieu des œuvres italiennes des 16e et 17e s. Les écoles française et espagnole du 17e s. sont bien représentées : **Philippe de Champaigne**, Georges de La Tour, Claude Gellée dit le Lorrain et le plus grand ensemble cohérent de toiles de **Zurbarán**.

Le 19e s. – Compositions d'Ingres, de Boudin, Monet, Sisley, Corot, Théodore Rousseau, Gauguin *(Portrait de Madeleine Bernard)*. Une place est réservée aux artistes grenoblois : Henri Fantin-Latour, Ernest Hébert, Jean Achard, Laurent Guétal, Charles Bertier...

Matisse, Intérieur aux aubergines, *œuvre emblématique de la collection, est le seul des quatre grands « intérieurs » peints durant l'année 1911 qui soit resté en France.*

L'art moderne au 20e s. – On remarque les tableaux **fauves** de Signac, de Vlaminck, Van Dongen, Braque, qui témoignent de l'importance du **mouvement cubiste**, tandis que l'influence du **dadaïsme** se manifeste chez Georges Grosz ou Max Ernst. Chagall, **Modigliani**, **Picasso**, **Léger** se signalent également par des œuvres fortes. Les étapes du cheminement vers l'**abstraction** sont jalonnées par des compositions de Magnelli, Klee, Miró, Kandinsky...

Sarcophage de Psamétik (env. 500 av. J.-C.).

Casque de Vezeronce (6ᵉ s.). Connu comme casque de Clodomir (fils de Clovis), cette coiffe d'apparat a été découverte sur un champ de bataille.

Détail de l'exubérance du baroque dans la chapelle du couvent de la Visitation.

L'art contemporain – Toutes les grandes tendances contemporaines, après 1945, sont évoquées, de l'**Abstraction lyrique** au **Nouveau Réalisme** et à **Support-Surface**, en passant par le **Pop'Art** et l'**Art minimal**, par une pléiade d'artistes de premier plan : Dubuffet, Vasarely, Hartung, Atlan, Brauner, Sol LeWitt, Christian Boltanski, Donald Judd, Antoni Tapiès, Gilbert et George, etc.

Les antiquités – *Revenir au hall d'entrée et emprunter à gauche la descente au sous-sol.* La section d'**égyptologie**, d'une remarquable richesse, comprend des stèles royales, plusieurs cercueils anthropoïdes et des masques funéraires.

Tour de l'Isle – Vestige des remparts du Moyen Âge, elle accueille un fonds de plus de **3 000 dessins**, essentiellement hérité du legs de Léonce Mesnard, amateur éclairé, en 1890.

Musée de l'Ancien Évêché – Patrimoines de l'Isère★★

  Tlj sf mar. 10h-19h. Fermé 1ᵉʳ janv., 1ᵉʳ mai, 25 déc. 20F. ☎ *04 76 03 15 25.*
Au cœur historique de la ville, ce musée occupe l'ancien palais des évêques. Conçu comme un centre d'interprétation du patrimoine du département, il offre un panorama complet des traces de l'histoire au travers de prestigieuses collections. Il évoque naturellement Alexandre, le plus vieil habitant de l'Isère, dont le crâne est ici présenté.

Baptistère★ – En sous-sol, un circuit original permet de découvrir sur le site même les plus anciens baptistères paléo-chrétiens. Au centre de l'édifice, une cuve octogonale où se pratiquait l'immersion totale des premiers chrétiens.

LE QUARTIER ST-LAURENT

Sur la rive droite de l'Isère et délimité à l'Ouest par la porte de France et à l'Est par la porte St-Laurent, cet ancien quartier en cours de réhabilitation abrite deux grands monuments dauphinois. *Les accès : à pied, traverser l'Isère par la passerelle de la Citadelle et emprunter les escaliers à gauche conduisant au musée; en véhicule par le quai Perrière et la rue Maurice-Gignoux, étroite et en forte pente.*

Musée Dauphinois★

  Tlj sf mar. 10h-18h (mai-oct. : fermeture à 19h). Fermé 1ᵉʳ janv., 1ᵉʳ mai, 25 déc. 20F. ☎ *04 76 85 19 01.*
Ce remarquable musée régional d'art et traditions est installé dans l'ancien couvent (17ᵉ s.) de la **Visitation de Ste-Marie-d'en-Haut**, accroché à flanc de colline dans un site ravissant. Les salles principales consacrées au patrimoine dauphinois exposent un riche ensemble de meubles domestiques et d'outils traditionnels, symboliques de la vie rurale dans les Alpes. La richesse particulière de ses **expositions thématiques★★** de longue durée, remarquablement présentées, fait du musée un des principaux espaces traitant des multiples aspects de la vie en montagne et des grandes étapes de la vie dauphinoise. La visite permet d'admirer les principales parties du couvent : cloître, salle du chapitre et chapelle.

Chapelle★★ – Construit au début du 17ᵉ s., ce véritable joyau de l'art baroque ne sera décoré qu'en 1662 pour la béatification de saint François de Sales. Le retable, de la même époque, et divisé en trois travées séparées par des colonnes torses, est un véritable condensé de l'art baroque. Sur l'arc précédant le chœur, une étonnante peinture en trompe l'œil représentant une draperie rouge semble posée sur une balustrade en pierre. Ce décor luxuriant sert de cadre à des concerts de musique de chambre.

Église-musée St-Laurent★★

& *Tlj sf mar. 9h-12h, 14h-18h. Fermé 1ᵉʳ janv., 1ᵉʳ mai, 25 déc. 20F.* ☎ *04 76 44 78 68.*

L'ensemble architectural revêt une ampleur exceptionnelle due au volume occupé par rapport à l'habitat grenoblois de l'époque. L'intérêt de ce sanctuaire, l'un des rares du haut Moyen Âge à être conservé en France, avec la crypte de Jouarre en Seine-et-Marne *(voir GUIDE VERT Michelin île-de-France),* réside dans sa riche décoration, mêlant les remplois romains et mérovingiens à des éléments sculptés d'époque carolingienne pour former un ensemble tout à fait cohérent. C'est sur le site de St-Laurent que les plus anciens témoignages de la vie religieuse à Grenoble ont été relevés. La **crypte St-Oyand★** est conservée jusqu'à la voûte sous le chevet de l'église actuelle ; elle fait partie d'un ensemble funéraire chrétien des 6ᵉ et 7ᵉ s. installé dans la nécropole païenne précédemment établie autour d'un mausolée antique *(fouilles en cours)* situé sur la rive droite, c'est-à-dire à l'extérieur de Gratianopolis, la ville romaine concentrée sur la rive opposée.

Au-delà de l'église St-Laurent se dressent la **porte St-Laurent** (17ᵉ s.) et des casemates et murs du système défensif Haxo (19ᵉ s.).

LES MUSÉES À THÈME

Musée Stendhal

Tlj sf lun. 14h-18h. Fermé j. fériés. Gratuit. ☎ *04 76 54 44 14.*

Il occupe l'**hôtel de Lesdiguières**. Dans les salons du 18ᵉ s. (remarquer les boiseries et les parquets) est rassemblée toute l'iconographie relative à l'illustre écrivain, à son entourage et au cadre où il a vécu.

Musée de la Résistance et de la Déportation★

& *Tlj sf mar. 9h-12h, 14h-18h. Fermé 1ᵉʳ janv., 1ᵉʳ mai, 25 déc. 20F.* ☎ *04 76 42 38 53.*

Reconstitutions et décors mettent en lumière la Résistance grenobloise, son intense activité (réunion chez des résistants célèbres, activité d'imprimerie clandestine), et les justifications de celle-ci (occupation italienne du Dauphiné, instauration des lois juives de Vichy, STO). Une salle illustre la réunion « Monaco » de la Résistance, tenue à Méaudre en janvier 1944, étape essentielle dans l'unification des mouvements de résistance.

Musée des Troupes de montagne

Lun.-ven. 10h-12h, 14h-17h. Gratuit. ☎ *04 76 76 22 12.*

Installé dans l'ancien hôtel du gouverneur militaire, ce musée évoque l'engagement des troupes alpines, les fameux « Diables bleus », dans différentes opérations depuis leur création en 1898, et notamment à l'origine de plusieurs maquis de la Résistance.

Musée des Rêves mécaniques

Visite guidée (1h) 14h-18h30. 30F. ☎ *04 76 43 33 33.*

Belle collection de boîtes à musique et stupéfiante collection d'automates. De quoi ressentir, pour certains, la nostalgie des années d'enfance...

Musée d'Histoire naturelle

& *Tlj sf mar. 9h30-12h, 13h30-17h30, dim. et j. fériés 14h-18h. Fermé 1ᵉʳ janv., 1ᵉʳ mai, 25 déc. 15F.* ☎ *04 76 44 05 35.*

Créé au début du 19ᵉ s., ce musée reflète l'engouement de l'époque pour la nature. Au rez-de-chaussée, une intéressante salle des eaux vives présente des séries d'aquariums. Exceptionnelle collection de minéraux et de fossiles, l'une des plus importantes de France.

▶ **D'UNE CROIX L'AUTRE**

Les peintures du plafond, réalisées en 1910 par un artiste Italien, peuvent choquer par la profusion de croix gammées. L'origine de cette croix – la **svastika** – est hindoue (en sanscrit, elle signifie « à l'origine de toutes choses ») et symbolise une roue figurant le mouvement perpétuel. Des svastikas ont été relevées sur des vestiges en Mésopotamie, plus de 3 000 ans avant notre ère. Ce n'est qu'à partir de 1930, que les nazis lui accolèrent une signification politique à laquelle elle n'a jamais prétendue.

▶ **TÉMOIGNAGES**

Remarquer au premier niveau les trois portes, authentiques vestiges des cachots de la Gestapo à Grenoble, recouvertes des graffiti de résistants.

Centre national d'art contemporain

Voir plan d'agglomération – 155 cours Berriat. ♿ *Ouv. selon le programme des expos. 12h-19h. 15F.* ☎ *04 76 21 95 84.*
Ce centre organise des expositions d'art contemporain dans un bâtiment industriel, sorti des ateliers Eiffel en 1900 et installé sur le site « Bouchayer Viallet ». Le bâtiment même est appelé **le Magasin**.

alentours

SAINT-MARTIN-LE-VINOUX
Au Nord-Ouest de Grenoble, en direction de Voiron.

La Casamaure
13 r. de la Résistance, St-Martin-le-Vinoux. Pour visiter, contacter le ☎ *04 76 47 13 50.*
De cet âge d'or du ciment moulé, Grenoble a conservé des témoignages originaux de décors et d'éléments d'architecture dont le joyau est cette villa (construite en 1855), pastiche néo-mauresque d'un palais d'Istanbul. Elle illustre bien l'intérêt européen pour l'Orient au cours du 19e s.

AUTRES TÉMOIGNAGES GRENOBLOIS DE L'OR GRIS :

- la chapelle N.-D. Réconciliatrice (rue Joseph-Chaurion) en style néo-mauresque ;

- l'ancien siège des Ciments de la porte de France (cours Jean-Jaurès) dont le vestibule offre un catalogue des moulages de la société ;

- la **tour Perret**, du nom de l'architecte concepteur, est une originale aiguille en béton armé haute de 85 m (l'état intérieur ne permet plus son ascension). Construite comme tour d'orientation lors de l'Exposition internationale de la houille blanche en 1925, elle en demeure l'unique vestige.

- les vespasiennes (1880) vantées par Boris Vian. Ces pittoresques échauguettes jalonnent encore quelques cours et boulevards de la métropole alpine.

LA TRONCHE
Au Nord-Est de Grenoble, en direction de St-Pierre-de-Chartreuse.

Musée Hébert
Voir plan d'agglomération. Entrée : chemin Hébert. Tlj sf mar. 14h-18h, w.-end 14h-19h. Fermé en janv., 1er mai, 25 déc. Gratuit. ☎ *04 76 42 97 35.*
Ancienne demeure du grand peintre dauphinois **Ernest Hébert** (1817-1908). Sculptures de David d'Angers et Carpeaux. Œuvres de peintres et sculpteurs locaux.

LANCEY
16 km au Nord de Grenoble. Sortir de Grenoble par la D 523 en direction de Domène. Dans le village de Lancey : aux feux de signalisation, prendre à droite la rue en montée en direction de la Combe-de-Lancey et des papeteries. Stationner à l'entrée de la propriété.

Musée de la Houille blanche
Tlj sf dim. et lun. 14h-17h. Fermé 1er janv. et 25 déc. 10F. ☎ *04 76 45 66 81.*
Petit musée de l'électricité installé sur le site de la première haute chute d'eau aménagée de 1869 à 1875 par Aristide Bergès *(on ne visite pas le site industriel)*, inventeur en 1889, lors de l'Exposition universelle de Paris, du terme de « houille blanche » pour frapper l'imagination des visiteurs, en opposition avec la houille qui constituait alors la source d'énergie essentielle. Une place particulière est réservée à l'aménagement de l'éclairage public dans les villes alpines. La **maison personnelle de Bergès** *(on ne visite pas)* est à gauche en entrant dans la propriété.

SASSENAGE

6 km à l'Ouest de Grenoble. Sortir en direction de Villars de Lans. L'église de Sassenage renferme la tombe du connétable de **Lesdiguières**. Ce bourg est à la périphérie de Grenoble. De là part la route d'Engins.

Les Cuves

Partir par la rive droite du Furon et revenir par la rive gauche. Juil.-août : visite guidée (1h, dép. toutes les 1/2h) 10h-18h ; avr.-juin et sept.-oct. : tlj sf lun à 10h, 11h30, 15h, 16h30, 18h. Fermé Pâques. 28F. ☎ *04 76 27 55 37.*

Ces deux grottes superposées réunies par une cascade communiquent avec le gouffre Berger à qui elles servent de résurgence. Les « cuves », site touristique d'antique réputation, comptaient parmi les « Sept Merveilles du Dauphiné ».

Château★

♿ *De juil. à mi-sept. : visite guidée (1h1/4) tlj sf lun. 10h-19h (dernière visite 18h). 35F (visites à thèmes : tarif dégressif).* ☎ *04 76 27 54 44.*

Demeure seigneuriale, construite de 1662 à 1669, ce château appartint jusqu'en 1971 à la noble famille des Sassenage-Bérenger qui faisait remonter sa filiation, comme les Lusignan du Poitou, à la fée Mélusine (représentée en haut-relief sur le fronton de la porte d'entrée). Sa sobre façade, flanquée de deux ailes en retour d'équerre et coiffée d'une haute toiture à lucarnes, s'élève dans un parc de 8 ha, au pied d'une butte rocheuse portant les ruines de l'ancien château féodal. De son vaste parc paysager, planté en 1859, on a une magnifique perspective sur le Vercors.

Majestueux et quasi... royal, M. de Sassenage semble apprécier la mise en valeur de son domaine...

SAINT NIZIER-DU-MOUCHEROTTE

15 km au Sud-Ouest de Grenoble par Seyssinet. Sortir par le boulevard Vallier et la N 532, puis après avoir franchi le Drac, prendre à gauche la D 106 en direction de St-Nizier-du-Moucherotte.

St-Nizier-du-Moucherotte est une station estivale et hivernale très appréciée des Grenoblois pour son site de plateau, magnifiquement dégagé. La localité de St-Nizier, incendiée le 15 juin 1944 lors d'un raid de représailles précédant les grands combats du Vercors, a été reconstruite.

2 km avant d'atteindre St-Nizier.

Mémorial du Vercors

Face à un vaste horizon montagneux, ce cimetière groupe les sépultures de 96 combattants du Vercors, sur le lieu même de la première ligne de résistance des maquisards lors des combats de juillet 1944.

Église

Précédée d'une croix de pierre datée de 1761, elle conserve sa silhouette d'église montagnarde du 12e s., mais a été très restaurée.

LA BELLE ÉPOQUE DU MOUCHEROTTE

Pendant une dizaine d'années, le sommet du Moucherotte a été le cadre d'une animation mondaine. Ouvert en 1955, l'hôtel de l'Ermitage connut ses heures de gloire à partir de 1960, lorsque l'établissement était fréquenté par les grands noms du spectacle... Roger Vadim utilisa son cadre pour mettre en scène **Brigitte Bardot** dans *La Bride sur le cou*. Il n'était malheureusement pas facile d'accéder à cet hôtel puisque le seul moyen était le téléphérique, depuis Grenoble, quand le temps le permettait... Ce qui constituait une garantie de calme pour les célébrités sonna l'hallali du lieu : la météo concourut à sa perte et l'hôtel dut fermer ses portes après les Jeux olympiques de Grenoble. Des projets de réhabilitation du site sont à l'étude.

Belvédères accessibles à pied

Table d'orientation★★ – *Le sentier d'accès se détache à côté de l'hôtel Bel-Ombrage.* De la table d'orientation, le **panorama**★★ est étendu sur la Chartreuse, la façade Sud-Est du Mont Blanc, Belledonne, les Écrins.

Sommet du Moucherotte★★ – 🚶 *3h AR. Partir du « Parking haut du tremplin olympique » puis emprunter le GR 91.*

Du sommet, large **tour d'horizon**★★★ : une table d'orientation permet d'identifier les nombreuses hauteurs qui délimitent le panorama ; par temps très clair, le Mont Blanc est visible. La nuit, la vue sur Grenoble est féerique.

Le Grésivaudan★

Si l'on vous dit : « sans peur et sans reproche »... Vous pensez aussitôt au chevalier Bayard. Mais saviez-vous qu'il était né dans le Grésivaudan ? C'est dans ce majestueux couloir, largement et profondément déblayé par les anciens glaciers, qu'il fit ses premières armes et commença sa carrière de valeureux guerrier...

La situation

Cartes Michelin n°s 89 plis 17 et 18 ou 244 pli 29 – Isère (38). Ce couloir traversé par l'Isère relie la cluse de Chambéry à celle de Grenoble. Le fond de cette ample vallée, très abritée, est étouffant l'été, mais c'est la région agricole la plus prospère des Alpes. De plus, grâce à la vigueur de l'encaissement, le Grésivaudan est devenu au 19ᵉ s. une région pilote pour la mise en exploitation de la « houille blanche », l'électricité.

Le nom

Orthographié parfois « Graisivaudan » le nom de cette vallée signifie à l'origine « vallée de Grenoble » *(Gratianopolitanum).*

Le roi François 1ᵉʳ exigea que le chevalier Bayard l'adoube chevalier, honneur rarissime !

Les gens

C'est à Lancey, de 1869 à 1872 qu'**Aristide Bergès** pensa à utiliser les hautes chutes de montagne comme source d'énergie électrique.

comprendre

La jeunesse de Bayard – Pierre Terrail, descendant d'une lignée de guerriers aguerris, est né en 1476 au château de Bayard dans les environs de Pontcharra. Dès qu'une action d'éclat est accomplie dans le Dauphiné, c'est « une prouesse de Terrail ». Le duc de Savoie, qui a vu le jeune Bayard caracoler, le prend comme page. Charles VIII, émerveillé à son tour par le petit centaure, l'emmène à la cour. La carrière militaire du seigneur de Bayard est alors jalonnée par une extraordinaire série de faits d'armes. En 1515, François Iᵉʳ, qui admirait le « chevalier sans peur et sans reproche », le nomme lieutenant-général du Dauphiné, mais une pierre tirée par une arquebuse italienne brise la colonne vertébrale du héros et arrête net sa carrière et sa vie en 1524.

PREMIER TOURNOI
À 16 ans, Bayard prend part à son premier tournoi. Estimant qu'un oncle est « octroyé par nature trésorier à neveu », il envoie à l'évêque la note de ses 400 écus d'équipement. Le prélat règle de bon cœur, car le jeune homme a fait mordre la poussière à l'un des meilleurs jouteurs du royaume...

carnet d'adresses

Où DORMIR

• À bon compte

Camping Les 7 Laux – *3,8 km au S de Theys, à 400 m du col des Ayes -* ☎ *04 76 71 02 69 - ouv. 15 juin au 15 sept. - réserv. conseillée juil.-août - 61 empl. : 74F.* Dans un bel environnement, près du Col des Ayes, ce terrain vaut essentiellement par sa situation privilégiée. Très au calme, il permet de passer des vacances revigorantes au pied des montagnes. Équipements standards bien tenus. Piscine.

circuits

AU PIED DE LA CHARTREUSE★★

① La vallée aux cent châteaux

Au départ de Grenoble jusqu'à Chapareillan 95 km – environ 2h1/2 Quitter Grenoble par la N 90 (route de Chambéry). À partir des Eymes, la D 30 quitte le fond de la vallée pour grimper sur le plateau des Petites-Roches, vaste replat de pâturages dominé par les escarpements de la Chartreuse, en particulier par l'énorme promontoire de la dent de Crolles. Un centre de cure, St-Hilaire *(ci-dessous)* s'y installa, attiré par l'exposition et la situation très abritée. De cet endroit, on peut distinguer, au Nord-Est, le Mont Blanc.

De la D 30, 1 km avant St-Pancrasse, prendre à gauche la route du col du Coq.

Col du Coq

La route d'accès, sinuant en forte montée au flanc de la dent de Crolles, procure, à son début, de jolies vues sur la vallée de l'Isère. Du col même (alt. 1 434 m), le panorama s'étend de Chamechaude, à droite, au massif de Belledonne, à gauche. En arrière du col, quelques chalets et téléskis. *Revenir à la D 30.*

St-Pancrasse

Le village occupe une situation à pic sur le rebord du plateau, au pied de la dent de Crolles.

Bec du Margain★★

De la D 30, une demi-heure à pied AR. 150 m après le terrain de football (laisser la voiture au court de tennis), prendre à droite un chemin à travers une sapinière.

Gagner le bord de l'escarpement, qu'on longera, à droite, pour aboutir à la table d'orientation à plus de 800 m au-dessus de la vallée de l'Isère. Là, **vue** remarquable sur le Vercors, le massif de Belledonne, les Grandes Rousses (par la trouée du pas de la Coche), le massif des Sept-Laux, les Bauges et le Mont Blanc.

St-Hilaire

Cette petite station climatique et de sports d'hiver est aussi un centre important de vol libre (parapente et deltaplane).

VARIANTE
Sur tout ce parcours, le massif de Belledonne et celui des Sept-Laux (composant la chaîne de Belledonne) restent visibles. Les amateurs d'attractions peuvent sacrifier les routes de montagne de cet itinéraire en accédant, du fond de la vallée, au Bec du Margain par le funiculaire de Montfort à St-Hilaire.

La « Coupe Icare », à St-Hilaire, rassemble une foule d'adeptes du vol libre et de la fantaisie débridée.

Un célèbre **funiculaire★** relie St-Hilaire à la N 90 (gare de Montfort). Cet impressionnant chemin de fer construit en 1924, le plus « raide » d'Europe, réalise la prouesse de racheter 720 m de dénivellation dans un parcours de 1 500 m seulement, obligeant ainsi ses machines (d'une capacité de 40 passagers) à gravir et descendre une rampe de 65 %, avec même un passage à 83 % en tunnel. *Juil.-août : 10h-19h (20mn, dép. toutes les h.) ; sept.-juin : 10h-12h, 14h-18h, dim. et j. fériés 10h-12h, 13h30-19h. 63F AR, 41F A (enf. : 36F AR, 26F A).* ☎ *04 76 08 00 02.*

Du belvédère placé devant la gare supérieure, la **vue★** est orientée sur la chaîne et le Grand Pic de Belledonne, par-delà la vallée du Grésivaudan. La route, qui longe ensuite les contreforts rocheux du massif de la Chartreuse, se maintient longtemps à une altitude moyenne de 900 m et descend sur St-Georges. De St-Georges, la D 285, en descente sinueuse, atteint le Petit-St-Marcel où la vue se dégage sur la Combe de

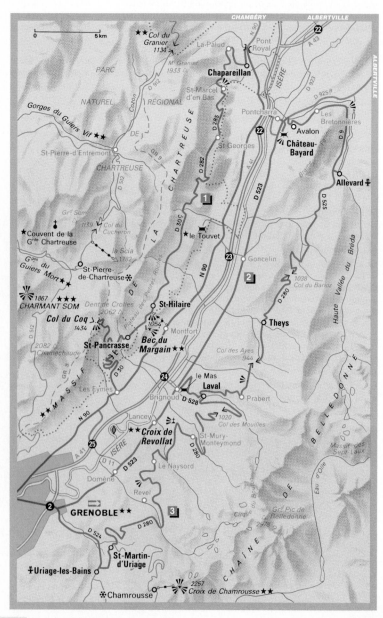

Savoie et les sommets des Bauges qui se précisent, puis la Palud d'où l'on peut rejoindre Chambéry par le col du Granier. *À la Palud, la D 285 tourne à droite vers Chapareillan.*

Chapareillan

C'est le dernier bourg dauphinois du haut Grésivaudan, la limite départementale entre Isère et Savoie, autrefois frontière savoyarde, passant légèrement au Nord, au petit « pont Royal ». *Possibilité de retour à Grenoble par la N 90.*

AU PIED DE LA CHAÎNE DE BELLEDONNE★

② De Grenoble à Pontcharra

100 km – environ 3h. Sortie de Grenoble par la D 523 en direction de Domène et Brignoud. Dans la montée de Brignoud à Laval, on contourne le château du Mas, fort bien situé.

Laval

Joli village dauphinois aux beaux toits débordants. Remarquer au passage une charmante gentilhommière, le château de la Martellière. Dans l'**église**, peinture murale (15e s.) représentant une Vierge au manteau protecteur de l'assemblée des fidèles. *S'adresser à M. Chalaye.* ☎ 04 76 71 48 60.

Entre Prabert et le col des Ayes, on bénéficie d'une bonne vue d'ensemble sur les escarpements du massif de la Chartreuse, depuis le St-Eynard jusqu'à la dent de Crolles, en passant par l'éperon hardi de Chamechaude, à l'arrière-plan.

Theys

Ce bourg, qui a conservé nombre de demeures anciennes, se trouve dans une jolie situation, au creux d'un bassin verdoyant. Entre Allevard et Pontcharra, le coude que décrit la D 9 autour de la croupe de Brame-Farine permet une longue et très agréable **échappée★** sur le bassin de la Rochette et la région moutonnée du Val-Penouse (basse vallée du Gelon). Plus bas, en aval des Bretonnières, se découvre le Grésivaudan – avec les escarpements de la Chartreuse, alignés de la dent de Crolles au Granier. *De Pontcharra, prendre une petite route à droite pour Château-Bayard.*

Château-Bayard

Le chemin d'accès, en montée, part de la place plantée d'arbres que longe la route d'Allevard et passe devant les écoles de Pontcharra. Au sommet de la montée, tourner à droite puis, aussitôt après, à gauche. Laisser la voiture sur le parc de stationnement à gauche des constructions. Juil.-août : tlj sf mar. 14h-18h ; de mi-mai à fin juin et sept. : w.-end et j. fériés 14h-18h. 13,50F. ☎ 04 76 97 11 65.

Le portail entre les bâtiments de ferme et l'ancienne poterne aménagée en habitation au 19e s. *(propriété privée)* permet d'accéder à la terrasse et au **musée** installé dans un corps de logis carré avec fenêtres à meneaux du 15e s., seul vestige authentique du château où naquit le « Chevalier sans peur et sans reproche ». Le **panorama★** sur le Grésivaudan, les massifs de la Chartreuse, de Belledonne et des Bauges, est très majestueux. Toute proche, une tour isolée signale le village d'**Avalon**, patrie de **saint Hugues**. *Depuis Pontcharra, revenir à Grenoble par la D 523.*

③ Croix de Revollat★

79 km – environ 2h1/2 au départ de Grenoble. De Grenoble à Laval itinéraire décrit ci-dessus.

Laval *(voir ci-dessus)*

Après le passage du col des Mouilles, la D 280, se repliant au fond du vallon de St-Mury, est dominée de très haut par le cirque du Boulon dont on voit le « verrou » inférieur sillonné de cascades. Les Trois Pics de Belledonne (alt. de 2 913 à 2 978 m) se profilent sur le ciel.

ALLEVARD

Après Theys, l'itinéraire décrit passe par Allevard♁ *(voir ce nom).* La station thermale et le superbe **panorama★★** depuis le Collet d'Allevard à 1 450 m ne feront pas regretter le détour.

LES BONS TUYAUX

Saint Hugues est, au 12e s., l'une des gloires de la Chartreuse. Il ne doit toutefois pas être confondu avec l'évêque qui présida à la fondation de l'illustre Ordre. Il est connu, surtout en Angleterre, comme évêque de Lincoln.

Croix de Revollat★★

À 50 m à droite de la D 280. **Vue** sur le Grésivaudan. En face s'allonge le plateau des Petites-Roches, dominé par les escarpements de la Chartreuse. Dans l'axe du large sillon, le Vercors, à gauche, et les *Bauges, à droite, sont visibles. 1 500 m plus loin, à hauteur d'une autre croix, continuer tout droit.* La route traverse alors le ravin du ruisseau de la Combe de Lancey. Après le Naysord, des vues dégagées sur la Chartreuse. 2 km plus loin, on découvre Grenoble dans son cadre de montagnes, puis la D 280 domine la belle combe de Revel se terminant dans les forêts des contreforts de Belledonne. Au sortir de la forêt, la vue se dégage en contrebas sur la vallée de l'Isère au pied de la Chartreuse, puis sur le vallon, très habité, d'Uriage.

Uriage-les-Bains✛ – *Décrit au massif de Chamrousse.*

À Uriage, prendre à droite la D 524 qui rejoint Grenoble.

Abbaye royale de **Hautecombe**★★

Cette abbaye est aux souverains de la Maison de Savoie ce que la basilique de Saint-Denis au Nord de Paris est aux rois de France. Ce n'est donc pas à Louis XII, Anne de Bretagne, Henri II ou Catherine de Medicis auxquels vous venez rendre visite, mais aux quarante-deux princes et princesses du royaume de Savoie, qui n'ont pas bougé de l'abbaye depuis des siècles. Sans doute si trouvent-ils bien !

La situation

Cartes Michelin n°s 89 pli 15 ou 244 pli 17 – Savoie (73).
Depuis Aix-les-Bains et Le Bourget-du-Lac, accès par bateau en saison. Elle est située sur un promontoire s'avançant dans le lac du Bourget.
🖪 *à Aix-les-Bains,* ☎ *04 79 35 05 92.*

Les visites par bateaux de l'abbaye s'effectuent en saison au départ d'Aix-les-Bains.

Le nom

Le visiteur qui aborde à Hautecombe par le lac n'aura aucune chance de découvrir une combe dont l'abbaye aurait tiré son nom. Il faut en fait se retourner vers la rive opposée. Au 12e s., il y avait un prieuré sur le vallon surélevé. Les moines cisterciens le quittèrent pour s'isoler, traversèrent le lac pour rejoindre l'autre rive et y édifièrent l'abbaye de Hautecombe.

Les gens

Le dernier roi d'Italie, **Umberto II**, y a été enterré le 24 mars 1983. Depuis le départ des moines cisterciens en 1992 pour l'abbaye de Ganagobie (Alpes-de-Haute-Provence), la communauté charismatique du Chemin Neuf anime les lieux.

comprendre

Hautecombe, le Saint-Denis savoyard – Parmi les quarante-deux princes et princesses de Savoie qui ont été enterrés à Hautecombe, nous signalerons :

Humbert III, le bienheureux – C'est le premier comte inhumé à l'abbaye. Sa vie n'a été qu'un dilemme entre sa vocation religieuse et le devoir de maintenir sa lignée. Entre les deux, son cœur balance... Las d'espérer un fils après trois mariages, il se retire à l'abbaye de Hautecombe. Cédant à la pression de ses sujets, il convole

En arrivant par la route, l'abbaye semble accrochée au versant abrupt.

quand même une quatrième fois. Comme quoi il eût raison de les écouter et de persévérer : l'héritier tant désiré finit par arriver et Humbert soulagé, put rendre son âme à Dieu.

Béatrix de Savoie, la mère comblée – Mariée à un comte de Provence, elle peut être fière de ses quatre filles toutes plus belles les unes que les autres. À l'époque, elles auraient constitué à elles seules l'agence Élite. Mais ce n'était pas la mode et toutes les quatre choisirent d'être reines : l'une, Marguerite de Provence, épousa Louis IX, roi de France ; les trois autres furent reine d'Angleterre, reine des Deux-Siciles, impératrice d'Allemagne.

Le Comte Vert et le Comte Rouge – *Voir le chapitre Introduction au Voyage.*

Charles-Félix et Marie-Christine – Ces souverains, très attachés à la Savoie, se rendent populaires en restaurant Hautecombe, de 1824 à 1843. Ils confient l'abbaye aux moines cisterciens et s'y font inhumer, alors que, depuis 1502, la dynastie savoyarde avait choisi Turin.

visiter

Église
Visite audioguidée (1/2h) tlj sf mar. 10h-11h30, 14h-17h. ☎ 04 79 54 58 80.
À l'intérieur, marbres et stucs sont dispensés à profusion ; des peintures de Gonin et Vacca ornent les voûtes ; 300 statues en marbre, en pierre, en bois doré, des figures de pleureuses et des bas-reliefs ornent la trentaine de tombeaux ou de monuments élevés à la mémoire des princes de Savoie qui y sont inhumés. Seuls la chapelle des Princes, à gauche du chœur, et le tombeau de Louis de Savoie et de Jeanne de Montfort *(dans le chœur à droite)* présentent des éléments antérieurs au 19ᵉ s.

Grange batelière
Située près du débarcadère, ce silo sur l'eau a été édifié par les cisterciens au 12ᵉ s. pour entreposer les produits de leurs terres qu'ils recevaient par bateau ; il serait unique en France.
L'étage inférieur, voûté en berceau, comprend un bassin à flot et une cale sèche sur laquelle on tirait les bateaux ; l'étage supérieur servait de grange.

Piété filiale et dévotion se mêlent dans les traits de l'enfant (statue de la princesse de Savoie).

> **MARBRE PIEUX**
> Trois statues, en marbre de Carrare, retiennent l'attention :
> une **Pietà**★ (par Benoît Cacciatori), le roi Charles-Félix (du même sculpteur), la reine Marie-Christine (par Albertoni).

Les Houches*

Moins encaissé, le cadre y est moins spectaculaire qu'aux abords des aiguilles de Chamonix. Mais ceux qui n'apprécient que modérément la très haute montagne et ses abrupts à vous couper les jambes s'y sentiront plus à l'aise. On trouvera aux Houches le traitement naturel de remise en forme...

La situation

Cartes Michelin n°s 89 pli 4 ou 244 pli 21 – Schéma p. 310 – Haute-Savoie (74). Les Houches sont situées dans le bassin le plus ouvert et le plus ensoleillé de la vallée de Chamonix, au pied de l'aiguille du Goûter et sous la protection de la divine statue du Christ-Roi, érigée sur les pentes boisées de l'Aiguillette du Brévent.

8 *BP 09, 74310 Les Houches,* ☎ *04 50 55 50 62.*

Le nom

La station tire son nom d'un terme celtique *olca* signifiant « terres labourables ».

Les gens

1 766 Houchards. Lord Kandahar fit beaucoup pour pérenniser le nom des Houches dans la mémoire des skieurs du monde entier : il fut l'instigateur de la coupe du combiné descente-slalom qui regroupe Sankt Anton, Garmish Partenkirschen et Les Houches. Pourquoi Kandahar ? Il s'agit d'une ville frontière d'Afghanistan où ce général brilla par ses services.

découvrir

LES BELVÉDÈRES

Le Prarion★★

Alt. 1 967 m. Une demi-heure AR (pour la table d'orientation) dont environ 20mn de télécabine. De fin juin à mi-sept. : 9h-12h, 13h30-16h45 (juil.-août : 9h-12h30, 13h30-17h45). 70F AR, 56F A. ☎ *04 50 54 42 65.*

De la table d'orientation (alt. 1 860 m) élevée à côté de l'hôtel du Prarion, le **panorama** sur le massif du

carnet d'adresses

Où DORMIR

• À bon compte

Hôtel Peter Pan – *74310 Les Chavants – 4 km à l'O des Houches par D 213 puis rte secondaire –* ☎ *04 50 54 40 63 – fermé mai et 1er oct. au 17 déc. –* **P** *– 13 ch. : 190/295F –* ☐ *39F – restaurant 148/165F.* La sublime vue de sa terrasse sur les aiguilles de Chamonix est irrésistible. À l'origine, c'est une ferme de la fin du 18e s. Les petites chambres de caractère savoyard tout en bois sont douillettes, avec tissus coordonnés sur les lits et aux fenêtres.

• Valeur sûre

Auberge Le Montagny – *Le Pont –* ☎ *04 50 54 57 37 – fermé 6 au 30 avr. et nov. –* **P** *– 8 ch. : 380F –* ☐ *42F.* C'est une vieille ferme de 1876 entièrement rénovée des mains du patron, menuisier à ses heures. Vous serez au calme dans ses chambres savoyardes avec poutres et charpentes de bois clair apparentes, tissus bleus et blancs et jolis carreaux de salle de bains à frises coordonnés.

LE DOMAINE SKIABLE

Cette station a conservé son caractère de village de montagne. Elle propose au skieur toute une gamme de difficultés : secteurs de Lachat, de Bellevue et du Prarion. Dévalée aux championnats du monde en 1937 par **Émile Allais**, la célèbre « piste verte » qui est comme son nom ne l'indique pas une piste noire, requiert un haut niveau de virtuosité. Elle est le théâtre de la plus prestigieuse compétition « Kandahar ».

Le domaine est relié aux principales stations voisines. Et une trentaine de kilomètres de pistes attendent par ailleurs le fondeur.

Le tramway du Mont-Blanc assure la montée vers le col de Voza au-dessus de la vallée de Bionnassay.

Mont-Blanc est très étendu. Pour obtenir un **tour d'horizon★★★** complet, il reste à gravir *(environ 1h à pied AR)*, au Nord, la crête du Prarion jusqu'au sommet *(signal)*. Allez, encore un petit effort.

Bellevue★★

Alt. 1 812 m.  *1h AR dont environ 1/4h de téléphérique. Pour combiner l'excursion avec la montée au Nid d'Aigle (glacier de Bionnassay) et la descente à St-Gervais, consulter les horaires du tramway du Mont Blanc. De mi-juin à mi-sept. : 8h-12h30, 13h30-17h (juil.-août : 7h15-18h). 70 AR.* ☎ *04 50 54 40 32.*

Parc du Balcon de Merlet★★

6 km, puis 10mn à pied AR. De la gare des Houches, prendre la route de montagne en direction de Coupeau sur 3 km puis, dans un virage, s'engager à droite dans la route forestière (partiellement revêtue) en direction du parc de Merlet (3 km). Au terme de la route, laisser la voiture sur l'un des deux parkings. Terminer à pied le chemin en montée (environ 300 m). Juil.-août : 9h30-20h (dernière entrée 1h av. fermeture) ; mai-juin et sept. : 10h-18h. 24F (enf. : 17F). ☎ *04 50 53 47 89.*

Merveilleusement situé face au Mont Blanc, le Balcon de Merlet est un éperon d'alpages détaché de l'Aiguillette du Brévent. Quelques dizaines d'animaux montagnards (daims, cerfs, mouflons, chamois, lamas, bouquetins, marmottes) gambadent en liberté sur les 20 ha du parc escarpé et boisé.

> **LONGUE VUE…**
> De la terrasse du restaurant, ou de la chapelle, à 1 534 m d'altitude, une admirable **vue★★** sur la chaîne du Mont-Blanc.

Amateurs de sensations fortes et de spectacles vertigineux, cette route est faite pour vous. Vous devriez y passer un moment rare, à la hauteur de vos attentes : la diversité et la beauté des panoramas laissent sans voix, la démesure des précipices coupe le souffle ! Cette haute montagne au visage austère et grave joue avec vos sens, pour votre plus grand plaisir.

La situation

Cartes Michelin n°s 74 pli 19 ou 244 plis 32 et 33 – Savoie (73). Cette route établit, depuis 1936, une admirable liaison touristique entre la Tarentaise et la Maurienne. Avec ses 2 770 m d'altitude, ce passage est le plus élevé de la route des Grandes Alpes. Il n'est dépassé, dans la chaîne, que par la route de la Bonette, dans les Alpes du Sud, qui culmine à 2 802 m.

Le nom

Tant pis pour la logique, mais le puissant torrent Isère ne prend pas sa source à proximité de ce col. En fait il faut voir là une autre logique : celle des voyageurs venant du Piémont et accédant à la vallée de l'Isère par ce col.

Les gens

Beaucoup de cyclistes ont versé des larmes sur cette route. Il fallait d'ailleurs être un brin sadique pour inscrire au Tour de France le col de l'Iseran. Et il faut être un brin masochiste pour le grimper... En 1939, le Belge Sylvère gravit le col dans un contre la montre mémorable à un moyenne de 16 km/h ! Quant à Louison Bobet, il y craqua et abandonna en 1959. Trop c'était trop...

> **LE BON PROFIL**
> Le col de l'Iseran est généralement obstrué par la neige de début novembre à début juillet. La route, au profil parfaitement étudié, est à recommander dans le sens Tarentaise-Maurienne (Val-d'Isère-Bonneval).

itinéraires

Du barrage de Tignes à Bonneval-sur-Arc

32 km – environ 3h

Du barrage de Tignes à Val-d'Isère, le nouveau tracé de la D 902, surplombant la retenue, a nécessité la construction de huit tunnels – dont l'un de 459 m – et de trois

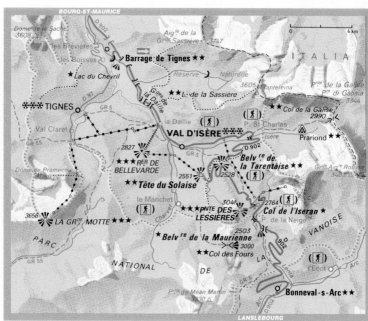

Dominer les Alpes... ou peu s'en faut. Au cœur de la Vanoise, la pointe des Lessières (au fond à gauche la pointe Charbonnel).

ouvrages paravalanches. Les vues sont par conséquent hachées. On aperçoit néanmoins, par le vallon du ruisseau du lac de Tignes, quelques crêtes du massif de la Vanoise et, plus rapproché, vers l'aval, le massif du mont Pourri qui ne sent pas mauvais du tout.

Val-d'Isère ✲✲✲ *(voir ce nom)*

De Val-d'Isère au pont St-Charles, la route suit encore le fond de la vallée de l'Isère, de plus en plus désolée, fermée, en amont, par la pointe de la Galise. Au pont St-Charles, la route atteint le Parc national de la Vanoise.

Un parking de 150 places est aménagé en avant du pont.

La route grimpe sur le versant Sud de la vallée. La vue se dégage bientôt sur le bassin de Val-d'Isère, en arrière duquel se dresse le dôme de la Sache, cravaté de neige, précédant la pyramide rocheuse du mont Pourri. On verra ensuite apparaître, par la coupure des gorges de la Daille, en aval de Val-d'Isère, la nappe de la retenue de Tignes.

> **ÉTINCELANT**
>
> À hauteur du Fornet se découvre, au Nord-Est, la cime de la Tsanteleina, avec son petit glacier suspendu. Plus loin, on voit apparaître, au cœur du massif de la Vanoise, le casque éblouissant de la Grande Motte.

Tête du Solaise★★

Alt. 2 551 m. 🚶 *1h1/2 à pied AR par un sentier offrant une belle occasion de promenade en montagne, encore plus facile, si, accédant en téléphérique à la Tête du Solaise depuis Val-d'Isère, on peut se faire reprendre en voiture au Nord de la D 902.*

Le **panorama**, analogue à celui du belvédère de la Tarentaise, réserve cependant une vue mieux dégagée sur l'enfilade de la vallée de l'Isère, en aval de Val-d'Isère. Le barrage de Tignes est bien visible.

Après ce long parcours en balcon, on pénètre dans le seuil du col proprement dit.

> **BELVÉDÈRE DE LA TARENTAISE**
>
> 🚶 *1/4h à pied AR. Garer la voiture à la sortie du lacet.* De la table d'orientation, *alt. 2 528 m,* **panorama**★★ sur les massifs de la Vanoise (Grande Motte), du mont Pourri, et sur la chaîne frontière (Grande Sassière). Plus proches, Val-d'Isère, le lac de Tignes et, en arrière, la pointe des Lessières sont visibles.

Col de l'Iseran★

Alt. 2 764 m. En haut du col, côté Tarentaise, la neige subsiste pendant tout l'été. Le site du col proprement dit est d'une sévérité impressionnante. À l'abri des vents du Nord qui balaient continuellement ce seuil, la construction trapue de la chapelle de N.-D. de l'Iseran date de 1939. Du col même, les **vues** se limitent à la Grande Sassière et à la Tsanteleina, sur le versant Tarentaise, à l'Albaron sur le versant Maurienne.

Pointe des Lessières★★★

Alt. 3 041 m. 🚶 *2h1/2 à pied AR du col de l'Iseran, par un sentier de montagne abrupt, risqué en tout temps. Donc si vous êtes plutôt un marcheur du dimanche, cette promenade est un rien périlleuse : passage avec main courante, vertigineux en fin de montée. Quoi qu'il en soit, des chaussures de montagne à semelles antidérapantes sont indispensables, le rocher n'étant pas très conciliant. Départ du sentier derrière le chalet-hôtel de l'Iseran.*

Cette petite course de montagne ne doit être entreprise que par temps très dégagé ; mais elle vous donne l'occasion presque unique de dépasser les 3 000 mètres d'altitude. D'ailleurs, le **panorama** n'est pas ingrat et vous récompensera de l'effort accompli : massifs de la Vanoise, du mont Pourri, versant italien du Mont Blanc, chaîne frontière entre la Grande Sassière et l'Albaron.

Sur une dizaine de kilomètres entre le col et Bonneval, la route continue à traverser le Parc national de la Vanoise.

Entre le col de l'Iseran et le pont de la Neige, on parcourt le sauvage cirque supérieur de la Lenta, en contrebas du glacier du Grand Pissaillas (remontées mécaniques permettant la pratique du ski d'été) dont les eaux de fonte ruissellent en cascade sur un gradin rocheux. La fissure par laquelle route et torrent vont s'échapper se précise.

Belvédère de la Maurienne★

Alt. 2 503 m. Vue sur la haute Maurienne, et spécialement sur les sommets de la Ciamarella, de l'Albaron et de la pointe de Charbonnel.

Entre le pont de la Neige et Bonneval, la verdure des hauts alpages réapparaît dans le vallon « suspendu » de la Lenta. À l'horizon se profile le beau sommet neigeux de l'Albaron, à la forme caractéristique d'enclume. Le torrent quitte le vallon pour dévaler à nouveau vers l'Arc ; de la route, vues plongeantes sur la haute vallée de l'Arc dont les versants à vif, maigrement gazonnés par plaques, forment le décor sévère du village de Bonneval.

Lacs de **Laffrey**★

Les lacs de Laffrey jalonnent le parcours le plus célèbre de la route Napoléon. Quel rapport ? L'Empereur, de retour d'exil sur l'île d'Elbe, remonte la France à pied, passe par le lac de Lanfrey et là, tombe sur un bataillon pour le moins hostile. Il improvise alors ce qui ressemble à une véritable leçon de psychologie humaine, retourne la situation comme une crêpe et range dans son camp ceux qui voulaient l'assassiner quelques minutes plus tôt. Il faut rendre à Napoléon ce qui appartient à César : il avait un sacré sens de la négociation et une remarquable connaissance de la nature humaine...

La situation

Cartes Michelin n°s 77 plis 5 et 15 ou 244 pli 39 – Isère (38). Les lacs de Laffrey comprennent, du Nord au Sud : le lac Mort, le Grand Lac de Laffrey, le plus étendu (3 km), le lac de Petichet (de « pitchoun » : petit) et le lac de Pierre-Châtel.

🛈 *43 rue de Breuil, 38350 La Mure,* ☎ *04 76 81 05 71.*

Le nom

Au fil du temps les orthographes de Laffrey ont varié de L'Affrey à La Frey conservant un sens identique lié aux rigueurs du climat : il fait frais là...

Les gens

Revenons sur cet épisode capital de la vie de Napoléon. Dans l'après-midi du mardi 7 mars, l'Empereur, venant de Corps, trouve la route de Grenoble barrée, à hauteur du lac de Laffrey, par un bataillon sous les ordres du commandant Delessart. Napoléon joue son va-tout. Accompagné de quelques grenadiers, l'arme sous le bras, il avance à portée de fusil, ouvre sa redingote grise et s'écrie : « Soldats, je suis votre Empereur ! S'il en est parmi vous qui veuille tuer son général, me voici ! ». Quelques secondes d'un silence pesant, puis les soldats accourent vers Napoléon en criant : « Vive l'Empereur ! ». Une leçon de négociation à méditer dans les écoles de commerce...

itinéraires

LA ROUTE NAPOLÉON★

[1] **De La Mure aux lacs de Laffrey** *15 km – 45mn*

La Mure

Sur le rebord Sud du plateau de la Matheysine, tranché par le Drac et la Bonne, la grosse bourgade marchande de La Mure, carrefour très passant, doit son importance aux gisements houillers voisins qui fournirent jusqu'à 300 000 t d'anthracite par an. Du chemin de fer, des vues incomparables sur la corniche du Drac.

Musée Matheysin – *Mai-oct. : tlj sf mar. 13h-18h ; nov.-avr. : sur demande 15j. av. sur répondeur. Fermé 1ᵉʳ janv., 1ᵉʳ mai, 24-25 déc. 15F. ☎ 04 76 30 98 15.*
Situé près de la halle, dans un bâtiment historique, ce musée retrace le passé du pays de La Mure. De nombreuses reconstitutions permettent de découvrir des pièces archéologiques, des objets artisanaux (ganterie) et des archives sonores ponctuant les grandes étapes de l'histoire économique et humaine du plateau de la Matheysine. L'activité minière a profondément marqué la région de 1901 à 1996, date à laquelle le dernier puits a été fermé.

Entre La Mure et Laffrey, la route emprunte le plateau de la Matheysine, d'abord sévère. On longe à distance les installations de l'ancien site d'extraction du Villaret, qui fut le plus actif du bassin houiller de La Mure.

Plus loin, tandis que se succèdent les lacs, parfois masqués par la végétation, l'éperon de Chamechaude et d'autres sommets du massif de la Chartreuse apparaissent au Nord, dans l'alignement de la dépression que l'on parcourt. Au Sud, l'Obiou, flanqué du Grand Ferrand, ferme l'horizon.

La sévérité du plateau matheysin s'explique en partie par son orientation Nord-Sud qui l'expose aux vents et à la rudesse hivernale : si vous y claquez des dents, c'est normal ; il est parfois surnommé la Sibérie du Dauphiné malgré une altitude inférieure à 1 000 m. L'ensemble des lacs de Laffrey, retenus par des dépôts morainiques, est souvent pris par les glaces pendant l'hiver.

Prairie de la Rencontre★ – Le chemin d'accès est signalé par deux monuments portant les aigles impériaux. La statue de Napoléon Iᵉʳ à cheval (bronze de Frémiet), que l'on voit facilement de la route, évoque la fameuse « Rencontre ». Vous vous souvenez : la leçon de négociation et de psychologie humaine, c'était là.

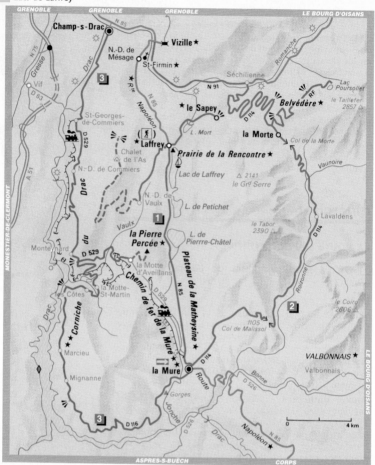

Laffrey★

Centre de villégiature apprécié des pêcheurs et des amateurs de baignade.

Point de vue du Beauregard

Au départ de **Laffrey**, vous pouvez partir pour une chouette randonnée pédestre de 2h environ, sans grande difficulté, vers la **montagne de Beauregard**, par le village de N.-D.-de-Vaux. On peut s'arrêter en voiture à la hauteur du chalet de l'As ou piquer à pied jusqu'au sommet de la crête : une superbe **vue** sur le plateau matheysin, les lacs de Laffrey et la vallée du Drac.

Le Sapey★

L'étroite petite route contourne le lac mort depuis qu'il a perdu ses eaux en 1933 pour alimenter une centrale électrique au fond de la vallée de la Romanche. Du terminus de la route, monter (1/4h à pied AR) à la chapelle du Sapey. Des abords du sanctuaire, la vue est bien dégagée sur les massifs de Chamrousse-Belledonne et du Taillefer.

② Route de la Morte★

de La Mure à Vizille par le col de la Morte 45 km – environ 2h

Vous verrez, c'est une route bien vivante. Au départ de La Mure et jusqu'au col de Malissol (alt. 1 105 m), on peut voir au-delà du plateau de la Matheysine, l'Obiou et les escarpements Est du Vercors, en avant desquels se détache le Mont-Aiguille, de forme tabulaire.

Du col de Malissol au col de la Morte, l'étroite vallée de la Roizonne avec ses propres chicots pierreux.

La Morte

Dans la dépression du col de la Morte, tout cela est décidément bien gai, au pied des pentes du Grand Serre et du Taillefer, vous avez à La Morte de magnifiques pistes de ski (alt. 1 348 m). En été, c'est une base de départ pour l'ascension du Taillefer.

De la route forestière du lac Poursollet *(6 km)*, praticable en été, de beaux points de vue sur la vallée de la Romanche.

La N 91 atteint Vizille.

Si l'on doit ensuite gagner Grenoble, prendre de préférence l'agréable route de promenade (D 5) passant par Eybens, dernier tronçon de la route Napoléon.

③ CORNICHE DU DRAC★★

De Champ-sur-Drac à La Mure 45 km – environ 2h

De Champ à Monteynard, l'itinéraire s'élève progressivement sur de belles perspectives de la vallée encaissée du Drac. Celle-ci a fait l'objet d'un vaste plan d'équipement hydro-électrique. C'est ainsi qu'on peut distinguer les usines de Champ et de St-Georges-de-Commiers, la digue de N.-D.-de-Commiers et le barrage de Monteynard.

À la sortie de Monteynard, une vue remarquable sur le lac du **barrage de Monteynard** encaissé entre les escarpements du Drac et le Mont-Aiguille toujours aussi plat : pour bien l'apprécier, laisser la voiture en face de la dernière maison du village ou à l'embranchement de la route de la Motte-St-Martin.

Suivre la D 529 pour atteindre la Motte d'Aveillans.

La Mine-Image

De juin à mi-sept. : visite guidée (1h) à 10h, 11h15, 13h30, 14h30, 15h30, 16h30, 17h30. Fermé 1er janv. et 25 déc. 30F. ☎ *04 76 30 68 74.*

Sur un des grands sites d'exploitation des mines de La Mure, le site de La Motte d'Aveillans (exploité du début du 19e s. jusqu'en 1956), l'aménagement de galeries horizontales plonge le visiteur dans un monde révolu et lui fait mesurer l'évolution des technologies d'extraction. Une projection vidéo complète cette visite.

Revenir à La Motte-d'Aveillans et prendre à gauche la D 116.

Entre les Côtes et Marcieu apparaissent, en avant et à droite, les immenses escarpements schisteux inclinés qui dévalent vers le Drac. Lorsque la route est protégée du précipice par un parapet, descendre de voiture et jeter un coup d'œil sur la centrale électrique d'Avignonet, le barrage de Monteynard et la retenue. Très jolie **vue★★★** sur le Mont-Aiguille et sur les crêtes Est du Vercors.

POUR VOIR

À côté du premier lacet décrit par la D 114, dans la descente rapide au Nord du col de la Morte. La **vue**★ *plonge de près de 1 000 m sur le couloir industriel de la Romanche encadré par les crêtes du Taillefer et de Belledonne.*

UNE DES SEPT MERVEILLES
À la sortie de la localité en direction de La Mure se dresse une des sept merveilles du Dauphiné : la **Pierre Percée★**. Pour y accéder, prendre la D 529, puis à gauche la route signalée « Pierre Percée » et aller jusqu'à un parking, départ du sentier. Laisser la voiture et monter *(3/4h)* jusqu'à la crête. Cet arc de triomphe naturel, haut de 3 m, serait une représentation du diable pétrifié. Belle vue sur le plateau de la Matheysine.

Sur un parcours jalonné de 12 viaducs et 18 tunnels, les points de vue sont offerts par le conducteur qui n'est pas avare de haltes-photos.

À partir de Marcieu, vous aurez devant vous les montagnes du Dévoluy dont le point culminant, l'Obiou (alt. 2 790 m), est visible après le mignon hameau de Mignanne ; puis les crêtes du Petit-Chaillol (entrée du Valgaudemar), à gauche desquelles apparaissent bientôt les « 3 000 », tachés de neige, du massif des Écrins.

En arrivant à La Mure on domine les gorges de la Jonche, affluent du Drac.

découvrir

CHEMIN DE FER DE LA MURE★★

Juil.-août : dép. à 9h45, 12h, 14h30, 17h (3h1/4 AR, 1h3/4 A) ; avr.-juin et sept.-oct. : dép. à 9h45, 14h30. 97F AR, 80F A (enf. : 59F AR, 69F A). ☎ 04 76 73 57 35.

Le destin original d'un chemin de fer de montagne – Inauguré en juillet 1888, le chemin de fer de La Mure parcourt 30 km avec un dénivelé de 560 m selon un tracé audacieux. Destinée à l'origine à assurer l'écoulement, par tout temps, de la production d'anthracite de La Mure vers la gare de St-Georges-de-Commiers reliée au réseau national, cette ligne fut tour à tour une ligne pionnière en matière technique, une ligne assurant le transport des pèlerins, une ligne exclusivement industrielle (de 1950 à 1962) avant de devenir en 1988 une ligne touristique à succès du bas Dauphiné.

Dans les années trente, cette ligne devait rejoindre Gap : en fait, elle fut prolongée jusqu'à Corps à la demande des religieux de N.-D.-de-la-Salette. Actuellement, le matériel roulant provient de différentes compagnies locales suisses.

Au départ de St-Georges, le chemin de fer s'élève graduellement jusqu'à son point culminant à 924 m, au tunnel de Festinière. On aperçoit pendant le voyage une des merveilles du Dauphiné : la **Pierre Percée**. Les sections les plus spectaculaires du trajet sont sans conteste le passage de la Rivoire, en encorbellement au-dessus des gorges du Drac, le franchissement du viaduc de Vaulx (170 m en 9 arches) et celui des viaducs superposés de la Lousse.

Col du **Lautaret**★★

Si vous installiez une chaise sur le bord de la chaussée, vous ne seriez pas frappé par l'ennui... Ça va, ça vient sur ce col qui ne part jamais en vacances. Et pourtant, son altitude relativement élevée (2 057 m), le manteau de neige qui lui tient chaud tout l'hiver aurait pu le préserver des hordes à essence. N'en croyez rien. Du coup, on a bien été obligé de s'occuper de lui et de prendre des mesures pour le déneiger. Devant un tel succès...

La situation

Cartes Michelin nos 77 pli 7 ou 244 Nord du pli 42 – Schéma p. 325 – Hautes-Alpes (05). Sur la N 91, grand axe de communication Nord-Sud des Alpes françaises et à 28 km seulement de Briançon, c'est la porte des Alpes méridionales. Au point culminant du col, s'engager dans le chemin du jardin alpin pour apprécier l'ensemble du site.

🖩 *répondeur automatique renseignant sur l'accès libre au col,* ☎ 04 92 24 44 44.

Le nom

Une analogie facile avec l'altitude du lieu a pu rapprocher Lautaret du nom d'un site élevé ; en fait, il faudrait rapprocher plutôt le nom du latin *altare*, car une inscription romaine a été découverte à proximité du col. Comme quoi son succès ne date pas d'hier...

Les fleurs

De juin au début d'août, l'été égaye ce site sévère grâce à Dame Nature : d'immenses champs de fleurs de narcisses, anémones, lis, gentianes, rhododendrons et même, parfois, des edelweiss...

découvrir

Jardin alpin★

De fin juin à déb. sept. : 10h-19h. 25F (enf. : gratuit). ☎ 04 92 24 41 62.

Ce grand jardin très réputé de 2 ha environ est dû à l'initiative commune du TCF et de l'université de Grenoble. Il fut créé dès le début du siècle et connut ▶ de nombreuses vicissitudes à certaines périodes. Aujourd'hui l'Association des amis du jardin alpin (AJAL) cultive son jardin pour être heureuse.

Il comporte des massifs de rocailles où poussent plus de 2 000 espèces de plantes sauvages groupées d'après leur origine géographique, ainsi que des plantes médicinales. Le chalet-laboratoire, réservé à la recherche scientifique, reçoit chercheurs et étudiants.

Refuge Napoléon

Le Parc national des Écrins y a installé un centre d'informations et y organise des expositions sur la faune, la flore, la géologie...

UN TOUR DU MONDE

Le visiteur, au gré de ses pas, partira pour un tour du monde botanique en découvrant la flore des Pyrénées, des Carpates, des Balkans, du Caucase, de l'Himalaya, du Japon et des Montagnes Rocheuses.

Vue sur le massif de la Meije au col du Lautaret. La haute montagne est ici à la portée de tous les conducteurs...

Cette route de moyenne montagne joint l'utile à l'agréable : son col aux jolis paysages, aux versants où s'agrippent de petits villages, relie depuis 1969 la Maurienne (N 6) à la Tarentaise (N 90). Au passage, le massif du Mont-Blanc, à la fois débonnaire et majestueux, se rappelle à votre bon souvenir.

La situation

Cartes Michelin n°s 89 plis 6, 16, 17 ou 244 plis 30 et 31 – Savoie (73) Au départ de la vallée de la Romanche (N 91) voilà un itinéraire original pour retrouver les stations de Tarentaise (dès la fonte des neiges) en musardant par le col du Glandon.

Le nom

Au départ, il s'appelait col de la Colombe. Il fut débaptisé suite à l'édification de la chapelle de Ste-Madeleine (18e s) qui lui donna son nom.

Les gens

Pour la croyance populaire, sainte Madeleine fut longtemps considérée comme la protectrice des voyageurs.

Tracé au cœur d'immenses solitudes, le sentier semble mener le randonneur au sommet du Cheval Noir (2 832 m).

itinéraire

DE L'ARC À L'ISÈRE

De La Chambre à Moûtiers 53 km – environ 2h

De La Chambre où vous pouvez faire une halte *(11 km au Nord-Ouest de St-Jean-de-Maurienne)*, la D 213 part en lacet, en vue du massif d'Allevard (chaîne de Belledonne) et du massif des Grandes Rousses, visible par la trouée du Glandon.

St-François-Longchamp

Centre de sports d'hiver échelonnant ses stations entre 1 450 m (St-François) et 1 610 m (Longchamp) d'altitude, au pied des dernières pentes du Cheval Noir et sur le versant Est de la vallée du Bugeon.

Col de la Madeleine★

Alt. 2 000 m. Quel était la couleur du cheval noir ? Réponse entre le Gros Villan (massif de la Lauzière) et le Cheval Noir (alt. 2 832 m). Une **vue** remarquable sur le massif du Mont-Blanc et au-delà de la vallée du Glandon (après tout vous êtes en vacances), le massif des Grandes Rousses et celui des Écrins (tables d'orientation).

De Celliers au pas de Briançon, la route suit en corniche le versant rive gauche de la vallée de Celliers sur lequel s'agrippent des villages. Vers l'aval, les montagnes du

Beaufortain ferment l'horizon. Au début de la descente finale aboutissant au défilé du pas de Briançon, vous avez au Sud-Est, les glaciers de la Vanoise et la Grande Casse marquant ce siècle.

Par N.-D.-de-Briançon et la D 97, gagner La Léchère.

La Léchère-les-Bains✝

Au fond de la basse Tarentaise, La Léchère, la plus jeune station thermale des Alpes, est spécialisée dans les troubles de la circulation veineuse, des affections gynécologiques et des rhumatismes. Les sources furent révélées fortuitement en 1869 par un effondrement de terrain.

Prendre à droite la route, en montée sinueuse, de St-Oyen.

Doucy

Son église baroque (17e s.) renferme un beau mobilier de la même époque : retable en bois polychrome du **maître-autel** et retable du rosaire.

Poursuivre par la route du Villaret (D 95B).

Cette route parcourt, après Doucy, la ligne de crête séparant les versants du Morel et de l'Eau Rousse et vous laisse entrevoir la Vanoise, le mont Jovet, une partie de Courchevel et les pistes de Méribel-les-Allues.

Par le Meillet, gagner Valmorel.

Descendre la vallée du Morel (D 95) pour atteindre Aigueblanche puis Moûtiers (voir ce nom).

> **BARRAGE DES ÉCHELLES D'ANNIBAL**
> Construit dans un défilé de la Basse-Tarentaise, cet ouvrage soutire une partie des eaux de l'Isère pour le compte de la centrale de Randens. Un tunnel long de 11,5 km a permis l'aménagement de cette « dérivation Isère-Arc » inaugurée en 1956.

La haute **Maurienne**★

Le vent souffle sur la plaine de la vallée de la haute Maurienne... Continuellement encaissée, certains pensent qu'elle n'est qu'une route et une usine. C'est peut-être un peu réducteur... Ils ne sont pas sensibles à cette poésie, au contraste entre la beauté du cadre naturel et la puissance des installations, comme à Reykjavik, où l'on se baigne avec les usines en arrière-plan. D'autant plus qu'entre le col de l'Iseran et le col du Mont-Cenis, la haute Maurienne, encore peu touchée par l'industrialisation, a gardé son visage traditionnel.

La situation

Cartes Michelin nos 74 plis 16, 17 et 19 et 77 plis 7, 8 et 9 ou 244 plis 30, 31 et 32 – Savoie (73). La Maurienne, vallée de l'Arc, est l'une des plus longues vallées intra-alpines (118 km). Outre le très fréquenté tunnel du Fréjus, on peut s'échapper vers le Sud par les cols de la Croix-de-Fer, celui du Galibier et celui du Mont-Cenis.

Le nom

Le nom ancien *Maurienna* serait une altération de *Maurigenna.* Ce nom hybride, mi-latin mi-gaulois, est composé de *Maurus,* nom assez courant d'homme dans l'empire romain et de *genna,* suffixe celtique qui a le sens de fils. Tout ça pour dire qu'un propriétaire de la vallée et sa descendance ont transmis leur nom à cette vallée...

Bergerie en haute Maurienne à Vaisse, donne une bonne idée de la rude vie traditionnelle.

Les gens

Pendant le haut Moyen Âge, ce passage constituait le fameux « guichet » par où s'écoulait le flot intarissable des voyageurs, commerçants ou pèlerins, soldats ou clercs.

comprendre

Entre tourisme et industrie – La Maurienne se trouve sur le passage d'un des principaux itinéraires France-Italie (par le col du Mont-Cenis et surtout, depuis 1980, par le tunnel routier du Fréjus). Une dizaine d'usines sont installées dans la « rainure sombre » de la moyenne Maurienne, d'Avrieux, peu en amont de Modane, à Aiguebelle, ainsi que dans les bassins plus ouverts et plus cultivés de la basse Maurienne. Elles tirent leur énergie d'une vingtaine de centrales, élaborent l'aluminium, les aciers spéciaux, les produits chimiques. L'équipement de la chute d'Aussois (1951), qui a permis d'animer la soufflerie géante d'Avrieux et la construction de la centrale souterraine de Randens (1954) sont les aménagements hydro-électriques les plus importants.

Cette chute, alimentée par une dérivation de l'Isère qui s'amorce immédiatement en aval de Moûtiers, plus précisément aux « Échelles d'Annibal », emprunte pour rejoindre la vallée de l'Arc une galerie longue de 11,5 km. Cela a nécessité un travail comparable au creusement du tunnel routier sous le Mont Blanc.

◄ **Une rivière travailleuse** – Le colossal réaménagement de l'Arc s'est achevé par la construction d'un barrage et donc d'un réservoir de 320 millions de m³ au pied du Mont-Cenis ; la centrale de Villarodin-Bourget, établie en contrebas dans le bassin d'Avrieux, turbine ses eaux. Trois centrales (Orelle, la Saussaz II, l'Échaillon) construites entre Modane et St-Jean-de-Maurienne régularisent ainsi son cours.

UNE PERCÉE MONUMENTALE
Parmi les plus spectaculaires de ces ouvrages, une galerie de 19 km percée à travers le massif de Belledonne permet la déviation d'une partie des eaux de l'Arc chargées d'alimenter la chute Arc-Isère.

itinéraire

LA HAUTE MAURIENNE★

de Bonneval-sur-Arc à Modane

56 km – environ 2h sans la visite des chapelles peintes, la route du Mont-Cenis et les promenades à pied. De Bonneval-sur-Arc à Bessans la D 902 risque d'être enneigée de décembre à mars.

Bonneval-sur-Arc★ *(voir ce nom)*

Sur le parcours de Bonneval à Lanslebourg il reste un bon nombre de monuments religieux : chemins de croix, oratoires et chapelles, élevés par les gens du pays ou par les pèlerins qui avaient franchi sans *encombre les cols frontières. Après la chapelle de N.-D.-des-Grâces, prendre à gauche vers le « Refuge d'Avérole » décrit avec sa vallée au chapitre Bessans.*

Entre Bessans et Lanslevillard, le « verrou » du col de **la Madeleine**, avec ses chaos de blocs parsemés de bouquets de mélèzes, marque une séparation très nette : en aval, la vallée se creuse plus mollement, les verdures deviennent plus sombres, les horizons plus lointains. Dès lors apparaît la silhouette majestueuse de la **dent Parrachée** (alt. 3 684 m), dernière cime bien enracinée au Sud de la Vanoise, derrière laquelle se hausse le Râteau d'Aussois, barre dentelée bien nommée. En avant et à gauche se creuse la dépression du mont Cenis.

Lanslevillard *(voir Val-Cenis)*

Lanslebourg-Mont-Cenis *(voir Val-Cenis)*

Route du Mont-Cenis★

16 km au départ de Lanslebourg – environ 3/4h (voir ce nom).

Termignon

Église – *De mi-juin à mi-sept. : tlj sf mar. 15h-18h.* ☎ *04 79 20 50 06.*
Plusieurs églises se sont succédé à l'emplacement actuel. Au 12e s., la paroisse dépendait de l'abbaye bénédictine de Novalaise (Italie). L'église, dans son état actuel, date de la deuxième moitié du 17e s. Son **retable★** du maître-autel en pin cembro a été exécuté par Claude et Jean Rey.

> **TOUT LE MONDE DESCEND**
> Le nom du village proviendrait du latin *terminus*, indiquant le fond de la vallée ; en effet, la Maurienne s'arrêtait officiellement à Termignon au 12e siècle.

Refuge du Plan du Lac★★

🚶 *2h AR au départ de Belle-Combe (accès par la D 126 depuis Termignon).*
De la table d'orientation du refuge, magnifique **panorama★★** sur la dent Parrachée, le dôme de Chasseforêt, les glaciers de la Vanoise, etc. Vous n'avez pas oublié de prendre une photo par hasard ?

De Sollières à Villarodin, le tronçon de la N 6 offre peu d'intérêt à l'exception de l'excursion à St-Pierre-d'Extravache. Après Sollières, suivre la N 6 sur 8 km jusqu'à Bramans. À l'extrémité du village, emprunter la D 100, ancienne voie d'accès au col du Petit-Mt-Cenis et à l'Italie avant les travaux d'aménagement du Ier Empire.

Le prieuré de St-Pierre d'Extravache serait, en dépit de sa taille minuscule, l'un des plus anciens édifices de Savoie.

St-Pierre-d'Extravache

L'église du 10ᵉ s., conserve un chœur et un clocher en remarquable état de préservation... Beau point de vue au Nord sur le massif de la Vanoise et la dent Parrachée. *Revenir à Sollières-Sardières et prendre à droite la D 83.*

La route s'élève, parmi des prés-bois de pins, sur le replat où pointe le clocher aigu de Sardières. Au-delà, on voit apparaître les massifs d'Ambin et du Thabor. *Pénétrer dans le village de Sardières et prendre le chemin du monolithe.*

Monolithe de Sardières★

Cette aiguille rocheuse de Cargneule, haute de 83 m, est complètement isolée dans un agréable sous-bois de sapins, à la limite Sud du Parc de la Vanoise.

Aussois *(voir ce nom)*

Dans Aussois, prendre à gauche devant l'église.

La route, taillée dans le rocher, franchit le ruisseau de St-Benoît (belle cascade, face à une chapelle) et plonge vers le bassin d'Avrieux. *Prendre à gauche une petite route vers Avrieux.*

Avrieux

◀ **Église★** – *Visite guidée sur demande lun.-ven. 8h30-12h, 14h30-17h, w.-end sur demande préalable 3j. av. Mairie (Mme George).* ☎ 04 79 20 33 16.

Élevée au 17ᵉ s., elle est dédiée à saint Thomas Becket : les familles anglaises Angley et Davrieux, affiliées à Thomas Becket, seraient venues prendre ici leur tea time

---

LA PREMIÈRE FOIS
Elle fut escaladée pour la première fois en 1957 par Paquier.

SAINTS EN NOMBRE
Remarquez le bénitier de pierre (16ᵉ s.) dont les sculptures représentent les sept sacrements, et des statues de saint Ours, sainte Anne et sainte Catherine, en bois polychrome et doré.

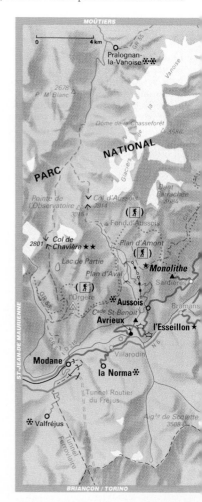

SOUFFLERIES DE MODANE-AVRIEUX

De curieuses sphères et d'impressionnantes veines métalliques indiquent la présence de quatre des souffleries de l'ONERA. Les plus importantes d'Europe, elles servent à expérimenter les avions, hélicoptères, missiles, lanceurs et navettes spatiales avant les essais en vol. La chute d'eau d'Aussois procure l'énergie nécessaire (88 000 kW) à l'accélération de l'air dans la soufflerie. C'est actuellement la plus grande soufflerie sonique du monde.

puis auraient fondé l'église. L'intérieur est remarquable par sa **décoration**★ baroque; au revers de la façade, un diptyque (1626) retrace la vie de saint Thomas Becket de Cantorbéry.

Aussitôt après Villarodin, prendre à gauche, sur la N 6, la D 214 en direction de La Norma puis par la N 6 gagner Modane.

découvrir

LES FORTICATIONS DE L'ESSEILLON★

Entre Aussois et Avrieux, le verrou de l'Esseillon est surmonté d'un impressionnant complexe fortifié, élevé par la monarchie sarde de 1817 à 1834 pour défendre le passage du Mont-Cenis contre une éventuelle invasion française. La place forte de l'Esseillon compte cinq forts construits selon les principes de Montalembert : ligne

LES JUMELLES

Le fort **Marie-Christine**, point culminant des fortifications, domine le village d'Aussois. Restauré et classé monument historique, c'est aujourd'hui la cinquième porte du Parc national de la Vanoise.
À l'opposé, sur la rive gauche de l'Arc, se dresse la redoutée **Marie-Thérèse**, reliée à l'ensemble par l'impressionnant pont du Diable (*voir La Norma*).

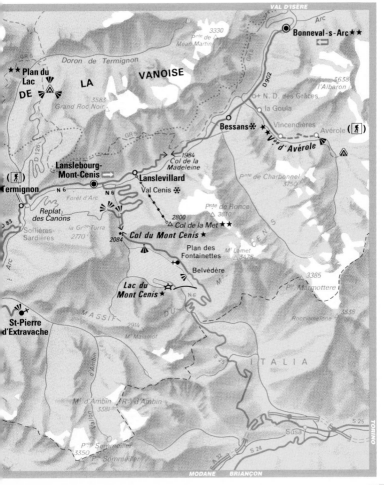

Les constructions dressées à la verticale du relief composant l'ensemble fortifié de l'Esseillon, ne serviront jamais.

défensive perpendiculaire à l'attaque et puissance de feupar « tour à canon », préfigurant le système Séré-de-Rivières. Ainsi les forts, étagés en altitude, se protégeaient mutuellement. En période d'effectif complet, le camp fortifié comptait jusqu'à 1 500 hommes équipés de plus de 170 pièces d'artillerie. *Base de départ pour de nombreux circuits pédestres privilégiés.*

Megève ✳✳✳

Brillamment lancée au lendemain de la Première Guerre mondiale, Megève reste une des plus brillantes stations de montagne françaises, tant par la puissance de son appareil touristique – particulièrement dans le domaine hôtelier – que par son standing mondain.

La situation

Cartes Michelin nos 89 pli 7 ou 244 pli 20 – Schéma p. 155. – Savoie (73). La station se dispose sur un seuil faisant communiquer, à 1 113 m d'altitude, le val d'Arly et le bassin de Sallanches. 🚩 *Rue de la Poste, BP 24, 74120 Megève,* ☎ *04 50 21 27 28.*

Le nom

Megève tirerait son nom de sa position, en bordure de l'Arly et non loin de l'Arve (*meg,* milieu et *eva,* en patois, eau).

Les gens

La baronne Noémie de Rothschild souhaitait une station au standing digne de son nom, au savoir-vivre recherché. En 1921, c'est chose faite. L'inauguration d'un hôtel de luxe sur le mont Abois marque la naissance de cette station mondaine.
Né à Megève en 1912, champion du monde de descente, du combiné et du slalom en 1937, Émile Allais est le promoteur de la « méthode française ». 4 750 Mégevans.

PRENDRE DE LA HAUTEUR
Depuis l'altiport Côte 2 000, des promenades aériennes sont organisées au-dessus des vallées du massif du Mont-Blanc. *Vallée de Mégève (10mn) 120F ; vallée de Chamonix (20mn) 240F ; vallée Blanche avec la Mer de Glace (1/2h) 360F ; massif du Mont-Blanc (3/4h) 480F. Réservation pour deux personnes minimum.* ☎ *04 50 21 03 21.*

---

séjourner

Megève a mis un point d'honneur à soigner ses prestations, tant la qualité de ses pistes que les performances de ses équipements. On y cultive l'art de vivre et le sens de la fête... chic. Un autre atout de Megève en toute saison : l'accueil des enfants en cure climatique, vacances ou classes de neige.

carnet d'adresses

OÙ DORMIR

● *À bon compte*

Chambre d'hôte Les Oyats – *de la poste dir. Rochebrune, les Perchets et rte de Lady : 1,5 km* – ☎ 04 50 21 11 56 – 🗐 – *2 ch. : 190/245F*. Idéal pour résider dans la station à prix raisonnables. Le confort est correct. Pas de table d'hôte mais les chambres sont équipées d'un coin cuisine qui peut dépanner. Gîte de séjour à l'étage. En été, quelques ânes viennent brouter l'herbe, à l'arrière de la maison.

● *Valeur sûre*

Hôtel Chaumine – *36 chemin des Bouleaux par chemin du Maz* – ☎ 04 50 21 37 05 – *fermé 11 avr. au 25 juin et 6 sept. au 17 déc.* – **P** – *11 ch. : 385/530F* – 🖙 *40F*. Voilà une adresse comme on les aime ! Au bout d'un chemin tranquille, à quelques minutes du centre et accessible des pistes, un joli chalet à l'ambiance gentiment familiale. Ses boiseries blondes, ses grands patchworks et ses meubles montagnards le décorent à la manière des maisons nordiques.

Hôtel Gai Soleil – *Rte Crêt du Midi* – ☎ 04 50 21 00 70 – *fermé 16 avr. au 14 juin et 16 sept. au 19 déc.* – **P** – *21 ch. : 450/465F* – 🖙 *45F* – *restaurant 80/200F*. À cinq minutes du centre, ce chalet à la façade avenante est confortablement aménagé. Les chambres, de tailles variées, sont simplement décorées de meubles en bois rustique. En été, vous profiterez agréablement de sa piscine et de sa terrasse.

Hôtel L'Auguille – *Chemin de l'Auguille* – ☎ 04 50 21 40 00 – *fermé 21 avr. au 31 mai et 26 sept. au 14 déc.* – **P** – *11 ch. : 350F* – 🖙 *35F*. Un peu à l'écart du village, une bonne petite adresse simple et bien tenue. La réception est claire et les chambres, meublées de façon fonctionnelle, sont sobres et proprettes. Calme et peu cher pour la station.

Hôtel le Clos Joli – *630 rte de Sallanches* – ☎ 04 50 21 20 48 – *fermé 1er au 14 mai et 1er nov. au 19 déc.* – *24 ch. : 300/455F* – 🖙 *45F* – *restaurant 90F*. Les chambres de « ce gros chalet » moderne sont modestes et sobres, d'un confort un peu désuet. Restauration familiale, de type pension. En dépannage.

● *Une petite folie !*

Les Fermes de Marie – *Chemin de Riante-Colline par N 212* – ☎ 04 50 93 03 10 – *fermé 16 avr. au 19 juin et 16 sept. au 9 déc.* – **P** – *61 ch. : à partir de 970F* – 🖙 *80F* – *restaurant 250F*. Appréciées des grands de ce monde, ces fermes d'alpages allient le confort et le raffinement des meilleurs hôtels. Installées dans un hameau de chalets à flanc de colline, décorées de meubles savoyards chinés dans la région, elles sont authentiques et chaleureuses. Piscine et centre beauté.

Hôtel Lodge Park – *100 r. Arly* – ☎ 04 50 93 05 03 – *fermé 16 avr. au*

19 juin et 1er oct. au 17 déc. – 39 ch (demi-pension seul.) : à partir de 890F – 🖙 80F – restaurant 270/360F. Trophées, gravures d'animaux, rondins de bois et meubles confortables recréent l'ambiance des relais de chasse montagnards canadiens. Mais qu'on ne s'y trompe pas, nous sommes dans un des beaux hôtels de Mégève, et l'esprit « nature » qui y règne n'empêche en rien le luxe raffiné d'un accueil de qualité.

OÙ SE RESTAURER

● *Valeur sûre*

Idéal – *au sommet du Mont d'Arbois par télécabine d'Arbois ou télécabine de la Princesse* – ☎ 04 50 21 31 26 – *fermé d'avr. au 17 déc. et le soir* – *160F*. Belle halte sur les pistes, ce chalet d'altitude concilie un cadre agréable et des prix raisonnables pour la station... Les skieurs y trouveront leur bonheur avec un plat ou une « broche » du jour servis dans la salle chaleureuse ou sur la vaste terrasse au panorama exceptionnel.

La Sauvageonne – Chez Nano – *à Leutaz 4 km de Megève par rte du Bouchet* – ☎ 04 50 91 90 81 – *fermé 16 avr. au 30 juin, 16 sept. au 24 oct. et 6 nov. au 14 déc.* – *109/150F*. En pleine nature, cette ferme restaurée accueille une clientèle chic venue apprécier son cadre. Sur sa belle terrasse ou dans la salle cosy, qui joue à fond le style « montagne » avec boiseries, belle cheminée, collection de tableaux de chalets régionaux et vieux matériel de ski, on y mange une cuisine du terroir... et d'ailleurs.

Vieux Megève – *58 pl. Résistance* – ☎ 04 50 21 16 44 – *fermé 16 avr. au 9 juil. et 11 sept. au 14 déc.* – *160/320F*. Autour d'une belle cheminée, dans un décor très « vieux Mégève » avec nappes rouges et vieilles boiseries, la même famille accueille depuis trente ans les habitués de la station... C'est ici que l'on vient goûter les spécialités fromagères du pays.

Auberge du Grenand – *à 4 km sur la rte du Leutaz* – ☎ 04 50 21 30 30 – *fermé 1er mai au 14 juin et 1er oct. au 30 nov.* – *102/190F*. Au pied du mont Véry, cette ferme tout en bois s'ouvre sur la vallée de Megève. Vous y dégusterez des spécialités du cru autour des bouquets de fleurs séchées. Ne manquez pas d'admirer la collection de cloches savoyardes.

Ferme-auberge des Darbelets – *4 km dir. Mt d'Arbois* – ☎ 04 50 93 06 12 – *fermé 21 avr. au 19 juin, 21 sept. au 30 nov. et mar. hors vac. scol.* – *réserv. obligatoire juil.-août* – *150/190F*. Sur les hauteurs du mont d'Arbois, cette ferme bicentenaire vous est idéalement située. L'hiver, lancez-vous sur les pistes de ski de fond à proximité. L'été, la piscine et le petit « parc animalier » réjouissent grands et petits.

Les Enfants Terribles – *Pl. de l'Eglise –*
☎ *04 50 58 76 69 – fermé 1ᵉʳ au 15 oct.
et 15 avr. au 1ᵉʳ mai – 119/155F.*
Jean Cocteau fut l'heureux parrain de ce
restaurant du centre piétonnier de la ville.
Vitrail coloré au plafond, livres et lithos de
l'artiste... grand bar derrière lequel
s'élaborent des cocktails colorés : bon
moment assuré. Piano-bar certains soirs.

OÙ BOIRE UN VERRE EN MUSIQUE ?
Au Crochon – *Rte de Praz-sur-Arly,*
☎ *04 50 21 03 26. Lun.-sam. à partir de
9h.* Pour les amoureux d'objets en bois fait
main, le choix risque d'être cornélien ! Du
bac à fleurs ou du moule à beurre, de la
paire de sabots (pour grand-mère) ou du
tonnelet (pour grand-père), de la luge ou
des raquettes, qu'emporterez-vous dans vos
valises ?
Les Flocons de neige – *133 r.
Monseigneur-Conseil,* ☎ *04 50 21 20 10.
Ouv. tlj à partir de 8h30.* Une halte pour les
gourmets et les gourmands : chocolats et
confiseries maison, dont le fameux glaçon

de Megève (chocolat praliné
finement nappé d'un « voile de neige »).
Le Piano à Bretelles – *Rte de Sallaches,*
☎ *04 50 58 94 88. Il est préférable de
réserver.* Dans son chalet, Lucien et son
piano à bretelles redonnent vie aux
nostalgiques de la musique populaire :
chaque week-end, des repas dansants font
tourner les tables.
Les 5 Rues – *Carrefour des Cinq-Rues,*
☎ *04 50 21 24 36. De mi-déc. à fin mars,
mer.-lun. à partir de 17h30.* Le club de jazz
de la station. Dans un cadre rustique, cet
établissement vous accueille à partir de
17h30 pour un apéritif au coin du feu et
une animation musicale : pianiste ou
guitariste. Concerts à partir de 22h
pour les plus mordus.
Palo-Alto – *R. Charles-Feige,* ☎ *04 50 91
82 58. Ouv. tlj 18h30-5h.* Ici, la soirée
commence dans un luxueux piano-bar à
l'ameublement cossu, puis se poursuit et finit
à la discothèque où vous pourrez vous
défouler sur tous les styles de musique (du
rétro à la techno).

Le domaine skiable

Des alpages ensoleillés à la zone minérale des grands
espaces en passant par les sapinières, le relief
harmonieux très diversifié privilégie le ski plaisir et
découverte. Vous pourrez faire quelques petites haltes
délicieuses dans de chaleureux **chalets-restaurants**
d'altitude. Le vaste domaine skiable (300 km de pistes sur
plus de 1 000 ha) s'étend sur les pentes du mont d'Arbois,
de Rochebrune et sur le contrefort des Aravis connu sous
le nom de « Jaillet » ; il est relié par télécabine ou navettes
aux autres stations du pays du Mont-Blanc. Megève s'est
enrichi d'un parc conséquent de canons à neige. Fidèle
à sa réputation, elle est dotée d'une des plus prestigieuses
écoles de ski d'Europe.

ON NE S'ENNUIE PAS
Les ensembles sportifs du
palais des sports et du
club du mont d'Arbois
mettent, en toute saison,
à votre disposition
patinoire, piscine, etc.

*Les calèches à Mégève,
c'est un air de Noël qui
flotte tout l'hiver.*

visiter

Musée du haut val d'Arly

*173 r. St-François. De mi-juin à mi-sept. et de mi-déc. à
mi-avr. : tlj sf mar. 14h30-18h30. 20F.* ☎ *04 50 91 81 00 ou*
☎ *04 50 58 74 77.*
Il expose des collections d'objets usuels traditionnels,
restaurés et placés en situation. Plusieurs thèmes sont
traités : la vie domestique, l'outillage agricole, le
traitement du lait, le textile et l'histoire des sports
d'hiver.

Le Calvaire

Curiosité locale aménagée dans un site boisé, avec son ▶
chemin de croix jalonné de 15 oratoires et chapelles
abritant des peintures ou des groupes sculptés
malheureusement dégradés, œuvres d'artisans du pays
réalisées entre 1844 et 1864, ce chemin de croix est la
fidèle réplique de celui de Jérusalem.

IMPRENABLE

Du terre-plein de la
chapelle inférieure, vous
aurez une vue agréable
sur le berceau du haut val
d'Arly, jusqu'à la pyramide
caractéristique du Charvin.

randonnées

Belvédères accessibles par télécabine

Mont d'Arbois★★

*Accès par télécabine directe du mont d'Arbois. De mi-juin à
mi-sept. : 9h-13h30, 14h-17h30 (dép. toutes les 1/2h). 50F AR.
☎ 04 50 21 22 07.*
Alt. 1 833 m. Magnifique **tour d'horizon** sur les Aravis,
les Fiz et le Mont Blanc. Encore plus haut ? On peut se
rendre à la station supérieure (20mn à pied) du
téléphérique qui redescend sur St-Gervais.

Croix des Salles★★

🚶 *1h1/2 AR environ, dont 12mn par la télécabine du Jaillet
et 3/4 h à pied. De fin juin à déb. sept. : 9h-13h, 14h-18h.
47F AR (enf. : 37F). ☎ 04 50 21 01 50.*
De la station supérieure (alt. 1 705 m.), continuer à pied,
sur la croupe gazonnée, puis boisée, pour atteindre la
croix. **Vue** sur la **Rochebrune Super-Megève.★**
🚶 *1h AR environ, dont 8mn de téléphérique. De fin juin à
mi-sept. 29F A. ☎ 04 50 21 01 51.*
Vue sur le val d'Arly, les chaînes des Aravis et du
Mont-Blanc.

Pour bons marcheurs

Mont Joly★★★

🚶 *4h1/2 à pied AR au départ du mont d'Arbois par un
sentier bien tracé. Chaussures de montagne conseillées pour
aborder la partie terminale raide.* De la table d'orientation
du sommet (alt. 2 525 m), **panorama★★★** exceptionnel
sur le massif du Mont-Blanc, la Vanoise, le Beaufortain,
les Écrins... Rien que ça !

À LA CARTE...

Pour profiter pleinement
des vastes possibilités de
randonnées, il est
conseillé d'acquérir la
carte vendue par l'Office
de tourisme.

Mont de Vorès★★

🚶 *5h1/2 de marche (compter la journée). 800 m de
dénivellation. Itinéraire peu technique mais exigeant de
l'endurance. Prendre le téléphérique de préférence avant 10h.
Si celui-ci ne fonctionne pas, il est possible de faire une boucle
presque analogue au départ du Leutaz. Alt. 2 067 m.* Le
sentier monte régulièrement à l'Alpette, au col de Véry
puis au mont de Vorès. Panorama splendide sur le massif
du Mont-Blanc, le domaine d'Hauteluce et la chaîne des
Aravis. Le chemin de crêtes conduit ensuite au Ban
Rouge et au Crêt du Midi. Pour terminer, il faut remonter
(1h de marche soutenue) à Rochebrune par un sentier assez
raide.

Menthon-Saint-Bernard★

Les bords du lac d'Annecy et tout spécialement Menthon-St-Bernard ont leurs adeptes. On prend son enfant par la main et on lui fait découvrir Menthon, pour l'initier aux joies de vacances tonifiantes, dans un site superbe qui l'amène à connaître autre chose que la mer, la pelle et le râteau !

La situation

Cartes Michelin n⁰ˢ 89 pli 14 ou 244 pli 19 –schémas p. 145 et xxx – 9 km au Sud-Est d'Annecy – Haute-Savoie (74). Séparée de Talloires par le promontoire boisé du roc de Chère, cette importante station familiale occupe un site agréable au bord du lac d'Annecy, au pied des dents de Lanfon et de la dépression du col de Bluffy où le château de Menthon dresse sa silhouette élancée.

Le nom

L'origine la plus probable rattacherait Menthon à *Monthoux,* petite hauteur ou point culminant.

Les gens

Hyppolite Taine (1828-1893), académicien, historien et philosophe auteur d'une *Philosophie de l'Art* et des *Origines de la France contemporaine,* adopta cette station au soir de sa vie. 1 517 Menthonnais.

Walt Disney aurait puisé son inspiration dans cette débauche de tourelles, échauguettes et mâchicoulis coiffant ce nid d'aigle pour le château de la Belle au Bois dormant.

visiter

Château de Menthon★

2 km par la D 269 en montée, se détachant en face de l'église de Menthon, à gauche. Juil.-août : visite guidée (1h) 12h-18h ; mai-juin et sept. : jeu., w.-end, j. fériés 14h-18h. 25F. ☎ 04 50 60 12 05.

Ce manoir hérissé de tourelles élevé aux 13ᵉ et 15ᵉ s. est bâti sur l'emplacement du château où naquit, au 11ᵉ s., saint Bernard de Menthon, fondateur de l'hospice du Grand-St-Bernard. De la terrasse, très belle **vue★** sur le lac.

randonnée

Roc de Chère★

🏃 *2h à pied AR. Quitter Menthon par la route de Talloires et, aux Choseaux, prendre à droite la route des Bains puis celle du roc de Chère (croisements impossibles).* Le Roc de Chère forme une butte calcaire entre Menthon-St-Bernard et Talloires, dominant le lac d'Annecy. Depuis 1977, 68 ha ont été inscrits en **réserve naturelle** où coexistent une flore de type méditerranéen et une flore de type boréal. D'une bosse rocheuse, au-delà du golf, la **vue** s'étend sur le Petit Lac dominé par la Tournette, et sur les montagnes des Bauges (Sambuy, Arcalod, Charbon). En face s'avance la pointe du château de Duingt.

Dans le parc d'une propriété, à droite et en contrebas de la route, chapelle funéraire de l'historien **Hippolyte Taine,** qui vécut ses dernières années à Menthon.

Méribel✳✳✳

La recette du succès de Méribel ? L'intégration. En ayant préservé une unité architecturale, elle se fond avec bonheur dans son environnement. Intégrée aux Trois-Vallées✳✳✳, elle fait partie du plus grand domaine skiable du monde. Tout ceci, en sachant rester simple. C'est si rare. Alors Méribel est une station attachante où vous apprécierez le caractère raffiné de tous ses attraits.

La situation

Cartes Michelin n°s 89 pli 6 ou 244 pli 31 – Schéma p. 398. – Savoie (73). Les règles d'architecture prônées dès 1948 sont toujours appliquées dans la station : toutes le résidences sont des chalets aux toits à double pente et aux façades en bois.

🛈 *73550 Méribel-les-Allues,* ☎ *04 79 08 60 01.*

Le nom

Du verbe en vieux français *mirer* et *bel*, le point d'où l'on a une belle vue.

Les gens

En 1938, un major anglais **Lord Lindsay**, client assidu des stations autrichiennes, dû fuir leurs pistes à la suite de l'annexion du pays par Hitler. Désireux de retrouver un cadre similaire, il trouva sa tasse de thé en la vallée des Allues et ses 13 hameaux, dont l'un portait le joli nom de Méribel.

> **OLYMPIQUE**
>
> Choisie comme principal site olympique des Jeux d'Albertville en février 1992, Méribel a organisé l'ensemble des épreuves féminines de ski alpin sur la difficile piste du roc de Fer ainsi que les matchs de hockey dans sa patinoire.

séjourner

Le domaine skiable

Il est d'un excellent niveau pour les bons skieurs : un réseau dense de télécabines assure des liaisons rapides et confortables avec Courchevel, La Tania, les Ménuires et Val-Thorens. Les secteurs récemment aménagés du mont Vallon, du mont de la Chambre, du roc des Trois Marches et du roc de Fer comptent parmi les plus beaux champs de ski d'Europe. Les orientations Nord-Sud et Ouest permettent d'affiner son bronzage toute la journée.

Le domaine de ski de fond est de taille modeste mais de qualité : l'altiport et le plan de Tueda à 1 700 m d'altitude, proposent aux fondeurs 33 km de boucles bien enneigées, dans un beau cadre boisé (épicéas et pins cembro).

Méribel

Les innombrables résidences-chalets sont disséminées dans la forêt entre 1 450 et 1 800 m. Le fait d'avoir opté pour une station-chalets a pour contrepartie un plan d'agglomération peu fonctionnel : excepté la Chaudanne, il n'y a pas vraiment de centre. La route continue jusqu'à l'altiport, où se pratique le golf d'été. En toute saison, des vols touristiques à thème sont proposés : survol des Trois-Vallées, des stations olympiques et du Mont Blanc.

Méribel-Mottaret

Cette station, située entre 1 700 et 1 800 m, au pied du Parc de la Vanoise, est le compromis entre le confort moderne et l'architecture traditionnelle. Elle représente le centre stratégique des Trois-Vallées.

> **SI ON NE SKIE PAS ?**
>
> Divers sentiers ont été tracés à votre intention en forêt et en bordure de piste, et des **forfaits piétons** vous donnent accès par télécabines et télésièges à Méribel et Courchevel.

> **À LA PORTE**
>
> En été, Méribel constitue une **base de randonnées pédestres** très appréciée, près du quart des 8 500 ha de la vallée se situant dans le Parc national de la Vanoise.

> **SPECTACLE**
>
> Vue✳✳✳ magnifique au premier plan sur la partie préservée de la vallée des Allues : aiguille du Borgne, glacier de Gébroulaz. Face à soi se détache nettement la masse rocheuse de la pointe de l'Échelle. À sa gauche, on admire les glaciers de la Vanoise, la Grande Casse puis le mont Pourri, l'aiguille et le col du Fruit, le Mont Blanc...

découvrir

LES PRINCIPAUX SOMMETS★★

La Saulire★★★

De mi-juil. à fin août : télécabine de Burgin mer. ; télécabine du Pas du Lac, mar. et jeu. (2 tronçons : 20mn). 58F AR. ☎ *04 79 08 65 32.*

carnet d'adresses

OÙ DORMIR

• Valeur sûre

Hôtel Croix Jean-Claude – *Aux Allues* 7 km au N de Méribel par D 915[A] – ☎ 04 79 08 61 05 – fermé 16 mai au 24 juin et 21 sept. au 24 oct. – 20 ch. : 350/500F – ☕ 45F – restaurant 125/230F. Saluez au passage les villageois venus se désaltérer au bar de cette maison, à l'écart des pistes. Les nuits y sont tranquilles et les repas à tendance locale, servis en terrasse ou dans la salle à manger campagnarde.

• Une petite folie !

Hôtel Adray Télébar – *sur les pistes (accès piétonnier)* – ☎ 04 79 08 60 26 – fermé 21 avr. au 19 déc. – 25 ch. (demi-pension seul.) : à partir de 680F – ☕ 65F – restaurant 170F. Venez ici à skis, vos bagages vous rejoindront en voiture-chenillette. Vous serez accueilli par une famille sympathique et douillettement installée dans ce chalet tout en bois, au beau milieu des pistes, face aux cimes enneigées. Grande terrasse pour les bains de soleil.

Hôtel Yeti – *Rd-pt des Pistes* – ☎ 04 79 00 51 15 – fermé 21 avr. au 30 juin et 1er sept. au 14 déc. – 25 ch. : à partir de 1460F – ☕ 60F – restaurant 120/315F. Si vous n'êtes pas sportif, acceptez un transat sur la terrasse panoramique. À l'intérieur, les tons chauds du bois clair ciré s'accordent aux tissus et tapis du salon voûté. Chambres spacieuses tapissées de bois. Gourmands, vous apprécierez sa table. Grande piscine d'été.

Résidence Les Fermes de Méribel – *Rte de la Forêt* – ☎ 04 79 01 32 00 – fermé 26 avr. au 25 juin et déb. sept. au 18 déc. – 67 appart. : 4 pers., sem. 6 000F. Invitation à la détente dans cette résidence hôtelière de charme sise aux portes du plus grand domaine skiable du monde. Ses appartements rappellent le style savoyard : boiseries et tissus colorés. Une fois vos skis déchaussés, plongez dans la chaleur de la piscine.

OÙ SE RESTAURER

• Valeur sûre

La Marée Blanche – *face à la patinoire* – ☎ 04 79 08 67 83 – fermé fin avr. à déb. juil. et déb. sept. à déb. déc. – 150/290F. Aux fourneaux, des Bretons ne sauraient trahir leurs origines et, même loin de leur bercail, ils continuent de cuisiner le poisson et les fruits de mer comme chez eux... Et préparent aussi quelques crêpes pour les inconditionnels. Fraîcheur garantie !

APRÈS LA GLISSE

Bar la Tueda – *Méribel-Mottaret*, ☎ 04 79 01 07 51. Ouv. tlj. Accès à pied uniquement. La beauté se mérite, et c'est *pedibus cum jambis* qu'il vous faudra atteindre ce petit chalet situé au cœur de la réserve naturelle de la Tueda. L'hiver, ce havre de paix est une étape idéale pour de nombreux fondeurs ; l'été, on y vient surtout pour le lac.

L'Éterlou – *La Chaudanne*, ☎ 04 79 08 89 00. Ce bar d'ambiance à la fois chic et convivial est sis dans l'hôtel du même nom. De nombreuses soirées à thème y sont organisées et une petite piste est à la disposition des danseurs.

Les Pierres Plates – *La Saulire*, ☎ 04 79 00 46 41. Déc.-avr. et juin-sept. : ouv. tlj 9h-16h45. En hiver, accessible uniquement en téléphérique à partir de la Chaudanne. De ce bar-restaurant situé à 2 700 m sur le sommet de Saulire, vous jouirez d'une vue incomparable sur la Loze, la Grande Casse et le massif de la Vanoise.

Le Pub – *Méribel centre*, ☎ 04 79 08 60 02. Ouv. tlj 11h-1h. Ce pub irlandais très prisé est fréquenté majoritairement par une clientèle anglo-saxonne. Soirées à thème et concerts tous les soirs.

Accès de Méribel par la télécabine de Burgin Saulire, ou de Mottaret par la télécabine du pas du Lac. Magnifique **panorama** *(voir Courchevel)*.

Mont du Vallon★★

Alt. 2 952 m. Du Mottaret, se rendre à pied au plan des Mains (alt. 2 150 m. L'été, compter 1h1/4). L'hiver, accès réservé aux skieurs par la télécabine des Plattières (deuxième tronçon). Prendre enfin la télécabine du mont Vallon. À l'arrivée, se diriger vers le panneau « Réserve de Tueda ». Revenir sur ses pas et prendre à gauche un chemin accédant aux lacs du Borgne. Vue sur la vallée des Belleville et, dans le lointain les aiguilles d'Arves et le massif des Grandes Rousses.

Roc des Trois Marches★★

Accès en hiver du Mottaret par la télécabine des Plattières, en trois tronçons.

Alt. 2 704 m. Beau **tour d'horizon**, vue sur les glaciers de la Vanoise et la Meije.

Tougnète★★
Accès de Méribel par télécabine. S'asseoir dans le sens contraire de la marche. De déb. juil. à fin août : lun.-jeu. 47F. ☎ 04 79 08 63 32.
Lors de la montée, le regard se porte sur Méribel et les villages de la vallée. En arrière-plan se profilent le Mont Blanc et le Beaufortain. De la plate-forme terminale (alt. 2 410 m), vue sur la vallée des Belleville.
Les skieurs pourront également découvrir les panoramas du **roc de Fer★★**, du **pas de Cherferie★★**, du **mont de la Challe★**, du **mont de la Chambre★★** et du **col de la Loze★★**. Si cela ne leur suffit pas...

randonnées

Plan de Tueda★
À l'entrée de Méribel, suivre la direction du Chatelet et se garer au terminus de la route.
La **Réserve naturelle de Tueda**, créée en 1990, a permis de protéger l'une des dernières grandes forêts de pins cembro de Savoie.
Un **sentier de découverte**, bordé de nombreuses espèces de fleurs (linée boréale), permet de découvrir ce milieu exceptionnel et fragile.

La réserve naturelle de Tueda, peuplée de pins cembro, est dominée par l'aiguille du Fruit.

> #### LE PIN CEMBRO
> Appelé aussi arolle, il peut atteindre l'âge de 600 ans. Il a vu ses peuplements naturels se réduire sensiblement car il est très recherché pour la fabrication de meubles et d'instruments de musique. La cembraie de Tueda s'est développée autour d'un joli lac.

Col de Chanrouge★★
Départ du plan de Tueda. Montée : 2h pour le refuge du Saut, puis 1h1/4 pour le col. Descente : 2h.
Alt. 2 531 m. Du col, **vue** sur la vallée de Courchevel, le domaine de La Plagne (dominé par le sommet de Bellecôte) et le massif du Mont-Blanc.

Château de **Miolans**★

Isolé sur sa plate-forme rocheuse, dominant de 200 m le fond de la combe de Savoie, il est clair que **sa position★★** permettait de surveiller les routes des Bauges, de la Tarentaise et surtout de la Maurienne et de voir arriver de loin tout contrevenant. Vous croyez que c'est la raison pour laquelle les ducs de Savoie le transformèrent en prison d'état ? C'est bien possible !

La situation
Cartes Michelin n°s 89 pli 16 ou 244 pli 19 – Schéma p. 168 – Savoie(73). **Accès** – *Laisser la voiture au parc de stationnement de Miolans sur la D 101, à 100 m du village. Franchir les portes fortifiées et monter par le chemin de ronde.*

Le nom
Par son origine latine, Miolans est un des nombreux *Mediolanum*, fréquents dans l'empire romain et dont le plus célèbre est Milan. Il faut voir là une localité au milieu de la plaine.

Les gens
Les Miolans avaient élu domicile dans ce manoir féodal mais familial de 923 à 1523. Le site étant fortifié depuis le 4e s, le château est ensuite laissé en héritage aux ducs de Savoie, qui en firent le meilleur usage en le transformant en prison d'État (1559-1792), sorte de « Bastille savoyarde » à la terrifiante réputation.

NE PAS OUBLIER
de monter l'étroit escalier dans le jardin actuel pour visiter les oubliettes...

Sous le régime savoyard déjà, le château, transformé en prison, consolait ses hôtes par une vue splendide jusqu'au Mont Blanc

visiter

Le château

Mai-sept. : 10h-12h, 13h30-19h, dim. 13h30-19h ; avr. : w.-end et j. fériés 13h30-19h. 25F (enf. : 10F). ☎ 04 79 28 57 04.

Terrasse – Vue★ très dégagée sur la combe de Savoie (vallée de l'Isère) et sur le débouché de la Maurienne (vallée de l'Arc). Quand on vous disait que vous pouviez, de ce point de vue, surveiller pratiquement la France entière...

Donjon – Flanquée de quatre tourelles, cette construction carrée était à l'époque le lieu privilégié pour installer dans ses étages, des chambres au confort rudimentaire, à la lumière très tamisée, à la porte desquelles on pouvait lire en permanence « entrez et frappez ». Aujourd'hui, on les appelle « cachots » ! On montre l'ancienne entrée du château – côté vallée – avec l'emplacement du pont-levis.

Tour St-Pierre – C'était également une prison, de laquelle les prisonniers avait une **vue★★** – pour le reste analogue à celle de la terrasse – jusqu'au Mont Blanc, au-delà du mont Mirantin et de la roche Pourrie. On savait soigner ses clients.

Souterrain de défense★ – Curieux chemin de ronde enterré... Les meurtrières commandent sur près de 200 m la rampe d'accès au château. Les détenus n'y allaient pas, l'endroit étant réservé au personnel du château.

Modane

À Modane, vous êtes à deux pas de la frontière italienne. Qui dit frontière dit douaniers, dit axe ferroviaire donc cheminots, dit garnisons donc militaires. Mais les temps ont changé et cette petite ville s'est ensuite copieusement développée, notamment au niveau du tourisme. Qui dit tourisme dit hôtels, balades, plaisirs donc vacanciers.

La situation

Cartes Michelin nos 89 pli 8 ou 244 pli 32 – Schéma p. 294.– Savoie (73). Modane se terre dans la vallée de l'Arc, à l'origine des défilés de la moyenne Maurienne dominés par les derniers contreforts de la Vanoise. 🚩 *Maison du tourisme, 73500 Valfréjus, ☎ 04 79 05 33 83.*

Le nom

La forme ancienne, proche de la prononciation locale, était *Amoudana*. L'origine réelle de ce nom se perd dans les titres de propriété établis par les abbayes des environs. Retenons cette version ma foi catholique et plus récente : la dévotion portée par les Modanais à la Vierge Notre-Dame, leur avait valu le surnom de Amo-dane (d'après le latin *Amo Dominam*).

Les gens

Germain Sommeiller (1815-1871), ingénieur savoyard mit au point les perforatrices à air comprimé. Son nom reste attaché à la trouée du tunnel ferroviaire du Fréjus. 4 250 Modanais.

LES RÈGLES DE CONDUITE
Vitesse recommandée : 70 km/h. Dépassements et stationnements volontaires strictement interdits. L'accès du tunnel n'est pas autorisé aux véhicules de cylindrée inférieure à 50 cm³ et aux piétons. Traversée en 20mn environ.

comprendre

Le tunnel routier du Fréjus – Entrepris en octobre 1974 et mis en service le 12 juillet 1980, cet ouvrage d'art, moins long (12 870 m) que les tunnels routiers de l'Arlberg (autrichien, 14 km) et du St-Gothard (suisse, plus de 16 km) mais surclassant celui du

Mont-Blanc est, comme ce dernier, une réalisation franco-italienne destinée à faciliter le trafic automobile entre la France et l'Italie – ici, entre Modane et Bardonnèche –, surtout durant la période d'enneigement du col du Mont-Cenis.

visiter

Entrée monumentale du tunnel ferroviaire

Sortir de Modane en direction de Valfréjus puis accès sur la gauche. De mai à fin sept. : ven.-lun. 10h-12h, 14h-19h. 10F.
Creusé de 1857 à 1872, à l'initiative de la monarchie sarde, il fut la première en date des grandes percées alpines (13 657 m de longueur). À cause de l'instabilité du sol, l'ouvrage n'a jamais servi et l'entrée a été déplacée.

randonnées

Sentier nature de l'Orgère★

Départ depuis la N 6 au Freney ; prendre à droite la D 106 en forte montée sur 13 km jusqu'au parking du refuge de l'Orgère. S'adresser au gardien à la maison du parc pour obtenir un dépliant indiquant les caractéristiques du sentier.

Ce sentier nature (2 km) permet d'effectuer le tour du vallon de l'Orgère en traversant des milieux très variés (prairies, sous-bois et alpages). Son point de départ se situe 100 m en aval de la « porte de l'Orgère ».

Col de Chavière★★

🚶 *Du refuge de l'Orgère : montée 3h (dont 2h pour le lac de Partie). Descente 2h. Dénivellation : 900 m environ. Chaussures de montagne nécessaires (neige jusqu'à fin juillet). Prendre des jumelles pour observer la faune.* Le sentier monte face au Râteau d'Aussois et à l'aiguille Doran. Il conduit aux ruines des chalets de l'Estiva : **vue★★** *(de gauche à droite)* sur Longe Côte, la station et la pointe de la Norma, Modane, Val-Fréjus... Au bout d'une heure de marche, lorsque le sentier se met à redescendre, on découvre face à soi le col de Chavière. À sa gauche trône le haut massif enneigé de **Péclet-Polset** tandis qu'à sa droite se dressent d'immenses parois rocheuses. Ce secteur est souvent fréquenté par les chamois et les bouquetins. Le sentier évolue alors dans un cadre de plus en plus rocailleux jusqu'au lac de la Partie. La pente redevient ensuite plus raide jusqu'au col (2 801 m) : très belle vue sur la vallée de Pralognan et au-delà sur le Mont Blanc.

« Quel est le sommet le plus haut d'Europe ? Le Mont Blanc monsieur, avec 4 807 m d'altitude. » Qui n'a pas déjà entendu ou vécu un tel dialogue ? La réputation touristique de ce massif ne s'arrête cependant pas à un record, pas même à un dessert... Depuis que nous sommes petits, nous l'admirons aussi parce que c'est un site d'une époustouflante variété, un extraordinaire spectacle de la nature. Difficile de ne pas donner la meilleure note à ses dômes, ses aiguilles, ses glaciers...

La situation

Cartes Michelin n°s 89 pli 4 ou 244 plis 10, 21 et 22 – Haute-Savoie (74). L'automobiliste aura une excellente impression d'ensemble en remontant la vallée de Chamonix, parcourue par l'Arve. Le val Montjoie, vallée du Bon Nant, le séduira par le charme de ses premiers plans pastoraux.

Le nom

L'appellation actuelle du Mont-Blanc date de la fin du 18e s. et correspond à l'éveil des voyageurs pour ces hauteurs terrifiantes. Les seules traces attestées attribuaient auparavant le terme de « montagnes maudites » à l'ensemble de ce massif.

Les gens

Jacques Balmat, un jeune de la vallée de Chamonix, part un jour de 1776 à la recherche de cristaux avec quelques compagnons, puis fait cavalier seul pour poursuivre l'ascension du Mont Blanc. Il est surpris par la nuit, en réchappe et apporte la preuve que l'on peut survivre une nuit à cette altitude.

ADMINISTRATIF
À compter de 1793, à la suite de l'annexion par la France de la Savoie, **le département du Mont-Blanc** voit le jour avec Chambéry comme chef-lieu. Napoléon jouant les prolongations à Waterloo, le département retourne en 1815 dans le giron du Piémont-Sardaigne.

comprendre

À LA CONQUÊTE DU MONT BLANC

En 1760, un jeune scientifique genevois, **Horace Bénédict de Saussure**, offre une récompense à celui qui atteindra le premier le sommet. Rebutés par ce parcours d'obstacles aux glaciers tailladés de crevasses auxquels succèdent des parois infranchissables, les quelques aventuriers prêts à relever le défi rebroussent vite chemin. L'expérience de Jacques Balmat en 1776, qui passe, par hasard, une nuit dans le massif (voir rubrique « les gens ») intéresse tout particulièrement un médecin de Chamonix, **Michel-Gabriel Paccard**, qui étudie le problème de la survie en haute montagne. Le 7 août 1786, dans l'après-midi, les deux hommes partent, chargés d'instruments de mesure. À 18 h 30, le 8 août, ils parviennent enfin au sommet. Cette première ascension du Mont Blanc marque le début de l'histoire de l'alpinisme. L'année suivante Horace-Bénédict de Saussure parviendra à son tour au sommet, accompagné de 18 guides lourdement chargés de matériel scientifique.

LE **MONT BLANC**
AU FÉMININ
Les femmes se lancent très tôt à l'assaut du Mont Blanc : **Marie Paradis** en 1809 et **Henriette d'Angeville** en 1838.

carnet pratique

À PIED

Le long circuit *(320 km)* du **Tour du Mont-Blanc** (TMB), par le Grand et le Petit-St-Bernard, est particulièrement recommandé. Le tour du Mont Blanc à pied est une longue mais splendide randonnée conseillée aux excellents marcheurs.

PAR LES AIRS

Il est possible enfin de survoler le massif en avion, notamment au départ de Megève et de Sallanches *(horaires et tarifs détaillés à ces noms).*

L'ascension du Mont Blanc par Saussure en 1787.

LE TOIT DE L'EUROPE

Le Mont Blanc – Le Mont Blanc se présente sous deux aspects très différents : sur le versant français, il apparaît – surtout vu du bassin de Sallanches – comme un « géant débonnaire », mais infiniment majestueux avec son cortège de dômes neigeux, soulignés de rares escarpements rocheux (aiguilles du Goûter et de Bionnassay); le versant italien, tel qu'on peut le découvrir de Courmayeur ou, en France, des belvédères de la Haute-Tarentaise (Lancebranlette) est au contraire, une farouche et sombre paroi hérissée d'aiguilles (aiguille Noire du Peutérey), dont l'ascension constitue un authentique exploit... La montée au départ de Chamonix ou de St-Gervais demande, elle, beaucoup plus d'endurance et de souffle que de virtuosité alpine.

... et son cortège – La vallée de Chamonix doit son premier titre de gloire à ses « **aiguilles** » taillées dans une sorte de granit clair à gros grain tirant sur le verdâtre, la protogine. Leurs superbes parois sans traîtrise permettent au grimpeur de retrouver, à des dizaines d'années d'intervalle, les mêmes prises familières. Les plus grands noms sont ici ceux du Grépon, de Blaitière, du Dru – obélisque formidable flanquant la cime maîtresse que constitue la pyramide de l'aiguille Verte. Sur le versant opposé de la vallée de l'Arve, les Aiguilles-Rouges, où les amateurs d'escalade pure viennent s'entraîner, offrent des belvédères incomparables, le Brévent pour ne citer que lui. Au Sud du Mont Blanc, les bosses neigeuses des dômes de Miage forment réellement le fond de décor caractéristique du val Montjoie et sont bien en accord avec le relief adouci de cette aimable vallée.

LE TUNNEL

Attention, suite à la fermeture du tunnel en mars 1999, la réglementation est susceptible d'être modifiée lors de la réouverture.

Bureaux de douane et de police côté italien. Postes de péage à chacune des entrées. L'accès du tunnel est interdit depuis l'incendie de mars 1999.

Le trajet de Chamonix à Courmayeur s'effectue par la Suisse en 2 h 30 pour 140 km (passage du col de la Forclaz et du tunnel du Grand St-Bernard).

Le **col du Géant** (alt. 3 365 m), qui constitue le passage transversal le plus déprimé de la chaîne, ne pouvait être appelé à jouer un rôle économique, quelles que soient les techniques adoptées. La percée du Mont Blanc par un tunnel routier, assurant un passage permanent de part et d'autre de la chaîne, a donc été la solution choisie, la

---

TRIO DE GLACE

Trois glaciers se partagent inégalement la faveur des estivants : la **Mer de Glace**, le plus long (14 km depuis l'origine du glacier du Géant) et le plus populaire, avec le fameux site-tableau de Montenvers ;

le glacier des Bossons (7 km), le plus pittoresque, avec sa langue terminale faisant irruption dans la forêt, au voisinage des habitations ; **le glacier d'Argentière** (11 km), le plus impressionnant, au pied de la grandiose face Nord de l'aiguille Verte. Leurs dimensions ont varié avec les grandes oscillations du climat, depuis la dernière glaciation.

LE DRAME

Alors que près de 2 millions de véhicules (dont 800 000 camions) ont emprunté le tunnel sans accident majeur en 1998, le **23 mars 1999** à 11 h, un incendie se déclenche dans le tunnel, montrant une défaillance dans les systèmes de sécurité. L'accident fait 41 victimes. Ce drame met en évidence le problème de l'aménagement du trafic routier dans les Alpes et la nécessité du choix de solutions alternatives.

France et l'Italie prenant chacune à leur charge la moitié des travaux. Construit de 1959 à 1965, le tunnel relie le hameau des Pèlerins (alt. 1 274 m), en France, à Entrèves (alt. 1 370 m), en Italie, ce qui met Chamonix à moins de 20 km de Courmayeur (Val d'Aoste). Avec ses 11,6 km, il détint longtemps le titre du plus long tunnel routier du monde, surpassé maintenant par de nombreux autres. Sa « couverture » (hauteur de roche au-dessus de la voûte) atteint 2 480 m sous l'Aiguille du Midi, ce qui constituait un autre record.

itinéraires

ROUTE DE CHAMONIX★★★

☐ De St-Gervais-les-Bains à Vallorcine

41 km – environ 2 h
Au départ du Fayet, et après la centrale de Passy, la plus puissante et la plus moderne de la vallée de l'Arve, la route s'élève au-dessus de la plaine de Chedde, dont le nom a servi à l'usine de produits chimiques qui s'y tapit pour baptiser un explosif bien connu (la cheddite). C'est ici que prend appui, à gauche, l'immense viaduc prolongeant l'Autoroute Blanche vers Chamonix. On peut détailler la superbe muraille des Fiz, de l'aiguille de Varan à l'immense talus de débris du Dérochoir et au col d'Anterne. Le défilé du Châtelard (d'où l'Aiguille du Midi se révèle), terminé par un seuil dont la route et la voie ferrée s'affranchissent par un tunnel, donne accès à l'ancien bassin lacustre de Servoz. Les neiges du dôme du Goûter, à gauche, et l'aiguille de Bionnassay, à droite, se dégagent alors.

À Servoz-Gare, rejoindre la D 13.
Après les Montées-Pélissier, la route parcourt l'étroite cluse boisée que l'Arve a percée pour sortir de la vallée de Chamonix. À 2 km, remarquer à gauche, en contrebas, le siphon (72 m de portée) de la conduite forcée de la centrale de Passy, alimentée par la prise d'eau des Houches. La voie ferrée, qui a grimpé plus hardiment, franchit la vallée sur le pont Ste-Marie (hauteur : 52 m) et marque pour l'automobiliste le début du spectacle merveilleux dont il va profiter désormais.

Prendre la D 213 à droite.

Les Houches✳ *(voir ce nom)*
Poursuivre sur la D 213 pour rejoindre la N 205.
À mi-pente, parmi les bois, sur la rive droite, se détache la statue du Christ-Roi. En approchant de Chamonix, on passe à proximité de la carapace terminale du glacier des Bossons. Le regard s'attache maintenant aux merveilleuses aiguilles de Chamonix. En arrière, le sommet du Mont Blanc se dégage à gauche du Dôme du Goûter. Dès la sortie de l'agglomération chamoniarde, on admire le groupe imposant formé par la flèche aérienne du Dru adossée à l'Aiguille Verte. Au-delà du village des Tines marquant le terme du bassin de Chamonix, un défilé accède au bassin d'Argentière. En avant se creuse la dépression d'alpages du col frontière de Balme (alt. 2 204 m).

Après les Tines, prendre à droite la route du Lavancher.
La petite route s'élève rapidement jusqu'au **Lavancher**, sur l'éperon séparant les bassins d'Argentière et de Chamonix.
Avant l'hôtel Beausoleil, prendre à droite.
À la fin du parcours, des **vues**★ bien contrastées se dégagent tant en aval sur la vallée de Chamonix et ses glaciers qu'en amont sur les sommets rocheux qui encadrent immédiatement Argentière. En avant encore, le glacier d'Argentière apparaît au pied de l'aiguille du Chardonnet.

LA LÉGENDE DE L'AIGUILLE VERTE

Ce pic vertigineux (alt. 4 122 m), dominant la Mer de Glace, a été vaincu en juin 1865 par le Britannique Edward Whymper, accompagné de deux guides suisses. Les guides de la vallée de Chamonix Croz et Ducroz, ne voulant pas être en reste, accomplirent le même exploit un mois plus tard par une nouvelle voie. Près de soixante ans plus tard, ces parois glacées deviendront le terrain de prédilection de l'alpiniste A. Charlet.

Argentière✸✸✸ *(voir ce nom)*

Dans les lacets qui suivent Argentière, prendre à droite la direction du village du Tour, le paysage devient plus sauvage. Le glacier du Tour se révèle. D'amont en aval ▶ se succèdent l'aiguille du Tour, derrière le glacier du Tour, le glacier d'Argentière, l'Aiguille Verte, flanquée du Dru, les aiguilles de Chamonix (Charmoz – Blaitière – Plan – Midi), enfin le Mont Blanc. Après le carrefour de la route du Tour et dépassé Trélechamp, la N 506 *(enneigée de décembre à avril)* traverse les paysages de landes à rhododendrons et à genévriers du **col des Montets** (alt. 1 461 m).

> **TRÉLECHAMP**
> Dans une jolie conque d'alpages cernée de mélèzes, ces hameaux sont réputés pour la très belle **vue**★★ d'enfilade qu'ils commandent sur les grands sommets du Mont Blanc.

Réserve naturelle des Aiguilles-Rouges★★ *(voir Argentière)*

La N 506 descend ensuite dans la vallée boisée de l'Eau Noire et fait découvrir les montagnes suisses.

Vallorcine

Après être passé à hauteur de la gare qui se trouve sur la droite, prendre à gauche la route du Mollard arrivant en contrebas de l'église. Faire demi-tour à l'entrée du hameau le Mollard.

On verra alors l'église de Vallorcine se détacher en avant des grands abrupts de l'aiguille de Mesure (extrémité Nord du massif des Aiguilles-Rouges et du massif du Mont-Blanc).

> Si l'on désire prolonger l'itinéraire jusqu'à Martigny, par le Châtelard et le col de la Forclaz, consulter LE GUIDE VERT Michelin Suisse.

Le col des Montets, dominé par les Aiguilles-Rouges, est déneigé dès le mois d'avril

② LE VAL MONTJOIE★

De St-Gervais à N.-D. de la Gorge

16 km – environ 3/4h

Quitter St-Gervais par la D 902 (route des Contamines).

Après Bionnay, un « étroit » boisé ouvre l'accès du bassin des Contamines dont on commence à découvrir le décor montagneux : à droite de la dépression du col du Bonhomme pointent l'aiguille de la Penaz et, plus rapprochée, l'aiguille de Roselette.

Gorges de la Gruvaz

1,5 km à partir de la D 902, à gauche. Attention : passerelles à franchir dans la première moitié du parcours, sentier escarpé et glissant dans la seconde moitié. Laisser la voiture au-delà de la Gruvaz, devant le pavillon d'entrée des gorges. De juin à fin sept. : 9h-19h. ☎ *04 50 47 76 08.*

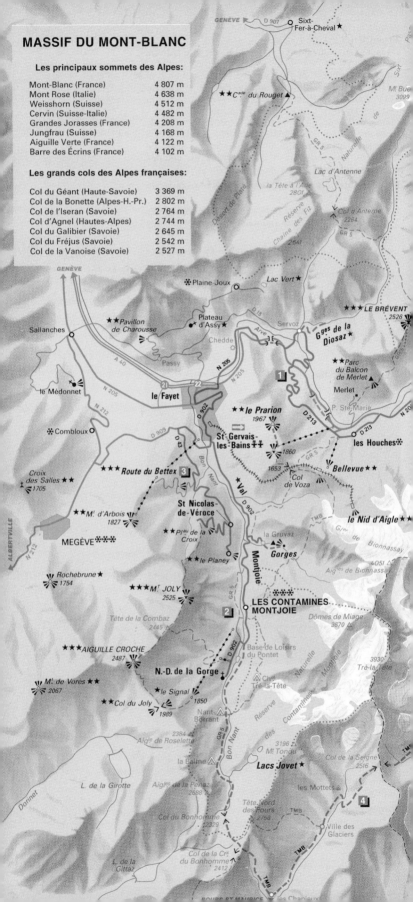

MASSIF DU MONT-BLANC

Les principaux sommets des Alpes:

Mont-Blanc (France)	4 807 m
Mont Rose (Italie)	4 638 m
Weisshorn (Suisse)	4 512 m
Cervin (Suisse-Italie)	4 482 m
Grandes Jorasses (France)	4 208 m
Jungfrau (Suisse)	4 168 m
Aiguille Verte (France)	4 122 m
Barre des Écrins (France)	4 102 m

Les grands cols des Alpes françaises:

Col du Géant (Haute-Savoie)	3 369 m
Col de la Bonette (Alpes-H.-Pr.)	2 802 m
Col de l'Iseran (Savoie)	2 764 m
Col d'Agnel (Hautes-Alpes)	2 744 m
Col du Galibier (Savoie)	2 645 m
Col du Fréjus (Savoie)	2 542 m
Col de la Vanoise (Savoie)	2 527 m

On aboutit à un **belvédère**★ d'où se découvre la fissure amont, formant un V parfait, de la gorge entaillée dans les roches schisteuses où vous verrez bel et bien les chutes du torrent, descendu du glacier de Miage.

Les Contamines-Montjoie✲✲✲ *(voir ce nom)*
Poursuivre la D 902 jusqu'à la fin de la route.

N.-D. de la Gorge – Ce sanctuaire de pèlerinage *(15 août et 8 septembre)* aux origines vénérables, est érigé dans un très beau fond de vallée boisé. La décoration intérieure de la chapelle est l'un des meilleurs témoignages de l'art baroque en Haute-Savoie. Le maître-autel (1707), avec ◄ son **retable** à colonnes torses, est la pièce capitale de cet ensemble très homogène.

③ CORNICHE DU VAL MONTJOIE★★

De St-Gervais-les-Bains au plateau de la Croix
par St-Nicolas-de-Véroce 15 km – environ 3/4 h – schémas pages précédentes.

Tracée en corniche au-dessus de la vallée du Bon Nant ◄ (val Montjoie), cette route offre des vues parfaitement dégagées sur le massif du Mont-Blanc.
Quitter St-Gervais en direction de Megève, puis prendre la première route à gauche.

Au cours du trajet de Robinson à St-Nicolas par Orsin, la vue s'étend de gauche à droite, sur la barre rocheuse de l'aiguille du Goûter, le dôme et le croc de l'aiguille de Bionnassay, ces derniers encadrant le glacier de Bionnassay. Au-delà s'alignent les coupoles immaculées des dômes de Miage et le ressaut escarpé de la Bérangère.

St-Nicolas-de-Véroce
Le village jouit d'une admirable **situation**★★ de balcon face à la chaîne du Mont-Blanc. **L'église** du 18e s. (« rafraîchie » en façade) a gardé de son mobilier d'origine un monumental **retable** d'autel baroque situé au fond du chœur, dont les voûtes peintes illustrent divers épisodes de la légende de saint Nicolas. Dans le **trésor**, des pièces d'orfèvrerie et des ornements précieux voisinent avec des œuvres plus frustes, témoins de la ferveur populaire. *De juil. à fin août : mar., jeu., w.-end 15h30-18h. Gratuit.*
De St-Nicolas, poursuivre vers le Planey.

Du lacet précédant le Planey se découvre le **panorama**★★ de tout le val Montjoie, avec les montagnes qui le ferment (mont Tondu, arête des Fours, aiguilles de la Penaz et de Roselette).
Revenir à St-Nicolas et prendre la route du plateau de la Croix.

Plateau de la Croix – *Laisser la voiture à proximité du chalet « l'Étape » et gagner à pied la croix.* Le **panorama**★★ embrasse, outre le Mont Blanc, les aiguilles du Bionnassay, le massif du Miage, la chaîne des Fiz (aiguille de Varan) et les aiguilles de Chamonix.

randonnées

④ PETIT TOUR DU MONT BLANC À PIED★★★
Sur place, suivre la D 902 (sur 2 km, au départ des Contamines), les sentiers GR 5 et TMB, puis prendre le sentier qui démarre du hameau de la Saxe et conduit à La Palud. La fin du parcours s'effectue en téléphérique.

Ce circuit de quatre jours s'adresse aux touristes endurants et résolus, en parfaite condition physique et ayant le goût de la marche en montagne.

Équipement minimum – chaussures de montagne à tige forte et à semelles antidérapantes, vêtements chauds de réserve, vêtement imperméable, gants de protection, lunettes de soleil et crème de haute protection solaire.

DÉTOUR

Sans quitter la rive gauche du Bon Nant, faire de là une promenade sous bois. C'est le départ de nombreuses excursions et un point de passage du GR du Tour du Mont-Blanc.

LE VAL MONTJOIE

Tout comme la Maurienne et la Tarentaise, cette vallée recèle un bel ensemble d'églises et de chapelles à la décoration intérieure baroque contrastant avec la sobriété de leur façade.

La légende de St Nicolas est représentée sous de multiples formes dans l'église de St-Nicolas.

Programme suggéré :

1ᵉʳ jour – Les Contamines – Col du Bonhomme – Les Chapieux.

2ᵉ jour – Les Chapieux – Ville des glaciers – Col de la Seigne – Refuge Elisabetta.

3ᵉ jour – Refuge Elisabetta – Sentier de corniche de Checrouit – Courmayeur.

4ᵉ jour – Courmayeur – La Palud – Traversée de la chaîne en téléphérique jusqu'à Chamonix.

⑤ **TRAVERSÉE DE LA CHAÎNE★★★**

En associant la traversée du tunnel du Mont Blanc (*se renseigner sur les dates de réouverture auprès de l'Office de tourisme de Chamonix*) au parcours de la chaîne de téléphériques survolant le massif entre la Palud et Chamonix, on passera une journée inoubliable en haute montagne.

POSÉMENT...

Nous conseillons de faire cette excursion sans précipitation, les changements d'altitude rapides pouvant être source de fatigue, et après s'être informé des prévisions météorologiques sur le massif.

L'Aiguille du Midi, point de départ de la traversée au-dessus de le la Vallée Blanche.

Étapes du circuit, au départ de Chamonix :

Chamonix – Plan de l'Aiguille – Dénivellation : 1 300 m – 9mn de téléphérique.

Plan de l'Aiguille – Piton Nord de l'Aiguille du Midi – Dénivellation : 1 500 m – 8mn de téléphérique. *Détails sur le plan de l'Aiguille à Chamonix.*

Montée au piton central de l'Aiguille du Midi – Dénivellation : 65 m – 35 s d'ascenseur. Terrasse panoramique.

Aiguille du Midi – Pointe Helbronner – *Juil.-août : 8h-16h ; de mi-avr. à fin juin et de déb. sept. à mi-sept. : 9h-15h (AR avec arrêt panoramique : 3h). 260F AR à partir de Chamonix ; 292F en juil.-août (enf. : 146F).* ☎ 04 50 53 30 80.

Dénivellation : 1 300 m – 35mn de télécabine. Survol du glacier du Géant et de la vallée Blanche (ski d'été), l'un des plus beaux spectacles des Alpes.

Pointe Helbronner – Refuge Torino – Dénivellation : 100 m – 3mn de téléphérique. Terrasse panoramique à la pointe Helbronner.

Refuge Torino – La Palud – Dénivellation : 2 000 m – 15mn de téléphérique (2 sections).

La Palud – Chamonix par le tunnel – Trajet à effectuer en car. *S'adresser aux gares routières de Chamonix et de Courmayeur.*

AVANT DE PARTIR...

Se munir des documents d'identité nécessaires au passage de la frontière. Sur la randonnée elle-même, consulter le topo-guide du sentier GR du Tour du Mont-Blanc publié par la Fédération française de la randonnée pédestre et quelle que soit l'étape, partir de bonne heure le matin. Le tour complet du massif, à pied, demande 10 à 12 jours, il est indiqué aux seuls randonneurs confirmés, parfaitement équipés et ayant déjà subi l'épreuve des longues marches en montagne.

Vous êtes à deux pas de la frontière franco-italienne. Avant le 19e s., la montée sur le versant français du col se faisait par un sentier muletier. Par contre, la descente était beaucoup plus sportive et s'opérait « à la ramasse ». On n'ose pas imaginer dans quel état arrivaient les voyageurs passant d'Italie en France... Tous leurs récits rapportent l'émotion, et ils restent pudiques, que leur avait causé en guise de bienvenue, cette glissade vertigineuse sur de légers traîneaux guidés par des « marrons », entendez par là les moines de l'hospice. Voilà ce qu'était à l'époque, la plus importante route historique reliant la France à l'Italie, et vice versa !

La situation

Cartes Michelin nos 89 pli 6 ou 244 pli 31 – Schéma p. 295. Savoie (73).

Heureusement pour ces voyageurs, Napoléon Ier fit construire de 1803 à 1811 la route carrossable actuelle, au profil très étudié (rampe moyenne de 8 %). Finie la ramasse... Cette route vous permet aujourd'hui d'apprécier, ce qui ne devait pas être le cas à l'époque des marrons, le haut massif de la Vanoise.

Le nom

Mentionnée depuis le haut Moyen Âge, le passage du Mont-Cenis a toujours porté une appellation très proche de la forme actuelle sans pour autant que l'on connaisse avec certitude son origine. Inutile d'y voir un rapport avec la forme latine *in Cinisio* évoquant des cendres (*cinis* en latin) : l'arrivée sur ces hauteurs verdoyantes vous fera abandonner immédiatement cette hypothèse.

Les gens

De nos jours, sur ces pentes abruptes, les skieurs ont remplacé les traîneaux et les « marrons ».

> **ATTENTION**
> **AU PRINTEMPS TARDIF...**
> Le col du Mont-Cenis est, en général, obstrué par la neige de décembre à avril.

---

itinéraire

◀ **ROUTE DU LAC DU MONT-CENIS**★

De Lanslebourg au lac du Mont-Cenis

16 km – environ 3/4h.

Lanslebourg *(voir Val-Cenis)*

Quitter Lanslebourg par la N 6, route de l'Italie au Sud.

Au cours de la montée, la route pénètre sous de belles futaies de résineux – remarquer en particulier les mélèzes – puis dépasse la limite supérieure de la forêt. *À 8 km, laisser la voiture dans un large virage à gauche (arrivée de téléski).*

La **vue**★ est excellente sur les glaciers de la Vanoise butant contre la dent Parrachée, silhouette maîtresse du panorama. Aux pieds du voyageur, toute la haute Maurienne se déroule depuis Lanslebourg jusqu'à la plaine de Bessans, rigoureusement horizontale, en passant par le « verrou » de **la Madeleine** où l'Arc s'est creusé un étroit passage.

Col du Mont-Cenis★

◀ *Alt. 2 084 m.* Entre les sommets de la Turra et de la Tomba, le col géographique marquait l'ancienne frontière. Un monument assez dégradé et dédié à l'origine à Mussolini a été finalement consacré à la mémoire des troupes alpines françaises qui s'illustrèrent particulièrement ici.

La route passe par le **plan des Fontainettes**, relais de routiers très fréquenté, puis en contrebas se dresse la construction pyramidale de la **chapelle** du prieuré élevé

> **ROUTE DU REPLAT DES CANONS**
> Juste avant le col, près d'un petit monument, cette route se détache à droite. *L'emprunter à pied.* Après 1 km, une **vue**★★ saisissante sur la dent Parrachée, englobant le village de Bessans.

> **TOUR D'HORIZON**
> On découvre, encadrée par le neigeux mont Lamet et la pointe Clairy, l'immense cuvette gazonnée du Mont-Cenis dont la flore est célèbre, puis le lac de barrage. Par la trouée du col du Petit-Mont-Cenis, passage utilisé au Moyen Âge de préférence au « Grand-Mont-Cenis », pointent l'aiguille de Scolette (alt. 3 508 m) et, à gauche, la pointe Sommeiller.

Vaste espace ignoré des foules, le lac du mont-Cenis ravira les amateurs de réflexion au bord de l'eau.

à l'aplomb de l'ancien hospice, noyé. Une **salle historique du Mont-Cenis** a été aménagée sous le sanctuaire, présentant des photos sur le Mont-Cenis avant, pendant et après la construction du barrage... Un petit jardin alpin a été créé à proximité. *De mi-juin à fin août, 1ᵉʳ et 2ᵉ w.-end de sept. : 10h-12h30, 14h-18h. 10F.* ☎ *04 79 05 23 66.*

Lac du Mont-Cenis★

Du belvédère d'EDF (parc de stationnement), **vue★** ▶ dominante sur l'ensemble de la retenue et le barrage qui la contient au Sud.

Un peu plus volumineux (14 700 000 m³) , beaucoup plus long à la crête (1 400 m), mais moins haut (120 m maximum) et moins épais à la base (460 m) que l'ouvrage de Serre-Ponçon dans les Alpes du Sud, le **barrage** est une digue en enrochement avec un noyau en terre assurant l'étanchéité. La capacité utilisable de la retenue est de 315 millions de m³, dont 264 sont attribués à la France (usine de Villarodin) et 51 à l'Italie (usine de Venaus).

> **DE HAUT EN BAS...**
> On note une dénivellation d'environ 100 m entre le niveau de la crête (alt. 1 979 m) du barrage, dont la longueur atteint 1,4 km, et le fond du lac à son point le plus bas.

Montmélian

C'est une petite cité ancienne qui entoure de sa bienveillance son rocher. Fut un temps, sans lui demander son avis, on accapara son sommet pour y construire l'une des fortifications les plus redoutées d'Europe. Mais tout cela est bien fini. Aujourd'hui, Montmélian se satisfait d'une autre renommée : celle de la première région viticole de Savoie. Ses vins y sont fameux. Cela vous fait une bonne raison d'y faire escale.

La situation

Cartes Michelin nᵒˢ 89 plis 8, 18 et 19 ou 244 pli 29 – Haute-Savoie (74). La forteresse domine aujourd'hui... la N 6, l'Isère et l'autoroute A 43 sur la rive opposée. 🛈 *BP 1, 73800 Montmélian,* ☎ *04 79 84 07 31.*

Le nom

Au Moyen Âge, la cité se dénommait *Montis Meliani*. Parmi d'autre propositions avancées par les érudits, retenons la plus simple à défaut d'être la plus partagée : le mont du milieu, sur lequel s'érigea la forteresse.

Point de vue★★

Accessible par une rampe signalée « le fort ».
Le sommet du rocher, dépouillé de toute fortification depuis le démantèlement de la place en 1706 sur l'ordre de Louis XIV, est occupé par une plate-forme fleurie d'où l'on découvre un **panorama★** sur la vallée de l'Isère et

les Alpes jusqu'au Mont Blanc. Au Nord-Ouest, remarquer le rocher appelé « la Savoyarde » en hommage à sa gracieuse silhouette évoquant le profil renversé d'une tête de femme coiffée de la « frontière ». Quoi qu'on en dise, c'est plus logique que la Bretonne ou l'Auvergnate !

se promener

> **LES DIX PETITES ARCHES**
> Le pont Cuénot, du 17e s., franchit l'Isère sur ses dix arches ; il fut longtemps l'unique ouvrage permettant la communication entre la capitale savoyarde et la Maurienne.

◄ De son glorieux passé, Montmélian conserve quelques édifices de caractère.

Musée d'histoire

Mer. 17h-18h30 (permanence plus tôt l'hiver).
Dans une belle demeure Renaissance, on y appréciera la copie d'un vaste plan en relief de la place forte (l'original se trouve aux musées des Invalides à Paris). À proximité, un autre édifice Renaissance **la maison du Gouverneur**, bien que restaurée au 18e s., garde fière allure.

découvrir

> **NICHÉ AU LOIN**
> Les routes du fort du Mont, des cols du Frêne et de Tamié permettent de leur côté des vues plus aériennes sur la dépression. La curiosité monumentale de la région est le nid d'aigle de Miolans.

◄ **Combe de Savoie** – Section Nord du « sillon alpin », la combe de Savoie est le nom donné à la vallée de l'Isère entre Albertville et le carrefour de la cluse de Chambéry. À la différence du Grésivaudan qui la prolonge, c'est une région à vocation exclusivement agricole. Les bourgs ensoleillés de Montmélian à St-Pierre-d'Albigny et à Mercury à ne pas confondre avec Mercurey, sont noyés dans les vergers, entourés de champs de maïs, de tabac ou de vignobles aux noms souvent fameux.

Morzine✹✹

À 980 m d'altitude, vous êtes ici en moyenne montagne avec le charme qui la caractérise. L'air y est apaisant, l'excursion y est douce. Les petits chemins tournent, virent et se fraient un passage à travers les bois. À la convergence de six vallées, Morzine est depuis les années trente la capitale touristique du haut Chablais, cela fait toujours bien de le savoir...

La situation

Cartes Michelin nos 89 pli 3 ou 244 pli 9 – Schéma p. 373 – Haute-Savoie (74). 30 km après Thonon-les-Bains, par la D 902. Mais 71 km en empruntant le bel itinéraire Thonon, St-Jeoire, Taninges et les Gets. La conurbation Morzine-Montriond se dissémine au creux d'une vaste combe alpestre encadrée par la pointe de Ressachaux et la pointe de Nyon. **🛈** *Place de la Crusaz, 74110 Morzine,* ☎ *04 50 74 72 72.*

Le nom

L'origine du nom de la station continue à résister aux recherches toponymiques pourtant assidues. En attendant l'étincelle, on peut y voir un lien avec la racine celtique *mor*, butte rocheuse.

Les gens

2 967 Morzinois et Jean Vuarnet, champion olympique en 1957 et l'un des instigateurs de la position dite de *l'œuf.*

séjourner

Le domaine skiable

Les amateurs de « ski détente » seront servis, du fait de l'inclinaison moyenne des pentes et de la beauté des paysages. Les itinéraires conduisant de Super-Morzine à Avoriaz sont particulièrement agréables. Les skieurs débutants pourront également essayer la piste verte « Choucas » (du sommet du Ranfolly). Les bons skieurs se retrouvent surtout sur les pistes des Creux et de l'Aigle ou à Avoriaz, au cœur du domaine des **Portes du Soleil**✹✹. Les fondeurs, quant à eux, ne devraient pas faire le difficiles avec les 97 km de boucles assez faciles réparties sur cinq sites. Conclusion : ici, il y en a pour tous les goûts.

LE HAUT CHABLAIS

Pays pastoral et forestier entaillé de trois grandes vallées parcourues par les branches supérieures de la Dranse de Savoie : Dranse d'Abondance, Dranse de Morzine et Brevon. Ces longs couloirs, aboutissent à des seuils fortement déprimés, surtout en hiver, permettant des communications faciles avec le Valais (pays de Morgins) et le Faucigny (col des Gets).

découvrir

LES PANORAMAS★★

Pointe de Nyon★

Accès par le téléphérique de Nyon et le télésiège de la Pointe. De mi-juil. à mi-août : (6mn, en continu). 50F AR (billet combiné avec le téléphérique du Pleney). ☎ *04 50 79 00 38.* Vue impressionnante sur la barrière rocheuse des dents Blanches (grâce au fameux dentifrice ?) et le Mont Blanc, et à l'opposé, sur le Léman et la vallée de Morzine.

Le Pléney★

🏃 *1h AR. Accès en télécabine ou téléphérique, puis à pied. Juin-sept. : 9h-12h, 14h-17h ou 9h-18h (10mn). 42F AR.* ☎ *04 50 79 00 38.* Du terminus de la télécabine, longer le télésiège du Belvédère jusqu'à une petite butte où est installée une table d'orientation (alt. 1 554 m). **Panorama** sur Avoriaz et les dents toujours aussi Blanches, à l'Est, et sur le massif du Mont-Blanc, au Sud-Est. Au Sud, la chaîne des Aravis et à l'Ouest la pointe de Marcelly, le mont Chéry et le roc d'Enfer. Par temps dégagé, le lac Léman est visible par la trouée de la Dranse.

Télésiège de Chamossière★★

Alt. 2 000 m. Accès en hiver aux skieurs. En été, l'ascension se fait à pied. Magnifique **panorama**★★ de la table d'orientation sur les dents du Midi, les dents encore plus Blanches, le Buet, l'Aiguille du Midi, le Mont Blanc et les Aravis. Tout ça d'un seul coup.

carnet d'adresses

OÙ DORMIR

• À bon compte

Hôtel Les Sapins – *5 km au NE de Morzine - 74110 Au Lac de Montriond* - ☎ *04 50 75 90 56 - fermé 17 avr. au 12 mai, 20 sept. au 17 déc., mer. en avr. mai, juin et sept.* - 🅿 18 ch. : 240/350F - 🍴 38F - restaurant 100/250F. Coulez ici des jours tranquilles. La surface de l'eau paisible du lac au pied de ce petit hôtel modeste inspirera vos rêves. Si le temps le permet, dégustez en terrasse, parmi les spécialités, quelques poissons fraîchement pêchés.

• Valeur sûre

Hôtel Combe Humbert – ☎ *04 50 79 06 70* - 🅿 - 9 ch. : 250/260F - 🍴 35F. Pour une petite halte sur la route des Gets, en bordure des pistes du Pleney. Ce gros chalet montagnard vous propose des chambres simples et soignées. Vous y serez très bien accueilli. Petit déjeuner au jardin l'été.

OÙ SE RESTAURER

• À bon compte

Le Clin d'Œil – *face à la poste* - ☎ *04 50 79 03 10 - fermé dim. hors sais. - 67/112F.* Décor simple et convivial pour ce petit restaurant installé dans l'ancienne grange parentale au calme d'une rue peu empruntée par les voitures. Au programme : quelques spécialités savoyardes et pizzas cuites au feu de bois.

circuit

Lac de Montriond et col de la Joux Verte★★

20 km – environ 2h. Quitter Morzine par la route de Montriond (rive droite de la Dranse), au Nord-Ouest. Aussitôt après l'église de Montriond, tourner à droite vers le lac.

Lac de Montriond★

Alt. 1 049 m. Il est encaissé entre des escarpements plongeant dans les sapins. Des sentiers aménagés permettent d'en faire le tour, à l'ombre de surcroît, ce qui ne nuit pas en été.

Au cœur d'un site encaissé, les rives du lac de Montriond, bordées de hêtres et de sapins, sont bien propices à la détente...

Cascade d'Ardent

S'arrêter au belvédère aménagé sur le côté droit de la D 228. C'est cette cascade – superbe au moment de la fonte des neiges – que l'on voit en contrebas, d'une hauteur de 30 m. La route attaque ensuite un gradin que la Dranse raye d'une série de chutes presque ininterrompues. Au cours des lacets, le roc d'Enfer est bien visible, en aval. Une fois traversée l'agglomération de chalets des Lindarets, la route quitte le fond du « plan » de la Lécherette pour s'élever sur le versant boisé de la Joux Verte, tandis que, au Nord, surgit le mont de Grange. La crête est franchie au **col de la Joux Verte** d'où part, à gauche, la route qui conduit à la station d'Avoriaz. **Avoriaz** ✱✱ *(voir ce nom) et fin de parcours jusqu'à Morzine.*

itinéraires

ROUTE DU COL DE JOUX-PLANE★★

De Morzine à Samoëns 20 km – environ 1h.
Praticable en été, la route (D 354), étroite, s'élève de façon vite vertigineuse au-dessus de la vallée et de Morzine, laissant à droite le Pléney puis, à gauche, la pointe de Nyon, et serpente sur les alpages avec de jolis passages en sous-bois. Pour contourner, à droite, la masse du Ranfolly et passer le col de ce nom (alt. 1 650 m), limite des pistes de ski de la station des Gets, la route décrit une étonnante boucle de 4 km, à angles droits. Si si, on a vérifié avec l'équerre... Au revers de cette boucle, on atteint le plateau de Joux-Plane.

Col de Joux-Plane★★

VUES PAS PLATES
Des abords du restaurant, un admirable **panorama** au Sud-Est sur le Mont Blanc, au Sud jusqu'au massif de Platé. On distingue les constructions de Flaine.

Alt. 1 712 m. La route passe entre une petite retenue d'eau, à gauche, et un restaurant à droite. Laissant à gauche le chemin *(en cul-de-sac)* du col de Joux-Plane, ce qui est assez rare finalement, la route, désormais en descente rapide, procure au sortir du virage d'où se détache la route de Plampraz, des **vues**★ plongeantes sur la combe Eméru à gauche et sur la vallée du Giffre à droite.

Samoëns ✱✱*(voir ce nom).*

② **ROUTE DES GETS★**

De Morzine à Cluses 43 km – environ 1h1/2.

La route des Grandes Alpes, D 902-N 202, passe de la vallée de la Dranse de Morzine dans celles du Giffre et de l'Arve.

Quitter Morzine par la D 28 (route des Gets) à l'Ouest, puis prendre la D 902.

La route suit le fond du large seuil pastoral des Gets. Sur le versant de la Dranse, le roc d'Enfer (alt. 2 244 m), l'un des plus rudes sommets chablaisiens, reste un moment visible à l'Ouest.

Les Gets✼ *(voir ce nom)*

La route virevolte, sous bois, dans les étroites vallées de l'Arpettaz et du Foron.

Au pont des Gets, prendre la D 328 à droite.

La route s'élève au-dessus de la vallée profondément encaissée du Foron, fermée par les arêtes du roc d'Enfer, et débouche dans la vaste cuvette d'alpages du Praz-de-Lys. Du dernier lacet, le **panorama★** s'étend, de gauche à droite, sur les dents du Midi, la Tour Sallière, les Avoudrues, le Buet, le Mont Blanc, la chaîne du Reposoir.

Revenir à la D 902 que l'on prend vers Taninges.

Dans la partie aval de la vallée se dégagent la cime de la pointe de Marcelly puis, aux approches d'Avonnex, le massif du Reposoir avec, de gauche à droite, le bastion de la pointe d'Areu, Pointe Percée – dont l'aiguille émerge de justesse –, la pointe d'Almet et les escarpements du Bargy. Immédiatement en aval d'Avonnex, alors que la **vue★** sur la vallée du **Giffre** et Taninges se dégage complètement, les neiges des hauts sommets apparaissent : de gauche à droite, la calotte du Buet, la pyramide rocheuse de l'aiguille Verte flanquée du Dru, enfin le couronnement du Mont Blanc.

Taninges

Au carrefour de routes touristiques, entre le Giffre et le pied de la pointe de Marcelly, ce bourg est une base appréciée de promenades estivales. Ses hauts quartiers ont gardé leur cachet ancien. Entre Châtillon-sur-Cluses et Cluses, on apprécie le site de la petite ville industrielle groupée à la sortie du défilé auquel elle doit son nom. Vers l'aval, les escarpements du Bargy, la pointe d'Andey aux flancs boisés, la pyramide gazonnée du Môle encadrent la plaine intérieure à travers laquelle file l'Arve, endiguée.

Cluses *(voir ce nom).*

> **DÉTOUR**
> 10 km de détour pour atteindre le petit village d'altitude du **Praz-de-Lys**, isolé et tranquille. Il est dominé par la pointe de Marcelly (alt. 2 000 m – croix monumentale).
> 🚶 *3h à pied AR.* Les touristes exercés pourront en faire l'ascension.

Moûtiers

Moûtiers est connu pour tout ce qui a trait à la circulation : on y passe soit parce l'on se rend aux Ménuires, à Val-Thorens, à Méribel, à Courchevel ou à Pralognan, soit parce l'on y vient soigner ses problèmes de circulation, d'encombrement pondéral, un état lymphatique ralentissant les mouvements. L'un étant géré par Bison Futé, l'autre par les cures thermales...

La situation

Cartes Michelin n°s 89 pli 6 ou 244 pli 31 – Schéma p. 398. – Savoie (73). Cette ville est un carrefour au fond du bassin très encaissé où confluent l'Isère et les Dorons. Soyez à l'écoute des bulletins routiers avant de vous y engager.

🛈 *Place St-Pierre, 73600 Moûtiers,* ☎ *04 79 24 04 23.*

Le nom

La capitale de la Tarentaise, identifiée avec l'ancienne cité de Darentasia, fut nommée *Monasterium* lors de l'installation de l'archevêché. Le nom évolua ensuite en Moûtiers.

Les gens

4 295 Moutiérains dont le plus illustre et le moins connu à la fois, fut le pape Innocent V, enfant de Moûtiers.

visiter

Cathédrale St-Pierre

Possibilité de visite guidée. S'adresser à l'Office de tourisme.
C'est le monument typique de Moûtiers. L'édifice se présente, dans l'ensemble, comme une œuvre du 15e s. (porche). À l'intérieur, remarquer le siège épiscopal, travail de boiserie de la même époque ; dans la nef à gauche, une Vierge romane à rapprocher de la statuaire bourguignonne du 13e s.

Cathédrale St-Pierre, détail d'une très expressive Mise au tombeau (16e s.).

Musée de l'Académie du val d'Isère

Tlj sf dim. 9h-12h, 14h-18h30 (dernière entrée 18h). Fermé j. fériés. 10F.
Installé dans le bâtiment de l'ancien archevêché, ce petit musée présente, dans une salle du 1er étage, des collections sur l'histoire de la Tarentaise depuis la préhistoire (bijoux de l'âge du bronze, poteries romaines, livres et documents médiévaux). À proximité, le salon épiscopal du 17e s. (peintures sur bois célébrant la parabole du bon samaritain) et la chapelle (18e s.).

Musée des Traditions populaires de Tarentaise

Provisoirement fermé. ☎ *04 79 24 33 44.*
Conservatoire de la vie traditionnelle de la Tarentaise, le musée évoque l'activité du sabotier-galochier, du boisselier, du tonnelier et du peigneur de chanvre.

découvrir

LES STATIONS THERMALES

Les stations de Brides et de Salins, enfoncées dans la basse vallée du Doron de Bozel sur la route de la Vanoise, présentent la particularité de pouvoir être jumelées sur le plan thermal : la cure de boisson de Brides à consommer sans modération, peut se compléter à celle de balnéation de Salins. Voilà une chose bien commode pour les curistes.

carnet d'adresses

OÙ DORMIR

● **À bon compte**
Hôtel Belvédère – ☎ 04 79 55 23 41 – fermé 20 oct. au 20 déc. – 🅿 - 26 ch. : 230/420F. Maison familiale savoyarde, style petit castelet, située au-dessus des sources thermales. Les chambres, meublées de bois clair, sont agréables. L'accueil est charmant. Le patron, ancien skieur de l'équipe de France, vous racontera ses exploits.

● **Une petite folie !**
Hôtel Amélie – ☎ 04 79 55 30 15 – fermé 1er nov. au 15 déc. – 🅿 - 42 ch. : à partir de 520F – ⌁ 45F – restaurant 105/115F. Ici, vous serez en plein centre-ville, juste en face des thermes. Les chambres au mobilier contemporain, sont de bonne taille. Son restaurant Les Cerisiers vous donne le choix entre menus diététiques ou classiques.

OÙ SE RESTAURER

● **Valeur sûre**
Château de Feissons – 73260 Feissons-sur-Isère - 9 km au N de Moûtiers par N 90 et rte secondaire - ☎ 04 79 22 59 59 - fermé 22 oct. au 10 nov., 2 au 13 janv., dim. soir et lun. - 150/300F. Ce château médiéval a gardé son donjon du 13e s., dominant la terrasse. La cheminée colossale de la salle à manger porte un blason, témoin de son histoire. Le haut plafond avec poutres et pierres apparentes recrée l'atmosphère de cette époque lointaine.

Brides-les-Bains⊹

Brides, centre de tourisme animé aux équipements hôteliers et sportifs coutumiers aux villes d'eaux est spécialisée dans le traitement de l'amaigrissement et des troubles circulatoires.

Salins-les-Bains⊹

4 km au Nord-Ouest. Les eaux salées stimulantes de Salins – desquelles on extrayait jusqu'à 1 000 t de sel par an au 18e s., destiné à la consommation savoyarde – sont indiquées pour bien des traitements : affections gynécologiques, états anémiques, lymphatiques ou ganglionnaires, rachitisme chez l'enfant, et séquelles de fractures.

> **LES BAINS DE MER À LA MONTAGNE ?**
> Arrêtez-vous à Salins-les-Bains : la vaste piscine de plein air vous offre cette possibilité . Attention, « la plage » est très fréquentée.

La Norma✱

La Norma est une coquette petite station sans histoire, sans frénésie mondaine, sans fièvre du samedi soir. Fondue dans ses mélèzes et ses bouleaux, elle a le lyrisme et l'architecture naturellement embellie d'un opéra de Bellini.

La situation

Cartes Michelin n°s 77 pli 8 où 244 pli 32 – Schéma p. 294 – Savoie (73). Face aux magnifiques paysages de la Vanoise, elle est située à 1 350 m d'altitude, distante de 6 km de Modane, sur un plateau surplombant la vallée de la haute Maurienne. **☒** *Maison de la Norma, 73500 Villarodin,* ☎ *04 79 20 31 46.*

Le nom

Ouverte en 1971, la station porte le nom de la pointe La Norma dominant la station et culminant à 2917 m.

Les gens

4 295 Normaliens. Que des grosses têtes en somme !

séjourner

Le domaine skiable

L'orientation Nord-Nord-Ouest garantit une bonne qualité de neige et une dizaine de remontées mécaniques desservent sur 700 ha, 60 km de pistes de tous niveaux entre 1 350 et 2 750 m. Les bons skieurs trouveront des pentes raides sur le haut du domaine, le long du téléski Norma 2 et du télésiège du Clot.

randonnées

Promenade au Mélezet et à La Repose★

De juil. à fin août : 9h30-11h30, 14h30-16h30. 35F. ☎ *04 79 20 31 46.*
Alt. 1 990 m. *Accès par la télécabine du Mélezet.* Belle vue, face à soi, sur le massif enneigé de Péclet-Polset et le col de Chavière. Plus à droite se dressent l'aiguille de Doran, le Râteau d'Aussois et la dent Parrachée.
Redescendre sur la station en empruntant un agréable chemin passant par La Repose et la chapelle Ste-Anne.

> **PASSAGE PIÉTONS**
> **E**n hiver, les piétons pourront effectuer cette promenade, à condition de faire attention au passage des skieurs.

Via ferrata du Diable★

Dans le cadre démoniaque du pont du Diable, encadré par les forts Victor-Emmanuel et Marie-Thérèse, ce parcours d'initiation à l'escalade se compose de cinq tronçons indépendants de difficulté graduée. La durée des itinéraires varie de 3h à 6h. On ne peut pas s'y croiser donc le sens de circulation doit être impérativement respecté.

> **AU DÉBUT**
> On conseille aux novices de débuter cet itinéraire par le tronçon des Diablotins *(pour l'équipement et les précautions préalables, se reporter à la partie Renseignements pratiques).*

On se demande si ce massif, qui était le sommet le plus haut de France, n'a pas vu d'un mauvais œil le Mont Blanc, alors sur le royaume de Savoie, débouler sur ses terres et le détrôner de sa place de premier de la classe ? Avec ses 10 km² de glaciers et ses sommets approchant ou dépassant les 4 000 m, il est le favori des alpinistes... immédiatement après le massif du Mont-Blanc. De quoi l'avoir toujours en travers de la gorge...

La situation

Cartes Michelin n°s 77 plis 6, 7, 16 et 17 ou 244 plis 29, 40 et 41 – Isère (38). Le haut massif des Écrins, délimité par les vallées de la Romanche, de la Durance et du Drac, compose la majeure partie de l'Oisans. Il était autrefois appelé massif du Pelvoux. On peut faire connaissance avec ses paysages les plus grandioses en suivant les vallées de la Romanche et du Vénéon, qui font partie du **Parc national des Écrins**.

🏛 *à Bourg d'Oisans (voir ce nom) et maison du Parc des Écrins à Bourg d'Oisans.*

Parc national des Écrins

Le nom

De nombreuses peuplades celtes habitaient les vallées alpines avant l'intégration de la région dans l'empire romain. Nos ancêtres les Gaulois ont profondément marqué la toponymie locale : ainsi, la tribu des *Uceni* occupait la vallée actuelle de l'Oisans à laquelle elle a donné son nom. Avaient-ils peur eux aussi que le ciel, à portée de mains, leur tombe sur la tête ?

Les gens

Le paysan de l'Oisans est encore producteur de blé, de seigle, de pommes de terre, contrairement à ses confrères alpins qui cultivent généralement la race bovine. Il faut dire que la pomme de terre de montagne est traditionnellement appréciée pour la qualité de sa semence qui est tout aussi reproductive que celle des confrères à cornes.

itinéraires

ROUTE DE LA BÉRARDE

1️⃣ La vallée du Vénéon★★★

◀ *Au départ du Bourg-d'Oisans 31 km – environ 1h1/2. Il est recommandé d'effectuer une ou plusieurs des excursions pédestres proposées sur l'itinéraire. Certaines s'adressent toutefois à des marcheurs expérimentés.*

En raison de l'encaissement de la vallée, qui dépasse constamment 1 500 m, les hauts sommets ne sont visibles de la route qu'à la faveur de rapides échappées. Dans l'ensemble, la route de la Bérarde s'accroche à un raide versant d'« auge » glaciaire. Elle rachète par de rudes rampes les ruptures de pente qui marquent le passage des anciens « verrous ».

Quitter le Bourg-d'Oisans par la N 91, route de Briançon, à l'Est.

La route de la Bérarde, la D 530, se détachant de la N 91, au Clapier, s'engage dans l'auge aval du Vénéon dont les amples proportions contrastent avec l'étroite gorge de l'Infernet d'où s'échappe la Romanche : il faut dire qu'à l'époque glaciaire, le glacier du Vénéon était beaucoup mieux nourri que celui de la Romanche. À droite le barrage du plan du Lac alimente la centrale de Pont-Escoffier. En avant apparaît la Tête de la Muraillette (alt. 3 020 m), à droite de laquelle se creuse le vallon du lac de Lauvitel.

Le sommet des Alpes ?
Le **Pelvoux** fut longtemps considéré comme le point culminant des Alpes françaises – le Mont Blanc n'ayant fait partie du territoire national qu'après l'annexion de la Savoie. En 1828, le capitaine Durand atteint le sommet, à 3 932 m d'altitude (signal du Pelvoux ou pointe Durand) et reconnaît alors la prééminence des Écrins.

Ni trop tôt, ni trop tard
La section terminale de la route (D 530), entre Champhorent et la Bérarde, est fermée de novembre à mai.

Des dynasties
Plusieurs familles de St-Christophe sont guides de haute montagne, de père en fils, formant des lignées glorieuses comme celles des Turcs et des Gaspard – dont le nom reste attaché à la « première » de la Meije.

Lac de Lauvitel★★

2,5 km à partir de la D 530, puis 3h à pied AR. Au pont des Ougiers prendre la route de la Danchère et laisser la voiture dans les parkings aménagés au bord de la route.

▶

SENTIER DU LAUVITEL
Aménagé en sentier de découverte, il est jalonné de bornes explicatives sur la géologie, la faune et la flore, renseignements immortalisés dans un ouvrage en vente dans les centres d'information du Parc national des Écrins.

Après avoir traversé le hameau de la Danchère, on parvient à une fourche. Prendre le chemin à gauche, par les Selles. Le sentier suit la colossale digue naturelle, formée par des éboulements, qui retient le lac de Lauvitel. Torrents et cascades y ruissellent. Le lac apparaît enfin dans un site sauvage. Il atteint à certains endroits 60 m de profondeur.

Pour redescendre vers la Danchère, emprunter le sentier de la Rousse.

Venosc

De la D 530, prendre la route à gauche qui mène au parking aménagé, puis remonter à pied vers le village.

De Venosc, possibilité d'atteindre le domaine des Deux-Alpes par télécabine. *De juil. à fin août : 8h-20h (5mn; en continu). 38F AR.* ☎ *04 76 79 75 00.*

La rue pavée qui aboutit à l'église permet d'apprécier la reconversion de ce village de montagne dans l'artisanat local. L'église, que domine un clocher à bulbe, abrite un beau retable de l'école italienne du 17ᵉ s.

Le Bourg-d'Arud, village niché dans un bassin verdoyant, a conservé un charme authentique... La route attaque le premier verrou : c'est la montée la plus dure du parcours. Elle pénètre dans le chaos de blocs écroulés du « Clapier de St-Christophe ». À la sortie du Clapier, la Tête des Fétoules (alt. 3 459 m) avec son glacier. La route passe ensuite par la cuvette du plan du Lac, au fond de laquelle divague le Vénéon. À droite tombe la cascade de **Lanchâtra.** Un pont sur le torrent du Diable, qui s'écrase, à gauche, en cascade, marque l'arrivée à St-Christophe.

St-Christophe-en-Oisans★

Pour un territoire de 24 000 ha, cette commune, l'une des plus vastes de France, formée par 15 hameaux, ne compte en hiver qu'une trentaine d'habitants (8 au chef-lieu). 2 personnes en moyenne par hameau, ça doit être la folle ambiance... Son **église** entourée du cimetière se détache sur la Barre des Écrins. Dans le cimetière, très émouvant, les tombes de jeunes alpinistes morts dans le massif des Écrins au cours d'une escalade sont voisines de celles des guides du pays, les Turc et les Gaspard.

À St-Christophe-en-Oisans, dernière étape avant d'affronter les sommets, la mémoire des pionniers invite à la prudence.

De Champhorent au refuge de la Lavey★★

🚶 *3h1/2 AR de marche facile – Dénivellation : 380 m.*

Laisser la voiture à l'entrée de Champhorent sur le parking aménagé en contrebas de la D 530, avant le panneau indicateur du Parc national des Écrins. Le sentier se détache au bout du parking et descend rapidement vers le vallon du Vénéon. Des bornes d'entrée du Parc national des Écrins, la vue se dégage vers le **glacier du Fond**, à gauche, et les **glaciers des Sellettes**, à droite. Après la traversée de cônes d'éboulis, la végétation, clairsemée, est représentée principalement par les ancolies des Alpes et les panicauts. Un pittoresque pont de pierre permet d'accéder à la rive gauche de la Muande *(refermer le portail derrière soi ; vous éviterez aux bergers d'avoir à courir après leurs bêtes en cavale)* et d'apprécier les cascades dévalant le versant opposé. La végétation n'est plus constituée que de rares pelouses. Pas de golf pour autant, mais la cuvette glaciaire de la Lavey avec son chalet-refuge (alt. 1 797 m). Les marmottes en colonie préfèrent s'endormir à l'ubac, versant opposé au refuge ; laissons-les marmonner en paix. Au Sud-Ouest, le front des **glaciers d'Entre-Pierroux** et **du Lac** constitue un impressionnant à-pic au-dessus du plateau où se trouve le refuge. L'horizon est barré au Sud par l'ensemble des cimes de l'**Olan** qui culminent à 3 564 m.

Le retour à Champhorent se fait par le même itinéraire.

Après Champhorent, la vue prend d'enfilade le vallon de la Lavey – ce torrent rejoint le Vénéon par une jolie chute – au fond duquel apparaît le cirque glaciaire des Sellettes dominé, de gauche à droite, par la cime du Vallon, le pic d'Olan (alt. 3 564 m) et l'aiguille d'Olan, la plus proche. Un petit tunnel donne accès à une gorge désolée. La végétation reprend dans la combe des Étages. En avant, au dernier plan, pointe le dôme de Neige des Écrins (alt. 4 012 m), masquant le point culminant des Écrins (alt. 4 102 m).

randonnées

Nous proposons ci-dessous deux excursions destinées à des bons marcheurs équipés au moins de chaussures antidérapantes.

La tête de la Maye★★

Alt. 2 517 m ⏏ 4h AR (2h1/2 pour l'aller). Pour marcheur entraîné aux randonnées en terrain escarpé et non sujet au vertige. Dénivellation : 800 m. Départ du sentier avant le pont des Étançons, à l'entrée de la Bérarde. Quelques passages difficiles ont été aménagés avec des marches métalliques et un câble de sécurité ; soyez tout de même prudents.

À la bifurcation avec le sentier conduisant au refuge du Châtelleret, prendre le sentier qui s'élève à gauche. De la table d'orientation érigée au sommet, **panorama★★** sur le massif des Écrins et les cimes ceinturant la vallée du Vénéon : de gauche à droite se détachent notamment le **Grand Pic de la Meije** (alt. 3 983 m) et le glacier des **Étançons**, le **dôme des Écrins** (alt. 4 100 m) et le glacier de **Bonnepierre.** Le retour touche à sa fin : il peut se faire par la rive gauche du torrent des Étançons. Après avoir franchi une passerelle, le sentier descend vers la Bérarde ; belle vue à droite sur la Tête de la Maye.

Depuis le camp de base de la Bérarde, le regard à la fois envieux et craintif des nouveaux alpinistes se porte naturellement vers ces temples de l'exploit ; ici, la Dibona.

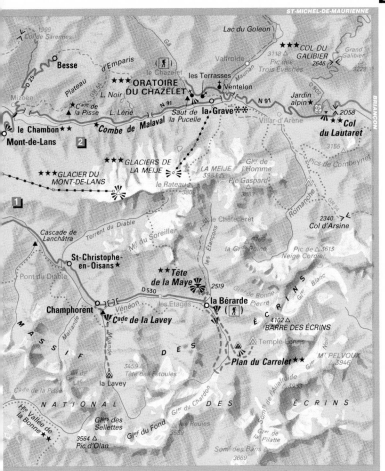

Plan du Carrelet★★(et refuge du Plan en été)

Alt. 2 000 m. Direction Sud. 2h AR de marche facile jusqu'au Plan du Carrelet. Dénivellation : 300 m. Avant juillet, la poursuite jusqu'au refuge du Plan peut impliquer des passages dangereux (traversées de névés) et réserve ce tronçon aux randonneurs aguerris et équipés en haute-montagne (crampons etc.).

Après la maison du parc, prendre le sentier qui longe la rive droite du torrent du Vénéon. Aux panneaux indicateurs du parc, on jouit, on se retourne : une belle vue sur la **Meije** et la **tête de la Maye** qui domine la Bérarde. On longe toujours le torrent ; éboulis et torrents se jetant dans le Vénéon alternent jusqu'au plan du Carrelet, où le profil en « auge » de la vallée s'élargit au vaste confluent du Vénéon et du Chardon. Du refuge du Carrelet, bel aperçu sur les glaciers du Chardon et de la Pilatte qui barrent l'horizon au Sud. En quittant le refuge, revenir sur ses pas pour emprunter la première passerelle à gauche au-dessus du torrent. Le sentier s'enfonce dans la vallée vers le glacier du Chardon. On franchit ensuite successivement deux passerelles avant de revenir vers la Bérarde, par la rive gauche du Vénéon, le long du versant du Chardon. Vous aurez alors les Écrins, l'Ailefroide occidentale et le Rateau plus dégagés que de la rive opposée. Le parcours se termine après avoir franchi la passerelle située à l'extrémité du parking estival aménagé à la Bérarde, dans le lit du Vénéon.

TROIS

POUR LE SPECTACLE D'UNE

La glorieuse **Meije** comporte trois sommets : la Meije Orientale (alt. 3 890 m), la Meije Centrale ou Doigt de Dieu (alt. 3 974 m), enfin la Meije Occidentale ou Grand Pic de la Meije (alt. 3 983 m), dont la dent aiguë, très frappante, vue de La Grave, domine la profonde brèche de la Meije (alt. 3 358 m), par laquelle les alpinistes peuvent joindre la Bérarde. Après dix-sept tentatives infructueuses, le sommet du Grand Pic fut vaincu, le 16 août 1877, par M. Boileau de Castelnau, accompagné des guides Gaspard père et fils, au départ de St-Christophe-en-Oisans.

Vue surprenante du barrage de Chambon, tel que vous ne l'apercevrez pas du haut des cols.

② VALLÉE DE LA ROMANCHE★★★

Du Bourg-d'Oisans au col du Lautaret – 57 km – environ 2h. On peut, en associant ce parcours à ceux de la route du col de la Croix-de-Fer et du Galibier, bou cler le grandiose « circuit des grands cols » dont on trouvera la description à ces noms.

Le col du Lautaret est maintenu praticable l'hiver, mais peut rester fermé quelques heures en cas de chutes de neige importantes ou de visibilité nulle ; surveiller les panneaux de télésignalisation du Bourg-d'Oisans, du Péage-de-Vizille et de Champagnier, ou téléphoner au répondeur automatique du Lautaret. La route de Briançon, quittant le bassin du Bourg-d'Oisans, s'engage dans des gorges sauvages pour rattraper le fond de l'ancienne vallée glaciaire de la Romanche. À partir de La Grave, cette vallée s'épanouit, captivante par les pics et les glaciers de la Meije.

Quitter le Bourg-d'Oisans par la N 91.

Du Bourg-d'Oisans au Clapier, la N 91 file sur le fond plat du bassin du Bourg-d'Oisans ; elle laisse au Nord la route de l'Alpe-d'Huez et au Sud la vallée du Vénéon dont les dimensions imposantes témoignent de l'importance passée du glacier du Vénéon : le glacier de la Romanche n'était qu'un de ses affluents.

Gorges de l'Infernet★

À hauteur d'un oratoire en ruine, dans un virage serré, un grand promontoire forme **belvédère★** sur ces gorges sauvages. La traversée du petit bassin du Freney est très agréable après ce passage.

Du barrage de Chambon, prendre la route des Deux-Alpes.

Mont-de-Lans

Ce vieux village de montagne, bien situé sur une croupe, possède encore des maisons anciennes : quelques portes ont gardé leurs antiques verrous.

Musée des Arts et Traditions populaires – *Juil.-août : 10h-12h, 15h-19h ; de fin déc. à fin avr. : 14h-18h. Fermé mai-juin et de sept. à fin déc. 12F. ☎ 04 76 80 20 25.*

La vie quotidienne au siècle dernier dans l'Oisans y est contée, agrémentée par le récit et les chants de petites mamies. Une exposition permanente sur les colporteurs de l'Oisans illustre cette activité autrefois essentielle à la région.

Monter à l'église et suivre une crête étroite jusqu'au dernier ressaut précédant un pylône de transport de force.

RAMPE DES COMMÈRES
Au temps des diligences, ce passage était particulièrement redouté dans le sens de la montée ; tout le monde mettait alors pied à terre, et blablablablabla ! Les langues des commères allaient bon train, justifiant le nom donné à la côte.

De là, **vue**★ sur la retenue du Chambon, Mizoën, les gorges de l'Infernet. Après avoir franchi le village du Freney puis deux tunnels, la route passe sur la crête du barrage du Chambon.

Barrage du Chambon★★

Construit dans un étranglement de la vallée de la Romanche, il régularise le régime du torrent : les excédents emmagasinés pendant l'été et l'automne sont « turbinés » pendant la période maigre d'hiver. Du type « barrage-poids » et de section triangulaire, il a une longueur de 294 m à la crête, une épaisseur de 70 m à la base, une hauteur de 90 m environ (137 m avec les fondations). Le lac formé par ce barrage a une superficie de 125 ha et constitue une réserve de 54 millions de m^3. Il a englouti les hameaux de Chambon, du Dauphin et du Parizet.

Revenir au lac du Chambon et prendre la D 25 sur le versant opposé.

De la route, vue générale sur le lac et le barrage du Chambon. Au-delà de Mizoën, le profond ravin du Ferrand et des vues proches sur les Grandes Rousses. ▶

Revenir au barrage du Chambon et poursuivre sur la N 91.

> **DÉTOUR...**
> *À 7 km du barrage du Chambon, sur la D 25.* **Besse**, haut village de **montagne** (alt. 1 550 m) est très caractéristique et conserve un cachet authentique : ses ruelles sont étroites, tortueuses et accidentées, bordées de maisons aux balcons de bois et aux lourdes toitures recouvertes autrefois de « lauzes ».

Combe de Malaval★

Ce long défilé voit son âpreté atténuée, vers l'amont, par les mélèzes du bois des Fréaux. La Romanche bouillonne presque au niveau de la route. Du haut des vallons affluents de la rive droite dévalent les puissantes **cascades de la Pisse**★ et du **Saut de la Pucelle**. Il faut bien un jour se lancer... Par les entailles des ravins de la rive gauche apparaissent, par échappées, les languettes inférieures des glaciers du Mont-de-Lans et de la Girose, le plus vaste ensemble glaciaire « de plateau » des Alpes occidentales. Ensuite, la Meije et ses glaciers font leur apparition au-dessus de La Grave.

La Grave✳✳ *(voir ce nom)*

En amont de Villar-d'Arène, la route quitte la vallée de la Romanche qui oblique vers le Sud-Est dans le val d'Arsine, au fond duquel apparaissent le pic des Agneaux (alt. 3 663 m) et le pic de Neige Cordier (alt. 3 613 m), dominant le cirque du glacier d'Arsine. Du côté du massif de la Meije, l'attention est maintenant retenue par le cirque glaciaire de l'Homme. Un lacet permet de découvrir, en aval, le massif des Grandes Rousses, derrière les croupes herbeuses du plateau d'Emparis. Aux approches du col du Lautaret, les crêtes déchiquetées du massif de Combeynot apparaissent au premier plan. *La N 91 atteint le col du Lautaret.*

Plateau d'Emparis - près de Besse-en-Oisans. Et pour accueillir les randonneurs, des moutons.

Sujet inépuisable des photographes-randonneurs, dame marmotte garde néanmoins ses distances.

LE GUETTEUR DES ALPAGES

Identifiable au cri strident qui annonce tout intrus pénétrant sur son territoire, la marmotte vit au-dessus de 1 000 m d'altitude. Sa vie familiale est régie selon des règles précises. L'unité sociale est la colonie, composée de plusieurs familles logeant dans des terriers communiquant entre eux. C'est plus commode pour s'inviter à dîner. Les marmottes reconnaissent les galeries, longues de 10 m, grâce à leurs longues moustaches, les vibrisses. Pendant les six mois d'hibernation, la température de l'animal s'abaisse à 4° et il en profite pour faire un petit régime : il perd environ la moitié de son poids. Cette vie au ralenti n'est interrompue que par de brefs réveils pour éliminer les déchets organiques. À l'issue de la saison des amours, de mi-avril à mi-mai, trois à quatre marmottons verront le jour dans chaque couple. Famille nombreuse, famille heureuse... L'espèce est protégée dans toutes les réserves et parcs naturels des Alpes où son comportement avec le randonneur est parfois relativement familier (dans le parc de la Vanoise notamment). Les Parcs nationaux des Écrins et de la Vanoise abritent une importante population de marmottes.

Peisey-Nancroix✳

La route d'accès à partir de la N 90 remonte la **vallée du Ponturin★** toute boisée. Dans la seconde série de lacets : le groupe du Roignais (alt. 3 000 m), puis, à gauche, le monolithe de Pierre Menta et la barrière rocheuse régulière de la Grande Parei.

Peut-être l'aviez-vous deviné : les villages de Peisey et de Nancroix ne forment en fait qu'une seule station. Mais savez-vous pourquoi ici on porte des frontières ? On dira peut-être de vous que vous êtes cruet. Et si les gens parlent un peu fort, c'est à cause du Pontarin, l'un des plus bruyants nans savoyards...

La situation

Cartes Michelin n⁰ˢ 89 pli 6 ou 244 pli 32 – Savoie (73).
🛈 *Place de Roscanvel, 73210 Peisey-Nancroix,* ☎ *04 79 07 94 28.* Ces villages sont suspendus au-dessus de la Tarentaise, au débouché de la haute vallée affluent du torrent Ponturin. Ce sont de bons centres de courses – qu'il s'agisse d'alpinisme ou de ski – pour les massifs de Bellecôte et du mont Pourri où l'air est fort sain (alt. 3 779 m).

Le nom

Voici un double nom donc une double origine qui a le mérite de la logique et qui permet de mieux visualiser les lieux :
Le terme **Peisey**, assez fréquent dans les régions de montagne, est à rattacher au mot latin *pesetum* : il désigne un lieu où abondent les sapins rouges dits épiceas. Et les belles forêts de sapins de Peisey confirme cette interprétation.
Non, il n'y a pas de croix à **Nancroix**. C'est l'appellation du hameau de Nancruet, dont l'orthographe s'est altéré. En patois, le *nan* est un torrent ; particulièrement chétif, celui-ci était traité de *cruet*, c'est-à-dire de maigrichon.

Les gens

521 Peiserots dont à peu près la moitié porte des « frontières » (coiffes des femmes de la Tarentaise) les dimanches et jours de fête, surtout le 15 août.

la station

NANCROIX PAS SES YEUX
À l'arrivée sur ce village, dans la haute vallée du Ponturin, la pyramide aiguë de l'Aliet, pointant au-dessus des derniers contreforts de Bellecôte.

Le domaine skiable

La station, dénommée Peisey-Vallandry, est composée de trois villages aux activités sportives bien réparties : Nancroix, avec un domaine nordique réputé où sont tracées quatre boucles de 40 km ; Plan Peisey (alt. 1 600 m), la station alpine au pied de l'aiguille Grive, et Vallandry, plus récente à l'architecture bien intégrée.

Elle est directement reliée aux Arcs et à La Plagne, ainsi qu'à l'**Espace Killy** et aux **Trois-Vallées** (forfait commun). Plusieurs canons à neige suppléent aux aléas météorologiques.

Peisey

C'est, par excellence, le balcon de la vallée de l'Isère. Comme c'est ravissant. Ça vaut bien une petite photo. Dans le cadre, son église au clocher « cruet » avec en arrière-plan le massif de Bellecôte ou le Roignais.
Dépassant Nancroix, le chemin descend vers un charmant fond de prairies coupé de mélèzes. 100 m après le pont se détache, à droite, l'allée conduisant au « Palais » des mines, siège de l'École des mines sous le Premier Empire (Peisey devait autrefois sa fortune à ses mines de plomb argentifère).
Après les Lanches, la route se termine au chalet-refuge de **Rosuel** : c'est l'une des portes du Parc national de la Vanoise, à l'entrée du sauvage **cirque de la Gura★** strié de cascades et se creusant au pied du mont Pourri dont le sommet neigeux apparaît de justesse, à gauche.

Le 15 août, jour de fête par excellence pour les jolies Tarentaises qui arborent leurs plus beaux atours traditionnels.

randonnée

Lac de Plagne★★

Au départ de Rosuel.

🚶 *2h1/2 de montée (dénivellation de 650 m) par le sentier GR 5, que l'on quitte à mi-parcours, lorsqu'il traverse le Ponturin, pour rester sur la rive gauche du torrent. Descente au lac en 1h3/4 par la rive droite du Ponturin.*
On parvient dans un site de fond de vallée.
Du lac, on peut rejoindre directement le GR 5 pour monter au col du Palet (environ 4h AR environ).

Tableau que l'on peut rencontrer au cours de randonnées autour de Peisey.

Route du **Petit-Saint-Bernard**★★

Quelles que soient les époques, cet axe France-Italie a toujours été un passage stratégique, autant commercial que militaire : pour preuve, plus de 2 millions de soldats l'ont franchi au cours des siècles. On imagine que pour le savoir, on a dû mettre des péages, comme pour évaluer le nombre de manifestants. Aujourd'hui, le col du Petit-St-Bernard est surtout une belle route qui vaut la peine d'être essayée, même si l'on n'a pas besoin de passer la frontière. Juste pour le plaisir... ou pour gonfler les statistiques !

La situation

Cartes Michelin n°s 89 pli 5 ou 244 pli 21 – Savoie (73).
Cette route vaut surtout aujourd'hui par sa situation touristique entre la Tarentaise et le val d'Aoste, sur le circuit du « Tour du Mont-Blanc ». ◘ *Pour connaître les conditions d'accès au col, consulter le répondeur de la Rosière,* ☎ *04 79 06 80 51.*

Le nom

À une époque, une voie romaine suivait cette voie alpine. Comme l'usage l'avait institué, une colonne « votive » (qui commémore un vœu accompli), avait été érigée au col, en l'honneur de Jupiter (*Jovis*, en latin). C'est sous ce nom, col du Mont Joux, que fut longtemps connu ce passage. Au 12e s., saint Bernard s'était déjà substitué à Jupiter.

Les gens

La statue de **saint Bernard de Menthon** (923-1008), le « héros des Alpes », archidiacre de la cathédrale d'Aoste et fondateur de l'hospice du Grand-St-Bernard, précède les bâtiments en ruine de l'ancien hospice, élevé aussi par le saint selon une tradition plus douteuse.

itinéraire

DE BOURG-ST-MAURICE AU COL

31 km – environ 1h1/4 – schéma p. 398.
La route, construite sous le Second Empire est d'une incomparable douceur. La rampe, presque régulière, de 5 %, fait passer de l'altitude 904 (Séez) à 2 188 m.

Bourg-St-Maurice *(voir ce nom).*

Quitter Bourg-St-Maurice par la N 90 (vers l'Italie et Val-d'Isère).

Séez

Ce bourg tire son nom de la sixième borne milliaire (i.e. qui marque une distance de mille pas) de la voie romaine reliant Milan à Lyon.

Église St-Pierre – Dans cet édifice baroque du 17e s., un superbe retable, œuvre de Fodéré, artiste de Bessans. Remarquer le beau gisant en tenue de combat, du 15e s., à gauche de la porte d'entrée.
Après l'hôtel Belvédère, la route vient dominer un moment le bassin de Ste-Foy ; tandis que, immédiatement en contrebas, le hameau du Châtelard se groupe au pied de la petite chapelle St-Michel, le regard, suivant la haute Isère, se porte jusqu'aux crêtes neigeuses qui forment barrière entre la Haute-Tarentaise et la Haute-Maurienne, en arrière de Val-d'Isère.
Plus haut – on revient au-dessus de Bourg-St-Maurice – apparaissent tout proches, en avant, la pointe du Clapey et le sommet du roc de Belleface.

La Rosière 1 850✵ *(voir ce nom)*

Col du Petit-St-Bernard★

Depuis le Moyen Âge, l'hospice hébergeait les voyageurs, qui préféraient s'y arrêter plutôt que d'affronter de terribles tourmentes de neige. En 1940 et 1944-45, l'enjeu de ce passage stratégique était prépondérant et on s'y est combattu férocement. De nombreux vestiges ainsi que les dévastations causées aux bâtiments de l'hospice en témoignent. Plus loin, aussitôt avant le poste-frontière, se dresse la colonne de Joux. Ce monolithe, privé actuellement de sa base et de son chapiteau, portait, à l'époque romaine, une statue de Jupiter (*Jovis*). Sur les pentes du col, à droite du chalet-hôtel de Lancebranlette, belle **vue★** sur l'abrupt versant italien du Mont Blanc, que surmonte l'aiguille Noire de Peutérey.

PRÉCAUTION
Le col est généralement obstrué par la neige de fin octobre à fin mai.

AU 19e SIÈCLE
La réputation des filatures du célèbre « drap de Bonneval » tissé selon les techniques rapportées du Piémont était grande. Particulièrement résistant aux intempéries, ce drap de laine était fort prisé des guides de montagne. Après une période de récession, cette activité artisanale a récemment repris.

LA CHANOUSIA
Fondé à la fin du 19e s. par le chanoine Chanoux qui souhaitait préserver le milieu naturel alpin, ce jardin botanique fut délaissé lors de la Seconde Guerre mondiale. Récemment reconstitué, il comporte un millier d'espèces végétales.

L'ancien hospice du Col du Petit-St-Bernard a vu passer plus de militaires que de pèlerins.

randonnée

Lancebranlette★★

🚶 *4h à pied AR par un sentier de montagne souvent dégradé en début de saison estivale. S'équiper de chaussures de montagne. Pour de plus amples précisions sur l'itinéraire, on pourra s'adresser au chalet de Lancebranlette.*

Du chalet, monter en biais à gauche sur les pentes Nord-Ouest du col, en passant, au quart du parcours, par une construction isolée à mi-pente. Prendre pour point de visée les dents de scie caractéristiques d'une arête sur la gauche. Parvenu à un vaste cirque d'alpages et d'éboulis encadré à droite par une pointe qu'il faut éviter et à gauche par le vrai sommet de Lancebranlette, appuyer toujours à gauche pour trouver, après les éboulis, au sommet d'une croupe, le sentier qui zigzague jusqu'au sommet (alt. 2 928 m). Immense **tour d'horizon** offrant, en particulier, une vue remarquable sur le versant italien du Mont Blanc (table d'orientation).

La Plagne✳✳

La Grande Plagne✳✳ s'étend sur 10 000 ha. Vous avez bien lu : 10 000 ha juste pour faire du ski... Cela laisse rêveur ! Et si vous n'êtes pas vraiment godille ou christiania, vous avez d'autant mieux trouvé chaussure de ski à votre pied.

Mais que votre euphorie ne vous empêche pas de jeter un coup d'œil autour de vous, vous avez quand même les massifs du Mont-Blanc, du Beaufortain et de la Vanoise.

La situation

Cartes Michelin nᵒˢ 74 pli 18 ou 244 pli 31 – Schéma p. 398 – Savoie (73). Depuis 1961, La Plagne s'est développée autour de nombreux pôles : elle compte six stations d'altitude et quatre stations villages. 🛈 *Le Chalet, BP 42, 73210 La Plagne, ☎ 04 79 09 79 79.*

Le nom

En pays de montagne, *la plagne* désigne une petite plaine d'altitude.

Les gens

Jean-Luc Crétier, médaille d'or en 1998 à Nagano est l'enfant du pays. Tous ses émules s'offrent le « grand frisson » sur la piste de bob. Ça vous dit d'essayer ? Mais si, c'est rigolo !

OÙ DORMIR

Chambre d'hôte Malezan – *16 km au N de La Plagne par D221 - 73210 Macot-la-Plagne - ☎ 04 79 55 69 90 - 4 ch. : 210/350F. Dans le cadre simple et sympathique de cette maison vous serez toujours bien accueilli. Amateur de ski, de sport en eaux vives ou simple randonneur accordez-vous un repos bien mérité! Malgré la proximité de la route le calme est au rendez-vous. Laissez vos soucis et vos cigarettes à l'entrée !*

L'architecture de la station d'Aime la Plagne 2 100 marqué par son caractère urbain est représentatif de l'époque « paquebot des neiges ».

CHAUD DEVANT !
La piste de bobsleigh construite pour les JO de 1992 est un ouvrage unique en France. Les amateurs de sensations fortes peuvent dévaler ses 1 500 m et ses 19 virages.

AUTHENTIQUE
Les stations moins élevées (entre 1 250 et 1 450 m) ne connaissent pas la même qualité de neige mais ont d'autres atouts. Champagny-en-Vanoise✸✸ et, dans une moindre mesure, Montchavin présentent le charme et l'authenticité des vieux villages savoyards.

---

séjourner

Le domaine skiable

La Plagne, choisie en février 1992 comme site olympique pour les épreuves de bobsleigh, a renoué avec une tradition locale de compétitions d'engins en bois, ancêtres des bobsleighs actuels.

Bénéficiant d'une neige remarquable à partir de 2 000 m, le domaine rend heureux les amateurs de pistes de moyenne difficulté. L'été, le ski se pratique sur les glaciers de la Chiaupe et de Belle-côte.

Les stations d'altitude, situées à environ 2 000 m, bénéficient en général d'un enneigement satisfaisant de décembre à mai. De par leur position centrale, elles permettent de rayonner sur l'ensemble du domaine.

Si Plagne Bellecôte, **Plagne Centre** et Aime 2 000 ont un caractère urbain assez marqué, Plagne 1 800, Plagne Villages et surtout **Belle Plagne** s'intègrent harmonieusement au paysage.

Les amateurs de randonnées pédestres ne manqueront pas de se rendre au **Mont Jovet★★** avec sa très belle vue sur les Alpes *(s'adresser à l'Office de tourisme qui publie un guide de promenades).*

---

découvrir

PANORAMAS ACCESSIBLES EN TÉLÉCABINES

La Grande Rochette★★

Juil.-août : tlj sf sam. 9h15-13h, 14h15-17h30 (9mn, en continu). 41F. ☎ 04 79 09 67 00.

*Alt. 2 508 m. Accès par télécabine de Plagne Centre. De la plate-forme terminale, gagner le sommet proprement dit où a été installée une table d'orientation. Le **panorama**, splendide, embrasse les principaux sommets de la Vanoise et sur la Meije.*

En contrebas, on découvre les stations d'altitude de La Plagne. Remarquer, dans la direction opposée, les domaines de Courchevel 1 850 et 1 650.

Télécabine de Bellecôte★★

Roche de Mio : juil.-août : 7h45-15h15 (13mn, en continu). 41F. Bellecote : juil.-août : 8h-15h (16mn, en continu). 73F. Belle Plagne : juil.-août : 7h45-0h20 (5mn, en continu). ☎ 04 79 09 67 00.

Accès de Plagne Bellecôte. Cette télécabine, d'une exceptionnelle longueur (6,5 km), conduit d'abord à Belle Plagne et à la **Roche de Mio** (2 739 m). Monter en 5mn au sommet (table d'orientation) pour découvrir un magnifique **panorama**★★ très étendu.

Prendre ensuite la télécabine qui conduit au col, puis au **glacier de la Chiaupe** (alt. 2 994 m) : **vue** très belle sur la Vanoise.

L'été et l'automne, les skieurs admireront un paysage plus élargi en empruntant le téléski du col. En hiver, le télésiège de la Traversée amène les très bons skieurs au secteur le plus intéressant pour eux. Un magnifique itinéraire hors-piste de 2 000 m de dénivelée redescend sur Montchavin *(se faire accompagner par un guide)*.

> **N'EN JETEZ PLUS**
> Au premier plan se dressent le sommet de Bellecôte (3 416 m) et ses glaciers. À sa droite, la Grande Motte, la Grande Casse, Péclet-Polset et les Trois-Vallées, la Meije, le mont de Lans, le Cheval Noir... À gauche de Bellecôte, vous avez successivement le mont Pourri, le domaine des Arcs, le Grand Combin, les Grandes Jorasses, le Mont Blanc et la Pierra Menta.

Pont-en-Royans ★

Stendhal ne s'y était pas trompé. Cette petite bourgade à l'accent méridional, a un charme fou et vaut vraiment le détour. Plaquée à la paroi, avec ses jolies ruelles étroites, elle a la poésie à fleur de rocher.

La situation

Cartes Michelin n°s 77 Sud-Est du pli 3 ou 244 pli 38 – Schéma p. 408.– Isère (38). Un barrage de retenue donne à la Bourne en aval de Pont-en-Royans, des allures de lac. Approchez-le par l'Ouest, c'est la meilleure vue. 🛈 *38660 Pont-en-Royans,* ☎ *04 76 36 09 10.*

Le nom

Pour les habitants du Vercors, il n'y eut pendant longtemps qu'un seul endroit où ils pouvaient franchir la Bourne pour accéder aux plaines du Royans. C'est à Pont-en-Royan.

Les gens

879 Pontois qui ont la chance de vivre dans un village qui nous laisse pantois.

découvrir

LES POINTS DE VUE★★

Le site★★

Au pont Picard, emprunter l'escalier qui dessert les quais de la Bourne. Possibilité de rejoindre ensuite le quartier médiéval.

Du pont Picard à la place de la Halle, vous serez forcément conquis par les petites cascades roucoulant d'aise, les vestiges d'un moulin à grains et par le vieux quartier. Pendant les guerres de Religion, l'ambiance y était nettement moins détendue puisqu'elles détruisirent une grande partie des habitations. Leurs réfections impératives étant donné leur état de vétusté, n'ont rien gommé de leur beauté, simple, sans prétention et si émouvante. Imaginez de hautes maisons, toutes de guingois, accrochées à leur rocher, aux petits balcons de bois pendus dans le vide, leur façade étroite plongeant dans la Bourne... On se demande comment tout cela tient et l'effet est magique.

Panorama des Trois-Châteaux★

🚶 *1h à pied AR. Des sentiers en forte montée, présentant de courts passages à travers des éboulis, s'amorcent par des escaliers, place de la Porte-de-France. Du belvédère, vue sur le Royans et la vallée de l'Isère.*

Plaquées contre la falaise, en encorbellement au-dessus de la Bourne, les maisons de Pont-en-Royans se serrent les coudes.

circuit

CIRCUIT DE PRESLES★★

32 km – 2h environ

Quitter Pont-en-Royans par la D 531 vers Villard-de-Lans. Aussitôt après avoir traversé la Bourne au pont Rouillard, prendre sur la gauche la D 292.

La route s'élève rapidement sur des pentes grillées par le soleil dominant la Bourne. Suivant ses caprices, on admire, tantôt vers l'amont, les murailles colossales qui semblent bien près de se refermer en cirque, tantôt vers l'aval, le débouché des gorges de la Bourne s'ouvrant sur les collines du Royans. Au grand lacet de la « Croix de Toutes Aures » (*ne pas chercher la croix*), vue très étendue sur le bas pays et l'ensemble des gorges de la Bourne dominées par le Grand Veymont. Une nouvelle série de lacets puis un court passage taillé dans le roc donnent enfin accès au plateau de Presles.

Après avoir traversé **Presles**, la route s'élève encore, au milieu de la forêt domaniale des Coulmes, jusqu'au petit hameau du Fas. Jolie vue étendue sur la basse vallée de l'Isère, que barre, à l'Ouest, l'imposant aqueduc de St-Nazaire-en-Royans. Puis c'est la forte descente sur St-Pierre-de-Chérennes.

La D 31 atteint la N 532 que l'on quitte aussitôt, sur la gauche, pour gagner Beauvoir-en-Royans.

Château de Beauvoir

Couronnant une colline isolée, de pittoresques ruines du 13ᵉ s. dominent le village. Une belle fenêtre gothique marque l'emplacement de l'ancienne chapelle. Le site est néanmoins agréable, on y domine le ruban sinueux de l'Isère qui bute sur les dernières pentes du Vercors.

Regagner la N 532 et, à St-Romans, emprunter la D 518 qui ramène à Pont-en-Royans.

VESTIGE DE RÉSIDENCE

Il ne reste plus qu'une tour carrée, une porte et des murailles tapissées de lierre de ce château qui fut la résidence des dauphins du Viennois, notamment Humbert II. Louis XI le fit détruire en 1476.

ÇA CASSE DES NOIX

La noix de Grenoble se reconnaît par son logo rouge de contrôle de l'AOC qui figure sur l'emballage. Elle est conditionnée selon deux catégories de calibre : extra (plus de 30 mm) et 1 (compris entre 30 et 20 mm).

LA NOIX DE GRENOBLE

Bénéficiant d'une des plus anciennes appellations d'origine contrôlée (1938) et la seule d'Europe, elle est constituée de trois espèces :

– la mayette, grosse noix à la coquille et au goût très fins ;

– la parisienne, de forme arrondie à la coquille marron, riche en huile ;

– la franquette, plus allongée avec une coquille rugueuse, représente l'espèce la plus cultivée et la plus demandée en confiserie.

La zone de production de cette appellation comprend la majeure partie de l'Isère, le secteur Nord de la Drôme et la frange méridionale de la Savoie. Cependant, près de 60 % des 10 000 à 15 000 t produites, selon les années, proviennent des nuciculteurs établis sur quatre communes : Pont-en-Royans, St-Marcellin, Vinay et Tullins. La récolte, qui se déroule à la mi-septembre, est suivie du lavage et du séchage.

Pralognan-la-Vanoise★★

Affûtez vos chaussures, chauffez vos mollets, musclez votre souffle... Petits ou grands marcheurs, vous trouvez à Pralognan la base la plus estimée et réputée de randonnées pédestres et de courses en haute montagne du Parc national de la Vanoise.

La situation

Cartes Michelin n°s 89 pli 7 ou 244 pli 32 – Savoie (73). Pour l'arrivant, le trait le plus frappant du **site★** est sans doute le rebord Est de la cuvette de Pralognan, travaillé par les anciens glaciers issus des cirques du Grand et du Petit Marchet, au fond desquels brillent les glaciers de la Vanoise. **🛈** *73710 Pralognan-la-Vanoise,* ☏ *04 79 08 79 08.*

LE PETIT PALET

Dans le cadre des Jeux olympiques d'Albertville en 1992, Pralognan a organisé les épreuves de curling dans sa nouvelle patinoire.

Le nom

Pralognan doit se décomposer en *praz* et *lognan*. Le premier terme, courant dans les Alpes, signifie pré ou prairie, quant au second, il est là pour induire la longueur. Il s'agit donc d'un pré tout en longueur. Et le bonheur est dans le pré.

Les gens

667 Pralognanais, fiers de la réputation de leur village et de leur Vanoise que l'on escalade depuis 1855.

Le sommet de la gloire est arrivé en 1860, lorsque l'Anglais **William Matthews** et le Français **Michel Croz**, après avoir taillé 1 100 marches dont 800 à la hache, parviennent pratiquement à la cime de la Grande Casse, nommée depuis pointe Matthews.

carnet d'adresses

OÙ DORMIR

• À bon compte

Hôtel Parisien – ☏ *04 79 08 72 31* – *fermé 21 avr. au 31 mai et 21 sept. au 19 déc.* – **P** – *24 ch. : 149/350F* – ☕ *32F* – *restaurant 68/130F.* Dominant la station, cet hôtel préserve une ambiance de pension pour vous accueillir en famille. Tranquillité assurée. La cuisine locale simple est servie en salle ou en terrasse dominant le village, face à la Vanoise.

• Valeur sûre

Hôtel Les Airelles – *les Darbelays* – *1 km au N de Pralognan* – ☏ *04 79 08 70 32* – *fermé 16 avr. au 4 juin et 20 sept. au 17 déc.* – **P** – *22 ch. : 450F* – ☕ *50F* – *restaurant 95/130F.* Demandez au patron qu'il vous emmène voir les bouquetins. Ce chalet est juste en bordure de forêt. Du balcon de votre chambre décorée de bois clair, vous admirerez la Vanoise. Bonne ambiance sympathique, style pension, cuisine simple de pays. Piscine d'été.

séjourner

La station

Domaine skiable – Très ensoleillé car exposé plein Sud, le domaine est intéressant mais de dimension modeste comparé aux autres stations de Tarentaise. Les possibilités de ski de randonnée sont en revanche exceptionnelles.

Activités estivales – L'été, Pralognan est l'une des stations les plus animées de la Savoie, attirant par milliers promeneurs et alpinistes.

SÉANCE DIAPOS

Nous conseillons aux estivants comme aux hivernants d'assister aux projections de diapositives organisées par l'Association des chasseurs d'images de Pralognan : présentation de la faune, de la flore, des randonnées et courses de haute montagne.

randonnées

La Cholière★

1,5 km par un chemin de montagne, puis environ une demi-heure à pied. Partir de l'hôtel La Vanoise, traverser presque aussitôt le Doron, suivre le chemin du terrain de sports qui se dirige en ligne droite vers le pied de la colline de la Chollière. Une fois escaladée, laisser la voiture en haut

LES PRINCESSES DES ALPES
Les prairies voisines de la Chollière sont réputées pour leur flore remarquable : en juin, narcisse, gentiane ; en août, « reine des Alpes » ou chardon bleu.

IL CONNAÎT LE TERRAIN
Long de 1 400 m, un couloir a été aménagé au mont Bochor afin d'apprendre à mieux connaître l'espace montagnard. Dix tables de lecture analysent la richesse géologique et écologique du site.

DEUX TENDANCES
Les marcheurs peu habitués redescendront sur Pralognan par le refuge des Barmettes, direction le parking des Fontanettes. Les bons marcheurs descendront, par temps sec, par le cirque et le ravin de l'Arcellin, itinéraire magnifique mais un peu délicat.

des chalets. Faire encore quelques pas pour avoir un recul suffisant. En arrière du premier plan formé par le tertre boisé auquel s'adossent les maisons du hameau et par le vallon de la Glière qu'encombre l'énorme bosse du Moriond, vous aurez un bel ensemble de haute montagne : à droite des deux pointes effilées de la Glière surgit la Grande Casse (alt. 3 855 m), cime maîtresse de la Vanoise. Tout proche, le Grand Marchet présente le fil de son impressionnante arête Ouest.

Mont Bochor★

Environ 3h à pied AR, ou 6mn de téléphérique. Juil.-août : 8h10-12h20, 13h50-17h50 (dép. toutes les 20mn) ; juin et sept. : 8h10-11h50, 13h35-17h20. 36F AR, 28F A, spécial VTT : 38F A. ☎ *04 79 08 70 07.*

De la station supérieure, gagner le sommet (alt. 2 023 m) où a été aménagée une table d'orientation. La vue plonge sur le bassin de Pralognan et la vallée du Doron de Chavière, fermée par le haut massif de Péclet-Polset. À gauche de ce couloir, d'une part un bout de l'immense plateau glaciaire de la Vanoise, terminé au Nord par les escarpements de la Réchasse, d'autre part la Grande Casse.

Col de la Vanoise★★★

Alt. 2 517 m. Départ du mont Bochor. Si le téléphérique ne fonctionne pas, partir du parking des Fontanettes.
Montée : 3h. Descente sur Pralognan : 2h1/2.

Du mont Bochor, le sentier, étroit mais facile, évolue à flanc de montagne jusqu'au refuge des Barmettes. Vues sur l'aiguille de la Vanoise, devant la Grande Casse. S'élargissant ensuite, le chemin devient de plus en plus raide, parvient au lac des Vaches avant d'atteindre le col. Vues sur les couloirs glaciaires de la Grande Casse et la pointe de la Réchasse. Le Président Félix Faure, qui déjeuna au col en 1897, a donné son nom au refuge inauguré 5 ans plus tard. Lors de la descente, après avoir dépassé le lac des Assiettes, très belle vue dans le lointain sur la Lauzière, la Saulire (Courchevel). Le sentier, qui longe la Grande aiguille de l'Arcellin et le Grand Marchet, présente un intérêt aux amateurs de flore alpine (lys martagon, ancolies, joubarbes...).

Petit Mont Blanc★★

Alt. 2 677 m. Départ des Prioux.
Montée : 3 h 1/2 par le col du Môme. Descente : 2 h.
Superbe **panorama**★★ sur la vallée de Pralognan.

Lac Blanc★★

Départ du pont de la Pêche.
3h1/4. Montée nécessitant de l'endurance car longue : Retour : 2h1/2. Situé en contrebas du refuge de Péclet-Polset, le lac Blanc est l'un des plus beaux lacs de la Vanoise. Le longer sur la droite et commencer à monter en direction du col du Soufre. Vue sur l'aiguille de Polset, le glacier de Gébroulaz, le col de Chavière, la pointe de l'Échelle, le glacier du Genepy.

Le mont Parraché face à lui-même, dans les eaux du lac Blanc.

La Roche-sur-Foron★

Bienvenue veaux, vaches, cochons, couvées... Les marchés agricoles de la Roche-sur-Foron sont les plus dynamiques de la vallée. C'est donc tout naturellement que l'École nationale d'industrie du lait et des viandes s'y est installée. Ici, on cultive l'art de ne pas rendre les vaches folles. C'est bon pour le moral. Mais laissons les bovidés chez le psy pour nous promener dans la vieille ville moyenâgeuse. Certaines façades repeintes de couleurs vives vous font atterrir en Sardaigne, en l'espace d'une seconde. Il faut dire que la cité jouait un rôle économique important à l'époque de la Maison de Savoie.

La situation

Cartes Michelin n°s 74 pli 6 ou 244 pli 8 – Haute-Savoie (74). Favorablement placée à mi-pente pour surveiller la basse vallée de l'Arve, La Roche-sur-Foron est un grand carrefour routier et ferroviaire.

🚹 *Place Andrevedan, 74800 La Roche-sur-Foron,* ☎ *04 50 03 36 68.*

Le nom

Au 14e s. la cité était aussi importante qu'Annecy ou Genève. La butte féodale, aussi dénommée La Roche, qui supportait le château, domine le torrent du Foron.

Les gens

L'Ecole nationale des industries du lait et de la viande ouverte en 1932 à La Roche-sur-Foron, apprend à 300 étudiants les règles des métiers... On mesure chaque jour un peu plus l'importance du savoir-élever et du savoir-manger.

> **LUMIÈRE !**
> La Roche-sur-Foron fut la première ville d'Europe à bénéficier de l'éclairage électrique public en 1885. Dans le parc du château, une plaque commémore cet événement.

se promener

VIEILLE VILLE★★

visite : 1h1/2 à pied

Un petit tour dans la vieille ville de laquelle s'échappent encore les effluves empreints du Moyen Âge. Ça monte et ça descend... Ce quartier plein de charme paraît s'enrouler autour de l'éperon rocheux. Les nombreuses maisons aux fenêtres à meneaux et accolades et au toit recouvert de tuiles écailles sont restées dans leur environnement. Pour en garder l'âme, ce quartier fait l'objet d'une attentive restauration. Depuis la place St-Jean, on passe ensuite au quartier du Plain-Château dont quelques maisons ont conservé leurs fenêtres à meneaux.

Prendre à gauche de l'église la rue des Fours, en montée pour rejoindre la tour. On franchit la porte Falquet qui affiche fièrement ses nombreux blasons puis l'on pénètre dans la cour de l'école. Au fond de la cour, l'entrée de la tour est à droite.

Tour des comtes de Genève

De mi-juin à mi-sept. : 10h-12h, 14h-18h30. 10F. ☎ *04 50 25 82 29.*

Dominant la ville de sa masse grisâtre, c'est l'unique vestige du château des comtes de Genève élevé sur l'éperon rocheux. Du sommet, belle vue sur la ville et la vallée de l'Arve. En redescendant vers le centre, prendre à droite la **rue du Plain-Château**, bordée sur les deux côtés de maisons aux façades ouvragées du 17e s. Remarquer particulièrement celle de la **maison des Chevaliers** de l'ordre de l'Annonciade (1565) créé par le comte Vert. *À l'extrémité de la rue, tourner à droite* vers le château de l'Échelle. Revenir sur ses pas et descendre la rue du Cretet après avoir franchi la porte St-Martin, vestige de la première enceinte du 13ᵉ s. On atteint la rue du Silence. Au n° 30, on remarque un ensemble intéressant de fenêtres à meneaux. Plus loin à droite, c'est la maison du prince-évêque Fabri. ◄ Contourner l'église par la droite pour s'engager dans la rue des Halles.

Église St-Jean-Baptiste

Fondée en 1111 sous le règne des comtes de Genève dont les armoiries surmontent le portail, elle est dominée par un clocher massif dont la flèche, démolie en 1793, a été reconstruite au 19ᵉ s. Le chœur et l'abside constituent la partie la plus ancienne de l'édifice (12ᵉ s.). Les chapelles situées de part et d'autre de l'autel sont gothiques.
À proximité de la mairie de style sarde se dresse la pittoresque halle aux grains « **la Grenette** », ancien ◄ symbole économique de la cité. S'avancer sur le Pont-Neuf : une belle vue d'ensemble sur le Foron dominé par les jardins en terrasses.

itinéraire

◄ ROUTE DE MONT-SAXONNEX★

De La Roche-sur-Foron à Cluses

36 km – environ 1h1/2. Quitter La Roche-sur-Foron par la N 203 vers l'Est.

Bonneville

L'ancienne capitale du Faucigny est restée un centre administratif et un carrefour touristique, au confluent du Borne et de l'Arve. La curiosité de l'endroit est la colonne commémorative érigée à l'entrée du pont sur l'Arve, en l'honneur de Charles-Félix de Sardaigne qui, au début du 19ᵉ s., fit mener à bien l'endiguement du grand torrent.
Quitter Bonneville à l'Est par la N 205 ; après avoir enjambé l'autoroute, tourner à droite vers Mont-Saxonnex, puis prendre la route de Brizon. Laisser la voiture au terme d'un passage en corniche escarpé, près du virage prononcé à droite, qui marque l'entrée du haut vallon de Brizon.

Gorges du Bronze

Si l'on veut y faire halte : laisser la voiture 100 m après le premier lacet, pour grimper sur un rocher dominant le profond ravin boisé.

Mont-Saxonnex★

◄ Cette villégiature estivale du Faucigny est très appréciée pour sa situation en terrasse, à plus de 500 m au-dessus de la plaine de l'Arve.
Panorama★★ – *S'engager en voiture sur la route de l'église qui s'amorce au Bourgeal. Aller jusqu'à l'église.*
En contournant le chevet de l'église, la vue plongera sur la plaine de l'Arve, face au débouché de la grande vallée affluente du Giffre.
Entre Mont-Saxonnex et Cluses, la route, après une vue plongeante sur la plaine de l'Arve, s'enfonce sous bois. Elle n'en ressort que pour se joindre à la D 4 qui traverse les nombreuses agglomérations-satellites de Cluses, animées par les petits ateliers de décolletage à domicile.

La Rosière 1850*

De La Rosière, vous êtes à un saut de puce du col du Petit-Saint-Bernard et des communes de Séez et de Sainte-Foy-en-Tarantaise. Malgré son potentiel de randonnées, La Rosière n'a pas pris le tic de bien des stations environnantes : ici, vous éviterez les colonies de frénétiques des sports d'hiver se regardant en chien de faïence. Et si voulez un saint-bernard...

La situation

Cartes Michelin n°s 89 pli 5 ou 244 pli 21 – Schéma p. 399 – Savoie (73). Cette agréable et coquette station, située à 1 850 m d'altitude à la lisière supérieure de la forêt, bénéficie d'une remarquable position balcon face à la Tarantaise.

🛈 *73700 Montvalezan,* ☎ *04 79 06 80 51.*

Le nom

Si vous achetez des roses chez le fleuriste pour l'anniversaire de madame, sachez qu'elles ne proviennent pas de la station. Ici, les rosières ne produisent pas de fleurs ! À l'origine il s'agit d'un lieu où poussent des roseaux et non des roses.

Les habitants

« Oh comme il est mignon... », « qu'il est trop chou... », « j'en veux un... » De jolis petits saint-bernard en élevage vous feront la fête si vous prenez la sortie Nord de la station. Mais attention, même les plus « jamais de la vie, c'est trop galère » risquent fort de craquer !

> **POINT DE VUE**
>
> À gauche, le rocher de Bellevarde et le barrage de Tignes ; en face l'imposante masse du mont Pourri (3 779 m), l'aiguille Rouge, Arc 2 000, le sommet de Bellecôte et Aime 2 000-La Plagne. En contrebas, Bourg-St-Maurice, au pied du Beaufortain. Dans le lointain, les chaînes de la Lauzière et de Belledonne.

Dans l'immensité glacée des contreforts du Petit-Saint-Bernard, tout l'espace skiable semble vous appartenir.

séjourner

Le domaine skiable

À Montvalezan (dont le point culminant est le mont Valaisan : 2 891 m), des pistes bien enneigées et très ensoleillées ont été aménagées depuis 1960.

Depuis peu, La Rosière est reliée à la grande station italienne de la Thuile. Mais non, il ne vous arrivera rien... Si ce n'est le plaisir de skier dans un vaste domaine international adapté à tous les niveaux. N'oubliez pas les appareils photos. Vous aurez de beaux panoramas à mettre dans la boîte. Des sommets du roc Noir, de la Traversette et du Belvédère ainsi que des pistes de San Bernardo et de la Tour, des **vues★** superbes sur le massif du Mont-Blanc.

Rumilly

Capitale de l'Albanais, Rumilly fut une importante place forte, jusqu'au jour de 1630 où on lui fit un siège auquel elle ne résistât pas. En un revers, elle fut démantelée par les Français. De quoi ruminer... Depuis, elle s'est reconvertie en marché agricole qui tient le haut du pavé de la région. Lui ne devrait pas être démantelé, à moins qu'une pub pour du chocolat au riz ne souffle par là...

◀ La situation

Cartes Michelin n°s 89 pli 14 ou 244 pli 18 – Haute-Savoie (74). Rumilly a pour défenses naturelles les profondes coupures de deux torrents confluents, le Chéran et la Néphaz, franchissables aujourd'hui grâce à plusieurs ponts. 🚹 *74152 Rumilly,* ☎ *04 50 64 58 32.*

Le nom

L'origine provient probablement du domaine d'un personnage romain dénommé *Romilius.* Dans d'autres régions de France, des villes connaissent cette même origine. A-t-il des héritiers ?

Les gens

9 236 Rumilliens et quelques centaines de ruminants dont le lait alimente l'industrie prédominante de Rumilly.

carnet d'adresses

OÙ DORMIR

• *À bon compte*

Chambre d'hôte La Ferme sur les Bois – *Le Biolley – 74150 Vaulx – 10 km au NE de Rumilly par D 3 –* ☎ *04 50 60 54 50 – site Internet http://perso.wanadoo.fr/annecy-attelage – fermé Toussaint au 20 déc. – ⌧ – 4 ch. : 230/280F.* Isolée en moyenne montagne, cette ferme du 19e s. très rénovée abrite des chambres décorées de meubles peints à l'ancienne. Le soir, vous prendrez votre dîner au coin de la cheminée. Et dès que le temps le permet, des balades en calèche sont organisées...

OÙ SE RESTAURER

• *Valeur sûre*

Rôtisserie du Fier – *74910 Seyssel – au Val du Fier, à 3 km au S de Seyssel par D 991 et D 14 –* ☎ *04 50 59 21 64 – fermé vac. de Toussaint, de fév., mar. soir et mer. – 100/250F.* Un cadre bucolique pour une cuisine fraîche et sans chichis : dès les beaux jours, on y déjeune au milieu des arbres, dans un jardin verdoyant au bord d'une rivière... Une étape bien agréable ! Bon rapport qualité/prix.

se promener

Vieux quartiers

Le noyau ancien de la ville, autour de sa « Halle aux blés » – le bâtiment actuel date de 1869 – n'est pas dénué d'un certain cachet aristocratique : on y voit encore quelques hôtels du 16e s. (14 rue d'Hauteville) et du 17e s. (8 place de l'Hôtel-de-Ville ou 18 rue Filaterie).

Pont Édouard-André

En sortant de Rumilly par ce pont, vous serez charmés par un ensemble, à droite, de vieilles maisons accrochées telles des patelles ou bernicles, au lit encaissé de la Népha.

◀ Musée de l'Albanais

Av. Gantin. ♿ *De juin à mi-sept. : tlj sf mar. 9h-11h, 14h-16h (juil.-août : tlj sf mar. 10h-12h, 15h-19h). Gratuit.* ☎ *04 50 01 19 53.*

Établi dans une ancienne manufacture de tabac, ce petit musée expose des documents et objets traditionnels relatifs à l'histoire de l'Albanais et de la Savoie depuis le 17e s.

Chapelle N.-D.-de-l'Aumône

Au bout de l'avenue de l'Aumône, en bordure du Chéran. 14h-18h. Visite guidée sur demande auprès de l'Office de tourisme.

◀ Cette chapelle du 13e s. a été très remaniée et agrandie au début du 19e s.

VAL DU FIER★ *42 km – environ 2h*

Quitter Rumilly par la D 31 au Nord-Ouest (vers Lornay).
La route longe bientôt le Fier qu'elle franchit à St-André
pour gagner **Clermont**, village bien ramassé sur sa butte,
au-dessus de la dépression de l'Albanais.

Château de Clermont

*De déb. mai à déb. oct. : w.-end et j. fériés 14h-18h (de mi-juin
à mi-sept. : tlj 10h30-12h30, 13h30-18h30). 15F. ☎ 04 50 69
63 15.*

Un étroit chemin goudronné donne accès aux bâtiments,
propriété départementale après avoir été longtemps
occupés par une exploitation rurale. Il faut pénétrer dans
l'ancienne cour d'honneur pour admirer l'ensemble des
trois ailes de galeries à double étage qui faisait le
principal ornement de ce palais, élevé sans fondations,
à même le roc, de 1575 à 1577, par un riche prélat, Gallois
de Regard, dans le style de la Renaissance italienne.
L'aile Sud, percée d'un majestueux portail, est flanquée
de deux tours carrées ; de sa galerie supérieure – la seule
non couverte – vue sur la campagne albanaise, Rumilly
restant invisible derrière un pli de terrain.
À l'intérieur, on visite plusieurs salles et les caves (dont
une à arcade).

Revenir à St-André, à l'entrée amont du val du Fier (vers ▶
Seyssel). Prendre la route peu avant une usine à gauche.

Val du Fier★

Cluse typique noyée sous un fouillis de verdure. si vous
êtes plutôt sensibles aux photos genre David Hamilton,
la visiter de préférence en fin d'après-midi pour ces effets
vaporeux de contre-jour. La porte d'entrée amont, avec
ses bancs de roches feuilletées, et l'étranglement final,
constituent les passages les plus marquants du défilé.
*Faire demi-tour à la sortie du val du Fier, toute proche du
confluent du Fier et du Rhône, et reprendre la direction de
Rumilly jusqu'à Vallières. Là, prendre à gauche la D 14 vers
Hauteville, jusqu'à Vaulx.*

Jardins secrets

*De fin juin à mi-sept. : visite guidée (1h, dernier dép. 18h)
13h30-19h ; de déb. avr. à fin juin : w.-end et j. fériés
13h30-19h ; de mi-sept. à fin oct. : dim. et j. fériés 13h30-18h.
Fermé nov.-mars. 33F (-16ans : 15F). ☎ 04 50 60 53 18.*
Un petit vent du sud souffle sur ces jardins et leurs
fontaines, leur patios, leurs pergolas... On se croirait à
quelque 2 000 kilomètres de là.
Faire demi-tour et rentrer à Rumilly par la D 3.

> **SUR LA VOIE**
> Juste avant le deuxième
> tunnel s'amorce à gauche
> le court sentier d'accès à
> une grille défendant
> l'entrée de la **voie
> romaine du val du Fier**,
> tronçon subsistant, taillé
> sur 75 m dans une paroi
> rocheuse, de la route qui,
> au milieu du 1er s., reliait
> la plaine de l'Albanais à la
> vallée du Rhône.

*Les patios des jardins
secrets donnent un goût
d'Alhambra sous le ciel
savoyard.*

Saint-Geoire-en-Valdaine

Aux 15e et 16e s, défiant les lois de la physique, les
Clermont-Tonnerre avaient décidé, tonnerre de
Brest, de construire leur château au point culminant,
encore plus haut au-dessus de Saint-Geoire. Ils
durent plus d'une fois attirer la foudre. Comment
résistaient-ils à la colère des dieux ? À l'époque,
Benjamin Franklin n'avait pas encore trouvé la
fameuse invention qui aurait pu les mettre à l'abri...

La situation

Cartes Michelin nos 74 plis 14, 15 ou 244 pli 28 – Isère (38).
À deux du lac de Paladru, St-Geoire en bordure de la D 82,
est accessible par les N 75 et N 6 qui l'encadrent au départ
de Grenoble (via Voiron) et Chambéry. 🖪 *38620 St Geoire-
en-Valdaine,* ☎ *04 76 07 59 90.*

Le nom

Il s'agit d'une des nombreuses variantes de *Georgius* (Georges).

Les gens

4 295 Saint-Geoiriens et les nombreux artistes régionaux qui au cours des siècles exercèrent leurs talents dans les aménagements du château de Longpra : les Hache de Grenoble, les Tournois, Froment et Jublé...

visiter

Église

Intéressant édifice des 12ᵉ-15ᵉ s., à portail sculpté du 16ᵉ s. À l'intérieur, magnifiques **stalles**★ Renaissance, ornées de médaillons d'un réalisme saisissant, caricatures sans complaisance de contemporains, selon la tradition.

Château de Longpra★

À la sortie Ouest du bourg. De mi-juin à mi-sept. : visite guidée (3/4h) w.-end et j. fériés 14h-18h (juil.-août : tlj) ; oct.-Toussaint : dim. 14h-18h. 35F (enf. : 15F). ☎ 04 76 07 63 48.

Voir illustration dans l'invitation au voyage, au chapitre de l'ABC d'architecture. Ancienne maison forte du 13ᵉ s., le château a été aménagé au 18ᵉ s. en résidence pour Longpra, conseiller au parlement de Grenoble. L'intérieur a bénéficié du concours des meilleurs artisans régionaux. Les parquets sont l'œuvre des **Hache**, célèbres ébénistes grenoblois. Remarquer la décoration de la chapelle et de la salle à manger.

> **EXTÉRIEUR MODÈLE**
> La sobre architecture extérieure en fait le type même des demeures dauphinoises. Les douves d'origine ont été converties en plan d'eau et un parterre à la française a remplacé les terrassements défensifs.

Sainte-Foy-Tarentaise

Imaginez un village un peu hors du temps, qui aurait su garder toute la saveur de son authenticité. Imaginez des maisons en pierre, aux toits couverts de lauzes, avec de petites fenêtres étroites, bien campées pour affronter les hivers les plus rudes. Imaginez au loin des prairies rougies par les rhododendrons... Ne bougez plus... Vous y êtes.

La situation

Cartes Michelin nos 89 pli 6 ou 244 Sud du pli 21 – Schéma p. 399. – Savoie (73). Entre Bourg-st-Maurice et Val-d'Isère, bâtie sur une terrasse dominant la rive droite de l'Isère, Ste-Foy-Tarentaise est entourée de villages et de hameaux qui ont conservé leur authenticité. **🛈** *743640 Ste-Foy-Tarentaise, ☎ 04 79 06 95 19.*

Le nom

À l'image de ses quinze communes sœurs de France, Sainte-Foy-Tarentaise a pour patronne la jeune chrétienne martyrisée à Agen à l'âge de 12 ans.

Les gens

« Question rouge... Comment s'appelle les habitants de Sainte-Foy-Tarentaise ? » Ding, ding, ding... C'est peut-être moins compliqué qu'il n'y paraît... Non, décidément vous séchez. Dong, dong, dong. « Ah là là, c'est fini. La réponse était les Santaférains ». 643 Santaférains donc... C'est vrai qu'il faut le trouver...

randonnées

La Sassière★★

10 km. Prendre la première route à gauche à la sortie de Ste-Foy-Tarentaise vers l'Iseran. Après 2 km, la route parvient au gros hameau le Miroir dont les vastes chalets aux balcons de bois s'étagent sur le versant adret. On traverse ensuite quelques hameaux dont le Crôt, et l'on arrive à l'altitude des alpages. C'est ici qu'on se laisse charmer par l'architecture émouvante des vieilles maisons d'antan.

Laisser la voiture au terme de la route et poursuivre à pied.  *2h AR.* Le chemin monte parmi les rhododendrons. À la chapelle de la Sassière apparaît soudain une **vue**★★ sur le glacier de Rutor, situé en Italie et dominant de sa masse une vallée glaciaire à fond plat où s'éparpillent un hameau et des chalets d'alpage.

POINT DE VUE DU MONAL
8 km, puis 1 h à pied AR. Prendre la D 902 vers le Sud, puis tourner à gauche vers Chenal. Laisser la voiture et poursuivre à pied. Du hameau du Monal s'offre une **vue**★★ remarquable sur le mont Pourri et ses glaciers, les cascades qui tombent du glacier de la Gurra, et sur le village de la Gurraz.

Paysage de haute Tarentaise : le hameau du Monial et le mont Pourri.

Saint-Gervais-les-Bains⚐⚐

« L'eau, l'air, la vie... » Ce slogan pourrait être celui de la ville si des publicitaires ne l'avaient pas déjà attribué à une eau gazeuse. Saint-Gervais fut lancée avec succès il y a plus d'un siècle grâce à ses eaux thermales sans bulle. Son climat riant et son air pur conditionnent également sa renommée. Les nombreuses possibilités d'excursions étancheront votre soif de plein air. Saint-Gervais est décidément pétillante de vie et vous goûterez au plaisir d'y être en famille.

La situation

Cartes Michelin n°s 89 pli 4 ou 244 pli 20 – Schéma p. 310 – Haute-Savoie (74). Au débouché du val Montjoie et de l'autoroute Blanche dans le bassin de Sallanches, Saint-Gervais apparaît, dans l'un des sites les plus épanouis des Alpes. *115 avenue du Mont-Paccard, 74170, ☎ 04 50 47 76 08.*

Le nom

Du latin *Gervasius,* saint romain qui fut martyrisé sous le règne de Néron avec son frère Protais. Son nom fut attribué à de nombreuses cités en Auvergne et en Savoie où le culte de ce saint est très présent.

Les gens

5124 Saint-Gervolains dont le plus célèbre, le plus beau, le plus fort est un géant. En effet, le sommet du Mont Blanc se situe en partie sur le territoire de la commune de St-Gervais.

Pour l'alpiniste qui tente l'ascension du plus haut sommet français par le tramway du Mont-Blanc, Tête Rousse et l'aiguille du Goûter, Saint-Gervais est la base de départ traditionnelle.

Le TMB (Tramway du Mont Blanc) escalade par tout temps les contreforts du Mont Blanc, dont il devait pourtant, à l'origine atteindre le sommet !

séjourner

ST-GERVAIS

Tout se trame autour de son église, sur les derniers versants adoucis du val Montjoie et au-dessus de la faille boisée où coule le Bon Nant.

Pont du Diable

Il enjambe d'une façon endiablée la gorge boisée du Bon Nant. Vers l'amont la vue est dégagée sur le mont Joly, le mont Tondu et sur les dômes de Miage, dont les bosses neigeuses forment le décor typique du val Montjoie ; vers l'aval, échappée sur les escarpements des Fiz (pointe et « désert » de Platé).

LE FAYET

Au fond du bassin de Sallanches, cette ville-gare constitue le quartier thermal de l'agglomération.

L'**établissement thermal** est situé à la sortie de la gorge du Bon Nant, au fond d'un parc agrémenté par une jolie cascade. Si vous avez des problèmes de peau ou de voies respiratoires, pensez à ses eaux. Vous ne perdrez pas votre temps.

> **ÉGLISE N.-D.-DES-ALPES**
> Construite en 1938 par l'architecte Novarina, qui a conçu également l'église d'Assy, elle témoigne des tendances de l'art sacré à cette époque.

carnet d'adresses

OÙ DORMIR

• *Valeur sûre*

Hôtel Carlina – *r. Rosay* - ☎ 04 50 93 41 10 - *fermé 16 avr. au 14 juin et 21 sept. au 19 déc.* - 🅿 - 34 ch. : 433/618F - 🍽 50F - restaurant 135/180F. Une grande bâtisse sur les hauteurs, à proximité du téléphérique du Bettex. La salle à manger agréable s'ouvre sur le jardin et la station. Pendant votre séjour, une belle piscine intérieure chauffée vous aidera à garder la forme.

Hôtel Chez la Tante – *au Mont d'Arbois par télécabine, à la station supérieure (accès piétonnier)* - *74170 Le Fayet* - ☎ 04 50 21 31 30 - *fermé avr., mai et 3 nov. au 14 déc.* - 25 ch. : 300/350F - 🍽 30F - restaurant 140/200F. Juché à 1850 m d'altitude, ce chalet solitaire offre un panorama unique sur la chaîne du Mont-Blanc. Le bol d'air pur sur ce site grandiose est garanti. On y accède par télécabine et chenillette, à skis ou à pieds. L'hébergement est simple comme les repas (self le midi pendant l'hiver).

OÙ SE RESTAURER

• *Valeur sûre*

Ferme auberge de Bionnassay – *3084 rte de Bionnassay - 3,5 km au S de St Gervais dir. Les Contamines puis Bionnay* -☎ 04 50 93 45 23 - *fermé 2 nov. au 24 déc.* - 130/170F. Située à la croisée des chemins, cette ferme-auberge de 1810 est l'étape idéale pour les randonneurs. Dans un intérieur chaleureux, agrémenté d'une petite écurie, retrouvez le charme de la vie montagnarde des siècles passés. Que son accès difficile en hiver ne vous décourage pas !

Lou Grangni – *50 r. de la Vignette* - ☎ 04 50 47 76 39 - *fermé mi-mai à mi-juin et mi-nov. à mi-déc. et mar. ou mer.* - 129/190F. Derrière la façade de bois de ce restaurant du centre-ville, le cuisinier officie sous vos yeux. Pour découvrir les plats régionaux ou pour un repas plus classique, installez-vous dans l'une des alcôves de l'arrière-salle et oubliez les calories ! Allergiques aux odeurs de fromage : préférez la terrasse !

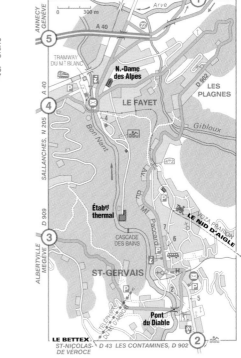

alentours

Route du Bettex★★★

8 km par la D 909 (route de Megève), puis la D 43 à gauche en direction du Bettex. On peut aussi accéder au Bettex par le téléphérique au départ de St-Gervais.

Vues très variées sur les chaînes du Mont-Blanc, des Fiz et des Aravis.

L'excursion peut être prolongée par la montée en téléphérique du Bettex au **mont d'Arbois★★★** (alt. 1 827 m – table d'orientation). Magnifique **tour d'horizon** sur les Aravis, les Fiz et le Mont Blanc. *De mi-juin à déb. sept. : 9h-12h30, 14h-18h (10mn, toutes les 1/2h). 1er tronçon (jusqu'à Bettex) : 50F AR, 30F A ; 2 troncons (jusquau Mt d'Arbois) 80F AR, 50F A.* ☎ *04 50 93 11 87.*

Col de Voza

Alt. 1 653 m. Le tramway du Mont-Blanc assure la montée au départ du Fayet ou de St-Gervais-Ville.

Le tramway électrique du Mont-Blanc, en direction du Nid d'Aigle *(voir ci-dessous)* conduit d'abord au col de Voza ; son tracé à flanc de montagne au-dessus de la vallée de Bionnassay réserve déjà des **vues★★** grandioses sur le groupe du Mont-Blanc.

Le Nid d'Aigle (glacier de Bionnassay)★★

Alt. 2 386 m. Compter environ 3h AR par le tramway du Mont-Blanc. De St-Gervais au col de Voza (1800 m) : de mi-juin à déb. oct. et de mi-déc. à mi-avr. 89F. De St-Gervais au Nid d'Aigle (2400 m) : de fin juin à mi-sept. (2h1/2). 130F. ☎ *04 50 47 51 83.*

Pour faire connaissance avec la haute montagne : rien de tel que le cadre sauvage du glacier de Bionnassay *(de la station terminus, 1h à pied AR pour atteindre la moraine du glacier)*, au pied de l'aiguille du Goûter et des aiguilles de Bionnassay, d'où s'abattent de spectaculaires avalanches.

AU TOP

La situation de St-Gervais, au milieu de la chaîne en fait, avec ses satellites d'altitude du Bettex, de « Voza-Prarion » et de St-Nicolas-de-Véroce, une grande station de sports d'hiver.

GORGES DE LA DIOSAZ★

De mi-juin à déb. sept. : 8h-19h30 (dernière entrée 1h av. fermeture) ; de déb. mai à mi-juin : 9h30-18h30 ; de déb. sept. à fin sept. : 9h30-17h30. Fermé d'oct. à déb. mai. 24F. ☎ 04 50 47 21 13.

La Diosaz, affluent de l'Arve, descend du Buet (alt. 3 099 m) et rejoint le bassin de Servoz par des gorges réputées : dont dégringole une **série de chutes★★**, surtout en juillet et en août quand le barrage installé en amont ouvre ses vannes.

Du village, où se dresse l'église de Servoz, on accède en voiture (1 km) jusqu'au kiosque d'entrée des gorges.

> **QUI SE SOUVIENT?**
> Le sentier passe au pied du monument élevé à la mémoire du naturaliste et poète **Eschen**, tombé en 1800 dans une crevasse du Buet. La grandiloquente inscription commémorative est un superbe échantillon du style officiel de l'époque...

Le circuit débute par un sentier et des galeries suspendues. Plus haut, on rencontre d'abord la cascade des Danses et, après le pont Achillon-Cazin, la tumultueuse cascade de Barme-Rousse. Les parois de la gorge s'élèvent et se resserrent. Du pont du Soufflet, on admire les trois rebonds de la cascade de l'Aigle, la plus haute et la plus imposante de cet ensemble de chutes.

Au-delà, les galeries se poursuivent encore jusqu'au « pont Naturel » formé par un bloc de rocher. Vous ne craignez rien, il est tombé depuis le 16e s ! Depuis de l'eau a coulé sous le pont ! Il est coincé dans une fissure de la montagne d'où s'échappe la **cascade du Soufflet**.

St-Nicolas-de-Véroce

12 km par la D 909 vers Megève, puis la D 43 à gauche. Description au massif du Mont-Blanc.

Saint-Jean-de-Maurienne

Saviez-vous que c'est à Saint-Jean-de-Maurienne que sont précieusement conservés les trois doigts de saint Jean Baptiste ? On y installa l'épiscopat, qui resta de longue main l'élément moteur du développement de la ville. Mais en 1966, le diocèse change de main et passe à Chambéry. Heureusement, saint Jean a toujours sous la main son centre historique, rénové de main de maître, et son célèbre Opinel. Croisons les doigts pour qu'on ne mette pas un nouveau coup de canif à cette ville au passé prestigieux.

La situation

Cartes Michelin n°s 89 pli 17 ou 244 pli 30 – Savoie (73). L'accès classique emprunte directement l'autoroute A 43 qui longe la ville. L'accès plus champêtre en été passe par la vallée de St-Jean : depuis le Sud, par le col de la Croix-de-Fer ou au Nord, en venant de Moûtiers par le col de la Madeleine. ❱ *Ancien Évêché, place de la Cathédrale,* ☎ *04 79 83 51 51.*

Le nom

Modeste chef-lieu d'une vallée à l'intérêt stratégique permanent, la petite bourgade de Morienna, s'affranchit de la tutelle de l'évêque de Turin au 6e s. grâce à l'appui des rois burgondes. Saint Jean lui envoya trois de ses doigts (on ne sait pas de quelle main). Ravie de ce cadeau inespéré qu'elle conserva au reliquaire de la cathédrale, la ville prit alors le nom de ce saint homme amputé. C'était la moindre des choses.

Les gens

9 439 Mauriennais soudés comme les dix doigts de la main. Au 6e s., c'est une jeune femme pieuse originaire de Valloire, sainte Thècle, qui ramena d'Alexandrie les trois doigts de saint Jean. Son arrivée après un tel voyage ne put que faire fondre la glace...

visiter

Tout comme nous, vous apprécierez sans doute l'effort ▶
réalisé sur le plan de la rénovation du centre historique
de Saint-Jean-de-Maurienne. Il a retrouvé son caractère
transalpin avec ses maisons aux façades colorées et ses
portiques. Sur le parvis de la cathédrale, une tour carrée
isolée (11e-12e s.), dont les parties hautes, ancien clocher
de l'église Notre-Dame (portail latéral du 11e s.), furent
démantelées à la Révolution.

LÀ-BAS AUSSI
La cité de Suse au
Piémont possède un
clocher carré de même
facture que celui de
Saint-Jean mais
comportant encore ses
flèches.

Cathédrale St-Jean-Baptiste

*Juil.-août : visite guidée lun.-ven. à 10h30, 14h30, 16h, sam.
à 10h30. Office de tourisme.*
La cathédrale fut édifiée entre le 11e et le 15e s.
L'intérieur, en partie restauré, est intéressant pour son
riche mobilier du 15e s. et pour les deux fresques qui
ont été mises au grand jour, l'Annonciation et la Mise
au tombeau. Sous le péristyle, construit en 1771, fut
élevé un mausolée à Humbert aux Blanches Mains,
premier comte de Maurienne et fondateur de la Maison
de Savoie.

Ciborium★ – Délicat chef-d'œuvre de sculpture
flamboyante, taillé dans l'albâtre, il est placé à gauche
dans l'abside. On a pu voir pendant quelque temps, dans
sa niche centrale, les trois doigts de saint Jean, patron de
la ville, laquelle a pris pour armes la main entière du
Précurseur...

*Examinez les poignées des
sièges rabattables des
stalles et vous découvrirez
des figures d'animaux ou
des symboles, différents à
chaque siège.*

Stalles★★ – Ce magnifique ouvrage de boiserie (43 stalles ▶
hautes et 39 basses), achevé en 1498, est l'œuvre du
sculpteur genevois Pierre Mochet, qui y travailla 15 ans.

LA STALLE DU PRÉSIDENT
Des deux stalles sous
baldaquin les plus proches
de l'autel, celle de droite
est le siège de l'évêque,
l'autre est réservée, depuis
le 15e s., au chef de
l'État, de droit chanoine
d'honneur de la
cathédrale.

Cloître

Entrée par la porte à gauche de la cathédrale. Du 15e s., au
flanc gauche de l'église, il est conservé entier, avec ses
arcs d'origine en albâtre du pays. Dans la galerie Sud, un
escalier permet de gagner la crypte.

Musée Opinel

1 av. Félix-Faure. ♿ *Tlj sf dim. 9h-12h, 14h-19h. Fermé j.
fériés. Gratuit.* ☎ *04 79 64 04 78.*
Qui n'a pas eu un **Opinel** ? Qui d'ailleurs ne se l'est jamais
fait confisquer ? Mais saviez vous qu'il était originaire des
environs de St-Jean-de-Maurienne ? Ici vous saurez tout
sur ce célèbre couteau : reconstitution de la forge avec
les outils d'origine sur le site même des anciens ateliers
datant de 1930, présentation d'une machine outil conçue
par Opinel *(on ne visite pas les usines).*

*Depuis 1905, le poinçon
Opinel garantit
l'authenticité du célèbre
couteau. Il représente une
main couronnée : trois
doigts levés surmontés
d'une couronne ducale.
Cette dernière marque
l'attachement au duché
de Savoie.*

itinéraire

ROUTE DE LA TOUSSUIRE★

Circuit de 36 km – environ 2h – Quitter St-Jean par la D 926, puis tourner à droite dans la route de la Toussuire.
La route fait découvrir les **aiguilles d'Arves**★★ dans un large horizon de montagnes. Plus haut, vous plongerez sur le bassin de St-Jean-de-Maurienne.

Fontcouverte – la Toussuire★

Groupé sur une butte, visible de fort loin, ce village, d'origine très ancienne, occupe un site remarquablement dégagé où convergent les vallons du cirque supérieur de la Toussuire.

Le Corbier

Le domaine skiable de cette station située en plein cœur du massif des Arves est relié à ceux des stations voisines de la Toussuire et de St-Sorlin-d'Arves.

La Toussuire

Cette station a été créée de toutes pièces dans un cadre d'immenses versants dénudés. Le hameau de **la Rochette**, que l'on traverse en redescendant vers St-Jean-de-Maurienne, doit son nom au pointement rocheux isolé qui caractérise son site.

Saint-Jean-en-Royans

Vous devez connaître au moins l'une des trois spécialités de la localité. La petite raviole de Royans (rien à voir avec les plages de Charente-Maritime) à mélanger avec un peu de crème fraîche et à parfumer de quelques brins de basilic... Vous y êtes, profitez-en... Ensuite, allez faire une petite excursion digestive. Ici, vous n'avez que l'embarras du choix. Le soir venu, vous regretterez de ne pas avoir amener de quoi faire une petite partie de dames ou d'échec. Ça repose les muscles. Ici, on fabrique damiers et échiquiers ainsi que les pièces qui vont avec. Tout ça tourne rond, vous ne trouvez pas?

La situation

Cartes Michelin nᵒˢ 77 Sud du pli 3 ou 244 pli 38 – Schéma p. 408 – Drôme (26). Situé au débouché de la reculée de combe Laval, au pied des falaises du Vercors. Une vue d'ensemble sur St-Jean, les paysages verdoyants du Royans, les gorges de la Bourne et la reculée de Combe Laval depuis la table d'orientation de la col-

Le chœur de l'église est décoré de belles boiseries du 18ᵉ s. provenant de l'ancienne chartreuse de Bouvante.

line du Toura *(accessible par le chemin du cimetière),* **🎫** *Pavillon du tourisme, 26190 St-Jean-en-Royans,* ☎ *04 75 48 61 39.*

Les gens

2 895 Jeannais et un hôte exotique qui fit parler de lui au cours du 18ᵉ s. : le prince turc Zizim.

alentours

Rochechinart

5 km à l'Ouest par la D 209. Le village est dominé par les ruines d'un **château** des 11ᵉ et 12ᵉ s. qui reçut la visite au 15ᵉ s. du prince turc Zizim. La petite église campagnarde, entourée de son cimetière, et le presbytère forment un ensemble harmonieux avec pour toile de fond les falaises calcaires de combe Laval.

Route du Pionnier★

17 km au départ de St-Jean-en-Royans au Sud par la D 131, puis la D 331 à partir du col de la Croix. Du col de la Croix, la D 331 grimpe en corniche, sur la vallée de la Lyonne et du cirque boisé de la Bouvante. Ensuite, sur le Royans et la vallée de l'Isère. Après le tunnel du pas de l'Échelle (dit du Pionnier), la route monte encore jusqu'à son aboutissement à la D 199. De là on peut prendre la route du col de la Bataille (décrite en sens inverse p. 415) ou revenir à St-Jean-en-Royans par la magnifique route de combe Laval.
De juil. à fin août : visite guidée (1h) tlj sf lun. 15h-19h. 17F. ☎ *04 75 47 74 23 ou* ☎ *04 75 48 62 53.*

> **MUSÉE DE LA MÉMOIRE**
> Ceux qui craignent de la perdre pourront se remémorer le temps passé à l'aide de collections d'outils, de costumes régionaux, reconstitution de la cuisine, de la chambre, de la magnanerie, là où on élève les vers à soie.

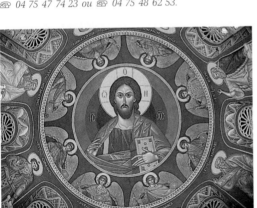

Le Christ Pantocrator, *fresque murale très expressive du peintre russe Dobrinine.*

Monastère St-Antoine-le-Grand

À St-Laurent-en-Royans, que l'on rejoint par la D 54, prendre la direction du col de la Machine (D2) ; dans le premier tournant prendre à droite la route indiquée Gorge de Laval (D 239). Le monastère est à 5 km. **♿** *Visite guidée 11h30-12h30, 14h-16h30. 18F.* ☎ *04 75 47 72 02.*
Tout au fond de Combe Laval vit une petite communauté de moines orthodoxes issue du célèbre monastère du mont Athos Simonos Petras. Précédée d'un portail en bois sculpté, son église de style purement byzantin recrée un petit coin de Grèce, insolite dans ce grandiose décor alpin. À l'intérieur, un exceptionnel ensemble de peintures murales (300 m²) que deux peintres de Moscou ont mis six ans a réaliser.

Saint-Nazaire-en-Royans

De vieilles maisons accrochées telles des bernicles à la paroi rocheuse – sans doute ont-elles peur de dégringoler –, et massées les unes aux autres pour se tenir chaud, ont pour voisin de palier un aqueduc qui les encadrent de ses bras protecteurs. Il ne faut pas qu'elles soient claustrophobes, les pauvres, car les arches leur bouchent la perspective...

La situation

Cartes Michelin n°s 77 pli 3 ou 244 Nord des plis 37 et 38 – Drôme (26). Sur la rive gauche de l'Isère, au carrefour de la route Valence-Grenoble et des grands itinéraires touristiques du Vercors (gorges de la Bourne-Combe Laval).

MÉMOIRE

À la sortie du village, en direction de St-Jean-en-Royans, un monument, élevé par les pionniers du Vercors rappelle les douloureux événements de juin-juillet 1944.

Le nom

À l'origine du nom de ce village, une légende et un miracle sont associés : au 12e s., une épidémie sévit, menaçant de décimer la population. Un moine s'appelant Nazaire passait par là et prédit que le fléau serait écarté par la Bourne. Ce n'était pas une bourde et les habitants lui rendirent hommage en adoptant son nom.

Les gens

Le pays de Royans est habité depuis près de 13 000 ans. Ses habitants ont eu le temps d'apprendre à compter les moutons...

L'élégant pont St-Hilaire-St-Nazaire comporte une arche de 110 m d'ouverture, lancée au-dessus du confluent, aujourd'hui noyé par un barrage, de la Bourne et de l'Isère.

visiter

Grotte de Thaïs

Juil.-août : visite guidée (3/4h) 10h-12h, 14h-17h ; avr.-mai et oct. : dim. et j. fériés 10h-12h, 14h-17h ; juin et sept. : 14h-17h, dim. et j. fériés 10h-12h, 14h-17h. Fermé nov-mars. 30F (enf. : 19F). ☎ 04 75 48 45 76.

POINT DE VUE

Le pont St-Hilaire-St-Nazaire, élégant ouvrage, reconstruit en 1948, comporte une arche en béton non armé et de maçonnerie, de 110 m d'ouverture, lancée au-dessus du confluent, aujourd'hui noyé par un barrage, de la Bourne et de l'Isère.

L'entrée se trouve au pied de l'aqueduc en bordure du lac. Cette grotte est une formation géologique originale. Son dédale de galeries étroites et tortueuses a été creusé et sculpté uniquement par l'action de l'eau provenant de l'une des rivières souterraines les plus importantes du Vercors. En période de crue, elle remonte jusqu'à la partie supérieure de la grotte. Cette grotte est aussi un livre ouvert sur la préhistoire. Elle fut habitée à l'époque magdalénienne (il y a environ 13 000 ans) et l'on y a retrouvé des outils et en particulier un os coché qui pourrait être un système numérique correspondant à un calendrier lunaire.

Quelques animaux cavernicoles nagent dans les aquariums.

Croisières en bateaux à roues à aubes

Juil.-août : croisière à 10h30, 14h, 15h30, 17h ; avr.-juin et sept.-oct. : dim. et j. fériés. Fermé Toussaint-Pâques. 48F (enf. : 32F). (04 76 64 43 42.

Elles sont organisées sur la retenue (220 ha), au départ du village de la Sône, en amont de St-Nazaire sur la rive opposée. Elles permettent de traverser la **roselière de Creux**, important site ornithologique.

Jardin des fontaines pétrifiantes

Juin-août : 9h30-18h30 ; avr.-mai et oct. : 9h30-17h30. Fermé nov.-mars. Entrée interdite aux chiens. 25F. ☎ 04 76 64 43 42.

Il regroupe plus de 500 espèces différentes de plantes et de fleurs autour des sources pétrifiantes de la Sône. Le pouvoir élevé de pétrification de ces eaux calcaires est mis en évidence par une cascade recouvrant de calcite divers objets.

Saint-Pierre-de-Chartreuse✱

1 km à pied, ça use, ça use... 10 km à pied, ça use, ça use... Ici, il y a 270 km de sentiers balisés... Partant d'un charmant village, ils s'étirent dans un cadre reposant, à l'équilibre parfait, aux reliefs dont les silhouettes ont cette troublante élégance naturelle... Vos chaussures de randonnée devraient être comblées et vous, usés... mais ravis !

La situation

Cartes Michelin n⁰ˢ 77 pli 5, 244 pli 28 ou 4038 pli G 6 – Schéma p. 221 – Isère (38). De la terrasse de la mairie, belle **vue★** sur la silhouette élégante de Chamechaude (alt. 2 082 m), que la courbe du col de Porte relie au sommet de la Pinéa. *(voir également « Chartreuse, massif de la », et « Grande Chartreuse, couvent de la »).* 🛈 *38380 St-Pierre-de-Chartreuse, ☎ 04 76 88 62 08.*

Le nom

Principale localité au cœur du massif, St-Pierre porte tout simplement le nom du saint auquel l'église est consacrée.

Les gens

563 Chartroussins. De grands noms de la spéléologie (Martel, Chevallier et Petzl) ont séjourné à St-Pierre entre deux explorations des plus vastes cavités des Alpes françaises, situées au Sud de St-Pierre sous la dent de Crolles, et du surprenant « Trou de Glaz ».

séjourner

En été, de cette station climatique de moyenne montagne, vous pouvez rayonner sur l'ensemble du massif de la Chartreuse, de Grenoble à Chambéry, dans un cadre reposant aux paysages parfaitement composés et boisés.

Vous l'aurez compris en introduction : avec ces kilomètres de sentiers, les possibilités d'excursions en voitures ou à pied ne manquent pas. St-Pierre est le royaume du bon marcheur, peu sensible au vertige qui entreprendra la **dent de Crolles** ou du **Granier**, d'où les panoramas superbes permettent de découvrir la Vanoise et Belledonne.

> **À FOND LE SKI**
>
> Des pistes de toutes difficultés sont situées entre 900 et 1 800 m sur le secteur de la Scia. Mais l'enneigement reste incertain du fait de l'altitude. Si vous cherchez une meilleure neige, allez au col de Porte (alt. 1 326 m).

alentours

Église St-Hugues-de-Chartreuse

4 km au Sud de St-Pierre. Tlj sf mar. 9h-12h, 14h-19h, jeu. 10h-12h, 14h-19h. Possibilité de visite guidée sur demande. Fermé en janv. et 1ᵉʳ mai. ☎ 04 76 88 65 01.

Cette église du 19ᵉ s., banale de l'extérieur, a reçu à l'intérieur une **décoration monumentale d'art sacré★** contemporain. Toutes les œuvres qui s'y trouvent (peintures, sculptures, vitraux, objets sacrés), ont été exécutées par un seul artiste, Jean-Marie Pirot Arcabas, entre 1953 et 1986. Dès l'entrée on est frappé par la dominante rouge et or qui caractérise la plupart des œuvres. Celles-ci se répartissent en trois bandeaux superposés correspondant à trois périodes différentes. Les grandes toiles rouge et noir peintes sur jute datent de 1953 et montrent une certaine austérité. Celles du registre supérieur, exécutées 20 ans plus tard, sont par contre étincelantes d'or, évoquant des icônes. La prédelle, enfin, registre inférieur terminé en 1986, est une suite de petits tableaux où se mêlent abstraction et réalisme pour exprimer la vision du monde de l'artiste s'appuyant sur les textes sacrés. En 1984, l'ensemble de l'œuvre a fait l'objet d'une donation par le peintre au département de l'Isère.

randonnées

Le Grand Som★★

> **TOUTE LA CHARTREUSE**
> De la croix au sommet, magnifique **panorama★★★** sur le col de Porte au Granier en passant par St-Pierre et la route du Cucheron. Vue impressionnante en contrebas sur le couvent. En arrière-plan, le Mont Blanc et la chaîne de Belledonne derrière laquelle se dressent les deux cornes neigeuses de la Grande Casse.

◄ *Alt. 2 026 m. 🏃 4h de montée pour marcheurs endurants. Dénivelée : 1 175 m. L'intérêt de cet itinéraire réside dans le panorama à l'arrivée qui récompense largement de l'effort consenti.*

Quitter St-Pierre à l'Ouest par la D 520ᴮ que l'on suit sur 3 km environ. Laisser la voiture sur le parking réservé aux randonneurs de la Correrie *(voir la Grande Chartreuse).*

Redescendre sur 300 m la route et prendre à droite celle interdite aux véhicules conduisant au couvent. Longer ce dernier puis, après avoir dépassé une maison sur la gauche, emprunter un chemin sur la droite, qui monte vers un calvaire, en contre-haut du couvent. Poursuivre jusqu'au sommet de la prairie, en lisière de la forêt. Belle **vue** sur le couvent.

Revenir sur la route et prendre la direction du Grand Som par le col de la Ruchère. Là, ne vous endormez pas : après une demi-heure de marche, à la hauteur des chapelles N.-D. de Casalibus et St-Bruno, prendre à droite le sentier en montée, balisé en orange. Au bout de 15mn, emprunter de nouveau à droite un sentier plus étroit signalé par un panneau, qui rejoint un chemin qu'on laisse peu après pour s'engager à gauche dans un sentier pentu qui conduit en 45 mn au refuge Habert de Bovinan. Continuer jusqu'au pied du Grand Som, puis prendre à droite le sentier balisé avec des flèches peintes sur le rocher. À la bifurcation suivante, choisir le sentier rocailleux des moutons.

Belvédère des Sangles★★

2 km, puis 2h1/2 à pied AR. Descendre à la Diat et prendre la route de St-Laurent-du-Pont. Après un pont sur le Guiers Mort, laisser la voiture, pour retraverser le torrent et suivre la RF de Valombré.

La route forestière, débouchant bientôt dans la jolie **prairie de Valombré**, permet de découvrir le **site★** du monastère de la Grande Chartreuse sous son plus bel aspect.

Les corniches du Grand Som, à droite, les croupes boisées de l'Aliénard, à gauche, encadrent le couvent. En contrebas, on remarque les bâtiments de la Correrie.

La route se termine à un rond-point. De là on atteint, en poursuivant le chemin en montée, le **belvédère** d'où l'on surplombe les gorges boisées du Guiers Mort.

Perquelin★ – *3 km à l'Est.* Le chemin se termine dans le vallon supérieur du Guiers Mort, au pied des escarpements de la dent de Crolles.

La Scia★

🚶 *1h1/2 AR environ, dont 3/4h de remontée mécanique, par la télécabine des Essarts, puis par le télésiège de la Scia. De mi-juil. à mi-août. Tarif non communiqué.* ☎ *04 76 88 62 08.*

De la station terminus du second tronçon de la télébenne, on monte facilement au sommet de la Scia (alt. 1 782 m – signal), d'où se révèle un beau **panorama** sur les sommets de la Chartreuse. Par la trouée du col des Ayes apparaissent, en outre, le Taillefer, l'Obiou et le Vercors. Au Nord, on distingue la dent du Chat et le Grand Colombier (Jura méridional).

Les Saisies※

En 1963, par un traité intercommunal salué dans le monde entier, les villages de Crest-Volland, Cohennoz, Hauteluce et Villard-sur-Doron décidèrent de réunir leurs terrains mitoyens, proches du col des Saisies. Ainsi naquit cette station sans pour autant que chacun des villages perde son identité propre et oublie sa langue d'origine. Une belle réussite diplomatique.

La situation

Cartes Michelin nᵒˢ 74 pli 17 ou 244 pli 20 – Schéma p. 173 – Savoie (73). La station s'est développée au sein de l'ample dépression que constitue le col (alt. 1 650 m), l'un des sites pastoraux les plus typiques des Alpes. 🛈 *73620 Les Saisies,* ☎ *04 79 38 90 30.*

> **VUE DU COL**
> On découvre une **vue★** étendue sur les montagnes du Beaufortain, soit d'Est en Ouest : l'aiguille du Grand-Fond, Pierra-Menta, le crêt du Rey et le Grand Mont.

Le nom

En fait, il faudrait écrire Saissies, car le nom dérive du latin *saxia,* forme déclinée de *saxum* : la pierre brute, le rocher.

Les gens

N'en citons qu'un mais pas le moindre : **Frank Piccard**, deux fois champion olympique à Calgary en 1988. Dans la chaîne du froid, la sœur a pris le relais.

Jeux aériens aux Saisies ; derniers gonflages avant que le ciel soit constellé de ballons multicolores...

séjourner

SIGNAL DE BISANNE
(décrit à Beaufort)
Ce remarquable panorama est également accessible depuis le hameau des Pémonts.

La situation privilégiée et l'enneigement prolongé des pentes ont favorisé le développement du ski de fond, dont Les Saisies sont devenues le grand centre alpin, renommée confirmée par les 16 épreuves de ski de fond et biathlon des Jeux olympiques de 1992.

◄ Du hameau des **Pémonts**, une **vue** privilégiée sur les montagnes du Beaufortain.

Au-delà de la station, on voit apparaître la fraîche **vallée de Hauteluce**, au terme de laquelle l'ensellement du col du Joly encadre les neiges du Mont Blanc.

Hauteluce

Étagée sur le versant « endroit » de la vallée du même nom, Hauteluce est, avant tout, pour l'automobiliste, un gracieux clocher à bulbe, en premier plan devant le Mont Blanc, visible par le col du Joly.

La localité constitue une très aimable villégiature estivale et hivernale. Son ensoleillement attire de nombreux skieurs qui bénéficient également de l'enneigement prolongé des pistes de ski dans les stations des Saisies et de val Joly.

Au centre du village un **écomusée** présente la vie traditionnelle.

Grâce aérienne d'un clocher qui se découpe dans le ciel, un des charmes d'Hauteluce.

alentours

Vallée de Hauteluce★

Entre Hauteluce et la D 925 (route d'Albertville à Beaufort), l'attention est attirée par la tour du château de Beaufort dressée sur un monticule entièrement boisé.

Lac de la Girotte★

🚶 *2h1/2 à pied AR depuis la centrale de Belleville, environ 5 km avant le col du Joly, terminus de la route de la vallée de Hauteluce.*

Un exploit – Depuis 1923, année de sa « mise en perce », ce lac de montagne régularisait une série de sept centrales échelonnées sur le Dorinet et le Doron, entre Belleville et Venthon. Entre 1946 et 1948, on doubla la capacité de la retenue en surélevant le plan d'eau naturel par un barrage. Un apport d'eaux de fonte glaciaire était nécessaire pour suppléer à l'indigence de l'alimentation saisonnière du lac, on choisit dans la vallée du Bon Nant le torrent issu du glacier de Tré-la-Tête. Restait cependant à vaincre un obstacle de taille : l'altitude du lac (1 775 m) était supérieure à celle de la base du glacier, donc l'écoulement impossible. Le percement d'un tunnel sous le glacier, ce qui n'avait encore jamais été tenté dans le monde, permit de vaincre la difficulté : la prise d'eau put être implantée à 1 920 m d'altitude, sous près de 100 m de glace. Par suite du retrait du glacier, elle se trouve actuellement à l'air libre.

circuit

ROUTE DES SAISIES★

41 km – environ 2h.
Quitter Les Saisies au Nord par la D 218^B en direction de Flumet.

Du **col des Saisies**, une **vue★** étendue sur les montagnes du Beaufortain, soit d'Est en Ouest : l'aiguille du Grand-Fond, Pierra-Menta et le Grand Mont.

Après 3 km s'engager à gauche dans la D 71^A vers Crest-Voland.

À la hauteur du chalet du CAF, belle vue sur le cours encaissé du Nant Rouge.

Crest-Voland

Ce village, alignant ses hameaux au-dessus du sillon boisé de l'Arly, fait face aux arêtes du Charvin et de l'Étale. C'est une charmante localité, propice à la détente estivale et hivernale, qui a su respecter le caractère d'un village savoyard.

Un choix de belles promenades à pied, en particulier vers le Cernix et Cohennoz ou bien encore vers les Saisies, ainsi que des sorties en raquettes à travers les champs de neige apportent un point de plus à la station.

S'engager dans la descente à droite vers N.-D.-de-Bellecombe.

Cette petite route, au voisinage du pont du Diable, traverse au plus profond le sombre ravin boisé de Nant-Rouge.

Espace Cristal

Associée à la station voisine des Saisies, à laquelle elle est reliée par ses remontées mécaniques, Crest-Voland donne aux skieurs de larges possibilités de ski de fond. Bien qu'étant accessible aux débutants et aux moyens skieurs, la station n'en est pas moins célèbre pour sa vertigineuse piste noire dite des « kamikazes ».

N.-D.-de-Bellecombe* *(voir à Beaufort)*

Revenir aux Saisies par la D 218^B.

L'itinéraire de N.-D.-de-Bellecombe au col des Saisies permet d'apprécier pleinement le vaste panorama sur les Aravis.

Itinéraire décrit en sens inverse au départ de Beaufort.

Sallanches

À quelle heure on va à la plage ? Pincez-vous si vous le voulez mais vous ne rêvez pas. Juste à côté de Sallanches, les lacs de la Cavettaz n'ont pas usurpé le surnom de Mont-Blanc-Plage. Pendant que les enfants jouent avec leur pelle et leur râteau ou font des bombes dans la piscine, vous pouvez vous entraîner pour Roland-Garros ou partir en rando. Du coup les concessions deviennent un jeu d'enfant.

La situation

Cartes Michelin n°s 89 plis 6, 17 et 19 et 77 plis 7, 8 et 9 ou 244 plis 9 et 20 – Haute-Savoie (74). À l'entrée amont de la grande cluse de l'Arve, Sallanches avait commandé au Père Noël une **vue** sur le Mont Blanc. Son souhait a été exaucé. Partageuse, elle vous la prête surtout le soir au coucher du soleil.

31 quai de l'Hôtel-de-Ville, 74700 Sallanches ☎ 04 50 58 04 25.

Le nom

D'origine celto-ligure *sallanca* se décomposerait de *sal*, signifiant eau et *lancia*, pré en pente.

Les gens

12 767 Sallanchois totalement dessalés en matière de ski et d'excursions.

Le cours de l'Arve

Puissant allié du Rhône, l'Arve développe son cours torrentueux au pied du massif du Mont-Blanc, dans le bassin de Sallanches, la grande cluse de Magland et la plaine du Faucigny, pour mêler ses eaux troubles à celles du Rhône, purifiées par le lac Léman.

carnet d'adresses

Où dormir

- ***Valeur sûre***

Hôtel Cordonant – *74700 Cordon – 4 km de Sallanches par D 113 – ☎ 04 50 58 34 56– fermé 16 avr. au 14 mai et 21 sept. au 19 déc. – P – 16 ch. : 330/380F – 38F – restaurant 130F.* Décor fleuri pour ce chalet aux murs lambrissés de bois qui ouvre ses fenêtres sur la chaîne du Mont-Blanc. En été, vous déjeunerez agréablement sur sa terrasse verdoyante. L'hiver venu, vous profiterez de sa chaleureuse ambiance. Bon rapport qualité/prix.

Où se restaurer

- ***Valeur sûre***

La Chaumière – *73 ancienne rte de Combloux – ☎ 04 50 58 00 59 – fermé vacances de Toussaint et lun. – 128/198F.* Une petite adresse gourmande à quelques pas de la mairie. Dans la salle à manger rustique de cette maison savoyarde, la carte variée joue sur un registre plutôt traditionnel. Les quelques menus proposés sont d'un bon rapport qualité/prix.

L'heure fuit comme l'ombre mais sans le soleil, le temps n'est rien...

◀ *visiter*

Église

De proportions imposantes, l'édifice, bien situé en vue du Mont Blanc, est décoré à l'intérieur dans le goût italien. La chapelle des fonts baptismaux, à gauche en entrant, abrite un petit ciborium de style flamboyant et, dans une vitrine, un trésor d'objets du culte en argent dont un ostensoir du 15e s.

Château des Rubins (Centre d'initiation à la nature montagnarde)

Juil.-août : 9h-18h30, dim. et j. fériés 14h-18h ; sept.-juin : 9h-12h, 14h-18h, dim. et j. fériés 14h-18h. Fermé 1er janv. et 25 déc. 25F. ☎ 04 50 58 32 13.

Dans une demeure seigneuriale du 17e s., un ensemble didactique des écosystèmes montagnards donne un résumé complet des mœurs animalières et des activités humaines à l'alpage. Le milieu lacustre et le rôle de l'eau sont également mis en évidence, ainsi que les limites d'adaptation de la vie en altitude et en fonction du relief.

Excursions aériennes

Traverser l'Arve et tourner à gauche juste après le pont pour atteindre le terrain d'aviation. La compagnie « AMS - Mont-Blanc Aviation » organise plusieurs types de vols touristiques : Circuit de Warens (10mn) : 180F ; Vallée de Chamonix (25 mn) : 320F ; Massif du Mont-Blanc (35 mn) : 480F ; Cœur du Massif jusqu'à la frontière suisse (1h) : 640F. Réservation à partir de 2 personnes. ☎ 04 50 58 05 99.

alentours

Cascade d'Arpenaz★

Quitter Sallanches par la N 205 en direction de Cluses jusqu'à Luzier. Haute de 200 m, elle jaillit d'une goulotte rocheuse curieusement stratifiée « en fond de bateau ». Plus haut, les déchirures de l'aiguille de Varan se rapprochent.

itinéraires

LA VIEILLE ROUTE DE SERVOZ★

13 km au départ de Sallanches – environ une demi-heure.

◀ Au départ de Sallanches la D 13 enjambe l'autoroute, puis l'Arve à 150 m en amont du vieux pont en dos d'âne de **St-Martin**, popularisé depuis plus d'un siècle par d'innombrables estampes et photographies.

La route s'élève ensuite sur les dernières pentes du plateau d'Assy et la vue se développe sur le « Géant des Alpes ».

Entre Passy et Servoz, la route domine l'étroite plaine industrielle de Chedde, puis la gorge par laquelle la voie ferrée se glisse dans le bassin de Servoz. En avant se creuse le sillon boisé de la Diosaz, dominé par l'Aiguillette et le Brévent. Peu après le hameau de Joux, on découvre à droite le majestueux **viaduc des Egratz**, qu'emprunte l'autoroute de Chamonix : ce chef-d'œuvre de technique moderne, long de 2,277 km, comporte des piliers atteignant 68 m. On débouche dans la verdoyante cuvette de Servoz.

Servoz

L'agglomération se groupe au fond d'un petit épanouissement de la vallée de l'Arve. Les versants du bassin, noyés dans les arbres, vont se heurter à la muraille des Fiz, qui aligne ses corniches et ses aiguilles de Varan au col d'Anterne (masqué en partie par la montagne de Pormena), en passant par le gigantesque talus de débris du Dérochoir.

ROUTE DU PLATEAU D'ASSY★★

De Passy à Plaine-Joux – *12 km – environ 1h1/2*

La D 43 *(se détachant, à Passy, de la route de Servoz)* s'élève sur des replats de plus en plus boisés, exposés plein Sud. C'est ici que des établissements de soins et de maisons familiales de vacances ont décidé de poser les valises. Tout au long de la montée, les vues ne cessent de s'élargir sur le massif du Mont-Blanc, mais aussi sur les entablements vertigineux de la chaîne des Fiz.

Le versant que la route gravit au départ de Passy étant découvert, les vues se dégagent sur les aiguilles de Chamonix, qui apparaissent à gauche de la bosse boisée ▶ de Tête Noire.

Pavillon de Charousse★★

500 m au Sud-Ouest de Bay. À la chapelle de Bay, laisser la voiture en face du « relais de Charousse », et prendre le bon chemin de gauche, sur le côté de la chapelle vers le mamelon boisé portant le pavillon.

ON SE PIQUE AU PAYSAGE

On peut aussi suivre à pied le bord de l'escarpement, à droite du pavillon, pour découvrir les Aravis et Sallanches. À l'arrivée sur le replat d'Assy, on voit pointer l'aiguille Verte derrière le Brévent.

La mosaïque de Fernand Léger qui orne la façade de l'église Notre-Dame-de-Toutes-Grâces illustre le thème des litanies de la Vierge.

Plateau d'Assy★

Église Notre-Dame-De-Toute-Grâce★ – Elle tient une ▶ place de choix parmi les sanctuaires représentatifs du renouveau de l'art sacré contemporain et constitue, de ce point de vue, une sorte de manifeste qui ne laissera aucun visiteur indifférent. L'édifice, élevé de 1937 à 1945 et consacré en 1950, est dû à l'architecte **Novarina** qui, s'inspirant de l'habitat alpin, a construit un vaisseau trapu, adapté aux conditions climatiques et à l'architecture régionale, dominé par un campanile de 29 m.

Pour la **décoration★★** extérieure et intérieure, on a fait appel à de grands noms de l'art contemporain. **Fernand Léger** a exécuté la mosaïque éclatante de la façade, tandis que, à l'intérieur, Lurçat a décoré le chœur d'une vaste tapisserie sur le thème de la Femme victorieuse du dragon de l'Apocalypse. Bazaine a conçu les vitraux éclairant la tribune, Rouault ceux des fenêtres s'ouvrant au revers de la façade (sa *Véronique* se trouve dans la chapelle latérale gauche).

Faire le tour extérieur et descendre, par la porte au chevet, dans la crypte également pourvue d'une décoration vitrée de Marguerite Huré et d'une *Cène* de Kijno.

Du plateau d'Assy à Plaine-Joux, la route s'enfonce sous bois.

QUELQUES GRANDS HOMMES

Devant le maître-autel est dressé le Christ en bronze de Germaine Richier, œuvre passionnément controversée à sa création. Bonnard, Matisse, Braque, Chagall, Lipchitz sont également représentés.

Plaine-Joux✣

Au centre de cette petite station aménagée pour le ski, on peut visiter le chalet-accueil de la **Réserve naturelle de Passy**. Elle couvre 2 000 ha dans la zone de contact entre les massifs cristallins et calcaires.

Au-delà de Plaine-Joux, on gagne un plateau d'alpages bien dégagé d'où l'on découvre le massif du Mont-Blanc, en arrière d'un rideau de sapins.

A l'opposé, la **vue** est très rapprochée sur les murailles des Fiz et l'immense talus d'éboulis du Dérochoir.

Lac Vert★

Comme son nom l'indique le lac, encadré de sapins, a des reflets d'un vert profond. Les escarpements des Fiz, ici étrangement feuilletés, le dominent. On en peut faire le tour *(1/4h à pied)*. Tel Narcisse, le Mont Blanc se reflète dans les eaux mais ne risque pas de s'y noyer.

ROUTE DE COMBLOUX★★★

De Sallanches à St-Gervais 18 km – environ 3/4h
Des vues d'ensemble superbes et changeantes sur le massif du Mont-Blanc et sur l'amphithéâtre d'escarpements qui ferment le bassin, au Nord.

Quitter Sallanches au Sud par la N 212 (route d'Albertville).

Arrivée à Combloux – Le panorama, qui n'a cessé de prendre de l'ampleur englobe, à ce moment, la chaîne des Aravis (Pointe Percée), la chaîne des Fiz avec ses trois grands ressauts (aiguilles de Varan, pointe de Platé, pointe d'Ayère) et le massif du Mont-Blanc, bien dégagé entre l'Aiguille du Midi et l'aiguille de Bionnassay.

À 3 km au Nord de Megève, prendre à gauche vers Chamonix.

Descente sur St-Gervais – Entre les hameaux de Gemoëns et du Freney, la vue, parfaitement dégagée sur les Aravis et les Fiz, prend aussi d'enfilade la grande cluse de l'Arve, en aval de Sallanches ; par cette trouée vous distinguez la pointe de Marcelly, à gauche, et le roc d'Enfer, à droite. En contrebas surgit, tout proche, le groupe imposant formé par l'aiguille et le dôme du Goûter, le Mont Blanc, le glacier et l'aiguille de Bionnassay. L'endroit idéal pour s'arrêter et faire une collation.

La D 909 atteint St-Gervais.

Paysage de carte postale devenu un peu le symbole de la Haute-Savoie : le clocher de Cordon marié au Mont Blanc !

CIRCUIT DE CORDON★★ 11 km – environ 1h

Quitter Sallanches par le chemin de Cordon (D 113) à l'Ouest.
Son tracé sinueux suit l'arête séparant les gorges de la Sallanche et de la Frasse. Au cours de la montée le Mont Blanc devient visible.

Cordon★

Ce ravissant village (cordon signifie « torrent encaissé » en franco-provençal), situé dans la haute vallée de l'Arve et adossé à la chaîne des Aravis, occupe un **site★** privilégié face à la prestigieuse chaîne du Mont-Blanc. Justifiant pleinement son surnom de « balcon du Mont Blanc », cette agréable petite station savoyarde est nichée dans les cerisiers et les noyers. Imaginez des prairies bien vertes (on pourrait se croire en Normandie) avec au fond le Mont Blanc.

Construite au 18ᵉ s., l'église, dont l'intérieur présente une intéressante décoration peinte et un riche **retable** central à colonnes torses, est un bel exemple de l'art baroque en Savoie.

À la sortie de Cordon, prendre la route de Combloux, puis à gauche la route de Nant Cruy. Traverser ce hameau.

On voit le clocher à bulbe doré de Cordon pointer à travers les vergers.

La route descend maintenant sur 2 km jusqu'à une bifurcation, d'où on atteint la chapelle du Médonnet à 600 m sur la droite.

Chapelle du Médonnet

Le chevet de cet humble sanctuaire fait face à un **panorama★★** admirable comprenant, de gauche à droite, la pointe d'Areu, les murailles des Fiz (aiguilles de Varan, pointe de Platé, pointe d'Anterne), les Aiguilles-Rouges (Brévent), enfin le massif du Mont-Blanc, de l'aiguille Verte à la Bérangère.

Faire demi-tour pour redescendre à Sallanches en laissant à gauche la route d'arrivée et en tournant aussitôt après à droite pour gagner la N 212.

Samoëns✳✳

« À vous Cognacq-Jaÿ... » Qui ne se souvient pas de cette phrase de transition entendue des milliers de fois à la télévision ? Enfant, on pensait qu'il s'agissait d'un sponsor pour une marque d'alcool... En grandissant, on comprend que c'est le nom de la rue où sont les studios. Adulte, on regarde dans le dictionnaire à Cognacq-Jaÿ, rien... À Cognacq, pas une ligne; à Jaÿ, non plus. Et un jour, en lisant LE GUIDE VERT Alpes du Nord, on comprend que c'était le nom d'un couple, M. Cognacq et Mlle Jaÿ née à Samoëns, qui, ensemble, montent le grand magasin de renommée interplanétaire : la Samaritaine...

À Samoëns, il y a aussi neuf hameaux et leurs clochers à bulbe. On trouve tout à Samoëns...

La situation

Cartes Michelin n°s 89 pli 3 ou 244 plis 9 et 10 – Schéma p. 231 – Haute-Savoie (74). Samoëns a gardé malgré une importante croissance son aspect de vieux bourg aux solides demeures de pierre. Chef-lieu touristique du haut Faucigny calcaire, c'est le point de départ d'excursions faciles et de magnifiques courses en montagne. 🖪 *BP 42, 74340 Samoëns,* ☏ *04 50 34 40 28.*

PILE ET FACE

Très fréquentée en été pour la montagne, le canoë-kayak et le rafting sur le Giffre, la station s'est spécialisée dans le parapente et le deltaplane. C'est aussi, en hiver, une station au vaste domaine skiable desservi par la télécabine de Saix et les remontées mécaniques du Grand Massif.

OÙ DORMIR

Hôtel le Moulin de Bathieu – *2 km dir. de Vercland (suivre Samoëns 1600)* - ☏ *04 50 34 48 07* - 🅿 *7 ch. : 360F* - 🛏 *40F - restaurant 80/160F.* Cet ancien moulin à huile de noix accueille maintenant sept chambres dont cinq en mezzanine. Vue splendide sur le massif des Dents Blanches. Découvrez le « mazot » (grenier en savoyard) centenaire, en parfait état.

LA BONNE SAMARITAINE

Née dans une famille modeste du Villard, hameau de Samoëns, le 1er juillet 1838, **Louise Jaÿ** monte à Paris à 15 ans où elle devient vendeuse. Elle fait la connaissance d'Ernest Cognacq et ils créent ensemble le grand magasin « La Samaritaine » qui ne se trouve pas rue Cognacq-Jaÿ.

À la tête d'une immense fortune et n'ayant pas d'enfant, ils consacrent les dernières années de leur vie aux œuvres charitables. Mme Cognacq-Jaÿ, fidèle à son village natal, y crée le jardin alpin, construit une villa pour loger le médecin de la commune et restaure l'église.

Au retour d'une randonnée, on pourra déguster une savoureuse préparation septimontaine, « la soupe châtrée ». Cette soupe, composée de pain imbibé de sauce à l'oignon et recouverte de tomme de Savoie, est servie gratinée. On utilise une cuillère en bois pour « châtrer » les filaments de fromage.

Le nom

L'origine la plus courante fait référence aux « Sa Monts », les sept monts (mont signifiant ici alpage) qui figurent sur les armoiries de la ville.

D'ailleurs, ses habitants se dénomment les Septimontains, en souvenir des sept monts offerts par Amédée VIII en 1438 à la commune de Samoëns.

Les gens

2 148 Septimontains, Louise Jaÿ et sa Samaritaine.

comprendre

Les frahans – Très tôt les habitants de Samoëns se sont spécialisés dans la taille des pierres. Ils créèrent en 1659 la Confrérie des maçons et tailleurs de pierre de Samoëns dont les saints patrons sont les « Quatre Couronnés » : quatre tailleurs de pierre hongrois furent martyrisés par l'empereur Dioclétien pour avoir refusé de sculpter une statue païenne.

Au cours de l'histoire, ces maçons ou « Frahans » travaillèrent partout en France : sur les chantiers de Vauban ; plus tard, lors de la construction des canaux de St-Quentin et de Gisors ; à l'étranger, ils allèrent en Pologne et jusqu'en Louisiane. Ils avaient leur propre langage professionnel : le **Mourmé**, dans lequel Samoëns devenait « Mannedingue ». C'est sûr que la pierre était une sacrée manne.

se promener

Place du Gros-Tilleul★

C'est le cœur du vieux Samoëns. Elle doit son nom au superbe tilleul qu'on y planta en 1438. Plus de 560 ans, ça impose le respect.

Au centre de la place se trouve une jolie fontaine dont les becs de bronze représentent des visages.

Le côté Nord de la place est occupé par le château de la Tour, au toit haut et pointu couvert d'ardoises, et par l'église.

Église

Reconstruite à la fin du 16e s. et au 17e s., elle conserve au pied de sa tour-clocher du 12e s. un gracieux auvent, recouvert d'écailles de cuivre, abritant un portail refait au 16e s. où figurent des remplois du portail d'origine dont les deux lions accroupis supportant des colonnes torsadées.

L'intérieur avait été complètement redécoré à la fin du 19e s. par Mme Cognacq-Jaÿ. En 1975 ce décor factice en plâtre fut démoli et l'on rénova la nef de l'église de façon plus moderne.

Des vitraux, ajoutés en 1982, représentent à gauche les Quatre couronnés, saints patrons de la confrérie des maçons, au centre la Vierge et saint François de Sales, à droite le bienheureux Ponce de Faucigny, le cardinal Gerdel et l'évêque de Biord, tous trois originaires de Samoëns et sa région.

La chapelle du baptistère est un bel exemple de gothique flamboyant. Le bénitier, œuvre d'un tailleur de pierre de Samoëns, fut exécuté dans un seul bloc de marbre en 1844.

FORMATION CONTINUE

La Confrérie s'occupait des œuvres philanthropiques, prenait soin des malades, s'intéressait à la formation des jeunes ; elle avait créé sa propre école de dessin et possédait une bibliothèque importante. Depuis 1979, elle revit sous forme d'une association dont le but est de sauvegarder le patrimoine et de le faire connaître en organisant des visites de Samoëns.

PIQUET DE GRÈVE

La Grenette, belle halle du 16e s. restaurée au 18e s., porte de curieuses « verrues » sur les piliers centraux. Ce n'est pas une maladie de la pierre. Le maçon, qui devait y sculpter les armoiries de Samoëns, se fâcha avec la municipalité et planta là son travail.

FUSEAUX HORAIRES

À côté de l'église, la façade du vaste presbytère porte un cadran solaire où l'on peut lire l'heure dans douze grandes villes du monde.

Parmi les neuf chapelles de Samoëns, celle de la Jaÿsinia semble la plus champêtre...

Jardin botanique alpin Jaÿsinia★

Mai-sept. : 8h-12h, 13h30-19h ; oct.-avr. : 8h-12h, 13h30-17h30. Gratuit. ☎ 04 50 34 49 86.

Ce jardin botanique de 3 ha a été créé en 1906 par Mme Cognacq, née Jaÿ (d'où le nom du jardin). Aménagé sur un flanc escarpé dominant le village, avec bassins et cascade, il est sillonné d'allées en zigzag. Plus de 5 000 espèces de plantes sauvages, originaires des principales montagnes des régions tempérées du monde, y sont présentées par secteurs géographiques et écologiques. On passe devant la jolie **chapelle de la Jaÿsinia**, l'une des neuf de Samoëns, pour atteindre la terrasse coiffée des ruines d'un château féodal, d'où vous avez une vue étendue sur Samoëns et son vaste cadre de montagnes. De quoi prendre une photo et la mettre sous verre.

> **MAISON DE LA JAŸSINIA**
> À l'entrée du jardin, ce pavillon propose une documentation complète sur l'histoire de la bienfaitrice du village. *8h-12h, 13h30-19h. Gratuit. ☎ 04 50 34 49 86.*

alentours

Les Vallons

2 km par la D 907 vers Sixt-Fer-à-Cheval et une route à gauche. Ce hameau, s'étirant le long d'une unique rue, a conservé de belles fontaines de pierre et sa chapelle.

Point de vue de la Rosière★★

6 km. Quitter Samoëns par la D 907 vers Sixt-Fer-à-Cheval, puis prendre aussitôt à gauche le chemin des Allamands au Nord. À 750 m, tourner à gauche. 1 km après, tourner à angle aigu à droite. Des chalets de la Rosière, le Mont Blanc apparaît merveilleusement encadré, à gauche au premier plan par le versant boisé du Criou, à droite par le formidable à-pic de la pointe de Sales. Vers l'Est, on découvre, tout proche, le sauvage massif des Avoudrues.

ACCÈS AU FER-À-CHEVAL★

13 km au départ de Samoëns – environ 3/4h. Quitter Samoëns par la route de Sixt au Sud-Est. Au départ, on distingue, sur le versant opposé de la vallée du Giffre, la cascade de Nant d'Ant. La vallée se rétrécit.

Gorges des Tines

Pour découvrir l'étroite fissure où bouillonne le Giffre, laisser la voiture sur le parking aménagé immédiatement avant la carrière de pierres des Tines et gagner, à droite, la passerelle passant sur le torrent.
On pénètre ensuite dans le bassin de Sixt. À droite débouche la vallée de Salvagny, fermée par la vertigineuse muraille de la pointe de Sales.

Sixt-Fer-à-Cheval et cirque du-fer-à-cheval★ *(voir ce nom)*

Col de Joux Plane★★

10 km par Chantemerle et la D 354. Description à Morzine.

Sixt-Fer-à-Cheval★

Sans avoir de dons de voyance, on peut lire dans les lignes de la main de tout alpiniste passant par Sixt-Fer-à-Cheval... En arrivant ici, la chance vous sourit. Vous êtes au sommet de votre forme et on vous prédit un grand bonheur ; été comme hiver, les excursions vous combleront et vous conduiront au septième ciel. Vous connaîtrez une cascade de sensations qui marqueront vos années à venir. Vous atteignez le Nirvana.

La situation

Cartes Michelin nᵒˢ 89 pli 3 ou 244 pli 10 – schéma p. 231 – 6 km à l'Est de Samoëns – Haute-Savoie (74). Six-Fer-à-Cheval se situe au confluent des deux branches supérieures du Giffre : le Giffre Haut, ou Giffre des Fonds, et le Giffre Bas (vallée du Fer-à-Cheval). Ses maisons sont groupées autour de son ancienne abbaye dont les bâtiments du 17ᵉ s. sont occupés par un hôtel.
🛈 *74740 Sixt-Fer-à-Cheval, ☎ 04 5034 49 36.*

Le nom

Deux propositions sont soumises à la sagacité des lecteurs quant à l'origine de Sixt : du latin « saxum » pour son environnement rocheux ; et une interprétation commune à tous les Sixt de France : la sixième borne milliaire depuis le chef-lieu. Mais vers quelle direction doit-on compter les bornes ?

Les gens

715 Sizerets dont Ponce de Faucigny, représentant de la famille seigneuriale qui fonda en 1144 l'abbaye de Sixt, « fille » d'Abondance.

visiter

Église

Elle a conservé sa nef du 13ᵉ s. ; elle donne sur une place entourée de maisons anciennes et s'ornant d'un majestueux tilleul.

Maison de la réserve naturelle

♿ *Vac. scol. : tlj sf sam. 15h-19h ; hors vac. scol. : tlj sf sam. 14h30-18h30. Fermé j. fériés. Gratuit. ☎ 04 50 34 91 90.* La réserve couvre les trois quarts de la superficie de la commune de Sixt, soit 9 200 ha. Dans le chalet d'accueil, au cœur du village, des expositions racontent l'histoire de Sixt et surtout de son patrimoine naturel : faune, flore et géologie, de cette montagne calcaire parcourue de rivières souterraines (maquette de la vallée).

randonnée

Les hautes Alpes calcaires du Faucigny

Dans les Alpes françaises, c'est la zone où les sommets taillés dans le calcaire franc atteignent leur plus grande altitude. Avec ses énormes barres rocheuses aux stratifications tourmentées, ses durs sommets tranchants, le massif est un magnifique terrain de jeu pour les excursionnistes et les grimpeurs.

Le porte-bonheur de Sixt est naturellement l'hémicycle grandiose du **Fer à Cheval★★**.

Pour l'automobiliste, le belvédère du **Buet** (alt. 3 099 m), avec sa lourde calotte neigeuse, bien visible depuis les moyennes vallées de l'Arve et du Giffre, deviendra rapidement un repère familier.

Le surnom de « vallée aux mille cascades » fut donné au cirque du Fer-à-Cheval, gigantesque chaos géologique dominé par le Tanneverge.

Réserve naturelle de Sixt★

Cirque du Fer-à-Cheval★★

6,5 km par la D 907

À la sortie de Sixt, belle vue sur le sommet pyramidal du Tenneverge. ur la prairie du plan du Lac, la route décrit une boucle terminale, et là : le spectacle grandiose du cirque et de ses cascades. En saison, un chalet de la **réserve** propose des expositions sur l'adaptation à l'altitude de la faune et de la flore. Le Giffre venant de plus loin en amont dans la montagne, il ne s'agit pas ici d'un cul-de-sac parfait comme à Gavarnie dans les Pyrénées, mais d'un hémicycle d'escarpements calcaires – de 500 à 700 m de hauteur et de 4 à 5 km de développement – s'appuyant aux parois extraordinairement bossuées du Tenneverge (alt. 2 985 m), que domine la « Corne du Chamois », bien nommée.

Fond de la Combe★

🚶 *1h1/2 à pied AR. Le sentier signalé se détache de la boucle de la route, 50 m en amont de la buvette du plan du Lac.* Le sentier se termine tout au bout du « bout du monde » où le Giffre prend naissance, au pied des glaciers suspendus du Ruan et du Prazon, dont les eaux de fonte ruissellent sur les parois inférieures.

Cascade du Rouget★★

5 km au départ de Sixt. À Sixt, passer le pont du Giffre et suivre tout droit le chemin goudronné de Salvagny qui s'élève au-dessus du Giffre Haut, face au débouché du vallon boisé de Gers, strié par la cascade du Déchargeux, et en vue de la pointe de Sales.

Au-delà de Salvagny, la route en descente atteint le pied de la double chute du Rouget, en amont de laquelle le torrent de Sales présente encore un joyeux ensemble de chutes : cascades de la Pleureuse, de la Sauffa, de Sales.

SYMPHONIE

Le murmure profond des cascades (plus de trente au mois de juin) forme le fond sonore inséparable du site ; la cascade de la Méridienne glisse sur un plan incliné, au flanc du Tenneverge à gauche ; plus à droite, dans l'hémicycle proprement dit, la cascade de la Lyre. On vous parlait de musique...

La Tarentaise★★

La Tarentaise est le domaine de prédilection des VTT : les Vaches Tout Terrain. Elles sont représentées par la marque tarine, dont le maillot est uni, couleur fauve. Ce sont d'excellentes laitières, trapues, courtes sur pattes et leurs énormes qualités physiques les rendent résistantes à l'altitude et aux conditions climatiques extrêmes. Négatives au contrôle anti-dopage, leur carrière se développe au niveau national et international.

La situation

Cartes Michelin n°s 89 plis 5 et 6 ou 244 plis 21 et 316 – Schéma p. 398. – Savoie (73). La haute vallée de l'Isère, qui forme l'entité régionale de la Tarentaise, présente un tracé caractéristique en baïonnette. Dans l'ensemble, elle présente deux longs défilés, la haute et la basse Tarentaise, encadrant un épanouissement intermédiaire entre Moûtiers et Bourg-St-Maurice.

Le nom

Les érudits ont relevé plus d'une dizaine de formes différentes du nom Tarentaise. La plus ancienne, *Darentasia*, correspond à une cité romaine érigée dans la vallée au 5e s.

Les gens

Ici la femme porte la « **frontière** » : c'est un bonnet rigide de velours noir, à trois pointes (une sur le front et deux sur les tempes), égayé d'un galon d'or. Cette tradition de la Tarentaise pourrait remonter, vue la forme du chapeau, au 16e s. Dans la région de Bourg-St-Maurice et principalement dans la vallée de Peisey, les femmes n'ont pas peur de porter des cornes. Peut être parce qu'elles portent la culotte !

Dès le printemps venu, les alpages de Tarentaise sont sillonnés de longs fleuves de moutons.

itinéraires

LA MOYENNE TARENTAISE★

De Moûtiers à Bourg-St-Maurice

41 km – environ 2h.

Pour vous permettre de mieux apprécier l'ampleur des paysages de la Tarentaise moyenne, cet itinéraire fait emprunter, en amont d'Aime, une série de petites routes tracées sur le versant « endroit » de la vallée, domaine des cultures et des vergers, face au versant « envers » boisé, en arrière duquel se dégage le mont Pourri (alt. 3 779 m), mais qui sent le frais.

Aussitôt avant l'entrée du défilé, on découvre, en aval, la **chapelle St-Jacques**, juchée sur son éperon abrupt – site d'un ancien château épiscopal – au revers duquel se groupe le village de St-Marcel.

Étroit du Siaix

Pour bien apprécier l'encaissement de cette fissure, passage le plus rétréci de toute la vallée de l'Isère – son nom vient du latin « saxum » : rocher – faire halte 50 m avant le tunnel *(sans aller jusqu'à porter un casque, faites attention aux chutes de pierres).*

Entre l'Étroit du Siaix et Aime, la vallée ne s'évase pas immédiatement. Un « verrou » délimite la cuvette de **Centron**, dont le nom fait survivre celui de la tribu gauloise qui peuplait la Tarentaise. En avant, le sommet et les glaciers du mont Pourri.

Aime

Ancienne basilique St-Martin★★ – Ce noble édifice du 11e s. est le meilleur témoin subsistant en Savoie de l'architecture romane à ses débuts.

L'extérieur, avec ses murs rugueux où l'on reconnaît l'antique appareil « en arête de poisson », son clocher trapu, son chevet décoré simplement d'arcatures, a gardé toute sa distinction.

L'intérieur permet d'apprécier l'antiquité du monument. Les fouilles exécutées dans la nef de la basilique ont révélé l'existence de deux édifices antérieurs superposés : le plus ancien – peut-être temple romain à l'origine – a servi d'église aux premiers chrétiens ; le second date des temps mérovingiens.

Dans le chœur et l'abside, des **fresques**★ de la fin du 12e s. et du 14e s. – détériorées et en partie repeintes au 19e s. – représentent des scènes de l'Ancien et du Nouveau Testament (Adam et Ève, Massacre des Innocents). La crypte du 11e s., aux frustes chapiteaux cubiques, sert de soubassement au chœur dont elle reproduit le plan.

Musée Pierre-Borrione – *De juil. à fin août : visite guidée (1/2h) tlj sf mar. 9h-12h, 14h-18h. 10F.* ☎ 04 79 09 74 38. Logé dans une ancienne chapelle du 14e s. très restaurée, située sur le bord du talus dominant la ville basse et la vallée, ce petit musée vous présente différents vestiges gaulois, romains ou mérovingiens trouvés aux alentours.

À Aime, quitter la N 90 pour la D 218 (route de Tessens) à gauche.

D'Aime à Bourg-St-Maurice, on reste constamment dans le vent du mont Pourri. Entre Aime et Granier, les lacets de la D 218 permettent de plonger, en aval, sur les étranglements de la vallée de l'Isère (Étroit du Siaix), puis sur le bassin d'Aime et ses gros villages. Après Valezan, au passage d'une croix, la vue prend d'enfilade la vallée du Ponturin, fermée par le massif de Bellecôte (point culminant : 3 416 m).

Entre Montgirod et Bourg-St-Maurice, le cadre du « Bourg » va se préciser. À gauche de la dépression du Petit-St-Bernard, les dents de scie du roc de Belleface, vous montrent leurs crocs.

LA HAUTE TARENTAISE★

De Bourg-St-Maurice à Tignes

32 km – environ 1h.

De Bourg à Ste-Foy-Tarentaise, la D 902 quitte le bassin de Bourg-St-Maurice – où l'on remarque la centrale de Malgovert, alimentée par le barrage de Tignes. En amont de Ste-Foy, la vallée s'élargit un peu de La Raie au pont de la Balme. Les glaciers du mont Pourri, dont les torrents de fonte tombent en cascade, frangent le sommet du versant opposé (une vue particulièrement intéressante s'offre du Monal).

Sur le mur de l'église paroissiale d'Aime, le temps se fait moralisateur...

15 SIÈCLES PLUS TÔT
La tombe du 5e s., *dite de l'Enfant à l'oiseau*, est faite de tuiles.

GÉANT !
Au terme de ce parcours la **fresque monumentale** *Le Géant*, du barrage de Tignes, semble barrer le fond de la vallée.

Thônes

Maître corbeau sur sa roche perché,
tenait dans son bec un reblochon.
Maître renard par l'odeur appâté,
Lui tint ce jargon folichon :
Si votre reblochon égale votre nom,
Vous avez de quoi être fier de cette tradition.

La situation

Cartes Michelin n°s 89 pli 14 ou 244 Nord du pli 19 – Haute-Savoie (74). Les sous-bois de la forêt du Mont sont fréquentés par les promeneurs, tandis que les flancs du mont Lachat attirent les chercheurs d'edelweiss. **⊟** *Place Avet, 74230 Thônes,* ☎ *04 50 02 00 26.*

Le nom

Mentionné à l'origine, *Talinin,* ce nom désignerait le talus sur lequel les premiers habitants s'étaient établis, au pied de la butte du calvaire.

Les gens

4 619 Thônains, mais un seul fromage : le reblochon.

comprendre

Le pays du reblochon – Le reblochon est le fruit du lait entier et cru de 3 races de vaches : abondance, holstein et tarentaise. Le fromage a montré sa croûte à Thônes au 13e s. Aujourd'hui, toujours fidèles à leur terroir, les agriculteurs des Aravis, fromagers et affineurs, n'ont pas hésiter entre la poire et le fromage. Ils ont su maîtriser les exigences de la production tout en respectant le meilleur de la tradition.

Plaisir des papilles et saveurs de l'authentique, laissez-vous tenter !

visiter

Église

Datée du 17e s., elle trône fièrement sur la place centrale bordée de vieilles maisons à arcades. Son élégant clocher au bulbe ajouré surmonté d'une flèche aiguë (42 m) et sa décoration intérieure sont très représentatifs du style baroque. Remarquer, en particulier, le **retable**★ monumental du maître-autel (1721), les figurines sculptées du retable (17e s.) de l'autel à gauche du chœur et les boiseries (stalles du 18e s. et, à gauche de l'entrée, panneau d'un baptistère en noyer de 1699).

Musée du pays de Thônes★

Juil.-août : tlj sf dim. 9h-12h, 15h-19h ; sept.-juin : lun., mer., sam. 9h-12h, 13h30-17h30, jeu. et ven. 9h-12h. Fermé j. fériés sf 14 juil. et 15 août. 15F. ☎ 04 50 02 96 92.

Le premier étage est consacré à l'histoire du pays de Thônes, théâtre de l'« Idylle des cerises » dans les *Confessions* de J.-J. Rousseau et « Vendée savoyarde » sous la Révolution ; remarquer la reconstitution du défilé des pompiers de Thônes.

Le deuxième étage est consacré aux arts et traditions locaux : Piéta, œuvre d'un artiste local du 15e s. ; ancien jeu à flèche centrale mobile.

Écomusée du Bois

3 km du centre-ville vers l'Ouest. ♿ De juil. à déb. sept. : visite guidée (1h) tlj sf mer. et sam. à 11h et 15h, dim. à 11h et 15h en cas de pluie ; avr.-juin et de déb. sept. à fin oct. : mar. et jeu. à 16h. Fermé nov.-mars et j. fériés. 19F. ☎ 04 50 02 00 26.

Jusqu'au début du siècle, dans la vallée de Montremont, le torrent Malnant alimentait de nombreux moulins et plusieurs scieries. La scierie des Étouvières, restaurée, a retrouvé son activité traditionnelle en accueillant l'écomusée consacré au travail du bois dans les vallées de Thônes.

Curieuse ruche décorée d'une figure féminine du 17e s.

> **REVIVRE**
> On peut assister à une démonstration de sciage traditionnel, avec roue à aube.

alentours

Cimetière des Glières

À gauche de la D 909 en direction du col de Bluffy.

Il réunit les 105 tombes des combattants du plateau des Glières (*voir historique à Thorens*). Une inscription commémorative résume les différentes phases de l'opération.

Un **musée de la Résistance en Haute-Savoie** a été aménagé, à droite du cimetière, dans un chalet savoyard de 1794 reconstitué. De grands panneaux explicatifs y retracent, de façon détaillée, les étapes successives des combats du plateau des Glières. Un mémorial est consacré à la Déportation. *De mi-juin à mi-sept. : 10h-12h, 14h-19h. Gratuit. ☎ 04 50 51 87 00.*

> **COMME LÀ-BAS, DIS...**
> Au gîte de la Mandrolire « Chez Constance », de solides repas montagnards sont servis dans un imposant chalet aux impressionnantes poutres. À 1,5 km du parking des Glières, en bordure du GR 96.

Thonon-les-Bains♨♨

Comme sa cousine d'Aix, Thonon met l'eau à la bouche : dans le quartier de Rives, le pittoresque petit port avec ses maisonnettes de pêcheurs ployant sous les plantes grimpantes, c'est comme un havre d'activité. Faites aussi un tour le long du lac Léman avec ses magnifiques villas dissimulées dans la verdure... On imagine très bien un yacht accosté au fond du jardin... Et comme vous êtes un être de chair et d'os, ne manquez pas l'occasion de goûter aux délicieux filets de perche, fraîchement pêchés, accompagnés de l'eau de Thonon... Bon d'accord... d'un petit verre de vin !

La situation

Cartes Michelin n°s 89 pli 12 ou 244 plis 8 et 9 – Haute-Savoie (74). Trois voies mènent à Thonon. Sans compter la voie d'eau depuis la Suisse (Ouchy). ⓘ *Place du Marché, BP 82, 74023 Thonon-les-Bains, ☎ 04 50 71 55 55.*

Le nom

L'origine de Thonon proviendrait d'une racine celtique signifiant « ville sur l'eau ». Incroyable non ?

carnet pratique

OÙ DORMIR

• Valeur sûre

À l'Ombre des Marronniers – *17 pl. Crête* – ☎ *04 50 71 26 18* – *fermé 15 nov. au 1er déc., dim. soir et lun. d'oct. à avr.* – **P** – *17 ch. : 290/320F* – ☐ *31F* – *restaurant 74/180F.* Ici, préférez une des quatre chambres « savoyardes » du pittoresque chalet noyé dans la verdure du jardin fleuri. Le reste, très standard, est propre, simple et sans grand charme. Une adresse familiale qui dépannera les petits budgets.

Annexe Villa des Fleurs – *4 av. Jardins* – ☎ *04 50 71 11 38* – *fermé 16 oct. au 31 mars* – *11 ch. : 290/340F* – ☐ : *32F.* Annexe de l'Ombre des Marroniers, sa réception y a d'ailleurs été transférée, ses chambres un peu plus coquettes sont surtout plus grandes, ce qui explique la légère différence de prix entre les deux établissements.

OÙ SE RESTAURER

• Valeur sûre

Château de Ripaille – ☎ *04 50 26 64 44* – *ouvert juil.-août et déj. seul.* – *120F.* Ce château impose depuis le 15e s. son lourde stature savoyarde au-dessus du lac Léman. Un forfait découverte en juillet et août vous permettra de déguster le vin de la propriété, de visiter une partie du château et de vous restaurer dans l'un des jardins d'agrément.

Le Bétandi – *2 r. des Italiens* – ☎ *04 50 71 37 71* – *fermé juin et dim. midi* – *105/170F.* À proximité du centre-ville, le décor de ce petit restaurant évoque celui d'une vieille ferme savoyarde. Les matériaux et les objets anciens sont tous authentiques. La cuisine, régionale, est simple et bonne.

Auberge d'Anthy – *à Anthy-sur-Léman, 6 km de Thonon par D 33* – ☎ *04 50 70 35 00* – *fermé 25 oct. au 3 nov., 15 fév. au 9 mars, lun. soir et mar.* – *158/220F.* Voilà une heureuse découverte : une fois le seuil de ce bar-tabac franchi, vous serez surpris de vous voir servir une cuisine du terroir bien tournée à des prix défiant toute concurrence. Le cadre simple est sympathique... Quelques chambres en dépannage.

UNE VIE D'EAU

Saison thermale du 15 mai au 15 septembre.

L'agglomération principale, ne manque ni de cachet, ni d'animation. Thonon-les-Bains est en effet une station hydrominérale. Problèmes de reins ou de vessie ? Buvez l'eau de Thonon, ne dîtes pas non.

Maison des Arts – *4 bis av. d'Évian,* ☎ *04 50 71 39 47. Site Intenet www.mal-thonon.org.* C'est ici que se passe la vie culturelle de Thonon et d'Évian. Le lieu affiche une programmation éclectique : expositions, pièces de théâtre, opéras, spectacles de variétés...

Le France – *2 av. de la Gare,* ☎ *04 50 70 10 51.Ouv. tlj 17h-2h.* Ce petit piano-bar chic et confortable peut se prévaloir d'un accueil chaleureux et d'un service stylé. Chaque soir à partir de 21h, un musicien anime la soirée. Un endroit idéal pour se détendre ou finir la soirée en sirotant l'un des nombreux cocktails de la carte.

Les gens

53 078 Thononais. Le **général Dessaix** (1764-1834), enfant terrible de la ville (qu'il ne faut pas confondre avec Desaix, le héros de Marengo) est surtout connu comme l'un des fondateurs du « Club des Allobroges », réunissant à Paris, au moment de la Révolution, un grand nombre d'émigrés savoyards militant activement pour le rattachement de la Savoie à la France. La « légion des Allobroges », formée par ces révolutionnaires, accompagna les troupes françaises lorsqu'elles occupèrent le pays. Napoléon, qui surnommait Dessaix « l'Intrépide » le fit général de division et comte.

> **EMBLÉMATIQUE**
> La pirogue abstraite évoquée par l'œuvre de G.H. Adam **La Grande Étrave** est devenue l'emblème de la ville (*située devant la Maison des Arts*).

se promener

Allez faire un tour dans le quartier des **Rives**, vers le port où accostent les bateaux du Léman : un endroit protégé où vous passerez un bon moment. En direction de Ripaille, vous trouverez une plage aux aménagements modernes. Au départ de Rives, l'accès à Thonon se fait de préférence par un **funiculaire** au cachet pittoresque avec des vues originales bien dégagées. *Juil.-août : 8h-24h (2mn1/2, toutes les 5mn à 1/2h) ; juin et sept. : 8h-22h. 12F AR.* ☎ *04 50 71 21 54.*

THONON-LES-BAINS

En saison : zone piétonne
dans le centre-ville

Allinges (Av. des)	AZ	Clos Banderet (Av. du)	BYZ	Marché (Pl. du)	BY	
Allobroges (Av. des)	BZ 2	Corniche (Bd de la)	AYZ	Mercier (Pl. J.)	AZ	
Andrier (Bd G.)	BZ	Corzent (Av. de)	AY	Michaud (R.)	AY 10	
Arts (Pl. des)	BZ	Crête (Pl. de)	BZ	Moulin (Pl. Jean)	AY 12	
Arts (R. des)	BZ 3	David (Av. F.)	AZ	Parc (Av. du)	AZ	
Bordeaux (Pl. Henry)	AY 4	Desaix (Bd Gén.)	AZ	Pré-Cergues (Bd du)	AZ	
Canal (Bd du)	BZ	Évian (Av. d')	BY	Ratte (Ch. de la)	BZ 13	
Carnot (Bd)	AYZ	Ferry (Av. Jules)	BY	Rives (Quai de)	AY	
Chablais (R. du)	BYZ	Gaulle (Av. du Gén.-de)	AZ	Ronde (Ch. de)	BZ	
Château (Pl. du)	BY	Grande-Rue	AYZ	Savoie (Bd de)	BY	
		Granges (R. des)	BY 5	St-François-de-Sales (Av.)	BY	
		Hermitage (Av. de l')	BZ	Troliettes (Bd des)	AZ 15	
		Hôtel-Dieu (R. de l')	AZ	Ursules (R. des)	AY 16	
		Leclerc (R. du Gén.)	AY	Vallées (Av. des)	BZ 18	
		Léman (Av. du)	BY 6	Vallon (R.)	AY	
		Libération (Av. de la)	AZ	Vieux (Ch.)	BY	

Basilique St-François-de-Sales	ABY	Jardin du Château de Sonnaz	BY	
Église St-Hippolyte	AY	Jardin Paul Jacquier	BY	
Foyer Don-Bosco	AZ K	Monastère de la Visitation	BY L	
Hôtel-Dieu	ABZ	Musée du Chablais	AY M	

Les belvédères★★

Du boulevard de la Corniche jusqu'au jardin anglais ▶
s'alignent une série de belvédères très bien aménagés.

Place du Château

Là s'élevait le château des ducs de Savoie, détruit par
les Français en 1589. Au centre, la statue du **général
Dessaix** vous regarde de toute sa hauteur. La **vue★**
des terrasses est dégagée sur la côte suisse du lac
Léman, depuis Nyon – qui se trouve en face du
promontoire d'Yvoire, à gauche – jusqu'à Lausanne.
Le quartier de Rives se masse autour des toits brunis
du château de Rives-Montjoux. À l'extrême droite
apparaît le château de Ripaille, le Jura et les Alpes
vaudoises en arrière-plan. À immortaliser pour votre
album-photos.

**JARDINS DU CHÂTEAU
DE SONNAZ
ET PAUL-JACQUIER**

Au fond de la vaste
esplanade du jardin
anglais Paul-Jacquier,
subsiste, pour le plaisir
des aquarellistes, la
chapelle St-Bon, accolée à
une tour de l'ancienne
enceinte fortifiée du 13e s.
La **maison des arts et
loisirs**, œuvre de
l'architecte Novarina, a été
inaugurée en 1966.

visiter

Musée du Chablais

Juil.-août : 10h-12h, 14h30-18h30 ; sept.-juin : tlj sf lun. et mar. 14h30-18h30. 12F. ☎ *04 50 70 69 49.*

Installé dans le château de Sonnaz (17ᵉ s.), ce musée régional folklorique réunit de nombreux témoignages de l'histoire locale ainsi que des vestiges de l'époque lacustre et des objets gallo-romains provenant des fouilles de l'ancienne Thonon. Alors, pour ceux qui ne sont pas trop fatigués...

Ce monstre, sculpté dans un linteau de bois, nargue avec sa langue les passants de la vieille ville. Où le retrouver ?

Église St-Hippolyte

De mi-juin à mi-sept. : 10h-12h, 14h-19h. ☎ *04 50 71 03 20.*

◄ Illustré par les prédications de saint François de Sales et par le retour au catholicisme des Chablaisiens, l'édifice, très composite, a été décoré intérieurement dans le goût du 17ᵉ s. Il est pourvu d'une nef aux **voûtes★** de style « rocaille », entièrement ornées de reliefs en stuc (aggloméré de poussière de marbre) et de peintures en cartouches ou médaillons. Dans la crypte romane (12ᵉ s.), d'intéressants chapiteaux sur quelques colonnes.

DU BÉNITIER À LA CHAIR
Dans la première nef, plus ancienne, on voit, à droite, un bénitier du 13ᵉ s., timbré aux armes de Savoie. La chaire est du 16ᵉ s., la tribune d'orgues de 1672.

Basilique St-François-de-Sales

Communiquant avec l'église St-Hippolyte, ce sanctuaire de pèlerinage au style néo-gothique, possède la dernière œuvre du peintre Maurice Denis, deux grandes fresques intitulées le *Chemin de Croix* (1943). Celle de gauche représente l'agonie du Christ et celle du transept droit l'apparition aux saintes femmes après la Résurrection. Fonts baptismaux du 13ᵉ s. Belle Vierge à l'Enfant du 14ᵉ s.

FOYER DON-BOSCO
La petite chapelle moderne de cette institution est décorée intérieurement de céramiques : panneau et tabernacle de Marie Arbel, chemin de croix de Paul Bony.

Monastère de la Visitation

◄ Édifié au 17ᵉ s., et récemment restauré. D'après la tradition, la chapelle a été construite sur les plans de sainte Jeanne de Chantal : voûtes à nervures d'ogives, rare survivance de l'architecture gothique.

Hôtel-Dieu

Établi dans l'ancien couvent des Minimes, fondé en 1636, il s'ordonne autour d'un cloître classique, dont les étages vous soumettent un élégant ensemble décoratif baroque.

FAIRE RIPAILLE...
Pourtant ce lieu n'était pas réputé pour faire bombance. Le nom dériverait du germain *rispa*, signifiant fouillis de branches, mauvais bois, lieu impropre à la culture. Une légende tenace attribue à Voltaire le premier usage de *ripaille* pour des festins plantureux, à l'image des fêtes que les princes y donnaient, mais ce terme existait déjà bien avant la verve du patriarche de Ferney.

alentours

DOMAINE DE RIPAILLE★

Descendre à Rives et suivre le quai de Ripaille, à l'extrémité duquel tourner à gauche dans l'avenue d'accès du château de Ripaille.

Les bâtiments aux vastes toits coiffés de tuiles claires du château-monastère de Ripaille montrent leur ventre trapu derrière des vignobles en rangs serrés produisant un cru régional estimé. L'ensemble majestueux au cachet purement savoyard évoque la période la plus brillante de la Maison de Savoie.

La fondation Ripaille – *Juil.-août : visite guidée (1h) à 11h, 14h30, 15h, 15h30, 16h, 16h30, 17h ; avr.-juin et sept. : à 11h, 14h30, 16h ; fév.-mars et oct.-nov. : à 15h. Fermé déc.-janv. 30F (enf. : 15F).* ☎ *04 50 26 64 44.*

Depuis 1976, le château est le siège de la fondation Ripaille. Il a pour but de promouvoir un centre d'études et de recherches orienté vers l'écologie, la géographie et le développement des ressources naturelles. Ce centre organise des échanges, des congrès, des expositions.

Un portail de style classique, coupant une haie de charmes, ouvre sur la cour d'honneur d'où l'on a une jolie vue sur la dent d'Oche. La cour est bordée à droite par le château avec ses curieuses tours alignées comme des cierges – il en reste quatre sur sept –, à gauche par les bâtiments du prieuré des chanoines réguliers de St-Augustin. Il fut occupé de 1619 à la Révolution par les chartreux, d'où le nom de chartreuse que l'on donne aujourd'hui à ces bâtiments.

Le château

L'intérieur du château a été restauré de 1892 à 1903 et il est décoré dans le style néo-gothique et moderne. Dans les salles, vous aurez toutes les infos sur la vie d'Amédée VIII et sur l'histoire du château.

Imposante demeure et forteresse redoutée, le domaine de Ripaille n'abrite plus que des fûts réputés.

La chartreuse

Après avoir traversé la cour des mûriers, vous visisterez le pressoir, puis la cuisine des chartreux qui a conservé son aspect du 17ᵉ s.

La forêt et l'arboretum

Sa visite n'est pas comprise dans celle du château. Il faut sortir du domaine à gauche et prendre la première route à gauche. Mai-sept. : 10h-19h ; oct.-avr. : 10h-16h30. Fermé en déc. Gratuit. ☎ 04 50 26 28 22.

Ancien terrain de chasse des ducs de Savoie, la forêt de Ripaille s'étend sur 53 ha. Des sentiers fléchés permettent de déranger quelques chevreuils. Les arbres de l'arboretum furent plantés entre 1930 et 1934 (sapins de Douglas, thuyas, chênes rouges d'Amérique, noyers noirs, etc.). À proximité, dans une clairière, le monument national des Justes rend hommage à ceux qui n'avaient pas la frousse alors que la milice frappait à toutes les portes.

Vongy

Église N.-D.-du-Léman – Gracieuse construction moderne coiffée d'une flèche aiguë. La tonalité bleue de la décoration intérieure rappelle le protecteur du sanctuaire.

CHÂTEAU DES ALLINGES

7 km au Sud par la D 12. À l'entrée de Macheron, prendre la première route à droite. Laisser la voiture au sommet de la montée sur le terre-plein à droite puis s'engager dans le chemin vers la première poterne.

Accès – *De la D 12 venant de Thonon, tourner à droite dans la D 36 et à l'entrée de Mâcheron, prendre la première route à droite.*

Fortifiée depuis le 10ᵉ s., la colline des Allinges était couronnée de deux repaires féodaux : le « Château Neuf »

> **COURAGEUX ET TEMERAIRES**
> **La clairière des Justes.**
> Ce monument rend hommage aux *goïs* qui risquèrent leur vie pour sauver des juifs du génocide de la Seconde Guerre mondiale. La clairière de Ripaille a donc connu l'héroïsme des transfontaliers savoyards et la sagesse d'Amédée VIII, duc de Savoie et protecteur des Juifs à la fin de la guerre de Cent Ans.

disparu, sur le terre-plein Est, appartenait aux comtes de Savoie et narguait le « Château Vieux », aux ruines toujours imposantes, que tenaient, 150 pas plus au Nord, les sires de Faucigny, alliés aux dauphins de Viennois. Après des luttes épiques, les châteaux furent réunis, en 1355, sous la bannière à croix blanche. Le chemin de droite donne accès au château par deux portes fortifiées. Gagner, à droite, le terre-plein Est : **vue** se dégage sur le bas Chablais et la dent d'Oche.

Chapelle

Encastré dans les bâtiments affectés à une congrégation, ce sanctuaire de pèlerinage salésien *(qui se déroule mi-septembre)*, restauré en 1836 et 1947, a gardé son abside en cul-de-four décorée d'une fresque romane (fin du 10e s.) représentant le Christ en Majesté entouré des Évangélistes, de la Vierge, à gauche, et de saint Jean, à droite. Au registre inférieur, des femmes en buste, paumes levées, représentent les vertus. La richesse de la polychromie et le hiératisme des figures sont d'inspiration byzantine. Les pierres rondes scellées dans le mur Est du château sont des boulets catapultés à l'époque carolingienne.

> **PAS SI VITE !**
> Avant de reprendre le chemin de la descente, gagner le terre-plein Ouest d'où la **vue**★ est étendue sur le lac Léman, Thonon et le Jura.

circuits

LE CHABLAIS★★

Voir aussi les excursions au départ d'Évian-les-Bains.

1 Circuit des trois cols★

Circuit de 54 km – environ 3h1/2. Quitter Thonon-les-Bains par la route de Bellevaux.
On suit la D 26 au-dessus des gorges de la Dranse, desquelles on voit la charmante vallée de Bellevaux. À l'horizon se profilent les escarpements de la dent d'Oche.

Bellevaux

Sur la rive gauche du Brevon, le village se dresse dans le **site**★ charmant constitué par les pentes verdoyantes de la vallée qui porte son nom. Sa curieuse église à clocher à bulbe de cuivre est pourvue à l'intérieur d'un élégant mobilier en bois sculpté et conserve une chapelle du 14e s., vestige de l'ancienne église.
Après le cimetière de Bellevaux, tourner à droite pour franchir le Brevon et prendre à gauche la route forestière.
Cette route monte de façon continue et vertigineuse, dominant la combe de Bellevaux.

Chalets de Buchille

De cet endroit vous avez une jolie **vue** sur le mont d'Hermone, au Nord-Ouest.
Revenir à Bellevaux et poursuivre vers Jambaz.
Au hameau de Jambaz, prendre le chemin de la Chèvrerie.

Vallon de la Chèvrerie★

Ce haut vallon, origine de la vallée du Brévon, présente les dispositions typiques d'un site de chartreuse, la porte naturelle étant ici le défilé de la Clusaz, fort bien nommé. De part et d'autre du petit lac de Vallon, on remarque deux chapelles, témoins des établissements successifs de la **chartreuse de Vallon :** celle de la rive opposée, dédiée à saint Bruno, fut fondée au 12e s., dévastée par les Bernois en 1536 et abandonnée définitivement en 1619, quand les chartreux s'installèrent à Ripaille. Le chemin se termine à la Chèvrerie en vue d'un cirque de montagnes, dominé par la silhouette du roc d'Enfer (alt. 2 244 m).
Faire demi-tour et revenir au col de Jambaz. Là, tourner à gauche et presque aussitôt à droite dans la D 32.
Du col de Jambaz au col de Terramont, la route domine le vallon du Risse puis traverse le seuil des Mouilles d'où communiquent les vallées du Risse et de Lullin, pour venir dominer, à mi-hauteur, le vallon de Terramont aux

> **TROIS PAYS**
> Trois régions, de physionomie distincte, composent le massif qui s'étend des rives du Léman à la vallée du Giffre :
> Le **bas Chablais** : ses aimables coteaux bordent la rive Sud du Léman. L'animation saisonnière de cette « Riviera » de la Savoie se concentre entre Yvoire et Évian-les-Bains.
> Le **pays Gavot** : c'est l'arrière-pays d'Évian *(décrit à ce nom)*.
> Le **haut Chablais** : dont le centre touristique se situe à Morzin. Les paysages y sont pastoraux et forestiers entaillés de trois grandes vallées : Dranse d'Abondance, Dranse de Morzine et Brevon.

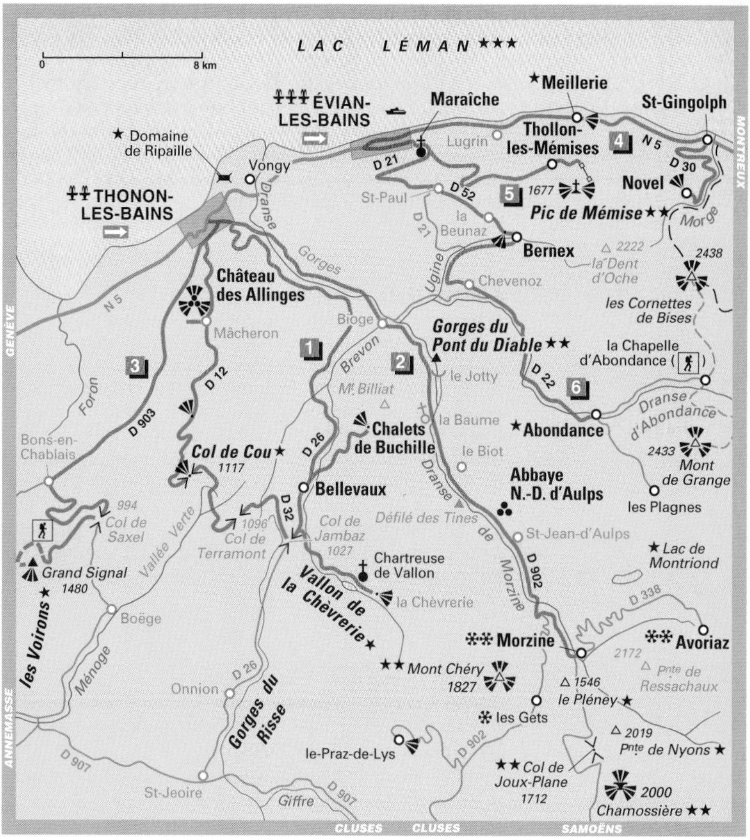

LAC LÉMAN ★★★

‡‡‡ ÉVIAN-LES-BAINS   Maraîche   ★Meillerie   St-Gingolph

★ Domaine de Ripaille   Lugrin   Thollon-les-Mémises   4   N 5

Vongy   D 21   St-Paul   D 52   1677 ‡↑↓   Novel

‡‡‡ THONON-LES-BAINS   la Beunaz   5   Pic de Mémise ★★   Morge

Dranse   D 21   Chevenoz   Bernex   △ 2222 la Dent d'Oche   2438

Gorges   Château des Allinges   Bioge   Gorges du Pont du Diable ★★   les Cornettes de Bises

Mâcheron   Brevon   le Jotty   la Chapelle d'Abondance   ☆

GENÈVE   N 5   1   Mt Billiat   2   D 22   6   Dranse d'Abondance

Foron   3   D 12   la Baume   Abondance   2433

Bons-en-Chablais   D 903   D 26   Chalets de Buchille   le Biot   Mont de Grange

Col de Cou ★   Bellevaux   Abbaye N.-D. d'Aulps   les Plagnes

994 Col de Saxel   1117   1096 Col de Terramont   Col de Jambaz 1027   Défilé des Tines   St-Jean-d'Aulps   ★ Lac de Montriond

Grand Signal 1480   Vallée Verte   D 32   Chartreuse de Vallon   Morzine   D 902   D 338

les Voirons   Boëge   Vallon de la Chèvrerie ★   la Chèvrerie   ★★ Morzine   ★★ Avoriaz

ANNEMASSE   Ménoge   D 26   ★★ Mont Chéry 1827   △ 1546 le Pléney   2172 △ pnte de Ressachaux

Onnion   Gorges du Risse   ☆ les Gets   △ 2019 pnte de Nyons ★

D 907   St-Jeoire   Giffre   le-Praz-de-Lys   D 902   ★★ Col de Joux-Plane 1712   2000 Chamossière ★★

CLUSES   CLUSES   SAMOËNS

0   8 km

GENÈVE   ANNEMASSE   MONTREUX

---

versants doucement ondulés. Au Nord, le sommet du mont Billiat. Entre le col de Terramont et le col de Cou, le calme paysage de la « vallée Verte » est cerné de croupes boisées, parmi lesquelles on reconnaîtra les Voirons, le mont d'Hirmentaz et le mont Forchat, signalé par une blanche statue de saint François de Sales.

Col de Cou★

À partir du col de Cou, descente de 16 km. C'est un festival de panoramas : le Léman, le promontoire d'Yvoire, les Voirons, le Jura. Puis les campagnes du bas Chablais que surveillent, sur leur croupe, les ruines du château des Allinges. À 7 km du col, la **vue**★ se dégage sur le lac encadré par le mont de Boisy et la colline des Allinges.

À Mâcheron, tourner à gauche vers le château des Allinges.

Château des Allinges *(voir ci-dessus)*
La D 12 atteint Thonon.

> ► **À 1 117 M D'ALTITUDE**
> Le lac Léman, la chaîne du Jura apparaissent au-delà d'un premier plan forestier très fourni. C'est un vrai **tableau**★ pour ceux qui débouchent de la vallée Verte.

itinéraire

2 **Gorges de la Dranse**

De Thonon à Morzine 33 km – environ 1h3/4
La route s'enfonce dans la vallée de la Dranse de Savoie, formée par la réunion du Brevon, de la Dranse d'Abondance et de la Dranse de Morzine.
Quitter Thonon par la D 902, route de Cluses.
De Thonon à Bioge, où se rassemblent les branches supérieures de la dranse, la route suit les gorges uniformément boisées du torrent. Des falaises de conglomérats de couleur ocre-rouge dominent alors les flots bouillonnant entre d'énormes blocs.

> **L**'intérêt de ce début de parcours : la traversée d'une longue suite d'étranglements et de bassins encaissés.

Gorges du pont du Diable★★

D'énormes éboulements ont obstrué une partie du site et lui donnent l'aspect d'un gouffre, l'un d'eux ayant formé à 40 m au-dessus du torrent un pont naturel fantastique, utilisé jadis comme passage : le « pont du Diable ». Ça fait frissonner, rien que d'y penser ! Dans le bassin du Biot, remarquer le lac du barrage du Jotty et l'église perchée de la Baume. On traverse le petit défilé des Tines (tunnel) ; dans le bassin de St-Jean-d'Aulps les ruines de N.-D. d'Aulps sont encore visibles.

Abbaye N.-D. d'Aulps

Il ne reste de cette abbaye cistercienne – qui eut pour abbé saint Guérin, très populaire en Savoie et dans le Valais – que les ruines de son église des 12e-13e s. à la façade ajourée d'une jolie rosace. La châsse de saint Guérin est maintenant vénérée par les pèlerins, parmi lesquels de nombreux Suisses du Valais, le dernier dimanche d'août, dans l'église néo-gothique de St-Jean-d'Aulps (plan d'Avoz). Le vaste épanouissement de Morzine, tout couvert d'habitations, apparaît enfin, avec ses deux sommets, bons points de repères : la pointe de Ressachaux et la pointe de Nyon. Le retour peut s'effectuer par la même route ou par Taninges, St-Jeoire et la D 26 jusqu'à Thonon.

randonnée

③ Grand signal des Voirons★

Prendre la D 903 en direction d'Annemasse jusqu'à Bons-en-Chablais, puis la D 20 vers Boëge, au Sud. Le tracé permet de jolies échappées sur la plaine du bas Chablais et le Léman. À partir du col de Saxel, à droite, la D 50 s'élève suivant la ligne de crête, parmi les épicéas, et laisse sur sa gauche le vallon verdoyant de Boëge, au-delà duquel on découvre le massif du Reposoir puis – dès le hameau des Granges Gaillard – les découpures des dents du Midi, le Buet et les neiges du massif du Mont-Blanc.

Laisser la voiture au terminus de la route, dans le parc de stationnement aménagé aussitôt avant le monastère des sœurs de Bethléem.

🚶 *1h à pied AR. Au parking, prendre la route signalée « voie sans issue » qui monte à travers bois. Au sortir du bois, à environ 50 m, suivre le large chemin forestier qui monte à gauche à travers une prairie, indiqué « les crêtes ». Celui-ci, après 200 m, rejoint le chemin forestier des crêtes qu'il faut prendre sur la droite. Avant le bâtiment de la Transfiguration, maison d'accueil du monastère, tourner en arrière à gauche pour atteindre la crête, que l'on suivra alors à droite pour gagner le sommet du Grand Signal (alt. 1 480 m), surmonté d'une croix.*

La **vue**, en partie masquée du côté du Léman, est dégagée, dans la direction opposée, sur le massif du haut Faucigny calcaire (dents du Midi, Buet) et sur la chaîne du Mont-Blanc.

---

200 MARCHES !
Le poli des roches tapissées de dépôts ocre, gris, verts ou bleutés, érodées et creusées de marmites, la vigueur extraordinaire de la végétation, les éclairages curieux donnent à la visite de cette sombre fissure, taillée par la Dranse de Morzine dans le marbre argovien, un caractère spectaculaire. Les parois atteignent par endroits une soixantaine de mètres de hauteur.

LA MONTAGNE DES VOIRONS
Pour les Genevois, c'est le pendant du Salève. Elle se distingue de sa voisine par ses flancs très boisés. Elle attire les amateurs de promenades et de coups d'œil : à travers les sapins, le massif du Mont-Blanc.

Thorens-Glières ★

Avec sa vaste combe, c'est un haut plateau de résistance. Ils furent des centaines à prendre le Maquis et à se battre contre l'occupation des Allemands, contre le régime de Vichy. Par un beau jour de printemps 1944, ils furent une centaine à mourir sur ce plateau, pour ce plateau. Mais la Résistance n'allait pas baisser les bras pour autant. C'est ainsi que la Haute-Savoie fut le premier département français à être libéré par les seules forces maquisardes. Il est bon de temps en temps de revenir sur certains détails de l'histoire.

La situation

Cartes Michelin n°s 89 pli 16 ou 244 pli 19 – Haute-Savoie (74). Cette petite ville de la dépression des Bornes marque le débouché de la vallée de la Fillière, affluent du Fier, qui échancre les remparts escarpés du Parmelan (à ne pas confondre avec Parmesan).

✷ *Place du Commerce, 74570 Thorens-Glières, ☎ 04 50 22 40 31.*

Le nom

De *Thorons,* dieu nordique de la guerre et le plateau des Glières, du latin *glarea,* gravier.

Les gens

2 077 Thoranais qui se glorifient tous d'avoir vu naître, le 21 août 1567, **François de Sales**. Son baptême et sa consécration épiscopale eurent lieu dans l'église paroissiale (seul le chœur, de 1450, a été conservé). Il ne reste rien du château natal du saint. La chapelle de Sales, au bord de la route d'Usillon, signale son emplacement.

FOLKLORIQUE
Le dimanche qui suit le 15 août, une messe de pèlerinage est célébrée dans ou devant cette chapelle. Ce même jour a lieu à Thorens un défilé de chars accompagné de danses et de chants folkloriques, en costumes régionaux.

visiter

CHÂTEAU DE THORENS ★

Juil.-août : visite guidée (1h) 10h-12h, 14h-18h ; mai-juin et sept. : w.-end et j. fériés 14h-18h. Fermé oct.-avr. 30F (enf. : 15F). ☎ 04 50 22 42 02.

Lié au souvenir de saint François de Sales et de Cavour, le château occupe un site séduisant face au vallon de la Fillière et à la montagne de Parmelan.

Assis sur des fondations remontant au 11e s., il est constitué de bâtiments d'époque gothique parmi lesquels un donjon circulaire du 13e s., exceptionnel en Savoie. L'ensemble a été remanié au 19e s. et remis en valeur par l'actuel propriétaire, le comte J.-F. de Roussy de Sales.

Habillé de vignes vierges, le château de Thorens abrite de précieux souvenirs de la famille de saint François de Sales.

Intérieur

On voit d'abord les curieux sous-sols voûtés comprenant notamment salle de garde et prison avec oubliettes. De nombreux objets sont exposés dans les salles du rez-de-chaussée : des souvenirs et documents relatifs à saint François de Sales, des tapisseries de Bruxelles du 16ᵉ s. relatant l'histoire de Tobie, un riche mobilier et une collection de tableaux d'où se détachent un *Saint Étienne* par Marco d'Oggiono (école lombarde du 16ᵉ s.), le portrait de l'infante Isabelle d'Espagne par Van Dyck et celui de la marquise de Grollier par Mme Vigée-Lebrun.

alentours

LE PLATEAU DES GLIÈRES

14 km à l'Est par une route forestière.

La vaste combe d'alpages du plateau des Glières, à l'origine de la vallée de la Fillière, avait paru, aux chefs de la Résistance en Haute-Savoie, comme éminemment propre à l'organisation d'un camp retranché. Mis en défense par le **lieutenant Morel** (« Tom »), ancien instructeur à St-Cyr, le plateau subit, en février 1944, les assauts infructueux des forces de sécurité du régime de Vichy. Au cours d'un coup de main, à Entremont, « Tom » trouve la mort. Le **capitaine Anjot** (« Bayard ») accepte alors le commandement. La Milice attaque ensuite, mais en vain. Le 25 mars 1944, les Allemands interviennent avec des forces mobilisant plus de 12 000 hommes et un matériel considérable. Les assiégés (465 hommes) se défendent avec acharnement, mais, le 26, commence l'héroïque retraite à travers les lignes ennemies. Du côté résistant, près de 250 morts (dont Anjot) ou prisonniers contre plus de 300 ennemis. Une féroce répression s'ensuit, dans les villes et villages alentour.

La Résistance, loin d'être abattue, ne fait que grandir. Elle reprend possession du plateau et s'organise quelques mois plus tard. Ainsi le 27ᵉ BCA, formation dissoute à l'Armistice, est reconstitué par le bataillon des Glières. Aussi, les combattants des Glières purent-ils avec leurs seules forces, unies à celles des maquis voisins, libérer le département de Haute-Savoie, le premier de tous les départements français à être délivré par le Maquis, sans aide extérieure.

Au **col des Glières** (alt. 1 440 m), où se termine la route carrossable, un panneau donne le schéma des opérations militaires de 1944.

Un **monument** commémoratif, dû au sculpteur Émile Gilioli, a été érigé en contrebas, à droite. Il symbolise un V de la victoire dont une des branches est tronquée, tandis que le disque figure l'espoir et la vie retrouvés. L'intérieur est aménagé en chapelle.

Tignes✳✳✳

Aujourd'hui, tout le monde connaît Tignes, cette très grande station moderne de sports d'hiver et d'été ; on ne voit en elle que les plaisirs simples de la glisse, sans se poser plus de questions. Pourtant, Tignes n'a pas toujours été cette mecque du ski. En 1952, un drame la frappe soudain : des tonnes d'eau échappent à la vigilance du barrage qui les contenait, déferlent sur le vieux village et engloutissent d'une seule traite ses maisons. Quelques habitants, qui avaient tout perdu, décident de recommencer leur vie plus haut, à six kilomètres de la catastrophe, sur le site✳✳ merveilleux du lac. Il leur faudra cinq ans de courage et de ténacité pour rebâtir Tignes, nouvelle génération.

La situation

Cartes Michelin nᵒˢ 89 pli 6 ou 244 pli 32 – Schéma p. 399. – Savoie (73). Au bout de la longue route de la Tarentaise, N 90 puis D 902, l'heureux conducteur qui aura franchi les difficultés naturelles et celles dues aux embarras de la circulation, sera accueili par le « Géant » du barrage de Tignes. Par contre, au bout de la haute Maurienne, de nombreux lacets mettrons le conducteur à l'épreuve entre Bonneval-sur-Arc et Tignes. ⊠ *BP 51, 73320 Tignes,* ☎ *04 79 40 04 40 et sur Internet www.Tignes.net*

Le nom

Seule commune de France à porter ce nom, Tignes ne bénéficie pas pour autant d'une origine évidente : la plus couramment admise se réfère à un domaine (*villa*) d'un propriétaire gallo-romain : *Tinia.*

Les gens

1 998 Tignards et des millions de bonnets, de combinaisons, de gants, de doudounes...

> ### LES QUARTIERS
> Située à 2 100 m d'altitude, sa création a entraîné une poussée d'urbanisation qui surprend dans un tel cadre. Elle se compose de plusieurs quartiers distribués autour du lac : Tignes-le-Lac, le Lavachet et, plus au Sud, val Claret.

séjourner

Le domaine skiable

Constituant avec Val-d'Isère le fabuleux **Espace Killy**✳✳✳, Tignes est l'un des plus beaux et des plus vastes domaines skiables du monde, dans un cadre de haute montagne sans végétation. L'excellence de la neige toute l'année permet d'y skier au printemps et en été sur le glacier de la Grande Motte. L'installation d'une centaine de canons à neige garantit le retour à la station skis aux pieds d'octobre à mai. À Tignes, les pentes étant plus modérées, le ski y est plus facile qu'à Val-d'Isère.

Les **bons skieurs** trouvent néanmoins des pistes à leur mesure, notamment le vallon de la Sache, les Pâquerettes et la Ves. Afin de répondre aux attentes variées et contradictoires des vacanciers, le service des pistes a différencié l'entretien de la neige selon les pistes, en créant des zones spéciales « champs de bosses » et « champs de poudreuse non damés ».

Lac de Tignes

Ce petit lac naturel est bordé d'un bassin d'alpages dépourvu d'arbres, au fond duquel s'élève, superbe, le long tremplin neigeux de la **Grande Motte**, dominant le cirque rocheux de la Balme. À l'opposé, vers le Nord-Est, la **Grande Sassière** donne la réplique.

À l'Est, une télécabine conduit au sommet de Tovière, situé face à Bellevarde et au domaine de Val-d'Isère. À l'Ouest, les cols du Palet et de Tourne permettent d'accéder au Parc de la Vanoise. L'été, prenez vos cannes : elles pourront vous servir à taquiner les 18 trous ou le poisson.

> ### AVANT LE PODIUM
> Tignes joue un rôle moteur, depuis plus de 10 ans, dans la pratique du ski artistique et acrobatique. La station accueille chaque année la **Coupe du monde** de cette discipline. Les Jeux olympiques de 1992 ont permis de diversifier ces activités par l'introduction des épreuves de bosses, remportées par le Français **Edgar Grospiron**, ainsi que par des compétitions de ballet et de saut dans le stade olympique de Lognan.

carnet d'adresses

Où dormir

• Valeur sûre

Paquis – ☎ 04 79 06 37 33 – fermé 6 mai au 9 juil. et 11 sept. au 24 oct. – 36 ch. : 400/600F – ☖ 50F – restaurant 130/250F. Dans cet hôtel entièrement rénové sur les hauteurs de la station, les patrons du cru vous réservent un accueil sympathique. Les chambres au décor savoyard sont réhaussées de panneaux de bois peints.

• Une petite folie !

Résidence Village Montana – Les Almes – ☎ 04 79 40 01 44 – site Internet www.vmontana.com – fermé 7 mai au 30 juin et sept.-nov. – 99 appart. 2/12 pers., sem. à partir de 6 800F. Cette résidence, qui fait partie de l'hôtel Montana, en est bien séparée. Parmi ses beaux appartements en bois, certains ont une cheminée, d'autres des mezzanines. Tous ont une cuisine mais rien ne vous empêche de profiter des restaurants de l'hôtel !

Détente après le ski

Moris Pub – ☎ 04 79 06 22 11. Ouv. tlj à partir de 11h. En dépit de ses vastes dimensions, ce pub à l'irlandaise est toujours trop étroit les soirs de concerts. Dans une ambiance tonitruante, une clientèle majoritairement anglo-saxonne honore l'une de ses déesses préférées : la bière.

découvrir

PAR LA FORCE DE L'EAU

La hauteur de chute globale est de 1 000 m. Les eaux sont turbinées dans la centrale des **Brévières**, avant d'être conduites, par un tunnel de 15 km, sur le bassin de Bourg-St-Maurice où la centrale de **Malgovert** (production annuelle moyenne : 750 millions de kWh) dispose de 4 groupes de 75 000 kW. En outre, par la « dérivation Isère-Arc », en aval de Moûtiers, l'Isère alimente la puissante centrale de **Randens**.

Barrage de Tignes★★

De type « voûte », cet ouvrage, inauguré en 1953, présente l'originalité d'être décoré, sur sa face extérieure, d'une immense fresque dont on a une bonne vue de la D 902 et du village des Brévières (en contrebas de la route principale). Sa hauteur totale est de 180 m, dont 20 m en fondations. Les 630 000 m³ de matériaux ont été bétonnés en trois campagnes, en dépit de difficultés exceptionnelles dues aux conditions climatiques rigoureuses qui n'autorisaient un travail efficace que six mois par an.

La réserve, de 230 millions de m³, forme le lac du **Chevril**★ et permet d'accumuler l'énergie nécessaire à l'augmentation de la consommation d'électricité en hiver.

Belvédère

Alt. 1 808 m. Aménagé au bord de la D 902, sur le toit de la centrale du Chevril, il vous donne une **vue**★ d'ensemble du barrage et de la retenue.

De là se découvrent, de gauche à droite, les arêtes de l'Ouillette et de l'Arcelle (par les gorges de la Daille, en amont), la cime neigeuse de la Grande Motte (par le vallon du lac de Tignes), enfin, tout proche, le dôme de

La gigantesque fresque de 12 000 m², représentant un géant et peinte par J.-M. Pierret est devenue l'emblème de la station.

la Sache, contrefort Sud-Est du mont Pourri dont la pyramide, symétrique, est visible elle-même au second plan.

Glacier de la Grande Motte★★★

7h15-16h45 (6mn, toutes les 1/2h). 88F AR (enf. : gratuit).
☎ *04 79 06 60 12.*

Ce glacier est l'un des plus célèbres du Parc de la Vanoise. Il fait la joie des skieurs toute l'année et des randonneurs, appareil photo en bandoulière. Un **funiculaire** partant de val Claret permet d'accéder, après un trajet entièrement souterrain de 3 400 m, au niveau de la terrasse « Panoramic ». Vue d'ensemble sur le glacier, et à sa droite sur la Grande Casse et l'aiguille de l'Épena. De là, un téléphérique géant de 125 places dépose les skieurs à 3 430 m d'altitude, à proximité du sommet de la Grande Motte (3 656 m). Superbe **panorama★★** à l'Ouest sur le sommet de Bellecôte, au Nord sur la station et le lac de Tignes ainsi que le lac du Chevril dominés, de gauche à droite, par le mont Pourri, le dôme de la Sache, le Mont Blanc, les Grandes Jorasses et le Grand Combin. Autant le savoir ! Au Nord-Est se dressent la Grande Sassière et la Tsante-leina. Enfin, à l'Est, juste en contrebas, la vallée de la Leisse dominée par la majestueuse pointe de la Sana, puis en arrière-plan les nombreux et hauts sommets de la frontière Maurienne-Italie (remarquer en particulier l'Albaron).

La Tovière★★

Alt. 2 696 m. Accès de Tignes-le-Lac par la télécabine Aéro-Ski en saison hivernale. **Panorama** sur l'Espace Killy, de la Grande Motte à Bellevarde, encadré par le dôme de la Sache, le massif du Mont-Blanc, la Grande Sassière, Bellevarde, Méan Martin.

randonnées

Col du Palet et col de la Tourne★★★

Prévoir la journée. Dénivelée : minimum 750 m. Le randonneur très entraîné peut enrichir le parcours à sa guise : col de la Grassaz ou lac de La Plagne, deux détours splendides à intégrer dans la boucle suivante.

Partir de Tignes-le-Lac et accéder en 1h30 au col du Palet (alt. 2 653 m). Cet itinéraire, avec ses belles vues sur le lac de Tignes, présente un grand intérêt pour ceux qui s'intéressent aux fleurs. Du col, les bons marcheurs, non sensibles au vertige et bien chaussés, accéderont en une demi-heure à la **pointe du Chardonnet★★★** (2 870 m) : panorama exceptionnel sur la Tarentaise. Les promeneurs moins téméraires (personne n'est parfait) se contenteront du très beau point de vue du **col de la Croix des Frêtes★★**, situé à 10mn à gauche du col du Palet. Redescendre sur le lac du Grataleu, puis remonter dans un décor déchiqueté au **col de la Tourne★★** (2 656 m) : vues splendides sur « l'Espace Killy ». Lors de la descente sur Tignes on admire, à gauche, l'**aiguille Percée** (ça s'appelle un chat...).

Refuge de la Martin★★

🚶 *5h AR – Alt. 2 154 m – Accès de Tignes-le-Lac ou des Boisses.*

Promenade, agréable et facile, qui offre de belles vues sur le lac du Chevril et son barrage, l'aiguille Percée, Bellevarde, la Grande Sassière, le massif du Mont-Blanc et le dôme de la Sache. Du refuge, on peut accéder au pied du glacier de la Martin : vue superbe.

> **HORS SKI**
> La qualité du domaine skiable ne doit pas faire oublier que Tignes constitue aussi une remarquable **base de randonnées pédestres** dans le massif de la Vanoise.

> **ATTENTION!**
> Les simples randonneurs ne s'engageront pas sur le glacier même, qui demande une réelle technique de la haute montagne.

alentours

RÉSERVE NATURELLE DE LA GRANDE SASSIÈRE★★

Du barrage de Tignes, prendre la route en direction de Val-d'Isère. Juste après le tunnel de la Giettaz, prendre à gauche une petite route qui monte en 6 km au barrage du Saut à 2 300 m d'altitude (parking).

◄ Cette importante zone de 2 230 ha, l'une des plus remarquables de Tarentaise, a été classée réserve naturelle en 1973 pour compenser l'autorisation accordée à Tignes d'aménager pour le ski le glacier de la Grande Motte. Si elle a fait l'objet d'importants investissements hydro-électriques, le lac de la Sassière desservant la centrale du Chevril, elle a néanmoins gardé toute sa beauté. Dominée par les fameux sommets de la **Grande Sassière** (alt. 3 747 m) et de la **Tsanteleina** (alt. 3 602 m), elle s'étend jusqu'au glacier de Rhêmes-Golette, à la frontière de l'Italie et du Parc national du Grand Paradis.

> **L'ARCHE DE NOÉ**
> Outre sa flore d'une richesse exceptionnelle, c'est aussi un lieu privilégié d'observation de la faune (marmottes, chamois, bouquetins...).

Lac de la Sassière★★

Alt. 2 460 m. 🥾 1h3/4 AR du Saut. Prendre à l'aller le sentier qui longe le torrent de la Sassière sur le versant opposé à la route EDF. Utiliser cette dernière au retour. Là, c'est plus cool !

Mais cette promenade permet quand même de profiter de l'ambiance de haute montagne. Le lac est dominé par l'aiguille du Dôme.

Glacier de Rhêmes-Golette★★

Alt. 3 000 m. 🥾 1h1/2 de montée raide à partir du lac de la Sassière. S'arrêter au pied du glacier, sur lequel il est dangereux de s'aventurer. Magnifique cadre avec, en toile de fond, la Grande Casse et la Grande Motte.

Château du **Touvet**★

Ce joli château date du 15ᵉ s. De son enceinte fortifiée, il ne subsiste que les deux tours rondes de l'entrée. Le reste a été rénové au 18ᵉ s. Mais il n'est pas à vendre. Dommage, c'était un bel endroit pour faire des fêtes...

La situation

Cartes Michelin nᵒˢ 89 pli 19, 244 pli 29 ou 4038 pli H 4 – Isère (38). Situé au flanc du massif de la Chartreuse, face à la vallée du Grésivaudan et à la chaîne de Belledonne, le château du Touvet fut à l'origine une maison forte élevée au 13ᵉ s.

Le nom

Au 11ᵉ s., la localité était désigné sous le vocable de *Tovetun*, terme dérivée du latin *tosus*, qui désigne le tuf, pierre poreuse courante dans la région.

Les gens

2 823 Touvétains qui prêchent pour la beauté de leur bourgade. Il faut dire que le père Didon, célèbre prédicateur du 19ᵉ s., est un enfant du pays.

visiter

Le parc★

Il a pris son aspect actuel au 18ᵉ s. à la suite des travaux décidés par Pierre de Marcieu. Il ferma la cour carrée, construisit un escalier d'honneur, aménagea les jardins : des cascades et des bassins et surtout un remarquable **escalier d'eaux**★ à l'italienne.

Des terrasses à la française encadrées de charmilles offrent des parterres de broderie de buis.

L'intérieur

 ♿ *Pâques-Toussaint : visite guidée (3/4h) tlj sf sam. 14h-18h (juil.-août : tlj sf sam. 12h-18h, dim. et j. fériés 14h-18h) ; Toussaint-Pâques : sur demande. 30F. ☎ 04 76 21 99 88.*

Richement décoré, il a conservé un mobilier intéressant ▶ et des souvenirs de l'Empire.

Remarquer particulièrement dans le hall le bel escalier d'honneur, les remarquables parquets dauphinois dans les salles et dans la salle à manger une riche **parure murale** en cuir de Cordoue.

Une salle est consacrée au souvenir du maréchal d'Empire Oudinot, ancêtre du propriétaire actuel.

> **Tout s'explique**
>
> Dans la galerie décorée de stuc à l'italienne sont exposés de nombreux documents d'archives dont des lettres signées de la main d'Henri VIII d'Angleterre et de François Ier. Que font-elles là ? Guigues Guiffrey, le propriétaire du Touvet, fut ambassadeur auprès du roi d'Angleterre. Mais c'est bien sûr !

Le Trièves ★

Le sommet le plus connu de la région est le Mont-Aiguille. Bien que plat, il fut l'objet d'une histoire étonnante. En 1489, le roi Charles VIII se rendant en pèlerinage à Notre-Dame d'Embrun fut éclaboussé par la silhouette du « mont inaccessible ». Pour couronner le tout, des montagnards lui affirment y avoir vu flotter les tuniques des anges. Il faut savoir qu'il pousse de très bons champignons dans la région... Cela dit, les anges ont la réputation de se promener nus, il faut bien que leurs vêtements soient quelque part... Quoi qu'il en soit, c'était assez pour piquer la curiosité de Charles qui ordonna de l'escalader et inventa en quelque sorte l'alpinisme français, sans le savoir.

La situation

Cartes Michelin n°s 77 plis 14 et 15 ou 244 plis 39 et 40 – Isère (38). Le Drac et l'Ébron ont creusé de profonds sillons dans la vaste dépression ondulée et verdoyante du Trièves ; le Vercors et le Dévoluy lui font un cadre de montagnes, tandis que la route du col de la Croix Haute (N 75) constitue pour elle un « balcon ». Au flanc Est du Vercors s'accroche la haute vallée de la Gresse, aux aspects presque savoyards, que l'on peut visiter depuis Monestier-de-Clermont.

🛈 *Sud-Dauphiné Tourisme, 38 710 Mens, ☎ 04 76 34 69 99 et Office de tourisme à Mens, ☎ 04 76 34 84 25.*

Le nom

À l'époque romaine, la région était traversée par trois voies romaines qui lui donnèrent une position de carrefour à... trois voies.

Les gens

L'écrivain **Jean Giono**, triévois d'adoption à la suite de séjours à Lalley, s'est inspiré de Trièves dans *Faust au village*, *La Bataille dans la montagne* et *Un roi sans divertissement*.

comprendre

L'Olympe dauphinois – Le **Mont-Aiguille** (alt. 2 086 m), extraordinaire sommet tabulaire isolé formant bastion avancé du Vercors, comptait parmi les « Sept Merveilles du Dauphiné », à défaut du monde (c'est déjà pas mal...). Il est resté le sommet le plus populaire de la province. Finissons cette histoire de tuniques et d'anges... Suite donc aux visions hallucinantes des montagnards et à la fascination du roi pour ce mont, une équipe part à sa conquête. Par un bel été de 1492, le capitaine **Antoine de Ville**, seigneur de Dompjulien de Beaupré et 10 acolytes pas froussards se munissent de cordes et d'échelles et réussissent l'exploit. À défaut d'anges, d'esprits ou de divinités, ils trouvent dépités, une jolie prairie couverte de fleurs et « une belle garenne de chamois » à la tunique fauve...Tout ça pour ça.

itinéraires

☐1 ROUTE DU COL DE LA CROIX HAUTE★

De Monestier au col de la Croix Haute 36 km – environ 1h1/2

Monestier-de-Clermont

Les maisons de ce bourg, situé en contrebas de la dépression du col du Fau, sont au bord de la N 75. Vous avez de multiples possibilités de promenades dans les bois environnants et le village d'Avignonet, au Nord-Est de la localité est un excellent belvédère sur le Drac, le barrage et la retenue de Monteynard. Là, si l'envie de ski nautique vous prend, ne vous retenez pas ! Entre le col du Fau, qui fait suite immédiatement à Monestier, et le col de la Croix Haute, la route, contournant le verdoyant

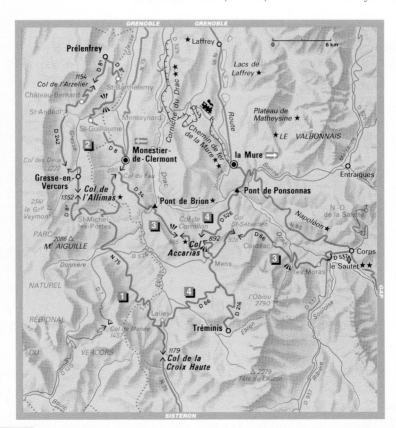

Accrochée au flanc du Vercors par de grandioses ouvrages d'art, la ligne ferroviaire Grenoble-Veyne permet une superbe visite du Trièves.

bassin du Trièves, vous aurez un vaste horizon de montagnes. Sur la rive droite se détache, en avant du Vercors, le **Mont-Aiguille**.

Col de la Croix Haute
Alt. 1 179 m. Avec ses pâturages et ses sombres forêts de sapins, il ne dépayse pas encore le touriste venu des Alpes du Nord.

② HAUTE VALLÉE DE LA GRESSE
Circuit au départ de Monestier 61 km – environ 2h. Quitter Monestier-de-Clermont par la D 8.

La route passe par St-Guillaume, village typique du Trièves avec ses robustes maisons coiffées de hauts toits de tuiles écaille. Elle monte jusqu'à Miribel-Lanchâtre (points de vue sur la vallée de la Gresse) avant de redescendre sur St-Barthélemy.
À St-Barthélemy, prendre la D 8ᴮ.

Prélenfrey
Cette petite station estivale bénéficie d'un **site**★ privilégié au fond d'un haut vallon formant gouttière au pied des escarpements Est du Vercors (arêtes du Gerbier). La profonde échancrure par laquelle le torrent de l'Échaillon quitte ce berceau pour rejoindre la vallée de la Gresse ouvre, en contrebas, une belle perspective sur la dépression du Drac.
Prendre la D 8ᴮ vers le col de l'Arzelier.

La route vous mène jusqu'au **col de l'Arzelier**, aménagé pour le ski. Dans la descente vers Château-Bernard, de belles vues sur les escarpements du Vercors.
Poursuivre par la D 242.

Les impressionnantes falaises du versant Est du Vercors – dont le Grand Veymont (alt. 2 341 m) point culminant du massif – forment un cadre grandiose derrière les paysages champêtres du Trièves.

À hauteur de St-Andéol, une profonde échancrure livre passage au torrent de l'Échaillon, qui rejoint la Gresse en contrebas. La D 242 franchit le col des Deux, puis rejoint la route de Gresse-en-Vercors.

Col de l'Allimas★
Le Mont-Aiguille y fait une saisissante apparition. En arrivant à St-Michel-les-Portes, de jolies vues sur le Trièves.
On regagne Monestier par la N 75 en direction de Grenoble.

③ LA TRAVERSÉE DU TRIÈVES★
De Monestier-de-Clermont à Corps 46 km – environ 1h1/2 - quitter Monestier par la N 75 au Sud, puis tourner à gauche dans la D 34.
Entre le col du Fau et Mens, la D 34 parcourt le bassin du Trièves. La proue du Mont-Aiguille puis l'Obiou se dessinent, ainsi que le Grand Ferrand.

> **GRESSE-EN-VERCORS**
> Remarquer de curieux engins appelés **trinqueballes**, mi-traîneaux, mi-chars bien adaptés au relief mouvementé du pays. Au cœur du village : maison du Parc du Vercors.

Pont de Brion★

Ce pont suspendu d'une impressionnante légèreté était à l'origine à 126 m au-dessus des gorges sinistres que l'Ébron s'est taillées dans les schistes noirs. Depuis la création du barrage de Monteynard sur le Drac, en aval, le niveau de l'Ébron a monté de 60 m environ. Donc le pont n'est plus qu'à 66 m au-dessus des gorges, c'est déjà pas mal... À proximité du col de Cornillon, la **vue** se dégage, à gauche, sur la corniche du Drac et le lac de retenue du barrage de Monteynard.

Mens

Considérée comme la capitale du Trièves, cette ancienne étape (*mansio* signifie étape routière en latin) sur la voie romaine conserve d'importantes traces de son rôle commercial : **halles** anciennes, maisons du 17e s. (rue du Bourg). Un temple et une église se partagent la foi des fidèles. Dans le **café des Arts**, que Giono évoque dans *Triomphe de la vie,* une étonnante décoration du 19e s. (1896), due au peintre picard Gustave Riquet, représente les paysages et des scènes agricoles de la région.

Musée du Trièves – *Mai-sept. et vac. scol. : 14h-19h ; oct.-avr. : w.-end 14h-18h. 15F.* ☎ *04 76 34 88 28.*
Aménagé dans une ancienne demeure historique, il retrace fort bien la vie de la région à travers les témoignages du patrimoine rural.

Après Mens, la D 66, entre le col de St-Sébastien et Cordéac, contourne les contreforts de l'Obiou (massif du Dévoluy) pour venir se dérouler sur les terrasses cultivées de la rive gauche du Drac. Le regard distingue, à l'Est, les cimes neigeuses du massif au Sud du Vénéon (roche de la Muzelle, Olan). Au Nord, au-delà de la dépression de Laffrey, les sommets de la Chartreuse (Chamechaude) se découpent. Entre Cordéac et les Moras, la traversée du ravin de la Croix de la Pigne ouvre une superbe échappée rapprochée sur les escarpements de l'Obiou. Très haut sur le versant opposé apparaissent, un moment, les bâtiments du sanctuaire de N.-D.-de-la-Salette. De jolis coups d'œil sur le lac artificiel du Sautet quand celui-ci est « en eau », après les Moras en traversant le Drac.

Barrage, lac du Sautet et Corps★★ – *Décrits dans LE GUIDE VERT Michelin Alpes du Sud.*

4 DE LA MURE AU COL DE LA CROIX HAUTE
65 km – environ 2h

Entre La Mure et le pont de Ponsonnas, les sommets neigeux du massif au Sud du Vénéon (roche de la Muzelle, Olan) sont visibles par la trouée du Valbonnais. L'Obiou, au Sud, est fort imposant.

Le Trièves se découvre aussi au pas mesuré d'un cheval, comme ici, dans les environs de Tréminis.

Pont de Ponsonnas

Ce pont domine de près de 100 m le fond des gorges du Drac. On se penche pour voir ?

Col Accarias★

Alt. 892 m. Vue★ très étendue sur le Trièves et les barres rocheuses de l'Obiou, du Grand Ferrand et de la Tête du Lauzon qui le ferment (massif du Dévoluy).
À Mens, prendre la D 66, puis tourner à gauche dans la D 216.

Tréminis

Tréminis disperse ses hameaux dans le bassin supérieur de l'Ébron, tapissé de forêts de sapins et dominé par les escarpements calcaires du Dévoluy (Grand Ferrand). Quand le soleil pique du nez, il se teinte de couleurs sublimes. Le sitea est l'un des plus riants du Trièves et la station constitue une agréable villégiature estivale.
Revenir à la D 66 et poursuivre vers Lalley.
On parcourt le bassin du Trièves encadré par les crêtes orientales du Vercors, au-delà du sillon très boisé où s'encaisse l'Ébron, et par le rempart Nord du Dévoluy.

Col de la Croix Haute *(voir page 383)*

Le Valbonnais★

Pour faire le portrait du Valbonnais
chaussez-vous comme il faut
mettez dans un sac de l'eau
quelques barres d'énergie
une casquette c'est bien aussi
un appareil pour les paysages
puis partir pour cette vallée sauvage
ses rocs, ses gorges, ses cirques et ses cascades
un espace de liberté, on s'évade
une parenthèse à l'état pur c'est le Valbonnais !

La situation

Cartes Michelin n°s 77 plis 5, 6, 15 et 16 ou 244 plis 39, 40 et 41 – Isère (38). La vallée inférieure de la Bonne, affluent du Drac, est connue sous le nom de **Valbonnais.** En amont d'Entraigues, le **Valjouffrey** correspond au cours supérieur du torrent, descendu de l'impressionnant cirque de Font-Turbat, au pied de l'Olan. Ce pays offre de beaux sites encaissés, marqués de cette empreinte sauvage qui caractérise les hauts massifs du Dauphiné. 🖪 *38740 Valbonnais,* ☎ *04 76 30 25 26.*

VOIR PLUS LOIN
Si la vallée de la Bonne est un cul-de-sac, la vallée affluente de la Malsanne ouvre, par le col d'Ornon, une route touristique intéressante avec le Bourg-d'Oisans.

Le nom

Il s'agit d'une altération de la vallée de la Bonne.

Les gens

Eh bien ici, on fait tout pour les retenir... Des mesures ont été prises afin d'enrayer l'exode des montagnards et l'abandon des activités traditionnelles. Depuis 1973, le Valbonnais est l'un des huit secteurs du Parc national des Écrins. Sa notoriété arrose le Valbonnais et lui donne le coup de pouce nécessaire pour qu'on redécouvre ce secteur.

itinéraire

De La Mure au Désert

55 km – environ 1h1/2. Entre La Mure et le Pont Haut, la N 85 vous propose de larges vues panoramiques. L'Obiou, au Sud, est très imposant. Par la trouée du Valbonnais apparaissent déjà quelques cimes neigeuses du haut massif des Écrins (roche de la Muzelle, Olan).

Pont Haut

Des « colonnes coiffées » sont en cours de formation dans les ravinements voisins.

Au Pont Haut, prendre la D 526.

Valbonnais

Avec Entraigues, c'est le centre commercial de la région.

À la sortie de Valbonnais on aperçoit à droite, en contrebas, le petit lac formé par une retenue de la Bonne.

Entraigues

Le modeste village agréablement situé sur une terrasse ensoleillée domine la Bonne et la Malsanne.

Route de Valsenestre★

◀ *À Entraigues, prendre la D 117 vers Valjouffrey. Au pont de la Chapelle-en-Valjouffrey, tourner à gauche dans la D 117ᴬ pour suivre la route de Valsenestre.*

Le chemin s'élève au-dessus des **gorges du Béranger★**, puis se déroule sur des pentes superbement boisées de mélèzes et de sapins. De nombreuses cascades agrémentent encore ce parcours.

Faire demi-tour et revenir à la D 117.

VALSENESTRE

Ce hameau (« val de gauche ») est situé à l'entrée d'un vaste cirque délimité par le pic Clapier du Peyron, la roche de la Muzelle et le pic de Valsenestre. Il est le point de départ de nombreuses excursions en moyenne et en haute montagne.

---

randonnée

La haute vallée de la Bonne★★

🏃 *3h AR de marche aisée. Parking obligatoire à l'entrée du Désert-en-Valjouffrey.*

◀ Cette excursion conserve des allures de promenade grâce à ses chemins très praticables ; elle suit le fond d'une vallée glaciaire taillée dans un socle cristallin.

En quittant le hameau, on découvre la vallée dont la forme en « auge » apparaît très nettement, barrée par une formidable muraille rocheuse culminant à plus de 3 000 m. Sur la gauche, le cône de déjections d'une vallée latérale est encore couvert de quelques cultures dues au travail des paysans : ils ont retiré une à une, les pierres qui empêchaient toute pousse auparavant.

Cette zone est dominée par l'aiguille des Marmes (3 046 m), dont le nom vient de la présence de schistes jurassiques exploités encore récemment : en observant bien, vous distinguerez les reflets foncés des ardoisières. À droite, la Bonne coule au milieu d'un lit large qui prend des allures de gravière.

Après le passage de la barrière du parc *(lire attentivement le règlement)*, le paysage devient nettement plus sauvage ; les arbres de plus en plus chétifs caractérisent l'étage subalpin. L'adret, sur la gauche, est le domaine de la bruyère et du genévrier, tandis que l'ubac plus ombragé est parsemé de rhododendrons. Le sentier traverse un éboulement avant d'arriver à la **cascade de la Pisse★**, sur la gauche.

Après avoir franchi la passerelle, on traverse un petit bois de pins à crochets : leur aspect trapu et leurs troncs déformés trahissent l'adaptation à un milieu sévère. Bientôt apparaît, majestueux, le pic Olan (3 564 m) dominant le **cirque de Font-Turbat** : l'étage alpin aux maigres pelouses fait place, à l'approche des sommets, à un univers exclusivement minéral.

Le retour au Désert se fait par le même sentier.

LE DÉSERT-EN-VALJOUFFREY

Le dernier village du Valjouffrey (alt. 1 267 m), aligne au bord de sa rue principale au profil accidenté plusieurs granges qui témoignent de la permanence de l'activité rurale. Sur certaines d'entre elles, on peut lire l'année de leur construction et les initiales du propriétaire.

Val-Cenis✳

Les deux personnages quasi mythiques de Val-Cenis sont un chien et un escargot. Flambeau, copain de Rantanplan, devient un héros régional en transportant le courrier pendant 10 ans à 2 780 mètres d'altitude. On aurait pu le surnommer PTT : Poils Tout Terrain. Vous pourrez donc emprunter, lors de belles balades, les sentiers qu'il parcourait quotidiennement et profiter des magnifiques paysages qui devaient lui passer par-dessus les oreilles...

Quant à l'escargot, il se laisse glisser tranquillement pendant dix kilomètres depuis le col du Mont-Cenis : c'est la plus longue piste verte d'Europe. Normalement, vous ne risquez pas l'excès de vitesse !

La situation

Cartes Michelin nos 77 pli 9 ou 244 pli 32 – Schéma p. 295 – Savoie (73). La station est née en 1967 de l'union des deux communes de Lanslevillard et Lanslebourg, distante de 3 km ! Elle est dominée au Nord-Ouest par la dent Parrachée (alt. 3 684 m), au Nord par le Grand Roc Noir et au Sud par la pointe de Ronce (alt. 3 610 m) et le col du Mont-Cenis. 🛈 *73480 Val-Cenis,* ☎ *04 79 05 23 66.*

Le nom

La proximité du col du Mont-Cenis a tout naturellement inspiré le choix du nom de la station.

Le héros

À Lanslebourg, un monument est dédié à **Flambeau**, ce facteur à poils et à quatre pattes. De 1928 à 1938, la truffe humide et la langue pendante, il acheminait le courrier entre la caserne de Lanslebourg et le fortin de Sollières. Bon chien-chien...

séjourner

Le domaine skiable

S'étendant sur 500 hectares entre 1 400 et 2 800 m, c'est le plus grand de la vallée de l'Arc. Il propose un forfait à la semaine permettant de skier dans la plupart des stations de Maurienne. Outre l'Escargot, il dispose aussi de belles pistes techniques (Jacquot, tiens un perroquet..., le Lac et l'itinéraire de l'Arcelle). L'exposition Nord et la

L'exubérance des scènes qui ornent les murs de la chapelle St-Sébastien de Lanslevillard n'a d'égale que l'incroyable fraîcheur des coloris.

carnet d'adresses

fréquente levée du vent de la Lombarde, venant d'Italie, garantissent l'enneigement mais impliquent parfois un temps froid et incertain.

Lanslebourg-Mont-Cenis

L'agglomération, avec ses immeubles militaires uniformes le long de la rue principale, est très profondément marquée par son rôle d'étape frontière.

L'**Espace baroque Maurienne** constitue un des points de départ des circuits de visite des **Chemins du baroque.**

Lanslevillard

Ce village apparaît dominé par son église au haut clocher, dressée sur un promontoire.

Les amateurs d'art religieux populaire ne manqueront pas de visiter la chapelle St-Sébastien.

Chapelle St-Sébastien – *Pour s'y rendre, laisser la voiture près de l'église paroissiale, puis poursuivre au-delà de l'école. De mi-juin à mi-sept. : tlj sf lun. 13h30-15h. ☎ 04 79 05 93 78.*

On doit cette chapelle élevée au 15e s. à Sébastien Turbil, habitant de Lanslevillard. Il faut dire qu'il avait fait le vœu d'échapper à une épidémie... Ce n'était pas gagné d'avance.

Exécutées selon la technique de la détrempe qui consiste à peindre sur un mur sec riche en chaux, les **peintures murales**★ couvrant tous les murs frappent par la fraîcheur de leurs coloris et leur saveur d'expression. À droite en entrant se déroulent sur trois registres les différentes scènes du martyre de saint Sébastien. Sur les autres murs, la vie du Christ est racontée sur deux registres. Les costumes et les décors correspondent à l'époque de Louis XI. Les visages sont fort expressifs.

Le plafond Renaissance se compose de caissons sculptés et peints.

découvrir

Les belvédères

Télécabine du Vieux Moulin★

De déb. juil. à fin août : mer. et jeu. 10h-17h (12mn, en continu). 35F. ☎ 04 79 05 23 66.

Alt. 2 100 m. Vue sur la dent Parrachée, les glaciers de la Vanoise et la vallée de l'Arc. Restaurant d'altitude.

Col de la Met★★

Alt. 2 800 m. Accès aux skieurs en hiver par télésiège et aux randonneurs l'été. Vue magnifique au Sud sur les Alpes italiennes, au Sud-Ouest sur le barrage et le lac du Mont-Cenis (dominés par le mont Malamot), l'aiguille de Scolette et la Meije en arrière-plan, enfin au Nord sur la Vanoise.

Val-d'Isère✳✳✳

Laissez-nous vous conter une belle histoire, celle de parents qui dans les années quarante, se ruent à la conquête des pentes encore immaculées de Val-d'Isère, à la conquête de l'or blanc. Le ski en est à ses balbutiements. Ces pionniers ont des enfants : ils apprennent bien sûr à skier très jeunes, comme on apprend à faire du vélo. Chaque soir à peine sortis de l'école, ils foncent sur les skis parce que c'est ce qui compte le plus. Même l'instituteur participe à cet engouement puisque chaque lundi, il organise pour eux des petites compétitions de ski. Puis un jour, ces mêmes enfants ramènent tout l'or du monde à la station. Ils s'appellent Jean-Claude Killy, Marielle et Christine Goitschel...

La situation

Cartes Michelin nᵒˢ 74 pli 19 ou 244 Est du pli 32 – Schémas p. 282 et 399 – Savoie (73). Au fond de son val encaissé où coule l'Isère naissante, Val-d'Isère s'affirme comme l'une des plus prestigieuses stations de montagne des Alpes. Elle s'est développée, à 1 850 m d'altitude, au pied de l'imposant rocher de Bellevarde, de la Tête du Solaise et des hauts sommets de la Réserve de la Grande Sassière. Outre sa partie centrale, elle comprend, en amont en direction du col de l'Iseran, le hameau du Fornet et, en aval, l'annexe moderne de la Daille. **🄱** *Maison de Val-d'Isère,* ☎ *04 79 06 04 94.*

Le nom

Dans son sens le plus large et au féminin, la val d'Isère était à la fois l'ensemble de la vallée arrosée par l'Isère et une paroisse rattachée à la commune de Tignes. La somptueuse station du ski alpin perpétue ce nom.

Les gens

1 703 Avallins et tous les champions originaires de la vallée qui ont porté haut les couleurs du ski français.

Le souci de protéger l'environnement a conduit à intégrer les aménagements au paysage des stations. Le Funival, funiculaire en partie souterrain, en est une brillante réussite.

découvrir

Une pépinière de champions – Les années soixante sont des années fabuleuses pour le ski français. Les **sœurs Goitschel** remportent à elles deux, aux Jeux olympiques d'Innsbruck (1964) et de Grenoble (1968), cinq médailles : trois d'or et deux d'argent. **Jean-Claude Killy** est l'un des skieurs à avoir totalisé le plus grand nombre de victoires en une seule saison ; en 1968, aux Jeux olympiques, il renouvelle l'exploit unique réalisé par Toni Sailer en 1956 en remportant une médaille d'or pour chacune des trois épreuves : descente, slalom spécial, slalom géant.

carnet d'adresses

Où DORMIR

• Valeur sûre

Hôtel le Kern – ☎ 04 79 06 06 06 – *fermé 2 mai au 30 nov. et le midi – 20 ch. : 300/600F – restaurant 140F.* En retrait de la rue principale, cet hôtel discret a le confort douillet d'une maison. Dans un cadre de vieilles poutres, bois patinés et meubles anciens, vous apprécierez sa cuisine de tradition. Les chambres, sans être luxueuses, sont impeccables.

• Une petite folie !

Hôtel du Chamois d'Or – ☎ 04 79 06 00 44 – *fermé juin et de sept. à déc.* – **P** – *24 ch. : (demi-pension seul.) 590F –* ⊑ *60F – restaurant 170/240F.* En quête de tranquillité, vous serez au calme dans cet hôtel excentré où vous pourrez paresser au coin de la grande cheminée, après une journée de grand air. Petites chambres de crépis et lambris.

Où SE RESTAURER

• Valeur sûre

La Fruitière – *à la Draille, arrivée du téléphérique de la Draille* – ☎ 04 79 06 07 17 – *fermé 3 mai au 5 déc. et le soir – 150/210F.* Dans ce décor reproduisant fidèlement une fruitière avec ses vieux bidons de lait, ses roues de fromage et autres accessoires, vous dégusterez une cuisine traditionnelle et sans chichis. La terrasse est prise d'assaut aux premiers rayons de soleil.

La Ferme de l'Adroit – *à l'Adroit -* ☎ 04 79 06 13 02 – *fermé 3 mai au 30 juin et de sept. à nov. – 150/210F.* Une ferme de 60 vaches aux portes de

Val-d'Isère ! En plus de la visite et de la vente de fromages, elle vous servira petits-déjeuners costauds, goûters sympathiques et repas dans une salle qui expose la vie savoyarde d'autrefois. Six chambres.

L'Arolay – *au Fornet : 2,5 km au S de Val d'Isère* – ☎ 04 79 06 11 68 – *fermé sept. à nov. et 4 mai au 30 juin – 120/170F.* Ce restaurant, aux portes d'un hameau montagnard, est très prisé des stars. Rustique à souhait, il ne manque pas de cachet avec sa salle des braserades où chaque table est équipée d'une hotte en cuivre. Vous pourrez aussi goûter ses gratins sur la terrasse.

Où SE RAVITAILLER

Chez le Pôvre Mimi – *R. Principale,* ☎ 04 79 06 11 35. *Lun.-sam. 8h-12h, 15h-19h.* Vous trouverez ici toutes les spécialités culinaires de la région : charcuterie, vins de Savoie, fromages de Beaufort... et une denrée insolite, la confiture de lait (au lait cru de Savoie).

La Ferme de l'Adroit – ☎ 04 79 06 13 02. *Ouv. 9h30.* C'est à une découverte de la région que nous convient les habitants de cette ferme : fabrication du fromage, traite des animaux, dégustations...

La Fermette – ☎ 04 79 06 13 89. *Ouv. tlj 8h-12h, 15h-19h.* Ce magasin vend les produits de la ferme de l'Adroit, dont différentes spécialités telles que la tomme de Val-d'Isère au marc de raisin, la tomme de brebis et le Persillé de Tignes... Une adresse à ne pas manquer si vous êtes amateur de fromages.

Où SE DETENDRE

Bananas – ☎ 04 79 06 04 23. *De mi-déc. à avr. et juil-août : tlj 9h-1h. Happy hour 17h-18h.* Les pieds dans la neige, ce bar aux tons pastel est l'un des favoris de la station. C'est aussi le royaume du backgammon : on y joue tous les jours, et le tournoi qui y est organisé chaque lundi se prolonge jusque tard dans la nuit.

L'Aventure – ☎ 04 79 06 20 82. *Ouv. tlj 16h-3h.* Un must ! Il n'y a pas plus tendance actuellement dans la station que ce bar. Le décor se veut la reconstitution d'un appartement des années cinquante-soixante et l'ambiance est entretenue par une musique d'époque.

séjourner

EN ÉTÉ

Val-d'Isère constitue également un lieu de séjour animé. Le ski se pratique en juillet sur le glacier du Grand Pissaillas tandis que le Salon International du 4 x 4 et du tout-terrain constitue un grand rendez-vous estival.

Le domaine skiable

Réputée pour son ambiance familiale et sportive, Val-d'Isère doit son succès à un enneigement abondant et à l'étendue de ses champs de neige. Les skieurs confirmés ne manqueront pas d'essayer la « Face de Bellevarde », la « S » de Solaise, le « Tunnel » vers l'Iseran... Les possibilités de ski de randonnée sont également importantes avec une trentaine de cols et sommets avoisinant les « 3 000 » dans un rayon de 10 km.

Après la réalisation d'un premier remonte-pente en 1934 et la création de l'École nationale du ski français par Émile Allais en 1935, Val-d'Isère bénéficie de la construction de la **route de l'Iseran★★★**. En 1942, la station inaugure le téléphérique du Solaise puis celui de Bellevarde.

Depuis 1955, elle organise sur la piste Oreiller-Killy (pourtant, il est loin de se reposer sur ses lauriers) le **Critérium de la première neige**, qui marque, début décembre, l'ouverture de la saison internationale de ski alpin. La mise en commun du domaine skiable avec Tignes sous le nom d'**Espace Killy✵✵✵** donne à la station une autre dimension. En février 1992, Val-d'Isère a obtenu la consécration olympique en organisant les épreuves hommes de ski alpin sur la spectaculaire **Face de Bellevarde**.

Loin du gigantisme des stations de ski, le village de Val-d'Isère, heureusement rénové, renoue avec la pierre et le bois.

découvrir

BELVÉDÈRES ACCESSIBLES EN TÉLÉPHÉRIQUE

Rocher de Bellevarde★★★

1h AR, dont 7mn de téléphérique, ou 4mn30 en Funival depuis la Daille. De fin juin à fin août : 9h30-16h30 (dép. toutes les h). 70F AR. ☎ 04 79 06 00 35.
Alt. 2 826 m. De la plate-forme terminale, monter en 5mn, grâce à plusieurs rangées d'escaliers assez raides, à la table d'orientation. Magnifique **tour d'horizon★★★**. Val-d'Isère apparaît, 1 000 m en contrebas, dominée par la Grande Sassière, la Tsanteleina et les glaciers des sources de l'Isère. Au Nord, remarquer le lac du Chevril et surtout, en arrière-plan, le Mont Blanc. Quand il n'y en a plus, il y en a encore ! Admirer dans le sens contraire aux aiguilles d'une montre, les principaux sommets du massif de la Vanoise : mont Pourri, dôme de la Sache, Grande Casse, Grande Motte, pointe de la Sana, Albaron...

Tête du Solaise★★

45mn AR, dont 6mn de téléphérique. De fin juin à fin août : 9h-16h50 (dép. toutes les h). 70F AR. ☎ 04 79 06 00 35.
Alt. 2 551 m. À l'arrivée, installez-vous à la terrasse du café pour profiter de la vue sur la vallée de l'Isère, de Val-d'Isère au lac de Chevril. Remarquer, juste en face, le tracé de la piste olympique de Bellevarde.
Panorama sur la Grande Sassière et le mont Pourri, la Grande Motte et la pointe de la Sana.

Col de l'Iseran★

Accès par le téléphérique du Fornet et la télécabine du Vallon de l'Iseran en saison hivernale.

L'été, il vaut mieux monter au col en voiture par la route de l'Iseran, particulièrement impressionnante. **Vue★** décrite au col de l'Iseran.

Du col, les skieurs peuvent, été comme hiver, se rendre à 3 300 m d'altitude sur le glacier du **Grand Pissaillas**, d'où ils bénéficient de **vues★★** splendides sur la Haute-Maurienne et la haute Tarentaise.

randonnées

Refuge du Prariond et col de la Galise★★

ALLEZ PLUS LOIN
Les marcheurs trouveront un intérêt limité à parcourir le domaine skiable, peu folichon en période estivale.
En revanche, à quelques kilomètres de la station, des endroits préservés, de toute beauté, au sein du Parc national de la Vanoise, les récompenseront de leur presévérance.

Stationner au pont St-Charles sur la route du col de l'Iseran.

🚶 *Montée : 1h pour le refuge, puis 2h pour le col (dénivellation totale : 900 m environ). Descente : 2h.*
Le sentier, abrupt, traverse les gorges du Malpasset, où ça se passe plutôt bien pour les bouquetins. Il débouche sur le chatoyant Val du Prariond, au pied du glacier des Sources de l'Isère. À partir du refuge, le sentier est plus raide. Sur la partie terminale, s'orienter à l'aide des cairns (tas de pierres) jusqu'au col (alt. 2 990 m). Vue sur les cimes du Grand Paradis.

Col des Fours★★

Randonnée soutenue exigeant une bonne préparation. Du centre de Val-d'Isère, gagner en voiture le hameau du Manchet, situé à 3 km (parking).

🚶 *Montée : 1 h 30 pour le refuge du Fonds des Fours, puis 1 h pour le col (dénivellation totale : 1 100 m environ). Descente : 2 h. Prévoir un coupe-vent et des vêtements chauds car le vent, au sommet, est souvent violent et glacial.*

Du refuge, **vue★** sur la Grande Sassière, le massif du Mont-Blanc, le dôme de la Sache et Bellevarde. Le sentier bifurque ensuite à gauche et décrit des lacets assez raides jusqu'au col (alt. 3 000 m). **Vue★★** admirable sur un lac, entouré par le glacier de la Jave, et sur la Maurienne (Albaron) et la Tarentaise (Grande Motte, Grande Casse). Domaine bien fréquenté par les chamois.

Valfréjus ❄

Le mont Thabor et le massif de la Vanoise sont heureux de vous faire part de la naissance de leur petite dernière, Valfréjus. Elle a ouvert les yeux dans une belle forêt de mélèzes et d'épicéas en 1983. Elle fait 1 550 m d'altitude et se porte à merveille.

La situation

Cartes Michelin n°s 77 pli 8 ou 244 pli 31 – Savoie (73).
Valfréjus est située sur le balcon du Charmaix, à 8 km de Modane. 🛈 *73500 Valfréjus*, ☎ *04 79 05 33 83.*

Le nom

Établi sur un replat dans l'alignement du col du Fréjus, les promoteurs de Valfréjus n'ont eu aucun mal à trouver le nom de la station.

Les gens

La station depuis ses premiers pas n'a pas eu le temps de compter de célébrités. Par contre, la croix celtique qui marque le dernier virage entre la chapelle N.-D.-de-Charmaix et la station, commémore un événement tragique bien réel : la disparition d'un inspecteur des Eaux et Forêts dans une tourmente de neige en 1929.

Le domaine skiable

Favorisé par une exposition Nord, il bénéficie d'un enneigement notable sur son deuxième tronçon, entre 2 000 et 2 730 m et dispose actuellement de 12 remontées mécaniques pour une vingtaine de pistes.

Télécabine de Punta Bagna★★

Alt. 2 750 m. Accès au sommet en télécabine uniquement en hiver. En été, seul le premier tronçon fonctionne. De fin juin à fin août : dim.-jeu. 9h-16h (1/4h). 30F (enf. : 20F). ☎ *04 79 05 32 71.*

En sortant de la télécabine, le **panorama★★** est splendide : légèrement à gauche, la pointe du Fréjus, au centre, le sommet pointu de Rochebrune et les Alpes italiennes par-delà le col du Fréjus. À droite, la masse rocheuse du Grand Argentier. Se diriger vers la terrasse du restaurant pour admirer, en arrière-plan, la Meije, le Rateau puis le Thabor et deux des trois aiguilles d'Arves. Au Nord, on bénéficie d'une vue d'ensemble sur le domaine skiable de Valfréjus et l'on reconnaît, de l'autre côté de la vallée, Péclet-Polset, le col d'Aussois, les glaciers de la Vanoise, la dent Parrachée et la Grande Motte...

> **EN ÉTÉ**
> Valfréjus est une base de randonnées pédestres en direction de la pointe du Fréjus et du massif du Thabor.

Valloire ✱

Si vous participez à une course aux trésors, vous risquez fort de tomber sur Valloire où se déroula un événement historique. Il est donc primordial de savoir que Valloire, en dehors d'être la station la plus importante de la Maurienne, a surtout vu naître sainte Thècle. N'écoutant que sa foi, cette petite est allée jusqu'à Alexandrie chercher les trois doigts de saint Jean Baptiste, ceux qui avaient béni le Christ, six siècles plus tôt. Et comme « je boirai tout le Nil si tu ne reviens pas », elle retourna sur la terre de ses ancêtres, illuminée de ces trois doigts qui comblèrent sa vie.

La situation

Cartes Michelin n°s 89 pli 10 ou 244 pli 31 Savoie (73). Au pied du rocher St-Pierre, son site, entre les massifs de la Vanoise et des Écrins, marque la limite entre deux types de paysages : en aval, une combe boisée ; en amont, un sauvage couloir d'alpages rectiligne dont les versants à vif se couvrent d'éboulis. **B** *73450 Valloire,* ☎ *04 79 59 02 00.*

Le nom

Nos lecteurs latinistes auront identifié *vallis aurea* (la vallée d'or). Mais où est passé l'or à Valloire ? Abandonnez tout espoir de pépites car hélas, la version la plus probable viendrait de *vallis ovium,* la vallée des brebis, une autre forme de richesse... Un bon fromage, vaut tout l'or du monde.

Les gens

1 012 Valloirins qui n'hésitent pas à renouer avec les traditions en passant leurs costumes de fête les dimanches, les jours fériés et le 15 août !

Au concours international de sculptures sur neige, les cubes de glace prennent les formes les plus inattendues...

LA LÉGENDE DE STE-THÈCLE

Revenons sur ce personnage hors du commun : **sainte Thècle** voit dans un songe d'une nuit d'été, les trois doigts de saint Jean Baptiste bénir le Christ. Ces trois doigts remplissent désormais sa vie. N'écoutant que sa foie, ste Thècle décide de partir à la recherche de ses doigts bienfaiteurs. Un périple de six ans l'amène au tombeau du saint, à Alexandrie. Elle resta là à prier et jeûner jusqu'à ce qu'un jour apparaissent les trois doigts et qu'ils finissent par passer au travers de la dalle mortuaire. Elle les prend tous et les ramène pour les offrir à l'évêché de Maurienne. « Oh des doigts, quel cadeau original, c'est la première fois... » C'est ainsi que la ville ajouta Saint-Jean devant son nom pour devenir Saint-Jean-de-Maurienne, où se trouve toujours la relique du saint.

séjourner

Centre de sports d'hiver bien équipé, aux pistes d'expositions variées, Valloire est aussi un village typique, groupé autour de son église baroque.

Le domaine skiable

La situation de cette chaleureuse station de la Maurienne, au pied du col du Galibier, aux limites du massif des Écrins et du Parc de la Vanoise, lui vaut d'importants atouts géographiques. Les skieurs sportifs pourront, grâce aux nombreuses pistes rouges et noires, parcourir les secteurs de Colérieux (d'où les pistes pas commodes), des Grandes Drozes et de plan Palais. Un nombre impressionnant de canons à neige assure une couverture des pistes par tout temps. Un concours international de sculpture sur glace apporte, chaque année en janvier, une touche artistique à l'animation de cette station familiale. Le domaine est relié à celui de Valmenier (forfait commun).

Église

Visite sur demande tlj sf w.-end 17h30-18h. Mairie. ☎ 04 79 59 03 11.

◀ Datant du 17ᵉ s., sauf le clocher, vestige de l'édifice primitif, c'est un des sanctuaires les plus luxueusement décorés de Savoie. Le retable monumental du maître-autel, en bois doré à la feuille, abrite à gauche, la statue de saint Pierre et à droite, celle de sainte Thècle, indissociables comme les deux doigts de la main.

Le riche retable baroque de l'église de Valloire est encadré sur la gauche par saint Pierre et sur la droite par sainte Thècle, fille du village.

Valmorel ✳

Imaginez qu'avant 1976 il n'y avait rien. Pas l'ombre d'un hôtel, pas la moindre perche de télésiège, pas la queue d'un forfait. Pour une station créée de toutes pièces, on s'y sent vraiment bien. Tout a été pensé pour cadrer avec l'environnement, imposer une légitimité, lui apporter de la chaleur (celle d'ailleurs qui s'installa durant tout l'été de cette même année), de la proximité, ce petit quelque chose de subtil qui plane sur la station et lui donne une âme.

La situation

Cartes Michelin n°s 89 pli 6 ou 244 Nord du pli 31 – Schéma p. 398 – Savoie (73).. Ses versants sont occupés par des bois, des pâturages et d'anciens hameaux (Doucy, les Avanchers). 🏠 *73260 Valmorel,* ☎ *04 79 09 85 55.*

Le nom

Elle est située à 1 400 m d'altitude, dans un cirque de montagnes, au fond de la verdoyante **vallée du Morel**.

Les gens

Les Avancherains du nom d'un des anciens hameaux composant la station, sont des amateurs de beaufort. Ça tombe bien, puiqu'il grandit dans le coin.

Accès au centre de la station interdit aux véhicules de passage.

séjourner

Valmorel « colle » aux paysages qui l'entoure. Elle est composée de plusieurs hameaux mais forme un ensemble homogène et agréable, tant à regarder qu'à vivre. Les chalets certes modernes sont construits avec les matériaux de l'habitat traditionnel alpin : bois, couvertures de lauzes, grands balcons... Assez rare pour une station, il y a un centre-ville, cœur de la vie sociale : les commerces et les cafés sont installés dans les ruelles et sur les places piétonnes. Les façades sont égayées de peintures en trompe l'œil aux tons chauds inspirés du style savoyard traditionnel mais surtout, donnant à la station ces couleurs italiennes qui réchauffent encore l'atmosphère. Tout est donc réuni pour que la glace soit brisée et y passer un bon moment.

Le domaine skiable – Cette station à l'incontestable réussite architecturale dispose d'une large gamme de pistes de tous niveaux. Les skieurs confirmés apprécient les tracés vers St-François-Longchamp par le télésiège de la Madeleine et ceux du massif de la Lauzière. Génial ! Le téléski de Morel permet d'éviter le centre de la station pour rejoindre les domaines du Gollet et du Mottet. Super ! Les défaillances de l'enneigement seront aisément compensées par la batterie de canons à neige. Possibilité de ski de nuit sur les pistes de Planchamp et stade de surf de neige. Top !

HORS PISTES
La station est très fréquentée pour ses équipements (piscine, tennis, équitation, club des enfants...), ses animations et comme centre d'excursions.

« GRAND DOMAINE »
Le domaine est relié à celui de la petite station de St-François-Longchamp avec un forfait commun : Grand Domaine.

découvrir

Crève-Tête★★★

Alt. 2 341 m. Prendre la télécabine de Pierrafort.
De la plate-forme terminale (alt. 1 830 m), on accède rapidement au **col du Golet**, d'où la vue est déjà très belle. Le sentier est ensuite plus raide jusqu'au sommet. Plus à gauche, on découvre successivement le sommet de Bellecôte, le mont Pourri, la station des Arcs puis le Mont Blanc... sans oublier la vallée de l'Isère.

TOUR D'HORIZON
Panorama splendide sur la vallée de Valmorel encadrée par le Cheval Noir, le Grand Pic de la Lauzière et, dans le lointain, la chaîne de Belledonne. De l'autre côté rayonnent la vallée des Belleville : les stations de St-Martin et des Ménuires sont bien visibles, ainsi que la cime de Caron et l'aiguille de Péclet.

S'il existe un paradis du skieur, du randonneur et de l'alpiniste, la main céleste s'est posée sur le massif de la Vanoise. On a l'impression d'avoir acheté une pâtisserie et de ne pas savoir quel gâteau manger en premier. Pour vos randonnées pépères ou vos excursions à flan de vertige, vous avez au moins 53 000 hectares de possibilités dans son parc national. Pour vous défouler à skis, pas moins de 1 000 kilomètres de pistes... Tout ça dans des paysages grandioses où poussent quelque 2 000 espèces de fleurs et où gambadent bouquetins, chamois, marmottes... Cela s'appelle la cerise sur le gâteau.

> **L'**ensemble du parc national, en superficie, occupe près du tiers du département de la Savoie.

La situation
Cartes Michelin n°s 74 plis 17, 18 et 19 et 77 plis 7, 8 et 9 ou 244 plis 20, 21, 31, 32 et 33 – Savoie (73). Le massif de la Vanoise, occupant près du tiers de la superficie de la Savoie, s'étend entre les vallées de l'Isère au Nord et de l'Arc au Sud et jouxte le parc italien du Grand Paradis à l'Est.

Le nom
Le nom **Vanoise**, avant d'être étendu à l'ensemble du massif, désignait le col et le passage permettant aux vallées de Pralognan et de Termignon de communiquer. Il désigne en particulier l'immense calotte glaciaire, qui s'étend du col de la Vanoise au col d'Aussois. L'appellation médiévale latine qui nous est apparue : *vallis noxia* (la vallée aux dommages.) évoque bien les difficultés rencontrées par les passeurs entre l'Arc et l'Isère, de l'inhospitalité de ces hauteurs.

> **PARADIS DE LA RANDONNÉE**
> Avec plus de 500 km d'itinéraires pédestres (GR 5 – GR 55 et sentiers du parc) et 35 refuges, dont 19 appartiennent au parc, la Vanoise est aujourd'hui l'un des endroits les plus fréquentés par les randonneurs. Cinq des refuges ont une vocation supplémentaire d'information : ce sont les Portes du Parc.

Les gens
Ici, la gent se promène principalement à quatre pattes. En effet, l'objectif principal de ce parc était de protéger les derniers bouquetins des Alpes. Objectif réussi : le massif de la Vanoise est bel et bien un nid d'amour et la faune ne s'y est pas trompée. Les bouquetins sont passés de 40 en 1963 à plus de 1 200 selon le dernier recensement de 1986. Cet animal a d'ailleurs été choisi comme emblème du parc. Quant aux chamois, ils n'ont pas laissé les copains caracoler en tête puisqu'ils étaient 400 et se retrouvent à plus de 5 000.

découvrir

Parc national de la Vanoise – Premier parc national créé en France en 1963 (presque un siècle après le premier parc national américain), ses 53 000 ha sont composés du massif entier de la Vanoise, entre les hautes vallées de l'Isère et de l'Arc, et sont dans le prolongement

Au cœur du Parc de la Vanoise, on croirait presque que le temps n'a pas de prise sur les événements de la vie... Ici, pause matinale au plan du Lac.

du Parc italien du Grand Paradis, qui lui est contigu sur 14 km. S'étageant de 1 200 à 3 855 m (altitude de la Grande Casse) et comprenant des formations géologiques très variées (calcaires, schistes, etc.), ce parc est particulièrement riche par sa faune et sa flore. Comptant plus de 1 000 espèces, elle est exceptionnelle. On y retrouve, entre autres, des variétés arctiques comme la renoncule des glaciers et le silène acaule.

Parc national de la Vanoise

LES SECTEURS PROTÉGÉS

La zone périphérique (1 450 km²) – Ces structures d'hébergement et ces équipements sportifs sont remarquables. Elle regroupe en Tarentaise quelques-unes des plus grandes et des plus prestigieuses stations de sports d'hiver. Elle renferme aussi des villages et hameaux pittoresques (Bonneval-sur-Arc, le Monal...) et un remarquable patrimoine architectural (églises de Saint-Martin-de-Belleville, Champagny, Peisey-Nancroix, Bessans, Lanslevillard...).

La zone centrale (530 km²) – Accessible aux randon- ▶ neurs, elle constitue un milieu exceptionnel, protégé par une réglementation stricte. Rien qu'en regardant la photo ci-contre, on en a l'eau à la bouche.

S'étageant entre 1 200 m et 3 855 m (altitude de la Grande Casse) et comprenant des formations géologiques extrêmement variées, la Vanoise est surtout un domaine de haute montagne : 107 sommets dépassent 3 000 m et les glaciers occupent 88 km².

Les sommets les plus célèbres du massif sont le mont Pourri (3 779 m – domaine des Arcs) et le sommet de Bellecôte (3 416 m – domaine de La Plagne) au Nord, l'aiguille de la Grande Sassière (3 747 m – domaine de Tignes) au Nord-Est, la Grande Casse (domaine de Pralognan) et la Grande Motte (3 656 m – domaine de Tignes) au centre, la pointe de la Sana (3 456 m) et la pointe de Méan Martin (3 330 m) à l'Est, enfin le massif de Péclet-Polset (3 562 m – domaine de Val-Thorens) et la dent Parrachée (3 684 m – domaine d'Aussois) au Sud.

En dessous de 2 000 m, la Vanoise renferme quel- ▶ ques belles forêts aux essences variées : épicéas, mélèzes, pins cembro, notamment à Méribel et Peisey-Nancroix. La variété des roches a favorisé l'éclosion d'une flore exceptionnelle, parfois très rare. Sur les bords des sentiers, les randonneurs pourront admirer à loisir des gentianes, anémones, joubarbes et rhododendrons... Sur certains sites, ils trouveront des edelweiss, lis martagon, sabots de Vénus et autres ancolies...

> **AVEC UN PEU DE CHANCE**
> Même les randonneurs peu expérimentés ont toutes les chances de rencontrer des marmottes, par contre l'observation d'espèces plus rares (lagopèdes, bartavelles, niverolles, tétras-lyres et aigles royaux...) demande beaucoup de patience et une bonne connaissance de la montagne et des habitudes des animaux.

> **C**inq « **Portes du parc** », ont été implantées à l'Orgère (au-dessus de Modane), au fort Marie-Christine (Aussois), au Plan du lac (au-dessus de Termignon), à Rosuel (Peisey-Nancroix) et au Bois (Champagny-le-Haut).

itinéraires

De belles routes sillonnent les vallées de l'Arc et de l'Isère et permettent de faire le tour complet du parc. Cependant, l'automobile n'offre pas la possibilité de découvrir le cœur du massif. Les plus beaux paysages sont accessibles à ski l'hiver et à pied l'été.

Pour plus de détails, se reporter aux chapitres suivants de ce guide :

La Tarentaise★★

La haute Maurienne★

Route du Petit-Saint-Bernard★★

Route du Mont-Cenis★

Route de l'Iseran★★★

Vallée des Belleville★★★

Identifiable à ses longues cornes annelées (qui peuvent dépasser 1 m !), le bouquetin fut choisi comme 1er emblème du Parc national de la Vanoise.

MASSIF DE LA VANOISE

CHAMONIX, AOSTE

2928
★★★ Lancebranlette ★
2188
★★ Col du P⁺ St-Bernard ★

★★ ROUTE DU
P⁺ St-BERNARD

M⁺ Paramont △ 3300

Ghiacciaio del Rutor
Glacier du Rutor

N 90

la Rosière 1850 ✳

le Châtelard

Becca du Lac
3402

3496
TESTA
DEL RUTOR

ITALIA

la Sassière ★★

le Miroir

D 902

Ste-Foy-Tarentaise

HAUTE TARENTAISE ★

Arc 2000

Aig⁺ Grive △ 2732

✳ 3226

Aig⁺ Rouge ★★★

M⁺ POURRI △ 3779

Dôme de la Sache 3608 △

le Monal ★★

Chenal

Pointe du Nantcruet 3610

Grᵈᵉ Rousse 3607 △

VAL DI RHÈMES

VAL DI GRISANCHE

PARCO NAZIONALE DEL GRAN PARADISO

Barrage de Tignes ★★

les Boisses

le Saut

AIGUILLE DE LA Grᵈᵉ SASSIÈRE
3747

★ Lac de la Plagne

★★ Col de Tourne 2656

L. du Chevril

Aig⁺ Percée △ 2778

Lac de la Sassière ★★

Aig⁺ du Dôme △ 3026

Gl. de Rhême-Golette

Tsanteleina 2605

Pᵗᵉ du Chardonnet 2870

2653
★ Col du Palet

Val Claret

TIGNES ★★★

ESPACE

Rᵉ de Bellevarde 2826

KILLY ★★★

★★★ VAL D'ISÈRE

Pont St-Charles

Col de la Galise ★★ 2990

Prariond ★★

ROUTE DE L'ISERAN ★★★

Grᵈᵉ Aig⁺ Rousse 3483

le Carro ★★

3855
A Grᵈᵉ CASSE

Glacier de la Grᵈᵉ Motte

LA Grᵈᵉ MOTTE ★★★ 3656

le Manchet

★★★ Pointe des Lessières 3041

Col de l'Iseran ★ 2764

Chalets de la Duis ★★

l'Ecot

GR 55

Pᵗᵉ DE LA SANA 3456

3000

★★ Col des Fours

Pᵗᵉ DE MEAN MARTIN 3330 △

les Evettes ★★★

GR 5

GR 55

Entre-deux-Eaux

Rocheure

Bonneval-s-Arc ★★

L. des Pareis

Gl. des Evettes

GR 5

Plan du Lac ★★

Grᵈ Roc Noir 3583

Bessans ✳

Vallée d'Avérole

3638 △ Albaron

Bessanèse 3592

Lanslebourg-Mont-Cenis

D 902

★ HAUTE MAURIENNE ★

Avérole ★★

2210

N 6

Lanslevillard

Val-Cenis ✳

Pᵗᵉ de Charbonnel 3750

Termignon

Sardières

2770 △ la Grᵈᵉ Turra

Col du Mont Cenis ★ 2084

Pᵗᵉ de Ronce 3612 △

ROUTE DU M⁺ CENIS ★

N 6

Lac du Mont Cenis ★

3478 △ M⁺ Lamet

MASSIF

le Planay

DU

MONT

CENIS

ITALIA

S 25

SUSA

Ribon

Lombarde

0   5km

carnet d'adresses

Pour plus de détails sur les randonnées, consulter :

– Carte au 1/50 000 **« Massif et Parc national de la Vanoise »** (Didier & Richard, Grenoble) ;

– Topoguide des sentiers GR 5 et 55 ;

– Guides : **Massif et Parc national de la Vanoise – itinéraires à pied et à skis** (Didier & Richard, Grenoble) ;

– **La Vanoise. Parc national**, par R. Frison-Roche et P. Tairraz (Arthaud) ;

– **« L'Estive »**, Magazine des activités du Parc national.

randonnées

Principaux belvédères
– par remontées mécaniques – :

La cime de Caron★★★ – Voir Val-Thorens.

Bellevarde★★★ – Voir Val-d'Isère.

L'Aiguille Rouge★★★ – Voir Les Arcs.

La Grande Motte★★★ – Voir Tignes.

La Saulire★★★ – Voir Courchevel ou Méribel.

Le mont Vallon★★ – Voir Méribel.

Bellecôte★★ – Voir La Plagne.

◄ Il faut plus d'une vie pour épuiser les possibilités de promenades en Vanoise. Les personnes visitant la région pour la première fois peuvent séjourner à Pralognan, Champagny, Peisey-Nancroix ou Bonneval-sur-Arc. Les grandes stations de ski sont également de remarquables bases de promenades : **Pralognan, Tignes, St-Martin-de-Belleville** (station des Ménuires), **Méribel** ou **Courchevel**.

N'hésitez pas à sortir des sentiers battus ! Ne restez pas dans la zone centrale, ceux de la zone périphérique, beaucoup moins parcourus sont également magnifiques. Nous indiquons ci-dessous une sélection des plus belles randonnées décrites dans ce guide et classées en quatre catégories en fonction de leur difficulté *(se reporter aux conseils dans les Renseignements pratiques)*. La montagne reste un milieu changeant, parfois dangereux lorsque l'on ne prend pas certaines précautions. La meilleure période est comprise entre le 4 juillet et le 15 août. Après, l'intérêt floristique est moindre. Fin juin-début juillet, la neige est souvent encore abondante et rend les itinéraires au-dessus de 2 000 m délicats. Néanmoins, le début et la fin de l'été ainsi que l'automne présentent un gros avantage : une faible affluence, ce qui ne nuit pas.

PROMENADES FAMILIALES

Il s'agit d'itinéraires faciles et courts, pouvant être entrepris avec des enfants, sans que ça devienne une galère ! Les équipements propres à la randonnée sont néanmoins conseillés.

Lac de la Sassière★★*(Tignes)*

Le Monal★★ *(Ste-Foy-en-Tarentaise)*

Refuge de Prariond★★ *(Val-d'Isère)*

Plan du lac★★ *(Termignon, décrit à Maurienne)*

Refuge d'Avérole★★ *(Bessans)*

Fond d'Aussois★★ *(Aussois)*

Chalets de la Duis★ *(Bonneval)*

Plan de Tueda★ *(Méribel)*

RANDONNÉES

Là, on vous demande plus d'endurance, et une forme physique acceptable, sans que les itinéraires présentent pour autant de difficultés techniques.

Col de la Vanoise★★★ *(Pralognan et Termignon)*

Col du Palet et col de la Tourne★★★ *(Tignes)*

Col de Chavière★★★ *(Modane)*

Crève Tête★★★ *(Valmorel ou la vallée des Belleville)*

Lac de La Plagne★★ *(Peisey-Nancroix)*

Refuge du Carro★★ *(Bonneval)*

Refuge des Évettes★★ *(Bonneval)*

Lacs Merlet★★ *(Courchevel)*

Cols des Fours★★ *(Val-d'Isère)*

Bouillonnante, tourbillonnante, l'eau des torrents rafraîchit les randonneurs.

CIRCUITS POUR MARCHEURS EXPÉRIMENTÉS

De l'endurance, vous n'y couperez pas et pas d'appréhension pendant les passages délicats (pentes raides, sentiers vertigineux...). Cela dit, ils n'exigent pas de connaissances particulières en matière d'escalade et d'alpinisme. De solides chaussures de montagne à semelles antidérapantes sont indispensables ainsi qu'une bonne habitude des marches en montagne.

Pointe du Chardonnet★★★ *(Tignes)*

Pointe de l'Observatoire★★★ *(Aussois)*

Pointe des Lessières★★★ *(Col de l'Iseran)*

Tour des glaciers de la Vanoise en 3 jours

Réservé aux marcheurs entraînés et en parfaite condition physique. Avant de l'entreprendre, il est indispensable de réserver les nuits au refuge (s'adresser à l'Office du tourisme de Pralognan) et de se renseigner sur la météo à plusieurs jours.

Partir toujours de très bon matin pour ne pas arriver tard au refuge (les réservations sont annulées à partir de 19h). Voir également le chapitre Renseignements pratiques en fin de guide sur les conseils avant la randonnée.

1er jour : Pralognan – **mont Bochor★** (par téléphérique) – **col de la Vanoise★★★** – **refuge de l'Arpont**.

2e jour : Refuge de l'Arpont – la Loza – la Turra – **refuge du fond d'Aussois★★★**.

3e jour : Refuge du fond d'Aussois – col d'Aussois – **pointe de l'Observatoire★★★** – **Les Prioux** – **Pralognan.**

LE DOMAINE SKIABLE

Ici, c'est le nirvana ! Étant donné la dimension du domaine skiable, il est préférable de se procurer à l'avance le guide du skieur Trois-Vallées auprès de l'un des offices de tourisme, de concocter chez soi des itinéraires possibles et de demander conseil, à l'arrivée à la station, auprès des pisteurs. Le balisage est d'une excellente qualité, et de façon générale, le domaine est ouvert pendant la quasi-totalité des vacances, de Noël à début mai. Il est recommandé d'emprunter des pistes ouvertes peu fréquentées : si les conditions étaient mauvaises, elles seraient fermées. Enfin, il faut toujours faire attention à l'heure et au mauvais temps, pour être sûr de pouvoir rentrer à temps.

Le massif de la Vanoise renferme, dans sa zone périphérique, un domaine skiable sans équivalent de par sa superficie, la qualité de ses équipements et son enneigement. Si la vallée de la Maurienne comprend surtout des petites stations familiales de moyenne altitude pleines de charme, la vallée de la Tarentaise a développé, à partir des années trente, un ensemble exceptionnel de stations de sports d'hiver. Elles ont trouvé la consécration suprême en organisant les Jeux olympiques en février 1992. Le forfait Espace olympique permet de skier sur les Trois-Vallées, l'Espace Killy, l'Espace La Plagne-les Arcs, Pralognan, Ste-Foy, la Rosière, Valmorel et les Saisies. Que de fun en perspective !

L'Espace Killy ✳✳✳

Rassemblant **Tignes**✳✳✳ et **Val-d'Isère**✳✳✳, ce domaine a acquis une renommée internationale de par sa dimension (100 km^2), la haute qualité de son enneigement (ski toute l'année sur la Grande Motte) et le caractère grandiose de ses paysages de haute montagne. Il compte une centaine de remontées mécaniques et 300 km de pistes. Ça devrait normalement vous suffire ! Val-d'Isère, très encaissée, s'adresse particulièrement aux bons skieurs tandis que Tignes, présentant des pentes moins accentuées, satisfait les skieurs moins téméraires. Elle permet le retour à la station, skis aux pieds, ça c'est chouette.

◀ Les Trois-Vallées ✳✳✳

S'étendant sur plus de 400 km^2, les vallées de **St-Bon (Courchevel**✳✳✳, **La Tania)**, des **Allues (Méribel**✳✳✳**)** et des **Belleville ★★★ (St-Martin-de-Belleville★**, **les Ménuires**✳✳ et **Val-Thorens**✳✳**)** forment incontestablement le plus grand domaine skiable des Alpes. 210 remontées mécaniques dont 37 télécabines et téléphériques, desservent près de 300 pistes et itinéraires, totalisant une longueur de 700 km. Là, il y en a pour tous les styles, tous les goûts : larges boulevards parfaitement damés de tous niveaux, pistes techniques parmi les plus difficiles des Alpes (« Bouquetin » à Mottaret, « Couloirs de la Saulire » à Courchevel, secteur « Masse » des Ménuires), possibilités infinies de ski hors-piste (vallée des Encombres, vallée ◀ des Avals...).

Dominé par le col de Soufre, le lac Blanc conserve tardivement sa couche de neige hivernale, à 2 430 m d'altitude.

Vassieux-en-Vercors

Avant de partir en randonnée et de sillonner les multiples chemins balisés que cette combe vous propose, sachez que vous marcherez sur les pas des maquisards.

Il y a soixante ans, Vassieux était une des bases de la Résistance, qui avait vu là l'endroit idéal pour entreprendre l'aménagement d'un terrain d'atterrissage pour les Alliés. Le 21 juillet à 7 heures du matin, c'est un dramatique cafouillage : les Allemands larguent à Vassieux des planeurs chargés de commandos spéciaux et de SS. Les Résistants pensent d'abord qu'il s'agit d'avions alliés. Quand ils se rendent compte de leur méprise, ils n'ont plus le temps de se retourner. Les Allemands les massacrent, eux et les habitants du village.

La situation

Cartes Michelin n°s 77 pli 13 ou 244 pli 38 – Schéma p. 408 – Drôme (26). S'étalant au fond d'une combe déboisée, Vassieux-en-Vercors est dominé par les crêtes de la forêt de Lente à l'Ouest et par les contreforts des hauts plateaux du Vercors à l'Est. Au carrefour de trois axes de pénétration du massif du Vercors, Vassieux, traversé par la D 76, est accessible depuis la plaine de Romans par la forêt de Lente, depuis le col du Rousset au Sud et au Nord depuis la Chapelle-en-Vercors par la D 178.

Le nom

En ces lieux fréquentés depuis toujours par les bergers, le franco-provençal, bien implanté, désignait sous le vocable de *vassiou,* un agneau gras d'un an et par extension l'endroit où on le gardait.

Les gens

283 Vassivains dont certains ont sûrement eu un parent dans la Résistance.

> **TÉMOIGNAGE**
> On peut encore voir deux carcasses de ces planeurs, l'une devant l'église et l'autre derrière, en face du musée de la Résistance.

> **SE RECUEILLIR**
> Construite après la guerre, l'église est décorée d'une fresque de Jean Aujame (*l'Assomption)* et possède aussi une émouvante plaque du Souvenir.

UN MONUMENT POUR LA MÉMOIRE

Le village a été entièrement reconstruit. Un monument, surmonté d'un grand gisant dû au sculpteur Gilioli, a été élevé « Aux martyrs du Vercors 1944 » et une plaque commémorative, sur la place de la Mairie, porte les noms de 74 victimes civiles.

comprendre

De grands noms du maquis

Eugène Chavant (« Clément ») – Élu révoqué, il participe à l'organisation de la Résistance dans l'Isère, avant de se lancer en 1943 dans l'aventure du maquis du Vercors et devenir le responsable civil du « Plan Montagnards ». Il reçoit à Grenoble en novembre 1944 la Croix de la Libération des mains du général de Gaulle.

Jean Prévost – La préparation d'une thèse sur Stendhal conduit l'écrivain-journaliste à Grenoble, où avec son ami Dalloz, il conçoit le principe de transformer le Vercors en forteresse de la Résistance. Il sera tué dans une embuscade en août 1944.

Alain Le Ray – Organisateur militaire du Vercors, ce lieutenant eut un important rôle de liaison avec les FFL.

Costa de Beauregard – Responsable de l'instruction militaire des maquisards, ce militaire poursuivit la guérilla après la chute du Vercors de juillet 1944.

Marc Riboud – Avant de devenir un des grands photographes français, il fut un jeune résistant particulièrement actif dans les combats de Valchevrière.

Marc Ferro – L'historien animateur d'émissions télévisées historiques prit part aux combats du Vercors en tant que jeune standardiste au PC des maquisards.

L'abbé Pierre – Vicaire de Grenoble au début des hostilités, et seulement connu comme l'abbé Grouès, il fut un clandestin efficace en organisant les passages en Suisse. Il créa ensuite un maquis en Chartreuse.

visiter

Musée de la Résistance du Vercors

D'avr. à fin oct. : 9h-12h, 14h-18h. Gratuit. ☎ 04 75 48 28 46. Œuvre d'un maquisard, ancien combattant du Vercors, il retrace l'historique des combats de 1944 dans la région, évoque l'horreur des « camps de la mort » nazis et les moments heureux de la Libération.

Vous assisterez à des démonstrations de taille par des animateurs, un audiovisuel, des vitrines, des panneaux explicatifs et la reconstitution de maisons préhistoriques.

◄ Musée du site préhistorique (atelier de taille de silex)★

3 km au Sud par la D 615 (accès signalisé). Avr.-sept. : visite guidée (3/4h) 10h-18h ; oct.-mars : 10h-12h30, 14h-17h. Fermé de mi-nov. à fin déc. et 1ᵉʳ janv. 25F. ☎ 04 75 48 27 81.

En 1969 des fouilles à cet emplacement mettent à jour sur 100 m² une concentration de noyaux de silex débités et de lames prouvant l'existence d'un atelier de taille, il y a 4 000 ans. Cet atelier, le troisième découvert après le Grand-Pressigny en Indre-et-Loire et Spiennes en Belgique, était spécialisé dans la fabrication de lames de couteaux et de poignards, qui étaient exportés parfois fort loin en Europe. Pour protéger ce site exceptionnel, un bâtiment a été élevé au-dessus.

NÉCROPOLE DU VERCORS
1 km au Nord par la D 76.
Il abrite les sépultures de 193 combattants et victimes civiles, tombés pendant les opérations de juillet 1944. De cet endroit, perspective sur le monument commémoratif du Vercors.

Mémorial du Vercors (col de Lachau)★

3 km de Vassieux ; à la nécropole du Vercors s'engager à gauche dans la D 76. ☐ Avr.-sept. : 10h-18h ; oct.-mars : 10h-17h. Fermé de mi-nov. au déb. vac. scol. de Noël, 1ᵉʳ janv., 25 déc. 25F. ☎ 04 75 48 26 00.

◄ Au détour de la combe, le mémorial apparaît telle la proue d'un navire enchâssé dans le flanc de la forêt de Lente. Conçu par le cabinet grenoblois « Groupe 6 », sur la face Nord du site à 1 305 m d'altitude, le mémorial est recouvert de végétation composée de genévriers et pins, qui croissent naturellement dans le massif.

Le bâtiment, dont l'architecture particulièrement dépouillée accentue la solennité des lieux, se souvient de la Résistance du Vercors et des événements nationaux de cette période. La muséographie très moderne privilégie la mise en scène par la diffusion de témoignages visuels et sonores.

À l'issue du circuit de visite, on longe sur la droite un grand mur renfermant 840 niches de plomb portant chacune le nom d'une des victimes civiles du Vercors. La sortie s'effectue par une terrasse dominant la plaine de Vassieux.

Les grands thèmes sont traités sous forme de reconstitutions et de diaporamas : la collaboration, les interrogatoires de la Milice, le rôle des femmes dans le Maquis, et grâce à des films contemporains des combats de juillet 1944, on peut revivre les grandes étapes de la « République du Vercors » jusqu'à l'ordre de dispersion du 23 juillet. La projection d'extraits du film de Lechanois
◄ *Au cœur de l'orage* ajoute une note épique à ces récits.

Le Vercors★★★

C'est un des plus grands parcs d'attractions de la région. Il y en a pour tous les goûts, pour tous les âges, pour les grands, les petits, les musclés, les adeptes du VTT, les fondeurs, les pêcheurs. Ici le grand huit, c'est une succession de cols vertigineux. Le train fantôme ? Des gouffres et des grottes habités par de vieux fossiles. Pas besoin de bateau pirate pour plonger dans les gorges bouillonnantes. Et cela, autant de fois que vous le désirez, à l'infini. Un parc d'attractions sans papiers gras, où le silence règne, où la nature est préservée, on prend le temps de vivre ses émotions...

La situation

Cartes Michelin n°s 77 plis 3, 4, 12 à 14 ou 244 plis 27, 28, 37, 38 et 39 - Isère (38) et Drôme (26). Le Vercors, région montagneuse du Dauphiné où le réseau de routes touristiques est le plus dense, se présente, dans son ensemble, comme un haut plateau calcaire aux formes lourdes et puissantes, riche en forêts de hêtres et de résineux (forêt de Lente) et profondément entaillé par les affluents de la basse Isère – la Bourne, en particulier – dont les gorges sont parcourues par des routes audacieuses (combe Laval, Grands Goulets). Les remparts extérieurs de ce massif préalpin permettent, de leur côté, des observatoires magnifiques. 🚩 *26420 La Chapelle-en-Vercors,* ☎ *04 75 48 22 54 et Villars-de-Lans (voir ce nom).*

Le nom

Les principales sources mentionnant le Vercors s'accordent sur un point : l'origine du nom provient d'une tribu gauloise peuplant le massif, les *Vertamocori*. Mais, elle ne laisse pas de traces attestées. Enfin, le terme celtique *vertamo* signifierait « très élevé ». Dès le 13e s., le nom avait évolué en *Vercolp*.

Les habitants

Des espèces disparues, des ours et les derniers arrivants : vautours fauves, mouflons et bouquetins.

Accès

Depuis Grenoble par la D 531 et les gorges d'Engins ; depuis la vallée du Rhône par Pont-en-Royans et la D 518, et au Sud depuis Die par le col du Rousset.

comprendre

Différences régionales – On distingue en Vercors deux entités régionales qui ont vécu longtemps dos à dos, du fait de l'absence de route dans les gorges de la Bourne. Les **« montagnes de Lans »**, qui correspondent aux communes de Lans, Villard-de-Lans, Autrans et Méaudre, regardent vers Sassenage et Grenoble. Cette zone d'élevage qui a gardé sa race bovine locale (dite de Villard-de-Lans) est la plus développée économiquement. Le **Vercors proprement dit**, au Sud, a pour axe la vallée de la Vernaison. C'est une région plus sévère, riche de forêts, que la percée d'une route dans les Grands Goulets a tirée de son isolement. Son débouché naturel est le **Royans**, golfe de plaine ramifié qui festonne le rebord Ouest du massif, offrant des paysages comparables aux « reculées » jurassiennes.

Le paradis des spéléologues – La cuirasse du Vercors est faite de calcaire urgonien. Mais, contrairement à ce qui peut s'observer en Chartreuse, cette formation épaisse, ici de 200 à 300 m, se déploie en longues et calmes ondulations ; elle n'en forme pas moins des falaises imposantes dans les entailles des gorges et sur les abrupts du pourtour. La circulation interne des eaux dans ces roches perméables est extrêmement active. Les ruisseaux disparaissent dans des puits naturels ou « scia-

SANS TOUCHER LE FOND

L'exploration du **gouffre Berger**, dont l'entrée se trouve sur le plateau de Sornin (Ouest de Sassenage) et dont la rivière souterraine alimente la résurgence des « Cuves » de Sassenage, a permis au Spéléo-Club de la Seine d'atteindre, en 1968, la cote - 1141.

lets », identiques aux « chourums » du Dévoluy, et réapparaissent par résurgence. Le plus curieux exemple de cette activité est fourni par la « **Vernaison souterraine** » qui, en passant au fond de la grotte de la Luire, débouche très vraisemblablement à la grotte du Bournillon. Par sa longueur (20 km) et sa puissance, ce cours d'eau se classerait parmi les toutes premières rivières souterraines de France.

FORTERESSE DE LA RÉSISTANCE

LA SITUATION

Dès l'instauration du STO (Service du travail obligatoire) en France, le Vercors voit affluer spontanément de nombreux réfractaires qui rejoignent les premiers groupes de francs-tireurs établis là dès 1942. L'intérêt stratégique du massif du Vercors, avec ses accès facilement contrôlables et son habitat dispersé, apparaît vite dans les plans de la Résistance locale.

Les hommes – À Grenoble, des élus révoqués (dont Eugène Chavant) créent un mouvement de résistance. À Sassenage, où ils avaient coutume de partager leur passion pour l'alpinisme, l'écrivain Jean Prévost et l'architecte Pierre Dalloz envisagent l'utilisation militaire du Vercors. Ils font partager leur conception au général Delestraint responsable de l'Armée Secrète et c'est la création du fameux « **plan Montagnards** ». Il prévoit l'aménagement de pistes d'atterrissage et d'envol pour l'envoi de troupes aéroportées alliées.

Les combats – En mars 1944, environ 400 résistants divisés en deux groupes (Autrans au Nord et Vassieux au Sud) constituaient le maquis. Après le débarquement allié de Normandie, on compte près de 4 000 volontaires qui reçoivent un encadrement militaire. Dès le 15 juin, une première avancée allemande à St-Nizier est bloquée. Le 3 juillet, les responsables proclament symboliquement « la République du Vercors ». Le 14, les alliés parachutent en nombre des armes légères et de l'équipement. Le Vercors est alors entièrement verrouillé par la Résistance. Mais les divisions allemandes fortes de 15 000 hommes commencent à l'encercler. Le 21 juillet ont lieu les premiers parachutage allemands à Vassieux. Après trois jours de durs combats, l'ordre de dispersion des résistants est donné, notamment vers la forêt de Lente, difficilement pénétrable. L'hôpital de St-Martin est évacué vers la grotte de la Luire, où l'assaut est donné le 27. Un seul blessé en réchappe en se dissimulant dans un goulet de la grotte ; les infirmières sont déportées à Ravensbrück. Les représailles se poursuivent jusqu'au 19 août.

LES LIEUX DE LA MÉMOIRE

– la cour des fusillés de La Chapelle-en-Vercors

– le mémorial du col de Lachau

– la grotte de la Luire

– le village de Malleval

– la nécropole de St-Nizier-du-Moucherotte

– les ruines de Valchevrière

– la nécropole et le monument aux victimes du village de Vassieux

---

découvrir

PARC NATUREL RÉGIONAL DU VERCORS

🏠 *255 chemin des Fusillés, 38250 Lans-en-Vercors, ☎ 04 76 94 38 26.*

Créé en 1970, ce parc de 175 000 ha comprend 62 communes réparties sur l'ensemble du massif calcaire du Vercors ainsi que dans le Royans, le Trièves et le Diois. Cinq sentiers d'interprétation écologiques ont été aménagés et les hauts plateaux, dominés par le Mont-Aiguille, sont protégés comme réserve naturelle. Parcourue par plusieurs sentiers de Grande Randonnée, dont le GR 91 qui traverse les hauts plateaux, c'est une région recherchée par les randonneurs.

Parc naturel régional du Vercors

Un biotope remarquable – De par la couverture forestière exceptionnelle du Vercors (elle occupe plus de la moitié du massif), vous découvrirez une large diversité de paysages. Les hêtraies et les sapinières sont prédominantes sur le plateau du Vercors et lorsqu'on se déplace vers le Sud, les forêts de pins à crochets constituent l'essentiel du paysage. Plus de 1 800 espèces végétales peuplent le Vercors dont certaines fleurs protégées sont très rares : sabot de Vénus, lys martagon et tulipe sylvestre. Parmi les espèces animales, le massif présente la particularité d'être l'un des rares secteurs montagneux à abriter les six grands ongulés sauvages vivant en France : chamois, cerfs, chevreuils, sangliers, mouflons et bouquetins (réintroduit en 1989, sa population avait dépassé les 300 têtes dix ans après !).

> **ÇA PLANE POUR EUX**
>
> L'avifaune est remarquable, parmi les rapaces : aigle royal, faucon pèlerin, hibou grand duc, aigle de Bonelli (dans la partie Sud) et quelques gypaètes barbus qui viennent occuper occasionnellement l'espace aérien vercusien. Enfin le vautour fauve fait l'objet d'une campagne de réintroduction qui aboutira aux premiers lâchers au-dessus du Vercors.

carnet d'adresses

OÙ DORMIR

● **À bon compte**

Hôtel des Grands Goulets – *26420 Les Barraques-en-Vercors* - ☎ *04 75 48 22 45* - *fermé 16 oct. au 14 avr.* - 🅿 - *28 ch.* : *170/300F* - ☑ *36F* - *restaurant 95/170F.* Cette longue et imposante bâtisse, en bordure de route, s'appuie sur la montagne. Si le temps le permet, quittez votre chambre et installez-vous sous le kiosque de sa terrasse, pour déjeuner. Pour la sieste, allez jusqu'au jardin.

● **Valeur sûre**

Hôtel Montbrand – *38880 Autrans* - ☎ *04 76 95 34 58* - *fermé Pâques au 30 juin et de sept. à Noël* - 🅿 - *8 ch.* : *310/335F* - ☑ *40F.* Amateurs de ski de fond, de promenades ou tout

simplement de nature, cette petite maison vous enchantera. La patronne bricoleuse assure elle-même l'entretien de ses chambres aménagées dans un esprit montagnard.

OÙ SE RESTAURER

● **À bon compte**

Pertuzon – *38112 Méaudre* - ☎ *04 76 95 21 17* - *fermé 1er au 15 juin, 1er au 15 oct., dim. soir, mar. soir et mer. hors sais.* - *95/260F.* Dans un petit village en bordure de gorges verdoyantes, cet hôtel-restaurant vous réserve un accueil souriant. Vous profiterez de sa table soignée et de son calme dans ses chambres bien insonorisées, en terrasse ou au jardin, sous un parasol.

circuits

1 GRANDS GOULETS★★★

De Villard-de-Lans à Pont-en-Royans

36 km – environ 2h – au départ de Villard-de-Lans, prendre la D 531 vers Pont-en-Royans.

La route passe par une courte cluse puis traverse le bassin des Jarrands, où aboutit la vallée de Méaudre. Elle s'enfonce ensuite dans la gorge qui se réduit à une simple fissure où la route dispute la place au torrent.

Au pont de la Goule Noire prendre à gauche la D 103.

La Goule Noire

Cette importante résurgence est visible immédiatement en aval du pont de la Goule Noire, sur la rive opposée, au niveau même du lit de la Bourne. Entre le pont de la Goule Noire et les Clots, la route s'élève, en corniche, au-dessus de la rive gauche de la Bourne, procurant de jolies vues sur l'épanouissement verdoyant de la Balme, où débouche le vallon de Rencurel, et sur les falaises des rochers du Rang. Des Clots aux Barraques, on parcourt le val de St-Martin-en-Vercors, dominé à l'Est par les grands escarpements urgoniens des Sapins du Vercors.

À la sortie de St-Julien, vous avez, en amont, toute la haute vallée de la Vernaison. Avant St-Martin, rocher « la Vierge du Vercors », dessinant une silhouette de statue.

> **SUGGESTION**
>
> Ces deux premiers itinéraires peuvent s'enchaîner sur une journée et faire découvrir les points de vue les plus exceptionnels du versant Ouest du Vercors.

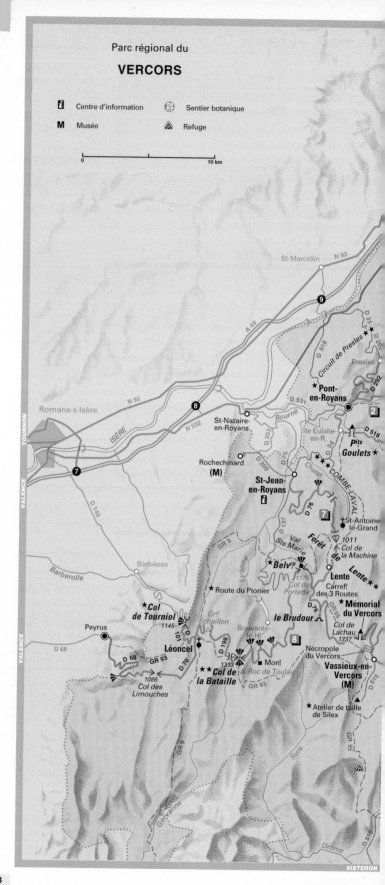

Parc régional du

VERCORS

i Centre d'information **❀** Sentier botanique

M Musée **⚠** Refuge

0 _____ 10 km

St-Marcellin   N 92

9

Circuit de Presles ★★

Presles

★ Pont-en-Royans **2**

8   Bourne   Ste Eulalie-en-R.

Romans-s-Isère   St-Nazaire-en-Royans   D 531   D 518

ISÈRE   N 532   D 253   Pits   **Goulets ★**

D 76   Chélet   **COMBE-LAVAL**

Rochechinard   D 208   ★★★

(M)   **St-Jean-en-Royans** **i**   D 76

7   D 137   **7**   ★St-Antoine-le-Grand

GR 9   Val Ste Marie   ▽ 1011   ∧ Col de la Machine

Forêt   **Lente**

★ Route du Pionier   **★ Belv¹ᵉ**   Lente   Carref¹

Barberolle   Lyonne   1175   des 3 Routes   ★★

Col de   **de**

★ Col de Tourniol   Grd   Portette   **★ le Brudour** ∧   **★ Mémorial du Vercors**

1145   Échaillon   Bouvante-le-Ht   **8**   Col de Lachau

Peyrus   101   Léoncel   D 199   ★   1337

D 68   +   1313   Nécropole du Vercors   **Vassieux-en-Vercors**

GR 93   D 70   ■ Mon¹   **(M)**

1086   **★★ Col de la Bataille**   △ Roc de Toulau

Col des   GR 93   ★ Atelier de taille de Silex

Limouches   Sure   GR 95

GR 9   ⚠

Gervanne   Drôme   D 518

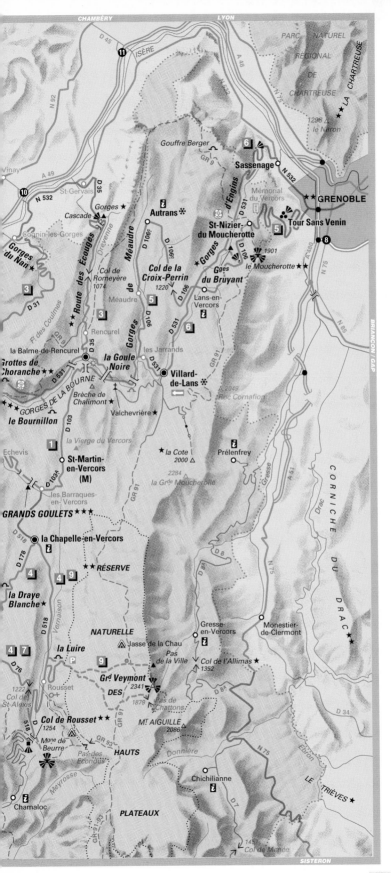

D 45

ISÈRE

PARC   NATUREL

RÉGIONAL

DE

CHARTREUSE

LA CHARTREUSE

1298 △ ★★
le Néron

N 92

A 49

Vinay

N 532

St-Gervais

D 35

Gouffre Berger

GR 9

Sassenage

N 532

Mémorial
du Vercors

GRENOBLE

Cognin-les-Gorges

Gorges ★

Cascade

Gorges

Autrans ✳

Gorges d'Engins

D 531

St-Nizier-
du Moucherotte

Tour Sans Venin

Gorges
du Nan ★

D 35

Route des Écouges

Dreyenne

Méaudre

D 106ᴱ

D 106ᴳ

Col de la
Croix-Perrin

1220

Gges
du Bruyant

D 106

le Moucherotte ★★

1901

D 31

Col de
Romeyère
1074

D 531

Lans-
Vercors

la Balme-de-Rencurel

Fᵗ des Coulmes

GR 9

Méaudre

Rencurel

D 35

les Jarrands

GR 91

Grottes de
Choranche ★★

D 531

la Goule
Noire

D 531

Villard-
de-Lans ✳

Roc Cornafion
2049

★★★

GORGES DE LA BOURNE

D 103

Brèche de
Chalimont ★

Valchevrière ★

le Bournillon

CORNICHE

N 85

BRIANÇON GAP

Echevis

D 103A

la Vierge du Vercors

St-Martin-
en-Vercors
(M)

★ la Côte
2000 △

Prélenfrey

Gresse

DU

les Barraques-
en-Vercors

GR 91

2284
la Grᵈᵉ Moucherolle

A 51

GRANDS GOULETS ★★★

D 518

la Chapelle-en-Vercors

D 178

D 8

DRAC

RÉSERVE ★★

la Draye
Blanche ★

D 518

Gresse-
en-Vercors

Monestier-
de-Clermont ★★

NATURELLE

Vernaison

Jasse de la Chau

Pas
de la Ville

Col de l'Allimas ★
1352

N 75

D 8A

la Luire

D 76

P

Grᵈ Veymont
2341

DES

1879

Pas de
Chattons

Mᵗ AIGUILLE
2086 △

D 34

1222
Col de
St-Alexis

Rousset

GR 93

GR 91

D 518

Col de Rousset ★★
1254

Mⁿᵉ de
Beurre

HAUTS

Donnière

LE

TRIÈVES ★

Pas des
Écondus

Meyrosse

Chichilianne

Ébron

Chamaloc

PLATEAUX

GR 91-93

D 7

1457
Col de Menée

Comme on peut le voir, il est préférable de conduire avec une grande attention dans la traversée des Grands Goulets.

PRUDENCE !
Les aires de stationnement se situent dans le sens montant (vers les Barraques) et n'autorisent qu'une ou deux places. Le diamètre des tunnels ne permet pas le passage des véhicules de fort gabarit.

GRAND SPECTACLE
Les gorges de la Bourne, de plus en plus encaissées, vers l'amont, entre des bancs de calcaire urgonien chaudement colorés, d'une épaisseur et d'une homogénéité extraordinaires, donnent à ce parcours un caractère grandiose.

ÇA VIENT DE LOIN
La résurgence du Bournillon, maintenant captée, est très probablement l'issue de la Vernaison souterraine, reconnue, en amont, au fond de la grotte de la Luire.

St-Martin-en-Vercors

Poste de commandement français pendant les combats de 1944.

Caverne de l'ours – & *De mi-juin à mi-sept. : 9h-12h, 14h-19h ; de mi-sept. à mi-juin : mer. et w.-end 10h-12h, 14h-18h. Fermé 25 déc. 28F. ☎ 04 75 45 53 96.*

Le dernier ours a été aperçu à St-Martin en septembre 1937. Située à l'entrée du village, cette exposition retrace les liens millénaires de l'homme et de l'ours au travers de plusieurs reconstitutions de scènes et de présentations des amateurs de miel naturalisés. Un échantillon des principales espèces animales du Vercors y est également présenté.

Dès la sortie des Barraques-en-Vercors, la D 518 se faufile au plus profond des Grands Goulets.

Possibilité de stationner à l'entrée des Barraques.

Grands Goulets★★★

Les Grands Goulets, passage encaissé de cet itinéraire, constituent la curiosité naturelle la plus sensationnelle du Vercors. Préalablement au parcours en auto, il est recommandé d'y faire un tour à pied *(1/4h environ AR)*, au moins jusqu'au deuxième pont sur la Vernaison. La lumière, tamisée encore par la végétation, arrive à peine jusqu'à la route. Quand, par une flamboyante journée d'été, on entre dans la quasi-obscurité de ce défilé, c'est impressionnant. À hauteur des derniers tunnels, la Vernaison se dérobe rapidement en contrebas (nombreuses cascades) et la route doit s'accrocher sans avoir le vertige à flanc de paroi. Plus en aval, le défilé commence à s'évaser et on revoit au loin de la verdure. Se retourner après le dernier tunnel pour apprécier l'encaissement de la gorge, vers l'amont. Après ce balcon, la route domine encore de très haut le fond de la vallée, où se terre le village lilliputien d'Échevis. Avec ces versants arrides, dominés par de grands escarpements rocheux colorés, on a l'impression d'être dans le Midi, dans les sites encaissés des causses.

Petits Goulets★

Ce défilé doit son caractère aux longues lames rocheuses tranchantes qui plongent presque verticalement dans la rivière. Entre Ste-Eulalie et Pont-en-Royans apparaissent l'aimable pays du Royans puis la dernière cluse de la Bourne, véritable porte que signale un cirque rocheux en tenaille.

L'itinéraire ci-après décrit le trajet retour à Villard-de-Lans.

② GORGES DE LA BOURNE★★★

De Pont-en-Royans à Villard-de-Lans 24 km – environ 1h1/2
Entre Pont-en-Royans, qui marque l'entrée des gorges, et Choranche, la D 531 se glisse dans la profonde coupure de cette cluse puis remonte la vallée. En été, vous n'avez que la portion congrue de la Bourne : un mince filet d'eau. Après Choranche, la vallée sort du fond et se lance dans un parcours en corniche impressionnant. Sur le versant Sud de la vallée s'incurvent les parois gris et brun du cirque du Bournillon où s'ouvre le porche de la grotte.

Grotte du Bournillon

1 km à partir de la N 531, puis 1h à pied AR. S'engager dans la route privée de la centrale du Bournillon (circulation touristique tolérée) ; traverser la cour de l'usine et tourner à droite pour trouver à gauche, de l'autre côté d'un pont sur le torrent du Bournillon (garage autorisé, mais chutes de pierres possibles), l'amorce du sentier de la grotte. Ce sentier raide et pénible, coupé d'éboulis, aboutit à la base des escarpements qu'il faut continuer à longer, sur la gauche, pour parvenir à l'immense **porche★** (100 m de hauteur) de la grotte du Bournillon. Pousser au fond de la cavité, jusqu'à la passerelle, pour voir cette arche gigantesque sous son aspect le plus impressionnant. En face du cirque du Bournillon, les parois des falaises rousses du cirque de Choranche font un arc de cercle sous le plateau de Presles.

Grottes de Choranche★★ – *2,5 km à partir de la N 531.*
Voir ce nom.

La route traverse ensuite le bassin de la Balme, au débouché du vallon du Rencurel *(voir ci-après la description de la route des Écouges),* qui vous propose un entracte reposant. Puis elle s'enfonce dans le défilé de la Goule Noire dont les bancs rocheux présentent une inclinaison étonnante. Après le pont de la Goule Noire, la gorge se réduit à une simple fissure où la route dispute la place au torrent. Avant les tunnels, on aperçoit, dans la paroi, sur l'autre rive, l'entrée de la grotte de la Goule Blanche, résurgence captée par la plus proche des usines échelonnées en aval.

> **P**eu après deux centrales électriques, on distingue, sur le flanc boisé du versant opposé, le grand calvaire de Valchevrière, érigé en souvenir des combats de juillet 1944.

③ CIRCUIT DES ÉCOUGES ET DU NAN★★

Au départ de la Balme-de-Rencurel 81 km – environ 2h1/2.
Cette route comporte un des passages les plus vertigineux du Vercors et peut être comparée à celle de combe Laval pour ses vues aériennes qu'elle dispense sur le bas Dauphiné. De la Balme, on débouche dans l'aimable val de Rencurel que la D 35 va maintenant remonter. En arrivant au seuil du **col de Romeyère** (alt. 1 074 m), qui fait passer sur le versant de la Drévenne, se détache à gauche et en arrière la route forestière du mont Noir accédant à l'immense forêt de Coulmes. La vallée, maintenant vide d'habitations, est couverte d'un épais manteau forestier. Au pont Chabert-d'Hières, le torrent quitte cette large combe pour s'abattre dans la vallée de l'Isère. La route l'accompagne un instant dans ses **gorges★**, puis (doublée sur 500 m par un tunnel), se rabat latéralement, en balcon, en pleine paroi rocheuse. La **vue★★** plonge sur la vallée de l'Isère et les collines du Bas-Dauphiné. 200 m plus bas, on peut voir le pont que l'on traversera tout à l'heure.

Chutant de 50 mètres de haut, la puissante cascade de la Drévenne offre un spectacle permanent.

Pont sur la Drévenne

Descendre de voiture pour contempler la **cascade** formée par la Drévenne. Si cela vous amuse, vous pouvez rechercher dans la paroi la route que vous venez d'emprunter.
À la sortie de St-Gervais, on rejoint la N 532, sur la rive gauche de l'Isère que l'on descend sur 6 km jusqu'à Cognin-lès-Gorges. Emprunter la D 22 jusqu'à Malleval.

Gorges du Nan★

La coupure qui livre passage au Nan, torrent descendu des contreforts Ouest du Vercors, est suivie de très haut par une petite route hardiment tracée. Si vous souhaitez un itinéraire encore plus spectaculaire, roulez le long de la rive gauche de l'Isère (N 532). La D 22 prend en écharpe l'escarpement qui surplombe la sortie de la vallée du Nan. Grimpant à travers les prairies, vous aurez jusqu'à Malleval, de bonnes vues sur les murailles qu'elle vient de traverser. Le village incendié en 1944 (monument) a été reconstruit.

> **POINT DE VUE**
> Faire halte entre le deuxième et le troisième tunnel, passage le plus coupe-souffle du parcours à 200 m au-dessus du vide. Un second « étroit », moins vertigineux, donne accès au vallon supérieur, très frais et verdoyant.

En été, une nouvelle route prolonge la D 22, permettant de gagner la forêt des Coulmes et le plateau du Vercors par la D 31 au hameau Le Fas.
L'itinéraire traversant Presles par la D 292 est décrit en sens inverse à Pont-en-Royans (circuit de Presles).
Au carrefour de la D 531, s'engager à gauche dans les gorges de la Bourne★★★ vers La Balme-de-Rencurel *(itinéraire décrit dans le circuit ②).*

④ CIRCUIT DU COL DE ROUSSET★★

Au départ de la Chapelle-en-Vercors *24 km – environ 1h1/2.*

La Chapelle-en-Vercors

Important centre de tourisme et de villégiature bien situé à proximité de la forêt de Lente. Bombardée le 14 juillet 1944, peu avant les grands combats du Vercors, puis incendiée, la localité a été entièrement reconstruite. Dans la cour de la ferme Albert – l'un des rares vestiges, avec l'église, de l'ancien village –, deux plaques com-mémoratives se souviennent des seize fusillés de la commune.

Prendre la D 518 vers le Sud en direction de la grotte de la Luire et du col du Rousset.

Grotte de la Luire

0,5 km après l'embranchement jusqu'au parking situé en contrebas de l'entrée de la grotte. 1/4 h à pied AR et 3/4h si l'on visite la salle Decombaz. Juil.-août : visite guidée (1/2h) 9h30-18h30 ; mai-juin : 9h30-12h, 13h30-18h ; avr. et sept. : 10h-12h, 13h30-17h30. Fermé oct.-mars. 28F. ☎ 04 75 48 25 83.

◀ Cette curiosité spéléologique est aussi un lieu de pèlerinage de la Résistance.

La **salle Decombaz** est une cavité de 60 m de hauteur sous voûte, au fond de laquelle se creuse un gouffre par lequel les spéléologues ont pu atteindre, à 470 m, le cours présumé de la Vernaison souterraine. En période de crues exceptionnelles, les eaux de la rivière, refoulées dans ce puits depuis 450 m, font irruption dans la grotte et se déversent avec violence dans la vallée selon un phénomène similaire à celui qui se produit à Fontaine-de-Vaucluse.

Poursuivre vers le Sud sur la D 518 jusqu'à la station du col de Rousset et franchir le tunnel.

Col de Rousset★★

Alt. 1 254 m. Laisser la voiture à la sortie Sud du tunnel, qui franchit le passage, et gagner un belvédère (alt. 1 367 m).

◀ Le col de Rousset, qui marque la limite climatique des Alpes du Nord et du Sud, fait la jonction entre les vallonnements frais du Vercors et la dépression du bassin de Die, empreinte d'aridité méridionale. Le contraste est particulièrement perceptible lorsque le temps fait ses caprices : brumes côté Vercors, ciel éclatant côté Diois. La vue plonge sur la dépression du bassin de Die, entourée d'un fouillis de croupes arides se répétant sur une infinité de plans. Les escarpements de Roche-Courbe se découpent à l'horizon tandis que les lacets de la route, à prendre avec sobriété, accentuent l'impression de profondeur. L'âpreté générale du **paysage★★** est saisissante pour le voyageur débouchant du Vercors.

◀ Aux abords du col, la jeune station de sports d'hiver du **col de Rousset** a aménagé des pistes de ski sur les pentes de la **montagne de Beurre**.

Table d'orientation★★ – De la station supérieure du téléski, poursuivre la ligne faîtière vers le Sud jusqu'au bord du plateau. Sur la partie supérieure, un ensemble original de bornes d'orientation en pierre permet de repérer les grands sommets : au Nord se distingue le Grand Moucherolle, à l'Est au premier plan, le Grand Veymont et au Sud le mont Ventoux à l'horizon.

Quitter le col de Rousset par le Nord et prendre à gauche la D 76 en direction de Vassieux-en-Vercors.

La route s'élève doucement, sous bois, au-dessus du vallon supérieur de la Vernaison. 500 m avant Vassieux-en-Vercors, au bord de la route, à gauche, débris de planeurs allemands de la dernière guerre.

Vassieux-en-Vercors *(voir ce nom)*

Après la Nécropole du Vercors, s'engager à droite dans la D 178 en direction de la Chapelle-en-Vercors.

Suivre la signalisation pour la Draye Blanche.

Grotte de la Draye Blanche★

♿ *Juil.-août : visite guidée (3/4h) 9h-18h30, mai-juin et sept. : 9h30-18h ; avr. et oct. : 10h-17h ; vac. scol. Noël, fév., printemps : 10h-16h (toutes les h.). 30F. ☎ 04 75 48 24 96.* L'une des plus anciennes du Vercors. Maintenant que la rivière l'a abandonnée, c'est maintenant une grotte-fossile. Ce site a été exceptionnellement préservé, dans

---

NE PAS OUBLIER

Le 27 juillet 1944, les nazis découvrirent, sous le vaste porche d'entrée, l'hôpital de fortune installé pour les blessés du maquis ; ils achevèrent les vingt-deux blessés, fusillèrent deux des médecins et l'aumônier, puis déportèrent sept infirmières à Ravensbrück.

POINT DE DÉPART

Le col du Rousset constitue le principal point de départ des randonnées dans la réserve des hauts plateaux.

TROTTER DANS L'HERBE

Le téléski de la station propose une intéressante alternative aux randonnées pédestres en se familiarisant à la descente avec le « trottinherbe », hybride de VTT et de trottinette.

---

des conditions peu banales. La visite consiste en une promenade dans la **Grande Salle★**, longue de 100 m, où dominent les coulées de calcite blanche, ocre et gris bleuté. On remarque la belle coulée stalagmitique, haute de 12 m et épaisse de 2 m.

itinéraires

5 GORGES DE MÉAUDRE★

Circuit de 46 km – environ 5h. De Villard-de-Lans à Grenoble.

Quitter Villard par la D 531 à l'Ouest.

Dans la vallée de la Bourne la route dispute la place au torrent. Aux Jarrands, la vallée se rétrécit brutalement, prendre à droite la D 106 *(route d'Autrans)* qui remonte celle de Méaudre. Par les charmantes et verdoyantes petites **gorges de Méaudre**, on atteint le bassin du village de ce nom.

Après Méaudre, prendre à gauche la D 106^C.

Autrans❋

Cette station, paradis des skieurs de fond, est parsemé de pistes balisées. Depuis la consécration des Jeux olympiques de Grenoble, le ski de fond règne ici en maître avec près de 160 km de pistes.

En janvier, dans une véritable ruée, la « foulée blanche » prend le départ... Elle représente la référence des courses de fond dans les Alpes.

Col de la Croix Perrin

La vaste clairière du col (alt. 1 220 m) invite à la halte. Les pentes sont parées de magnifiques forêts de sapins. La D 106 quitte à Jaume le fond de la vallée de Lans pour traverser **Lans-en-Vercors** et grimper progressivement sur le versant Est de cet ample berceau aux pentes boisées. De jolies vues plongeantes se succèdent sur la vallée du Buron, accidentée dans sa partie supérieure par les gorges d'Engins et, surtout, par le profond fossé des gorges du Bruyant, que la route contourne.

St-Nizier-du-Moucherotte *(voir p. 273)*

Dans la descente qui suit la traversée du plateau de St-Nizier, la vue s'attache d'abord aux sommets : massifs de la Chartreuse et de Belledonne, Taillefer, cimes neigeuses du haut massif des Écrins puis vers le fond, le Grésivaudan, plaine de Grenoble où confluent l'Isère et le Drac. Au premier plan, à droite, sur le versant du Moucherotte, se détachent les Trois Pucelles célèbre école d'escalade grenobloise.

◄ **Tour Sans Venin**

1/4h à pied AR. Du pied de la tour en ruine, on découvre un **horizon**★ moins lointain que celui de St-Nizier, mais plus étendu vers le Sud (bassin du Trièves, massif du Dévoluy). À partir de Pariset, on peut remarquer, au Sud, les montagnes du Dévoluy (Obiou), fermant la dépression du Trièves.

6 GORGES D'ENGINS★

32 km de Grenoble à Villard-de-Lans – Environ 2h.
De Grenoble à Sassenage, la route de Valence, N 532, file dans la plaine de l'Isère, à hauteur de l'arête terminale du Casque de Néron, à droite de laquelle se découvre l'éperon de Chamechaude.

Sassenage – *Voir à Grenoble.*

Après Sassenage, la route (D 531) grimpe vite : de belles **vues**★ sur la Chartreuse occidentale. Elles embrassent un moment le site de Grenoble et la chaîne de Belledonne.

Gorges d'Engins★

◄ Les parois souvent lisses et polies de cette tranchée rocheuse, régulièrement excavée, encadrent le fond plat gazonné de la vallée du Furon. De Jaume à Villard-de-Lans, on suit le fond de la vallée de Lans, immense berceau dont les versants en pente douce sont revêtus de forêts de sapins.

7 ROUTE DE COMBE LAVAL★★★

41 km – environ 3h

Du col de Rousset à St-Jean-en-Royans

Quitter le col de Rousset par le Nord et prendre à gauche vers Vassieux-en-Vercors la D 76.
La route suit le sous-bois, au-dessus du vallon supérieur de la Vernaison. À l'Est, derrière le plateau de la montagne de la Beaume, émerge un instant le sommet du Grand Veymont (alt. 2 341 m), point culminant du Vercors. Le col de St-Alexis vous fait accéder à la combe de Vassieux, aux pâturages toujours secs et pierreux. 500 m avant Vassieux-en-Vercors, au bord de la route, à gauche, débris de planeurs allemands de la dernière guerre.

Vassieux-en-Vercors *(voir ce nom)*

La route va jusqu'au col de Lachau. De belles vues plongeantes sur la combe de Vassieux.

Mémorial du Vercors (col de Lachau)★ *(voir Vassieux-en-Vercors)*

Peu après le col, sur la gauche, la route (D 76^B) conduit au centre de ski de Font d'Urle.

Grotte du Brudour

Du pont sur le Brudour, promenade d'une demi-heure à pied AR. Un très agréable sentier mène à cette cavité, résurgence des eaux tombées dans les parages d'Urle. Le Brudour lui-même ne tarde pas à s'engloutir, à son tour, en aval, dans de nombreux « scialets ». Il réapparaît définitivement, sous le nom de Cholet, au fond du cirque de Combe Laval. La galerie de gauche peut être parcourue jusqu'à une 3e salle qui comporte un petit lac *(1/2h AR)*. Prévoyez une lampe de poche.

Du carrefour des Trois Routes à St-Jean-en-Royans.

Aussitôt avant **Lente** *(route de St-Jean-en-Royans)*, ralentissez pour remarquer, en période de fortes pluies, une jolie chute dont les eaux se perdent aussitôt dans une

---

UNE DES SEPT
La **tour** Sans Venin compte parmi les sept Merveilles du Dauphiné. La légende dit que seigneur de Pariset ramena de croisade, un sac de terre ramassée auprès du Saint-Sépulcre. Il la répandit autour du château et le débarrassa des serpents qui l'infestaient.

GORGES DU BRUYANT
🚶 *1h à pied AR.* Un sentier bien aménagé reliant la D 531 à la D 106 permet d'en visiter le fond.

Ancien chemin des Chartreux, la route de Combe Laval franchit les tunnels dans un paysage aérien...

doline. Après Lente le parcours s'effectue sous le couvert de la forêt du même nom ; on débouche dans la grande clairière toujours du même nom.

Forêt de Lente★★

Hautes futaies de sapins et de hêtres. Au 19ᵉ s., la forêt de Lente était exploitée surtout pour le charbonnage ou pour la fourniture de mâts à la marine.

Combe Laval★★★

Le parcours héroïque commence au **col de la Machine**. La route s'accroche, vertigineusement taillée dans de formidables parois calcaires, au-dessus du vallon supérieur du Cholet, que l'on finit par dominer de plus de 600 m. Au fond du cirque tombe la cascade du Cholet, résurgence du Brudour.

Faire quelques pas sur la route, aux passages les plus escarpés.

Après plusieurs tunnels, la route débouche au-dessus du Royans. De merveilleuses **vues aériennes**★★ sur ce pays de collines-taupinières, ainsi que sur les plateaux du bas Dauphiné (forêt de Chambaran). À hauteur de Pont-en-Royans et de Ste-Eulalie, les portes aval des gorges de la Bourne et de la Vernaison échancrent profondément la montagne. À l'Ouest, la ligne sombre des Cévennes ferme l'horizon.

Vue sur les hauteurs du Vercors

8 ROUTE DU COL DE LA BATAILLE★

De Peyrus au carrefour des Trois Routes 45 km – environ 2h.

Quittant Peyrus (dont elle évite le centre), la D 68 se lace au-dessus d'un vallon boisé. La vue s'étend sur la plaine de Valence et les contreforts arides du Vercors ; du lacet taillé dans le roc, 700 m avant l'arrivée sur le plateau, le panorama vaut le coup d'œil : Chabeuil, Valence, Romans-Bourg-de-Péage et la chaîne des Cévennes sont visibles.

Vous avez la possibilité de vous arrêter à un deuxième belvédère un peu plus haut.

Du **col des Limouches** (alt. 1 086 m) vous arrivez au val de Léoncel dont les pâturages secs faits de buis et de genévriers, rappellent ceux de la Méditérranée.

Léoncel

Dans un frais vallon au Sud du Vercors, ce village a conservé d'une abbaye cistercienne, fondée en 1137, une vaste église romane de la fin du 12ᵉ s. et un bâtiment monastique remanié au 17ᵉ s., qui abrite aujourd'hui un gîte d'étape.

Église abbatiale★ – Elle apparaît, massive, sous un robuste clocher carré couronné d'une pyramide, typique de la région du Dauphiné. À l'intérieur, diverses influences architecturales se manifestent, dues à l'étalement dans le temps de la construction de cette église (1150-1188 et 1190-1210, notamment).

De Léoncel, prendre la D 101 jusqu'au col de Tourniol.

Col de Tourniol★

Vous avez devant vous les derniers contreforts du Vercors, sur la plaine de Valence. Derrière l'échancrure rocheuse où se blottit Barbières, dominé par le château ruiné de Pélafol, c'est Romans-Bourg-de-Péage.

Revenir à Léoncel.

La D 199, ombragée de hêtres, attaque le versant Est du val de Léoncel et, par le **pas de l'Échaillon** (station de ski de fond), débouche sur le plateau accidenté couvert par la forêt dite aussi de Léoncel.

Col de la Bataille★★

La route est fermée entre le 15 novembre et le 15 mai. Un tunnel donne accès au fond de cette étroite encoche – alt. 1 313 m – dominée par la pyramide du roc de Toulau.

> **POINT DE CÔTÉ**
> On remarquera dans le bas-côté droit, près de l'entrée, un sceau aux armes de l'abbaye ciselé dans le mur ; dans le bras Nord du transept, un lutrin du 16ᵉ s. ainsi qu'une belle icône moderne.

Au Sud des hauts plateaux du Vercors, il est facile de s'égarer hors des pistes balisées en dépit des cairns érigés.

Le **coup d'œil** est impressionnant. Au Sud se creuse le bassin d'Omblèze, adossé aux croupes du Diois, derrière lesquelles se détachent les escarpements de Roche-Courbe (massif de la forêt de Saoû). Profitez-en jusqu'à plus soif !

Au Nord, au-delà du cirque boisé de Bouvante, les collines du Royans et du bas Dauphiné sont visibles par la dépression du col de la Croix.

Entre le col de la Bataille et Malatra, sur 2 km environ, le **parcours★★** s'effectue sur une corniche taillée dans le roc, au-dessus du cirque de Bouvante et de son petit lac. Trois belvédères successifs permettent de s'y arrêter. Au fond d'un vallon, à droite, après le premier belvédère, un monument commémore l'installation du premier camp du maquis du Vercors en 1942. Du deuxième belvédère, on découvre le bas Dauphiné. Après le troisième belvédère, la route revient à l'intérieur du plateau et monte sous bois vers le col de la Portette.

Belvédère de la Portette★

Du col de la Portette, 1/4h à pied AR. Laisser la voiture dans le virage qui marque la fin de la montée au col et prendre le sentier en descente, rocailleux, qui s'amorce derrière la borne forestière ; 200 m plus loin, appuyer à droite. Du belvédère, la **vue** plonge sur le val Ste-Marie, où s'étaient installés les chartreux de Bouvante. Elle s'étend, au-delà, jusqu'au Royans, à la vallée de l'Isère et au plateau de Chambaran. On distingue le grand pont moderne de St-Hilaire-St-Nazaire. Après ce col, on atteint le carrefour des Trois Routes.

randonnée

⑨ RÉSERVE NATURELLE DES HAUTS PLATEAUX★★

PORTRAIT D'UNE RÉSERVE
Cet espace de solitude qui s'étage entre 1 200 et 2 300 m a été classé réserve naturelle en 1985 pour mieux sauvegarder cet immense territoire naturel d'un seul tenant, vaste unité paysagère de 16 660 ha. Aucune route ne la traverse et elle n'inclut aucun groupe d'habitat permanent.

La réserve, qui couvre 16 600 ha, est constituée de plateaux calcaires de type karstique, à la surface ponctuée de lapiaz et de scialets ; l'eau y est par conséquent assez rare en surface. Délimitée par d'impressionnants abrupts dominant les dépressions de Gresse à l'Est et de la Chapelle-en-Vercors à l'Ouest, la réserve comprend aussi les deux points culminants du massif du Vercors : le Grand Veymont (2 341 m) et l'emblématique Mont-Aiguille (2 041 m). Ah le Mont-Aiguille et ses tuniques d'anges...

La faune

Il y a moins de bêtes ici que dans l'ensemble du massif du Vercors. Ici, c'est plutôt le domaine du tétras-lyre, du lièvre variable (ou lagopède) et une foule de chamois. La population de bouquetins doit actuellement dépasser la centaine d'individus. Depuis peu, les hauts plateaux sont aussi visités par les vautours fauves qu'on a introduit en les jetant des falaises du Diois. On savait qu'ils avaient des ailes pour voler...

Peu de sentiers sont balisés sur les hauts plateaux afin de préserver la tranquillité de sa faune. On peut néanmoins suivre le GR 91 qui traverse la réserve du Nord au Sud et le GR 93 dans sa partie Sud. Trois itinéraires sont possibles le tour du Mont-Aiguille depuis Chichilianne, le tour du Glandasse dans le Diois (*voir le Guide Vert Michelin Alpes du Sud*) et l'accès au sommet du Grand-Veymont depuis les abords du col du Rousset.

Randonnée au Grand Veymont★★

🚶 *1 journée – dénivelée 1 000 m – Altitude au départ 1 350 m. Randonnée non technique sans difficulté majeure, pour tout public habitué à des marches de plusieurs heures sur terrain régulier. Depuis la Chapelle-en-Vercors, prendre la D 518 en direction du col de Rousset. Un kilomètre après le village de Rousset, s'engager à gauche dans une étroite route forestière signalée « Route forestière de la Coche ». Ne loupez pas le coche ! La suivre sur 9 km jusqu'au vaste parking de la maison forestière de la Coche et y laisser la voiture.*

Suivre la route à pied vers la maison forestière de pré Grandu. L'itinéraire balisé vers le Grand Veymont part de ce carrefour pédestre. Emprunter plein Est la piste balisée qui traverse les hauts plateaux. Le trajet facile traverse de majestueuses futaies de conifères alternant avec des amoncellements rocheux et quelques lapiaz. Face à soi dans le sens de la marche, l'impressionnante barre rocheuse du Grand Veymont ferme l'horizon vers l'Est. C'est l'un des meilleurs points de vue de ce massif. La descente dans la dépression centrale permet de progresser à vue jusqu'à la **nouvelle Jasse de la Chau**. Profitez-en pour faire le plein. C'est l'un des rares points d'eau du secteur. Derrière le panneau d'information de ▶ la réserve, le sentier aborde la montée vers le **pas de la Ville**, principal point d'accès au sommet du Grand Veymont.

À l'approche du pas de la Ville, s'équiper contre le vent violent qui y souffle souvent.

Au pied de la croix de fer, un sentier à droite en montée conduit au sommet. On peut cependant poursuivre, sur une dizaine de mètres plein Est au-delà du col, le sentier pour découvrir de vertigineuses vues sur la vallée du Trièves.

Revenir à la croix pour s'engager dans la montée. Si vous ne souhaitez pas mettre un terme immédiat à la promenade, voire à vos vacances, faites attention aux éboulis. La progression s'achève par un replat, dernière halte abritée pour faire un break avant l'ascension finale.

> **OBJECTIF PANORAMA !**
> Du sommet (alt. 2 341 m) – par temps très dégagé, le **panorama★★★**, impressionnant, permet de couvrir la chaîne alpine depuis le Mont Blanc au Nord-Est jusqu'au Pelvoux et à la Meije face au Grand Veymont. Plein Sud, le mont Ventoux dresse sa silhouette solitaire. Au premier plan, le Mont-Aiguille ravit la vedette aux grands sommets alpins.

> **SEC EN SURFACE**
> Cette vaste région calcaire est constituée d'une immense dalle de calcaire urgonien de nature karstique, caractérisée en surface par des lapiaz et en profondeur par de nombreux scialets, seuls témoignages de l'intense activité hydraulique souterraine (l'écoulement de surface ayant totalement disparu). L'altitude moyenne de cet ensemble oscille seulement autour de 1 500 m.

carnet pratique

AVANT DE PARTIR...

– Sur les plateaux du Vercors l'eau est rare : un excédent de chargement en réserve d'eau au départ n'est jamais un poids superflu, plus on boit, plus le sac s'allège ;

– ne pas s'éloigner des sentiers balisés ou bien tracés, même en terrain dégagé ;

– les bergeries ouvertes qui paraissent inoccupées appartiennent toujours à des bergers ; et sont dans tous les cas des bâtiments privés, donc pas de squatt ;

– des cabanes ouvertes au public, simples abris sans aménagement, permettent de faire étape : cabane de Carrette au Nord, jasse du Play (ou pré Peyret) ; si vous devez les utiliser pour une courte halte prenez soin de ne pas laisser trace de votre passage ;

– à l'approche d'un troupeau, évitez de hurler de joie ou de gesticuler et de préférence, contournez-le largement,

– les campements et les feux sont interdits, de même que les chiens, dans le périmètre de la réserve. La pratique du parapente n'est pas autorisée et celle du VTT, seulement sur le GTV.

L'itinéraire revient ensuite légèrement vers l'Ouest avant d'entamer l'arête faîtière du sommet. Même en été, ces versants peu exposés conservent des plaques de névés.

Le retour s'effectue par une vertigineuse descente, bien tracée au Sud vers le pas de Chattons. Allez-y sur des coussins. Au pied de l'arête, prendre le sentier à droite vers l'Ouest, qui mène au pas de Chattons. Poursuivre plein Ouest au travers d'une zone riche en lapiaz dont on pourra remarquer l'étonnante diversité. Juste avant d'atteindre la Grande Cabane, on rejoint le tracé du GR 91. Maintenir l'orientation Ouest du sentier qui, au-delà d'une prairie, conduit au Nord-Ouest à une première hauteur boisée puis à un embranchement. Emprunter le sentier à droite qui s'oriente plein Nord sur 5 km pour rejoindre par la large sente du Rachier la maison forestière de pré Grandu.

Villard-de-Lans✳

S'il y a une station dans le Vercors où envoyer vos enfants ou même venir en famille, c'est Villard-de-Lans. Parce que l'air y est sec et pur, vos jolies petites têtes blondes ne seront pas transies sous leurs vêtements humides, ce qui les rend toujours de mauvaise humeur. Là elles seront bien au sec, réchauffés par un soleil généreux en hiver. Et en été, les « je sais pas quoi faire », « je m'ennuie »... terminés ! Une fois, ils feront du canyoning, une autre fois, ils s'initieront à la spéléologie, et pourquoi pas un tour en ballon ?... Et ce qui est bien pour les petits n'est souvent pas si mal pour les adultes...

La situation

Cartes Michelin n°s 77 pli 4 ou 244 pli 39 – Isère (38). Niché au fond d'un val largement évasé, Villard-de-Lans est dominé, à l'Est, par les dentelures du roc Cornafion, du Gerbier et de la Moucherolle. **🛈** *Place Mure-Ravaud, 38250 Villard-de-Lans, ☎ 04 76 95 10 38.*

Le nom

Une proposition avancée par les villageois : lorsque La commune principale du plateau était Lans-en-Vercors, Villard désignait le village après Lans.

carnet d'adresses

Où DORMIR

• À bon compte

Villa Primerose – *Quartier Bains –* ☎ *04 76 95 13 17 – fermé 1er nov. au 20 déc. –* **P** *– 18 ch. : 220/250F –* ⌷ *25F.* Dans un cadre verdoyant, vous pourrez vous régaler de la vue sur les cimes en vous installant dans le jardin ou sur la terrasse. Pour les sportifs, entraînement au tennis en face de l'hôtel et ski de fond ou ski alpin en hiver.

Chambre d'hôte Le Val Ste-Marie – *au Bois-Barbu – Villard-de-Lans – 4 km à l'O de Villard dir. Bois-Barbu puis refuge de la Glisse – ☎ 04 76 95 92 80 – ⊅ – 3 ch. : 235/280F.* Fermette bicentenaire bien rénovée où il fait bon vivre. Les amoureux de la nature pourront profiter de la campagne qui l'entoure en été et des pistes de ski de fond en hiver. Le soir, dîner en compagnie des propriétaires.

Où SE RESTAURER

• À bon compte

Bacha – *42 pl. Libération – ☎ 04 76 95 15 24 – fermé 30 mars au 6 avr., 15 nov. au 1er déc., lun. soir et mar. – 90/160F.* Sur une petite place très animée, au centre du village, c'est un restaurant familial au décor campagnard, avec une salle voûtée en sous-sol. En saison, installez-vous en terrasse.

• Valeur sûre

Ferme du Bois Barbu – *au Bois-Barbu – 3 km à l'O de Villard-de-Lans par D 215^E – ☎ 04 76 95 13 09 – fermé 14 au 18 juin, 16 nov. au 5 déc., dim. soir et mer. hors sais. – 115/250F.* Presqu'en bout de route, juste avant le départ des pistes de ski de fond, cette maison en pleine nature avec sa façade peinte et son décor montagnard est très paisible. Les randonneurs pourront y goûter au repos et se laisser bercer par le piano en soirée.

Les gens

3 346 Villardiens. Lors des épreuves de luges des 10e Jeux olympiques d'hiver, en 1968, les Français, n'étant pas au meilleur de leur forme, se classèrent à la 11e place (Tressallet).

séjourner

La Côte 2 000★

4,5 km au Sud-Est, puis 1h AR de télécabine et de marche. Quitter Villard-de-Lans par l'avenue des Bains. Au fond de la vallée, tourner à gauche dans la D 215, route de Corrençon, puis, encore à gauche, vers la télécabine de la Cote 2 000. De la station supérieure. De juil. à fin août : 9h30-18h (10mn, en continu). 38F AR, 30F A. ☎ 04 76 94 50 50.

La **vue**, masquée à l'Est et au Sud par les crêtes orientales du Vercors (Gerbier, Moucherolle), s'éprend au Nord des plateaux ondulés des montagnes de Lans, et de ceux du Vercors à l'Ouest. Au loin la ligne brune des Cévennes s'estompe. Au Nord-Est, on s'échappe vers le massif du Mont-Blanc.

itinéraires

Route de Valchevrière★

8 km. Quitter Villard-de-Lans par l'avenue des Bains. Au carrefour qui marque le fond du vallon, suivre tout droit (vers le bois Barbu) la D 215^C, en montée.

Cette agréable petite route, tracée sous les sapins, est jalonnée par les stations du chemin de croix de Valchevrière, dédié aux victimes des combats de 1944 *(voir p. xxx)*. De belles échappées sur les gorges de la Bourne et le berceau verdoyant de la vallée de Méaudre.

Calvaire de Valchevrière★

Cette grande croix (12e station) marque le sommet du pèlerinage. Elle s'élève à l'emplacement de la position de Valchevrière défendue jusqu'au bout, les 22 et 23 juillet 1944, par le lieutenant Chabal et ses chasseurs.

Du terre-plein du calvaire, la **vue** découvre le hameau de Valchevrière, incendié à l'exception de sa chapelle qui constitue aujourd'hui la 14e station du chemin de croix. En contrebas se creusent les profondes gorges de la Bourne (secteur de la Goule Noire).

Brèche de Chalimont★

En continuant à monter on peut gagner le chalet de Chalimont. De là, prendre à droite un chemin forestier en pente modérée mais caillouteux (praticable aux autos par temps sec ou 1h à pied AR). On atteint le belvédère, étroite crête rocheuse d'où le regard découvre un horizon plus étendu que de Valchevrière : les gorges amont de la Bourne et les montagnes de Lans, ainsi que le val de Rencurel.

Gorges de la Bourne★★★

De Villard-de-Lans à Pont-en-Royans – itinéraire **2** *décrit en sens inverse page 410.*

Excellente protection contre la pluie et la neige, ces pignons en escalier symbolisent le style des montagnes de Lans.

LE RETOUR DE L'OURS, EST-CE BIEN RAISONNABLE ?

Depuis son dernier passage attesté en 1938 à St-Martin-en-Vercors, l'ours brun européen a totalement disparu des Alpes françaises. En 1910, il subsistait quelques dizaines d'individus dans le Vercors mais la chasse et sa mauvaise presse l'ont condamné. Animal forestier particulièrement discret, il est doté d'un flair lui permettant de repérer un homme à plusieurs centaines de mètres. Encore occasionnellement carnivore, il est surtout friand de végétaux qu'il recherche dans les bois reculés et escarpés. Le haut Vercors, par sa solitude totale en hiver et sans habitation permanente, offre de conditions propices à son retour.

Le Vercors a conservé une image mythique de l'ours, comme en témoignent dans de nombreux villages sa représentation sous forme de statues. Les projets en cours menés par le Parc régional du Vercors tendent d'abord à obtenir l'engagement actif de la population et des éleveurs.

Vizille ★

Que serait Vizille sans son château ? Juste une petite ville discrète, évitant de faire parler d'elle. Mais grâce au château du connétable de Lesdiguières, elle devient une ville dont on parle dans les livres d'histoire. C'est là que la révolution française fit ses premiers pas en 1788, sous l'œil vigilant des trois ordres réunis dans le lieu. Et les Dauphinois n'en sont pas peu fiers... C'est ici aussi que jusqu'en 1972, les présidents de la République française se retiraient, bénéficiant d'une réservation à l'année, voire au septennat...

Voilà comment on passe de l'anonymat à la postérité.

La situation

Cartes Michelin nᵒˢ 77 pli 5, 244 pli 39 ou 4038 pli – Isère (38). 15 km au Sud de Grenoble sur la route Napoléon. **🛈** *Place du château, 38220 Vizille,* ☎ *04 76 68 15 16.*

Le nom

Lors de leur installation dans la région, les Romains établirent un camp fortifié à Vizille qu'ils dénommèrent *Castrum Vigilae* (le camp des veilles). Ils craignaient comme beaucoup de camps romains, de se faire attaquer par un petit village d'irréductibles. Donc ils devaient faire preuve d'une vigilance constante. Donc ils veillaient. Sous le Dauphiné, le camp disparu mais Vigilæ devint Visillæ puis Vizille.

Les gens

7 094 Vizillois et tous les présidents de la République qui ont séjourné au château de 1924 à 1972.

Faïence de facture révolutionnaire exaltant les vertus patriotiques.

comprendre

Du connétable aux présidents – Le connétable de **Lesdiguières** (1543-1627) a laissé en Dauphiné un souvenir impérissable. De petite noblesse dauphinoise, il embrasse la religion réformée et devient, à 22 ans, un des chefs protestants de la province. Henri IV le nomme lieutenant-général du Dauphiné. Pendant trente ans, cet administrateur gouverne avec l'autorité d'un vice-roi et une habileté qui lui valut le surnom de « renard dauphinois ». Maréchal de France, duc et pair, une seule dignité, la plus haute, manque à son ambition : celle de connétable. On la lui promet s'il abjure. Il s'y résoudra en 1622.

Ayant tiré de son fief dauphinois une immense fortune, il fait entreprendre en 1602 la construction du château de Vizille. Dans les villages des environs, les paysans des deux sexes sont réquisitionnés pour le transport des matériaux. À ceux qui ne se rendent pas assez vite aux convocations, le futur connétable fait parvenir cette invitation : « Viendrez ou brûlerez. » Ça pousse à venir, même à reculons.

En 1627, à la mort de Lesdiguières, le maréchal de Créqui, son gendre, hérite du château et fait construire l'escalier monumental qui descend vers le parc.

L'assemblée de Vizille – C'est le grand événement historique de Vizille. Lors de la réunion des trois ordres tenue à Grenoble, le 14 juin 1788, on décida que les États du Dauphiné seraient convoqués le 21 juillet. La réunion, interdite à Grenoble, se tient au château de Vizille, dans la salle du Jeu de Paume, aujourd'hui détruite. L'Assemblée comprend 50 ecclésiastiques, 165 nobles et

325 représentants du tiers-état. On discute de 8h du matin jusqu'à 3h de la nuit. Les orateurs les plus écoutés sont deux Grenoblois, Mounier et Barnave.

La résolution est adoptée : elle proteste contre la suppression du Parlement, demande la réunion des États généraux auxquels il appartiendra de voter les impôts, réclame la liberté individuelle pour tous les Français. Le pays tout entier est à ses côtés.

visiter

LE CHÂTEAU★

visite 1h
Avr.-oct. : tlj sf mar. 10h-18h ; nov.-mars : tlj sf mar. 10h-17h. Fermé entre Noël et Jour de l'an, 1er mai, 1er et 11 nov. 20F.
☎ *04 76 68 07 35.*

Que de misères s'abattirent sur ce château : construit et complété en plusieurs étapes, il brûle en 1825. Restauré, un nouveau sinistre l'ampute de son aile en 1865...

Sa disposition en équerre et ses deux tours, l'une ronde et l'autre carrée, lui confèrent un aspect original. La façade principale, austère, donne sur la place de Vizille ; celle du parc, de style Renaissance, a plus d'élégance, mais garde de la majesté.

> L'une de ses deux entrées est décorée d'un bas-relief en bronze représentant Lesdiguières à cheval, dû au sculpteur Jacob Richier.

Intérieur

Il comprend deux parties : le **musée de la Révolution française** et le vieux château.

Le musée, aménagé de façon moderne sur quatre niveaux, présente d'importantes collections artistiques et historiques. Au rez-de-chaussée, la salle de l'Orangerie est consacrée aux faïences françaises et anglaises ; on remarque une maquette de la Bastille, d'époque, et les motifs révolutionnaires ornant une cheminée en pierre. Dans la salle des Colonnes, creusée dans le rocher, sont exposés des grands tableaux mis là en dépôt par les musées du Louvre et de Versailles.

Le premier niveau est consacré aux arts de la Révolution, quant au deuxième niveau, aux expositions temporaires. La galerie de la Liberté est un parcours historique et didactique retraçant les événements majeurs de la période révolutionnaire. On accède ensuite aux salons historiques du vieux château dont la décoration et le mobilier ont été renouvelés après les incendies du 19e s. On visite successivement : le grand salon des Tapisseries , le salon Lesdiguières (mobilier Louis XIII), la terrasse (jolie vue sur le parc

> **GÉNÉALOGIE**
> Remarquer la châsse avec des figurines en cire représentant les trois pères de la Révolution aux Champs-Élysées : Franklin, Voltaire et Rousseau.

Le parc qui entoure le château de Vizille, mêle agréablement pelouses à l'anglaise et arbres rares.

Aventures de Marc Antoine et Cléopâtre (détail de tapisserie - 17ᵉ s.). Sous les traits de Marc Antoine, est représenté le connétable de Lesdiguières.

et, au loin, sur le Thabor), l'antichambre des Présidents, le salon de Psyché (mobilier Empire, panneaux peints en camaïeu et illustrant la légende de Psyché), la bibliothèque (belles boiseries en noyer) et le salon Périer.

Parc★

Visite commentée en petit train de mars à oct. S'étendant au Sud du château, il est remarquable par ses dimensions (100 ha), ses animaux en liberté (daims, cerfs, mouflons et hérons) et sa retenue d'eau où nagent des truites et des carpes de belles dimensions. On en baille de bien-être.

Jardin du Roi – *Accès en saison.* Des ruines féodales y couvrent, au-dessus du château actuel, au Nord, l'éperon rocheux qui domine les vieux quartiers de Vizille.

alentours

> **CHAPELLE ST-FIRMIN**
> On aperçoit l'ancienne **église★** des Hospitaliers de Jérusalem (13ᵉ s.) un peu à l'écart de la route.

◀ **Notre-Dame-de-Mésage**

2,6 km au Sud de Vizille par la N 85 (route Napoléon). Tlj sf mer. et dim., 10h-12h, 13h30-17h30, sam. 8h-12h. ☎ *04 76 68 07 33.* En contrebas à droite de la N 85, l'**église** du village de N.-D.-de-Mésage dresse son antique clocher de pierre, d'une distinction toute romane.

Yvoire★★

> **LA QUIÉTUDE !**
> De l'extrémité de la jetée où accostent les bateaux qui font le tour du lac Léman *(se reporter à Évian)*, vous apercevrez la côte suisse et les hauteurs du Jura, et tout en face la cité de Nyon.

Y voir le Léman et son vieux quartier au charme moyenâgeux, y sentir les fleurs, y goûter ses délicieux filets de perche, y entendre les drisses des bateaux, y toucher du doigt la poésie qui s'en dégage, s'y laisser vivre, les sens sans dessus dessous.

La situation

Cartes Michelin nᵒˢ 89 pli 12 ou 244 pli 8 – Haute-Savoie (74). Venant de Tougues et après avoir fait le crochet par le village de Nernier ou depuis Excenevex, ayez le bon réflexe de laisser la voiture à l'extérieur des fortifications sur le parking payant *(à droite en venant de Thonon).*

🛈 *Place de la Mairie, 74140 Yvoire,* ☎ *04 50 72 80 21.*

Le nom

Tout comme les nombreux Yèvres qui parsèment notre carte de France, Yvoire provient d'une racine gauloise *eburo*, signifiant lieu planté d'ifs.

Les gens

432 Yvoiriens qui n'ont pas comme capitale Abidjan. La côte d'Yvoire accueille en été les « voileux » suisses et savoyards qui fréquentent son port de plaisance.

se promener

Le donjon massif du château se reflète dans les eaux limpides du lac Léman ou de Genève selon la rive.

LE VILLAGE MÉDIÉVAL★★

Reconstruit au début du 14ᵉ s. à l'emplacement d'une ancienne place forte, Yvoire a conservé de cette époque une partie de ses remparts, dont deux portes percées dans des tours, son **château** *(on ne visite pas),* au puissant donjon carré cantonné de tourelles, et quelques maisons anciennes.

Flânez au hasard des rues animées par des échoppes d'artisans pour déboucher sur de ravissantes places fleuries qui passent leurs journées à admirer le lac. L'**église St-Pancrace** complète ce tableau traditionnel. Le chœur date du 14e s. mais l'ensemble n'a été achevé qu'à la fin du 17e s.

Jardin des Cinq Sens★

Rue du Lac. ঙ *De mi-mai à mi-sept. : 10h-19h ; de mi-avr. à mi-mai : 11h-18h ; de mi-sept. à mi-oct. : 13h-17h. Fermé de mi-oct. à mi-avr. 40F (-16ans : 25F).* ☎ *04 50 72 88 80.*

L'ancien potager du château reconstitue un jardin clos, dans l'esprit de ceux du Moyen Âge : entourés de murs et de palissades, ils se composaient de plates-bandes surélevées où les moines cultivaient légumes et simples (ce sont tout simplement des plantes médicinales). D'abord utilitaires, ils sont devenus des lieux d'agrément. On appréciera la vue sur le château depuis le petit cloître de charmilles où sont rassemblées les simples.

Le labyrinthe végétal propose une découverte originale de la nature sur le thème des cinq sens : le jardin du goût ; le jardin des textures ; le jardin des couleurs (et de la vue) et le jardin des senteurs. Au centre du labyrinthe s'élève la volière symbolisant l'ouïe, où s'ébattent faisans et tourterelles.

Vivarium

Rue de l'Église. *Pâques-sept. : 10h-12h30, 14h-20h ; oct.-Pâques : tlj sf lun. 14h-17h30. Fermé en nov., 1er janv., 25 déc. 30F.* ☎ *04 50 72 82 28.*

Installé dans une ancienne demeure médiévale, ce ▶ centre d'observation herpétologique rassemble plus de cinquante espèces différentes de reptiles provenant des cinq continents.

> **FRISSONS...**
>
> Dans une succession de vitrines et de terrariums voisinent des mambas verts (serpent le plus rapide), des variétés rares de serpents, des lézards, batraciens et crocodiles.

carnet d'adresses

OÙ DORMIR
• *À bon compte*
Camping Municipal La Pinède – *74140 Excenevex – 4 km au SE d' Yvoire par D 25 –* ☎ *04 50 72 89 92 – ouv. mars à oct. – réserv. conseillée en été – 619 empl. : 72F.* Campez au milieu des pins et des dunes, au bord du lac Léman. Vous vous adonnerez à votre sport favori : tennis, voile, planche à voile, ping-pong, pétanque... Plage de sable fin pour ne rien faire, tout simplement. Aire de jeux pour les enfants.

• *Valeur sûre*
Hôtel le Pré de la Cure – ☎ *04 50 72 83 58 – fermé déb. nov. au 18 mars –* 🅿 *– 25 ch. : 345/380F –* ⌑ *50F – restaurant 105/280F.* En face de l'une des anciennes portes de la vieille ville, cette maison moderne est entourée d'un agréable jardin. De sa terrasse et de ses balcons, vous profiterez d'une belle vue sur le lac. Accueil sympathique et table soignée.

Hôtel le Vieux Logis – ☎ *04 50 72 80 24 – fermé oct. à fév. –* 🅿 *– 11 ch. : 330/350F –* ⌑ *39F – restaurant 120/195F.* Dans la rue principale, une maison du 14e s. tout à fait dans le ton de la vieille ville. L'hôtel qu'elle abrite n'a certes pas le charme de sa belle façade mais il est simple et bien tenu. Ne manquez pas la salle à manger installée dans des murs d'enceinte.

OÙ SE RESTAURER
• *Valeur sûre*
Vieille Porte – ☎ *04 50 72 80 14 – fermé déc. à fév. et lun. sf été – 175/290F.* Sise dans les remparts de la vieille ville, cette maison, tenue par la même famille depuis 1587, installe sa terrasse entre village et lac dès les premiers rayons de soleil. En hiver, vous profiterez de la quiétude de la salle à manger au coin du feu.

Le Denieu – *6 km au SE d'Yvoire par D25 et N5 – 74140 Bonnatrait –* ☎ *04 50 72 35 06 – 110/170F.* Osez franchir le seuil de cette grosse maison aux volumes harmonieux, en bordure de la route nationale. Vous serez séduit par sa belle salle à manger en bois vieilli où d'anciens outils sont exposés en souvenir de son passé agricole. Spécialités savoyardes.

Flâner au hasard des rues animées par des échoppes d'artisans pour déboucher sur de ravissantes places fleuries qui passent leurs journées à admirer le lac.

LES BATTEURS D'OR

Depuis 1939 les derniers batteurs d'or (feuilles d'or battu) en France, ceux d'Excenevex ont contribué à la restauration du château de Versailles, des grilles de la place Stanislas à Nancy et de bien d'autres monuments.

alentours

Excenevex★

3 km au Sud-Est d'Yvoire par la D 25.

Célèbre pour sa plage, la plus vaste de la rive savoyarde du Léman, et ses dunes lacustres, cette station balnéaire, bien située sur un léger renflement dominant le golfe de Coudrée, charme par son vaste horizon de montagnes rehaussé par le double croc de la dent d'Oche et du château du même nom. Faites un tour sur la côte : elle est bardée de luxueuses propriétés.

Index

Annecy .... Villes, curiosités et régions touristiques.
Stendhal .... Noms historiques et termes faisant l'objet d'une explication.

Les curiosités isolées (châteaux, abbayes, grottes...) sont répertoriées à leur propre nom.

Source iconographique

La Fondation du Patrimoine

Par dizaines de millions, vous partez chaque année à la découverte de l'immense richesse du patrimoine bâti et naturel de la France. Vous visitez ces palais nationaux et ces sites classés que l'État protège et entretient. Mais vous admirez également ce patrimoine de proximité, ce trésor constitué de centaines de milliers de chapelles, fontaines, pigeonniers, moulins, granges, lavoirs ou ateliers anciens..., indissociables de nos paysages et qui font le charme de nos villages.

Ce patrimoine n'est pas protégé par l'État. Souvent abandonné, il se dégrade inexorablement. Chaque année, des milliers de témoignages de la vie économique, sociale et culturelle du monde rural, disparaissent à jamais.

La Fondation du Patrimoine, organisme privé à but non lucratif, reconnu d'utilité publique, a été créé en 1996. Sa mission est de recenser les édifices et les sites menacés, de participer à leur sauvegarde et de rassembler toutes les énergies en vue de leur restauration, leur mise en valeur et leur réintégration dans la vie quotidienne.

Les délégations régionales et départementales sont la clef de voûte de l'action de la Fondation sur le terrain. À partir des grands axes définis au niveau national, elles déterminent leur propre politique d'action, retiennent les projets et mobilisent les associations, les entreprises, les communes et tous les partenaires potentiels soucieux de patrimoine et d'environnement.

Rejoignez la Fondation du Patrimoine !

L'enthousiasme et la volonté d'entreprendre en commun sont à la base de l'action de la Fondation.

En devenant membre ou sympathisant de la Fondation, vous défendez l'avenir de votre patrimoine.

✂ ....

Bulletin d'adhésion

Nom et prénom :
....

....

Adresse :
....

Date : Téléphone (*facultatif*) :
....

Membre actif (*don supérieur ou égal à 300F*)
Membre bienfaiteur (*don supérieur ou égal à 3 000F*)
Sympathisant (*don inférieur à 300F*)
Je souhaite que mon don soit affecté au département suivant :

....

Bulletin à renvoyer à :
Fondation du Patrimoine, Palais de Chaillot, 1 place du Trocadéro, 75116 Paris.
Merci de libeller votre chèque à l'ordre de la Fondation du Patrimoine.

Fondation du Patrimoine, Palais de Chaillot, 1 place du Trocadéro, 75116 Paris.
Téléphone : 01 53 70 05 70 – Télécopie : 01 53 70 69 79.

436

LE GUIDE VERT a changé, aidez nous à toujours mieux répondre à vos attentes en complétant ce questionnaire.

Merci de renvoyer ce questionnaire à l'adresse suivante :
Michelin Éditions du Voyage / Questionnaire Marketing G. V.
46, avenue de Breteuil 75324 Paris Cedex 07

---

1. Est-ce la première fois que vous achetez LE GUIDE VERT ? oui   non
Si oui, passez à la question n° 3. Si non, répondez à la question n° 2.

---

2. Si vous connaissiez déjà LE GUIDE VERT, quelle est votre appréciation sur les changements apportés ?

	Nettement moins bien	Moins bien	Égal	Mieux	Beaucoup mieux
La couverture					
Les cartes du début du guide					
Les plus beaux sites					
Circuits de découvertes					
Lieux de séjours					
La lisibilité des plans					
Villes, sites, monuments.					
Les adresses					
La clarté de la mise en pages					
Le style rédactionnel					
Les photos					
La rubrique Informations pratiques en début de guide					

---

3. Pensez vous que LE GUIDE VERT propose un nombre suffisant d'adresses ?

HÔTELS :	Pas assez	Suffisamment	Trop
Toutes gammes confondues			
À bon compte			
Valeur sûre			
Une petite folie			

RESTAURANTS :	Pas assez	Suffisamment	Trop
Toutes gammes confondues			
À bon compte			
Valeur sûre			
Une petite folie			

---

4. Dans LE GUIDE VERT, le classement des villes et des sites par ordre alphabétique est d'après vous une solution :

Très mauvaise	Mauvaise	Moyenne	Bonne	Très bonne

5. Que recherchez-vous prioritairement dans un guide de voyage ?
Classez les critères suivants par ordre d'importance (de 1 à 12).

6. Sur ces mêmes critères, pouvez-vous attribuer une note entre 1 et 10 à votre guide.

	5. Par ordre d'importance	6. Note entre 1 et 10
Les plans de villes		
Les cartes de régions ou de pays		
Les conseils d'itinéraires		
La description des villes et des sites		
La notation par étoile des sites		
Les informations historiques et culturelles		
Les anecdotes sur les sites		
Le format du guide		
Les adresses d'hôtels et de restaurants		
Les adresses de magasins, de bars, de discothèques...		
Les photos, les illustrations		
Autre (spécifier)		

7. La date de parution du guide est-elle importante pour vous ?   oui   non

8. Notez sur 20 votre guide :

9. Vos souhaits, vos suggestions d'amélioration :

Vous êtes :   Homme   Femme   Âge

Agriculteur exploitant	Employé
Artisan, commerçant, chef d'entreprise	Ouvrier
Cadre et profession libérale	Préretraité
Enseignant	Autre personne sans activité professionnelle
Profession intermédiaire	

Nom et prénom :

Adresse :

Titre acheté :